联合舰队

刘怡 著

图书在版编目(CIP)数据

联合舰队/刘怡著.—武汉：武汉大学出版社,2010.1(2017.5 重印)
经典战史回眸·旧日本海军发展三部曲
　ISBN 978-7-307-07363-0

　Ⅰ.联…　Ⅱ.刘…　Ⅲ.海军舰队—军事史—日本　Ⅳ.E313.9

中国版本图书馆 CIP 数据核字(2009)第 179751 号

本书原由知兵堂文化传媒有限公司以繁体字版出版，经由知兵堂文化传媒有限公司授权本社在中国大陆地区出版并发行简体字版。

责任编辑：王军风　　责任校对：黄添生　　版式设计：马　佳

出版发行：**武汉大学出版社**　(430072　武昌　珞珈山)
　　　　　(电子邮件：cbs22@whu.edu.cn　网址：www.wdp.com.cn)
印刷：武汉中科兴业印务有限公司
开本：720×1000　1/16　印张：30.25　字数：510 千字
版次：2010 年 1 月第 1 版　　2017 年 5 月第 6 次印刷
ISBN 978-7-307-07363-0/E·25　　　定价：48.00 元

版权所有，不得翻印；凡购我社的图书，如有质量问题，请与当地图书销售部门联系调换。

序

自1941年12月7日偷袭珍珠港起，至1945年8月15日天皇发布投降诏书终，日本海军史进入了最后也是最风云激荡的时代——太平洋战争。

当东条英机内阁下定对美开战的决心之时，日本海军的战略决策与战术安排二者却是完全脱节的。日俄战争后三十多年，联合舰队一直是按照"渐减邀击"、对美长期抵抗和大舰队决战的思路来进行军备建设的。但在南进荷属东印度之后，日本将同时与美、英、荷三国处于战争状态；假如在海军重兵投入南洋攻略之际，美国战列舰队早早前来进攻，那么日本将不得不停止南方作战。即使是在此状况下，重新部署舰队、层层邀击美国战列舰队也需要相当长的时间。曾任驻美武官的山本五十六深知，日本的国力和军事力量远不如美国，除了在开战之初就积极作战、先发制人，迫使美国处于守势之外，可以说别无他法。他毅然否定了被日本海军元老们视为圭臬、以巨大空间跨度和较长时间为基础的"渐减作战"，在开战之初就以航母机动舰队的突然袭击摧毁美国太平洋舰队战列舰，同时对菲律宾和荷属东印度群岛发动猛攻，最后挟新胜之利、与美国达成停战协议，以消化战果。

战争的开局的确是在按照山本的设想进行的：珍珠港一役，日军以微弱损失击沉击毁美军战列舰5艘、击伤3艘；仅仅三天后，基地航空队又在马来海面击沉了英国的"威尔士亲王"号和"反击"号战列舰。1942年2月15日，新加坡守军投降；3月9日，荷属东印度陷落；5月6日，整个菲律宾最后还在抵抗的部分——巴丹半岛也向日军投降。人类战争史上速度最快、范围最广的胜利之一诞生了，而日本人付出的代价却不过九牛一毛而已。

然而，就在第一阶段的大捷之后，日本患上了意料之中的"胜利病"。围绕第二阶段作战的思路，军令部和联合舰队司令部之间发生了严重的分歧。希望一鼓作气、消灭美国舰队残部的山本不得不屈从于意图封锁澳大利亚的军令部，导致在1942年6月至关重要的中途岛海战中指挥失误，损失了4艘航母，终于不复开战初期的神奇。之后的瓜达尔卡纳尔岛战役更是成为了揉碎日本帝国命脉的"血肉磨盘"——受国力和燃料的限制，日本无法一次性投入占有绝对优势的力量改变战局，只有陷入可怕的持久战中。以舰队交战为目标建立起来的联合舰队在正面作战中表现良好，连续取得第一次所罗门海战、南太平洋海战等多番战术胜利，却没有相应的后勤补给与保障措施来巩固胜利，更没有强大的生产能力补充激战造成的损失。结果时间越长，敌人补充和增长得越快，日军自身却始终处于不断萎缩之中，最终难逃失败的命运。

自1942年夏至1943年底，联合舰队在所罗门-新几内亚战线与美军展开激烈的消耗作战，虽则在战线上未曾后退多少，战前培养的优秀飞行员却已损失殆尽。到1943年9月大本营最终决定建立"绝对国防圈"、求得战略缓冲时，美军已开始实施"双叉战略"，自中太平洋和新几内亚同时向日本占领区，借助庞大的快速航母编队施行"跳岛战略"，逼迫飞机增产和船舶征用措施都来不及完成的日本人提前进行决战。1944年6月，美军兵发马里亚纳群岛，日军不得不动用其两年来积蓄的全部力量，发动战略决战"阿号作战"。

在菲律宾洋面上发生的"阿号"航母决战（日方称"马里亚纳海战"）中，象征着日本海海战荣光和东乡元帅亡灵的Z字旗在联合舰队的历史上第三次升起。不独如此，"阿号作战"还被视为日本海军30年来精练的对美渐减战略的集大成者，具有总决战的意义。经此一役，日本海军丧失3艘大型航母、舰载机600余架，两年来惨淡经营所积聚的反攻力量完全被摧毁。更具历史意义的是，"阿号作战"的惨败雄辩地证明：即使是在作战计划完备、战术设计高超、握有天时地利和先发制人的情况下，联合舰队也已经没有能力取得一场大规模决战的胜利了！到当年10月莱特湾之战后，联合舰队大型舰艇损失殆尽，再也无力改写战局。随后美军更逼近日本本土，山穷水尽的日本海军只有依靠"神风特攻"、"菊水作战"的血肉之躯抵挡以先进科技和正确战略作为支撑的入侵者，最终伴随着"大东亚共荣圈"和"大日本帝国"迷梦的终结走入了历史。

发生在20世纪40年代的这段太平洋海战史，同时也是一段战略史、政治史和人类文明发展史的折射。开战之时的联合舰队以世界第三大海军、拥有世界最大战列舰的堂皇阵容，装备不可谓不精，猛将不可谓不多，然而在错误的军事战略和国家政略指引下，短短四年内就灰飞烟灭、落得个悲惨下场，不可谓不触目惊心。在总体战争时代，在双方士气相差无几的条件下，只有占据最充分资源，并能对其进行充分动员的系统才有希望赢得最终的军事胜利，企图单靠某种超级武器或某次单一会战的胜利就赢得战争，不过是秩序挑战者们一相情愿的幻想而已。此情此景，后人能不识之？

以《菊花与锚》始，经《逆天而行》，直至这本《联合舰队》，我与阎京生兄合作的旧日本帝国海军发展史三部曲，终于告一段落。在整个三部曲曲折的写作过程中，得到了章骞、谭飞程、吴征宇、董旻杰等良师益友的帮助和指正，知兵堂出版社的林达、林信贤等先生为本书的出版做了大量工作，在此向他们表示真诚的感谢。

逝者如斯夫，不舍昼夜。从《菊花与锚》的第一篇文稿问世，到《联合舰队》的最后一个章节付梓，已然七年矣。七载以来，读史阅世，每多唏嘘；而文质粗陋、长进寥寥，又不胜惭愧。由于日文基础不佳，为力求行文精准，大部分数据都须核实三种以上出处、修改四五稿方能成章，个中酸楚只有己心可知。天下之奇才大家多矣，大抵不会看得上如此琐碎枯燥的研究领域；而愚笨如我者，自以为能为一个众人关注不多的研究领域做一点分内的工作，便已足慰平生。许多时候，一个人做某件事并非为了谋取他人的认可或赞誉，而只是为着内心一点小小的信念与追求。哪怕就为这种追求，要付出莫大的艰辛和代价。

本书亦献给我早逝的妹妹史陈芝。一切的奋斗与收获，如此希望与你分享。

刘　怡

2009年春于北京

目 录

奇袭珍珠港 ·· 001
  ——太平洋战争的爆发

"不沉战舰"败北记 ······································ 047
  ——1941年马来海战

从爪哇海到印度洋 ·· 097
  ——联合舰队的奔袭作战

"再见,帝国" ·· 139
  ——从珊瑚海走向中途岛

熔炉瓜达尔卡纳尔 ·· 191
  ——所罗门群岛争夺战(一)

宿命铁底湾 ·· 223
  ——所罗门群岛争夺战(二)

决胜拉包尔 ·· 273
  ——所罗门群岛争夺战(三)

马里亚纳猎火鸡 ··· 295
  ——1944年马里亚纳海空战

"盖世无双的海战" ······································ 345
  ——1944年,莱特湾

神风落日 ··· 417
  ——日本帝国海军的末日

奇袭珍珠港
——太平洋战争的爆发

联合舰队

一、山本的战争

勇壮！航空派的逆袭

"……当面对一个拥有优势海军力量的对手时，处于防守的一方应放弃本方近海、主动进击到敌方水域，对敌方舰队施以反复多次的打击，直至对手丧失出击能力……"1908年，被誉为"日本马汉"的海军战略家佐藤铁太郎在其传世之作《帝国国防史论》中如是说。但在当时，刚刚打赢日俄战争的联合舰队并不具备直冲对手家门、将美国太平洋舰队消灭于巢穴之中的实力。1921年华盛顿海军会议上，日本也没能实现保留一支相当于美国70%兵力的大舰队的企图（佐藤铁太郎曾认为这是日本安于守势地位的最重要基础），"六四舰队"的基本格局使他们只能满足于将控制线推进到太平洋中部的原德属岛屿。在此背景下，1923年日本修改年度国防方针中的"帝国军队用兵纲领"，决心"在开战之初首先扫荡美国在东太平洋之海上兵力，与陆军协同攻占其根据地、控制西太平洋，确保帝国之通商贸易，并使敌舰队作战困难；待敌本国舰队入侵时，截击并歼灭之"。

自1907年以后近30年间，日本海军一直是依照东乡平八郎在日俄战争中的胜利经验来规划未来战争的。面对最大的假想敌美国，由军令部和海军大学共同策划的"渐减邀击作战"设想在开战时首先进攻驻扎在远东的美国亚洲分舰队，夺取菲律宾和关岛。当美国太平洋舰队主力自本土赶来增援时，日军的辅助舰艇、航空兵和潜艇会在其航行途中将其逐渐消耗，使之减少到日本战列舰队可以接受的程度；最后战列舰队出击，在西太平洋与敌舰队进行战略决战。在这个计划中，菲律宾、关岛大致相当于日俄战争时期的旅顺，美国亚洲分舰队就是俄国的第1太平洋舰队；从本土和大西洋赶来的美国太平洋舰队主力则相当于俄国罗杰斯特文斯基中将的第2太平洋舰队。为了迎接这场"必然到来"的冲突，日本海军已经进行了多年"月月火水木金金"（注：日本的习俗是以五行和日月为一周命名，周日称日曜日，周一为月曜日，周二为火曜日等等，周六为土曜日。"月月火水木金金"意为没有周日和周六的休息，一周七天全都训练）式的准备，并坚信他们必将迎来战果更加辉煌的第二次对马海战。

按照战略学上的惯例，快速制订因时制宜的计划往往效果最佳，而长远的规划则常会因环境更易而变得过于死板僵化且过时，日本人的"渐减作战"也不例外。进入1930年代后期，随着海军航空兵这支新兴力量的崛起，海战的面貌已经发生了翻天覆地的变化。从欧洲发生的挪威战役、敦刻尔克大撤退和克里特岛空降战役来看，航空兵的发展已经使海战由第一次世界大战式的海面、水下二维战场发展到了空中、海面、水下三维样式，战列舰主宰海战的时代已经一去不复返了。虽然日本海军也注意到了新技术因素的出现，但大多数时候还是抱定了夜战、雷击战术、主力军舰大编队决战之类的传家宝贝，不思变通。

山本身高1.59公尺，和"圣将"东乡一般个头，嗜好将棋、美女和赌博，是一位聪明机智且颇具洞察力的将领。山本不赞成在亚洲进行侵略性的扩张，而他在美国担任海军副武官的经历也使他对美国的战争潜力十分地赞赏。不过，山本和其他日本人一样相信日本在东方的"命定扩张说"，并且意识到如果不消除美国在亚洲的影响，日本就

■ 海军大将山本五十六（1884—1943），长冈人，本姓高野，后过继给山本家为嗣。海兵第32期出身，1919—1921年任驻美海军副武官时曾留学于哈佛大学。历任霞之浦航空队副队长、驻美武官、"赤城"号航母舰长、伦敦裁军会议海军专门委员、海军航空本部技术长、第1航空战队司令官、海军航空本部长、海军次官、联合舰队司令长官兼第1舰队司令长官。山本担任联合舰队司令长官将近五年，是联合舰队历史上任期最长的指挥官，也是整个太平洋战争前期日本海军的灵魂人物，死后追晋元帅。

联合舰队

无法实现其目标。不过，思维敏锐的山本非常不愿意如"渐减作战"的旧模式一样，坐等美国舰队来进攻日本。他秉承佐藤铁太郎的遗教，希望能像1904年2月8日东乡平八郎突袭旅顺口那样，先发制人，出奇制胜。

华盛顿会议后十年，美国方面也已经意识到了日本的现实威胁，罗斯福总统的选择是"前出扎营"，加强在太平洋地区的威慑。珍珠港，这个位于太平洋中北部夏威夷群岛的军事基地，逐步成为美国在整个太平洋上最重要的前进堡垒。珍珠港位于太平洋的心脏位置，距美国西海岸约3800公里，距日本约6000公里，距菲律宾约7000公里，战略地位十分重要。港区水域面积约32平方公里，平均水深12公尺，可停泊大小舰艇500艘，各项设施完备，并有大型船坞、修理工厂、潜艇洞库和海军油库。从1939年起，美国海军将原驻本土西海岸的太平洋舰队主力调往珍珠港，使这里的常驻兵力达到水面舰艇100艘（3艘航母、9艘战列舰、20艘巡洋舰、68艘驱逐舰以及大量辅助舰艇）、潜艇27艘、作战飞机349架。日本要推行"南进"，必须跨越这个麻烦的障碍。

甚至到了《华盛顿海军条约》签订以后很久，各国海军的主要作战圭臬仍然是主力军舰至上。从这个角度看，日本海军只有8艘老式战列舰和2艘较新的"长门"级战列舰，无论如何也不可能胜出。但是作为日本海军中"航空派"的领袖人物之一，山本五十六的思路是超常规的，他对战列舰在现代战争中的作用表示根本的怀疑。山本人曾作为舰长指挥过"赤城"号航母，并且担任过一年时间的海军航空本部长，在日本海军航空兵的发展中扮演了重要角色。早在"海军假日"时代，由于日本的主力军舰没有达到美国的七成吨位，山本就鼓吹建立"非对称优势"，发展远程的基地航空兵。他还力主组建集中的航空母舰舰载战斗机队，使用舰载机空袭敌方主力军舰。

在担任联合舰队司令长官几个月后，1940年春，山本提出要给珍珠港的美国舰队以猛烈一击、将其彻底歼灭，为日本争取到向南方扩张的空间。对于山本来说，这原本只是下策中的下策。长期居住在美国的他，对美国巨大的工业能力有着刻骨铭心的印象，他认为从政者首先应当竭力避免与美国的战争。不过，当时日本的政治结构是不健康的，短视、狂热、激进的陆军对日本帝国的大政方针有说一不二的决策权，海军在政治方面沦为附属力量。另外，在日本海军内部也有不少颟顸的老头子和少不更事的青年军官，认为美国是一个已经腐化堕落到了极点的国家，用"战无不胜的皇国思想"这颗精神炸弹，就可以轻易地把"贪生怕死的美国人"打得跪地求和。

"知己知彼，百战不殆。"中国人在二十多个世纪以前就已经懂得的这个道理，对这些知己不知彼的日本人来说是多此一举的事。他们有"现人神"的天皇和"八百万神明"的保佑，这就够了。

既然不能在政治方面单枪匹马力挽狂澜，那山本五十六能够做的就只有研究如何对美国一击取胜,尽快获取尽可能多的有利条件,然后尽快与美国进行和谈了。对擅长下将棋的山本来说,"强有力的进攻是最好的防御"这个道理是用兵的至上原则。此外,如果不采取突袭珍珠港的方式将美国航母消灭在港口里,他担心美国人将会派这些航母来空袭日本本土,引起人民的骚乱,并迫使日本修改作战计划(这一情形在中途岛海战前夕果然应验)。

1921年,美国出版了英国记者拜沃特(Hector Charles Bywater)撰写的《太平洋海权:美日海军问题研究》一书。四年后,该书的部分内容被创作为小说,取名《太平洋大战:1931—1933年日美之战史》,书中描写了一支日本舰队偷袭珍珠港、关岛和菲律宾群岛的情况。这本书由军令部组织翻译成日文,列入海军大学的课程。该书出版时,山本正在华盛顿任武官,这位孜孜不倦钻研海军学术,又具有相当高英语造诣的军官不可能不注意到这本书。

更有意思的是,1932年2月7日,时任美国亚洲舰队司令的哈里·亚内尔(Harry Ervin Yarnell)少将组织了一次针对珍珠港的远程航空打击演习。他的舰队(包括2艘航母和4艘驱逐舰)从本土西海岸的圣地亚哥基地出发,借助阴霾天气的掩护,在星期天的早上抵达瓦胡岛北方。从航母上起飞的152架舰载机发现这个海军基地处于毫无准备的状态,战斗机用模拟机枪"敲掉"了机场上的飞机,俯冲轰炸机和鱼雷机则投下模拟炸弹和鱼雷,"将珍珠港从美国的太平洋防御圈中抹去了"。同年9月,日本海军几乎原封不动地操练了这次演习,山本后来也仔细研究过相关资料。历史就是这样富有戏剧性,一次"偷来"的演习为九年后山本大将的奇想埋下了伏笔。

1940年7月三国轴心形成之后,原本极力反对与德国结盟的山本意识到对美战争已经不可避免,开始考虑如何与美国太平洋舰

■ 1940年时任海相的及川古志郎大将(1883—1958)。海兵第31期出身,历任海军兵学校长、吴镇守府参谋长、第3舰队司令长官、海军航空本部长、中国方面舰队司令长官和横须贺镇守府司令长官,1940年出任第二届近卫内阁海军大臣。及川任内支持山本的Z计划研究,同时同意缔结德意日三国同盟,在南进问题上起到了关键性的转折作用。后历任军事参者官、海军大学校长、海上护卫总司令官和军令部总长,战争后期主导了莱特湾海战,未能挽回败局,1945年5月引咎辞职。山本五十六的密友、旧日本海军最后一位大将井上成美认为,及川既无主见也无能力,惟陆军马首是瞻,是"次等大将的典型"。

联合舰队

队作战。同年11月11日,英国皇家海军成功地空袭了意大利的塔兰托军港,仅以"光辉"(HMS Illustrious)号航母上起飞的22架"箭鱼"鱼雷机就炸沉了3艘意大利战列舰,这一消息给了山本极大的信心。东京急切地指示驻意大利海军武官全力搜集有关这次袭击的详细情况,特别是英军所用的浅水鱼雷的资料。当月月底,山本求见时任海相的及川古志郎大将,详细地阐述了他的以航空兵为主力进攻夏威夷的计划:使用第1、第2两个航空战队(4艘航母)的全部舰载机兵力,突然袭击珍珠港,力求聚歼在泊的美国太平洋舰队主力;同时出动潜艇在珍珠港出入口设伏,待空中攻击开始后,击沉试图逃走的舰艇,造成港口堵塞、封闭进出航道。山本还对及川表示,他愿意辞去联合舰队司令长官之职,只担任机动部队(日文中对航母特混舰队的专用称谓)指挥官,亲率航母飞行队袭击夏威夷。这一设想成为了后来制订空袭珍珠港的"Z计划"的基础。

美国海军也注意到了塔兰托袭击造成的影响,因此深深地为珍珠港的防御担忧。但是,新任太平洋舰队司令官赫斯本德·金梅尔(Husband Edward Kimmel)上将反对使用防鱼雷网的建议,因为那会妨碍港湾里的船只交通。事实证明,金梅尔很快就会为自己的这一决定付出惨痛的代价。

1941年年中,山本的计划开始为更多人所知。1月7日,他向及川递交了一份言辞冷峻的《关于战备之意见书》,指出在目前的局势下,与美英一战已不可避免,因此应在战备、训练及作战计划等方面早做打算。1月15日,作为对整编航母部队的一个前期试验,联合舰队编成了基地航空部队"第11航空舰队",下辖第21、22、23三个航空战队,混编有"九六"舰载战斗机、"九六"鱼雷机、"一式"鱼雷机和最新的"零式"舰载战斗机。当月下旬,在极为保密的情况下,山本委托同样崇尚"航空主兵论"的第

■ Z计划的灵魂人物之一——第1航空舰队参谋源田实少佐(1904-1989)。海兵52期出身,"航空主兵论"倡导者,在中途岛海战之前一直是南云忠一倚重的智囊,有人甚至认为"南云舰队"不过是"源田舰队"挂上了羊头而已。战争后期源田实提倡"特攻"作战,并在1945年出任第343航空队司令。战后他于1954年进入防卫厅就职,历任航空幕僚监部装备部长、第一任航空总队司令(相当于空军总司令)、第三任航空幕僚长(相当于空军参谋长),以空将(相当于其他国家的空军中将)军衔退役。1962年代表自民党参选参议员,以第5位高票当选,之后24年里连任四届参议员,长期担任自民党党务部、国防部会长。

11航空舰队参谋长大西泷治郎少将组建一个班子，制订利用航母袭击珍珠港的详细计划。这个带有强烈神秘色彩和浓重个人印记的小团体，被来自军令部的一些守旧派人士不无讥讽地称之为"山本内阁"。

源田实少佐，海军兵学校第52期出身，时任第1航空战队参谋，早年曾是一位技术熟练的战斗机飞行员，更是一名头脑冷静、思维缜密的智囊。整个1930年代，源田都是"航空主兵论"的倡导者，曾组建带有实验性质的战斗机三机编队"源田马戏团"四处表演，为发展日本海军的航空事业不遗余力。他在1937年调到中国上海担任第2联合航空队（与岸基的第11航空舰队类似的混编海航部队）作战参谋，后来又在伦敦当了两年主管航空兵业务的海军副武官，进一步开阔了眼界。源田所倡导的航母至上、战斗机长程大规模空战和争夺制空权等观念被称作"源田主义"，军令部第一部第一课（作战课）课长富冈定俊曾评价其思路"比他的时代先进十年"。

1941年2月初，大西在第11航空舰队驻地、九州岛的鹿屋基地与源田实见面，开门见山地透露了山本企图以航空兵袭击珍珠港的计划，要求后者提出具体的可行性方案。源田返回设在航母"加贺"号上的住舱，苦心钻研了一个多星期，提出了两份完整的攻击计划。整个方案的基调是：悉数出动当时联合舰队的全部4艘大型航母（"赤城"、"加贺"、"飞龙"、"苍龙"号）和轻型航母"龙骧"号，利用暗夜掩护秘密驶近夏威

■ 第11航空舰队参谋长大西泷治郎少将，参与了Z计划的制订。

夷的瓦胡岛，在拂晓时出动舰载机，对敌舰实施突然打击。攻击目标的先后顺序是敌航空母舰、战列舰、巡洋舰和驱逐舰，重点是航母。

1941年初，日本海军用"长门"级战列舰的410mm主炮弹改造出了"九九"式80番5号炸弹，重800公斤，试验证明威力强大、足以贯穿150mm水平装甲，所以源田方案之一是一个"全爆击"（全轰炸）方案：除了必要的制空战斗机外，航母只搭载水平轰炸机和俯冲轰炸机两种机型，前者挂800公斤炸弹，后者挂"九九"式250公斤炸弹，通过反复轰炸消灭敌主力军舰。全爆击方案的弊端是命中率不高，但800公斤炸弹的大威力足以弥补这一缺陷。

另一个方案则是雷击（鱼雷攻击）、爆

联合舰队

击（炸弹轰炸）并用，除挂炸弹的轰炸机外，航母还携带鱼雷机。从实战经验上看，鱼雷对主力军舰水下部分的破坏是摧毁性的。问题在于，珍珠港的平均水深只有12公尺，当时的航空鱼雷着水后首先都要潜入10公尺以下的深水，随后再改平航行轨迹。如果深度过浅，大多数鱼雷在着水后会直接撞上海底爆炸，根本无法起到预想的攻击效果。出于谨慎，源田表示不鼓励在鱼雷的技术问题解决前采用方案二。

源田方案经大西呈交给山本，大将和绰号"甘地"、行为怪僻乖张的先任（首席）参谋黑岛龟人大佐进行了商议，立即提出了异议。他认定鱼雷对大型舰的摧毁效果众所周知，1904年2月东乡平八郎突袭旅顺口俄国舰队时用的也是鱼雷，所以雷击战术绝不能放弃。"如果不能采用鱼雷攻击，那还是取消珍珠港攻击计划好了。"大西遂开始对原计划做补充和修改，推翻全爆击案，敲定采用雷爆击并用案，并强调加强计划的隐秘性。关于鱼雷的技术问题，山本委托军令部第一部的福留繁少将（前联合舰队参谋长）去解决。1941年4月初，经过大西修改的源田方案呈报给山本，一份即将震撼世界的作战计划就这样出笼了。山本将这个"乾坤一掷"的作战方案命名为Z计划——1905年对马海战时，"军神"东乡平八郎在旗舰上升起的正是代表进攻的Z字战旗。

源田实推荐自己的海兵同期校友、时任第3航空战队参谋的渊田美津雄少佐担任空袭飞行队总指挥官。年近40的渊田有着15年的航空经验，山本将他调到"赤城"号航母担任飞行队长，全权负责未来空袭部队的训练。此外，虽然54岁的水雷战权威南云忠一中将支持古板的"渐减作战"、对冒险式的奇袭能否成功表示怀疑（南云认为航母只要命中几颗炸弹就会失去战斗力），山本还是指定他为统率整支机动部队的指挥官。

Z计划通过

1941年4月10日，联合舰队正式编成了统一的第1航空舰队，下辖第1、第2、第4三个航空战队，当时可用航母5艘（第一航空战队"赤城"、"加贺"号，第二航空战队"飞龙"、"苍龙"号，第四航空战队"龙骧"号），以南云忠一为司令长官，草鹿龙之介少将（海兵第41期）为参谋长。8月下旬，珍珠港作战图上作业演习和实兵训练也在秘密状态下开始了。训练的第一重点当然是舰载航空兵，渊田美津雄选定了地形近似珍珠港的鹿儿岛锦江湾（即鹿儿岛湾）进行鱼雷机编队的训练，各机组分别进驻周边的鸭池、鹿屋、笠之原、出水、串木野、加世田、知览、指宿、垂水、郡山、七尾岛、志布志湾各基地。珍珠港港区狭窄（宽度不超过500公尺）、水浅（水深12－18公尺），如果按照通常的高度投雷，鱼雷将会扎到海底。因此，渊田在训练中反复要求降低投雷高度（最低高度达20公尺），不过命中率始终没有质的提升。

就在这时，横须贺海军航空技术厂的工程人员成功地开发出了"九一"式改2航

■ 第1航空舰队司令长官南云忠一中将（1887—1944）。山形县人，海兵第36期出身。南云曾任第1水雷战队司令官和海军水雷学校校长，是公认的水雷战专家，航空方面则非其所长，所以他经常在担任航空部队长官时却想发挥水雷战行家的特长。在1930年代海军内部的倾轧中南云属于"舰队派"，曾威胁要刀劈井上成美，但实际性格却外强中干，徒有其表。有赖于对手的实力偏弱，南云舰队在开战之初势如破竹，但中途岛和第二次所罗门海战暴露了其作为指挥官的弱点，南太平洋海战后被解职。1944年南云于中部太平洋方面舰队司令长官任上战死于塞班岛，追晋海军大将、功一级金勋章。

空鱼雷。他们在普通的"九一"式航空鱼雷上安装了用于控制飞行姿态的陀螺仪和木制稳定翼，测试证明在水深16公尺时命中率有显著提升，这就解决了在狭窄的浅水区实施鱼雷攻击的一大难题。

与鱼雷机的训练同期，轰炸机编队至少也做了50次以上的飞行训练。其中水平轰炸机在志布志町的海军靶场进行练习，利用画在地面上的与美国"西弗吉尼亚"号战列舰等大的白色标志进行投弹训练，最后达到了在3000公尺高度投弹误差不超过30公尺的水平，这就保证了80%的命中率。军令部第一部第二课（军械课）还从德国的布洛姆·福斯公司购买了50mm舰用装甲板，模拟美国战列舰上安装的伯利恒钢铁公司装甲板，证实"九九"轰炸机携带的250公斤普通炸弹的威力足以将其穿透。护航的战斗机队也进行了紧张的训练，并达到了渊田要求的水平。同时，各飞行队的飞行员还对美国舰船（特别是主力军舰）的外形进行了反复的识别练习。

在舰载航空兵进行训练的同时，参加作战的主要舰船也进行了严格的训练。舰船训练主要解决的是在恶劣气候条件下进行海上加油的问题，因为除航空母舰和战列舰等大型舰只外，机动部队的其余舰只均需在海上加油。为此，日军一方面对大型舰只的海上拖曳加油法进行了研究和训练，另一方面对给油船的加油装置也进行了紧急改装。此外，舰只本身也采取了一些减轻重量、提高续航力的措施。

1941年9月，由于与英美的关系持续恶化，日军大本营开始筹划南方作战，目标为夺取石油产地荷属东印度群岛。9月12至16日，在东京的海军大学举行了夏威夷作战大型兵棋推演，军令部和联合舰队的主要军官均列席其中。在此次兵棋推演中，山本五十六亲自担任"红军"（模拟日军）指挥官，第1舰队司令长官高桥伊望中将担任"青军"（模拟美军）指挥官。"红军"在接近敌方基地的过程中被侦察机发现，虽

联合舰队

■ 珍珠港作战水平爆击队与雷击队主战机型——"中岛九七"鱼雷机12型（B5N2）。设计师中村胜治，1937年12月制式采用。B5N2装1台离升出力1000马力的"荣"11型气冷发动机，最大时速378公里，航程1224-2148公里，标准挂配为800公斤炸弹或800公斤鱼雷1枚。珍珠港攻击中共有143架"九七"鱼雷机参战，其中5架损失。

■ 1941年11月，停泊在择捉岛单冠湾的南云部队旗舰"赤城"号，远处可见航母"飞龙"号和2艘驱逐舰。飞行甲板上摆放的是日本海军攻击珍珠港专门开发的浅水鱼雷——"九一"式改2航空鱼雷，由长崎三菱工厂制造，空袭中共发射了100枚。

然山本迅速派出攻击队，击沉、击伤了"青军"的5艘战列舰和2艘航母，但对方的反击也使"红军"的4艘大型航母中的3艘战沉、1艘重创，机动部队全军覆灭。在此情况下，畏首畏尾的军令部担心Z作战失败会令他们最关心的南方作战失去航空支持。他们宁可坚持原先的过时战略——以"渐减战略"应对美国舰队，也不愿意采取山本的冒险计划。

9月份的会议没有得出任何决定性的结论，联合舰队与军令部之间的争论继续持续下去。山本决意不再浪费时间，他一面继续做着奇袭珍珠港的准备，一面等待着大局发生变化。9月24日，联合舰队在严格限制参加人员和绝对保密的情况下，认真讨论了夏威夷作战方案。

进入10月，日本面临的国际局势更加恶化。10月15日，近卫内阁总辞，被认为是"最终责任人"的东条英机陆军大将奉命组阁。果然，山本五十六苦苦等待的那个"决定性时刻"接近了。

10月18日深夜，图穷匕现的山本派黑岛龟人前往军令部，面见作战课长富冈定俊大佐和次长伊藤整一中将。黑岛开门见山地向伊藤表示:"山本大将坚持认为他的计划应该予以采纳。他授权我声明,如果计划不被批准,联合舰队司令长官不再对帝国的安全负责。那样的话,他没有别的办法,只有辞职,他的参谋人员也都将辞职。"

就实际情况而论,由于新型舰队航母"翔鹤"、"瑞鹤"号已经在秋季完工,组成了第5航空战队,联合舰队可用的大型航母增加到6艘,这意味着参加空袭的飞机增加了三分之一,胜算更大。至于退出珍珠港作战的第4航空战队(轻型航母"龙骧"号)则可以用作南方作战的航空支持,这一点显然是军令部愿意看到的。加上浅水鱼雷的技术问题已经解决,两个月前看上去还是毫无希望的Z计划,如今居然出现了几分生机。

尽管如此,山本严峻的最后通牒还是让伊藤大感惊讶,他立即向军令部总长永野修身大将请示。永野无奈地表示:"既然山本长官如此自信,我作为军令部总长,应负起责任,按您所希望的去做。"反对袭击珍珠港的异议就在这种戏剧性的情况下烟消云散了,迟迟难以进展的Z计划总算得以动用山本所希望的全部兵力,纳入了军令部的作战计划。

当然,山本并不是毫无顾忌的亡命之徒。在图穷匕现地要挟军令部的同时,他也琢磨着策划如何提高Z计划的成功率。当时,可供日舰航向夏威夷的路线共有三条:南路,经马绍尔群岛;中路,经中途岛。这两条航线虽然风平浪静、路程较短、不容易受恶劣天气影响,但都处在夏威夷美军侦察机的巡逻范围内(这些侦察机刚刚将它们的活动半径从200海里增加到了600海里),机动部队可能被提前发现。波涛汹涌的北太平洋常年气候恶劣,护航的驱逐舰需要进行两次加油,但对保持隐蔽性最有帮助,因此被选定为机动部队最终的航线。源田实恭维说:"这无疑是像源义经在一之谷之战中击

■ 军令部总长永野修身大将(1880-1947),高知县人,和陆军大将山下奉文是高中同学,海兵第28期第二名毕业。日俄战争时为203高地重炮队观测员,后历任驻美大使馆副武官、华盛顿会议全权随员、军令部第三班长、海军兵学校长、军令部次长、横须贺镇守府司令长官、军事参议官、海军大臣、联合舰队司令长官,1941年取代伏见宫博恭王任军令部总长。永野任军令部总长两年多,1944年2月辞职淡出,1946年被远东国际军事法庭裁定为甲级战犯,但他于1947年1月5日因肺炎病死于巢鸭监狱,逃脱了绞刑。井上成美认为,永野昏庸糊涂,"本不是天才,可他却认为自己是天才"。其人在向天皇报告空袭珍珠港的时间时,忘记将东京时间12月8日(周一)转换为当地时间12月7日(周日),当天皇提出疑问时,嘴硬的永野回答"周一是敌人休息后的次日,状态比较疲劳",从此落下"疲劳大将"的笑柄。

敌侧背一样的奇招啊。"（一之谷之战是日本平安时代末期源平合战的关键战役之一）如果在途中遇到英美等国的舰船，先遣的护卫舰艇会将其击沉；若是中立国船只，则将其扣留。

在整个准备阶段，Z计划的详细内容只有山本、大西、源田、渊田等少数军官知道。为了掩盖袭击准备和行动企图，在作战筹划阶段，机动部队的训练地点选在日本南端的佐伯湾和鹿儿岛，最后的集结地点则选在千岛群岛北部的单冠湾（位于择捉岛）。攻击飞行队在训练结束后须返回航母、随母舰开往集结地，为了不引起附近居民的怀疑，海军特地从内地抽调教练机和其他航空队进驻训练基地，基地上空仍然保持大批飞机不停地飞行。当机动部队由各自的训练基地前往集结海域时，它们选择了远离商船航路的不同航线，分批前往。有的绕道小笠原群岛、硫黄岛、南鸟岛等北上单冠湾，有的则取道日本海。在集结过程中，各舰及舰载机的收发报机一律加上铅封，实行严格的无线电静默，同时特别注意防潜警戒；机动部队一进入集结地域，就切断同岛外的交通、通信等一切联系。在攻击实施阶段机动部队向珍珠港航行的12天中，将完全停止内外无线电通信。

11月中旬，经过渊田美津雄"魔鬼训练"的日军飞行队以集结在佐伯湾的战列舰为仿真目标，连续进行了三次综合攻击演习。联合舰队认为，这些演习是战前训练工作的总结，已做到了参战兵力之间的协调一致。

二、攀登新高山1208

暗战

要成功地将Z计划付诸实施，除了仰仗飞行队的出色表现外，必要的情报搜集也十分重要。这些情报包括瓦胡岛美军对空、对海防御设施的配置，海陆兵力的分布，

■ 1941年11月，停泊在择捉岛单冠湾的南云部队旗舰"赤城"号，远处可见航母"飞龙"号和2艘驱逐舰。

夏威夷美军飞机、舰船的种类、数量及其停放和驻泊位置，美军在平时和节假日的活动规律，以及北太平洋航线的海情。特别是：作为攻击目标的美国太平洋舰队主力，是否确实停泊在珍珠港？整个1941年，日本都在通过驻美国的外交官员广泛搜集有关珍珠港和美国太平洋舰队的情报，还通过收听夏威夷美国电台的广播得到了一些信息，但这些情报对军事进攻的意义比较有限。对联合舰队而言，最有效的办法无疑是派出海军军官，亲自前往驻檀香山的第一线侦察。

1941年3月27日上午，日本邮船会社（NYK）所属的豪华邮轮"新田丸"号缓缓靠上了檀香山码头，船舷边倚靠着一位中等个头的年轻人。此公体形匀称，神情从容，只有左手那短了一截的食指显示出他过去不俗的经历——的确，虽然这位年轻人的公开身份是日本驻檀香山领事馆新任书记官"森村正"，实际上却是军令部第一部第五课（负责对美情报）的吉川猛夫预

■ 1941年1月7日拍摄的珍珠港东部地区。画面中央是福特岛，其左侧停泊着一艘"列克星敦"级航母；福特岛右侧为F-1至F-8号泊位，可见白色的浮标；战列舰此时都不在港内。福特岛对岸是海军船厂的干船坞，画面最下方的白色圆形物体是海军储油罐。

■ 珍珠港东部地区，1941年10月13日。画面左端是潜艇基地，中央是信号塔，其右边的大型三层建筑是太平洋美军司令部（CINCPAC），最右侧为另一组燃料罐群。

备役少尉。"森村书记官"到任后并不视事，而是每天身穿绿色西裤和夏威夷衫，头戴插着羽毛的夏威夷帽，乘着出租车四处游玩。就在这种别有用心的"出游"中，他陆

联合舰队

续查看了美国太平洋舰队驻泊地珍珠港以及瓦胡岛上的希凯姆机场等军事要地,细致地把每天停泊在港内的舰船类型、数量等用符号记录下来。后来,喜多长雄总领事把他介绍到一家名为"春潮楼"、由当地日侨开设的酒馆,吉川便整天泡在这里,一边和艺妓狂饮调笑,一边细致地打量着窗外珍珠港内停泊着的美军舰艇。

1941年8月起,由于日美关系恶化,吉川的工作开始日渐繁忙。他时而身着农民的衣服,藏在甘蔗地里偷窥附近的军事基地;时而又伪装成垂钓者,在海军停泊场旁边徘徊。就是晚上也闲不下来,因为有闲的美国水兵最爱在这个时候出去泡吧,那里会有许多宝贵的情报,吉川猛夫就在拉家常的对话中一点一点费劲地把情报"挤"出来。为了避免不必要的麻烦,他从不使用望远镜,也不带地图,全凭脑子记忆各种信息和地形,晚上回到办公室才留下记录。这些情报通过日本领事馆的发报机和当地民间广播电台,以暗语的方式源源不断流向东京。

进入秋天,吉川向东京的报告频率由每周一次变为每三天一次。10月23日,一艘日本邮轮驶进了檀香山港,带来了化装成轮船办事员的第五课课员中岛凑少佐。中岛给吉川带来了一份包含97个问题的问卷,其中包括珍珠港内停泊舰船的总数、类型、位置,战列舰和航母的动向,停泊舰艇最多的时间,巡逻机,夏威夷航空基地和常驻兵力,防雷网和防潜网的安装状况等。当天晚上,吉川根据过去7个月费尽心血搜集的情报资料,用了一个通宵对97个问题作出了答复。第二天早上,当这份答卷经喜多转交给中岛时,珍珠港的命运已经确定了。

12月2日,作为对空袭珍珠港行动的掩护之一,大型邮轮"龙田丸"号以"第二次撤侨船"的名义开出了横滨,驶向美国西海岸的洛杉矶。148名乘客中有35名外国人,

■ 为珍珠港作战立下头功的间谍、军令部第一部第五课吉川猛夫预备役少尉(1912-1993),四国松山人,海兵第61期出身。吉川化名"森村正",以日本驻檀香山领事馆书记官的身份搜集了大量关于珍珠港美国舰队的一手情报,使东京得以随时知晓港内舰船的停泊情况,1942年吉川通过外交人员交换船回国,之后一直任职于军令部第一部第五课。日本战败后,第五课全体成员因为从事对美情报工作全部被作为战犯逮捕,吉川猛夫虽然已经在1944年退役,但也名列其中。此时他再度发扬间谍本色,乔装成和尚隐匿于伊豆一座古庙中,一直躲藏到1951年《旧金山和约》签署才公开露面。吉川后半生主要从事石油贸易,著有《珍珠港间谍之回想》。

其中包括挪威驻日代办康斯塔的夫人和智利记者布拉内特等一行4人。《朝日新闻》对该船的行动日程大肆渲染，竭力营造"日美亲善"、和平谈判正进展顺利的假象（战争爆发当天，接到东京电令的"龙田丸"号船员以事先准备好的手枪控制住船上的西方乘客，全船顺利返回横滨）。12月5至6日，军令部又派出横须贺海军水雷学校的实习士官和横须贺海兵团的学员，头戴标有"大日本帝国海军"帽箍的军帽，参拜了明治神宫和靖国神社，随后到《朝日新闻》总社拜访。这些假水兵还在白天大模大样地出现在热闹的东京银座街头，引起行人的注目和议论。次日，《朝日新闻》晚报以"三千海军勇士来社参观"为题对此事作了专门报导，还刊登了水兵参观报社的大幅照片，成功地掩盖了作战部队已经出发的真相。

日本人的小动作并没有完全瞒住美国人，但华盛顿对联合舰队的进攻意图产生了严重的误判。11月27日，海军作战部长哈罗德·斯塔克（Harold Rainsford Stark）上将在战争警告中表示："从日本陆军部队的人员和装备、海军机动部队的组成来看，日军的意图可能是对菲律宾、泰国、克拉地区（马来）或婆罗洲进行陆海军协同远征作战。"只字未提日军攻击珍珠港的可能性。海军情报处在分析12月1日日本舰船的位置时，仍推断日本航母正在本土。12月2日，金梅尔上将还从自己的参谋那里被告知，"日本决不会对珍珠港实施航母攻击"。此时，在遥远的北太平洋，南云忠一的机动部队已经朝着珍珠港杀气腾腾地扑来……

大海令第一号

1941年11月5日，军令部总长永野修身向山本五十六下达了关于对美作战准备的

■ 南云舰队旗舰"赤城"号，原系"天城"级主力巡洋舰2号舰，《华盛顿条约》签署后中途改造为航母，图中可见该舰后侧独特的200mm炮炮廓。

联合舰队

■ 珍珠港作战水平爆击队与雷击队主战机型——"中岛九七"鱼雷机12型（B5N2）。

《大海令第一号》（"大海令"是"大本营海军部命令"的缩写），宣称"帝国为了自存自卫，已处于不得不对美、英、荷开战的境地。鉴于此，要在12月上旬以前完成各项作战准备。"作战计划指导《大海令第一号》也同时下达。

日美交涉的最后期限是1941年12月1日，故而对于开战的具体日期"X日"的选择，山本经过了以下考虑：首先，由于金梅尔总是在周末将舰队停泊在珍珠港内，因此星期日上午所有的舰只将全部在港内，并且只有半数的官兵在舰上，不会有作战准备。其次，发动进攻的日期不得迟于12月中旬，因为日本的石油储备已经越来越匮乏。最后，过了12月上旬，季风将达到盛期，日本陆军将难以同时在马来亚和菲律宾完成两栖登陆。经过这些考虑以后，东京时间12月8日（夏威夷当地时间12月7日星期日）就成为了最理想的日子，因为那天不但符合上述的所有条件，而且没有月光，海潮也很适合在马来亚和泰国发起登陆行动。山本尤其提醒，军事行动一定要与外交行动的步骤配合得当，"一秒也不准提前"，务必使整个攻击行动"堂堂正正"、"名正言顺"。

11月10日，停泊在土佐湾的第1航空舰队旗舰"赤城"号迎来了新任飞行队长村田重治少佐，他将统领第1航空战队的雷击队。11月17日，山本本人带着宇垣缠参谋长等幕僚登上军舰，为南云忠一送行。18日上午9时，以"赤城"号为首，机动部队全部31艘军舰以不同的航线、不同的时间出港，各自秘密地向单冠湾集中。这是日俄战争以来联合舰队最大规模的一次集结，各舰除舰长以外，连副长都不知道这是一次重要的军事行动，而一般官兵则大多以为只是去北太平洋演习。次日，军令部发布《大海令第五号》，责成联合舰队正式开始开战部署的实施。

11月23日，单冠湾白雪皑皑，机动部队指挥官南云中将在旗舰"赤城"号上召开作战会议，仔细研究即将到来的珍珠港作战。一般来说，舰载机起飞海域以离珍珠港较近为佳，太远的话飞行时间过长，会增加飞行员的疲劳度，影响鱼雷攻击和轰炸的效果；但太近了又容易被敌人发现。从各种角度研讨之后，南云决定将起飞海域选择为瓦胡岛以北200海里。当时日机的大致速度为230公里/小时（120节），从起飞、集合到飞抵目标约需2小时。为保护舰队，机动部队还将采用航程差攻击法：舰载机自母舰起飞以后，航母随即后撤一定距离，各突击群完成任务后，在距起飞海区较远的地方与母舰会合。如此一来，舰载机的航程是去时较近、返回时较远；如果美机追击，其往返的航程都较远。

对各机群从瓦胡岛突入珍珠港的方向，日本人也经过了深思熟虑。在冬天的大部分时间里，信风从东北方向徐徐吹向瓦胡岛中部2800公尺高的库奥劳（Ko lau）山脉，在那里散发掉它的湿气。这为偷袭提供了再好不过的掩护，因为机群能够隐藏在像高空屏障一样的雨云层里，悄悄地接近目标，然后在防卫者能够起而截击之前，突然出现在珍珠港晴朗的上空。九年之前，亚内尔指挥他的机群从"列克星敦"号和"萨拉托加"号航母起飞、去"偷袭"珍珠港时，也是选择从这个方向突入港口的。

当初Z计划在军令部通过审核时，还有人建议借空袭之机，同时对夏威夷发动两栖登陆，一举攻占这一美国海军在太平洋上最重要的根据地。不过这个异想天开的主张很快遭到了否决：攻占夏威夷群岛需要庞大的兵力（仅瓦胡岛就驻有至少43000名美军），而当前日本陆军在其他方向的行动也需要兵力和运兵船；况且几乎可以肯定的是，如此庞大的船队必定会被发现，因为它不能走狂暴汹涌的北航线。

在此次夏威夷作战中，日机主要的空袭目标依次为：美国航空母舰（估计为2－4艘），太平洋舰队的战列舰（估计为

■ 北太平洋航行中的南云舰队，自"瑞鹤"号前甲板右舷侧拍摄，图中可见127mm高射炮群。前方近处为第1航空战队2号舰"加贺"号，远处为旗舰"赤城"号。摄于1941年11月。

联合舰队

8—9艘)，油轮和其他港口设施，以及希凯姆（Hickam）、惠勒（Wheeler）、比洛斯（Bellows）3个陆军机场上的战斗机和重型轰炸机（海军只有福特岛〔Ford Island〕、卡内奥赫〔Kaneohe〕和巴尔伯兹角〔Barbers point〕3个相对较小的航空站）。日本若能实现这一目标，就能确保其在西太平洋上的霸主地位，使美国在短期内丧失反击的能力。此外，为保护自身，机动部队的每艘航母留有三分之一的战斗机在上空巡逻警戒，以防美机的报复性攻击。

11月24日，各舰飞行队长和全体飞行人员轮流登上"赤城"号，参观瓦胡岛和珍珠港的沙盘模型。空袭总指挥渊田美津雄（此时已升为中佐）对照沙盘模型，向各飞行队详细交侍了各自的任务。同一天，海军航空技术厂从德国人那里抄来的新型轰炸瞄准器也安装到了飞机上。

11月25日，山本从停泊在广岛湾的联合舰队旗舰"长门"号上向南云下达了出击命令："机动部队务于11月26日自单冠湾出发，竭力保持行动隐蔽，12月3日傍晚进入待机海域并加油完毕。"次日，也就是美国国务卿科德尔·赫尔（Cordell Hull）在华盛顿向两位日本外交使节来栖三郎和野村吉三郎递交《赫尔备忘录》（Hull Note）的同一天，清晨6时，军舰的螺旋桨划破了单冠湾的墨绿色海水。南云机动部队大小31艘舰艇以3艘潜艇为先导，采取无线电静默，缓缓驶入了波涛汹涌的北太平洋。

这支寄托着山本五十六梦想和日本帝国全部希望的舰队包括"赤城"、"加贺"、"苍龙"、"飞龙"、"翔鹤"、"瑞鹤"号6艘大型航母，总共搭载423架飞机，其中360架将参加空袭，包括81架零式战机、135架"九九"轰炸机、104架挂炸弹的"九七"鱼雷机和40架挂鱼雷的"九七"鱼雷机。为它们护航的有第3战队的2艘战列舰"比睿"、"雾岛"号和第8战队的2艘重巡洋舰"筑摩"、"利根"号；第1水雷战队旗舰、轻巡洋舰"阿武隈"和第17、18驱逐队的9艘驱逐舰；第2潜水队的伊-19、伊-21、伊-23三艘潜艇；以及由"极东丸"、"健洋丸"、"国洋丸"、"神国丸"、"东邦丸"、"东荣丸"、"日本丸"号7艘特设给油舰组成的补给部队。山本五十六本人曾不无夸张地称，此战的意义犹如"把桶狭间、一之谷、川中岛三战合而为一"（这三战都是日本历史上影响天下归属的决定性会战）。

当南云舰队以13节航速秘密航向夏威夷之时，在东京，距离危机的爆发点也越来越近。11月30日，机动部队按预定计划进行了第一次海上加油。12月1日下午02：05分，御前会议宣布"外交方面几乎没有回旋余地"，预定于12月上旬对美、英、荷开战。裕仁天皇在具有历史意义的文件上盖了玉玺，批准了以山本事先建议的12月8日为"X日"。

12月2日下午05：30，机动部队收到了联合舰队司令长官以密码形式发出的电报："ニイタカヤマノボレ1208"（Niitakayama Nobore 1208），意为"攀登新高山1208"。

新高山即台湾的玉山，甲午战争后占领台湾的日本人发现玉山的高度超越了日本的第一高峰富士山，因此明治天皇在1897年6月28日下诏将玉山（西方名莫里逊〔Morrison〕山）更名为"新高山"，意为日本领土新的最高峰；同时将雪山命名为次高山，意为第二高峰。此句暗语的含义为"12月8日午前0时如期开始战斗行动"。

对山本和南云本人来说，这都是一场只能胜利、不能失败的决定性战役。从当晚开始，各舰的灯火全部熄灭，进入了更高的战备状态。"赤城"号飞行部门长增田正吾中佐在日记里写道："一切均已就绪。无左，无右，无悲伤，无欢笑。"

赤城舰上的Z旗

12月3日，山本五十六进宫谒见天皇，奉诏："朕兹下令出师，并委卿以率联合舰队之重任。此责任重大。事之成败，关系到国家之兴废，民族之存亡，望兵至必克。"

北太平洋的航行并非一帆风顺。12月3日中午，"加贺"号的一名下士官在巨浪中落水失踪，成为机动部队在这场战争中的第一个牺牲者，好在视野中并没有出现任何敌方或第三国舰船。东京时间12月4日天亮后，南云舰队将航速提高到24节。在遥远的檀香山，吉川猛夫依然在将美军舰船的活动情况传回国内，再由东京转电南云（按照无线电管制规定，机动部队的所有无线电设备只收不发）。东京时间12月6日星期六（夏威夷当地时间12月5日星期五）0时，攻击部队仍未被发现，南云忠一遂做出了继续前进、发动攻击的决定。补给编队在给航母和警戒舰只加满油后自行返航，机动部队以24节的航速直逼瓦胡岛。

至此，日本人已无退路可走。唯一令他们担忧的是，根据吉川发来的最新报告，截至星期六晚上，美军航母仍未在珍珠港出现。但除了希望这些军舰能在第二天早上返航以外，他们也别无他法。

时间只剩下24个小时了。东京时间12月7日00：55时（夏威夷时间6日05：25时），机动部队旗舰"赤城"号接到了先遣队伊-72号潜艇发来的报告："拉海纳泊地无美

■ 第1航空战队所属航母"加贺"号，原系"加贺"级战列舰1号舰，《华盛顿条约》签署后顶替因关东大地震报废的"天城"号改造为航母。图中可见该舰独特的舷侧弯曲式烟囱。

联合舰队

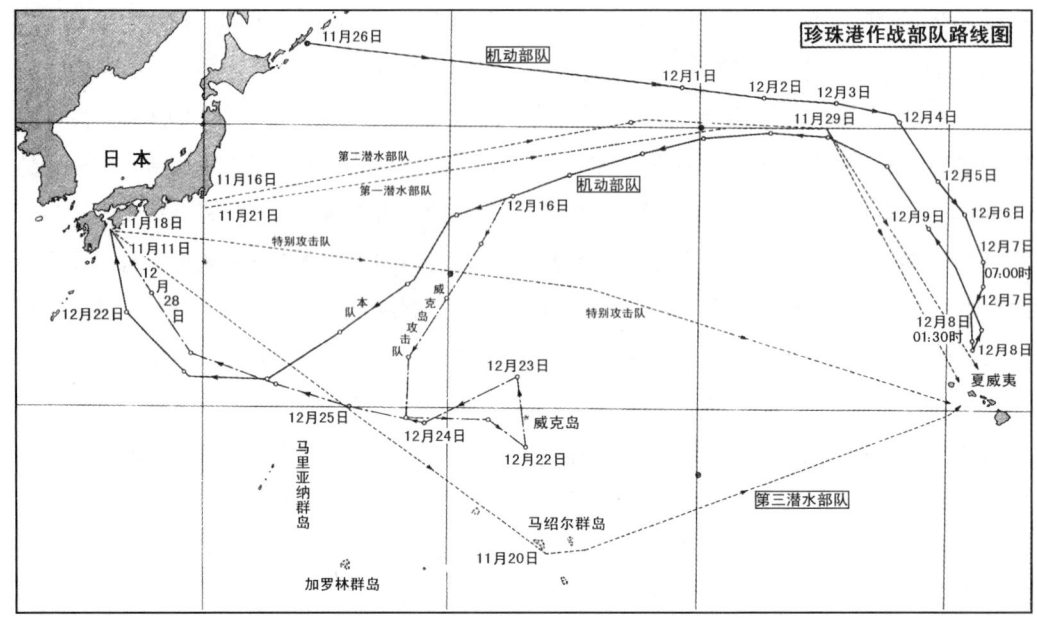

国舰队。"拉海纳（Lahaina）是瓦胡岛的外岛泊地，位于茂宜（Maui）岛西侧，南云据此推测，美国太平洋舰队主力很可能都在珍珠港内。8日凌晨00:40时（夏威夷时间12月7日05:10时），机动部队驶至瓦胡岛以北230海里处的预定出击点。至此，南云舰队已经在海上航行了12昼夜，未被美机和潜艇发现，也未遇到任何第三国商船。01:00时（夏威夷时间7日05:30时），航空巡洋舰"利根"号和"筑摩"号各自弹射了1架"零式"水上侦察机和1架"九五"式水上侦察机，前去对珍珠港和拉海纳泊地内停泊的舰船及气象状况进行最后的侦察。

在"赤城"号甲板上，整备员已经将要参加空袭的飞机加足了油，机上的鱼雷、炸弹、机枪也都检查完毕。士官室里，出发前的飞行员们在默默地休息。突然，扩音器中传来"搭乘员起身"的命令。一面"DG"信号旗缓缓升上"赤城"号低矮的桅杆，这与36年前东乡平八郎在对马发

■ 1941年12月6日，航行在北太平洋荒潮中的南云机动部队。照片自"赤城"号舰尾拍摄，可见两侧伸出的飞行甲板支柱，后方中央为"加贺"号，左侧为"瑞鹤"号，甲板上的飞机均已整装待发。

■ 正在做临战准备的第1航空舰队旗舰"赤城"号，画面左侧为测定方位用的无线电测距塔，舰桥上捆绑着防御弹片用的棉布卷，顶层1.5公尺测距仪前方架有一挺高射机枪。

出的Z字信号旗含义相同，意味着一场决定日本命运的大战即将开始。南云忠一向全舰乘员宣读了山本12月6日深夜从"长门"号上发来的训令："皇国兴废在此一举；望我军将士不怕流血牺牲，各尽其职，以告大成。"这段训令同样是联合舰队参谋长宇垣缠少将从东乡那里化用过来的。对近代化时间不长的日本来说，对马海战的胜利实在是史无前例的巅峰，他们太渴望复制这一奇迹了。

操舵室一声令下，"赤城"号向左转舵20度，迎风前进，当时风速为17公尺/秒。舰桥上的扩音器传来了出击命令："奇袭作战成功！全员突击开始！"由一架"九七"鱼雷机领头，鱼雷攻击机、俯冲轰炸机、水平轰炸机和战斗机呼啸着离开"赤城"号的飞行甲板，第一批攻击队的其他飞机也从另外5艘航母上腾空而起。东京时间1941年12月8日01:30，"创造历史的时刻"开始了。

不过，在夏威夷时间12月7日清晨，最早到达珍珠港上空的却是自航空巡洋舰"筑摩"号上弹射的一架水上侦察机。远在第一波攻击队到达目标之前，这架小飞机就悄悄飞临珍珠港上空，用明码向机动舰队发回了报告："战列舰9艘、重巡洋舰1艘、轻巡洋舰6艘在泊中。"航空母舰依然不在港内。"筑摩"号的另一架侦察机报告："瓦胡岛上空稍有云彩，珍珠港上空极其晴朗。"几乎与此同时，从另一艘航空巡洋舰"利根"号上起飞的侦察机也自拉海纳泊地上空发回了电报:"敌舰全无踪影。"

显然,除去去向不明的航母外,美国太平洋舰队的主力悉数停泊在珍珠港内。战后,南云忠一的参谋长草鹿龙之介少将回忆,那是他平生收到的"最让人高兴的电报"。

三、"虎!虎!虎!"

天机

1941年12月7日,上天至少给过美国人两次机会。

从前一天晚上到当天凌晨,在瓦胡岛南面的主航道上,美国海军扫雷舰"秃鹰"(USS Condor, AMc-14)号一直在谨慎地航行着。操舵室里,朦胧不清的人影在执行海上夜更的例行任务。一等水兵查韦斯一面盯着看不清的罗经,一面努力使船保持在指定的航向上;操舵中士厄特利克在1941年12月7日的航海日志上潦草地记下该舰的航向和速度。总值日军官麦克劳埃少尉指挥着"秃鹰"号进行扫雷机动,并时刻注视着正在黑暗中执行同样任务的三艘扫雷舰:"交喙鸟"(USS Crossbill, AMc-9)号、"美冠鹦鹉"(USS Cockatoo, AMc-8)号和"食米鸟"(USS Reedbird, AMc-30)号,这四艘由金枪鱼捕捞船改装而来的木制扫雷舰正在执行搜索磁性水雷的日常任务。从11月28日起,它们日复一日地清扫这片海域,然而什么水雷也没有发现。

在北面瓦胡岛朦胧的夜空中,红、白灯光交织闪烁着,这标志着太平洋舰队安全地停在珍珠港内。在离岸两海里处,"秃鹰"号发现了一艘潜艇,它离舰艏大约50码,正在向珍珠港入口浮标处前进。03:42,"秃鹰"号把这个情况用信号灯通知了正在附近巡逻的驱逐舰"沃德"(USS Ward, DD-139)号,因为它有攻击潜艇的能力。

05:28,扫雷舰小分队结束了当天的夜间扫雷工作,开始向主教角分区基地返航。80分钟后,"沃德"号终于发现了那艘潜艇,并断定它不是自己的军舰。此时,涂有太阳标志的成百架飞机已经出现在星期天的曙光中,战争很快就要在珍珠港的上空开始了。不过此时珍珠港的人既看不到、也听不见它们。

位于瓦胡岛北端卡胡库角(Kahuku Point)的奥帕纳(Opana)哨所陆军雷达站在空袭开始前50分钟就发现了日军第一攻击波的身影。自11月底日美关系渐趋恶化以来,夏威夷陆军部队指挥官萧特(Walter Campbell Short)中将就下令在瓦胡岛设立5个野战雷达基地,随时警戒来自日本人的攻击。不过,奥帕纳哨所发现的雷达信号必须首先上报到沙夫特堡(Fort Shafter,位于希凯姆机场附近)的情报中心,随后由值班军官决定是否向全军发出警报。为防止日本人利用黎明进行空袭,每天早晨4点到7点,奥帕纳哨所的SCR-270B雷达都处于开机状态,并配备值班员进行监视。不过在当时,美军对雷达这种新武器的使用也在黎明

■ 装置在瓦胡岛北端奥帕纳等5个哨所的SCR-270B机动式远程警戒雷达，探测距离120－240公里。当奥帕纳哨所的值班员在7点提前预警日军来袭机群时，情报中心的值班军官泰勒中尉却把它们当成了从本土飞来的B-17，使美军丧失了最后的机会。

期，通信人员的技术普遍低劣，对设备的调试也是马马虎虎。陆军本不指望雷达能在暗夜里发现接近中的日本飞机，凌晨的3个小时更多被用作训练时间。

12月7日早晨7点，奥帕纳雷达站的值班哨兵是来自陆军第515对空警戒信号队的一等兵乔治·小艾略特（George E. Elliot, Jr）和约瑟夫·洛卡德（Joseph L. Lockard）。他们俩本来已经结束了为时3小时的训练任务，不过因为交接班的哨兵还没有来到，两个对雷达这种新鲜事物有着浓厚兴趣的小伙子依旧坐在示波器跟前。

07:02时，两条巨大的脉冲出现在示波器屏幕上。光点异常清晰，并且越来越大——那正是渊田中佐的183架飞机。

"这是什么？"

洛卡德吓了一跳。他敢保证，那是他接触雷达以来看到过的最大的脉冲。

"不会是机器出现故障了吧？"

两人相视一笑，马上检查了机器。没有任何故障。

"那是一群飞机在飞行，绝对错不了。"

脉冲所示的方位在瓦胡岛以北137英里，东3度，并且越来越近。紧张的洛卡德立即打通了沙夫特堡情报中心的电话，此时时间已经过去了13分钟。

接电话的人是泰勒（Kermit A. Tyler）中尉，他原本是陆军航空队飞行员，最近才因为训练的缘故被派到情报中心。

"雷达发现异常。有飞机在向瓦胡岛接近中。"

"飞机？"

"目标脉冲极大，非常清晰。虽然无法确认敌我，但可以肯定系大规模机群，不是一两架。"

"啊。"

一边听着洛卡德的报告，泰勒中尉一边想着早上上班途中在汽车里听到的无线电广播，里面播放着夏威夷音乐。据那些驾驶过轰炸机的飞行员说，每当B-17"空中堡垒"（Flying Fortress）重型轰炸机从美

联合舰队

国本土飞来夏威夷时,电台都会播放音乐来充当导航信号。这么一想,中尉就有了一种错觉:雷达上出现的是从美国本土飞来的B-17。

事实上,当天的确有12架B-17从加利福尼亚飞来瓦胡岛,只是它们一直在雷达监控范围外5度的地方飞行而已。小官僚不想再和这两个小兵啰嗦,他飞快地回了一句"不用担心",就把电话挂了。

假如中尉愿意再"劳神"听一等兵讲几句话,他大概就不会这么自信了——雷达站发现的机群规模是100架,比全美国所有的B-17加起来还要多。只可惜,他已经错过了最关键的时机,一切都已无可挽回:涂着血红"日之丸"的183架日本飞机正朝珍珠港迎面扑来,一路毫无阻拦。

"我奇袭开始!"

东京时间1941年12月8日02:15时(瓦胡岛当地时间12月7日06:45),也就是南云舰队第一攻击波飞离"赤城"号后半个小时,183架日本飞机一个接一个地关掉了编队灯。

天空灰白,东方海平线已经露出了曙光,初升的旭日缓缓爬进人们的视野。金黄色的阳光在一瞬间穿透了深蓝色的海面,留下一道华丽的光带。红、橙、黄、黑的霞光颜色混为一体,映照在天空、海面和飞机上,犹如一幅壮观的炭雕。对许多年轻的日本飞行员来说,这是他们有生之年第一次在空中看到日出。按照迷信的说法,阳光灿烂的天气无疑是一个好兆头。

"多么光辉灿烂的黎明呀!"渊田美津雄不由得喊道。

183架的大编队在3000公尺高空飞行着,中间是49架水平轰炸机(每机带一颗"九九"式800公斤5号炸弹),左侧是51架俯冲轰炸机(每机带一颗"九九"式250公斤常规炸弹),40架鱼雷机(每机带一枚"九一"式改2航空鱼雷)位于右侧,最后是43架护航战斗机。渊田美津雄凝视着天际的朝阳,暗自担忧:攻击队顺利起飞固属幸事,但这也意味着突袭珍珠港势成必然,

■ 珍珠港作战空袭总指挥渊田美津雄中佐(1902—1976)。奈良人,海兵第52期出身,开战前任"赤城"号飞行队长,直接指挥了珍珠港空袭行动,其后一直担任第1航空舰队飞行总队长直至中途岛海战,中途岛海战中撤离"赤城"号时双腿骨折。此后他历任横须贺航空队教官、海军大学教官、第1航空舰队参谋、联合舰队参谋等职。战后渊田以传教士身份游历了美国,著有《中途岛》、《机动部队》、《珍珠港攻击》等回忆性作品。

无法更易。在瓦胡岛上空等待着他的，会不会是严阵以待的美国战斗机？他的40架"九七"鱼雷机携带的"九一"式改2鱼雷性能是否合用？"九九"轰炸机俯冲轰炸的效率究竟如何？一切责任都系于渊田一身，这使他多少感到有些不自在。中佐端坐在侦察员席位上，前后左右环视着四周，稍稍缓解着内心的紧张。

早在制订珍珠港作战计划当初，源田实等人即估计到了美军已有防备的情况。为此，他们草拟了奇袭和强攻两种方案：当美军全无戒备时，采用奇袭方案，即首先以"九七"鱼雷机展开鱼雷袭击，继之以水平轰炸和俯冲轰炸；当美军已有戒备时，则采取强攻方案，即首先以轰炸机队俯冲轰炸岸上航空基地，以便造成混乱，吸引美军防空火力，再以水平轰炸加以压制，最后由雷击队对舰船实施鱼雷攻击。

经过一个半小时的飞行，第一攻击波已经接近了瓦胡岛上空。渊田下令攻击队降

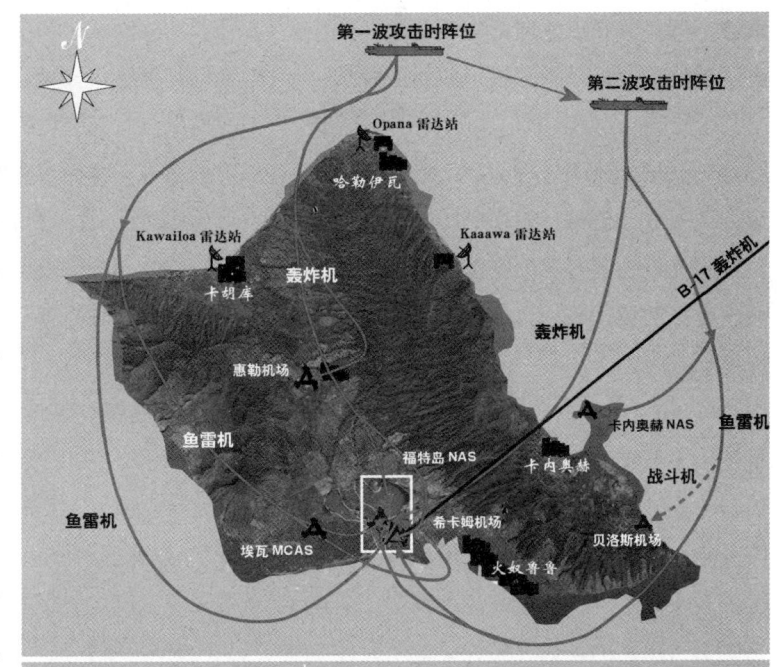

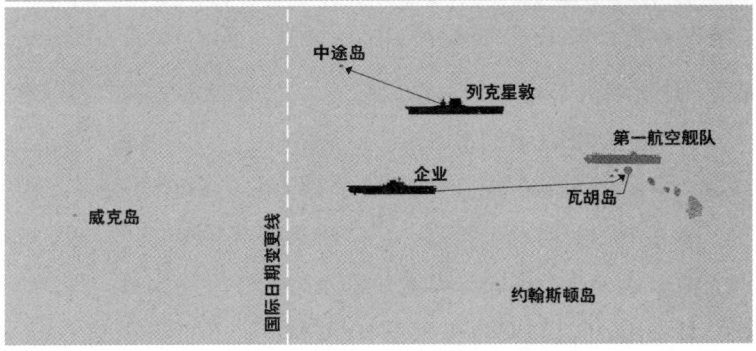

低到1500公尺高度。透过弥漫的紫云，海岸线在他眼前逐渐显现出来。中佐抓过双筒望远镜，看到了冲刷着海岸线的波浪，立即辨认出那是瓦胡岛北端的卡胡库角。珍珠港就在眼前！渊田抑制住内心的激动，对座机驾驶员松崎三男大尉说道："注意敌战斗机，务必时刻小心。"

在一千多公尺以下的地方，军舰的早更船钟敲了六下，这意味着已经七点钟了。旭日照亮了库奥劳山的上空，温暖的阳光照

联合舰队

耀着夏威夷的绿色甘蔗田和菠萝地，一些勤奋早起的当地人已经开始了田间的劳作。

在宁静的晨曦中，美国太平洋舰队安详地停泊在港口中。94艘军舰上正在开早饭，三级战备值班员正在交接班。即使有人注意到飞机在港口的上空盘旋，也不会想到会出什么问题，因为自己人的飞机经常在珍珠港上空飞翔。

渊田座机上的无线电接收机里传来了檀香山无线电台的广播声：和每一个平静的周日早晨一样，电台选播了舒缓的爵士乐。打开定向仪、依靠着音乐的电波作为导航，渊田攻击队顺利抵达了瓦胡岛高空。为避免影响突入电文的发送，中佐关掉了无线电接收机，飞机开始自瓦胡岛西岸绕向珍珠港，仔细地搜索攻击目标——美国军舰。

双筒望远镜的镜片里映出了平静的珍珠港。宽阔的军港上空云层稀薄，阳光明亮，停泊着的舰船尽入眼帘。它们全无戒备，在从天而降的闯入者面前显得如此茫然。整个瓦胡岛上的陆军飞机没有一架在空中，希凯姆、惠勒、埃瓦3个机场上到处是机翼对机翼紧靠在一起的各型军用飞机。780挺高射机枪有四分之三无人值班，陆军的31门高射炮只有4门在阵地上，而炮弹却在弹药库里。慵懒的情绪支配着空气，没有人料到攻击会在星期天的一早到来。对日本人来说，这真是天赐良机！

面对身下犹如模型沙盘一般平静的珍珠港，过度激动的渊田美津雄居然踌躇了：是奇袭，还是强攻？一秒钟之后，他做出了奇袭的决断。中佐一手拉开上方的舱盖，用手枪打出了一发蓝色信号弹（制空队的零式战机上没有无线电设备，需要以信号弹发出攻击指令。渊田事先约定的信号为：一发信号弹表示奇袭；两秒钟内连发两弹表示强攻）。此时是东京时间12月8日03：10，瓦胡岛当地时间12月7日07：40。

"奇袭开始！"

意外就在这个时候发生了。按照预定计划，渊田发出攻击信号后，位于他之后的第1制空队（零式战机队）指挥官、"赤城"号舰载战斗机队长板谷茂少佐应该摇摆机翼以示明白。但当天因为残云遮隔，板谷并没有看到信号。几秒钟后，不见回应的渊田再次打出一颗信号弹，子弹爆炸后拉出的黑烟在高空显得格外刺眼。

飞在板谷之后的是"加贺"号舰载战斗机队长志贺淑雄大尉。志贺看到长机打出的信号弹，立即指挥自己的分队低头穿过库奥劳山口，向着前方的目标突入而去。与志贺并飞的板谷这才调整好战斗队形，离开高空位置直扑火力压制的目标——位于瓦胡岛中部的惠勒机场。

制空队总算明了了奇袭信号，但轰炸机队队长、"翔鹤"号飞行队长高桥赫一少佐却犯了一个大错误：这位貌似稳重的轰炸专家看到前后两发信号弹，误以为这是强攻决定，马上带着他的51架"九九"轰炸机径直扑向了瓦胡岛上的机场。倒是绰号"雷击王"、负责指挥雷击队的村田重治少佐没有被第二颗信号弹弄糊涂，提前用无线电通知

40架"九七"鱼雷机（装有无线电设备）：按预定计划在8点开始攻击。但高桥轰炸机队的突然行动还是让他吃了一惊，由于队形已经发生混乱，村田当即决定：降向低空、继续前进，攻击福特岛东侧的战列舰舰队。

长机上的渊田被这一系列意外搞得目瞪口呆。显然，尽管日本飞行员已经进行了长达数月的反复训练，但当他们真正投入战场时，难免还是会表现出紧张和恐惧。张了张因激动而颤抖不已的嘴唇，中佐骂道："高桥这小贼，都干了些什么呀！"

几秒钟后——东京时间12月8日03∶19（瓦胡岛当地时间为12月7日07∶49）——伴随着渊田的咒骂声，长机上的水木兵曹用颤抖的手指连敲三下电报机，发出了"卜、卜、卜"的突击信号（"卜"音Tao，是日文"突击"トツゲキ一词的第一个假名）。

四、"这不是演习！"

"战列舰大街"上的灾难

夏威夷当地时间07∶40，驱逐舰"赫尔姆"（USS Helm, DD-388）号已经绕过福特岛，通过了老煤炭码头，它是珍珠港内唯一正在航行的军舰。07∶55，各舰值更人员的目光都注视着信号塔，等待它挂出夜间更与午前更的交接班信号旗。

信号塔确实升起了蓝色边缘的信号旗。突然，空中出现了鱼雷机和俯冲轰炸机，机翼上涂有鲜红的饼图案。在福特岛的水上飞机机库附近，一颗炸弹爆炸了。几秒钟后，系泊在1010码头的水雷部队旗舰"奥格拉拉"（USS Oglala, CM-4）号扫雷舰的信号台第一个发出明确的旗语："港内全体舰船出港！"三分钟后，福特岛的美国海军航空站无线电台也发出了警报："珍珠港遭到空袭，这不是演习。"（Air raid Pearl Harbor. This is not drill.）两分钟后，金梅尔下令将该电转发马尼拉和华盛顿。

由于高桥的莽撞，日本飞机违背了山本在战前精心设计的时间，在预定的进攻时间（8点整）前5分钟就开始了行动。不过，即使日机是在8点过后才开始空袭，在华盛顿的日本外交使节由于种种鬼使神差的延误，也不可能准时将宣布谈判失败的文书送到赫尔手中，"不宣而战"依旧不可避免。

事态既然已经无可挽回，渊田也就将计就计，坐视三支攻击部队如怒涛一般涌向各自的目标。

当天清晨07∶55时，高桥赫一的俯冲轰炸队在瓦胡岛中部取向西北，朝惠勒机场投下了第一颗炸弹。这颗炸弹，也就成为了打响太平洋战争的"世纪第一弹"。

惠勒机场升起烟柱！希凯姆机场升起烟柱！福特岛机场升起烟柱！伴随着"九九"轰炸机巨大的呼啸声，250公斤炸弹轰然落地，弹片和爆炸音一起扩散开去。机场上的美国士兵在那一瞬间都怀疑起了自己的眼睛和耳朵，他们跑出兵营，四处张望着。虽然上级早就强调日美开战在即，但他们还是没有想到袭击会从星期天的早晨开

联合舰队

1941年12月7日珍珠港的舰船配置

1: "加利福尼亚"号（坐沉，后修复）
2: "马里兰"号（轻伤）
3: "俄克拉荷马"号（倾覆，后打捞）
4: "田纳西"号（轻伤）
5: "西弗吉尼亚"号（坐沉，后修复）
6: "亚利桑那"号（彻底炸毁）
7: "内华达"号（重创搁浅，后修复）
8: "宾夕法尼亚"号（伤，后修复）
9: "犹他"号（靶舰，沉）
10: "罗利"号（轻巡洋舰，伤）
11: "底特律"号（轻巡洋舰，无伤）
12: "海伦娜"号（轻巡洋舰，重创）
13: "新奥尔良"号（重巡洋舰，轻伤）
14: "旧金山"号（重巡洋舰）
15: "圣路易斯"号（轻巡洋舰，无伤）
16: "火奴鲁鲁"号（轻巡洋舰，轻伤）
17: "菲尼克斯"号（轻巡洋舰，无伤）
18: "尼奥萧"号（油船，空袭中转移泊位，无伤）
19: "奥格拉拉"号（扫雷舰，沉没，后打捞）
20: "女灶神"号（修理舰，伤）
21: "萧"号（驱逐舰，在YFD-3号浮船坞内，报废，后修复）
22: X-2泊位（驱逐舰5，供应舰1）
23: X-8泊位（驱逐舰5，供应舰1）
24: X-11泊位（驱逐舰3）
25: X-14泊位（驱逐舰6）
26: D-7泊位（扫雷舰4）
27: D-3泊位（扫雷舰3）

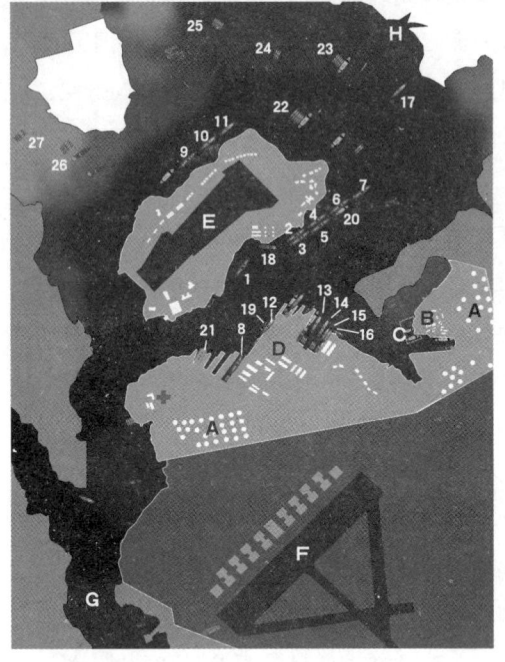

A＝油库
B＝太平洋美军司令部
C＝潜艇基地
D＝海军船厂
E＝福特岛机场（海军）
F＝希凯姆机场（陆军）
G＝主航道出口
H＝煤炭码头
※图中水域颜色依水深增加而加深

始。是不是防空演习或者意外事故呢？直至看到飞机上"日之丸"的那一刻，绝大多数美国兵还是没反应过来自己该做什么。

打完信号弹的渊田中佐上升到高空，从双筒望远镜里凝视着湾内的美国舰队。在福特岛东南侧，6艘漂亮的浅灰色战列舰排成两行队列，船头一律向南，对着出港的方向。队列内侧有4艘战列舰，自南往北依次是停泊在F-5泊位的"马里兰"（USS Maryland，BB-46）号、F-6泊位的"田纳西"（USS Tennessee，BB-43）号、F-7泊位的"亚利桑那"（USS Arizona，BB-39）号和F-8泊位的"内华达"（USS Nevada，BB-36）号；外侧停泊着2艘战列舰，分别是停泊在"马里兰"号外侧的"俄克拉荷马"（USS Oklahoma，BB-37）号和停泊在"田纳西"号外侧的"西弗吉尼亚"（USS West Virginia，BB-48）号——太平洋舰队旗舰；"宾夕法尼亚"（USS Pennsylvania，BB-38）号正在1号

■ 村田的雷击队于07:55发起进攻时,由渊田美津雄摄下的"战列舰大街"全景。被两道鱼雷航迹直指的是"西弗吉尼亚"号,舰身附近可见水纹;左下第一艘为"内华达"号,第二排为"亚利桑那"号(内侧)和"女灶神"号修理舰(外侧),第三排为"西弗吉尼亚"号(外侧)和"田纳西"号(内侧),第四排为"俄克拉荷马"号(外侧)和"马里兰"号(内侧)。战列舰后横向停泊着的是油船"尼奥萧"号,后方隐约可见已经中弹的"加利福尼亚"号。远处是在轰炸机队攻击下冒起白烟的埃瓦机场。这张照片十分著名,在1980年美国拍摄的穿越电影《核子航母历险记》中还曾"出场"。

干船坞中修理,"西弗吉尼亚"号当时是金梅尔的旗舰。在"亚利桑那"号外侧是"女灶神"(USS Vestal, AR-4)号修理舰,正准备向舰上运送补给物资。从空中望去,6艘战列舰排列得整整齐齐,就像一条大街。"加利福尼亚"(USS California, BB-44)号战列舰停泊在这条"战列舰大街"(Battleship Row)左前方的F-3泊位上,中间隔着"尼奥萧"(USS Neosho, AO-23)号油船。在福特岛的西北端停泊着另一行军舰,分别是F-13泊位的"底特律"(USS Detroit, CL-8)号轻巡洋舰、F-12泊位的"罗利"(USS Raleigh, CL-7)号轻巡洋舰、F-11泊位的靶舰"犹他"(USS Utah, AG-16)号和水上飞机供应舰"丹吉尔"(USS Tangier, AV-8)号。

虽然空袭尚未完全展开,但地面上的高射炮显然毫无戒备,战斗机也没有出动的迹象。渊田有充分的理由相信自己的机群将取得一场大捷。他已经急不可耐地要将这个消息告诉"赤城"号上的南云、"长门"号上的山本,以及大本营海军部、政府、天皇、东京市镇上的所有人。渊田转过头去:"水木兵曹,用甲种电波向舰队发报:我奇

联合舰队

■ 日方航拍照片：第一波空袭进行中的珍珠港。中央的岛屿为福特岛，画面右上方为"战列舰大街"，上方的黑点是一架"九七"鱼雷机，中央高大的水柱是"西弗吉尼亚"号被鱼雷命中造成的。60年后，美国海军历史学家判断该鱼雷可能系突入港内的一艘"甲标的"（袖珍潜艇）所发。本图1945年11月8日在横须贺海军基地的残余数据中发现。

袭成功！"

此时是东京时间12月8日03：23。伴随着水木滴滴答答的敲击声，"トラ、トラ、トラ"（"トラ"音Tora，直译"虎"）这个简洁的信号迅速传向3000海里之外，传向广岛湾内的"长门"号和东京的军令部……

接到奇袭信号之后，村田少佐带着他的雷击队急剧下降，一边划着漂亮的弧线，一边扑向眼前整齐的"战列舰大街"。按照训练中严格要求的那样，沿西部山区进入后，整个雷击队分为两批，第一批16架（"苍龙"号雷击队）西转，对福特岛西侧的辅助舰艇实施鱼雷攻击；另一批24架（来自"赤城"号和"加贺"号）爬高绕过希凯姆机场和海军码头，从东南方向猛地深入，从15－30公尺的超低空施放鱼雷，攻击福特岛东侧的战列舰群。

当地时间12月7日上午07：55，以"亚利桑那"号为首的美国战列舰正在为8点举行的升旗仪式做准备。为了准备星期天上午的例行礼拜，主甲板上搭起了高大的台基，一派和平气象。日本飞机出现的时候，"内华达"号上的水兵刚把国旗挂好，军乐队在后甲板列队完毕，开始演奏《星条旗》。日本鱼雷机从高空猛冲下来，一个接一个地射

■ 倾覆的"俄克拉荷马"号战列舰，内侧为"马里兰"号。

■ 福特岛东端F-3泊位的"加利福尼亚"号战列舰被炸弹击中起火。

■ 被击中爆炸的"亚利桑那"号。

出了鱼雷。发射鱼雷完毕后，"九七"鱼雷机的翼尖几乎是擦着军舰的桅杆而过，随后回升到高空。

"鱼雷！"

美国人还没来得及看清"九一"式鱼雷的航迹，它们就在军舰的舷侧爆炸了。一瞬间，"俄克拉荷马"号的船舷涌起喷泉一般的巨大水柱，随后黑洞洞的破口露了出来。波浪冲进开始燃烧的舰身，爆炸产生的红黑色火焰不断燃起。第二个遭难的是"西弗吉尼亚"号，两枚"九一"式鱼雷直指这艘巨舰，随后爆炸了。火光在军舰的舷侧形成一个明亮的半圆形轮廓，左舷正在向海面接近，弹射器上的一架OS2U"翠鸟"（Kingfisher）水上飞机也掉进了海里。

大火熊熊地燃烧了起来，火焰和黑烟被大风刮起，升腾起几十公尺高。烟雾弥漫在整个甲板上，到处是鱼雷和炸弹爆炸产生的水柱。看到这样的景象，渊田美津雄的脸上浮现出了愉快的微笑——即使是眼拙的"苍龙"号雷击队误把陈旧的靶舰"犹他"号当成

联合舰队

了现役战列舰加以攻击，也没有减少他的笑意。

"奇袭成功了！"

一瞬间，夏天以来在鹿儿岛湾日以继夜、激烈训练的情景又浮现在了渊田中佐的眼前。虽然由于高桥赫一的莽撞，给奇袭造成了一点波折，但空袭的胜利已是显而易见。

40架鱼雷机的雷击结束后，登场的该是渊田本人亲率的水平轰炸机队了。08：05，中佐发出了"突击"命令，49架水平轰炸机绕经瓦胡岛以西，从南岸飞向珍珠港，编成了以5机为一个中队的纵队队形（单机间隔200公尺）。水平轰炸机队的任务是对福特岛东侧避开了鱼雷攻击的战列舰以及高射炮火力集中的埃瓦机场进行高空轰炸（3000公尺高度），先导机是由最优秀的飞行员——阿曾一等飞曹和渡边一等飞曹驾驶的2号机。

他们最初打算尝试水平轰炸，不过由于高空有湍流、机身摇晃得厉害，轰炸机无法掌握投弹的准确时间，也无法确认目标。

渊田中佐瞄准了战列舰"田纳西"号和"加利福尼亚"号。当时"田纳西"号被堵在"战列舰大街"内侧、无法动弹，"加利福尼亚"号则稍微远离舰群，单独停泊在南面。雷击队发动攻击时，美国战列舰上的水兵还以为是友军正在进行轰炸演习。不过当水平轰炸机队接近美舰时，从战列舰上射来的对空火力突然变得激烈起来——美国太平洋舰队终于从惊愕中反应过来，开始反击了。

突然，渊田机的机体激烈地摇晃起来，随后是一下沉重的撞击，驾驶舱外的天际线立刻猛然下滑。

"怎么回事？"渊田下意识地问道。

"不要紧。只是机体上被机枪打了几个

■ 空袭中的珍珠港，上空布满高炮浓烟。

■ 太平洋战争中第一架被摧毁的B-17C重型轰炸机,地点为希凯姆机场。这架由雷蒙·斯文森上尉驾驶的B-17C在降落时遭到板谷茂大尉的扫射,机身直接断成两截。12架B-17在空袭最激烈时进入瓦胡岛上空,很快被全数击毁。

■ 卡内奥赫航空站起火的1号机库前,地勤人员正在转移一架PBY水上飞机。

■ 消防船正向"西弗吉尼亚"号喷洒海水,内侧是"田纳西"号战列舰。

洞而已",操纵席上的松崎大尉若无其事地回答。

从高空看去,燃烧着的军舰上冒出的火焰和高射炮弹爆炸产生的黑烟混杂在一起,掩盖住了整条"战列舰大街"。渊田队穿过这黑烟,对"田纳西"号和"加利福尼亚"号发起了攻击。一枚800公斤炸弹将堵在"西弗吉尼亚"号内侧的"田纳西"号2号炮塔炸飞,炸裂的炮塔碎片飞进一旁的"西弗吉尼亚"号舰桥,将正在指挥抢险的本尼昂(Mervyn Sharp Bennion)舰长打死。"加利福尼亚"号原本已经被两发鱼雷重创,现在又被一枚炸弹命中,副炮弹药库发生爆炸,点燃了舰身附近漏出的燃油。大火冲天,黑烟和火焰包围住了整艘军舰,珍珠港已经变成了一个人间地狱。

下一个投入攻击的是第一攻击波中的轰炸机队。它们从高空飞下来,丢下一颗颗250公斤炸弹,炸弹直接命中战列舰和巡洋舰等大型军舰,每次都升腾起火焰和黑烟,在空中形成了熊熊的火墙。巨大的水柱林立,战舰由于剧烈的冲击打起了漩涡。在"苍龙"号轰炸

联合舰队

机分队长阿部善次大尉对"俄克拉荷马"号投下炸弹后,这艘燃烧着的战列舰缓缓地倾覆了——那是连续5枚鱼雷击中舰腹造成的结果。"俄克拉荷马"号向左横滚倾覆,一些官兵从船舷跳入海中,向岸边游去,410多人被困在倾覆了的船壳里。

几乎与此同时,08:10,停泊在"俄克拉荷马"号右后方的"亚利桑那"号战列舰发出了一声震耳欲聋的爆炸——它被"加贺"、"苍龙"号两舰的"九七"鱼雷机编队投下的4颗800公斤炸弹击中,其中"苍龙"号水平爆击队投下的一颗炸弹穿透了前甲板,先是引爆了前部的黑火药库(这些黑火药是供水上飞机弹射器用的),接着诱爆了主炮塔的无烟火药库。在大爆炸的瞬间,橘黄色的大火球和强烈的气浪喷涌直上,将其上空的几架"九九"轰炸机和零式战机吹得七零八落。"亚利桑那"号上有1177名官兵在爆炸中随舰阵亡,包括舰长富兰克林·范·瓦尔肯伯格(Franklin van Valkenburgh)上校和第1战列舰分队司令伊萨克·基德少将

■ 在第一波空袭中离开泊位、试图向港外转移的"内华达"号战列舰。

■ 空袭下的惠勒机场。烟柱正从机库后方的地勤营房整齐地冒出。

■ 在比洛斯机场被击毁的陆航P-40战斗机。

(Isaac Campbell Kidd)。

就在"亚利桑那"号挨炸的同时，12架从美国本土飞来的B-17重型轰炸机出现在了希凯姆基地上空。他们没有携带任何弹药，毫无战斗准备。当体形巨大的"空中堡垒"冒着自己人的炮火、好不容易降落到跑道上时，"九九"轰炸机和零式战机马上像嗅到腥味的猫一样凑了过来。有3架B-17在降落时遭到板谷茂的扫射，其中由雷蒙·斯文森上尉驾驶的那架被零式战机的子弹洞穿、引燃了飞机舱内的信号弹，结果B-17在滑上跑道后自动断成两截。日本人宣称，这是太平洋战争中第一架被击落的B-17。

在高空观察着这一切的渊田美津雄毫不放松，一次次下令继续攻击，试图彻底摧毁太平洋舰队。日机开始集中攻击"田纳西"号和"加利福尼亚"号，"加利福尼亚"号先后被3枚鱼雷击中，巨大的身躯明显倾斜了。东风吹来，战列舰群喷出的黑烟遮挡住了日机飞行员的视线，也保护了"田纳西"号免受进一步的攻击。后者损伤轻微，在三个月后即告修复，投入了战斗。

轰炸机队和雷击队攻击珍珠港内舰船的同时，日军制空队从西部山区东侧进入，封锁瓦胡岛上空，未与美机遭遇。它们随即分为6个编队，分别扫射了惠勒、希凯姆陆军机场和福特岛、卡内奥赫海军航空站。他们攻击兵营、机库和地面上的飞机，机场一时间变成了废墟。卡内奥赫航空站的50架PBY-5水上巡逻机有31架以上被毁，不过司令部和塔台、跑道等幸免于难。加上高桥的轰炸机队技术不如渊田的水平轰炸机队和村田的雷击队，实际战果平平。

不过即使是这样，他们取得的胜利也已经足够辉煌：到8点30分，"亚利桑那"号、"俄克拉荷马"号和"加利福尼亚"号已经沉没，"西弗吉尼亚"号正在下沉，其余几艘战列舰也先后被创，整个珍珠港里到处都是下沉的或正在燃烧的军舰。就这样，日军第一攻击波的突击历时45分钟，只遇到轻微抵抗（损失飞机9架，其中零式战机3架、"九九"轰炸机1架、"九七"鱼雷机5架）便顺利地完成了首次突击任务，于当地时间08：40转航返回母舰。

第一攻击波开始突击时，驻夏威夷的美军惊慌失措，混乱不堪，没有进行有组织的抵抗。突击开始5分钟后，高射炮才开始零星射击，岛上33个高炮连中仅4个开火。8点15分，才有4架陆军的P-40战斗机从未受轰炸的机场起飞，此后虽然陆续起飞了25架P-40和P-36，与日军第二攻击波有些遭遇，但由于仓促应战、协同不好，因而有的被日机击落，有的被自己人的高射炮击毁。整个基地完全陷入被动挨打的境地。

"奥格拉拉"号停泊在海军船厂的B-2泊位，前面是1号船坞，右后方是"战列舰大街"。它的位置较好，能够看到空袭的开始，不过却永远看不到空袭的结束了。第1水雷分队司令弗朗（William R. Furlong）少将目睹了第一颗炸弹的落下，他刚下令发出"港内全体舰船出港"的警报

联合舰队

■ 关于珍珠港事件的著名照片：空袭中的福特岛海军航空站。左侧的双发大型机是PBY"卡塔林那"，右侧是一架带浮筒的"翠鸟"水上飞机。画面右侧较小的烟柱是从受伤的战列舰"内华达"号上冒出的，后部中央巨大的火焰和黑烟是驱逐舰"萧"号发生了爆炸。

信号，就看见第一枚鱼雷从飞机上落下。由于担心日本飞机投下水雷，他在几分钟后撤销了出港的信号，随即投入了战斗。突然，一枚炸弹落在"奥格拉拉"号和停泊在它内侧的轻巡洋舰"海伦娜"（USS Helena, CL-50）号中间，把"奥格拉拉"号的船身炸开了。这艘1907年下水的老布雷舰机舱进水，很快就沉没了（第二年，珍珠港海军船厂把它打捞上来，改装为内燃机修理舰）。

在港内和港外，执行反潜巡逻的舰只把一切可疑的东西都当成了敌人的潜艇。由驱逐舰改装而来的扫雷舰"沃斯穆斯"（USS Wasmuth, DMS-15）号在港湾入口外面用深水炸弹炸了一个什么东西，结果只有油迹上浮，没有残骸碎片；"布里斯"（USS Breese, DM-18）号也在同一地区进行了两次攻击，"甘布尔"（USS Gamble, DM-15）号攻击了一次。凡是模模糊糊类似潜艇的东西都成了好目标：在港口内，"莫纳汉"（USS Monaghan, DD-354）号驱逐舰曾向一个港口浮标胡乱射击了20分钟。

稀里糊涂死亡的"军神"

袭击珍珠港的日军部队中，还有一支特殊的袖珍潜艇敢死队——"甲标的"。

1932年初，时任舰政本部第一部第二课（鱼雷课）课长的岸本鹿子治大佐提出了建造袖珍潜艇、用于"渐减作战"的建议，1933年样艇完成建造，1940年9月正式装备部队。新型袖珍潜艇能以21.5节的航速连续航行50分钟，在波浪相当大的海况下仍可发射鱼雷袭击敌舰。为掩盖这种袖珍潜艇的真实用途，日本海军将其诡称为"甲标的"（甲型靶标），还建造了"千岁"、"千代田"、"日进"号等3艘专门的运输舰。

"甲标的"长33.9公尺，直径1.85公尺，排水量43.75吨，安装1台600马力的电动机，设计航速25节，21.5节航速时能在100公尺的深度连续潜航50分钟。它只需要2名艇员操纵，可以携带2枚450mm鱼雷，是一种生存概率极低但隐蔽性很强的武器。

到1941年8月，日本海军已经建成12艘"甲标的"，这些小潜艇在岩佐直治中尉和秋枝三郎中尉等人的率领下，正在埋头进行训练。青年军官们明显地感觉到日美再进行大舰队决战的希望已经很小，因此向山本五十六请愿，要求派遣袖珍潜艇潜入珍珠港、袭击美国太平洋舰队；但山本认为这种袭击的生还概率太低，未予批准。

不过，负责具体研究Z计划实施的山本亲信、"怪参谋"黑岛龟人却对这个方案很感兴趣。在他的建议之下，山本在1941年10月批准了在空袭珍珠港同时使用袖珍潜艇

■ 老式驱逐舰"沃德"号，06:45时首先发现并攻击了广尾彰指挥的"甲标的"，打响了珍珠港事件的第一枪。

■ 1961年，美国士兵检视从珍珠港海底打捞起的"甲标的"残骸。该艇属于最后失踪的横山艇，即"最后的甲标的"。

的计划。按照这个计划，"甲标的"将由母舰运送至珍珠港附近，于X-1日午夜潜入港内，尔后潜坐海底，待X日空袭开始后伺机实施雷击。

11月28日，负责运送袖珍潜艇的伊-16、伊-18、伊-20、伊-22和伊-24五艘潜艇从吴港起航，在仓桥岛龟之首基地装上"甲标的"，并对作战计划作了最后磋商，于29日凌晨出航，夏威夷当地时间12月6日

联合舰队

■ 酒卷和男少尉指挥的"甲标的",因罗经仪故障搁浅于比洛斯机场附近。

■ 12月7日,准备起飞第二攻击波的航母"赤城"号。低矮的桅杆上战斗旗飘扬,舰桥上捆绑着防御弹片用的棉布卷。左侧第一架为舰载战斗机队长进藤三郎大尉的零式战机21型。

下午到达指定阵位。日落后,各艇上浮到水面状态,作袖珍潜艇出击准备。

当地时间12月6日18:30时,各艇分别潜航到珍珠港入口处,发现只有1艘驱逐舰在入口处巡逻,于是依次放下5艘"甲标的"。5艘袖珍潜艇的乘员分别为:伊-22搭载艇岩佐直治大尉、佐佐木直吉一等兵曹;伊-16搭载艇横山正治中尉、上田定二等兵曹;伊-18搭载艇古野繁实中尉、横山熏范一等兵曹;伊-20搭载艇广尾彰少尉、片山义雄二等兵曹;伊-24搭载艇酒卷和男少尉、稻垣清二等兵曹。由于当夜能见度良好、海面平静,加上港湾警戒不严,至少有2艘袖珍潜艇成功地潜入了珍珠港内。

当地时间12月7日清晨06:45,货轮"安塔尔斯"号正在缓缓驶入珍珠港,港湾入口处的防鱼雷网已经打开。正在巡逻的老式驱逐舰"沃德"号突然发现拖靶后面跟着一个小小的黑点,似乎是潜艇指挥塔。舰长判断这就是"秃鹰"号扫雷舰通报的那艘潜艇,于是立即下令主炮瞄准射击。"沃德"号一炮打中潜艇的指挥塔,随后冲过去投下4颗深水炸弹,小潜艇立即消失了(该艇可能是伊-20放下的广尾艇)。"沃德"号立即将这一情况报告给上级,但繁琐的流程使电报一直到空袭开始后才传到金梅尔上将手中。

50年后,美国海军历史学会的研究者通过对珍珠港遇袭时日方航拍照片的判读,推断出可能有一艘潜入港内的"甲标的"成功地对"战列舰大街"发起了鱼雷攻击,有一枚450mm"九七"式鱼雷命中了"西弗吉尼亚"号,但爆炸声被来自空中袭击的更大损失掩盖了。日本方面的资料则认为,岩佐艇和横山艇成功地突入港内并进行了攻击,但战果不明。

被"沃德"号攻击的广尾艇未及发射鱼雷就沉没在港外,古野艇则在入港时失踪。横山艇在港内一直逗留到12月7日入夜后,并向母舰伊-16发出"我奇袭成功"的信号,最后宣告下落不明。此后多年里,美日双方的历史学家都在寻找这艘"最后的甲标的",直到20年后(1961年),潜水员终于在海底发现了依旧完整的横山艇(注:2002年8月28日,美国海军在珍珠港入口处附近400公尺深的海底探测到一艘"甲标的",指挥塔有明显的破损,应为遭"沃德"号炮击的广尾艇。部分资料误认此艇为横山艇,有误)。

酒卷和男少尉和稻垣清二曹驾驶的最后一艘"甲标的"虽然在出发前就发现罗经仪故障,但还是强行出发。他们一直在港外徘徊,试图寻找时机溜进去。08:15左右,酒卷艇试图以潜航状态入港,但还是因为罗经仪的问题,潜艇偏离航向而触礁,鱼雷发射管损坏、无法继续作战。艇长酒卷少尉试图调头向母舰方向撤退,但小潜艇

■ 冒着空袭向港外转移的"内华达"号战列舰,舰身多处中弹起火。

联合舰队

■ 弹药库爆炸时的驱逐舰"萧"（USS Shaw, DD-373）号，该舰的整个前部几乎都被炸飞。

■ 12月7日，轻巡洋舰"菲尼克斯"（USS Phoenix, CL-46）号正驶过燃烧的"战列舰大街"，前往外海与哈尔西会合。

■ 1941年8月，在普吉特船厂改造中的靶舰"犹他"号。珍珠港事件中，停泊在港内的"犹他"号军官全部上岸，舰上士官在无人指挥的状态下以高炮英勇还击，最终倾覆沉没。战后该舰获得一枚战斗之星奖章。

随后就被1200码外的"莫纳汉"号驱逐舰发现，后者立即以炮火和深水炸弹展开攻击。受伤的"甲标的"再度触礁，搁浅于瓦胡岛东侧的比洛斯机场附近。此时艇上的自爆装置因为受震开始启动，酒卷和稻垣拼命爬出逃生口，随后就因为吸入了过多有毒废气而昏迷过去。稻垣二曹在海中溺毙（一说自杀），人事不省的酒卷少尉则在随后被检查战场的美军俘获，成为太平洋战争中第一名日本军俘虏——当然，他也因此失去了成"仙"的资格。

另外9位死不见尸的潜艇兵全都被追晋了两等军阶，于1943年4月8日风光大葬于日比谷公园（因为没法运回尸骨，所以是招魂葬），和日俄战争中填塞旅顺口的"肉弹"广濑武夫之辈一样，成为了日本国民的"军神"。

纵虎归山

东京时间12月8日02:45（夏威夷当地时间

07:15），即第一攻击波开始空袭前40分钟，由"瑞鹤"号飞行队长岛崎重和少佐指挥的第二攻击波171架飞机（"九九"轰炸机81架、"九七"鱼雷机54架、零式战机36架）离开了母舰的飞行甲板，开始飞往目标珍珠港。这一波攻击队主要由第五航空战队两艘新航母"翔鹤"、"瑞鹤"号的舰载机组成，由于训练时间太短，技术水准不如第一航空战队和第二航空战队的四舰，所以南云主要将其作为打扫战场、扫荡残舰的力量使用，编成中也没有鱼雷机，主要是俯冲轰炸机。

当地时间08:40时，在高空的渊田长机注视下，第二波机群展开成攻击队形，依次从瓦胡岛东侧进入目标上空。08:54，日机的第二波攻击正式开始。岛崎少佐自率水平轰炸机队攻击希凯姆、比洛斯陆军机场和卡内奥赫、福特岛海军航空站；"赤城"号进藤三郎大尉（1940年中日壁山空战的主角，击落中国空军第24中队中队长杨梦清上尉）制空队的零式战机担任空中掩护，同时封锁、扫射各航空基地，继续保持对瓦胡岛上空的制空权。而最重要的打击力量、由"苍龙"号飞行队长江草隆繁少佐指挥的轰炸机队则飞过东面的山脉，继续攻击珍珠港内的舰船。

对第二波日机来说，面前的一切并不如先前顺利。整个珍珠港的高空都被断云笼罩，下面是舰船燃烧形成的滚滚浓烟，严重影响搜索目标；各舰上的高射炮火也逐渐凶猛，使飞机无法自如地俯冲攻击。不过艺高人胆大的江草竟然直朝高射炮最猛烈的方向

■ 今日"犹他"号残骸上的纪念碑。

扑去，随后沉着地修正瞄准，开始投弹。

第一波攻击中只中了一枚鱼雷的战列舰"内华达"号缺少指挥人员，一名英勇的操舵军士长在既无拖轮又无领航的情况下，奇迹般地操纵战舰绕过了燃烧着的"亚利桑那"号，向主水道开去。该舰立即遭到日军第二攻击波的痛击，"加贺"号轰炸机队准确地将5枚炸弹投在该舰的舰首和舰桥。起火的"内华达"号为避免沉没阻塞航道，只好搁浅到1号船坞附近的医院角（Hospital Point）。

"宾夕法尼亚"号战列舰正在这个干船坞内入坞检修，它也是到这时为止珍珠港里唯一完好无损的战列舰。日机没有携带鱼雷、无法对其进行致命打击，不过他们显然不想放虎归山——"赤城"号和"苍龙"号的轰炸机队企图炸毁船坞闸门，在攻击失败后，他们继续以250公斤炸弹和机枪扫射袭扰"宾夕法尼亚"号。该舰被击中数发近失弹，15人死、14人失踪、38人受伤。位于船坞前部的驱逐舰"卡辛"（USS Cassin, DD-372）号和"唐斯"（USS Downes, DD-375）号则完全被毁。"赤城"号轰炸机队随后还攻击了停在F-12泊位的轻巡洋舰"罗利"号，重创了该舰。

第二波空袭持续了一小时，除去扩大第一波的战果外，主要给港内的小型舰艇造成了损害。由于美军的反击加强，日机有20架损失，其中零式战机6架、"九九"轰炸机14架。最后离开珍珠港上空的依旧是渊田美津雄本人，他在瓦胡岛高空观察了全部战果，召唤了最后几架掉队的战斗机，然后满意地带着被子弹打穿的窟窿返航了。在出发3个小时后，他终于回到了母舰，在第二波攻击队指挥官岛崎少佐的指引下降落到"赤城"号上。

南云忠一长官、长谷川喜一舰长等人都在舰桥上焦急地等候着渊田的返回。中佐向南云中将报告："4艘战列舰沉没、4艘重创以上，地面基地和飞机库起火。"当然，实际战果远远超过他的估计：美国太平洋舰队总共沉没战列舰4艘（"亚利桑那"、"加利福尼亚"、"西弗吉尼亚"、"俄克拉荷马"号），1艘重伤搁浅（"内华达"号），轻巡洋舰1艘、驱逐舰3艘、辅助舰5艘全毁，20艘以上舰艇不同程度受损，在港大型舰艇的50%被送进了海底。海陆军飞机全毁164架、损伤159架，占整个夏威夷可用航空机总数的3/4；人员死2388人，伤1178人，合计3566人，是美国海军历史上空前的惨败。与之相较，日本方面仅有29架飞机没有返回母舰，74架飞机不同程度受伤，加上损失的5艘袖珍潜艇，战死区区64人而已。

空前的胜利令渊田美津雄欣喜若狂，但他并未就此丧失冷静。最重要的攻击目标——三艘美国航母依然"在逃"（事实上，由威廉·哈尔西少将指挥的"企业"号和"列克星敦"号当时就在瓦胡岛南边，"萨拉托加"号则还在美国本土西海岸），岸上的海军油库及其他重要设施也没有遭到袭击。渊田要求再度出动攻击波，集中力量攻击油库和造船厂，在旗舰上的源田实中佐也支持这一意见。性急的第2航空战队司令官山口多闻少将甚至已经从"苍龙"号发来了电报，表示"苍龙"、"飞龙"号做好了再次攻击的准备。

但是，南云忠一本质上并不信任航空打击的力量。他在和草鹿参谋长商议之后，认定即使再度发起空袭，大部分飞机也会被高射炮火击落；更重要的是，进一步巩固战果需要战列舰队继续接近目标，则可能会遭遇美军B-17重型轰炸机的反击，他可不敢冒险把机动部队置于险境。对这位追求不高的指挥官来说，"打了就跑"无疑是最好的选择。于是，同来时一样，日本人迅速地、静悄悄地溜走了。

早上9点，当在空袭末期被弹片打伤了胸部的金梅尔上将靠在办公楼的柱子前、绝望地注视着港内被摧毁的舰队时，一名尽忠职守的邮差正骑着自行车，奋力穿过盘山路向那里赶来。邮包里装的是海军部长达德利·诺克斯（Dudley Wright Knox）要求提高珍珠港战备等级、"做好相应准备"的命令。现在它已经是废纸一张了。

珍珠港悲剧的最后一幕是以喜剧形式出现的。当地时间12:19，夏威夷地区的全部舰艇都接到命令，攻击珍珠港以西几海里的巴尔伯兹角附近的"四艘敌人运输舰"。"甘布尔"号和"拉姆齐"（USS Ramsey, DM-16）号扫雷舰驶向现场，但什么也没有发现。又过了一会儿，"甘布尔"号发现一艘浮在水面上的潜艇，于是向它发射了一枚4英寸炮弹。这枚炮弹稍微偏左，没有命中。然后"甘布尔"号才发现对方原来是美国潜艇"长尾鲨"（USS Thresher, SS-200）号，后者没有损失，但却有点恼火——这艘可怜的潜艇在第二天试图返回珍珠港时，又遭到了一架海军巡逻飞机的深水炸弹攻击。

东京时间1941年12月8日晚08:45，大本营海军部向全日本发表了夏威夷作战战报："本月8日晨，帝国海军部队空袭了珍珠港，重创战列舰2艘和巡洋舰约4艘。另击落击毁敌机多架。我方飞机损失轻微。"

当天晚上，东京广播电台彻夜播放贝多芬C小调第五交响曲《命运》。太平洋两岸，几亿人的命运从这一天起被改写了。

五、"一个遗臭万年的日子"

陆海军省12月8日发表

本日陆海军大臣蒙圣上召见于宫中，颁赐如下敕语：

曩支那事变发生，朕所见陆海军之勇奋健战，既已四年有半。然战果弥不逞膺惩，祸乱日扬、至今未收。朕深知，祸因乃在美英包藏非望。朕寄望政府于和平解决事态，然美英不顾念朕所示之和平诚意，反而于经济上、军事上增强威胁，希图达至帝国之屈服。是以朕基于帝国之自存自卫，及东亚永久和平之确立，遂决定对美英两国宣战。朕信倚汝等军人之忠诚勇武，克克出师，以期贯彻发扬帝国光荣之目的。

联合舰队

■ 空袭结束后的"战列舰大街",自左至右依次为:
1. "加利福尼亚"号
2. "马里兰"号
3. "俄克拉荷马"号(已倾覆)
4. "田纳西"号
5. "西弗吉尼亚"号
6. "亚利桑那"号

长长的油迹正不断自"亚利桑那"号的残骸流出。由于珍珠港水深较浅,因此除结构彻底毁坏的"亚利桑那"号和"俄克拉荷马"号外,其余几艘战列舰在数月之后均被捞起修复。

双方兵力及损失情况

美方

战列舰8艘:5艘沉没(其中1艘完全被毁,1艘倾覆,3艘坐沉但可打捞),1艘受伤,2艘轻伤

重巡洋舰2艘:"新奥尔良"号轻伤,"旧金山"号无恙

轻巡洋舰6艘:"海伦娜"号重伤,"罗利"号受伤,"火奴鲁鲁"号轻伤,其余无恙

驱逐舰30艘:"卡辛"、"唐恩"、"萧"号重创,5艘轻伤,1艘极轻伤,其余无恙

潜艇4艘:全部无恙

其他军舰49艘:"奥格拉拉"号扫雷舰沉没,"女灶神"号修理舰重创,"柯蒂斯"号水机供应舰受伤,"丹吉尔"号货船轻伤,"参宿七"号修理舰极轻伤

飞机约350架:188架被摧毁,155架损坏

2345名军人和57名平民死亡,1247名军人和45名平民受伤

日方

航空母舰6艘
战列舰2艘
重巡洋舰2艘
轻巡洋舰16艘
驱逐舰9艘
舰队油船8艘
潜艇23艘
袖珍潜艇5艘
414飞机

损失袖珍潜艇5艘、飞机29架。29名飞行员及9名袖珍潜艇操纵员死亡,1人被俘

陆海军大臣拜受敕语，奉答如下：
奉答文
臣　英机
臣　繁太郎
诚恐诚惧谨奏：帝国面临未曾有之难局，方蒙诏赐敕语之优渥，臣等感激之至。臣等惟有协力一致、倾尽死力，誓应圣旨。奉诏之期，臣英机、繁太郎诚恐诚惧，谨代表陆海军奉答。
昭和十六年十二月八日
陆军大臣　东条英机
海军大臣　田繁太郎

对一些人来说，他们的战争在开始的那一分钟就结束了。檀香山的吉川猛夫不必再以"森村正"的假名出现，华盛顿的两位日本特使也毋须再费心进行徒劳的谈判——他们被美国人扣留到1943年以后，经外交人员交换管道回到日本国内。至于美国方面，不论金梅尔上将有多么大的牢骚和怨言，他还是很快被撤职，离开了太平洋舰队。

而对另一些人来说，这一切才刚刚开始。

东京时间12月8日正午，联合舰队主力——第1舰队由山本五十六长官直接指挥，自濑户内海西部的柱岛泊地起锚。旗舰"长门"号一马当先，"陆奥"号随之跟进，紧随其后的是第1舰队司令长官高须四郎中将指挥的第2战队"日向"、"伊势"、"扶桑"、"山城"号四舰。6艘大型战列舰以单纵列通过丰后水道，煞是好看。它们的目的地是位于北纬30度、东经160度的"K点"，第1舰队将在那里迎接空袭珍珠港归来的机动部队，收容战损舰艇。

由战列舰组成的主力部队出马欢迎航母机动舰队，仿佛预示着这两大舰种在未来海战中主次地位互换的命运。但由于南云部队损失轻微、全无接应的必要，第1舰队在进行了一番华丽的巡航后，于11日上午折回柱岛泊地。

当天晚上，联合舰队参谋长宇垣缠走进"长门"号上的长官室，赫然发现山本正在将三天前写下的"述志书"（带有遗书的性质）装进信封："为遂皇愿，保卫疆土，失名舍利，粉身碎骨，在所不辞。"

■ 美国太平洋舰队司令赫斯本德·金梅尔海军上将（1882-1968）。他的职业生涯中止于战争开始的第一天，由于珍珠港事件的恶劣影响，金梅尔在1942年就不得不提前退役。自1960年代以来，历史学家开始给予金梅尔更公正的评价：倘若华盛顿方面在一开始就提供给他更充分的信息，他本可以在12月7日有更出色的表现。

联合舰队

■ 抢修之后离开珍珠港、返回西海岸进行大修的"内华达"号，1942年4月。

同一天中午，华盛顿国会山庄众议院大厅。在参、众两院的议员和最高法院法官们的注视下，富兰克林·罗斯福总统喊出了美国对珍珠港事变的响应：

"昨天，1941年12月7日——一个遗臭万年的日子——美利坚合众国遭到日本帝国海军的蓄谋已久的突然袭击。

作为陆海军总司令，我已指示为我们的防务采取一切措施。不论要多长时间才能战胜这次预谋的入侵，美国人民以自己的正义力量一定要赢得绝对的胜利。

我现在断言，我们不仅要作出最大的努力来保卫我们自己，我们还将确保这种形式的背信弃义永远不会再危及我们。

信赖我们的武装部队——依靠我国人民的坚定决心——我们将取得必然的胜利——上帝保佑我们！

我要求国会宣布：自1941年12月7日星期日——日本进行无缘无故和卑鄙怯懦的进攻时起，合众国和日本帝国之间已处于战争状态。"

"不沉战舰"败北记
——1941年马来海战

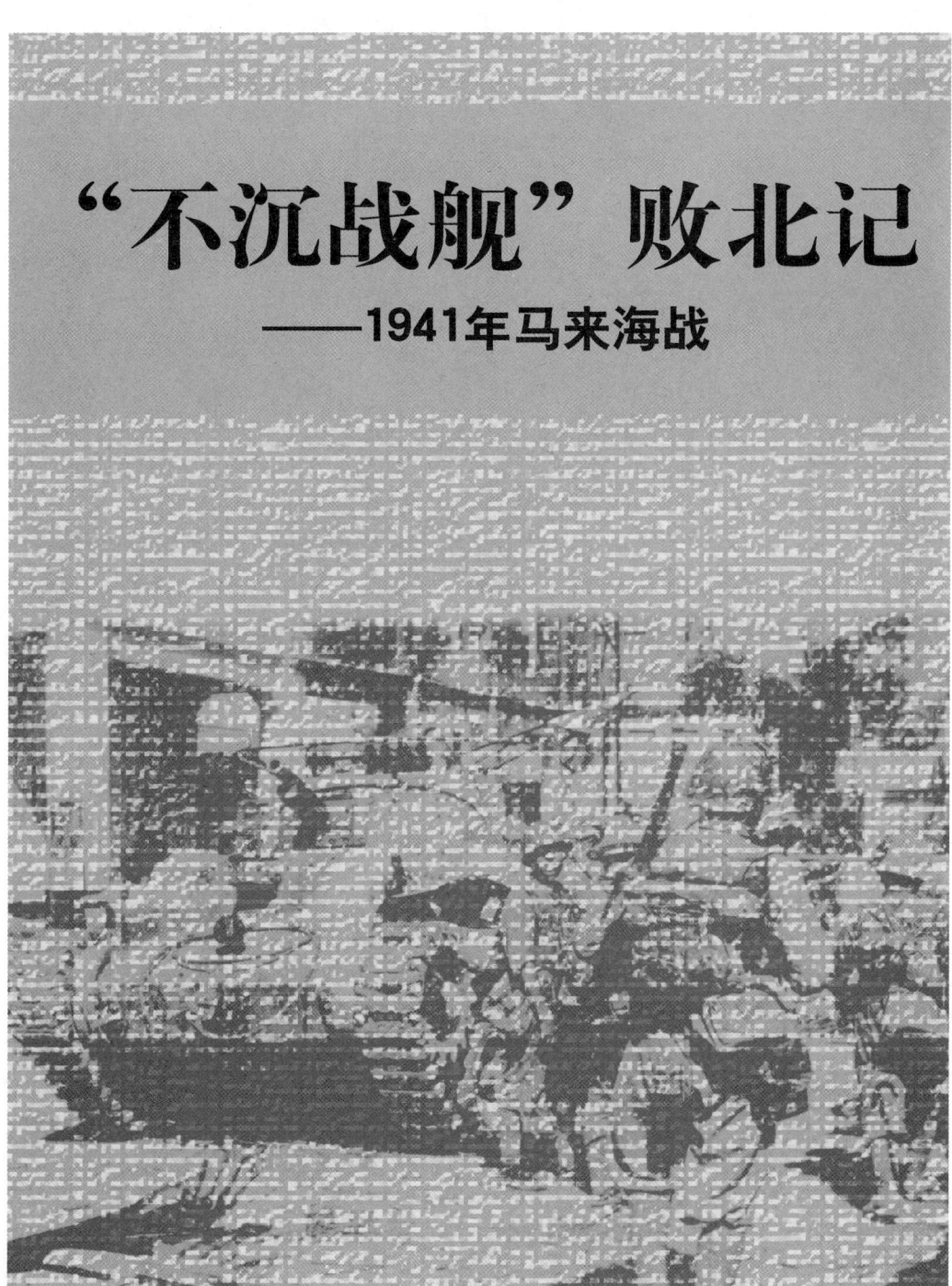

联合舰队

一、"东风，有雨"

被忽视的"三轮车"

从古至今，推动历史前进的固然是大人物的纵横捭阖，但在一些最关键的节点上，左右着风云变幻的却往往是小人物。1941年的这一个，叫做杜斯科·波波夫（Dusko Popov）。

杜斯科·波波夫，南斯拉夫（塞尔维亚）人，时年29岁，公开身份是定居于葡萄牙首都里斯本的进出口商。28岁这年的夏天，他从威廉·卡纳里斯（Wilhelm Franz Canaris）海军上将领导的德国最高统帅部谍报局（Abwehr）得到了一份工作，主要任务是搜集自中立国管道获得的盟国外交和军事情报。不过波波夫向来厌恶希特勒和纳粹党，德国入侵南斯拉夫之后，他迅速向英国间谍机关靠拢。仅仅3个月之后，杜斯科·波波夫已经成为英国军情5处和6处（MI5及MI6）的秘密雇员了。英国人给这位双重间谍起了个代号："三轮车"（Tricycle）。

进入1941年，"三轮车"的工作日渐繁忙起来。法国沦陷、不列颠航空战勉强胜出之后，英国人急欲知晓希特勒的下一步动向；远在大洋彼岸的美国总统罗斯福正在为说服国民参战而苦恼，他也需要依据证明纳粹对美国的安全构成威胁。尽管欧洲的工作已经忙得不可开交，嗅觉敏锐的波波夫还是注意到了另外一些不同寻常的迹象：当年夏天，就在他接到德国方面的指令、远渡美利坚组建北美情报网之时，里斯本方面又传来了一份新的命令。这份奇怪的命令指示他，一俟在美国本土的工作告一段落，就立即飞往檀香山，详细调查瓦胡岛的弹药库、机场、港湾设施、湾内水深、舰船碇泊点等详细资料，整理成报告——显然，德国人自己是不会需要这些东西的，关心夏威夷的只有希特勒在太平洋上的盟友日本。在飞往纽约之前，波波夫首先把这一消息报告了里斯本的英国情报机关。抵达美国后，"三轮车"在一个偶然场合碰到了联邦调查局局长、大名鼎鼎的埃德加·胡佛，于是也向后者示警。不过FBI的教父对这位身份扑朔迷离的双重间谍一点儿也不感兴趣，对"三轮车"提供的重要情报也表示怀疑——谁让这个品行不端的南斯拉夫人如此喜欢泡妞和赌博呢？

在英吉利海峡对岸，当伦敦当局听到从里斯本来的消息时，居然还有几分窃喜。他们满以为，如果日本人果真以夏威夷为主要攻击目标，那就意味着英国在远东庞大殖民地的安全有了保障。毕竟，当日本人开始进攻珍珠港时，联合舰队的主力必将用于与美国太平洋舰队的交战；那么，驻扎在马来亚的大英帝国陆海军只要负责在敌人的登陆船队到来之前把它们都打沉就行了。

作为世界最主要的橡胶和锡矿产地，马来半岛是不列颠在远东最重要的势力范围，供应着全世界1/2以上的天然橡胶和1/2以上的锡矿石。但是很可惜，保卫这里并不是一件容易的事：马来亚丛林密布，主要山脉位于中部，因而切断了横向的防御线，而500多万人口的粮食供应又主要依赖进口；而如果马来亚失陷的话，位于南端的海军基地新加坡——由于《华盛顿条约》限制英美在更广阔的西太平洋腹地构筑防御设施，这个控制着东西方贸易要道的小岛就成了不列颠帝国乃至整个西方世界在远东最后也是最重要的堡垒——就会处于极为危险的境地。

虽然英国自1924年起就在新加坡岛上修筑防御设施，但受到自1929年开始的全球经济危机影响，新加坡的防塞在整个1930年代的状况都令人担忧（唯一的例外是遍布全岛的2000个网球场、马球场、板球场和赛马场，以及富丽堂皇的莱佛士饭店）。1938年，花费6000万英镑巨款建造的

■ "三轮车"杜斯科·波波夫。

联合舰队

■ 1940年代的樟宜海军基地，耗资6000万英镑巨款建成，但因工期过于漫长，实际功能存在缺陷。最重要的是，只有一支足够强大的舰队进驻该基地才能确保马来亚的安全。

樟宜海军基地勉强落成；1941年，巨大的新船坞才开始接纳第一艘修理的军舰。

大英帝国太老了。它的400年光辉历史，它的"日不落"的神话，它的无与伦比的舰队，那些关于德雷克（Francis Drake）、纳尔逊（Horatio Nelson）和戴维·贝蒂（David Betty）的经典传说是如此深入人心，以至于在远东的风暴到来之际，指导者竟然不能以客观冷静的心态来应对。"我们不可能出兵防御整个马来半岛"，温斯顿·丘吉尔在1940年说，"保卫新加坡必须依靠当地强大的守军和海上力量的潜力。"同年8月的大西洋宪章会议上，他向罗斯福总统保证：英国愿意在远东承担更多的义务，皇家海军将派出一支令人生畏的快速舰队（包括新型战列舰和航母）到远东去威慑日本。

1940年夏天快结束的时候，伦敦的海军部正式提出了这个"威慑行动"的实施方案：6艘低速战列舰"纳尔逊"（HMS Nelson）号、"罗德尼"（HMS Rodney）号、"反击"（HMS Repulse）号、"复仇"（HMS Revenge）号、"决心"（HMS Resolution）号和"拉米里"（HMS Ramillies）号将被派到新加坡，加上3艘新型航母"皇家方舟"（HMS Ark Royal）号、"不挠"（HMS Indomitable）号和"可畏"（HMS Formidable）号，构成一支足以确保南海制海权的强大海上力量。与这支舰队配合的包括皇家空军的236架陆基飞机以及英印军、澳大利亚军的4个步兵师和2个坦克团，加上新加坡的海岸炮台（"那里的大炮比圣诞节布丁里的葡萄干还要多"），可谓万无一失。丘吉尔满心以为，只要皇家海军的大舰队一进驻远东，单凭重炮的威慑力就足以让日本人知难而退；即使他们打上门来，也会被悉数歼灭。马来亚不可能发生大规模的陆战。

很可惜，这个庞大的计划是在理想状况下制订出来的。到了1941年——也就是计划理应实现之时——现实却是完全不同的：欧洲的这场大战已经牵制住了大不列颠的全部精力，皇家海军最新锐的军舰必

■ 第1航空部队主力轰炸机——三菱"九六"鱼雷机21型（G3M2），设计师本庄季郎，1937年定型。G3M2安装2台最大出力1075马力的"金星"42型星形气冷发动机，最大时速376公里，航程4380公里，乘员7人，标准挂配为800/500公斤炸弹1枚，或250公斤炸弹2枚，或60公斤炸弹12枚。"九六"鱼雷机作为开战初期海军基地航空部队主力中攻参加了南方作战，战争中期后逐渐被"一式"鱼雷机所取代。

须留下来防止德国可能的登陆，稍旧一点的战列舰则被派往地中海，与意大利海军争夺制海权。到当年6月为止，派出舰队支持远东还是彻头彻尾的纸上谈兵。

1941年夏天，一位英国海军军官这样警告他的美国同行，"我们这里可不像你们美国，天天把'日本人就要打过来啦'这种蹩脚笑话挂在嘴上"。与此同时，日本人却大模大样地开进了法属印度支那，"鬼子来了"已经从一个笑话变成了现实的可能。

不过，在低估日军航空兵的实力方面，英美两兄弟倒是不分伯仲。英国皇家空军估计，日本陆海军可以调用的全部航空力量是722架；由于皇家空军"具备以一敌二的技术优势"，他们需要在新加坡部署336架飞机与之抗衡。不过从当年9月到11月，运抵新加坡的英国飞机一共只有38架，还全都是落后的二线机型。更致命的是，被视为"新加坡要塞"铁壁铜墙的那些大炮，包括五门巨大的15英寸Mk-I海军炮，都是对海的，而且不能调转炮口方向。在面向马来亚腹地的柔佛海峡方向，新加坡岛完全敞开，没有修建任何防御工事。丘吉尔在他的回忆录里传神地记述了获悉"新加坡要塞"没有对陆防御工事时目瞪口呆的愕然心情。他可怜巴巴地写道："我的头脑中认为新加坡不可能没有对陆防御，就像一艘战舰下水时是不可能没有舰底一样。"

当然，英国忽视远东战场可能有许多冠冕堂皇的原因：皇家空军的主力正在英国本土和大半个欧洲上空与德国人激战；为完成援助苏联的承诺，英国要将新生产的600架飞机提供给斯大林。不过，更多还是由于莫名的优越感——经历过不列颠

联合舰队

■ 英国远东空军主力机型——布鲁斯特F2A"水牛"式战斗机。著名飞机设计师马塞尔·达索（Marcel Dassault）曾说："性能优秀的飞机外观一定漂亮。"短粗呆板的"水牛"可以说是这句话的经典反例。它不仅不是零式战机的对手，就连老式的中岛"九七"单翼战斗机、三菱"九六"舰载战斗机都能轻松收拾它。

空战的考验，英国飞行员根本就看不起小日本的飞机。按照福特（Paul Ford）空军中将的说法，"全国人民都很关心皇家空军的装备更新情况。的确，布鲁斯特'水牛'战斗机已经落伍了，不过这没有关系——在欧洲已经陈旧的飞机，放到远东依旧是最新的。我们对此充满信心"。飞行员们开玩笑说，和日本飞机交手是"劳斯莱斯（Rolls-Royce，英国著名航空发动机和豪华汽车的生产商）和达特桑（Datsun，日产汽车公司二战前生产的一种小型汽车，设备简陋、性能不佳）赛跑"。

不过，自信心无助于改变以下现实：作为远东空军的主力战斗机，F2A"水牛"续航力不足，机动性也很差。而被英国人认定是基础落后、技术拙劣的日本航空工业，此时正在高速生产着诸如"零式"舰载战斗机、"九七"鱼雷机、"一式"鱼雷机这样毫不逊色于欧洲产品的新机型。结果，当英国人第一次在空战中遭遇魔鬼一样的零式战机时，第一反应居然是：这要么是日本人从德国买来的，要么是德国工程师在日本设计的。毕竟，当自以为是的巨人被一个看上去毫无战斗力的矮子打倒的时候，需要仔细回味的细节实在是太多太多了。

对日本人而言，夺取马来亚和新加坡极为重要。此举不仅能将英国赶出它在东南亚的主要领地，而且能为日本提供重要的军事基地和稀缺的橡胶、锡矿，更重要的是以马来半岛为跳板、进攻最重要的石油产地——荷属东印度群岛。不过由于联合舰队需要集中精力针对夏威夷，包括马来亚、菲律宾和荷属东印度在内的整个南方作战主要由日本陆军负责。1941年3月，参谋本部召集南方作战各主要参战部队幕僚在九州岛举行兵棋推演，内容为马来半岛登陆战。从3月底到4月初，在大本营的统裁下，日军又进行了规模空前的南方作战陆海军联合演习：从中国浙江舟山群岛出发的"红军"登陆船队在航空部队掩护下，一路挫败"青军"（假想敌）海空军的攻击，成功地穿越东海，在北九州岛登陆并攻占佐世保要塞。显然，演习中的北九州岛代表的正是马来亚，佐世保则代表新加坡，航空部队掩护加大兵团登陆作战，将是未来日军进攻马来半岛的主要手段。

1941年8月，大本营正式拟订了南方作战总体计划。9月，确定开战初期将同时出兵进攻马来亚和菲律宾，随后再集中兵力夺取荷属东印度群岛，作战开始时间与袭击珍珠港同步。参加南方作战的陆军兵力为第14军、第15军、第16军和第25军，共计4个军、11个师团，作战部队约25万人；海军将出动南方部队（包括第2舰队、南遣舰队、第11航空舰队）、第3舰队的51艘舰艇和16艘潜艇进行配合。其中，负责进攻马来半岛和新加坡的是山下奉文中将指挥的第25军，包括近卫师团（师团长西村琢磨）、第5师团（师团长松井太久郎）、第18师团（师团长牟田口廉也，欠川口支队）和第56师团（师团长渡边正夫）主力，另有4个战车联队（坦克210辆），总兵力约11万人（包括支持部队），都受过良好的丛林战和两栖登陆训练，并由南方军直属的陆军第3飞行集团（集团长营原道大中将，包括14个联队、飞机450架）提供航空支持。海军马来部队以南遣舰队为主体，有重巡洋舰5艘（"鸟海"、"最

■ 南遣舰队司令长官小泽治三郎中将（左）。作为优秀的水雷战队指挥官，小泽在马来海战初期坚持要以巡洋舰队与"Z舰队"夜战，略显鲁莽，但他活用航空部队的举动使日本人最终成为马来海战的胜利者。

上"、"铃谷"、"熊野"、"三隈"号）、轻巡洋舰3艘（"川内"、"鬼怒"、"由良"号）、练习巡洋舰1艘（"香椎"号）、驱逐舰15艘、特设水上飞机母舰3艘和潜艇16艘，司令官为小泽治三郎中将。

11月6日，南方军总司令官寺内寿一大将在大本营陆军部接受了参谋总长杉山元传达的《南方军作战要领》，大本营要求南方军在100天时间内拿下马来半岛。11月20日，寺内在东京对所属各部队下达了关于攻占南方的命令。

与来势汹汹的日本陆军相比，守卫马来半岛的英帝国陆军部队数量尚可称道，但31个装备低劣的营（总兵力88600人）仅能勉强守卫半岛北部防线。驻新加坡的英国远东军总司令布鲁克-波帕姆（Sir Robert Brooke-Popham）空军上将认为：在皇家海军尚未到来的情况下，至少还

联合舰队

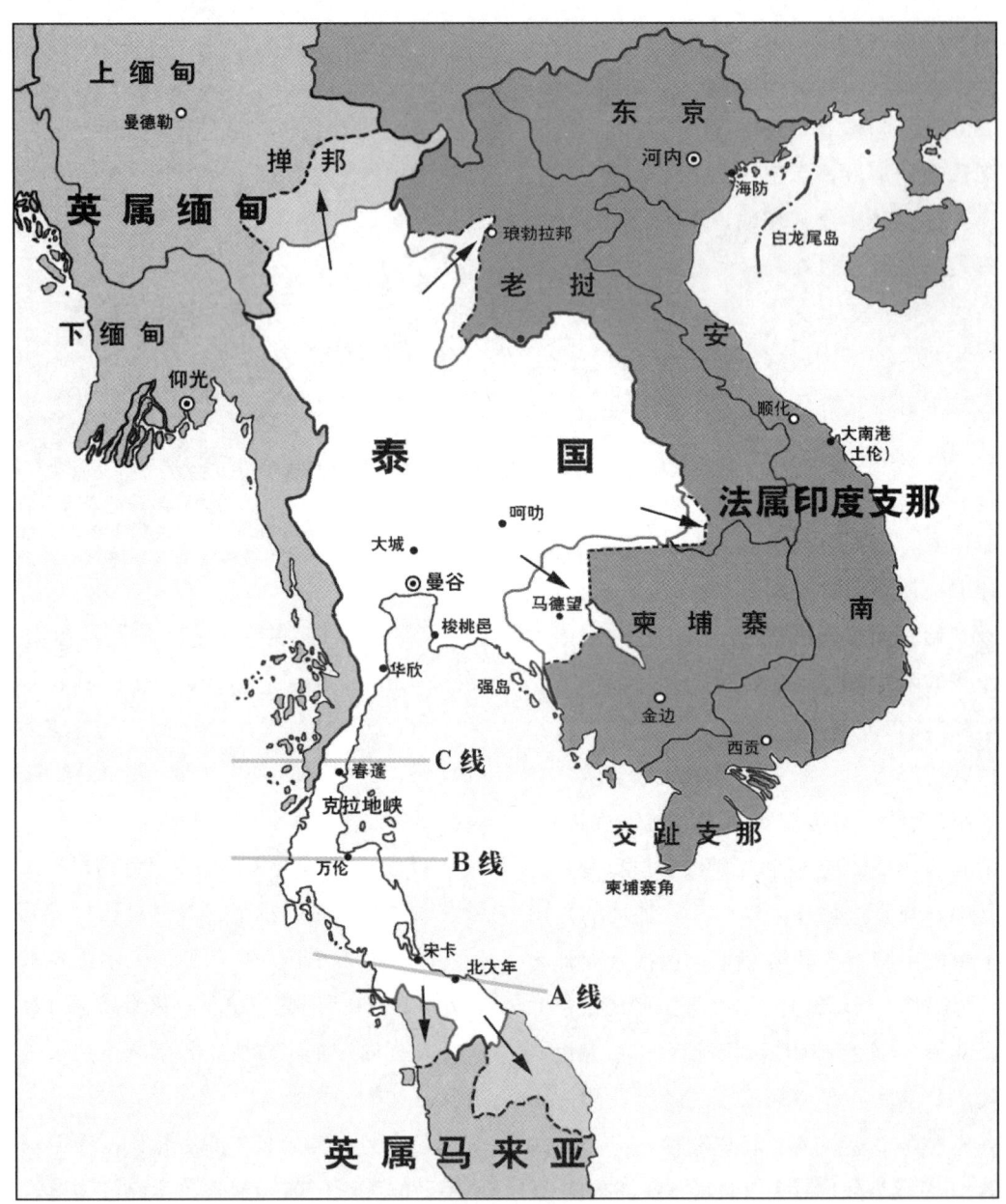

■ 由于种种原因,"斗牛士行动"最终停留在纸面上,未能阻止日军先发制人地发动进攻。

要17个营和2个坦克团才能全面保卫马来半岛,防止日本人从马来亚的丛林里打过来,而且还要对这些部队进行全面的丛林战训练。更令上将担忧的是,在日军进驻法属印度支那南部后,曼谷的銮披汶·颂堪政府也成了东京的亲近者。一旦日本人成功控制了泰国,就可以以此为立足点进攻缅甸和马来亚,并且全无阻挡。

为了先发制人地阻止日本的入侵，1941年8月，布鲁克－波帕姆制订了代号"斗牛士行动"（Operation Matador）计划，准备对泰国南部进行"预防性占领"。当时英国陆军部估计，如果一支2万到6万人规模的日军在泰国登陆，本土舰队可以在23天内从英国抵达新加坡，配合守军把日本人赶下海；但如果日军动用的兵力达到6万－10万，留给伦敦调动舰队的时间就只有19天。为缓解时间的紧迫性，最便捷的办法是提前将防线推进到日军最可能登陆的3个地点：宋卡（Songkhla）和北大年（Pattani）一线，称为A线；万伦（Bandon，即素叻他尼Surat Thani）一线，称为B线；克拉地峡以北的春蓬（Chumphon），称为C线。A线方案所需兵力为17个营，交通、补给便利，驻宋卡机场的泰国空军也很难给英国人制造麻烦；B线方案所需兵力约2个师，补给线较长，但可以为宋卡取得防御纵深；C线方案是实施难度最大的，所需兵力也高达4个师，但一旦完成就可以将马来半岛守军与驻缅英军连成一片，并控制具有战略意义的克拉地峡（Isthmus of Kra），逼迫日本人在地形不利的山地展开攻坚战。

"斗牛士行动"从一开始就面临着来自各方的阻力。伦敦外交部认为，在英国与泰国订有互不侵犯条约的情况下，即使是为"预防"日军入侵而主动进攻泰国也是破坏和平的罪行；丘吉尔则继续鼓吹海军的威慑作用，他认为与日本人在马来半岛的丛林里作战完全是天方夜谭。在10月份以前，得不到多少实质性支持的布鲁克－波帕姆只好通过自救来改善状况：他下令在马来亚北部建立一系列前进机场，将新近从印度调来的空军部队部署其中，11月下旬还在吉打（Kedah）平原举行了大规模演习；陆军情报部门的间谍潜入泰国境内，对所有主要军营、仓库、机场、港口、道路和桥梁进行了侦察，绘制了精细准确的地图；英国驻泰国公使克罗斯比（Sir Josiah Crosby）也与泰国国内的反对力量秘密联系，准备在英军入侵时发动政变、推翻銮披汶·颂堪政府。但这些成效平平的工作不过是杯水车薪。

马来半岛的安危最终还是必须依赖皇家海军：防守北部的陆军是为了保卫空军基地（虽然并没有多少飞机在那里），而当初修建这些空军基地则是为了保卫海军基地。现在，人人都在追问一个重要的问题："海军在哪里？"

"大拇指舰队"诞生

"最好的办法是把'约克公爵'号派到远东去，还要加上'反击'号、'声望'号和一艘快速航空母舰。"从大西洋宪章会议归来之后，丘吉尔在一份备忘录里这样写道。当这些想法被提交给战时内阁和海军之后，几乎所有人都站出来反对首相依靠舰队威慑日本人的想法。第一海务大臣庞德（Dudley Pound）警告说，皇家海军可以派到远东的战列舰是有限的，

联合舰队

■ "Z舰队"主力——"威尔士亲王"号战列舰。摄于1941年6月,其时刚参加完围歼德国战列舰"俾斯麦"号的战斗不久,烟囱附近还保留着战斗中的损伤。该舰随后运送丘吉尔前往纽芬兰的阿根夏(Argentia)峡湾,与罗斯福会面,两人在那里签署了《大西洋宪章》。

即使全部加起来也不足以威胁拥有10艘战列舰的日本人。既然如此,何必让它们去冒险?即使要派,也应当只派4艘较老的R级(Royal Sovereign Class)战列舰。但"我们的温斯顿"向来以海军专家自居,他轻蔑地称R级为"浮动棺材",认定至少要派出一艘"英王乔治五世"(King George V)级战列舰和一艘新型航空母舰。为此,他还请外交大臣艾登(Robert Anthony Eden)帮忙游说其他阁僚,力图使他们相信:派舰队前往新加坡不仅足以威慑日本,还能消除澳大利亚自治领政府的疑虑。终于,10月20日,所有人都被说服了。

1941年10月下旬的一天,在4艘驱逐舰的伴随下,两个巨大的黑影悄悄驶离了位于南海岸朴次茅斯的皇家海军基地。11月2日,英国海军部在伦敦向全世界发表了东方舰队(Eastern Fleet)成立的公告。尽管日本对此早有预料,不过当消息真正公之于众时,还是引起了极大的轰动:皇家海军已经把最新型战列舰"威尔士亲王"号和主力巡洋舰"反击"号派往亚洲。

11月15日,两舰抵达开普敦;12月2日,顺利到达新加坡。在那里等待它们的还有4艘轻巡洋舰和一些驱逐舰,共同组成了"Z舰队"(最早称G舰队,不知为何最终换用英文26字母中的最后一个"Z")。丘吉尔得意地声称:"它们被派遣到这些水域来,就是为了要把行踪不明的性能最高的主力军舰所能加于敌人的一切海军作战计划上的那种捉摸不定的威胁力量发挥出来。"他总以为这样一来,日本人自然会停止对马来亚的觊觎，窘迫的马来守军也就不用担心北部的防御问题了。

日本人搞宣传，向来有好虚张声势的毛病。在过去对英国主力军舰实力的描述中，他们给35500吨的"威尔士亲王"号冠上了"不沉战舰"、"超弩级战舰"之类的名号来吓唬自己。现在"不沉战舰"就要来对付自己，发明这些词语的日本人反倒感到害怕了——自1873年英国海军向日本派出第一个顾问团以来，日本海军就一直生活在自己老师的阴影下。军令部和联合舰队长官们惊恐地认为，他们只有"长门"、"陆奥"号这两艘装备410mm主炮的战列舰可以与"威尔士亲王"号相匹敌。"大和"号还没有完工，负责整个南方作战的第2舰队只有两艘主力巡洋舰改装的高速战列舰"金刚"号和"榛名"号，它们虽然各自也装备8门356mm主炮，但舰龄将近30年，远不足以与来自英国的对手（"威尔士亲王"号10门356mm主炮，"反击"号6门381mm主炮）相抗衡。特别是为马来部队护航的南遣舰队只有5艘重巡洋舰，这些薄皮军舰一旦与"Z舰队"遭遇，后果将不堪设想。正如丘吉尔设想的那样，军令部提出：如果登陆船队没有强大的战列舰护航，就应当推迟南方作战。

在"威尔士亲王"号的到来引发的舆论风暴中，只有一个人依旧保持着冷静，那就是联合舰队司令长官山本五十六。好赌的山本认为，战争犹如下象棋，以战舰对付战舰好比车对车、马对马，没有多少便宜可占。对付英、美这样后劲十足的对手不能打

■ 南方部队所属高速战列舰"榛名"号（"金刚"级）。按照近藤原来的打算，该舰和"金刚"号将于12月10日清晨与"Z舰队"展开炮战。

联合舰队

■ 南方部队所属高速战列舰"金刚"号。如果马来海战当真以主力军舰炮战的形式出现,不知没有雷达、只装备16门旧式356mm主炮的两艘"金刚"级将如何对抗10门新型356mm炮和6门381mm主炮、装备雷达的英舰?

消耗战,而要设法以小卒去吃对方的老帅。他选择的是更经济的方式:航空鱼雷。

1941年11月2日,也就是伦敦向全世界公布东方舰队成立的同一天,隶属日本海军的岸基航空队——鹿屋航空队正式编入了马来亚攻略部队,并立即移动到法属印度支那的西贡机场。小泽治三郎中将被告知,联合舰队司令长官特派第11航空舰队(司令冢原二四三中将)的第22、23两个航空战队(称第1、第2航空部队)进驻法属印度支那南部。其中第1航空部队为攻击队,由松永贞市少将指挥,任务为协同陆军航空兵击灭敌航空兵力,并为船队护航;第2航空部队为支持队,由今村修少将指挥,任务为护卫先遣的第一次登陆船团,并警戒泊地、支援陆战。第1、第2航空部队的编成中包括元山、美幌、第3、高雄、台南五支精锐航空队,山本明确告诉他们:未来的对手将是"不沉战舰"——"威尔士亲王"号。

皇家海军并非没有考虑到日本飞机的威胁。正在西印度群岛进行训练的新型装甲航母"不挠"号即将开往远东,它携带的74架飞机将为"Z舰队"的两艘主力军舰提供护航。但当该舰结束在牙买加的训练时,却不幸于11月3日在百慕大搁浅。检查显示,该舰必须在美国弗吉尼亚州的诺福克海军船厂入坞修理12天,这样也就无法在12月初按时抵达新加坡了。"不挠"号的意外事故也就注定了东方舰队新任指挥官菲利普斯(Sir Thomas Spencer Vaughan Phillips)海军上将的悲剧命运。

身材矮小的菲利普斯被认为是皇家海军中数一数二的将才,有人用童话故事中的侏儒角色给他起了个绰号:"大拇指汤姆"(Tom Thumb,托马斯的昵称为汤姆),不是为了讥讽,而是表达大家对他的喜爱。

■ 新型装甲航母"不挠"号。由于该舰在百慕大意外搁浅,"Z舰队"在开战前夜失去了至关重要的空中掩护。

"大拇指"长期担任皇家海军副参谋长,从未直接指挥过任何一支大型舰队。作为庞德爵士的门徒,他倔强顽固地坚信轰炸机不是战列舰的对手,斥责那些认为空中力量优于重炮的人士是"误入歧途者"。不过出于对菲利普斯资历和人品的信任,丘吉尔依然决定把奔赴远东的重任交给这位小拿破仑——当然,他同时还告诉上将,"日本人是一群头脑简单、目光短浅的武夫",面对有效的威慑必将抱头鼠窜。

相传在检阅舰队时,为掩饰身高上的不足,菲利普斯经常站在一只木箱上。这一次,他所能达到的"高度"同样不由自己决定——11月29日,太平洋对面的日本人做出了开战的决定。

山下中将的豪赌

1941年11月29日,在决定性的重臣会议结束后,日本政府、大本营联络会议确定了对美英荷开战的事项。同一天,菲利普斯先于他的舰队一步,乘飞机抵达了新加坡。"大拇指"的第一项任务是与布鲁克-波帕姆商议今后的作战计划,随后又飞往马尼拉会晤美国远东军司令官道格拉斯·麦克阿瑟中将。

12月2日,日本御前会议做出了对英美荷开战的决定。同一天,荷兰陆军情报部设在爪哇岛万隆(Bandung)的情报中心截获了东京发往曼谷日本领事馆的电报,并立即破译出来。电报指示:日军即将对夏威夷、菲律宾、马来亚和泰国发动攻击,此间倘若国际通信中断,东京将通过每天的日语对外短波广播中间和最后的天气预报将开战讯息告知各驻外机构。其中,"东风、有雨"表示日美开战,"西风、晴"表示日英开战,"北风、阴"表示日苏开战,各驻外机构在接到预报后须彻底销毁密码本和机密文件。

荷属东印度军司令H.普尔顿中将对这份"风向通讯"异常重视,他亲自要来了电报的抄本,敲开了隔壁一栋楼的美国陆军联络官艾略特·索普(Elliot Soup)少将的办公室门。他把少将的秘书赶了出去,锁上门,然后把电报摊到美国人面前:"事关重大,请迅速将电报送至贵国驻巴达维亚领事馆,然后由他们转发华盛顿。"索普也很吃

联合舰队

■ 托马斯·菲利普斯海军上将（右）与参谋长阿瑟·帕利泽少将的合照。身材矮小的"大拇指汤姆"此前从未直接指挥过任何一支大型舰队，他对航空兵器的认识程度还停留在1920年代的水平。

惊，为保密起见，他亲自把电报送到巴达维亚（Batavia，即今雅加达），结果美国总领事居然付之一笑。不过，一旁的一名海军情报部少校立即用海军密码向华盛顿发出了报告，美军侦听站自此开始严密监听日方的天气广播。

12月2日晚，日本联合舰队司令部向各作战部队指挥官下达了"攀登新高山1208"的命令。马来亚攻略部队的主力此时已经集中在了中国海南岛的三亚港，并下达了最后的作战计划：第5师团主力乘坐的船队于X-4日从该港出发，X日（登陆日）拂晓以主力在宋卡登陆，以一部在北大年登陆，分别占领机场，同时从亚罗士打（Alor Setar）及勿洞（Betong）方面向霹雳（Perak）河一线挺进；佗美支队（以第18师团第23旅团长佗美浩少将指挥的步兵第56联队为基干）与主力一起，X-4日从该港出发，X日拂晓在哥打巴鲁（Kota Bharu）登陆，击败敌人，占领该地附近机场，尔后逐次向瓜拉丁加奴（Kuala Terengganu）及关丹（Kuantan）方面机动。至于近卫师团，他们在开战之初即武装进驻泰国，循陆路和海路逐次向马来亚方面转进。为实现袭击的突然性，航空兵将在主力登陆的同时扫荡英军各大机场。

马来半岛的气象状况对日军奇袭作战的成败有着巨大的影响。这里处在南中国海和孟加拉国湾之间，几乎不受这两个海湾台风的影响，但有着显著的季风效应。当年11月至次年3月间是东北信风期，有强劲的东北风并伴随降雨，东海岸常见暴风雨，而且越是北部来得越早。在东北信风期间，马来海面浪高可达1.5-2公尺，对登陆作战十分不利。但日本陆军出于实现奇袭的目的，特地选在12月气象条件恶劣的东北信风期实施登陆。

从11月下旬起，参谋本部特地委托中央气象台的藤原关平博士观测马来亚东北岸的气象状况。经过现场调查，藤原判断12月6日为晴天，12月7日阴、风稍大，12月8日阴有小雨，天气趋向恶化。日军认为，12月8日气象条件最为不利、英国"Z舰队"出航的概率较小，所以执意将登陆日放在12月8日，力图避免与"威尔士亲王"号交战。

12月4日06：30时，载着山下奉文第25军主力（第5师团全部、第18师团大部）的18艘运输船开始自三亚出航，航向正南方。此时正是南云舰队在中途岛东北海面将航向改为东南、向夏威夷进发之时，不过第25军的大多数官兵对于在遥远的太平洋那边将要采取的行动一无所知。

按照计划，马来部队的航线为：从三亚起航后至5日傍晚，一直朝正南南下，此后在印支半岛南方海面西航，6日夜半将航向改向西北，佯装经由暹罗湾驶向曼谷；7日正午，在富国岛（Dao Phu Quoc）西南的"G点"（变向点）将航向急速改向西南，分别向宋卡、北大年和哥打巴鲁三个登陆点前进。与登陆船队的出发同时，第1、第2航空部队也进入了警戒状态。

小泽中将将他单薄的舰队分成第1、第2护卫队和本队，分别拱卫运输船队的前、中、后部，中将亲率旗舰"鸟海"号（属"高雄"级）殿后；另以栗田健男少将的第7战队（"最上"、"三隈"、"铃谷"、"熊野"号）编为护卫队本队，位于整个舰队左前方，担当前敌警戒和护航工作。值得一提的是，由于海军用于马来作战的兵力不足，小泽曾主动向山下表示："本人十分理解和尊重陆军迅速进行马来亚、新加坡作战的企图。但南遣舰队由于兵力不足，只能把重点放在海上护卫和对登陆地点南方的掩护上，在北方的兵力较为薄弱。"由于始自中日战争以来的陆海军矛盾，海军指挥官能以如此诚恳的态度对待陆军实在是难能可贵。山下

■ 日本气象界第一权威和奠基人藤原关平博士（1884－1950）。长野人，东京帝国大学理论物理学系出身，后改攻气象学。1920年留学挪威，1924年任东大教授，发现北半球热带大气双台效应，以其姓氏命名为"藤原效应"。1941年出任中央气象台台长，马来作战前负责预报指定时段内的气象状况，为军方决策提供参考，战争后期还参与飘炸美国本土的气球炸弹研制，日本战败后被褫夺公职。

■ 山下奉文（1885－1946），高知人。广岛陆军少年学校、陆军士官学校、陆军大学毕业，曾任驻瑞士军事研究员、驻奥地利武官、陆军省军务局军事课长、军事调查部长等职。山下与发动"二二六"兵变的皇道派过从甚密，因而在统制派主导的陆军中长期不得志。1937年侵华战争爆发时指挥攻占北平之役，1938年任华北方面军参谋长，1940年任陆军航空总监兼航空本部长。太平洋战争爆发时任第25军司令官，率部在3个月内攻克马来半岛和新加坡，因功晋升大将并得到"马来之虎"的绰号。1944年秋山下出任第14方面军司令官，率部在吕宋岛负隅顽抗直至日本投降。1946年2月23日，山下奉文因马来战役后纵容虐杀俘虏的行为在马尼拉被处以绞刑。

联合舰队

当即表示,他理解海军的苦衷,并且已经抱定必死的信心,这一情景也深深感染了小泽。

12月5日,也就是山下船队从三亚出发的第二天,菲利普斯上将飞抵马尼拉,与麦克阿瑟和美国亚洲舰队司令托马斯·哈特(Thomas Charles Hart)海军上将讨论美英两军联合行动的可能性。为表示对英国盟友的支持,哈特同意让美国的4艘驱逐舰加入"Z舰队"。两位海军将领都认为,由于地理位置过于偏僻的缘故,新加坡和马尼拉都不是"Z舰队"适宜的基地,应当立即寻找一个位置便捷又有坚强保护的港口充当停泊地。同一天,"反击"号奉命带2艘驱逐舰开往澳大利亚达尔文港,试图稳定这个正处在惊慌中的帝国自治领。

南中国海上,小泽中将航行得并不顺利。12月5日黎明,舰队曾与一艘挪威货轮相遇,先头驱逐舰急忙将该船劝导到北方。6日下午13:45时,就在法属印度支那南端的柬埔寨角(Cambodia Point,今称金瓯角Mui Ca Mau)海面(在哥打巴鲁以北300海里),一架英军的PBY"卡塔林那"水上巡逻机发现了整个船队,并立即向新加坡发报:"日军开往曼谷。"奇袭登陆的企图已经暴露,小泽下令击退一切前来接触的飞机。日军预

■ 12月2日,集结于三亚的山下部队护卫队——第2航空部队所属的3艘特设水上飞机母舰,自"相良丸"号上拍摄。画面正中为"山阳丸"号,远处为"神川丸"号,每艘搭载"零式"水上侦察机6架(补用2)、"零式"水上侦察机2架(补用1)。

■ 英国远东军装备的主力侦察机型PBY"卡塔林那"。12月6日下午,1架"卡塔林那"在柬埔寨角以南发现了正在向泰国前进的山下船队,并在被击落前及时发出电报。但远东军司令部患得患失,坐失了发动"斗牛士行动"的良机。

备少尉奉命驾驶一架"零式"水上侦察机从特设水上飞机母舰"神川丸"号上起飞,一边摇晃机翼一边向相反方向飞行,不知是计的PBY紧追不舍。待两机接近后,佯装逃跑的日机突然以后座的机枪向PBY射击,但机枪在射出数发子弹后就因故障而卡壳。幸运的PBY不再恋战,迅速向基地返回,不过在途中被日本陆军第3飞行集团的两架

"九七"式战斗机击落。

日军大本营在第一时间得知了马来船队被发现的坏消息。但令他们完全无法理解的是，英国飞机并没有发起攻击，英国人在陆上也没有明显的动作。

5日清晨，伦敦的帝国参谋部已经向布鲁克－波帕姆发去了批准占领泰国的电报："英王乔治六世陛下政府已经从美国方面获得保证，在发生如下情况时对我方予以武力支持：1.作为对日本占领克拉地峡或任何其他泰国领土的预防措施，我方发动'斗牛士行动'；2.日本进攻荷属东印度，我方加以干涉；3.日本直接对我方发动攻击。根据以上消息，你可以在发生如下两种情况时不经报请国内同意，即可执行'斗牛士行动'：1.发现日本海军舰队和运输船队向克拉地峡和马来半岛方向航行时；2.日本军队以任何方式进入泰国领土时。帝国总参谋长，约翰·迪尔。"

布鲁克－波帕姆对这封电报的反应如履薄冰：如果抢在日本人前面入侵中立的泰国，不仅会给英国的声誉带来不可挽回的损失，而且必将导致英日战争以及美日战争的爆发。想到自己百年后的历史地位，上将不禁毛骨悚然：他可不愿意冒挑起新一次世界大战的风险。当天晚上，克罗斯比公使从曼谷发来的另一封电报更令他犹豫不决："看在上帝的面上，不要让不列颠军队侵占泰国一英寸的土地，直到日本人发动第一次打击为止。"

6日下午，接到"发现日本舰队"的电报后，布鲁克－波帕姆立即召开紧急会议，商讨"决定性的事件"。一名参谋建议：日本人的意图已经非常明显，他们将在泰国登陆，随后入侵马来亚；此时英军绝不能待在营地里坐以待毙，必须立即进入泰国、在C线构筑防御，逼迫日本人在山地作战。但克罗斯比公使再度发来电报，措辞强硬：考虑到在华盛顿举行的日美谈判还没有正式破裂，日本船队有可能是去占领荷属东印度群岛。他已经得到情报称，日本人可能通过佯动来诱使英国人首先进攻泰国，以此为借口将泰国拉入自己的阵营，所以入侵泰国不仅在法理上行不通，而且是一个严肃的政治事件。法属印度支那总督让·德古（Jean Decoux）海军中将也支持克罗斯比的意见。加上英军至少需要36个小时才能推进到宋卡，而日本人只要33个小时就可以从法属印支抵达泰国南部，时间上已经来不及了。在一片令人沮丧的气氛中，布鲁克－波帕姆下令取消"斗牛士行动"，继续监视日军船队的目的地。

幸运的山下奉文抓住了这一良机。12月7日正午，他的船队已经到达北纬9度25分、东经102度20分的"G点"。按照预定计划，登陆部队在这里分为三群，一齐向西南偏南转向，随后分别扑向宋卡、北大年、哥打巴鲁三个主要登陆点。恶劣的天气遮盖了一切，天空中没有出现一架敌机。接近夜半的时候，山下的3群船队几乎同时进入了锚地。23点，月亮缓缓升起（当天是阴历十九），照耀着泰国南部的海滨。

联合舰队

在哥打巴鲁方面登陆的第18师团佗美支队5300名步兵分乘"淡路山丸"、"绫户山丸"、"佐仓丸"号3艘运输船,在第1护卫队伴随下于7日23:30进入锚地。8日01:30,第一批登陆艇开始向海岸进发——比珍珠港那边开始的空袭早了整整70分钟。02:00时,日军开始登陆。但由于潮汐的缘故,登陆艇被冲到了西面英国守军(英印军第8旅,总人数约6000人)阵地附近,遭到炮火覆盖。从03:30时起,三四架英国飞机反复来袭,"淡路山丸"号中弹16处,于05:30时起火,"绫户山丸"号和"佐仓丸"号也多处受伤。鉴于损失过大且最重要的机场已经被占领,佗美支队长决定停止卸载,8日夜里再干。第1护卫队指挥官桥本信太郎少将带着"绫户山丸"号、"佐仓丸"号向北大年方向退避,受伤的"淡路山丸"号在不久后爆炸,成为日军在太平洋战争中战沉的第一艘船舶。

宋卡和北大年位于泰国南部,海岸线上悬崖林立、缺乏平整的滩头,加上当地均有机场,本来可能造成一场混战。但泰国守军疏于防范,结果没有携带重武器的第5师团在汹涌的波涛中居然没有遭到任何抵抗,轻松地完成了登陆任务。04:10在宋卡、04:30在北大年,日军轻松上岸。与此同时,由饭田祥二郎中将指挥的日本第15军主力也越过法属印度支那与泰国的边境,解除了边境泰军的武装。8日上午9时,銮披汶·颂堪总理下令各地泰国守军停止抵抗,日军开始长驱直入。

美国东海岸时间12月7日0时,设在马里兰州切尔滕汉姆(Cheltenham)的海军M无线电台依旧风平浪静。值班通信长布利克斯(Ralph Bricks)正一如既往地关注着日语天气预报。黎明时分,预报正式开始,粗通日语的布利克斯记下开头几个字母,想当然地认为准是"西风、晴"。但他随后又

■ "淡路山丸"(Awajisan Maru)号,原为三井物产用于北美航线的大型货轮,排水量9794吨,最大航速19.9节,建造过程中得到日本军方的"优秀船舶建造助成金"赞助,于1939年7月15日竣工。1941年7月"淡路山丸"号被陆军征用,同年12月8日在哥打巴鲁登陆战中严重受损而弃船,残骸于12日被荷兰潜艇K-12号击沉,成为日军在太平洋战争中战沉的第一艘船舶。

仔细审视了一下，发现电波里传来的居然是"东风、有雨"。日美开战了！

从纽约港开出已3天的不定期客船上，"三轮车"杜斯科·波波夫从广播里听到了船长沉痛的声音："美国历史上一个沉痛的日子……日军袭击了珍珠港……"双重间谍得意地微笑起来：当年秋天，他已经把从德国方面打听到的日军即将进攻夏威夷的详细情报交给了FBI，只是美国佬对他始终爱理不理。现在，日本人以血的教训给美国佬上了一课，他"三轮车"成名的一天即将到来了。不过连波波夫本人也没有想到的是，更早得知情报的老雇主英国人居然比美国人还要迂阔，白白浪费了先发制人的时间。

二、"发现敌声望型战列舰二艘"

"不可能派战斗机掩护"

12月7日早晨，菲利普斯上将回到了新加坡，立即下令召回开往澳大利亚达尔文港的"反击"号主力巡洋舰，准备战斗。8日凌晨，他得知了日军的准确动向：哥打巴鲁已有敌军开始登陆，两小时后又接到报告，宋卡附近和北大年也有敌军上岸。"Z舰队"参谋长阿瑟·帕利泽（Sir Arthur Francis Eric Palliser）少将注意到，平素性格开朗的"大拇指"在回到新加坡之后完全沉默寡言，于是有意识地宽慰道："没什么可担心的。"

不料上将却反问："担心？如果阁下有这种状况的话……忘了它吧。"

新加坡当地时间12月8日凌晨4点，第一批日本炸弹落到了新加坡头上。来自日本海军第1航空部队的"九六"鱼雷机长驱直入，炸死63人，炸伤133人。远东军总司令部不得不发出了一个色厉内荏的通告："我们已做好准备。我们早有警觉，有备无患。……我们充满信心。我们的防御巩固、武器精良。敌军何足惧？"中午时分，菲利普斯和帕利泽拜访了布鲁克－波帕姆的司令部，仔细核对已经获得的情报，没有发现多少新东西。"大拇指"问上将：

"您对日本人怎么看？"

"日本……大概是唯一一个还在信奉巫术的文明国家吧。一群文明的土著人。"

结束关于人种问题的讨论后，菲利普斯提出，敌军的登陆已经开始，海军不能置身事外，必须立即投入反击。他已经向伦敦提出报告，立即率领"Z舰队"出击。同

■ 步坦协同推进中的日军部队，南方军最初计划在100天时间内拿下马来半岛，实际只花了60天左右。

联合舰队

■ 日军第25军先头部队在泰国湄南河口登陆。第25军主力在泰国南部和马来北部登陆后一路南下,其装备的自行车在马来半岛的丛林地带发挥了巨大作用,日军称之为"银轮部队"。

■ 1941年夏,正在马来半岛的丛林中进行操练的英印军炮兵部队。缺乏重武器、训练不足和部署分散是马来半岛守军面临的三大困难。

时,上将也深知空中掩护的重要性,要求新加坡空军司令部把战斗机调到北部的机场,给海军以最大协助。具体要求如下:

1.自12月9日凌晨起,空军在"Z舰队"前方100海里处进行侦察,同时舰队沿马来海岸北上;

2.自12月10日早晨起,空军在哥打巴鲁、宋卡海面进行侦察,同时舰队攻击日本船队;

3.12月10日全天,战斗机在"Z舰队"上空提供直接掩护。

14时,面色苍白的菲利普斯和帕利泽回到了旗舰"威尔士亲王"号上,随即召集麾下的舰长和幕僚召开作战会议。舰队司令部判断,日军南方部队拥有1艘战列舰、7艘巡洋舰和20艘驱逐舰,在马来半岛东方可能还有潜艇,日军航空力量的状况不明。与之相比,英军的兵力并不齐整:2艘轻巡洋舰和3艘驱逐舰正在修理,一时无法出动;另外轻巡洋舰"德班"(HMS Durban)号和驱逐舰"要塞"(HMS Stronghold)号航速过慢,无法与主力军舰一同行动。上将手下可用的驱逐舰只有当初伴随护航而来的"伊莱克特拉"(HMS Electra)号、"快速"(HMS Express)号、"吸血鬼"(HMS Vampire)号和"忒涅多斯"(HMS Tenedos)号4艘,而且都是旧式的。不过,"威尔士亲王"号和"反击"号在火力上占有绝对优势,"大拇指"自信他的舰队一定能给予敌人沉重打击。

在罗列完双方的实力之后,菲利普斯要求各舰长和幕僚交换意见。"反击"

号舰长坦南特上校（William George Tennant）提出"舰队出击、攻击日本船队"，几乎所有人都表示了赞成——不是因为客观的战场形势，而是出于西方"文明人"对东方"土著人"的一种优越感。菲利普斯随后下令各舰轮机待命："舰队于8日傍晚出击。根据巡哨机的诱导，预定于10日进入宋卡、哥打巴鲁，攻击敌军舰队。关于协助舰队的侦察机及护卫战斗机，将在与空军方面协议后决定。"

传达完出击的命令之后，上将抽出舰队起锚前仅有的一点时间，与帕利泽一起访问了远东军空军司令部。他问普尔福特（Conway Walter Heath Pulford）空军少将，舰队这次出击能得到多少空中支持？普尔福特是海军出身，本很愿意合作，可是根据报告，马来半岛北部的几个机场已被日机炸毁，损失飞机达1/3以上；新加坡的飞机则要留下来保护基地，也没有多余的兵力可派。不过普尔福特答应菲利普斯：次日即12月9日将派飞机在舰队前方100海里进行侦察；至于12月10日的空中掩护，他答应稍后继续讨论这个问题。

菲利普斯和帕利泽再度回到舰上时，整个"Z舰队"已经做好了出航准备。由于"大拇指汤姆"对普尔福特许诺的空中掩护十分重视，他匆匆写下一封短信，委托帕利泽留在岸上负责与空军的后续联络。

12月8日19:05时（新加坡当地时间21:05时），菲利普斯上将率领着"威尔士亲王"号、"反击"号和驱逐舰"伊莱克特拉"号、"特快"号、"吸血鬼"号和"忒涅多斯"号驶出了新加坡港。"威尔士亲王"号领先，"反击"号和驱逐舰随后。当舰队开过新加坡岛东端的樟宜（Changi）通讯站时，菲利普斯收到了普尔福特的电报："不可能派战斗机掩护。抱歉。"

"好吧"，"大拇指"说，"我们只能如此了"。两艘"不沉战舰"到达新加坡的消息几乎是路人皆知，他不可能后退。"Z舰队"把航速提高到18节，继续向北驶去。

留在新加坡的帕利泽心情沉重。他可以想象，当菲利普斯得知10日已得不到空中掩护之时，会是一个什么心情。9日03:00时，他向"威尔士亲王"号发去了一份电

■ 12月8日清晨，遭日军轰炸后冒起滚滚浓烟的新加坡市区。数量不足的"水牛"战斗机只能用于新加坡的防务，无法为海军提供任何掩护。

067

联合舰队

■ 驱逐舰"快速"号,海战后期负责搭救"威尔士亲王"号的幸存者。

■ 12月8日傍晚,驶离新加坡的"反击"号,舰身涂有热带迷彩。右侧远处为一艘正在修理的巡洋舰。

报:1.9日将对舰队前方实施侦察;2.预定在10日早晨对哥打巴鲁、宋卡实施侦察;3.10日不可能派遣战斗机护卫舰队;4.马来半岛北部的英国空军基地遭到日军攻击,部队已无法掌握;5.日军在法属印度支那南部的多个空军基地驻扎有强有力的轰炸机部队。

接信的菲利普斯再度审视了他的决定:到现在为止,"Z舰队"还没有被日军发现,奇袭依旧存在可能。加上暴风雨时低空的云层不利于日本飞机出动,他决意继续前进,在10日一早攻击日军船队。不过为避免被日本飞机发现,上将下令航线远离马来半岛海岸线。

"大拇指"在此时犯了一个巨大的错误:他大大低估了日本飞机的航程。在老将军看来,日本飞机的性能大概和意大利飞机差不多,远不如皇家空军的手下败将——德国飞机。据他估计,以海岸为基地的日本鱼雷机和俯冲轰炸机飞行半径不会超过200海里,水平轰炸机的航程虽然大些,不过军舰可以在它们准确命中以前灵活地规避掉。

在阴雨和浓云的笼罩下,"威尔士亲王"号和"反击"号以18节航速驶入暹罗湾纵深。9日05:30时,到达阿南巴斯(Kepulauan Anambas)群岛西南,开始向该岛东面转向,9点到达了岛的北方。"Z舰队"上空被极低的密云所覆盖,时有急风骤雨袭来,视野不良。如果这种天气一直持续到日落,"威尔士亲王"号就可以避免被日军发现,平安地躲进黑夜,在10日早晨进行奇袭。既然没有空中掩护,来自天公的庇佑就成了"大拇指汤姆"最大的希望。

18:00左右,菲利普斯向"反击"号和驱逐舰发出了如下电报:"为躲避空中侦察,我们做了大迂回航行,希望在明天星期三日出后不久突击敌人。我们也许有运气能在暹罗湾叫几艘日本巡洋舰或驱逐舰尝尝我们的炮弹。我们肯定能好好地试试我们的高炮,但是不管我们遇到什么舰只,我都要求你们速战速决,在日本人尚未组织强大的空中攻击之前向东撤走。所以,见敌必击,击之必沉。"

鬼子来了

"Z舰队"当真还没有被日本人发现吗?答案是否定的。早在两个半小时前,日军第5潜水战队第30潜水队的旗舰"伊-65"号就发出了"发现敌舰"的信号。

南方部队司令官近藤信竹中将对英国舰队的实力相当忌惮,为在整个马来作战期间维持交通线的安全,他在新加坡和哥打巴鲁之间部署了由12艘潜艇组成的警戒线,以便随时配合水面舰艇发起攻击。根据第5潜水战队司令官醍醐忠重少将的命令,第30潜水队司令寺冈正雄大佐于12月8日亲自督率旗舰"伊-65"号进入巡哨地区。第一天,什么也没有发现,此后"伊-65"号在由北向南的基准航向持续巡哨。9日15:00时,该艇正以潜望镜深度航行中,一名观察哨突然在艇首110度方位附近发现了两个舰影。当时海面大雨倾盆、无法准确识别军舰的型号,哨戒长判断为两艘驱逐舰,并立即报告了艇长原田毫卫少佐和司令寺冈大佐。

乌云密布的海面同样掩护了日本潜艇。在一片急风骤雨之中,原田和寺冈一齐来到潜望镜前,仔细地查看敌情。目标远在10海里之外,在恶劣的海况下很难辨识清楚,不过寺冈注意到其中一艘军舰前部船桅的形状和烟囱位置十分类似日本海军的"金刚"级战列舰,因此果断判断为"声望"级主力巡洋舰。至于另一艘军舰,它的外形在潜艇上的海军年鉴里没有找到完全吻合的记载("威尔士亲王"号调到远东不久,尚未列入日本潜艇的识别手册),只能也判断为"声望"级。在潜航状态下,"伊-65"号迅速向南方各部队发出了紧急电报:"发现

■ 1941年12月8日傍晚,穿过柔佛海峡、踏上最后征途的"威尔士亲王"号,远处可见"反击"号的舰体。

敌声望型战列舰二艘。地点昆仑岛11，航向340度，航速14节。15：15时。"（注：英国皇家海军"声望"级主力巡洋舰共有"声望"、"反击"号2艘。）

根据南遣舰队司令官小泽在战后的上奏文，此时"Z舰队"的位置在柬埔寨角165度、225海里处。确认了目标的"伊-65"号开始以潜航状态与之保持接触，15：42时，哨戒长再度捕捉到"反击"号的舰影，潜艇遂以20度航向、20节速度尾随该舰而行。在此期间，"Z舰队"几度变更航向（范围为0-340度），寺冈大佐判断他们将西行朝向马来半岛东岸。

受天气影响，英国舰队并没有发现尾随其后的敌人，也没有采用"之"字形的反潜航路。不过日本人也没有注意到护航的驱逐舰，寺冈下令潜艇浮上水面，和原田艇长用双筒望远镜观察着远处的目标，憧憬着收获一个大战果。

天有不测风云，在反复无常的暴雨中，观测目标越来越困难。17：20时，"反击"号的舰影突然从视线中消失了。冷静的"伊-65"号继续航行，18：22时在舰首远方再度捕捉到了目标。正当潜艇加速尾随过去、企图发动攻击时，天空突然出现了1架双翼水上飞机，并摇摇晃晃地向"伊-65"号俯冲过来。敌机来袭！"伊-65"号立即急速潜航，一直躲到20：00时才重新浮出水面。这时，海面上哪里还有英国军舰的影子。

整整一天之后，满脸晦气的寺冈才得知：那架从天而降的水上飞机根本不是什么敌机，而是来自第4潜水战队旗舰"鬼怒"号的侦察机！

原来，由于恶劣的海况和信号传输故障，"伊-65"号在15：15时发出的电报并没能在第一时间送达南方部队各司令部。西贡的第1航空部队司令部在17：10时最先收到电报，此时距发现敌舰已经过去了近两个小时；马来部队旗舰"鸟海"号17：10-17：20收到电报，第4潜水战队旗舰"鬼怒"号17：15时，南方部队旗舰"爱宕"号17：25时，第7战队旗舰"熊野"号17：40时，第3水雷战队旗舰"川内"号18：34时收到电报。作为马来方面海军部队总指挥，小泽在接到电报当时还略有怀疑，因为仅仅在3小时前，奉命侦察新加坡的第1航空部队1架"九六"鱼雷机还发回报告称"一艘英国战列舰在港内停泊"（其实是日机把一个大型浮码头当成了战列舰），懈怠的日本舰队并没有做战斗准备。但如果"伊-65"号发来的电报属实，则"鸟海"号与"威尔士亲王"号之间应该只剩下110-120海里的距离，并且仍在不断接近中。中将立即下达了命令：1.潜艇发回的报告真伪不明，但"鸟海"和第7战队各舰搭载的水上侦察机应立即出发搜索英舰队；2.第一航空部队开始侦察攻击；3.正在行动中的水上部队，包括马来部队主力、护卫队本队、鬼怒和由良，总计重巡洋舰5艘、轻巡洋舰2艘、驱逐舰4艘，应迅速集结，避免在9日夜间与敌接触、在夜战中被英舰击灭；4.正在马来半岛东岸卸载中的运输船应急速退避。

"鸟海"号上的通信士迅速忙碌起来。17:30时，小泽发电报给第1航空部队："伊-65"号发现敌舰队，要求侦察攻击；10分钟后，下令第7战队迅速弹射水上侦察机搜索英国舰队；18:00又要求第3水雷战队的驱逐舰进行燃料补给。在此之前，南进中的"鬼怒"号于17:15首先接到了"伊-65"号发现目标的电报，于是在小泽发出弹射水上侦察机的命令之前，就于17:48时在马来部队主队东方海面弹射了一架"九四"式水上侦察机，令其向西南方搜索目标——正是这架飞机在18:22左右飞临了"伊-65"号上空，把警惕的寺冈司令吓了一跳。

小泽亲率"鸟海"号，带着第7战队以14节速度向东北方向前进，各舰纷纷交换信号、紧急准备弹射器，8英寸主炮也做好了战斗准备。日本人的动作虽然迅速，不过也不免慌张，各级指挥官心里都没有底。

18:00时，舰队航向转为正东，之前分散去补给燃料的重巡洋舰"最上"号和驱逐舰1艘也返回集队。小泽和栗田随即将舰

■ 海军上将菲利普斯爵士（1888－1941），"Z舰队"悲剧性的司令官。让这样一位熟知舰队作战却对航空兵的作用认识不深的统帅来指挥东方舰队本来就是个错误，菲利普斯最终也因傲慢和轻敌葬送了生命。不过，他在临终时表现出的勇气和责任感得到了人们的敬意——包括其对手日本人。

■ 马来海战时的第5潜水战队司令官醍醐忠重（1891－1947），东京人。出身公卿华族清华家（仅次于五摄家）中的名门醍醐侯爵家，因父亲早亡被过继给五摄家中的一条家抚养，并以嫡子身份继承生父的侯爵爵位。忠重毕业于海军兵学校第40期，1916年以25岁之龄出任贵族院议员，1938年任侍从武官。日本战败时为第6舰队司令长官、海军中将衔。战后因在荷属东印度纵容虐杀俘虏和平民的行为被判处死刑。

队变向为正南，在18:20时到18:23时之间先后从"鸟海"、"最上"、"铃谷"、"熊野"、"三隈"号5舰（后4舰属"最上"级）上弹射了5架"九五"式水上侦察机。小泽中将估计，侦察机返回时已经入夜、回收困难，因此命令它们在完成任务后在昆仑岛（Con Son Island）自行降落。侦察机起飞之后，主队加速到26节，变航向为245度，正好与英国舰队的航线交叉，同时护卫队本队也加速变向，开始冒着大雨搜索英国舰队。18:45时，马来部队主力加速到28节，向240度航向前进。所有舰载机都被弹射出去，各舰准备进行决战。不久，附近

联合舰队

■ 日军第5潜水战队第30潜水队旗舰"伊-65"号("海大"三a型),9日15:15时在昆仑岛海面最早发出"发现敌声望型战列舰二艘"的信号。

的第3水雷战队、"由良"号也相继赶来会合。

18:40前后,"伊-65"号发来电报:"由于有雨,17:20时与英国战列舰失去接触。"为恢复与敌舰的接触、便于在夜战中占据先机,18:50时,小泽下令给负责支持的第2航空部队司令今村修少将和特设水上飞机母舰"山阳丸"号(附属于第11航空舰队):"为准备对敌主力的夜间接触,派出(水机)母舰一艘到昆仑岛设置水上基地。"不久,全部部队又接到了新的命令:"第一夜战通讯配置就位。"

18:30左右,3架日本飞机出现在"威尔士亲王"号的视野中,尾随他们一直到太阳下山。这正是来自"鬼怒"、"铃谷"和"熊野"号的3架水上侦察机,18:35、19:15、19:50时,3架飞机分别发出了"发现敌舰"的电报,菲利普斯上将依靠天气掩护躲过黑夜的幻想泡汤了。"大拇指汤姆"必须面对一个严峻的事实:他可能不得不与日舰进行夜战。

海面下着大雨,东南风的风速达到了8公尺/秒,有效的观测距离还不到3海里。19:30日落后,视线更加模糊。19:30,最早起飞的"鬼怒"号机发出的第一份电报送达了"鸟海"号:"发现敌战列舰二艘。地点昆仑岛、方向340度,航速14节。18:35时。"这架冒失的飞机虽然意外地吓跑了"伊-65"号,不过还是成功地找到了英国舰队,使小泽恢复了与对手的接触。"鬼怒"机的第二份电报是:"为之护航的有敌驱逐舰3艘。19:15时。"不过这个位置和50分钟前"伊-65"号的报告相差了60海里,小泽中将一时有点怀疑。

25分钟后,"铃谷"号出发的搜索机发回了第三份电报:"发现敌乔治五世型战舰二艘。我出发点护卫队方位185度、83海里,航向20度。19:15时。"从这份报告推断,英国舰队在19:15时应该位于小泽主队170度、70海里处。尽管5艘重巡洋舰最厚只有140mm的装甲,根本不足以抵挡"不沉战舰"的10门356mm主炮,小泽还是认定:他必须尽一切努力保证登陆船队的安全,且只有积极迎战才能为陆军争取时间;何况他还对巡洋舰上的"九三"式氧气鱼雷抱有一定期待,相信5艘巡洋舰凭借速度和鱼雷即使不足以消灭对手,也足以给"Z舰队"带来相当损失。

■ 轻巡洋舰"鬼怒"号，第4潜水战队旗舰，其舰载机在海战前夜较早时搜索到"Z舰队"。

另一方面，第2舰队司令长官近藤信竹中将亲率的南方部队（2艘战列舰、2艘重巡洋舰、10艘驱逐舰），自驶离台湾基地以来一直在昆仑岛东方海上巡弋。第2舰队要负责整个南方作战两个方向（菲律宾、马来）上的远程支持，一旦敌主力出现在登陆部队附近，近藤就会亲率战列舰前去截击。根据第1航空部队在14：00时发来的"两艘英战列舰仍在新加坡"的错误情报，中将下令部队驶向金兰湾，准备进行燃料补给。不过在17：25时接到"鬼怒"号转来的电报，得知英国舰队已经开出新加坡之后，"爱宕"号（属"高雄"级，南方部队旗舰）上的气氛为之一变。显然，"金刚"号和"榛名"号两艘老舰就要面对"不沉战舰"的10门14英寸主炮和"反击"号的6门15英寸大炮了。

和菲利普斯一样，近藤信竹在调任第2舰队司令长官之前担任的是军令部次长（相当于英国的海军副参谋长），是日本海军中著名的"官衙派"军官（即主要在岸上行政机关任职的海军官僚，有别于依靠海上资历获得晋升的"舰艇派"），思维十分陈旧。在过去，日本海军中长期盛行决战主义，认为主力军舰是决定海战胜负的最重要砝码，辅助舰艇和航空兵力不过是锦上添花的点缀。在舰队炮战能力不如人的情况下，即使鱼雷战和航空兵战斗力胜过对方，也很难占到便宜。因为航速在27节以上的高速战舰可以从容规避轰炸，鱼雷的发射则依赖于精准的观测（奇怪的是，战列舰主炮的射击对观瞄的依赖似乎更为严重）。更何况"威尔士亲王"号装备有雷达，在夜战中也占有优势。这样一来，尽管联合舰队中有一部分人坚持认为空军可以在大规模海战中发挥决定作用，但大多数人还是表示悲观。

有"秀才提督"之称、喜欢给小兵讲地理课的近藤信竹同样十分迷信主力战舰炮战："金刚"号和"榛名"号虽然舰龄较长、水平防护薄弱，但战斗力和士气相当高昂。在此前一个月举行的海军战列舰射击训练中，"金刚"号曾获得第1舰队第3战队的最佳成绩。18：00时，近藤从旗舰"爱宕"

联合舰队

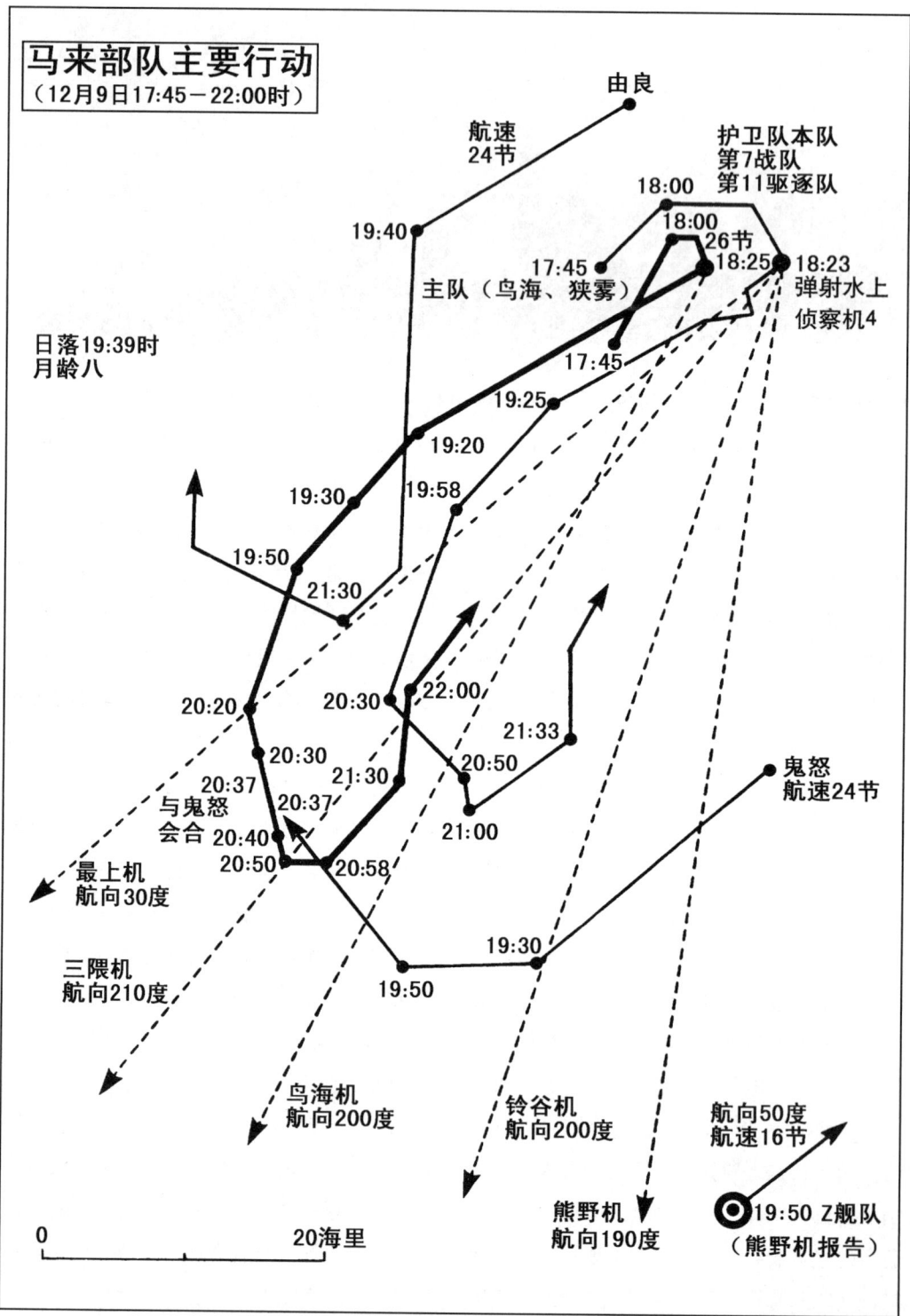

号上发出了"南方部队电令作第20号"："本队预定于10日01:00时到达昆仑岛80度、30海里处。马来部队主力当将敌引诱至昆仑岛东南。"

18:25时，近藤接到了小泽从"鸟海"号上发来的电报："我正开往敌舰方向。方位柬埔寨角15度，航向245度，航速26节。""秀才提督"不禁有些不满，因为小泽企图以装备鱼雷的重巡洋舰与"Z舰队"展开夜战，显然是在冒犯第2舰队2艘战列舰的"威容"。所以在20:15时，他再度下令："1.航空部队明晨拂晓全力出动攻击敌主力；2.水上部队在航空部队攻击结束后策应决战。"第2舰队参谋长白石万隆少将（近藤的爱媛县同乡）再三强调：绝对不能在9日夜间与英国人进行夜战，因为英国主力军舰都装备有雷达，日本海军传统的"家艺"——夜战不具备任何优势。实力不济的小泽应当首先东进、与南方部队本队会合，然后托庇两艘"金刚"级战列舰的主炮与"Z舰队"进行清晨决战。

另一方面，小泽以卵击石、坚决进行夜战的电报没有打动近藤，却激起了第1航空部队司令松永少将的斗志。18:30时，他的幕僚已经判读出下午"九六"鱼雷机在新加坡发现的并非英国战列舰，"Z舰队"已经出击，松永立即下令正要出发袭炸新加坡的爆击队换掉炸弹、装上鱼雷，随时听候调遣。

20:15时，近藤虽然发来"全力出动攻击敌主力"的电报，但又提及黎明后将出动战列舰实施决战，显然是不信任航空部队的战斗力。松永绝不甘心被上司当成不可靠的废柴，所以尽管天气十分恶劣，他还是决心实施攻击。此时英国舰队约在300海里之外，如果立即起飞，还来得及在薄暮之前进行攻击。17:30时，松永下达了命令："各队全力出动攻击敌舰队。敌舰队15:25时的位置为关丹57度、163海里，航向0度，航速20节。"

第1航空部队的编成中包括四支空袭部队：

1. 甲部队以元山航空队（司令前田孝成中佐）为主体，包含"九六"鱼雷机36架，加上南遣舰队和第3航空队调来的12架"九六"舰载战斗机，以西贡为基地；

2. 乙部队以美幌航空队（司令近藤胜治大佐）为主体，包含"九六"鱼雷机36架，以土龙木（Thu Dau Mot）为基地；

3. 丙部队以自第3航空队调来的山田队（由山田丰中佐指挥）为主体，包含零式战机27架和"九八"陆上侦察机6架，以薄寮（Bac Lieu）为基地；

4. 丁部队以鹿屋航空队（司令藤吉直四郎大佐）为主体，包含"一式"鱼雷机36架，以土龙木为基地。其中甲、乙、丁三支部队为鱼雷机队，具有对地和对舰空袭能力。

接到松永少将下达的出击命令后，各攻击队迅速完成准备工作，相继从基地起飞。18:15时，宫内七三少佐率领丁部队的18架"一式"鱼雷机（9架挂炸弹，9架挂鱼雷）首先起飞；19:04时，中西一二少佐甲部队的17架"九六"鱼雷机（全部挂鱼雷）也飞离了西贡机场。乙部队的18架"九六"鱼雷机因为起飞时间太晚，飞出后不久就遭遇暴风雨，不得不中途返回。

20:00时左右，小泽中将在"鸟海"号上得知第1航空部队已经起飞。为方便战场协同，他给松永发电："请攻击队于20:30时之后发起进攻，并在行动前选取适宜时间投下照明弹。"但就在20:16时，从"熊野"号出发的侦察机向"鸟海"号发回了报告，又引起了新的混乱。这份报告内容为："发现敌声望型战列舰二艘。我出发点护卫队方位185度、70海里，航向50度、速度16节。19:50时。""熊野"机随后又报告，敌主力还率领着5艘护卫舰。从这个位置判断，日英两舰队之间的距离在20:00时已不足50海里！

小泽当即判断，"Z舰队"此行是为了攻击在宋卡登陆的日本船队，因此决定紧急转向西南，与英国舰队正面遭遇；但一部分幕僚认为，英国舰队的意图可能是扰乱日本船队的后方。经过一番争吵，20:20时，小泽舰队再度改航向为165度，护卫本队也在20:26时效仿。到20:30时，整个马来部队取航向130度，速度提高到21节。正当这个时候，"鸟海"号的左前方突然出现了一个右进的舰影，众人都呆住了。不过很快有人认出那是赶来会合的"鬼怒"号，该舰于20:37时跟到了"鸟海"号之后。

局势继续紧张。首先是发回"发现敌舰"报告的"铃谷"机和"熊野"机相继失去了消息。后来得知，"铃谷"机已经迫降在驱逐舰"羽风"号附近，飞行员被驱逐舰救起；但一直和英国舰队保持接触的"熊野"机在20:16时发回最后一份报告后就失去了消息。

时断时续的大雨影响了视线，即使是友舰也很难识别航向，不得不以无线电勉强协调。为避免因高速航行导致相撞，小泽在20:40时把"鸟海"号的航速降到了16节，护卫本队也相应减速。到这时，战场形势已经明朗化：小泽舰队连正常的编队航行都嫌勉强，更不要说是正面迎敌了。对他而言，最好的选择还是退避三舍、知难而退。20:50，小泽下令变航向为90度，随后又变

■ 近藤信竹（1886-1953），大阪人。海军兵学校第35期出身，历任侍从武官、联合舰队先任参谋、海军大学教官、联合舰队参谋长、第5舰队司令长官、军令部次长等职，属于典型的"官衔派"军人，和菲利普斯一样缺乏海上经验。开战时近藤任第2舰队司令长官，负责南方作战海上支持，马来海战中力主与"Z舰队"进行清晨炮战。1943年后逐步淡出，转任军事参议官、中国方面舰队司令官。作为顽固的大舰巨炮主义者，近藤缺乏现代的战略眼光，所以虽然以他的资历足以担当联合舰队司令长官一职，但却从未得到过提名。

■ 飞行中的元山航空队第3中队"九六"鱼雷机21型，垂尾上标有识别符号"G"。元山航空队最初的雷击瘫痪了"威尔士亲王"号的战斗力。

为50度，逐渐远离了北上的"Z舰队"。

另一方面，从法属印支南部起飞的第1航空部队并不知道小泽已经放弃夜战、转向北上，他们依然冒着恶劣的天气继续南进。在漆黑一片的海面上，3架先导机发现了两条白色的航迹，随后是两个模糊的舰影。尽管这个位置与事先得到的情报并不一致，但指挥官注意到目标正在朝北航行，于是判断此乃英国舰队，下令立即攻击。

"九六"鱼雷机降下高度，开始接近海面上的舰影。21:30时，攻击队报告西贡基地："发现敌人。"随后又报告："洛丽岛150度、90海里。21:32时。"

同样是在21:30时，"鸟海"号的瞭望哨注意到空中出现了航空照明灯的亮光。虽然视线不良，小泽中将还是判断为友机正在接近。闪烁的光点越来越近，突然，一发照明弹在夜空中爆炸，把海面照成了白昼。中将不禁大吃一惊：显然，糊涂的飞行员把"鸟海"号误认成了英国军舰。"鸟海"号急忙通过探照灯对飞机发出警报："注意，鸟海号。"对方没有响应。几次重复发出信号后，鱼雷机队似乎还是我行我素。"鸟海"号觉得大事不妙，于21:30时开始向0度航向规避，同时拼命给第1航空部队司令部发电："中型攻击机3架现身鸟海上空，对鸟海投下照明弹。"

接到电报的松永极其吃惊，他马上反应过来：一定是那些头脑发热的飞行员认错了人。好在他们还没有来得及投弹，下不了台的少将急忙发出一份叱责电报："（你部）位于友舰上空。返航。"

三、幸运的"和尚"

不幸的"大拇指"

时隔多年再次回到脱离已久的战舰，菲利普斯并没有享受到出海的好心情。从空中掩护丧失的那一刻起，上将就处在了一种焦虑和不安之中。恶劣的天气一度给了他希望，但随着18：30 3架日本水上飞机的出现，出其不意地袭击敌人的希望已经消失了。菲利普斯甚至还预料，10日凌晨舰队会在靠近宋卡的地方遭到猛烈空袭。他当机立断地决定：日落后转向返回新加坡。听到这个消息，各舰顿时涌起一片失望和自嘲。20：05时，"威尔士亲王"号命令燃料不足的驱逐舰"忒涅多斯"号自行返航，同时约定次日上午在指定位置与该舰会合，此前的09：30时应互发电报进行联络。

20：25时，"Z舰队"取航向280度，速度提高到21节。21：45时，航向转向170度，当时舰队位于哥打巴鲁以东海面200海里处，如果沿着这个方向高速航行，10日上午07：15时就可以回到新加坡了。但由于某种宿命式的安排，10日00：30时，远在新加坡的帕利泽发来了一份极其悲观的电报："1.由于日军的攻击，马来半岛北部的航空基地无法维持，只好放弃；2.日军轰炸机部队已经在法属印度支那南部展开待命。一般认为，他们在西贡海上还有2艘航母；3.远东军总司令部为了新加坡防卫，决定把空军的全部力量留下来防御新加坡。"仅仅1小时后，从帕利泽那边又来了一份紧急电报：据来源不明的情报，在哥打巴鲁以南150海里处的关丹（Kuantan）有一股敌军登陆。

菲利普斯用左手（他是个左撇子）在电报纸上签了名。在"威尔士亲王"号的舰桥上，人们清楚地听到司令官嘟囔了一句："都说这里是战场，可政治还是操纵着军事。"他们面面相觑，不知道那是在说什么。

很显然，斗志再度笼罩了"大拇指汤姆"，他的考虑更多地涉及政治因素：世界上最强大的战列舰之一开出了基地，大英帝国在远东的全部希望都寄托在它的身上。如果"Z舰队"没有取得任何战果就悻悻归航，那该是多么耻辱的一件事！

菲利普斯判断，日军水上飞机发现"Z舰队"之时，英舰正在冒雨北上；倘若他急速南行，在10日上午抵达南方的关丹，日本人可能还来不及察觉，他依旧可以通过奇袭

■ 编队飞行中的美幌航空队"九六"鱼雷机21型。美幌空的武田中队以炸弹最终击沉了"威尔士亲王"号。

■ 鹿屋航空队第2中队所属的"一式"鱼雷机11型,指挥官正在下达出击命令。鹿屋空的26架"一式"鱼雷机携带鱼雷参加了马来海战,最后时刻到达战场、命中"威尔士亲王"号和"反击"号各5枚鱼雷,立下大功。

消灭关丹海面的日本登陆船队。而打掉日本人在马来海岸半中腰的这个滩头,同样还意味着北方的安全有了保障。风险是巨大的,但值得一试。01:40时前后,上将下令5艘军舰转向驶往关丹。

12月10日凌晨01:45,"Z舰队"再度转向为240度,开始前往关丹攻击"日本运输船队"。"威尔士亲王"号冒着滚滚浓烟前进,菲利普斯想当然地认为:敌军在关丹登陆的消息既然是自新加坡传来,远东军司令部一定会在10日早晨派出战斗机到当地,掩护"Z舰队"的攻击。他下令保持无线电静默。天亮以后,他还在距离关丹100海里的地方检查了1艘"可疑"的拖网渔船和4只驳船。09:30,旗舰的瞭望哨看到了陆地的影子,舰队迅速靠近,却没有发现任何日本人。为慎重起见,菲利普斯上将派"快速"

号驱逐舰前去查看形势,还从"威尔士亲王"号上弹射了1架"海象"式水上飞机。1小时后,"快速"号和水上侦察机先后发回报告:"没有发现异常。"

"大拇指汤姆"当然不知道,"关丹有敌军登陆"的情报只是因为守军在海滩上听到了地雷爆炸的声音,且踩响地雷的也不是日本人,而是一头倒霉的水牛。他因为一份错误的情报浪费了大半个上午,现在必须加紧返航了。"Z舰队"沿着阿南巴斯群岛把舰首转向东方,开始向新加坡驶去。

11:30,传来了第一个不祥的消息。昨夜与"Z舰队"分离的驱逐舰"忒涅多斯"号从南方海面发来电报:"我舰遭轰炸。"

危机已经来临,而命运是艰苦的。

"Z舰队"的航线附近依旧有日本潜艇的哨戒线,在这一区域巡航的是隶属于第4

联合舰队

■ 马来部队旗舰、小泽中将座舰"鸟海"号重巡洋舰。12月9日夜间，小泽舰队与"Z舰队"的距离一度缩短至50海里，这使中将开始准备夜间决战。而一旦此种情况出现，仅凭10门203mm主炮、稳定性不可靠的氧气鱼雷和127mm主装甲带的日军重巡洋舰将遭遇毁灭性打击。

潜水战队的"伊-58"号。该艇当时正以水面状态航行，海上的月龄是阴历廿一，明亮的月光使瞭望哨可以清楚地观察到海面上的一切。10日凌晨01：22时，潜艇在艇首右20度、600公尺开外忽然发现了两个类似驱逐舰的黑影。"伊-58"号在确认目标后急速潜航，在潜望镜里，他们终于辨认出那正是"Z舰队"。

突然，01：42，英国舰队做了一个向右60度的大转向。

对日本潜艇来说，这个转弯实在是难以理解。他们不晓得菲利普斯接到了错误的情报，正在开往关丹攻击并不存在的"日军登陆船队"。不过"伊-58"号艇长北村少佐还是立即报告了"发现敌人"的情况，并准备攻击。

在英国舰队转向的刹那间，编队最前方的一艘战列舰（"威尔士亲王"号）狭长的船腹刚好暴露在"伊-58"号面前。北村艇长下令：前部6具鱼雷发射管准备，开始攻击！但关键时刻，一具鱼雷发射管的前盖却因故障无法打开。在艇员查看故障的时候，"威尔士亲王"号已经溜出了最佳攻击位置，不愿坐失良机的"伊-58"号只好瞄准其后的"反击"号发射了5枚鱼雷，不过无一命中。

英国军舰渐行渐远。"伊-58"号浮上水面，一边以水面航行追赶目标，一边向第4潜水战队司令部报告敌情："我艇于阿南巴斯群岛45海里处对敌舰发射鱼雷，命中未知。敌舰航向180度、航速22节。03：41时。""敌舰喷出黑烟、向240度方向逃走，我艇保持接触中。04：25时。"双方航速的差距实在太大了，最高水面速度只有17.7节的

"伊-58"号在追赶了两个多小时后，最终于06：15时丢失了目标。

"威尔士亲王"号上的"大拇指汤姆"对近在咫尺的偷袭一无所知；黑暗中，"反击"号的瞭望哨也没有看清日本鱼雷的航迹。不管怎么说，"Z舰队"还是成功地摆脱了日本潜艇的罗网，沿"之"字形航路直驶关丹。但这绝不意味着他们获得了安全："伊-58"号上报了目标的准确航向，第4潜水战队司令官吉富说三少将很快判断出英舰正在开往关丹。

南方部队总指挥近藤中将在他的旗舰"爱宕"号上得知了"威尔士亲王"号再度现身的消息。为在英舰撤回新加坡前就将之消灭，近藤首先对第1航空部队和潜艇部队下令："敌舰03：41时位于阿南巴斯群岛45海里处，现正在向新加坡逃遁中。着航空部队及潜水部队极力捕捉击灭此敌。"他本来还

■ 松永贞市（1892－1965），佐贺人。海军兵学校第41期出身，历任轻巡洋舰"五十铃"号舰长，第2联合航空队司令官，第22、27航空战队司令官，练习联合航空总队长官等职。马来海战前夜，第22航空战队的侦察机一度将小泽舰队误认为"Z舰队"，险些酿成误击事件；但在12月10日的战斗中他们表现出色，最终将两艘英国主力战舰悉数击沉。

想命令两艘战列舰以24节高速接敌、与英舰进行炮战，不过考虑到距离战场实在太远，很快就下令它们转向，继续向北大年航行。

在遥远的伦敦，12月9日深夜，一场决定"Z舰队"命运的会议也在进行。白厅的地下室里，丘吉尔和他的幕僚们花了一个多小时来争论：鉴于日本人的进攻不可避

■ 陈旧的驱逐舰"忒涅多斯"号，由于燃料不足提前向新加坡回航。12月10日上午，该舰在南方海面遭遇元山航空队爆击队8架"九六"鱼雷机的轮番轰炸，却幸运脱逃。

联合舰队

免,"Z舰队"这一"我们手中唯一的关键武器"已经失去了作为威慑工具的价值。那么,现在应当如何安置它?首相大人以其一贯的高调作风,提出把两艘战列舰加强给美国太平洋舰队,以"将英语国家紧密地团结在一起";庞德爵士则建议把军舰调回大西洋,用于形势日益严峻的护航行动。由于谁也说服不了所有人,会议决定把问题留到第二天再解决——极富黑色幽默的是,当英国人进入梦乡之后,日本人的飞机很快就替他们把所有问题都解决了。

在9日夜晚差点发生误击"鸟海"号的笑话之后,第1航空部队总指挥、第22航空战队司令官松永贞市少将沮丧地撤回了所有飞机。痛定思痛,他认为侦察兵力过少、组织不力是造成失误的主要原因,所以必须派出更多的侦察机,并扩大搜索范围。9日晚上10点,少将发出了一道新命令:驻西贡的甲部队2个雷击(即鱼雷机)中队、1个爆击(即轰炸机)中队、1个侦察中队,驻土龙木的乙部队2个雷击中队、1个爆击中队、1个侦察中队,驻薄寮的丙部队5架侦察机,在明日清晨做好出动准备。

第1航空部队的飞行员们在傍晚的行动中已经被折腾得疲惫不堪,此时只好借装弹加油的工夫休息一会儿。半小时后,松永亲自划定了各部队侦察攻击的范围:1.侦察:甲部队在06:30起飞9架侦察机,搜索"吕号"地区,乙部队搜索"伊号"地区7号线;2.各部队雷击队在07:00时之后随时待命。

珍珠港事件以后太平洋上第二次破晓

■ "威尔士亲王"号正在吊放一架"海象"式水上飞机。12月10日上午,菲利普斯曾派出1架"海象"前往关丹查看敌情,此后该机自行飞往新加坡,虽然途中一度与日军丁部队遭遇,但最终还是平安到达。

的时候——1941年12月10日清晨06:25时，松永部队接到了近藤长官"极力捕捉击灭此敌"的命令，立即从西贡基地派出了甲部队的9架"九六"鱼雷机侦察机。此时"伊-58"号已经与"Z舰队"失去接触，而该艇在两个多小时前发回的报告称敌舰正以22节航速南下、航向180度，甲部队据此估计：两小时前目标距西贡基地约350海里，如果9架侦察机能以120节速度全力搜索，上午10点左右应该在距西贡约500海里的位置发现敌舰队。07:00时，丙部队也派出了2架"九八"式陆侦。

侦察机刚刚起飞19分钟，焦躁的松永就命令各空袭部队出发迎敌。虽然盲目出击乃是兵家大忌，但少将认定，敌舰距离西贡实在太远，如果在侦察机确认发现目标后再行出动，全速航行的"Z舰队"很可能提前逃回有重兵把守的新加坡、使日机望洋兴叹。他宁可冒找不到目标、白白浪费燃料的风险，也不愿放过千载一遇的良机。三支空袭部队的85架鱼雷机腾空而起，很快消失在了遥远的天际。

"发现敌主力"

海平如镜，天空更是万里无云，广阔而宁静。12月10日中午11:40，"威尔士亲王"号的瞭望哨在晴朗的天空中发现了一架日本飞机。

那是甲空袭部队派出的一架"九六"鱼雷侦察机，机长是预备少尉帆足正音，主要职责是搜索"吕号"地区3号索敌线（侦察线）上的异常情况。帆足机长毕业于龙谷大学，是一位虔诚的佛教徒，因而得到一个绰号"和尚"。战友们都称赞他是个老实人，不过一提到宗教问题就会变得喋喋不休。侦察员是经验丰富的鹫田光雄飞曹长，以这位技术精湛的老手来辅佐未经战阵的机长，实在是一个明智的决定。除他们俩外，机上还有操纵员田史嘉作一飞曹，三位电信员森慎吾一飞曹、平尾要一二飞曹、高桥光

■ 隶属第4潜水战队的乙型潜艇"伊-58"号，10日凌晨01:22再度捕捉到"Z舰队"，不过发射的5枚鱼雷无一命中。

联合舰队

■ 由空中俯瞰锚泊中的"威尔士亲王"号，可见该舰桅杆上装备的对海和对空雷达。

■ 1920年代中期皇家海军的一次演习中，"反击"号正在开火。381mm主炮在水面战斗中威力强大，对低空高速逼近的轰炸机却无可奈何。

男一飞兵，以及搭乘整备员土界畿久一等整备兵曹。

自西贡基地出发后，帆足机取197度航向南下，于10：00时到达刁曼岛（Pulau Tioman，今属马来西亚）东北偏北约40海里处，随后变航向为正南，飞至刁曼岛东南偏南约30海里处。此时他们离开西贡基地已有550海里，距马来半岛约30海里。10：45时，帆足机变向为西北偏北，经过一小时的飞行，刚好在马来海上与"Z舰队"正面遭遇。

"立即向司令部发报！"

11：45，幸运的帆足机向西贡基地报告："北纬4度、东经103度55分发现敌主力，航向60度。11：45时。""敌主力变更航向为30度。11：50时。""敌主力由3艘驱逐舰护卫，航行序列依次为1艘英王乔治五世型和1艘反击号。12：05时。"

电报迅速飞向已经升空的各空袭部队。由于松永少将在发现目标前就命令攻击队自行进攻，现在他们正处于极度的混乱中：甲部队在07：55时起飞后不久就有1架（机长岩桥光雄三飞曹）因左发动机故障而折返，爆击队（中队长二阶堂麓夫大尉）的9架"九六"鱼雷机飞过了头，11：13时在南方发现了提前回航的驱逐舰"忒涅多斯"号，并对该舰进行了长达半小时的攻击，却没能把老旧的驱逐舰击沉。甲部队的雷击队由于导航错误，此时也飞到了"Z舰队"南方的海上，在12：00时接到帆足机的电报

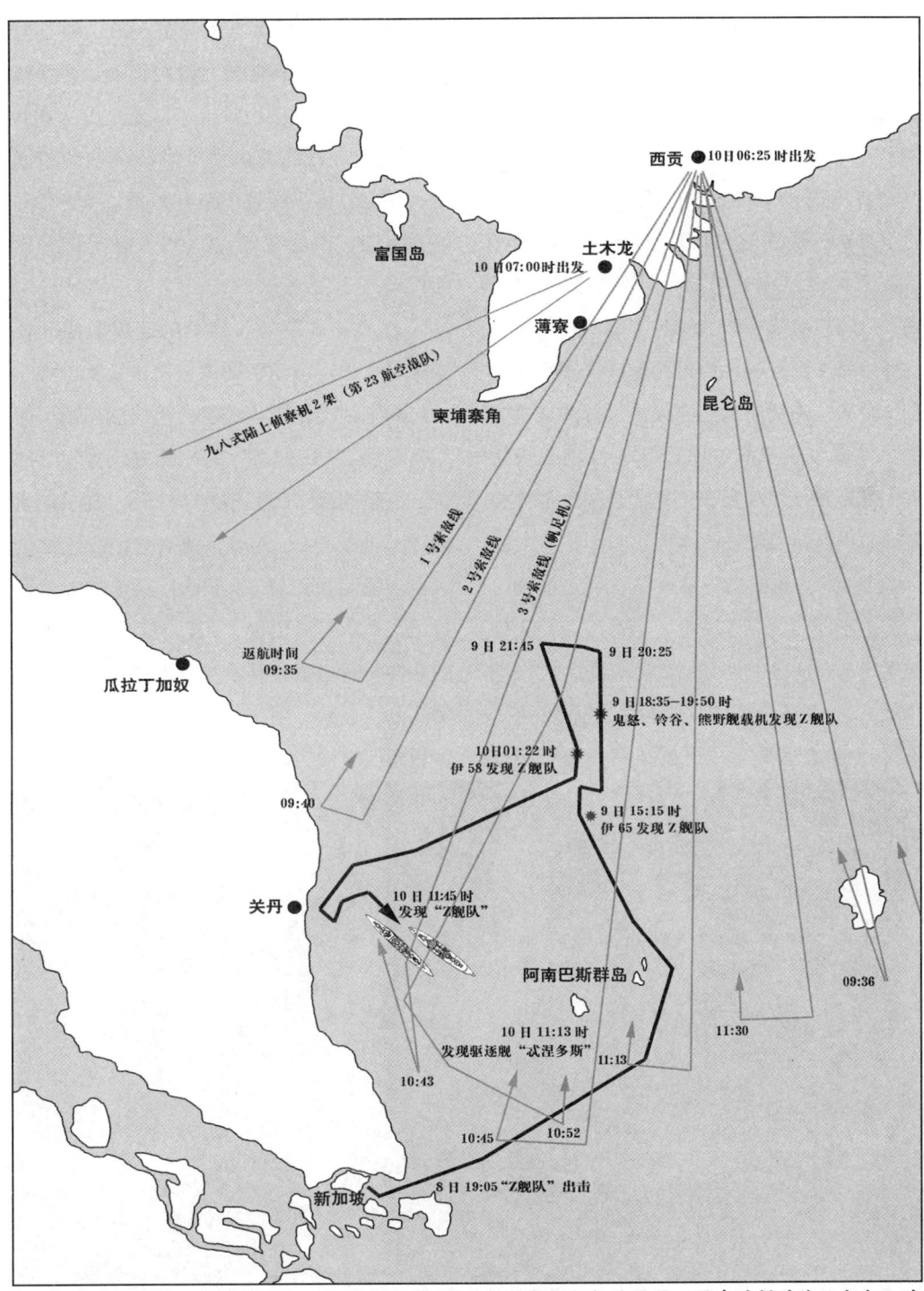

■ "Z舰队"航迹,以及12月10日上午元山航空队9架侦察机飞行路线图(图中时间均为日本本土时间,比新加坡时间早两小时)。

后，该部才仓促地北归寻找目标。08:20起飞的乙部队的飞行相对顺利，但领头的第1中队却选择了一条迂回航线，意外导致掉队。

更倒霉的还是在9日晚上就扑了个空的丁部队（鹿屋航空队）。接到松永的命令后，宫内七三少佐在08:14率领27架"一式"鱼雷机起飞索敌。不过丁部队在出发后就开始找不到目标，焦急的指挥官在空中集合了全队，随后要求地面提供目标的准确方位。他们在狭窄的机舱里吃着红小豆饭罐头、海带卷、炒鸡蛋和鱼丸汤，焦急地注视着阿南巴斯群岛附近的海面。

11:17，地面报告英舰队在西方海面，丁部队当即向西飞了整整一个纬度。断云中一度有一架来路不明的水上飞机穿出（系"威尔士亲王"号先前弹射的那架"海象"，该机在完成对关丹的侦察后自行飞往新加坡着陆），把日本人吓了一跳。半小时之后，丁部队的前哨机已经可以看见海平线尽头新加坡的低矮山脊了，但还是没有找到"Z舰队"。宫内考虑到英舰速度在27节以上，此时恐怕已经到了南方海面，而自己的燃料有限，因此在12:10下令全队转向、返回机场。

在土龙木基地，焦急的鹿屋航空队司令藤吉大佐直电西贡要求协助，松永少将这才想起来：又是因为疏忽，他居然忘记了通知帆足要把"Z舰队"的准确方位告知丁部队。愤怒的藤吉听罢拍起了桌子，几乎把电话线都扯断。12:50时，西贡基地急急忙忙地电告帆足机：将"Z舰队"目前的方位通报给土龙木长波电台。10分钟后，收到电报的藤吉司令再将其转发给宫内少佐。当时丁部队已经飞到了阿南巴斯群岛西北附近，接信后再度转向为280度寻找敌舰。

■ 马来海战过程中，帆足正音机的电信员森慎吾一飞曹正在发出实时电报。"和尚"发现"Z舰队"的过程充满了戏剧性，他也因此成为了海军大航空时代揭幕的少数几位目击者之一。

就在这个时候，又发生了新的混乱：导航错误的甲部队爆击队（二阶堂中队）此时刚刚开始轰炸孤单的"忒涅多斯"号，但由于识别错误，二阶堂中队长向西贡报告称：我已开始攻击英舰队主力。但该中队报告的所谓"英舰队主力"与帆足正音报告的"Z舰队"方位居然差了整整150海里之多！到底是该相信没有多少经验的帆足预备少尉，还是一贯娴熟练达的二阶堂中队长呢？

松永急忙和身边的幕僚商量。人们普遍认为，经验丰富的二阶堂是不容易出差错的，只有重村实参谋为帆足辩护："经验固然重要，但帆足少尉在9日参加过对关丹的轰炸，对周边的状况应当十分了解。'和尚'是不可能把位置弄错的。"松永点头表示赞同。13:10，他再度通知各攻击部队："3号线侦察机位置正确。"为防止之前的导航有误，13:35时，西贡基地再度通报各攻击部队指挥官："11:50时敌战列舰位置为：关丹93度、55海里处，航向160度，航速20节。"并要求各攻击部队报告到达目标上空的预定时间。

在遥远的马来海面，幽灵一样的帆足机依旧在"Z舰队"上空盘旋，并把一份份电报发回西贡："敌舰附近天候：阴云高12500公尺，视界良好，下层云1500公尺，云量2。12:15时。""敌主力变航向为60度，航速20节。12:30时。"

小笠栗原群岛和硫黄岛之间的海上，坐镇联合舰队旗舰"长门"号的山本五十六大将也在用迟疑的口吻询问联合舰队航空甲参谋三和义勇大佐："能把反击号和英王乔治五世型都击沉吗？依我看，恐怕只能击沉反击号一艘吧。"

四、"上帝保佑你们"

"全军突击！"

接到帆足机发回的电报后，最先到达"Z舰队"上空的是来自乙部队爆击队的白井义视中队。12:30，日机在高空发现了航行中的"威尔士亲王"号、"反击"号和3艘驱逐舰，立即自2000公尺高度开始俯冲；而在之前几分钟，"反击"号的雷达也在海平线发现了敌机的信号脉冲。伴随着"各就各位"的号声和扩音器里"射击！射击！"的怒吼，5艘英舰一起以猛烈的炮火问候8个不速之客，"九六"鱼雷机狭长的身躯立即被笼罩在机枪子弹和高射炮弹爆炸引起的烟雾之中。

白井的飞机每架都挂载了2枚250公斤炸弹，它们以"反击"号为目标，8机编队成一字纵队低头俯冲，接连投下8枚炸弹。在拉起机头的一刹那，白井大尉注意到"反击"号的两个烟囱之间冒起了白烟，显然是有一枚炸弹命中了目标。

250公斤炸弹穿透了舰载机的弹射甲板，在甲板下面的机库里爆炸，毁掉了"反击"号的"海象"式水上飞机，烟囱也被破片炸开了两个洞。"反击"号舰体下部燃起了熊熊大火，舰员们拼命阻止着火势蔓延。

联合舰队

枪炮兵在不停射击，同时轻松地开着玩笑。透过林立的水柱，驱逐舰"伊莱克特拉"号上的水兵看到主力巡洋舰主桅上挂出信号旗："战斗力无影响。"顿时欢呼了起来。

完成第一次攻击的白井中队退到3000公尺高度，不过"反击"号的对空火力十分强劲，即使是这个高度也很难保证安全。"厄利孔"机炮在天空绽开一朵朵棕色的蘑菇云，两架"九六"鱼雷机（飞行员分别为沼野利朗一飞曹和佐野重作一飞曹）被密集的机枪子弹打伤，被迫返回基地。

正当白井中队开始轰炸"反击"号之时，甲部队的雷击队也接近了战场上空。13：02，先头机首先发现了舰队最前方的"威尔士亲王"号，继之又观察到其后还有一艘大型军舰（"反击"号）。英国佬出现了！部队总指挥中西一二少佐立即给各中队分配了目标：石原熏中队（"九六"鱼雷机9架，每机各带1枚"九一"式改1鱼雷）负责攻击"威尔士亲王"号，高井贞夫中队（"九六"鱼雷机8架，每机各带1枚"九一"式改1鱼雷）负责攻击"反击"号。5分钟后，编队到达舰队前方5海里处，中西下令"全军突击"，17架飞机随即分成左右两队，扑向各自的目标。雷击开始的瞬间，5艘英国军舰所有火力一齐对空射击。在一片天地晦冥的光景中，残酷的搏杀开始了。

石原大尉的9架飞机以左右包夹之势围攻最大的目标——"威尔士亲王"号，第1（小队长小柳津唯吉）、第2小队（小队长植山利正）从左舷逼近，第3小队（小队长小沼房之助）从右舷逼近。13时14分30秒，中队长搭乘的第1小队长机冒着炽烈的高射炮火，在目标左后方射出了鱼雷。发现雷迹的"威尔士亲王"号立即转向规避，虽然未能逃过这枚鱼雷，但已经使2号机丧失了攻击位置，该机只好改以其后的"反击"号为目标。第1小队最末的3号机（机长川田胜次郎）勉强射出鱼雷，未中，随后就被134mm高射炮弹打成了一个火球，坠落在"威尔士亲王"号前方500公尺处。

眼见第1小队的雷击成效不明显，植山中尉的第2小队立即跟上，继续发射鱼雷攻击"不沉战舰"的左舷。13时16分30秒，右舷的第3小队也发射了全部3枚鱼雷。短短两分钟里，石原中队的攻击行动已经完成。透

■ 正在拼命机动规避空袭的"Z舰队"。左上方为"威尔士亲王"号，该舰尾部的推进轴已经受损，上空的白烟显示旗舰仍试图加速脱逃；右下方为"反击"号主力巡洋舰，中部被炸弹命中的地方正在冒烟，舰体四周则是近失弹造成的水柱。

过机首的观察窗，大尉发现"威尔士亲王"号左舷升起了两股高大的水柱——显然，有两发鱼雷命中了目标。

无论英国人还是日本人都认为：新锐的"威尔士亲王"号是世界上最现代化的战列舰之一，防护一定强于一战老舰"反击"号，但事实并非如此。石原长机发射的第一枚鱼雷就击中了战列舰的左侧内推进轴，剧烈的爆炸不仅将这根推进轴生生地反推进了舰体，而且炸毁了军舰的大部舵叶。操纵失灵的"威尔士亲王"号转向开始发生困难，难以招架在附近不断盘旋的日本飞机。从推进轴破损处（直径达12英寸）涌入舰体的海水随后又灌进了B机舱、Y锅炉舱和134mm副炮的供电舱，这下子大口径高炮的对空射击也出了问题。至于植山小队在左舷继续命中的2发鱼雷，它们刚好击中了第206号肋骨附近的水密隔舱，造成舰尾伤势更加恶化。"不沉战舰"左倾10度，航速下降到16节，主桅上挂起三个黑色信号气球："我舰失去控制。"

向左飞行的第2中队远远地看见了"反击"号上的橘红色炮口焰。"直接突入的话，怕是要被这弹幕撞上吧。真可怕。"坐在第1小队（小队长山崎八郎）长机上的指挥官高井大尉嘀咕了一下。山崎机长随后就在舰队左舷90度方向占领了位置，7架"九六"鱼雷机紧跟着他，横穿过两艘英国战列舰之间的空隙，绕到"反击"号的右侧发起了进攻。

在降低速度、准备发射鱼雷的一刹那，高井大尉注意到"反击"号中部靠后的位置正在冒烟，显然是白井中队炸弹命中的结果，不过机关枪弹的清脆"劈啪"声还是不断在耳边炸响。紧张的山崎机长大声招呼着尾部观察员：

"速度差不多了吗？"

"还是太快！"

亡命之徒般的山崎只好放慢速度、继续接近。13：15，在30公尺不到的高度，他按下了鱼雷发射钮，不过"九六"鱼雷机居然毫无反应，继续向前冲去。

再按一下，还是没反应！

"该死的，看来是发射装置出了故障。"坐着的高井咒骂了一句。再接近就将被英舰上的"砰砰"炮打中了，"九六"鱼雷机猛地做了一个垂直转弯，在"反击"号上方回旋了片刻，躲到了该舰火力的后方。横穿英舰上空的一刹那，山崎注意到有3枚白色的鱼雷航迹穿过"威尔士亲王"号和"反击"号之间的海面。

"他妈的，打歪了！"

发射鱼雷的是紧跟小队长的第1小队后两架飞机和第2小队（小队长金田吉一特务少尉）1号机。根据战后英国官方战史的记载，当时"反击"号正在向左后方调头，这也就是为什么射向该舰的鱼雷恰好会被规避掉。

攻击未成的高井仍不死心。13：17，他带着第2小队2号机和第3小队（小队长平松实）的2架飞机绕到了"反击"号的左舷，再度进行雷击。5分钟后，中队长的飞机再

联合舰队

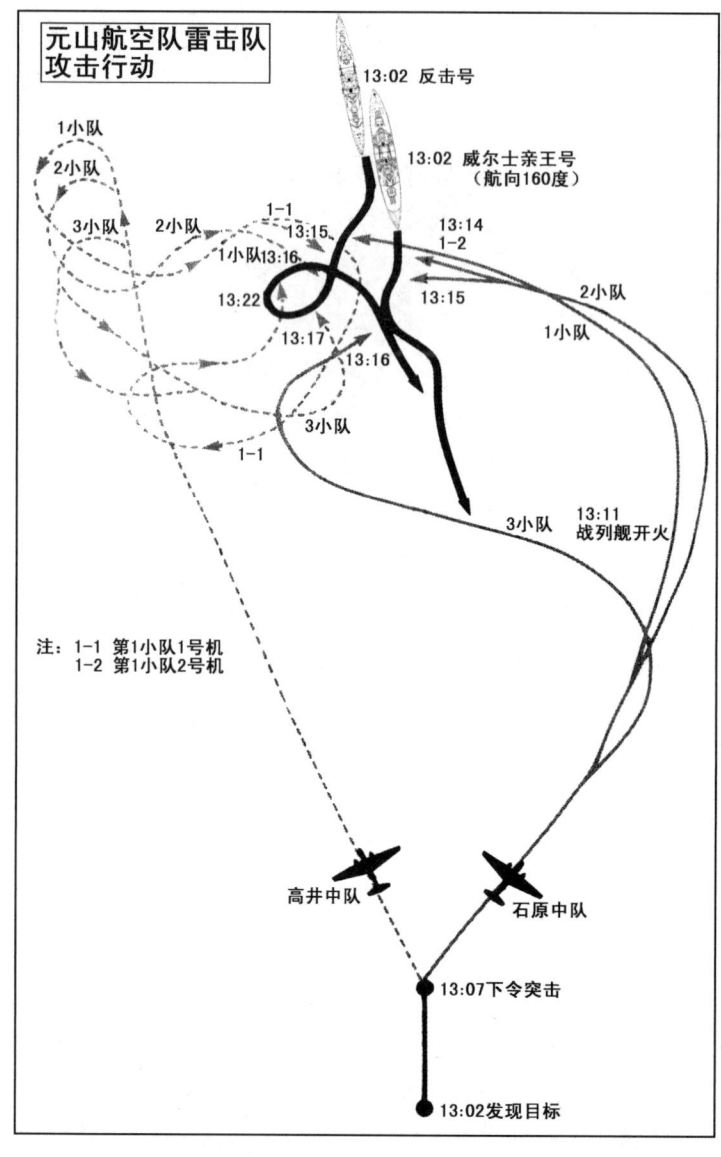

伴随着这番毫无英雄主义色彩的对话，山崎机猛一个急转回旋。如释重负的观察员抬起头来，刚好瞥见"威尔士亲王"号一炮把石原中队的第1小队3号机打爆。

身后的海面上，"反击"号左舷附近立起三根高大的水柱——3发鱼雷全部命中！由于在1930年代的现代化改造中没有增加防雷突出部，在舰身一阵剧烈的震动后，古老的主力巡洋舰开始大幅倾斜，不过经过紧急注水很快又恢复了平衡。四周溅起的海浪泼在滚烫的炮管上，腾起阵阵烟雾，主桅上的信号变成了："感谢上帝，到现在为止一共躲过了17枚鱼雷。"舰上的扩音器里传来坦南特舰长冷静的声音："全体舰员给各自的救生衣吹气。"

度突破火网、冲到目标近前，"九六"鱼雷机虎躯一震……

"（鱼雷）掉下去没？"山崎机长怒吼道。

"掉下去了！"回答的是机尾观察员。

"真的掉下去了？"

"快跑吧！"

光、音与速度差的世界

就在甲部队两次雷击的间隙，盘旋在战场上空的白井中队再度对"反击"号进行了轰炸。6架未受伤的"九六"鱼雷机在4000公尺高度发起俯冲，投下了剩余的6枚

250公斤炸弹。不过主力巡洋舰正在转舵规避，因此无一命中。

战场上空的日机总共是22架，白井的爆击中队和石原、高井两个雷击中队轮番投入攻击，间隔极短。英国战列舰既要躲避从天而降的炸弹，又须时时提防海面突然出现的雷迹，自然穷于招架。不过它们的防空火力依旧凶猛，白井中队剩下的6架飞机中有5架被击伤，石原中队除1架被击落外，还有3架被机枪子弹打中。只有幸运的高井中队毫发无伤。

根据生还者的回忆，1941年12月10日下午的马来外海犹如一部黑白电影的银幕：天空中充斥着飞机发动机的嘶叫和高射炮的怒吼声，到处是爆炸腾起的水柱和黑烟，加上天际呼啸而过的日机。没有多少人的言语和动作，这就是一个光、音与速度差的世界。

"反击"号没有坐以待毙。舰上通讯系统继续发布命令："全舰人员参战，实施弹幕射击！"所有枪炮都开了火，军舰不时转弯、急停，直向减速的"威尔士亲王"号开去。在"砰"、"砰"的枪炮声中，不时传来这样的叫声："有人落水！"

13：20，又一队日本飞机出现在战场上空。这是由高桥胜作大尉率领的乙部队雷击队，下辖8架"九六"鱼雷机，每机各带1枚"九一"式改1鱼雷。高桥中队从东南方进入攻击位置，对"反击"号进行攻击。先头的5架飞机在左舷发射了鱼雷；1分钟后，又有左舷2架、右舷1架飞机进行"补枪"。

后座计数的观察员汇报：有3枚鱼雷命中目标。

完成攻击任务的高桥中队不再耽搁，径直调头返航。飞出后不久，他们在高空惊喜地看到了一支由26架飞机组成的庞大编队，飞机外形还是别出心裁的雪茄状——那正是宫内少佐率领的丁部队，也是当天最大的一个攻击群！他们在浪费了一上午的时间后才得到了"Z舰队"的准确位置，然后借助方位测定仪的帮助兼程赶来。

如同瞎子摸象一般，倒霉的丁部队艰难地透过云层注视着海面，13：48时好不容易碰上返航的高桥队，终于接近了"Z舰队"。此时"反击"号已遭重创，舰桥左后方冒着滚滚黑烟，航速也下降到了20节；不过"威尔士亲王"号航行依旧平稳，看上去似乎并无大恙（其实因为对两舷注水、动力大半丧失，航速已经下降到8节）。

"上帝保佑你们"

丁部队到达战场时，气象条件并不适合对空射击：舰队上空有6级云量，云顶高度约2000公尺，云底就只剩下500公尺了。海面上，3艘原本是护卫的驱逐舰已经跑到了最前方，之后2000公尺是受伤的"威尔士亲王"号，再后方2500公尺则是已经掉队的"反击"号。27架日本飞机在厚厚的云层中忽隐忽现，逐渐接近了目标。

元气大伤、航速低下的"反击"号是这群嗜血秃鹫最好的目标。13：50，宫内少佐坐镇的长机在"反击"号右舷射出了第一

联合舰队

枚鱼雷,随之,锅田美吉中队的3架、东森隆中队的2架"一式"鱼雷机步步逼近到目标附近500公尺处,一齐射出了致命的5枚鱼雷。刹那间,炮声震耳欲聋,无烟火药的气味令人窒息。一位英国军官大叫道:"看,鱼雷来了!"海面同时腾起5根水柱,海水没头没脸地浇在人们身上。

与此同时,剩下的锅田中队5机、东中队6机也分别窜到"反击"号右舷和左舷,一枚枚射出鱼雷。就连以"威尔士亲王"号为最终目标的最后一个中队——壹岐春记中队看到此处热闹,也转向前来攻击"反击"号。"反击"号在劫难逃!

14:02时,壹岐中队结束了对"反击"号的夹击。宫内指挥官在长机上观察到:军舰右舷升起2个水柱,左舷5个,那是鱼雷命中的证据。古老的主力巡洋舰前后被命中鱼雷14枚、炸弹1枚,操舵装置被毁,已经失去了控制,只能以20节航速反复右旋。坦南特舰长意识到:他的军舰命运已经注定,于是通过舰上广播大声下达了命令:"全体人员准备弃舰!愿上帝保佑你们!"

底舱的士兵开始往甲板跑去。这时的"反击"号向左舷严重倾斜,人们已经无法站直行走了。他们匆匆地脱掉衣服和鞋子,把钢盔扔掉;还有人沿着倾斜的、只有3/4露出水面的舰体爬着,努力找到一个能避开鱼雷炸出的大洞、安全地滑到水里的地方。炮位周围横七竖八地躺着死者,有的被空弹壳盖着半个身子,到处都遭到了严重损坏。

紧跟着,"反击"号巨大的身躯仿佛是一瞬间被撕裂了,海面形成一个巨大的漩涡,漂浮在海面上的枪炮和人员都被吸了进去。

不过一直到沉没为止,高射炮火的抵抗都没有中止过。壹岐中队的2架"一式"鱼雷机(飞行员分别为桃井敏光二飞曹和田植良和二飞曹)飞近去查看情况,被这最后的怒火所击中,也被吸进了巨大的漩涡,在海面上炸出一个橘红色的大水柱。

随舰的哥伦比亚广播公司记者西塞尔·布朗把他的手表停在12时35分30秒的位置上——这是攻击开始的时间。

当乙部队爆击队的武田八郎大尉带着他的8架"九六"鱼雷机(每机各带1枚500公斤炸弹)到达战场时,宫内队的攻击还在继续。有人注意到"反击"号的主桅又露出了水面,不过这也只是临终前的回光返照罢了。现在,日本人剩下的目标是2公里外以数节低速缓缓前进的"威尔士亲王"号。

14:13时,武田中队以"威尔士亲王"号为目标,在3000公尺高度连续投下7颗500公斤炸弹,其中2颗直接命中舰尾附近。当武田结束轰炸环视周围的时候,发现"反击"号已经从海面上消失了。

海面上浮着厚厚的一层油,"反击"号的水兵们就在这层油中游泳逃生。他们看到烈火熊熊的"威尔士亲王"号像一匹疲惫不堪的战马,侧身躺在海水里苟延残喘。舰上的官兵都在甲板上卧倒以保护自己,由于破坏过重,多数火炮已经无法操纵了。

菲利普斯上将和"威尔士亲王"号舰长约翰·利奇(John Catterall Leach)上

■ 编队飞行中的鹿屋航空队三菱"一式"鱼雷机11型（G4M1）。设计师本庄季郎，1940年定型。G4M1安装2台离升出力1530马力的"火星"11型气冷发动机，最大时速426公里，航程2852—4288公里，乘员10人，标准挂配为鱼雷1枚，或800/500公斤炸弹1枚，或250公斤炸弹4枚，或60公斤炸弹12枚。作为日本海军基地航空队主力中攻，"一式"鱼雷机一直使用到1945年，总产量达2479架。

校一直站在舰桥上指挥作战。当雷击队向"威尔士亲王"号施放鱼雷、并用机枪扫射甲板时，上将亲自爬到舰桥和炮塔的顶部，以更好地观察双方态势。军舰遭到重创后，他又以旗语向附近的"快速"号驱逐舰发令："向新加坡基地发信号，要求派拖船把我舰拖走。"显然，他尚未意识到"不沉战舰"正在下沉。上将的最后一道命令是在14：15发出的，内容为："全体舰员给救生衣吹气。"

同"反击"号上的战友一样，"威尔士亲王"号的枪炮兵非常冷静。3000公尺高度上的白井中队8架飞机有5架中弹，石原中队的鱼雷机置身于防空炮火和炸弹的猛烈爆炸中，几乎与从对面船舷突入的友机失去配合。由于电力损失，"威尔士亲王"号的一些舰炮无法发射了，但官兵们仍不离岗位，继续坚守在那里。当武田中队对该舰进行最后的攻击时，所有的舰炮——除356mm主炮外——都已失效，而主炮是无法对空射击的。

有一个人自始至终目睹了悲剧的全过程。作为历史的见证者，帆足正音除去一开始投下炸弹的那一小段时间外，每时每刻都在用电报发送着马来海战的整个战况。

"英王乔治五世型战舰向左倾斜，取90度航向逃遁中。舰尾发生爆炸，于14：30时开始沉没。"

联合舰队

"敌主力位置在关丹110度、75海里处,航向90度,速度6节。14:45时。"

帆足记下的正是临终前的"威尔士亲王"号。14:50时,"不沉战舰"已经中了鱼雷7枚、炸弹2枚,舰首高高翘起,尾部突然下沉。附近海面产生了一个巨大的漩涡,吸力之大,竟把15公尺之外一位军官的救生衣也撕掉了。最后离开岗位的菲利普斯和利奇都被吸进了这个漩涡里,然后飞快地消失了。

据说,在最后的时刻,"大拇指汤姆"面对一群恳求他离舰的幕僚,只说了一句"不,谢谢诸位",就和他的旗舰一起沉入了水中。

海面上一瞬间平静下来。附近的英国驱逐舰很快靠过来,忙忙碌碌地打捞起了还在海面上的舰员。"反击"号上共有官兵1309人,驱逐舰救起了坦南特舰长以下796人;"威尔士亲王"号上共有1612人,其中1285人获救——不包括矮小的菲利普斯上将和总是面带微笑、喜欢寻欢作乐的利奇舰长。不幸中的万幸是,两舰下沉时没有爆炸。有人说,这大约是为了答谢那些如此优秀的水兵。

帆足机的电信员还在继续发送着报告:"'反击'号于14:20左右,英王乔治五

■ 临终前的"威尔士亲王"号。"快速"号驱逐舰正在从倾斜的战列舰上搭救舰员,134mm高射炮因为电力中断已无法射击。菲利普斯一度希望驱逐舰将旗舰拖带回新加坡,但因舰体进水过快无法实行。

世型于14:50左右爆炸沉没。14:50时。"幸亏帆足正音不是什么大人物,否则以日本人好卖弄的性格,只怕又要把这几行短短的文字吹嘘成什么"帆足文学"。

"轻巡洋舰、驱逐舰致力于反击号的救助工作,仅收容炮塔和舱面人员若干。英王乔治五世型全体人员与军舰共命运。15:00时。"

在发送完以上电报之后,帆足机从容地脱离了战场。从离开西贡基地开始,他们在空中连续飞行了13个小时(注:1942年3月,帆足机组在返回内地更新装备的途中遭遇恶劣天气,飞机坠毁,帆足和鹫田双双毙命)。

在整个马来海战期间,"Z舰队"旗舰没有发出过一份电报。"反击"号的坦南特舰长判断,"威尔士亲王"号的无线电装置可能发生了故障,于是在13:20时自行发出了"我遭敌机攻击"的信号。10分钟后,新加坡基地才得知"Z舰队"的准确位置——虽然关于敌军在关丹登陆的消息被证实为误报,但司令部并没有给菲利普斯发来更正的电报;由于无线电静默,他们也不知道"Z舰队"已经转向关丹的消息。整整12个小时,新加坡方面根本不清楚"威尔士亲王"号的去向。直到接到"反击"号的电报后半小时(13:55),远东空军才从三巴旺机场起飞了澳大利亚空军第453中队的11架F2A"水牛"战斗机。50分钟后,当这些动作迟缓的老"水牛"到达战场上空时,强大的战列舰们已经从海面上消失了。一群水兵正在水中挣扎,这些人挥着手、伸出拇指,表示不屈。

据统计,在日方参战的75架攻击机中,有3架被击落,1架由于重伤迫降,2架重创,27架遭受不同程度的毁坏,21名乘员战死。两艘英国战列舰对空炮火的平均命中率是41%,着实令人吃惊,特别是"威尔士亲王"号上性能优良的八联装"砰砰"炮和20mm"厄利孔"机炮有着出色的表现。不过它们还是太慢了——相对于时速只有90－100节的英国海军"剑鱼"式鱼雷机,日本鱼雷机的平均速度是150－190节,以至于习

■ 英国战列舰的主要防空武器——八联装"砰砰"炮。它们在海战中有着出色的表现,不过还是不足以对抗平均速度150－190节的日本鱼雷机。

联合舰队

惯了以笨拙的"剑鱼"作为训练目标的英国炮手在激战中校时不准、动作慌乱。

在马来海战中,15架日军鱼雷机对"威尔士亲王"号发射了15枚鱼雷,其中7枚中的,命中率达46.7%;35架鱼雷机对"反击"号进行了攻击,共发射鱼雷34枚,其中14枚中的,命中率为41.2%,都超过了平时训练的成绩。战前预测只能击沉"反击"号一舰的山本大将输给了三和参谋10打啤酒。的确,如丘吉尔所言,"日本人在空战方面的效率,在这时都被我们自己和美国人大大低估了"。

12月18日拂晓,壹岐春记大尉从"威尔士亲王"号和"反击"号葬身的海面飞过,投下了几束鲜花。许多年后,他依旧以遗憾的语调回忆起在马来海上攻击"反击"号时发生的一切,热泪盈眶:"在我们俯冲攻击的时候,我真不想放鱼雷。那艘船实在是太美了。多美的一艘船啊!"

伦敦时间1941年12月10日上午,温斯顿·丘吉尔正在家中打开一个抽屉。电话响了,电话那边传来第一海务大臣达德利·庞德含糊不清的咳嗽和吞咽声音:

"首相,我不得不向您报告,'威尔士亲王'号和'反击'号都被日本人击沉了。我们认为是飞机干的。汤姆·菲利普斯已经淹死。"

"你确信这是真的吗?"

"一点儿没错。"

5年以后,首相大人在回忆录里这样写道:"在整个战争过程中,从来没有任何一

■ 壹岐春记(1912—),鹿儿岛人。海军兵学校第62期出身,先后在第13航空队和鹿屋航空队服役。在马来海战中,壹岐大尉率领的鹿屋航空队第3中队给了"反击"号最后一击,而他一周后主动在海战发生地投下鲜花的举动则博得了西方舆论的赞誉。

个事件像这次一样给我带来过直接的震惊。诸位读者可以想见,多少努力、希望和计划都随着这两艘战舰沉入了大海。……在印度洋和太平洋上,除了正在急速返回加利福尼亚的、美国在珍珠港残存的战列舰只外,没有英国或美国的主力军舰了。在这广袤的一大片海洋之上,日本独霸,而我们则到处都是脆弱和没有防御的。"

从爪哇海到印度洋
——联合舰队的奔袭作战

联合舰队

一、ABDA舰队的覆灭

巴厘岛夜战

荷属东印度群岛，日本称之为"兰领印度"或者"兰印"，位于亚洲东南部，由太平洋和印度洋之间的3000多个大小岛屿组成。爪哇岛是荷印的政治、经济、文化中心，其西北是苏门答腊岛，北面是婆罗洲（今加里曼丹岛）、锡里伯斯岛（今苏拉威西岛）和安汶岛，东面自巴利岛经帝汶岛，直到新几内亚西部。这里年产石油800万吨，是扩张中的日本帝国垂涎已久的目标。在英、美、荷宣布对日石油禁运后，日本陆海军迅速达成了一致：立即"南进"夺取荷印石油产地。

夏威夷一战，美国太平洋舰队主力被瞬间击毁，加上日军在菲律宾和马来半岛的进攻作战节节顺利，日本本土与荷印之间的海上航路已经打通。1941年12月16日，南方军直属的川口支队占领婆罗洲北部的米里（Miri）和诗里亚（Seria，今属文莱），揭开了荷印战役的序幕。

日军的总体战略构想是：以马来亚、菲律宾为基地，从左右两翼包围荷印，首先夺取外岛和油田，消灭盟军海空兵力；而后集中兵力攻占爪哇岛，将美、英、荷势力逐出，以便独霸石油资源，供给长期作战。承担荷印作战任务的是今村均中将指挥的陆军第16军（约10万人），配合作战的为海军第3舰队，第11航空舰队和陆军第3飞行集团的430架飞机提供空中掩护。

盟国在荷印地区有陆军9.2万人，其中美英部队大多是刚从菲律宾和马来亚败退下来的，士气低落；荷印军有7.5万人，主要是对荷兰殖民政府有反感的当地人，战斗力

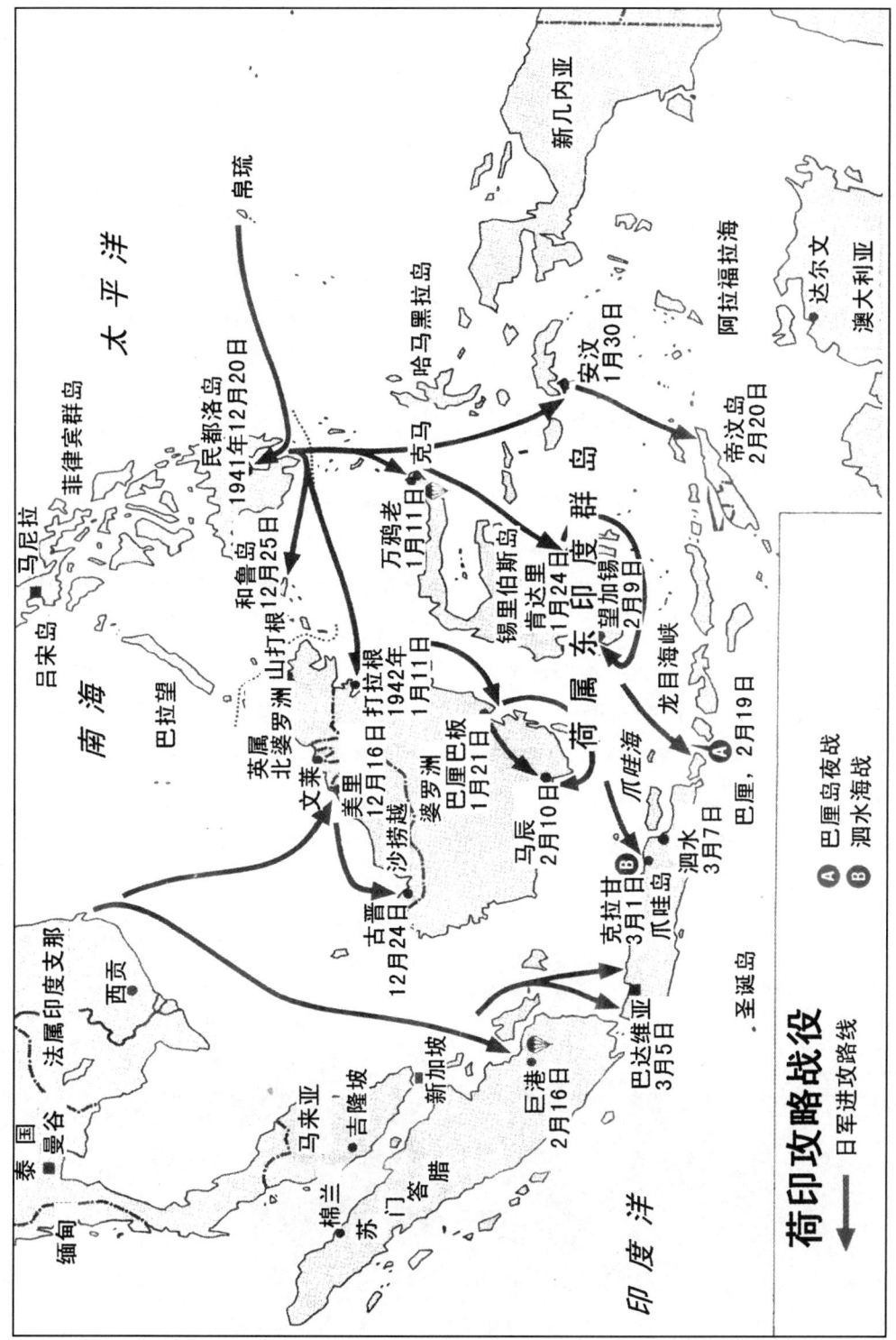

联合舰队

不强。海空军力量也很薄弱：美国亚洲舰队拥有重巡洋舰"休斯敦"（USS Houston, CA-30）号，轻巡洋舰"马布海德"（USS Marblehead, CL-12）号、"博伊西"（USS Boise, CL-47）号及13艘驱逐舰；澳大利亚有2艘轻巡洋舰和7艘驱逐舰；康拉德·赫尔弗里克（Conrad Emil Lambert Helfrich）中将指挥的荷兰东印度舰队有4艘轻巡洋舰、7艘驱逐舰和15艘潜艇。这些军舰大多属于一战水平，防护薄弱，缺乏空中掩护。

为协同指挥，1942年1月3日，美、英、荷、澳四国组建了西南太平洋四国盟军总指挥部（简称ABDA-C，American-British-Dutch-Australian Command），指挥部设在爪哇岛的万隆，刚刚从北非败归的韦维尔（Archibald Percival Wavell）上将任总司令，海军总指挥是美国亚洲舰队司令哈特（Thomas Charles Hart）海军上将，陆军总指挥是荷兰陆军中将普尔顿（Hein ter Poorten）。由于四国各自关心本国得失，负责保卫的区域又十分广阔，ABDA-C实际上难以形成有效的统一指挥。

1月11日，即韦维尔抵达爪哇的第二天，日本向荷兰流亡政府宣战。24日，川口支队占领了婆罗洲东南的巴厘巴板（Balikpapan）。半个月后，南部的马辰（Banjarmasin，即班贾尔马辛）也落入日军之手。号称"空之神兵"的日军空降兵在海军掩护下向锡里伯斯岛发动了进攻，东方支队则于31日占领安汶（Ambon，安波那），迫使荷印军2600人、澳大利亚军1个营投降。到1月底，盟国防守爪哇岛的北部屏障已不复存在。2月1日，以巴厘巴板和锡里伯斯为基地的日本海军航空兵开始对爪哇北岸进行猛烈的空袭。

2月2日，ABDA海军总指挥部在泗水（Surabaya，即苏腊巴亚）举行会议，哈特上将得知日军正在增援巴厘巴板、企图突破望加锡海峡进击爪哇，立即命令荷兰的卡雷尔·多尔曼（Karel Willem Frederik Marie Doorman）海军少将率领泗水港内所有舰艇

■ 美国海军"马布海德"号轻巡洋舰，东印度海战中退场的第一艘盟军战舰。

组成突击舰队，北上拦截驶往巴厘巴板的日军登陆舰队。

2月3日，由4艘巡洋舰和7艘驱逐舰组成的ABDA舰队在旗舰、荷兰轻巡洋舰"德·鲁伊特"（HNLMS De Ruyter）号率领下离开班达锚地，次日在望加锡海峡遭遇数波前去攻击泗水的日军"一式"鱼雷机。舰队在甘尼安岛（Kangean Island，即康厄安岛）附近遭到9架日机轰炸，多尔曼下令散开队形。"德·鲁伊特"号的40mm高炮击中一架轰炸机，坠毁的日机朝巡洋舰猛冲下来，企图同归于尽，高射炮手及时将其击毁。"休斯敦"号被一枚800公斤炸弹击中，1座后主炮塔被毁，"马布海德"号也遭重创，只得返回美国修理。考虑到舰队没有空中掩护，多尔曼决定放弃出击，随即撤退。

2月9日，日军占领了整个婆罗洲。11日，哈特把ABDA海军总指挥部的领导权交给赫尔弗里克中将，自己回国养病去了。数日后，日军西路部队准备向西部群岛推进。自巴厘巴板失守后，盟军只剩下苏门答腊

■ ABDA海军末任总司令、荷兰海军中将康拉德·赫尔弗里克（1886－1962）。中将受任于危难之际，虽未能阻止日军前进的步伐，但竭尽所能阻滞了后者的进度。赫尔弗里克在1945年作为荷兰代表出席了日本投降仪式，战后出任荷兰海军总司令。

■ 巴利岛海战中的日本第8驱逐队指挥官阿部俊雄大佐（1896－1944）。爱媛县人，海兵第46期出身，其兄为海军中将阿部弘毅。历任驱逐舰"朝雾"号舰长、第8驱逐队司令，是老练的水雷战队指挥官。阿部最后在1944年出任72000吨巨型航母"信浓"号首任舰长，处女航仅22小时后就被美国潜艇击沉，创下世界最短命航母纪录，阿部俊雄也随舰沉没。

东岸的巨港（巴邻旁，Palembang）这唯一的油田，盟军决意采取一切措施防止日军占领该地区，多尔曼奉命率领"德·鲁伊特"号、"特罗姆普"（HNLMS Tromp）号等5艘盟军巡洋舰和10艘驱逐舰支援巨港。2月13日，据报发现日本运输舰14艘，多尔曼下令搜索，却未见踪影。翌日清晨，舰队遭到大批日机攻击，经过3小时海空激战，荷兰驱逐舰"范·根特"（HNLMS van Ghent）号触礁损毁。

由于ABDA舰队表现异常活跃，日军大本营决定采取措施，一举扭转战局。海军第11航空舰队司令部提出：以爪哇岛西岸芝拉

扎（Cilacap）为基地的多尔曼舰队可以得到其岸基航空兵的保护，现在只需出兵攻占巴利（Bali）岛、建立航空基地，就可以一举覆盖整个爪哇上空，盟军的地利也就无从显现了。

2月18日01:00时，即新加坡陷落后第三天、巨港被攻占的次日，阿部俊雄大佐指挥着第2舰队第4战队第8驱逐队的4艘驱逐舰"朝潮"、"大潮"、"满潮"、"荒潮"号开出瞭望加锡（Makassar，即乌戎潘当）泊地，其后跟随着运送陆军今村亦兵卫支队（1个步兵大队、1个山炮小队、1个独立小队）的"相模丸"、"屁子丸"号2艘运输船。19日00:15时，今村支队在巴利岛东南海岸登陆，600名荷印守军毫无抵抗，日军轻松占领了机场。现在，整个爪哇海域都暴露在了日军的空中打击之下。

新官上任的赫尔弗里克当然无法容忍这种威胁。2月17日，他得到日军即将进攻巴利岛的消息；19日，空中侦察又报称至少有2艘日军驱逐舰和3艘运输船停泊在巴利岛东南方。赫尔弗里克立即给多尔曼少将下令：出动ABDA-C全部可用的3艘巡洋舰和7艘驱逐舰，趁日舰立足未稳，给予其毁灭性打击。

为确保攻击的有效性，多尔曼制订了一个三波攻击计划：首先出动2艘巡洋舰作为前锋，惊扰日舰、使其先开火；等日舰暴露位置后，由第二波的驱逐舰进行鱼雷攻击；最后由第三波鱼雷艇打扫战场。东京时间2月19日21:30，多尔曼亲率由轻巡洋舰"德·鲁伊特"号、"爪哇"（HNLMS Java）号和3艘驱逐舰组成的第1战术分队离开芝拉扎，以单纵阵开往目标。

23:00刚过，多尔曼的第1分队在一片漆黑中悄悄驶进了龙目海峡（Lombok Strait）。"德·鲁伊特"号的瞭望哨在右舷发现1艘敌舰，但不等左舷的炮塔转过来，目标就消失在岛屿之后。半小时过后，"爪

■ "朝潮"号驱逐舰，同型驱逐舰的首级舰。系"白露"型驱逐舰的扩大改型，排水量增加400吨，达1916吨，航速35节，搭载6门127mm炮、8具610mm鱼雷发射管。日后在"朝潮"型的基础上又设计出了著名的"阳炎"型驱逐舰（甲型驱逐舰）。"朝潮"号1937年8月31日在佐世保竣工，1943年3月3日在俾斯麦海被美军飞机炸沉。

■ 荷兰海军驱逐舰"皮特·海因"号，1942年2月战沉于巴利岛。

"大潮"号正在"朝潮"号前方约1.5海里处巡弋，听到炮声后立即赶来，但未能发现目标。"大潮"号的瞭望哨随后在南方6000公尺距离上发现1艘驱逐舰（其实是荷兰轻巡洋舰"德·鲁伊特"号），立即逼近到1500公尺距离开始炮击，"德·鲁伊特"号打出几个齐射后，一边施放烟幕一边南撤。正在追击的"朝潮"号在右舷远处又发现两艘新的驱逐舰，立即向其中靠前的一艘发射了"九三"式鱼雷。那正是荷兰驱逐舰"皮特·海因"（HNLMS Piet Hein）号，该舰在之前的混战中已经起火、无法航行，此时又被鱼雷命中，很快在海面上消失了。

哇"号也在左舷漆黑的巴利岛海岸发现3个舰影，瞭望哨报告为驱逐舰、运输舰和登陆舰各一艘。几乎与此同时，"朝潮"号在南方3海里外发现两个正在高速北上的舰影，判断为敌"爪哇"型（注：日本人称"级"为"型"）巡洋舰2艘。23:53，"爪哇"号打开探照灯，几秒钟后在1000公尺距离上向"朝潮"号开火，"朝潮"号探照灯被弹片击伤，立即开炮应战。炮击约两分钟后日舰丢失目标，"朝潮"号判断敌舰正在向南方反转，立即加速南行，企图抢占T字横头。

正当"朝潮"发射完鱼雷、调头规避之时，另外一艘友舰"大潮"出现在该舰的左

■ 第8驱逐队驱逐舰"荒潮"号，与"朝潮"、"大潮"、"满潮"号同属"朝潮"级，巴利岛海战中表现活跃。标准排水量2000吨，航速35节，装备6门127mm主炮及8具610mm鱼雷发射管（具备再装填能力）。"荒潮"（Arashio）意为波涛汹涌的潮水。每年六月底日本举行的驱邪活动有"荒潮之盐八百道"的祈祷文。"荒潮"号1937年12月20日在神户竣工，1943年3月3日在俾斯麦海被美军飞机炸沉。

联合舰队

前方，两舰一起向南寻找目标。几分钟后，右舷2000公尺外出现2艘正以同向航行的美国驱逐舰，双方展开了激烈的炮射。美舰一边应战一边施放烟幕，"朝潮"、"大潮"号追之不及，在00:45时转舵北上，继续攻击左前方3海里处的2艘驱逐舰。

01:40左右，"朝潮"、"大潮"号北上返回巴利岛萨努尔（Sanur）湾登陆场附近，横挡在龙目海峡中央；完成登陆舟艇收容作业的运输船"相模丸"号则单独向望加锡返航。01:45时，先前一度向望加锡撤退的"满潮"、"荒潮"号接到阿部大佐的命令，也反转开进了龙目海峡。多尔曼眼见无法冲破日舰的屏障，只好调头返回泗水。第一波混战以盟军的失利告终。

盟军第2战术分队由荷兰轻巡洋舰"特罗姆普"号和4艘美国驱逐舰组成，在宾福德（T. H. Binford）中校率领下从泗水起航。03:05时，分队以25节航速折入龙目海峡，抵近萨努尔湾，但因薄雾没有发现日舰。"大潮"号和"朝潮"号躲在黑暗中，判定南方出现的是2艘巡洋舰和1艘驱逐舰。5分钟后，日舰在3200公尺距离上开火并发射鱼雷，但攻击失的。盟舰随后朝班达海东行、躲进巴利岛的山影之中，"大潮"号和"朝潮"号失去了目标。

03:40时，"大潮"号在左前方3200公尺处发现了同向航行的"特罗姆普"号的身影，双方开始激烈对射。近距离的炮战持续了数分钟，荷舰被"朝潮"号击中10发127mm炮弹，舰桥和指挥塔重伤。关键时刻，美国驱逐舰"斯图尔特"（USS Stewart, DD-224）号、"皮尔斯布里"（USS Pillsbury, DD-227）号、"鹦鹉"（USS Parrot, DD-218）号和"特罗姆普"号的炮火接连击中日舰。03:46，一发炮弹命中"大潮"号的2号炮塔附近。此后盟军舰队继续东航，"满潮"、"荒潮"号从北方赶来攻击，目标在硝烟中消失了。

自北方回航的"满潮"、"荒潮"号在左前方发现了炮战的闪光。正当两舰寻找目标时，从右前方的巴利岛岛影背后忽然闪

■ 荷兰"特罗姆普"号轻巡洋舰。1935年建造，1938年服役，排水量4000吨，装备6门150mm主炮、4门75mm高炮、8门40mm高炮、2门20mm机炮和6具533mm鱼雷发射管，航速32.5节。荷属东印度沦陷后，"特罗姆普"号主要随英澳舰队作战，1955年退役，1969年解体。因日军曾多次吹嘘将其击沉，因此得到绰号"幽灵船"。

"斯图尔特"号驱逐舰

"斯图尔特"号驱逐舰在巴利岛海战中尾部水线以下部位中弹,船舵操纵钢索和辅助蒸汽管被127mm炮弹炸断,返回泗水入渠修理。3月1日盟军放弃泗水时,其乘员拆去舰炮、移去雷达和无线电机,烧掉密码本和全部印刷品,然后用80磅炸药将其在船坞内炸毁。1942年3月25日,"斯图尔特"号从美军现役舰船名册中除籍,其舰名被用来命名当年11月22日下水的护航驱逐舰DE-238号。

日军占领泗水后缴获了"斯图尔特"号舰体,由播磨造船厂技师将其修复,改名为第102号哨戒艇,隶属第2南遣舰队。1945年5月调回本土,编为吴防备战队旗舰和特攻战队旗舰。二战后停泊于广岛湾,1945年10月被美军人员发现并收回。经维修后于当年11月离开日本,由优先退役人员操纵,返回美国,中途在关岛和珍珠港停留多日,于翌年3月4日抵达旧金山。5月24日作为靶舰在太平洋沿岸击沉。

■ 抵达旧金山的"斯图尔特"号。它被日军俘获后,搭载了两门荷兰陆军75mm单装炮(后换为76mm高炮)、2挺缴获的12.7mm机枪、2挺"三年"式6.5mm机枪、两座深水炸弹投射器和两条深水炸弹滑轨,战争后期还加装了25mm机炮16门(双联4座,单装8座)。战后这些武器均被拆除。

■ 航空攻击完毕后,DD-224号又被附近驱逐舰上的水兵用40mm机炮扫射,舰身后部破孔进水,徐徐沉没。

■ 在船坞中被炸毁的"斯图尔特"号。

■ 由于"斯图尔特"号舰名已经被新舰使用,因此美军收回后只将其重新编号为"DD-224"号(未命名)。1946年5月23日,该舰从美国海军中再度退役,第二天作为靶舰被击沉。图为一架F4U海盗攻击机(最右侧)和两架F6F"地狱猫"战斗机用机枪和火箭弹攻击DD-224号。

出了美国驱逐舰"皮尔斯布里"号和"约翰·爱德华兹"(USS John D. Edwards, DD-216)号,加上返回战场的"斯图尔特"号,03:37时,双方在3500公尺距离上同时开火。2分钟后,"斯图尔特"号的鱼雷发射管和甲板室相继中弹,一颗127mm炮弹击中了舰艇的操舵室,造成一个1公尺长的破口,轮机舱进水超过半公尺,另一发近失弹

联合舰队

将副舰长打成重伤。但几乎与此同时,"满潮"号的机械室也被一弹命中,机关长以下64人死伤,滚烫的蒸汽喷薄而出。该舰航速逐渐降低,随后被拖出战场。

此时,右舷1600公尺外的另一艘盟军驱逐舰"鹦鹉"号轮机也出现故障,宾福德下令舰队全队向北撤退。"荒潮"号在3000公尺外追着"特罗姆普"号,但遭到对方一顿痛打,只好放弃了追击。

宾福德退出战斗后,战场就交给了从泗水出发、负责打扫战场的第3分队——荷兰鱼雷快艇,但7艘快艇组成的第三波攻击在黎明时分到达巴利岛海面后却一无所获。

巴利岛夜战(盟军方面称巴东海峡战役——Battle of Badung Strait)一役,盟军犯了兵力分散的用兵大忌,结果收效甚微。在3艘巡洋舰、7艘驱逐舰对日军4艘驱逐舰的有利情况下,反而损失了1艘驱逐舰("皮特·海因"号),"特罗姆普"号中度损伤丧失战斗力,"斯图尔特"号轻伤;而日军仅有"满潮"号重创,"大潮"号中1弹轻伤。ABDA联合舰队把日军逐出巴利岛的企图完全失败。

多尔曼少将的最后时刻

随着巴利岛失守,荷兰在东印度的最后一个大岛——爪哇也危在旦夕。菲律宾方面的日军在攻克马尼拉之后,集结了第14军(司令官本间雅晴)麾下的第48师团(师团长土桥勇逸)于吕宋岛,在2月8日分乘38艘

■ 英国重巡洋舰"埃克塞特"号。属"约克"级,1931年完工,标准排水量8390吨,航速32.25节,装备6门203mm主炮、4门102mm高炮、8挺机枪和8具鱼雷发射管,水上侦察机2架,乘员630人,前后大小不一的烟囱是其最显著的外观特征。"埃克塞特"号因参加追击"施佩伯爵"(Graf Spee)号的拉普拉塔河口之战(Battle of the River Plate,1939年12月13日)而斐声一时,在泗水海战中该舰遭重创,次日清晨被追击的日本重巡洋舰轰沉。

运输船驶往锡里伯斯。19日，这支运输船队开出望加锡泊地，准备在爪哇岛东部的泗水登陆。登陆舰队由第4水雷战队（司令西村祥治少将）提供直接掩护，兵力包括轻巡洋舰"那珂"号和驱逐舰6艘；间接掩护兵力为第5战队司令官高木武雄海军少将指挥的庞大舰队，除两艘各装备10门203mm主炮的重巡洋舰"那智"号和"羽黑"号外，还有4艘驱逐舰，以及第2水雷战队（司令田中赖三少将）麾下的轻巡洋舰"神通"号和4艘驱逐舰。

按照预定计划，日军编队将分为两个舰群，一个舰群驶往马威安（Bawean，即巴韦安）岛西北部，另一舰群驶往西部。2月26日，日军登陆船队进入婆罗洲南方的爪哇海。一场决定盟军能否在南洋群岛安身立命

■ "休斯敦"号重巡洋舰，1930年完工，标准排水量9050吨，装备9门203mm主炮、4门127mm高炮、8挺机炮和6具533mm鱼雷发射管，航速33节。

■ 日本第5战队旗舰、重巡洋舰"那智"号（属"妙高"级），装备10门203mm主炮和"九三"式鱼雷。

联合舰队

的海战一触即发。

此时，ABDA最高指挥官韦维尔上将已经失去了继续作战的信心。2月25日，他以"爪哇岛已难防守"为由，解散了ABDA-C，将总部撤往印度，大部分英军和部分美军随他一同撤退。此时ABDA舰队的实力已经减少到巡洋舰5艘、驱逐舰10艘，但荷兰人义无反顾地决定留下来继续战斗。27日下午，多尔曼少将在泗水接到一架"卡塔林那"水上飞机发回的急电："在马威安岛以西20海里处发现日本巡洋舰2艘、驱逐舰6艘、运输舰25艘；在岛西北65海里处另有日本驱逐舰及运输舰数艘，该船团后方尚有日本巡洋舰1艘。"他决定在没有任何空中掩护的情况下立即出击。

多尔曼的舰队由下列舰只组成：英国驱逐舰"伊莱克特拉"（HMS Electra）号、"朱庇特"（HMS Jupiter）号、"遭遇"（HMS Encounter）号担任前卫；多尔曼亲率英国重巡洋舰"埃克塞特"（HMS Exeter）号、美国重巡洋舰"休斯敦"号、荷兰轻巡洋舰"德·鲁伊特"号和"爪哇"号，以及澳大利亚轻巡洋舰"珀斯"（HMAS Perth）号为中路主队；左翼是荷兰驱逐舰"威特·德·威斯"（HNLMS Witte de With）号、"科特纳"（HNLMS Kortenaer）号和美国驱逐舰"蒲柏"（USS Pope, DD-225）号；4艘美国驱逐舰"约翰·爱德华兹"号、"约翰·福特"（USS John D. Ford, DD-228）号、"阿尔登"（USS Alden, DD-211）号、"保罗·琼斯"（USS Paul Jones, DD-230）号为后卫。"埃克塞特"号只有6门203mm主炮；"休斯敦"号的空袭战损尚未修复，9门203mm主炮也只有6门可以发射，但斗志依然旺盛。

2月27日正午，从第5战队的重巡洋舰"那智"号上起飞的水上侦察机突然报告："发现敌舰队。泗水海面310度、63海里，航向80度，航速12节。"高木武雄对多尔曼毅然出击的精神感到吃惊。当时ABDA舰队位于日军运输船队南方约60海里，距离跟随其后的第5战队和第2水雷战队则有120海里。高木下令前方的西村祥治留下4艘驱逐舰保卫船队，同时各巡洋舰起飞水上侦察机寻找敌舰，提高航速，准备迎战。

17:40时，第2水雷战队在50度方向、15海里外发现了"德·鲁伊特"号高大的桅杆。高木惟恐被对手占得先机，急忙命令第2水雷战队、主队和第5战队转向接敌。17:45时，在日本人的战术动作尚未完成之时，第2水雷战队旗舰"神通"号就首先对150度方向、16800公尺外的盟军驱逐舰开了火。多尔曼立即应战，"埃克塞特"号和"休斯敦"号的203mm主炮对日舰连连发炮。此时日军是以1艘轻巡洋舰（6门140mm主炮）加8艘驱逐舰对盟军2艘重巡洋舰，火力上占不到便宜；加上距离太近，无法施放氧气鱼雷。田中横下一条心，率队冲入多尔曼的阵形中，同时施放大量烟幕，企图打乱对手的阵脚。17:47时，第5战队的"那智"、"羽黑"号也在26000公尺距离上以20门203mm主炮

■ 日军第5战队主力、重巡洋舰"羽黑"号（属"妙高"级），拥有10门203mm主炮和"九三"式氧气鱼雷，泗水海战中重创缺乏空中掩护的多尔曼舰队。

开始射击。多尔曼发现日军将有跨越T字横头战术的危险，为防止自己处于不利形势，他下令整个编队向西回转；6分钟后，所有日舰也转向往西，与盟舰处于平行位置，从西侧南下的第4水雷战队就冲在了最前面。

西村祥治的第4水雷战队在火力上不是盟军巡洋舰的对手，他试图扬长避短，靠近发起鱼雷攻击。编队在旗舰"那珂"号的带领下南转，自西南方绕过高木的重巡洋舰和田中的第2水雷战队，出现在多尔曼舰队的侧翼。3分钟后，日舰在12000－15000公尺距离上连续发射了27枚"九三"式氧气鱼雷。但多尔曼临危不惧，率编队忽然向外侧作90度回转，巧妙地规避了全部鱼雷。日舰上的官兵发出一阵惊叹。

双方在远距离上展开混战，近失弹破片在"那智"号舰桥上造成了不小伤亡，"休斯敦"号和"珀斯"号发射的炮弹命中多艘

■ 荷兰驱逐舰"科特纳"号，战沉于泗水。

日本驱逐舰，"津风"号上的小艇被一发炮弹炸成碎片。"德·鲁伊特"号的轮机舱也被一颗203mm炮弹击中，所幸没有爆炸。

高木担心尚未卸载的运输船队受到威胁，决心迅速结束战斗。双方保持着10000－15000公尺的距离，一边炮战一边西行。在3架观测机的校正下，"那智"、"羽黑"号的20门主炮对盟舰倾泻着弹药，命中率稳步提高。

18:37时，旗舰"那智"号向全队传令："全军突击！"第4、第2水雷战队与主队一起逆时针转向，扑向ABDA舰队。与此同时，多尔曼也决心速战速决，他集合编队向北靠拢。

幸运的天平开始向日本人一方倾斜。19:54，日军水雷战队在3000公尺距离上对ABDA舰队的两艘驱逐舰发射了39枚鱼雷，荷兰驱逐舰"科特纳"号折断沉没。随后"休斯敦"号被一发哑弹击中，被迫暂时减速，"珀斯"号不得不在该舰周围施放烟幕使其免遭日舰攻击。3分钟后，海战的转折点到来了——"那智"号的一发203mm炮弹在"埃克塞特"号的轮机舱里爆炸，8个锅炉有6个被毁，该舰迅速起火倾斜，被迫撤出战斗。

由于"埃克塞特"号紧跟在旗舰之后、负责传达命令，其他3艘盟军巡洋舰以为是多尔曼下令改变航向，便自行左转，结果队形大乱。多尔曼被迫率旗舰暂时向东南方退去，用20分钟时间来重整队形。少将派出4艘驱逐舰，掩护遭重创的"埃克塞特"号以5节航速沿巽他海峡（Sunda Strait）南撤，"德·鲁伊特"号随后打出旗语："各舰跟随我！坚决反攻！"他率领剩余的4艘巡洋舰和2艘驱逐舰继续向北突进，寻找日军舰队。

高木武雄满以为他已经取得一场大捷，因此放心地下令运输船队南进。20:52时，第5战队正打算重新整队、回收侦察机，杀

■ 多尔曼舰队旗舰"德·鲁伊特"号。1933年通过预算时正值大萧条后期，因此采用了各种能节省预算的设计。该舰1936年服役，标准排水量6545吨，航速32节，装备7门150mm主炮、10门40mm高炮、8挺机枪和2架水上侦察机，乘员435人。

了个回马枪的荷兰巡洋舰忽然再度从烟雾中出现了！3分钟后，"德·鲁伊特"号发射了照明弹。由于企图发射鱼雷的第2水雷战队挤到了跟前，日本重巡洋舰无法抢占T字横头，驱逐舰射出的鱼雷也因为荷兰人向东转向而被规避。此后暮色西垂，多尔曼见战事不利，下令原先为"埃克塞特"号护航的4艘驱逐舰改为断后，"埃克塞特"号则在驱逐舰"威特·德·威斯"号伴航下退往泗水。盟军驱逐舰向日舰发射了所携的全部鱼雷，随后施放烟幕掩护舰队南撤。高木舰队也脱离战场，集合运输船队准备继续向南进发。

ABDA舰队此时已经陷入了绝境——没有小型舰艇掩护，失去空中支持，弹药在下午激烈的炮战中也已消耗过半。但多尔曼深知自己已经是保卫爪哇的盟国最后海上力量，他的职责就是尽一切可能，趁夜继续寻找日军运输船并予以歼灭。此时此刻，荷兰人下了必死的决心，执意要以一场以卵击石的悲壮战斗捍卫ABDA海军的最后光荣。"德·鲁伊特"号再度打出旗语："各舰跟随我！"

2月28日00:20时，夜战经验丰富的"那智"号在16000码距离上再度发现了孤军前来挑战的多尔曼。高木将2艘重巡洋舰朝东北方平行排列开来，阻住航道，利用月光进行目测无照射炮击。10分钟后，"德·鲁伊特"号也发现了"那智"号和"羽黑"号，此时双方相距已经不到15000码，荷舰立即开始炮击。第5战队观察到对方的位置，利用光线掩护迅速发射了12枚"九三"式鱼雷（那智8枚、羽黑4枚），此时双方相距14000码。01:00时，"那智"号的瞭望哨突然观察到海平线爆发出火山喷发般的光芒——"德·鲁伊特"号爆炸了！

"德·鲁伊特"号舰艉被"羽黑"号的一枚鱼雷命中，从弹射器到舰艉燃起熊熊大火，弹药发生殉爆，火焰和碎片冲起几十公尺高，机舱损毁，电力全失，损管失效。几分钟后，军舰已无力回天，舰员开始弃舰。在最后的时刻，多尔曼下令："'休斯敦'号和'珀斯'号向巴达维亚港撤退！不

■ 卡雷尔·多尔曼海军少将，1889年4月23日出生于乌得勒支（Utrecht），17岁进入皇家海军学院学习，1910年晋升为少尉。从1938年8月到1940年5月，他在东印度群岛担任海军航空兵指挥官，是荷军中少数清醒地意识到空中力量重要性的先见者。战争爆发后，他受命出任ABDA舰队总指挥，被迫在缺乏空中掩护的状况下与日军周旋。多尔曼最后在泗水海战中孤身挑战日军战列舰队，壮烈殉国。

联合舰队

要管我!"日舰目睹"德·鲁伊特"号的残骸在海面上燃烧了将近两小时。多尔曼少将与拉康鲍尔(Eugene Edouard Bernard Lacomble)舰长本可以搭乘救生艇离开,但他们选择了与军舰及343名舰员一起沉入大海。"爪哇"号后部也中雷,发生巨大爆炸,比旗舰早半小时沉没。

日德兰之后最大规模的海上舰队炮战决战结束了(日方称泗水海战,盟国方面称爪哇海战),胜利者却很难说得上有多少喜悦之情。多尔曼少将整整7个小时的奋战不仅打残了日本驱逐舰"朝云"号,而且使日军的登陆比预定时间推迟了一天。直到3月2日02:00时,第48师团才在第2水雷战队的护卫下抵达预定登陆点,2小时后第一批部队上岸。

至于沿巽他海峡撤退的多尔曼舰队残部——英国重巡洋舰"埃克塞特"号、驱逐舰"遭遇"号和美国驱逐舰"蒲柏"号,他们在3月1日凌晨再度被第5战队追上,随后被一顿鱼雷和炮火送进了海底。多尔曼带出泗水港的2艘重巡洋舰、3艘轻巡洋舰和10艘驱逐舰中,只有4艘美国驱逐舰逃出了地狱,到达澳大利亚。

巴达维亚大崩溃

就在东爪哇攻略部队与多尔曼少将的ABDA舰队展开鏖战之时,日军另一支登陆部队——由第16军主力第2师团(师团长丸山政男)组成的西爪哇攻略部队(分乘56艘运输船)也在第5水雷战队(司令原显三郎少将)和第7战队(司令栗田健男少将)的掩护下进入了爪哇海,目标是巴达维亚(Batavia,今雅加达)。他们长驱直入,于3月1日在爪哇岛西岸的万丹湾(Banten Bay)和孔雀港(Merak)两处顺利登陆。

■ 澳大利亚轻巡洋舰"珀斯"号,战沉于巴达维亚海战。1936年完工,标准排水量6830吨,航速32.5节,装备8门152mm主炮、8门105mm高炮、22挺机枪和8具鱼雷发射管,水上侦察机2架,乘员646人。

西爪哇攻略部队的掩护力量包括第7战队的4艘"最上"级重巡洋舰（"最上"、"三隈"、"铃谷"、"熊野"号），第5水雷战队的1艘"长良"级轻巡洋舰（"名取"号）和13艘驱逐舰。3月2日凌晨，停泊在孔雀港外海的日军驱逐舰"吹雪"号发现有两个舰影正在接近；00:30，第5水雷战队旗舰"名取"号也确认了目标。原显三郎立即召唤第7战队集队，准备实施鱼雷战。原司令官自率"名取"号一马当先，将两艘敌舰引诱到孔雀港开阔地带——那里正停泊着已经卸载完的运输船队；与此同时，躲在暗处的第7战队的4艘重巡洋舰则借助明亮的满月，准备发射鱼雷和203mm主炮。

原显三郎的担忧显然是过度了。两个黑影并不是强大的袭击舰队，而仅仅是多尔曼少将的残部、在泗水海战中已经受了重伤的澳大利亚轻巡洋舰"珀斯"号和美国重巡洋舰"休斯敦"号。它们本打算尽快返回芝拉扎基地检修，但当"休斯敦"号舰长鲁克斯（Albert Harold Rooks）上校发现孔雀港内的日军运输船队时，他还是义无反顾地投入了战斗，而这正中原少将的下怀。00:37，两艘盟军巡洋舰开始向运输船队开火，原显三郎下令："驱逐舰队突击！"01:00时过后，第7战队加入了战斗。

就在第5水雷战队的驱逐舰相继发射"九三"式氧气鱼雷的同时，躲藏在隐蔽处的重巡洋舰"最上"号和"三隈"号打开探照灯，以203mm主炮朝盟国军舰猛烈射击。

■ 1942年，日本工人开启修复后的婆罗洲油井。1943年后，婆罗洲原油的出产量恢复到战前的75%，使分布在南洋的联合舰队主力重新活跃起来。

联合舰队

■ 荷兰皇家壳牌公司位于苏门答腊巨港的石油精炼厂,日军觊觎的东南亚战略目标之一。

01:30,"三隈"号向全军传令:"全军向敌舰进击!"随后自9000公尺距离向一个起火的目标连续开火。那正是不幸的"珀斯"号,该舰右舷水线附近先中一弹,随后前锅炉室又被一枚鱼雷命中,很快倾覆。01:42前后,"珀斯"号沉入水中,680名官兵中350人战殁。

不屈的"休斯敦"号依然在顽抗。该舰之前曾以主炮命中2艘日本驱逐舰,不过左舷已经中了一枚鱼雷。"三隈"号的203mm主炮还在不断打过来,"休斯敦"号的轮机舱中弹,舰体朝左侧严重倾斜。日舰慢慢地包围上来,美国巡洋舰的6门主炮已经停止轰鸣,蒸汽正从甲板上东一个西一个的窟窿里喷出来,但星条旗依旧在旗杆上飘扬。

01:56,原显三郎断定敌舰已无还手之力,下令停止射击,同时派第7战队所属的驱逐舰"敷波"号用鱼雷解决"休斯敦"号。01:59,"敷波"号发射了一枚鱼雷,7分钟后"休斯敦"号弹药库发生爆炸,军舰颤抖着从视界中消失了。鲁克斯舰长以下693人战死,368名幸存者中的很多人立刻就被浮满汽油的海水吞没。

日本人也有损失,不过却不是"休斯敦"号和"珀斯"号造成的——01:30左右,"三隈"号向"休斯敦"号发射的"九三"式鱼雷有8枚打偏了,这些"威力强大之攻舰利器"一路窜进孔雀港里的日军运输船队,当场炸沉了运输船"佐仓丸"号,"龙城丸"、"蓬莱丸"和"龙野丸"号也中雷重创。第16军司令官今村均中将乘坐的登陆舟艇母舰"龙城丸"号中雷倾覆,倒霉的今村只好跳进大海,在到处漂着重油的肮脏海水里待了3个多小时,随后才被救起。第二天,原显三郎派第5驱逐队司令吉川周吉中佐上岸向今村道歉,但今村的参谋长苦笑着让吉川不要吭声，以免在大捷之时"影响陆海军的团结"。于是在日军的官方档案中，命中"龙城丸"号的这枚鱼雷就变成了美舰"休斯敦"号所发；而鱼雷发射管实际已经在泗水海战中损坏的"休斯敦"号也就凭空多出了这么一个"辉煌战绩"。

在掌握绝对海空优势的情况下，东西夹击的日军迅速包围了爪哇岛上1.5万名盟国正规军和4万名后备部队。3月2日凌晨，最后一架水上飞机载着35名乘客离开了垂死的万隆，飞向锡兰（今斯里兰卡），乘客之一是赫尔弗里克中将。3月7日，东海支队的敢死队突入班顿（Bantam）郊外的林班。第二天——1942年3月8日上午9时，班顿广播电台播放了荷属东印度群岛盟军指挥官普尔顿中将向全军下达的投降令："时局好转时再会吧！女王万岁！"

3月9日下午02:50，荷属东印度投降，9.3万名荷军、荷印军和约5000名的英美澳联军放下了武器。

二、再度出击的南云舰队

东进！南进！西进！

珍珠港作战中，尽管南云忠一因为胆怯和误判形势而提早折返，放弃了第三波攻击，但由于前两波空袭战果辉煌，联合舰队的"速胜"气焰依然空前嚣张。1941年12月22至23日，第1航空舰队"赤城"、"加贺"、"瑞鹤"、"翔鹤"号各舰（"苍龙"、"飞龙"号返航途中转向威克岛支持作战）的舰载机纷纷返回陆上基地，母舰则进入内海停泊，大有刀枪入库、马放南山之势。只有第1航空舰队飞行总队长渊田美津雄中佐始终忧心忡忡。

1942年初，日军在各条战线上节节胜利。袭击珍珠港达到了使美国太平洋舰队不能干扰日军南线作战的基本战略目标，短短几个月时间内，印度支那、菲律宾和荷属东印度群岛数百万平方公里的土地已落入己手，中途岛以西、中太平洋上数以千计的岛屿和超过3000万平方海里的广袤海域成了日本帝国的内海。这使负责制定最高层战略的日军大本营确信，第一阶段的作战即将顺利完成。那么，在第二作战阶段，日本究竟是应该采取守势以保持既得利益，还是继续采取攻势、粉碎盟国的作战意志呢？

对于这一问题，日本海军内部有三种主张。第一种主张以联合舰队参谋长宇垣缠中将为代表，建议向东太平洋推进、进攻夏威夷，以求同美国太平洋舰队决战；第二种是西进论，以联合舰队首席参谋黑岛龟人大佐为代表，主张进入印度洋，再由近东推进到波斯湾，同德军会合；第三种是南进论，以军令部第一部（作战部）部长福留繁少将、作战课课长富冈定俊大佐为代表，主张占领所罗门群岛，再向南推进，切断美澳供应线，把澳大利亚孤立起来。富冈等人认为，澳大利亚幅员广阔，在日本防御圈中占有重要战略地位，几乎肯定要成为盟国反攻的跳板；因此，唯有攻占澳大利亚、或把美澳隔绝，否则后果不堪设想。

联合舰队

■ 达尔文是澳大利亚联邦北方领地的首府，也是澳洲大陆与荷属东印度群岛之间联络的咽喉要地。图为1942年2月停泊在达尔文港的美国海军"休斯敦"号重巡洋舰。

渊田美津雄、第2航空战队司令官山口多闻少将、第1航空舰队作战参谋源田实中佐是东进论的倡导者，他们认为：此时应当继续集结6艘主力航母，海陆合进、彻底消灭美国太平洋舰队，同时出兵攻占整个夏威夷；而英国由于欧洲战局吃紧，不可能抽调过多力量用于太平洋。一旦日军成功攻克夏威夷，意识到太平洋战事已不可为的英国就会主动撤出澳大利亚和印度洋殖民地，那么南方地区自然就会落入我手，日本的战略困境也就迎刃而解了。但制订实际作战计划的权限掌握在军令部手中，第一部部长福留繁是水面舰艇指挥官出身，对航空兵的运用缺乏热情。他支持陆军的南方作战计划，并顺势把整个第1航空舰队拆成了两个部分："瑞鹤"、"翔鹤"号组成的第5航空战队被单独分离出来，编入东方作战指挥系统；其余4艘航母则继续作为一体，用于南方作战的支持。部分熟练飞行员离开一线，选拔到霞之浦航空队担任教官。1941年12月27日，福留严厉斥责了喋喋不休的渊田美津雄："对珍珠港的作战已经结束，来自东方的威胁现已不复存在。因此，4艘航空母舰必须参加重要的南方攻略作战。"当天晚上，渊田在日记里写了这么一句："自本日起，日本的灭亡开始了。"

第1航空舰队参谋长草鹿龙之介少将也是东进论的支持者。在草鹿看来，南云在珍珠港那场残缺的胜利至多为日本争取到6个月时间，他已经筹划以轻型航母"龙骧"号和"凤翔"号组成第4航空战队，加上第1航空舰队原有的6艘航母，构成一支拥有8艘航母的新"无敌舰队"，再度进攻夏威夷。不过作为饱经世故的老官僚，草鹿认为不妨首

■ 2月19日，南云舰队攻击下的澳大利亚达尔文港。达尔文港空袭彻底切断了荷印与澳大利亚方向的联系，阻止了美军从该方向来的增援兵力。

先同意军令部的南进方针，随后再转回夏威夷。联合舰队司令长官山本五十六大将也支持草鹿的主张，认定在南方建立防线是再度进击夏威夷的前提。

此时的山本与战前那个小心谨慎、深谋远虑的指挥官已经判若两人，他把旗舰从"长门"号迁到了富丽堂皇的"大和"号战列舰，整日与恐龙化石般的战列舰队一起龟缩在柱岛湾内，以至于渊田美津雄等"航空主兵论"军官竟然抱怨起来："山本长官乃日本之敌。"

1942年1月，新编第1航空舰队重新集结在了广岛湾，准备参与次要的南方攻略作战。与空袭珍珠港时6艘大型航母的阵容相比，新的第1航空舰队只剩下"赤城"、"加贺"、"苍龙"、"飞龙"号4艘主力航母，分离开的第5航空战队（"瑞鹤"、"翔鹤"号）转归原忠一少将指挥。

南云舰队此行的任务是扫荡菲律宾、荷印、新几内亚和太平洋其他地区的盟军基地，支持陆军的南方作战。1月22日，第1航空舰队出动90架编队空袭了新不列颠岛北端的澳大利亚军航空基地拉包尔，轻轻松松地将当地炸成一片瓦砾。与此同时，从"瑞鹤"号和"翔鹤"号起飞的飞机对新几内亚东岸的莱城（Lae）和萨拉莫阿（Salamaua）机场进行了毁灭性打击。2月19日，为配合近藤信竹中将第2舰队孤立爪哇岛的行动，渊田美津雄亲率第1航空舰队4艘航母180架的大编队空袭澳大利亚的达尔文港，炸毁港内舰船12艘，击落飞机18架。

奇袭珍珠港时，南云断然下令放弃了对陆上目标的第三波攻击。而令人哭笑不得的是，面对毫无抵抗也缺乏实际战略价值的达尔文港，南云忠一却提出应当对陆上目标进行第二次打击，把渊田气得七窍生烟。

达尔文港空袭彻底切断了荷印与澳大利亚方向的联系，阻止了美军从该方向来的增援兵力，使南方作战的胜利成为定局。

为截击向澳大利亚撤退的盟军舰队，1942年2月25日，稍作整补的第1航空舰队再

联合舰队

度离开锡里伯斯的肯达里（Kendari）港，向爪哇以南海面出击。南云的任务一是歼灭从荷印地区向澳大利亚撤退的ABDA舰队，二是防止美军太平洋舰队前来增援。3月2日，渊田美津雄率180架的大编队空袭芝拉扎，他本人的座机在战斗中被击落，渊田在当地丛林中躲藏了五天后幸运生还。

从3月1日至4日，第1航空舰队各攻击波共击沉盟军驱逐舰3艘、其他舰船13艘，圆满完成了支持作战任务。由于这些胜利，南云忠一一时居然成了"招之即来、来即能战、首战用我、用我必胜"的常胜将军，不仅山本五十六对他刮目相看，就是心高气傲的源田实也认为南云这老小子"已经开窍了"。

荷印作战结束后，老问题又回到了日本人面前：东、西、南三个战略方向，究竟何去何从？

历史一次又一次地重演着如下的剧本：当两个截然矛盾而又优势显著的方案摆在一位优柔寡断的决策者面前时，他断然不会选择其中任何一个，而是会转而采纳一个搁置且存在显著矛盾、但对全局其实毫无帮助的新方案。在东进方案遭到军令部否决的情况下，联合舰队司令部转而提议对达尔文港举行两栖进攻，但遭到了军令部和陆军的双重反对：陆军不希望在澳大利亚投入过多兵力。在这种情况下，先前由黑岛龟人首倡的西进印度洋方案就意外地获得了所有各方的青睐。

军令部在制订第一阶段作战计划时，原本就已经考虑到了打倒英国、与德意完成战略配合。现在美国太平洋舰队已经不能构成威胁，陆军又不愿意把兵力投入澳大利亚，那么就只有抓紧时间去歼灭已进入印度洋的英国东方舰队残部，并通过政治策略和破坏对外贸易等手段切断印度、澳大利亚与英国本土之间的联系，争取促成缅甸和印度"独立"，使英帝国进行战争的力量受到沉重打击。随后日本海军将到达印度洋西部，与德

■ 1942年3月26日，离开荷属东印度锡里伯斯岛斯塔林湾、向印度洋挺进的机动部队。自"赤城"号飞行甲板上拍摄。甲板后半部停放着"九七"式鱼雷机和"九九"式轰炸机。"赤城"号的右后方依次为航母"苍龙"、"飞龙"号，战列舰"比睿"、"雾岛"、"榛名"、"金刚"号，航母"翔鹤"、"瑞鹤"号。

从爪哇海到印度洋

■ 英国装甲航母"可畏"号。"光辉"级2号舰，1940年完工，标准排水量23207吨，航速30.5节，搭载36架"管鼻燕"战斗机和"大青花鱼"鱼雷机，装备8门114mm高炮和48挺机枪，乘员1200人。

■ 旧式战列舰"拉米里"（HMS Ramillies）号。1917年完工，装备8门381mm主炮和14门152mm副炮，但速度只有23节，水平防护薄弱，缺少防空火力，在印度洋之战中成为萨默维尔的负担。撤往马达加斯加后，"拉米里"号于5月29日遭日本潜艇伊-16和伊-20携带的"甲标的"（袖珍潜艇）攻击，重创搁浅。

■ 1941年，在美国费城海军船厂进行维修的"决心"（HMS Resolution）号。R级的基本布局、武装与"伊丽莎白女王"级相同，但一战时由于顾虑到石油来源问题，设计师将动力系统改为烧煤锅炉，造成主机功率不足、航速降低。由于航速及经费限制，R级到二战爆发前只进行了小规模改装。

联合舰队

国海军的U艇会合,完成柏林-东京两大轴心的战略策应。

由于南云舰队连战连胜,联合舰队里也有一批人赞成突入印度洋。2月20至23日,在柱岛泊地的旗舰"大和"号上举行了印度洋攻略作战图上演习。演习结果决定,从五六月起,联合舰队主力指向印度洋,占领锡兰岛(斯里兰卡),歼灭出击的英国东方舰队;随后前出至非洲东岸,控制印度洋,和进入中近东的德军握手,"胜利结束战争"。之后再开始考虑太平洋方面对东向或南向作战的问题。

参谋本部对西进作战的态度也是比较乐观的。当时日本陆军已在缅甸发起进攻,而英军在印度洋的兵力调动构成对缅甸侧翼的威胁,所以他们希望海军能在印度洋实施机动作战、支持缅甸进攻作战;不过陆军又认为进攻锡兰必将演化为消耗战,得不偿失,因此取消了这一作战,只是催促海军尽快进入印度洋、策应缅甸的陆上攻势。就这样,联合舰队在美国太平洋舰队尚未被全歼的情况下,采纳了一个不痛不痒的西进方案,急急忙忙向着印度洋上的英国东方舰队杀了过去。3月9日,山本五十六传令正在肯达里待命的南云机动部队:立即进攻锡兰岛!

1942年3月初的南云舰队,由于"加贺"号舰底触礁受损、需要回国修理,只剩下3艘航母。正在吴港休整的第5航空战队奉令立即航向肯达里,与机动部队本队会合。第1航空舰队攻击锡兰岛的时间原定为4月1日,但由于3月4日美军机动部队空袭了南鸟岛(Marcus Island,即马库斯岛),3月10日美舰又出现在威克岛北方海面,机动部队出海搜索了一阵,最终南云的行程调整为3月26日起航、4月4日发起进攻。3月26日上午8时,第1航空舰队由锡里伯斯东南岸的斯塔林湾(Staring Bay)出港,经帝汶岛北侧海峡向锡兰岛航去。阵容中除5艘主力航母外,还包括4艘"金刚"级战列舰、3艘巡洋舰("利根"、"筑摩"、"阿武隈"号)和9艘驱逐舰。

萨默维尔爵士的"存在舰队"

对英国东方舰队新任司令萨默维尔爵士(Sir James Fownes Somerville)来说,汹汹而来的日本舰队未免太不给面子。

萨默维尔是在3月26日才抵达锡兰首府科伦坡(Colombo)的。上任之前,第一海务大臣庞德(Dudley Pound)再三向他强调印度洋的重要性:一旦锡兰岛丢失,英国在中东和远东的全盘战略都会被颠覆。

事实上,萨默维尔上将手中的牌面的确比冤死在马来海上的"大拇指汤姆"要好看得多——2艘新型航母"不挠"号与"可畏"号,轻型航母"竞技神"(HMS Hermes)号,旗舰"厌战"(HMS Warspite)号战列舰,4艘R级(Revenge Class)战列舰("拉米里"、"决心"、"复仇"、"君权"号),2艘重巡洋舰,5艘轻巡洋舰(包括荷兰巡洋舰"雅各布·范·赫姆斯克"号),16艘驱逐舰,7艘潜艇。

不过,只有萨默维尔本人知道这些庞大

的纸面数字有多么不可靠：两艘大型航母上一共只有36架战斗机（9架"海飓风"，12架"管鼻燕"，15架"野猫"）和45架"大青花鱼"鱼雷机；"竞技神"号搭载的则是12架陈旧的"剑鱼"鱼雷机，自保尚有困难，更遑论主动出击。4艘R级战列舰的巡航速度只有16节，每舰全部的防空武器是2门八联装"砰砰"炮和4座双联装7.7mm机枪，丘吉尔不客气地称之为"那些棺材船"。在赶赴远东途中，萨默维尔给庞德发去电报："我不得不指出，阁下的决定过于草率。舰队……有重蹈'威尔士亲王'号与'反击'号覆辙的危险。"

英国人唯一的优势是雷达：前一年11月"不挠"号和"可畏"号在美国检修时，顺便把原来的279型预警雷达换成了最新的281型雷达。这种雷达低空侦测性能十分优良，萨默维尔可以借助它发现南云部队的踪迹并提前逃跑——事实上，这也是新装备仅有的用途。

陆上基地的状况对萨默维尔也很不利。科伦坡有2个中队的"海飓风"战斗机，亭可马里（Trincomalee）有1个中队，可用的飞机加起来只有50架不到，而且部署过于暴露。此外还有1个中队（6架）PBY"卡塔林那"巡逻机，1个中队（14架）"布伦海姆"轻型轰炸机，1

■ "可畏"号上的F4F美制"野猫"（Wildcat）战斗机，A舰队2艘航母上共搭载15架，是萨默维尔仅有的足以抗衡零式战机的舰载战斗机，但数量太少，无法发挥作用。

■ 从"不挠"号上起飞的费尔雷（Fairey）"管鼻燕"（Fulmar）战斗机。"管鼻燕"装1台1300马力Rolls-Royce"默林30"（Merlin）发动机，时速440公里，最大航程1255公里。虽然它是皇家海军第一种火力和重量都可与皇家空军一线战斗机相匹敌的机型，但速度相对于零式战机还是太慢了，在印度洋作战中的表现并不出色。

联合舰队

■ 霍克（Hawker）"海飓风"（Sea Hurricane）战斗机。1940年定型，装1台1280马力Rolls-Royce"默林20"V形液冷发动机，最大时速543公里，航程1550公里。"海飓风"在印度洋作战中主要用于要地防空，由于数量太少，表现并不突出。

个中队"大青花鱼"、"剑鱼"双翼攻击机，根本不足以覆盖整个锡兰上空，训练也很仓促。

前任东方舰队司令莱顿（Sir Geoffrey Layton）上将此时正担任锡兰岛防卫司令，他认为崩溃的危机就在眼前。萨默维尔在科伦坡西南600海里的马尔代夫另有一个秘密泊地阿杜环礁（Addu Atoll），不过这个港口对空袭和潜艇攻击全无招架之力，所以只能在日军尚未怀疑的情况下使用。

形势内外交困，萨默维尔被迫放弃皇家海军四百多年来引以为豪的出动攻击传统，采取一种消极避战的姿态："如果敌舰队大举主动、企图攻占锡兰岛，我将毫无对策。当今之计，惟有保存实力、取存在舰队之势。"

借助雷达的帮助，东方舰队在所有白天都尽量与日本舰队保持距离，避免被南云的300架舰载机一口吃掉；只有在入夜之后，才借助夜色的掩护，靠近日舰并起飞舰载机。夜战虽然没有绝对胜算，但除此之外显然别无良方。

为防止4艘陈旧的R级"棺材船"拖累整个舰队的行动，萨默维尔将整个舰队分为两部分：他本人亲自指挥的A舰队包括旗舰"厌战"号战列舰，"不挠"号、"可畏"号两艘航母，3艘巡洋舰和6艘驱逐舰，最大

■ 费尔雷"大青花鱼"（Albacore）鱼雷机，装1台1130马力布里斯托尔"金牛座"12星形气冷发动机，时速仅256公里，最大航程1500公里，双翼设计已跟不上时代潮流，起落架不可回收。A舰队2艘主力航母载有45架"大青花鱼"，其战斗力根本不足以给南云造成威胁。

■ 布里斯托尔（Bristol）"布伦海姆"（Blenheim）轻型轰炸机，装2台920马力布里斯托尔"水星"15发动机，最大时速428公里，航程3138公里。第11中队的"布伦海姆"对南云舰队的突袭虽然没有取得战果，却暴露了日本舰队高空防卫能力上的弱点。

航速24节，两艘航母可以以30节航速单独行动；B舰队包括4艘R级战列舰、"竞技神"号、3艘巡洋舰和8艘驱逐舰，航速只有20节左右，由威利斯（Sir Algernon Usborne Willis）中将指挥。B舰队平时跟随在主力之后，一旦遭遇日本飞机的白昼空袭，萨默维尔就只好丢下这些平均舰龄都在20年以上的老古董去喂鱼。

3月28日，萨默维尔得到了关于南云舰队的第一份情报：日军机动部队可能在4月1日对锡兰进行攻击。他估计日本人应该会把航母放在锡兰岛的东南方，同时出动两波攻击队空袭科伦坡和亭可马里，因此提前一天（3月31日）把A舰队带到了锡兰岛南方海面，B舰队位于主队西面，正在科伦坡维修的重巡洋舰"多塞特郡"（HMS Dorsetshire）号也在4月1日赶来与战列舰队会合。皇家空军第205中队的6架PBY巡逻机昼夜不停地覆盖着锡兰岛南方420海里内的水域，寻找日舰的踪迹。

整整三天过去了。每个白天，A舰队都开到西方水域警戒避敌，夜间则转到东方备战，但南云始终没有出现。4月2日入夜后，萨默维尔判断日军对锡兰的攻击已经推迟。

联合舰队

此时东方舰队的燃料和淡水都已不足,不过上将不敢冒险返回科伦坡或亭可马里补给,于是下令舰队航向阿杜环礁。4日下午,A舰队和B舰队相继进入泊地补给。

形势看上去还不是太糟,萨默维尔便破例下令"多塞特郡"号和另一艘重巡洋舰"康沃尔"(HMS Cornwall)号返回科伦坡,其中"多塞特郡"号将继续之前没有完成的维修,"康沃尔"号则护航一支运兵船队驶往澳大利亚。此外,由于英国正打算入侵原法属殖民地马达加斯加岛,没有舰载机的旧航母"竞技神"号(舰载的第814中队留在了亭可马里)也奉命向亭可马里基地返航,准备重新装上舰载机开往非洲。为"竞技神"号护航的是皇家澳大利亚海军的"吸血鬼"(HMAS Vampire)号驱逐舰。

南云忠一可没有萨默维尔爵士的乐观

■ 皇家空军第205中队的PBY"卡塔林那"(Catalina)巡逻机,在印度洋作战中执行了对日本舰队的监视行动,使莱顿得以成功疏散科伦坡和亭可马里港内的舰船。

■ 费尔雷"剑鱼"(Swordfish)鱼雷机,绰号"网线袋"。装1台690马力布里斯托尔"飞马座3"星形气冷发动机,最大时速246公里,航程1700公里。作为一架1935年正式完成的舰载攻击机,"剑鱼"比两年后日本海军采用的"九七"鱼雷机整整落后了一个时代。二战开始时,"剑鱼"已明显过时,速度很慢,自卫能力差。

心情,因为他的头上还有一位麻烦的"丈母娘"——南方部队指挥官近藤信竹中将。近藤全权负责印度洋作战,似乎更应该把摧毁东方舰队作为第一目标,但"秀才提督"对空袭英军的两个主要海军基地科伦坡和亭可马里更感兴趣。他满心认为,东方舰队一定在这两个港内停泊,只要攻击及时就可以全歼对手;即使萨默维尔已经退避,他也有信心在随后的舰队决战中消灭对手。

近藤命令南云舰队的5艘航母、4艘战列舰、2艘重巡洋舰和8艘驱逐舰集中攻击锡兰,而马来部队指挥官小泽治三郎中将率领的轻型航母"龙骧"号、6艘重巡洋舰和8艘驱逐舰则去扫荡孟加拉国湾北部。南云对这个计划深表担忧,他打算只用3艘航母的兵力执行空袭任务,保留至少2艘母舰上的俯冲轰炸机备用,以防萨默维尔舰队突然出现、进行反击,但遭到了近藤的否决——印度洋作战中的这次担忧体现出南云忠一作为一名优秀战术指挥官的素质,但在数月后的中途岛海战中,面对极为类似的状况,他的警觉和洞察力却仿佛荡然无存了。

南云与"丈母娘"争持不下,只好冒险出发。当然,无论近藤还是南云都不可能知道,萨默维尔的舰载机数量太少,根本不足以主动发起进攻。

4月4日晚6点55分,南云舰队前方的警戒舰"比睿"号在空中发现了1架"卡塔林那"巡逻机,那正是第205中队的成员。"比睿"号立即向主队告警,并以127mm高射炮向PBY射击。南云下令待命中的零式战机18架(飞龙6架、其他各舰3架)起飞拦截。19:20,PBY被1架零式战机击中,两分钟后起火坠海,飞行员被日舰俘获,但27分钟的时间足以让他把情报传回科伦坡:"战列舰2艘、航空母舰1艘,航向305度……"科伦坡、孟买、亚丁的无线电台都收到了这份电报。

19:45时,18架零式战机回到了母舰上。南云估计科伦坡方面已经得到了消息,可能正准备反击,但他决意完成空袭行动。事实上,在锡兰的莱顿的确发布了警报,科伦坡港内的25艘商船奉命疏散到其他港口,

■ 英国东方舰队司令詹姆斯·萨默维尔爵士(1882-1949)。出身著名的萨默维尔家族,1898年以候补生身份加入皇家海军,一战中成为一流的无线电专家,并获得优异服务勋章。1929-1931年任教于帝国国防学院,1939年曾短暂退役,二战爆发后重回海军,参与指挥敦刻尔克大撤退。此后他长期在地中海指挥H舰队,领导了进攻阿尔及利亚米尔斯克比尔(Mers-el-Kebir)维基法国舰队的"弩炮行动"(Operation Catapult),参与追击"俾斯麦"号的行动,并在对马耳他的护航行动中表现出色。1942年3月萨默维尔就任东方舰队司令,由于日军兵力强大,他采取保存实力的战略,避免与南云正面遭遇,最终将舰队撤往肯尼亚的蒙巴萨(Mombasa)。战争后期他指挥了马达加斯加登陆作战,1945年5月被授予海军元帅头衔,战争结束后又获颁巴思大十字勋章(GCB)、英帝国大十字勋章(GBE)和优异服役勋章(DSO),1949年病逝。

联合舰队

已经到港的"多塞特郡"号和"康沃尔"号则奉命回转，重新前往阿杜环礁与萨默维尔会合。现在，科伦坡港内只剩下30艘小型船只，地面防空炮火也做好了迎敌准备。第205中队的5架"卡塔林那"继续监视着南云的行动，把关于日军舰只、种类的报告源源不断地传回莱顿的办公室。

"信长于桶狭间的心境"

"发现优势日军机动部队，位置锡兰岛东南260海里。"

4月4日午后，A舰队的全部和B舰队大部都已驶入阿杜泊地。接到"卡塔林那"发回的电报，萨默维尔处于一种进退两难的尴尬境地：A舰队在午夜之前无法完成加油作业，B舰队要到次日上午7点才能结束补给。显然，东方舰队不可能在4日夜间偷袭日军航母，只有让对手占个便宜、先去轰炸科伦坡了。上将下令A舰队在午夜结束加油后随他本人起锚，威利斯指挥B舰队在次日白昼赶上，准备在5日晚上派出鱼雷机夜袭南云舰队。

1942年4月5日，西方世界的复活节。与空袭珍珠港的那天一样，这也是一个星期日。早上9点，支持部队弹射的3架水上侦察机飞向晴朗的天空，开始警戒机动部队西方的海面。与此同时，同样是由渊田美津雄中佐所率的科伦坡第一波攻击队（"九七"鱼雷机54架、"九九"轰炸机38架）和高空直卫队（零式战机36架），总计128架飞机，开始自5艘航母上起飞。

09∶45时，"飞龙"号的一架"九七"鱼雷机报告："发现敌机。敌飞行艇1架，于出发点方位346度、43海里处，航向180度。09∶38时。"这架PBY巧妙地利用密云作为掩护，始终与南云舰队保持着接触，直到1个小时又8分钟之后（10∶46），"飞龙"号起飞的一架零式战机才把它揍下来。不过这点时间已足够让科伦坡做好准备，随着莱顿上将一声令下，皇家空军2个"海飓风"中队和海军2个"管鼻燕"中队全部可用的飞机——36架"海飓风"和6架"管鼻燕"全部升空待命。

10∶45时，日军攻击队出现在科伦坡上空，渊田美津雄下达了全军突击令。"海飓风"朝着他们扑来，被板谷茂少佐指挥的制空队截住。在30分钟的空战中，42架英机只击落了1架零式战机，自己的总损失则高达19架（日机报称击落"波弗特"鱼雷机19架、"海飓风"21架、"管鼻燕"1架）。当天清晨，莱顿上将还曾要求亨可马里基地派6架挂鱼雷的"剑鱼"攻击机到科伦坡，准备在空袭结束后尾随日机返航、偷袭日本航母，但这6架倒霉的"剑鱼"却在空战最高潮时抵达战场，几分钟内就被零式战机全部消灭（日方报称击落"剑鱼"10架）。

科伦坡上空天气晴朗，只是部分空域有密云。"九九"轰炸机集中轰炸了港内的船舶，不过由于事先的疏散措施得力，港内已没有一艘军舰，只凌乱地散布着一些民船。失望的日本轰炸机把炸弹丢在了报废的辅助巡洋舰"赫克托尔"（HMS Hector）号和老式驱逐舰"忒涅多斯"（HMS Tenedos）号（马来海战的幸存者）上，并攻击了油轮和商船，没有造成多少损失。按照渊田美津雄自己的说法，"大型商船4艘起火，油轮1艘爆炸，小型货轮1艘起火，机库1栋起火、2栋爆炸，修理工厂1栋爆炸"。一些"海飓风"攻击了轰炸机队，击落"瑞鹤"号轰炸机5、"翔鹤"号轰炸机1架，参加过珍珠港攻击的藤田久良大尉、氏木平槌飞曹长以下10名老将损失。10：55左右，轰炸机队的攻击结束。

轰炸机队离开战场之时，渊田本人指挥的"九七"鱼雷机出现在了高空。从10：56到11：13之间，它们重点轰炸了港内的船舶、栈桥、海军指挥部和兵营，只造成大型商船数艘和小型商船1艘沉毁，栈桥、铁路数处被毁。11：28，渊田长机向旗舰"赤城"号发报："港内有油轮20艘，地面有炮火。密云，高度1000公尺有敌机数架。建议准备第二次攻击。11：18时。"他同时判断英国舰队已经逃出港外，要求南云派侦察机向附近海域搜索。

南云忠一始终怀疑萨默维尔在寻找偷袭自己的机会，所以在派出第1、第2航空战队的鱼雷机、轰炸机队空袭科伦坡的同时，他却把挂带鱼雷、攻舰效果优良的第5航空战队鱼雷机队留作预备队，并不断派出巡洋舰和战列舰搭载的水上侦察机进行警戒。

接到渊田建议搜索英国舰队的电报后，南云深表赞同，立即派出了"利根"号航空巡洋舰搭载的"零式"水上侦察机。至于渊田提出的进行第二次攻击的要求，南云紧急下令刚刚返航的第1、第2航空战队轰炸机队再度挂装炸弹，一部分已经装上鱼雷的第5航空战队鱼雷机队也改挂250公斤炸弹，并命令第5航空战队司令官宫原阳一少将派出6架"九七"鱼雷机，到主队北方50海里处一字排开，准备引导第一波返航的鱼

■ 1942年4月5日，准备从"瑞鹤"号起飞空袭科伦坡的第5航空战队轰炸机队和舰载战斗机队。当天"瑞鹤"号共出动零式战机9架、"九九"轰炸机19架，战斗中损失轰炸机5架。

联合舰队

雷机队降落。

13:00时,"利根"号先前派出的水上侦察机在北纬3度1分、东经77度58分发回报告:"发现敌巡洋舰2艘。出发点锡兰方位268度、150海里处,航向160度、速度20节。"那是正在向着马尔代夫全速航行的"多塞特郡"号和"康沃尔"号,按照莱顿上将的指令,它们在4月4日黄昏离开科伦坡,准备去和萨默维尔舰队会合。忙得团团转的南云下令"利根"、"筑摩"号各自再派出1架水上侦察机和1架"零式观察机",与发现目标的侦察机保持联络;已经在改挂炸弹的第5航空战队鱼雷机队则再度把炸弹换成鱼雷。

此时渊田的第一攻击波鱼雷机队已经降落完毕,它们也开始挂装鱼雷。13:23时,南云下令第二波攻击作出击准备,雷击那两艘巡洋舰,并要求它们在13:30准点起飞。但宫原阳一报告说:时间太紧,第5航空战队鱼雷机队至少要到16:00才能完成鱼雷的换装。

决定性的选择摆在了南云忠一面前:作为一名长期饱受怀疑的机动部队总指挥,他太需要一场痛快淋漓的胜利来证明自己的能力了。如果继续等待第5航空战队鱼雷机队完成鱼雷换装,敌舰可能在攻击到来前就驶出了空袭半径;但如果不派雷击队、只用已经挂上250公斤炸弹(鱼雷机用)的第1、第2航空战队轰炸机队前去攻击,又没有全歼对手的把握。时间一点一点过去,"赤城"号的甲板上已是一片混乱,整备员正忙着给刚刚着舰不久的第一攻击波"九七"鱼雷机装上"九一"式改1航空鱼雷,不过忙活了近半小时,也只有渊田总队长本人率领的18架飞机已经作好准备。

渊田美津雄对这次印度洋作战毫无兴趣,不过他还是冷静地催促南云:与其继续等待第5航空战队鱼雷机队换装鱼雷、甘冒丢失目标的风险,还不如尽快派第1、第2航空战队轰炸机队出击,打沉一艘是一艘。就这样,舰桥上的中将终于下了决心:"15:00攻击队发进,攻击敌巡洋舰。进击航向225度,敌航向200度、航速24节。"

性格怯懦的南云忠一后来回忆,那一刻他好像体会到了"(织田)信长于桶狭间的心境"。

日本战国时代霸主织田信长初次名震天下,得益于永禄三年(1560年)的桶狭间之战。从来成王败寇,织田信长后来成就偌大事业,要归功于一举成名的桶狭间之战。

就在这个节骨眼上,13:50,轻巡洋舰"阿武隈"号的侦察机又发回一份电报:"驱逐舰2艘,锡兰基地方位250度、200海里处。"随后又是"未发现其他敌人"。"赤城"号的舰桥再度陷入混乱:目标究竟是巡洋舰还是驱逐舰?南云下令"阿武隈"号的舰长继续搜索周边地区,核实情报。不过攻击却不能延迟,14:27时,"赤城"号将错就错地发令:"先前之巡洋舰系驱逐舰之误。第三编制轰炸机队发进。"20分钟后(14:49),17架"九九"轰炸机从旗舰"赤城"号的飞行甲板腾空而起,14:59"飞龙"号的18架、15:03"苍龙"号的18架也相继起飞,53

■ "苍龙"号轰炸机队长、"轰炸机之神"江草隆繁（1909—1944），广岛县人，海兵第58期出身。1937年中日战争爆发时任第12航空队分队长，参与了空袭南京和封锁中国海岸线的任务；美日开战时任"苍龙"号轰炸机队长，印度洋作战中表现突出。1943年后江草转任基地航空部队第521航空队飞行队长，1944年6月15日率所部"银河"参加马里亚纳海战时战死，追授海军大佐。

架"九九"轰炸机在"苍龙"号飞行队长江草隆繁少佐的指挥下，朝两艘巡洋舰一路杀去。

炸弹命中率88%

空气在颤抖，仿佛天空在燃烧。暴风雨就要来了。

14：47，"利根"号起飞的第二架水上侦察机向母舰发去电报："发现敌巡洋舰2艘。出发点锡兰方位235度、158海里处，航向200度，速度26节。14：45时。"这与先前一号机发回的报告吻合。"利根"号的舰长此时已经接到了攻击队出击的消息。为了保证报告的准确性，特别是确认目标并不是南云所认为的"驱逐舰"，专门给2号水上侦察机去电："请确认敌舰舰种并非驱逐舰。"2号机随后回电："敌巡洋舰系'肯特'型。于敌巡洋舰附近视认，视界20海里。15：45时。"

两份舰型通报都被明白无误地传回"赤城"号。由于第1、第2航空战队轰炸机队已经出发，南云忠一不得不再冒朝令夕改的风险，给已经完成出击准备的第5航空战队补发指令："敌巡洋舰系肯特型。第五航空战队出动鱼雷机及轰炸机约半数以攻击之。16：10时。"中将同时要求"利根"号引导攻击队。

16：25时，宫原少将给自己的两艘航母下令："攻击队于17：00发进。攻击目标肯特型巡洋舰，进攻航向200度，进入距离150海里。"不过第5航空战队的攻击队还是来得太晚，战斗在它们到达战场前就已经结束了。

15：54，攻击队总指挥、"轰炸机之神"江草隆繁向旗舰发回电报："发现敌舰。"16：29，他下达了"全军突击"号令。在灿烂的午后阳光中，"多塞特郡"号舰长艾加（Augustus Willington Shelton Agar）准将惊恐地看着日本轰炸机以3架一队的队形，每隔几秒钟接连俯冲下来。从16：38到16：53，短短15分钟内，炸弹像暴风雨般落在两艘巡洋舰的头上。曾对"俾斯麦"号巨舰射出致命一雷的"多塞特郡"号在13分钟内就倾覆了，"康沃尔"号也不过多撑了5分钟而已。16：58时，两艘巡洋舰从海面上消失，424人随舰沉没，幸免于难的1120名水兵（含艾加准将）紧紧抓住漂浮的残骸，等待着他们知道很久以后才能到来的救援。到这时候为止，"多塞特郡"号上的286型雷达没有做出任何反应。

江草少佐的机群毫无损失。他们总共投下52枚250公斤炸弹，命中46枚（多塞特郡31枚、康沃尔15枚），命中率高达88%！1942年的这个复活节没有耶稣基督，只有"轰炸机之神"；同样"复活"的还有南云忠一，他终于赢得了自己的正名之战。

对于这一梦魇般的恐怖事件，丘吉尔首相在回忆录中如是记录："日本海军航空战术的成功与力量是可怕的。在暹罗湾内，我方两艘第一流的战列舰只在数分钟内被鱼雷轰炸机击沉了。现在两艘重要的巡洋舰也为完全不同的空中攻击方法——俯冲轰炸机所击沉。在地中海，在我们与德国和意大利空军的全部作战中从来没有发生过这样的情况。就东方舰队而言，留在锡兰附近乃是自找灭亡。"

三、未完成的战斗

稍纵即逝的战机

正当两艘重巡洋舰苦苦忍受着"轰炸机之神"的凌虐时，萨默维尔爵士的A舰队也在西方150海里外兼程追赶着战机。自5日凌晨离开阿杜环礁之后，他们一直保持无线电静默，避免在白昼被优势对手发现。萨默维尔知道"多塞特郡"号和"康沃尔"号正在向他靠拢，并一直在281型雷达上关注着对方的行踪，不过双方始终没有进行直接联络。

13:30过后，281型雷达的示波器屏幕上出现大批光点，位置在两艘巡洋舰所处的东北方，显然是日机正在接近。上将犹豫要不要发出警告，不过在冷静地思考之后，他决定保持缄默，继续向东航行。

根据当事人的回忆，就在A舰队探测到江草机群的同一时刻，预感到自己悲惨命运的"多塞特郡"号打破了无线电静默，拼命向"厌战"号发报求救；不过按照萨默维尔的说法，他从未收到过来自两艘巡洋舰的任何电报，也并不知晓它们的命运。事实上，这个小"事故"使他避免了遭受和艾加准将同样的命运：如果"厌战"号接收到了巡洋舰的信号、并派出两艘航母上仅有的36架战斗机前去救援，南云马上就会意识到英国航母就在附近，并以3倍以上的兵力消灭A舰队；而如果他见死不救的话，显然又背叛了皇家海军赖以自立的互助传统。不过这一切并未发生，而A舰队也就在毫不知情的情况下，朝着南云所在的东南方加速航行……

18:52时，即"多塞特郡"号和"康沃尔"号罹难后约两小时，A舰队的一架侦察机在战场上空发现了漂浮着的幸存者。萨默维尔一直担心的情况不幸被证实了——敌人就在附近，并且A舰队很可能已经处在对方舰载机的攻击范围之内（约100海里）。雷达尚无法判断日军航母的确切位置，但出于某种冥冥中的直觉，上将异常固执地断定南云一定是直朝西来，并且很可能已经知道了阿杜环礁这个秘密泊地，现在就要和自己进行白昼决战。只有36架战斗机的A舰队是无力

■ 英国重巡洋舰"康沃尔"号。属"肯特"级，1928年完工，标准排水量9750吨，航速31.5节，装备8门203mm主炮、4门105mm和2门40mm高炮、2挺机枪、8具鱼雷发射管，水上侦察机3架，乘员700人。

抗衡日本人的5艘航母的，更何况，他的身后90海里处还有一支由4艘"棺材船"组成的B舰队正在赶来。把这么一群威风凛凛却不堪一击的战列舰只丢给日本人鱼肉是不负责任的，上将做出了一个明智的决定——向南，跑！

夜幕降临了。黑夜的掩护使萨默维尔感到安全，也重新激起了他的斗志。"不挠"号和"可畏"号起飞的侦察机开始细致地搜检周边170海里内的目标，上将下令A舰队转向日本舰队的航向——西北方，并令B舰队前来与他会合，45架双翼的"大青花鱼"鱼雷机作好了出击准备。

这种险中求胜的招数甚至令B舰队指挥官威利斯中将都感到惊讶：萨默维尔为何要冒这么大的危险，去实行一个成功希望还不到两成的攻击计划呢？迟缓的"大青花鱼"必须在夜间用鱼雷击毁目标，以确保解决日军全部5艘航母，否则天亮后日本飞机就会赶来报复、把整个舰队送下海底；而由于旗舰"厌战"号的拖累，A舰队的最大航速只有24节。但萨默维尔好像吃准了一定要出奇制胜，拼命地朝西北派出侦察机。但在度过了整个兴奋与恐慌兼有的黑夜之后，281型雷达所能侦测到的唯一目标还是B舰队。

那么，日本人到底到哪里去了呢？

对4月5日漫长夜晚中发生的一切，远方的南云忠一没有任何知觉。19:09，机动舰队前卫发现两个空中目标；20分钟后，从"飞龙"号上起飞的6架零式战机捕捉到了这两架双翼的老"剑鱼"，击落一架，另一架逃走，圆满结束了4月5日的战斗。中将对自己的正名之战相当满意，他无意继续逗留，于19:30下令撤退；而方向，恰恰与萨默维尔爵士判断的相反，是朝东南！

太平洋战争中第一次航母遭遇战的时间，继珍珠港战后再一次被推迟（珍珠港之战接近尾声时，指挥美军2艘航母、当时不

联合舰队

在港内的哈尔西少将曾提出主动寻找日军航母决战，但因危险性过大被否决）。萨默维尔避免了一次以卵击石的悲剧，南云忠一则再度错失了收获全功的机会——假如他在消灭两艘重巡洋舰之后保持戒备、并继续派出侦察机，就可以在黄昏前发现A舰队，并且很可能在夜幕降临之时就取得了印度洋作战的全胜。主动索敌攻击固然要冒与英军航母血战一场的危险，但主帅在手握5艘航母之时，应当有一种冒险求胜的霸气。泗水海战中多尔曼少将的决断、4月5日之夜萨默维尔爵士的冒险，这些都是老牌海洋国家优秀统帅的风骨，也是日本人津津乐道的"桶狭间精神"的灵魂。从这个意义上说，南云忠一被织田信长"灵魂附体"的时间也就只是下令攻击巡洋舰的那半小时；其余的绝大多数时候，他比织田的对手今川义元还要庸碌得多。

并非终结

南云忠一的下一个目标是亭可马里——对于这位通常来说比较平庸的指挥官而言，完成近藤交给他的职责乃是第一要务。他一路东进，与正在西行的萨默维尔舰队渐行渐远。

经历过惊心动魄的4月5日之夜后，萨默维尔爵士的疑心病达到了一个顶峰。他断然不会想到南云已经东行，也想不通为什么对手不一鼓作气将自己歼灭。在他看来，答案只有一个：南云已经绕道前往他的秘密基地阿杜环礁，准备在那里等待东方舰队前去加油，然后把他们一网打尽。不过即使是到了

■ A舰队旗舰"厌战"号战列舰。该舰属于世界上第一级快速战列舰，装备8门381mm主炮和14门152mm副炮，航速23节，两次大战之间曾经过现代化改装，防空火力得到增强。"厌战"号在1940年7月卡拉布里亚（Calabria）海战中曾命中26400码外的意大利战舰"西泽"号，这是经确认的战列舰炮击命中敌舰的最远距离纪录。

■ 第2航空战队旗舰"飞龙"号航母。

这个时候,上将也没有放弃夜袭的打算。他重新转向东行,首先拯救"多塞特郡"号和"康沃尔"号的幸存者,然后"将计就计"地等待南云空袭完阿杜环礁,在4月6日的深夜重新接近对手、出动"大青花鱼"进行突袭。

萨默维尔可以拿自己的性命来赌一场胜利,但伦敦城里的丘吉尔却不能拿宝贵的航母和战列舰来赌博。科伦坡的莱顿上将在当天一早向海军部发报表示,他担心强大的日本舰队可能毁灭整个东方舰队。首相和海军部也认为萨默维尔暂时无力进行一次全面作战。

"在大规模的空中或者海面的攻击之下,锡兰各基地都是不安全的;在阿杜环礁就更不安全了。R级战列舰尤其应当尽早离开危险地区。"在丘吉尔的授意下,第一海务大臣庞德给莱顿和萨默维尔发电,要求东方舰队尽快撤离锡兰。

4月6日下午,正在东行中的萨默维尔接到了这份电报,只好在黄昏时分无可奈何地下令向西北方撤退。A舰队从阿杜环礁以北130海里处通过了马尔代夫群岛,后面跟着B舰队,4月8日到港开始加油。

此时海军部的第二份电报也到了,内容为尽快遣散R级战列舰,并授权上将把舰队撤到西面2000海里外的东非。萨默维尔下令B舰队在补给完成后开往肯亚的蒙巴萨,他自己则带着A舰队继续留在印度洋,以孟买为基地。不过这次,伦敦无论如何都不会允许他去挑战南云的战列舰队了,上将的职责仅仅是保卫印度和波斯湾之间的海上交通线。两个星期之后,他本人也去了蒙巴萨的基林迪尼(Kilindini)。大英帝国除了非洲海岸以外,暂时放弃了整个印度洋。

敬业的南云忠一继续忙于他的空袭大业。他沿着锡兰岛作了一个450海里的大迂回,然后朝向亭可马里。一路上未遇到任何拦截,只在6日清晨有一架侦察机于70海里外遭遇过"卡塔林那"。4月8日18:20时,"阿武隈"号的水上侦察机在舰队260度方向、19海里外遭遇"卡塔林那",母舰立即起飞战

联合舰队

斗机前去拦截,不过刚好有一阵暴雨袭来,PBY从容退却。

此时日本舰队位于锡兰岛以东400海里处,莱顿上将判断其目标为亭可马里或马德拉斯(Madras,即金奈Chennai),于是连夜疏散港内的舰船,轻型航母"竞技神"号在驱逐舰"吸血鬼"号的陪伴下退往南方。晚上8点,日本海军在高雄的通信队也截听到了这架PBY在19:00发回的电报:"发现战列舰3艘、航空母舰1艘、90度、260海里处,航向350度。19:00时。"显然,英国人已经察觉到南云的企图,翌日将有一场恶战等待着他。

4月9日06:45,"利根"号起飞一架"零式"水上侦察机去侦察亭可马里的气象状况。07:25,该机报称:港内的大部分舰艇已经疏散躲避,不过南云还是决定照常攻击。09:00,渊田美津雄率领第一波攻击队91架"九七"鱼雷机、41架零式战机升空。

与5日的科伦坡攻击队相比,轰炸亭可马里的日机增加了一名编队指挥官——"瑞鹤"号飞行队长岛崎重和少佐,同样也是参与过珍珠港攻击的老兵。

在雷达的指引下,亭可马里所有可用的英军战机22架(17架"海飓风"、5架"管鼻燕")全部提前升空,迎击日军的攻击波。渊田美津雄看到有11架"海飓风"向他扑过来,不过其中9架很快被击落了(英方记录8架"海飓风"、3架"管鼻燕"损失,击落日机3架)。和袭击科伦坡时一样,日机准确地将250公斤陆用炸弹丢在港区和机场,13架正在修理或组装的俯冲轰炸机当场被炸毁在机场上;与此同时,另一批"九七"鱼雷机水平轰炸了地面设施,建筑物的残块不断飞到空中。

攻击结束的时候,渊田的视野中只剩下一艘半沉半浮的商船。他将剩余的任务交给了"苍龙"号的江草队长,自己则调头返回"赤城"号。背后是第一攻击波浩浩荡荡的机群,和空袭珍珠港时是同一批人马,不过有20架飞机已经不可能回来了——从1月20日空袭达尔文港起,到科伦坡、亭可马里空战,总共有20位参加过空袭珍珠港的老兵损失在了毫无意义的次要行动中,其中包括"飞龙"号的飞行队长熊野澄夫大尉。

竞技神之殇

返回"赤城"号途中,渊田机的电信员意外地接收到了"榛名"号3号侦察机从南边发回的电报:"发现敌航母竞技神、驱逐舰2艘。我出发点锡兰方位250度、155海里处。10:55时。"

那正是当天凌晨1点紧急出港、向南方海面转移的"竞技神"号和伴航驱逐舰"吸血鬼"号。由于事出突然,"竞技神"号的12架"剑鱼"留在岸上并未随行。10:00时,当编队位于亭可马里以南约100海里处时,传来了日机空袭结束的消息。古老的航母开始调头返航,但就在它离开母港只剩下65海里时,幽灵一般的日本侦察机也现身了。"竞技神"号于是在劫难逃。

这是珍珠港事件以来日本海军第一次

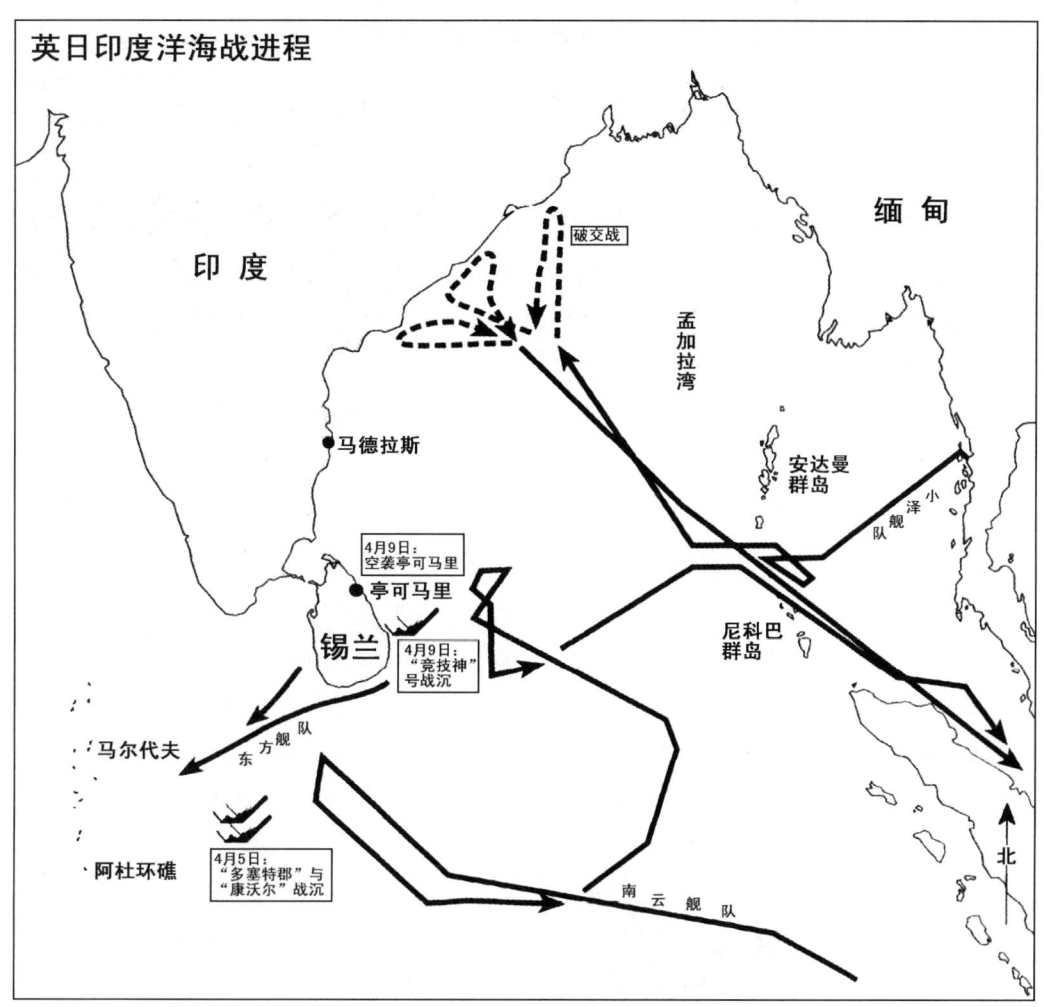

遭遇敌方航母,也是世界海战史上第一次航母对决(当然,双方的实力有多么不均衡,"竞技神"号并无舰载机,这些都不在考察范围内),南云忠一和他的幕僚几乎难掩激动的心情。11:00时,机动部队司令部下令:"轰炸机队及所定舰载战斗机作出发准备,攻击敌航母。"显然,攻击航母比空袭亭可马里更有吸引力。但是渊田的第一波攻击队刚刚完成空袭任务、还在返航途中,燃料和炸弹都已耗尽,来不及顺道攻击"竞技神"号,只有一架掉队机确认了与航母一同行动的那艘驱逐舰是皇家澳大利亚海军的"吸血鬼"号。

11:20时,"榛名"号2号侦察机再度汇报:"发现敌巡洋舰1艘、驱逐舰2艘。"(其实只是"竞技神"号附近的1艘哨戒艇和2艘货轮)南云的斗志越来越强,他下令"赤城"号飞行甲板上的整备员们加快速度,给"九九"轰炸机挂上炸弹、加满燃油。就在这时,旗舰的瞭望哨突然高叫起来:"敌机!

联合舰队

敌机！注意防空！"

整个印度洋作战中英军最成功的一次偷袭行动就在此时上演了。由于日本航母没有雷达，从亭可马里起飞的9架双发布里斯托尔"布伦海姆"轻型轰炸机（来自第11中队）得以自高空突然接近目标，对"赤城"号和"利根"号进行了一次水平轰炸；执行战斗空巡的20架零式战机还在低空位置，完全没能作出反应。不过英国轰炸机的技术也极为低劣，所有炸弹都被丢进了海里，没有一颗命中日本航母。反应过来的零式战机立即掩杀过去，防空炮火也激烈开炮，5架"布伦海姆"被当场击落，其余的全部负伤逃走。

有惊无险之后，11：43时，日军第二波舰船攻击队的85架"九九"轰炸机（苍龙、飞龙、翔鹤各18架，赤城17架，瑞鹤14架）在9架零式战机（赤城、苍龙、飞龙各3架）的掩护下起飞了，指挥官依旧是4天前复活节战斗中表现出色的江草隆繁。渊田美津雄本人由于准备不足没能随队发进，他嘱咐珍珠港的冒失鬼、"翔鹤"号飞行队长高桥赫一少佐配合江草的行动，同时板谷茂的第一波制空队也参加掩护，准备迎击敌航母的舰载机（渊田不知道"竞技神"号没有舰载机）。不过就像4天前一样，这些后招被证明完全是不必要的。

空袭冷血而短暂。一位英军目击者如此描述道："攻击进行得很完美、很残酷、很果敢，看起来就像在进行分列式一样，攻击机以3架一组进行俯冲，借着太阳的掩护直接轰炸船只的右舷。"13：35进攻开始，到13：50时即已结束。13：55时，挨了37枚250公斤炸弹的"竞技神"号沉入海中，日机命中率达

■ 轻型航母"竞技神"号，世界上第一艘专门设计的航空母舰，被认为是现代航母的始祖。"竞技神"号于1918年开工，由于一战结束及结构布局的调整，建造进度缓慢，1923年才完工服役。标准排水量10950吨，航速25节，采用封闭式舰首，舰桥、桅杆和烟囱合一的大型舰岛位于全通式飞行甲板的右侧。完工时载机数量为20架，随着舰载飞机尺寸的加大，到1942年载机数量已下降为16架。

到82%。剩余的攻击队转而扫荡"吸血鬼"号以及附近的2艘货轮、1艘哨戒艇,将它们消灭殆尽。渊田美津雄就在此时赶到战场,他注意到"赤城"号轰炸机队领队山田昌平大尉正在打着手势。顺着大尉的手指望去,"吸血鬼"号已经倾覆在海面上,周围是超过600名幸存的水兵——中了13颗炸弹的这艘小船,不过漂浮了十分钟而已。

14:35时,最后一艘敌人军舰已经沉入海中,日机开始陆陆续续地返航。14:47时,它们遇见了4架满目疮痍的"布伦海姆",那是攻击了"赤城"号的英机残部,"翔鹤"、"飞龙"号的攻击队又打下其中2架。从15:15到15:40,又有8架从亭可马里赶来的"管鼻燕"战斗机(来自第803和806中队)试图拦截掉队的"九九"轰炸机,击落4架,自己也被零式战机击落了2架。

在东方舰队遭受重大牺牲之时,在孟加拉国湾里游弋的小泽治三郎南遣舰队引起了当地运输船队的恐慌。他在5天之内击沉了23艘船只,日军潜艇击沉了另外5艘,英军的航运因此完全停止。现在,南云中将可以考虑鸣金收兵了。4月12日,第1航空舰队进入马六甲海峡,留下损失最小的第5航空战队("翔鹤"、"瑞鹤"号)支持新几内亚战斗,其余舰只则随他返回日本。

对于日本海军来说,马来海战和印度洋之战的结束,标志着一个重要的时代随之结束了。大英帝国300年的繁荣,皇家海军不败的传说,在印度洋一战后彻底烟消云散。日本帝国海军曾在英国订造其第一艘战列舰和第一艘超无畏舰。日本第一批合格的海军军官由英国培养。"海军兵学校生徒馆(宿舍)的赤炼瓦(红砖),块块是由英国的砖窑烧出",但现在这一切都成为了历史。学生打败了老师。小猫已经变成老虎,咬死了

■ 澳大利亚驱逐舰"吸血鬼"号,与其护卫的"竞技神"号一同被炸沉。

联合舰队

■ 从舰尾方向望去的"竞技神"号，巨大的舰岛是其典型外观特征。由于航速太慢、舰载机数量太少，该舰已经不适合舰队作战，通常只作为训练用，遭遇日机纯属意外。

狮子。

从珍珠港到印度洋，书写历史的主人换成了南云忠一和他的第1航空舰队——在过去紧张忙乱的4个月里，6艘日本航母总共航行了超过44000海里，取得一系列史无前例的战果，却从未有过任何重大的损伤（印度洋作战第1航空舰队总共损失飞机18架，伤33架）。

印度洋作战是一场势如破竹的大捷，英军东方舰队退到了半个地球之外。不过这对改善日本海军的战略处境并没有多少帮助：印度洋作战是为了策应在缅甸的攻势，而缅甸作战的主导方是陆军；日本海军把彻底占据战略优势的希望放在澳大利亚作战上，但这个过于庞大的计划被否决了。机动部队被投入到印度洋这个西方的偏僻战场上，却没有向东追歼美国太平洋舰队的残部，本身就是失策之举，也间接证明军令部最关注的仍是战列舰部队的安危，而非对航空兵的有效运用。第5航空战队被从第1航空舰队中分割出来，几乎成为了中途岛海战日军机动部队破败的先声。从这个意义上说，第1航空舰队的印度洋作战结束了，但太平洋战争才刚刚开始。

即使单从纯战术的观点看，印度洋作战中也有不少可推敲的细节。南云忠一在关键时刻的决断力、机动部队防御轰炸机高空攻击的能力，甚至包括日军航母搭乘员在鱼雷和炸弹互相换装所需的时间，都在这次海战中透露出不祥的预兆，并将在两个月后的中途岛大战中结出恶果。对日本人来说，一切就像初恋，开始很漂亮，不过很快就结束了。

"再见，帝国"
——从珊瑚海走向中途岛

联合舰队

一、日本帝国的"胜利病"

分裂的战略

世界战争史上一系列速度最快、范围最广的胜利纪录,是由日本在1941年12月开始的半年里创造的。在4个月之内,他们攻占了香港、马来亚、新加坡、荷印、缅甸南部和菲律宾大部分地区;又过了一个月,菲律宾的科雷吉多尔(Corregidor,位于马尼拉湾口)岛要塞投降,英国人退出了缅甸。而日本为取得以上成果所付出的损失,仅仅是伤亡15000名士兵、380架飞机和4艘驱逐舰而已。

日本的"胜利病"就是在这时第一次发作的。

就在南云忠一指挥第1航空舰队横扫印度洋、所向披靡之时,万里之外的东京大本营因为第二阶段作战的决策再度陷入了分裂。

大本营陆军部(参谋本部)很早就意识到,由于日本陆军的主力部队陷在中国这个泥潭里,作为战略预备队的关东军又必须时时防备北方的苏联,所以陆军即使倾尽所有的后备力量,也难以满足太平洋上星罗棋布的岛屿要塞化防卫。据此,陆军提出:目前唯一明智而可行的方针是避免进一步扩大防卫圈,固守既有地域。

印度洋的西进作战是一个权宜之计,但是归根结底,日本海军还是要在"东进"与"南进"上做出决断。1942年1月轻而易举地进占俾斯麦群岛之后,以富冈定俊为代表的大本营海军部(军令部)众人鉴于出兵攻占澳大利亚的"大南进"方针得不到陆军的支持、难于实现,转而提出一个较小的"有限南进"计划:逐步控制新几内亚岛以东的所罗门群岛和新喀里多尼亚-斐济一线,以孤立澳大利亚和切断美国战争物资的供应。

在美国太平洋舰队主力已遭歼灭、东方并无敌手,南方资源地带又完成攻略、初步形成不败态势的背景下,出兵占领新几内亚和所罗门的"有限南进"既可以以之为日军南部防卫圈的边界,又可以阻止盟军利用澳大利亚作为反攻的跳板,所需兵力亦不多。在海陆矛盾长期积聚的背景下,这是唯一一个大家都能接受的方案。

问题出在海军内部。

联合舰队司令长官山本五十六从来不相信美国太平洋舰队已被消灭。他和联合舰队司令部的幕僚们不断要求在中太平洋采取更为大胆的攻势,争取寻歼在珍珠港漏网的美军机动部队,并尽量外推防卫圈的半径以获得更多缓冲空间。山本认为:美国拥有无与伦比的资源优势,时间对日本不利,除非立即恢复进攻,否则日本将一败涂地。此时,参谋本部也反过来支持山本的意见,因为中太平洋进攻方案几乎不需要调用陆军的力量。这样一来,军令部的"有限南进"方案和联合舰队的中太平洋大打击方案就开始了隐蔽而对立的平行发展,双方都希望在自己的计划中动用联合舰队的全部力量。

1942年1月中旬,山本指示参谋长宇垣缠制订主动出击的东进作战计划,宇垣提出出兵夺取距离夏威夷只有1130海里的中途岛,以此为契机、引诱出美军机动部队,在一场决战中将之全部歼灭,获得大将的首肯。3月29至30日,在宇垣参谋长和黑岛龟人参谋策划下,联合舰队司令部拟订了"MI作战"(中途岛作战)方案。4月2日,山本派战务参谋渡边安次中佐赴东京,向军令部代表、第一部航空参谋三代辰吉中佐呈递这一方案。两个南辕北辙的作战计划终于全面摊牌了。

富冈定俊始终想不通山本到底在担忧什么:"山本长官为何如此害怕敌航母?难道是担心敌机空袭本土?"军令部的"有限南进"方案已经完成了第一步:占领新几内亚东岸的莱城(Lae)和萨拉莫阿(Salamaua);第二步将对新几内亚东南岸的莫尔兹比(Moresby)港和所罗门群岛的图拉吉(Tulagi)岛同时发起进攻,陆军将出动驻拉包尔(Rabaul)的南海支队;完成以上计划后,第三步将最终占领新喀里多尼亚、斐济和萨摩亚。从经济性和效率上来说,这是最有效的方案。

三代中佐表示,中途岛靠近夏威夷,"MI作战"难以做到出其不意。美军不大可能为了保卫中途岛而把残存的海军兵力孤注一掷,那么即使日本占领了中途岛,维持对该岛的补给和防御敌人反攻也是很严重的问题。综上所述,"MI作战"根本没有经过周密的计划,军令部不会批准。渡边为自

联合舰队

已的长官进行辩护,双方都不肯作任何让步。

在珍珠港一战的空前胜利以后,山本五十六已经成为了整个日本帝国的英雄和偶像,其地位甚至接近了东乡平八郎。关键时刻,他本人再度祭出"珍珠港事件"前强行推销"Z计划"的老套数,以辞职相威胁,给军令部带来了沉重的压力。4月5日,渡边安次代表山本下达了最后通牒,福留繁第一部部长和伊藤整一次长被迫允诺接受"MI作战",但要求把发动时间从6月初推迟到月底。一直到4月中旬,联合舰队和军令部之间对"MI作战"计划的细节还在争论不休。就在这个关头,4月18日,一个决定性的事情改变了军令部的全部打算。

东京上空30秒

珍珠港的耻辱过去之后,日本人忙于侵占东南亚,美国则乘机重建太平洋地区的防御。1941年12月31日,大西洋舰队司令欧内斯特·金(Ernest Joseph King)海军上将被任命为新的美国海军总司令,航行局局长(主管人事)切斯特·尼米兹(Chester William Nimitz)上将则前往珍珠港出任太平洋舰队司令。

两位上将都极具魄力、勇敢主动,但在最初的阶段,他们的主要任务只是尽量维持与澳大利亚间的交通线,阻止日军向西南方向推进。美国的航空母舰也采取了一些力所能及的反击行动。1942年2月1日,"企业"(USS Enterprise, CV-6)号和"约克城"(USS Yorktown, CV-5)号袭击

■ 被昵称为"大E"的"企业"号航母,历经太平洋战争中历次主要海战,奇迹般地战斗到胜利日。此为1942年5月的"企业"号,拍摄于珍珠港内。

■ "约克城"号航母在太平洋战争爆发时在大西洋,"珍珠港事件"后紧急调到太平洋。

了马绍尔和吉尔伯特群岛;3月10日,"列克星敦"(USS Lexington, CV-2)号和"约克城"号袭击了萨拉莫阿和莱城,美军的士气受到很大鼓舞。

在华盛顿,美国三军最高指挥官罗斯福总统将他的大部分精力花费在制定最新的战争指导上。他和总统特别助理哈里·霍普金斯(Harry Lloyd Hopkins)每天都在白宫会见陆军部长史汀生(Henry Lewis Stimson)、海军部长诺克斯(William Franklin Knox)、海军作战部长斯塔克(Harold Rainsford Stark)、陆军副参谋长兼陆军航空部队司令阿诺德(Henry Harley Arnold)等要员,详细地讨论欧洲、非洲尤其是远东的战局。总统先生对轰炸日本本土,尤其是东京的课题产生了浓厚兴趣,在他看来,由于现阶段美国的注意力放在欧洲,在亚洲不可能采取大的行动;但

珍珠港惨败造成的影响实在太大,只有对日本施以直接、迅猛的打击,才能最有效地提高美国国民的热情,鼓舞前线士气。在罗斯福的强烈要求下,金和阿诺德开始分头研究空袭计划。

1941年12月24日,即被困在珍珠港的"西弗吉尼亚"(USS West Virginia, BB-48)号战列舰内的最后一批美国水兵殉难之时,英美两国首脑、参谋长联席会议在华盛顿召开。金上将在会上提到,进攻北非所需的飞机可以由美国海军的航母运抵前线,这引发了阿诺德的思考。金同时还提到,美国海军可以派出3艘航母执行此项任务,第一艘运载75-80架海军战斗机,第二艘运载80-100架陆军战斗机,最后一艘运载陆军轰炸机。

阿诺德当即意识到,如果航母的甲板、机库尺寸足以运输陆军轰炸机,那么完全可以让它们直接从母舰上起飞,执行轰炸日本的任务。他立即下令参谋去核实两个问题:现存陆军一线轰炸机中,何种型号适宜自航母起飞?若须使用陆军轰炸机,母舰飞行甲板至少要达到多少长度?

1942年1月10日,金上将在停泊于波多马克河的"雌狐"(USS Vixen, PG-53)

联合舰队

号炮舰上接见了作战参谋弗朗西斯·洛（Francis S. Low）上校，听取他对轰炸日本的意见。洛上校刚刚在诺福克海军造船厂验收了新型航母"大黄蜂"（USS Hornet, CV-8）号，他表示，航母舰载机的攻击半径最多300海里，要扩大进攻范围，必须使用陆军的双引擎轰炸机。

潜艇指挥官出身的金上将对航空轰炸兴趣不大，但他并未中止计划，而是让洛与另一位航空参谋邓肯（Donald B. Duncan）上校继续研究此问题。次日，洛一见到邓肯，就一连提出两个问题：陆军轰炸机自航母起飞后，能否顺利降落？在满载燃料与炸弹的情况下，飞机能否顺利起飞？

邓肯认为第一项要求无法满足，因为陆军最新的中型轰炸机B-25"米切尔"（Mitchell）机尾过高、无法安装着舰用的尾钩；就算装上尾钩，母舰飞行甲板上的拦阻钢索也承受不了重量过大的陆军飞机；但第二项却很有可操作性。他比较了两种陆军中型轰炸机B-25和B-26，认为综合了起飞滑行距离、速度、机体尺寸、续航力、炸弹装载量和母舰甲板面积、承重、太平洋海况等因素看，前者的性能更优，因此决定选取B-25为攻击机型（B-25的通常起飞滑行距离为1200－2000英尺，"大黄蜂"号飞行甲板全长780英尺，只能勉强满足起飞要求）。从总体上说，这个计划相当冒险，空袭到底能发挥多大效果，谁也不知道。

5天后，邓肯向金上将呈递了一份长达30页的报告书，提出以B-25携带900公斤炸弹和两个副油箱，长途飞行2000海里执行轰炸东京的任务。16架B-25将由刚刚建成的"大黄蜂"号运载，后者在当年2月离开诺福克前往太平洋。航母在距离日本海岸500海里处发出攻击队，随后自行撤退；B-25完成任务后，将飞往中国军队控制下的浙江衢州机场降落。次日（1月17日），金向阿诺德中将说明了海军的计划，后者表示支持。经过陆海军协商，还决定由陆军航空部队的资深飞行员杜立特（James Harold

■ 空袭东京行动总指挥吉米·杜立特中校（左）。

■ 太平洋舰队司令尼米兹上将。

Doolittle）中校出任空袭部队的总指挥。

2月底，杜立特从俄勒冈州的陆军第17轰炸机大队挑选了140名飞行员（其中90人将执行最后的轰炸任务），集中到佛罗里达州的埃格林（Eglin）基地进行紧急训练，尽可能让他们在最短时间内掌握从航母上滑行起飞和夜间寻找机场降落的技术。用于轰炸的16架B-25B进行了减重改装，拆除一切不必要的设备（重约400磅），增加了一个60加仑的内置油箱和伪装用的木制机炮。为防止飞机被击落后暴露军事机密，先进的"诺顿"（Norden）投弹瞄准器也被拆去，换上格里宁（C. Ross Greening）上尉自己发明的简易代用品。

3月19日，邓肯上校飞往夏威夷，请尼米兹为袭击舰队推荐一位指挥官，尼米兹选择了战斗意志顽强、从"珍珠港事件"以来就嚷嚷着要复仇的第16特混舰队（以下简称TF16）司令哈尔西（William Frederick

■ 4月18日清晨，整齐地排列在"大黄蜂"号甲板上的B-25B轰炸机。

联合舰队

Halsey, Jr）中将。为保证空袭的突然性和保密性，到这时为止，全美国只有罗斯福及几位陆海军高官，军队中的金、洛、邓肯、尼米兹、哈尔西、"大黄蜂"号舰长米契尔（Marc Andrew Mitscher）上校、阿诺德、杜立特这几个人知道即将实施的轰炸东京计划。4月1日，在旧金山海军船厂船坞，起重机将16架B-25B吊上"大黄蜂"号的甲板；次日，航母告别了金门大桥，劈波斩浪向西急驶。

4月14日，"大黄蜂"号穿过北太平洋风暴区，在阿留申群岛和中途岛之间的指定地点与哈尔西的TF16（包括"企业"号航母）会合。直到此时，杜立特才向队员宣布了此次任务的真正目标，并与特德·劳森（Ted W. Lawson，后来成为著名畅销书《东京上空30秒》的作者）中尉等人一同选定了东京为轰炸的第一目标，下发了详细的飞行图。80名飞行员需要在尽可能短的时间内找到关东的东京和关西的大阪、神户三个目标，把总共64枚450公斤的炸弹丢在日本人头上，任务依然相当艰巨。

阴沉的海面上，TF16朝着本州岛岛以东500海里水域一路进发。

日本方面也想到了美国人用航母来空袭的可能，因此负责北方水域警戒的第5舰队（司令细萱戊子郎中将）事先在东经155度线部署了50艘由远洋渔船改装的特设监视艇，当美国特混舰队到达东京以东720海里处时，被其中一艘"新23号日东丸"号

■ 正在起飞"杜立特"特遣队B-25B的"大黄蜂"号。它和"企业"号在4月25日返回珍珠港，但是由于来不及补充兵员、油料和燃料，因此尼米兹只派出了"约克城"号和"列克星敦"号两艘航母参加珊瑚海海战（4月30日从珍珠港出发）。

发现。4月18日6:30，该艇以无线电发回报告："发现敌航空母舰!"

接到突如其来的电报，联合舰队司令部顿时一阵紧张。不过他们估计，敌航母舰载机的攻击半径顶多300海里，从距离上判断，想要空袭关东地区，至少要等19日拂晓才能到达合适阵位。山本五十六从容地下令采取"对美舰队作战第三号战术方法"：潜艇、机动部队、南洋部队和北方部队投入对美国特混舰队作战，主力部队负责支持；第11航空舰队派一部分兵力到本土东部，准备实施侦察攻击。17日刚刚从南线归航横须贺的第2舰队受命紧急出击，结束印度洋作战、正在"北上"途中的南云机动部队也接到指令，急速向台湾西方和本土以东海面搜索。

"大黄蜂"号原定在离岸500海里处起飞飞机，夜间到达目标上空；但由于特混舰队过早被发现，哈尔西紧急决定改为白昼空袭，在离岸620海里距离就起飞全部飞机。米契尔上校将他过去在日本任职时日本政府颁发的勋章系在了炸弹上，有人在弹身上用粉笔写道："我们不想燃烧世界，我们只想燃烧东京。"上午8时，"大黄蜂"号调头迎风，16架B-25从摇摇晃晃的甲板上起飞，穿入密集的云层。

东京时间12:20时，第一批3个入侵者抵达东京西南上空。地面一片平静，B-25准确地将炸弹丢到了指定目标，这个时候高射炮才响了起来。日本人的感觉和前一年12月7日清晨的珍珠港一样，认定"这准是演习"。视察完水户航空学校、乘水上飞机返回东京的东条英机首相在半空中和美国人打了个照面，若不是B-25为减轻重量拆掉了机炮，他们本该取得一个更意外的战果。20分钟后，另外10架轰炸机掠过头顶，造成了更多的混乱。还有3架B-25轰炸了名古屋、大阪和神户。美机无一损失，日本海军引以为豪的"海鹫"——"零式"战斗机像无头苍蝇一样仓促起飞，到最后也没搞清入侵者是从哪个方向来的、向哪个方向飞去。

16架B-25在完成任务后全部顺利脱离目标，其中1架受伤飞往海参崴，5名机组成员被苏联扣留；其余15架飞往中国浙江，由于黑暗、大雾和缺油，均未到达衢州机场，大多在浙江和江苏迫降。75名机组人员中3人在飞机迫降时遇难，8人跳伞在日本占领区被俘（其中只有4人幸存到战争结束），其余都辗转到达中国军队占领区，包括编队指挥官杜立特中校。

杜立特空袭造成的实际损失微乎其微，日本全国只炸死了50人，伤400余人，民宅100余所被烧毁，但其一系列的连带影响却是决定性的。"敌机空袭本土"的臆测居然成为了现实，山本五十六还清楚地记得，日俄战争期间，由于俄国"海参崴"分舰队突然出现在东京湾海面，愤怒的民众用石块砸碎了第2舰队司令长官上村彦之丞中将家的所有玻璃。美机空袭本土坚定了山本消灭美国特混舰队的决心，他抓住机会向军令部进言：毫不迟延地发动攻势，把防御圈向东推进到中途岛和阿留申群岛西部。

联合舰队

由于无法保证首都安全，丢尽了脸的军令部正处于内外交困之中，对"MI作战"方案中悬而未决的问题的所有反对意见立即烟消云散。4月底，"MI作战"计划获得永野修身军令部总长的批准。5月5日，永野奉天皇饬令发布"大海令第十八号"，指令联合舰队司令长官"与陆军协同，占领中途岛和阿留申群岛西部要地"。

提督的决断

1941年12月下旬，山本五十六指派联合舰队参谋长宇垣缠中将组织幕僚，研究第二阶段作战问题。

宇垣是山本的忠实幕僚，决断果敢、作战勇猛，不过按照同僚间的说法，"这种勇猛更多出自天性，而不是建立在实事求是评估对手实力的基础上"——换句话说就是没什么脑子。他的另一特点是上恭下倨，对下属极为冷漠无礼，因此得了一个绰号——"黄金假面"。

从1942年1月11日到14日，以宇垣为中心的班子拿出了一个东进作战草案：在1942年6月，联合舰队应出兵攻占中途岛、约翰斯顿（Johnston）岛和帕尔迈拉环礁（Palmyra Atoll），将航空基地进一步推进到国防圈前沿；一俟以上措施完成，即集结全部决战兵力、大张旗鼓地进攻夏威夷，与美国舰队决一死战。机动部队作战参谋源田实中佐也认为，为了把美军诱出基地、方便与之交锋，应该占领中途岛。但宇垣方案一经提出，却遭致了联合舰队内部的反对，其中最激烈的批评来自一位更有个性的人物——首席参谋黑岛龟人大佐。

黑岛龟人也是山本的爱将之一。此公脾性古怪，时常赤膊光膀，把自己关在斗室之中苦苦研究作战计划。为集中精力，黑岛居住的房间常年舷窗紧闭、不进阳光，烟灰缸里堆积着小山般的烟头。他痴迷工作、对日常生活毫不关心，因此得到了一个"甘地"的绰号。在他担任首席参谋期间，先后主持制订了奇袭珍珠港和马来亚的计划，有人曾评价，"如果完全依靠科学数字、建立在客观的基础上的话，无论如何也不会炮制出那样的方案来。这样一个在常人看来根本行不通的方案，完全出自黑岛的那个反常的脑袋瓜，是硬写出来的"，可见其见地与偏执。

黑岛的意见最初是出于对"西进论"的偏爱，他向宇垣指出了东进草案在突然性、兵力部署和航空力量充裕度上存在的缺陷，此时恰逢印度洋作战案获得通过，宇垣只好将东进草案暂时搁置起来。

印度洋作战接近尾声之时，联合舰队

■ 联合舰队首席参谋黑岛龟人大佐（1893—1965），广岛县人，海兵第44期出身，历任巡洋舰炮术长、第5战队参谋、海大教官、联合舰队首席参谋，主持制订了珍珠港攻击与"MI作战"计划，1943年后任军令部第二部长，主持特攻作战。战败后退出军政界，从事哲学研究。

■ 第4舰队司令长官井上成美（1889—1975）。仙台人，海军兵学校第37期出身。井上成美是陆军大将、前首相阿部信行的结义兄弟，基督教徒，强烈反对缔结三国轴心，与米内光政、山本五十六合称"海军左派三羽乌"。井上不仅头脑非常灵活，口才也很出色。太平洋战争爆发时，他任第4舰队司令长官，在珊瑚海海战中表现平平，旋调海军兵学校校长。由于日益普遍的优美情绪，当时日本各级学校纷纷废止英文课，只有海军在井上的坚持下继续教授。战争末期，任海军次官的井上与米内海相暗中策划停战事宜，1945年5月晋升大将，成为旧日本海军最后的大将。日本战败后他拒绝再任公职，独居横须贺私宅，开办收费仅够糊口的英文补习班，以大将之尊，默默向邻居儿童教授英语，长达二十余年。

司令部又重新开始研究东进作战方针。在苦行僧黑岛的建议下，宇垣缩减了整个计划的规模，开始以单独攻占中途岛为目标（这样做的另一个好处是只需要少数陆军部队的配合）。

3月底，"MI作战"方案基本成型，要点如下：作战目的为占领中途岛，防止敌人从夏威夷方面出动并攻击日本本土，攻略作战中如敌舰出击，即予歼灭；联合舰队主力负责支持攻略部队（第2舰队），机动部队在攻略部队上陆前空袭中途岛、歼灭岛上航空兵力；海军指挥官为联合舰队司令长官，兵力为联合舰队大部，攻略部队应于5月25日前后在塞班岛集结。为了阻止福留繁等人的反对，黑岛龟人接受了军令部追加攻击阿留申群岛的要求，以之为北战场。

山本五十六相信，此战胜利之后，日本的战略防卫圈将向外延伸2000英里，从而确立更宽广的防御纵深；联合舰队将在这场只能由海军扮演主角的战役中风光无限，他自己则会以统帅身份实现个人成就的辉煌顶峰。

4月28日，联合舰队在旗舰"大和"号上举行了第一阶段作战战训研究会，三和义勇参谋在日记中写道："研究打胜仗的战争尽管令人愉快，但却没有太多的实际结果。大家都是大智大勇者。"骄傲情绪可见一斑。只有负责西南方面作战的第4舰队司令长官井上成美中将对"MI作战"计划表示担忧，他认为日本没有能力防御如此广大的地域，但没有造成多大反响。

在进攻中途岛之前，山本大将依旧有一些"小麻烦"需要解决。而问题的由头，又是出在军令部。

在勉强同意"MI作战"方案的同时，军令部并不愿意完全放弃在西南太平洋地区的"有限南进"。富冈和福留等人相信，日本具有同时在两个方向取胜的能力。按照1月份的原定计划，在3月初占领莱城和萨拉莫阿后，日军应立即发动攻略图拉吉和莫尔兹比港的"MO作战"。但由于3月10日"列克星敦"号和"约克城"号出现在澳大利亚东南，福留繁担心原定用于"MO作战"的井上成美第4舰队力量不足，决定按照自己之前拆分第1航空舰队的思路，从刚刚结束印度洋作战的南云机动部队里分割出第5航空战队（"瑞鹤"、"翔鹤"号）和第5战队

联合舰队

■ 军令部第一部长福留繁少将（1891—1971），鸟取县人，海兵第40期出身，海大甲种科第24期第一名毕业。历任联合舰队参谋、军令部第一课长、中国方面舰队参谋副长、"长门"号舰长、联合舰队兼第1舰队参谋长、军令部第一部长等职。福留繁此人见地颇怪，在一切关键时刻似乎总能做出错误的选择，运气也很差，在古贺峰一手下任联合舰队参谋长时曾因飞机坠毁被菲律宾游击队俘获，丢失重要文件，后来靠隐瞒详情才得以继续被任用，战败时任第10方面舰队司令长官。

（重巡洋舰"妙高"、"羽黑"号）来支持"MO作战"。军令部承诺"MO作战"将在5月初结束，不会影响6月进行的至关重要的"MI作战"，山本也只好卖一个人情，同意把第五航空战队"借"给自己的老朋友井上。

由于需要同时进攻两个独立目标，井上的"MO作战"分先后进行：4月30日，运载进攻图拉吉岛部队的运输船首先开出新几内亚的拉包尔基地，为他们护航的是志摩清英少将的第19战队。至于更重要的莫尔兹比港攻略作战，部队分为两路：5月3日，MO攻略部队分乘14艘运输船，在MO护航部队（第6战队司令官五藤存知少将指挥的"祥凤"号轻型航母、4艘重巡洋舰和1艘驱逐舰）的护航下从拉包尔出发，驶往莫尔兹比港；集结于特鲁克的MO机动部队（第5战队和第五航空战队）则由第5战队司令官高木武雄少将统一指挥，5月1日从特鲁克出发，在所罗门群岛以北巡弋，随时准备支持

发现敌军重兵的方向。井上本人坐镇于后方的拉包尔，带着轻松的心情看着他的舰队出航，去完成"MO作战"这项"小任务"。

二、珊瑚海：航母对航母的决击

阴错阳差的攻击

对盟军方面而言，"MO作战"并未躲过无所不能的"电眼"。

1942年1月20日，美国驱逐舰"埃德索尔"（USS Edsall, DD-219）号在澳大利亚的达尔文港外击沉了日本海军第6潜水战队的"伊-124"号潜艇，该艇沉入15公尺深的水下。潜艇母舰"霍兰"（USS Holland, AS-3）号立即派出熟练的潜水员潜入海底，查明伊-124的残骸所在，顺利地从艇上打捞出了战略密码本、战术密码本和商船密码本。一个由罗彻福特（Joseph John Rochefort）中校领导的24人小组经过辛勤工作，终于成功地破译了日本海军使用的D-普通密码本（美方称JN-25），从而详尽地掌握了日军即将出兵莫尔兹比港、压制澳大利亚的企图。

对于这一切，日本方面并不知情。他们万万没有想到"失踪"的伊-124会给敌人送去丰厚的礼物，所以照旧使用着JN-25密码。南下的MO机动部队的编制、MO攻略船队从拉包尔出发的日期甚至作战动用的航母数量，所有这些情报都原原本本地落到了美国人手中。只是由于日方的相关电文并未涉及具体的进攻时间，所以当5月3日夜日军

登陆图拉吉岛时,还是引起了一连串的恐慌。第19战队顺利攻下了图拉吉岛,在岛上设置了水上飞机基地,部署了5架"川西二式"大艇。

航母,珊瑚海迫切需要航母。日军在"MO作战"中动用了3艘大小航母,而美国方面可用的资源却委实有限:当年1月11日,"萨拉托加"(USS Saratoga, CV-3)号在夏威夷瓦胡岛西南450海里处巡逻时,遭到日军潜艇伊-6的攻击,中雷受损,不得不返回本土西海岸的普吉特湾(Puget Sound)修理;完成空袭东京任务的"企业"号和"大黄蜂"号此时尚未返回珍珠港,即使两舰立即转向、全速开往珊瑚海,也很难赶上战斗。留在珊瑚海上抵御日军第4舰队的,就只剩下了南太平洋的弗莱彻(Frank Jack Fletcher)少将坐镇的"约克城"号(搭载22架F4F"野猫"战斗机、36架SBD"无畏"俯冲轰炸机、12架TBD"毁灭者"鱼雷机),以及菲奇(Aubrey Wray Fitch)少将所率的"列克星敦"号(搭载22架F4F、38架SBD、13架TBD)两艘航母。其余舰艇中,重巡洋舰"芝加哥"(USS Chicago, CA-29)号从新喀里多尼亚岛的努美阿(Noumea)赶来,英国海军少将克雷斯(John Gregory Crace)也带着两艘巡洋舰"澳大利亚"(HMAS Australia)号和"霍巴特"(HMAS Hobart)号从澳大利亚赶来。

5月1日,以上舰只在珊瑚海东南海面会合,成为第17特混舰队(以下简称TF17),航母进入临战状态,开始寻找日军机动部队。两天后,图拉吉岛传来日军登陆的消息,弗莱彻留下正在加油的"列克星敦"号,自率"约克城"号"北上"迎敌。4日,"约克城"号舰载机空袭了图拉吉岛上的日军营地和港口,4艘小型舰艇(驱逐舰"菊月"号,第1、2号扫海艇,特设扫海艇"玉丸"号)被击沉,但岛仍在日军手中,美机损失3架。弗莱彻随后调头南返,5月6日重新与"列克星敦"号会合。

6日上午,就在美军两艘航母重新完成集结之时,幽灵一般的MO机动部队在图拉吉以西180海里处出现了,拥有1艘航母的MO攻略部队也在所罗门群岛西方海域转向南下。当天上午8点,从图拉吉岛水上基地出发的日军"二式"大艇发现了TF17,连续跟踪其长达4小时,及时把相关情报传达给了北方的高木武雄,后者摩拳擦掌地准备迎接太平洋战争爆发以来第一次机动部队对决。而对这一切,弗莱彻几乎毫无察觉。

翌日(5月7日)一早,MO攻略部队到达路易西亚德(Louisiade)群岛北方,MO机动部队位于其东南方约400海里处。为制敌机先、提前找到对手,当天清晨,高木从"翔鹤"号上连续升空12架侦察机,试图找到TF17。05:22,其中一架报称"发现敌航母部队",兴奋的高木立即从"瑞鹤"、"翔鹤"号两舰上起飞78架攻击机。然而就在攻击机出发后半小时,那架侦察机却又发回了一份更正电报:"敌航母系油槽舰(油船)与重巡洋舰一艘之误认。"舰桥上的高木心

联合舰队

头顿时一沉,不过攻击机已经发出,如果在此时召唤它们回转,势必对士气造成重大打击。带着"苍蝇虽小,也是块肉"的心理,他决定听任攻击机继续攻击油轮。而这次错误的攻击造成的后果,少将要到当天晚些时候才会知道。

到达"敌航母"上空的日军飞行员也看出那根本不是什么航母,甚至连"重巡洋舰一艘"都不算——仅仅是已经在珍珠港经历过一次生死考验的油轮"尼奥萧"(USS Neosho, AO-23)号和护航的驱逐舰"西姆斯"(USS Sims, DD-409)号而已。失望的攻击队在附近兜了一圈,什么也没有发现,于是抱着和高木武雄一样的心理,回过头来攻击这两个小目标。从09:26开始,超过60架日军飞机连续轰炸了40分钟,最终将"尼奥萧"号和"西姆斯"号送入了海底。

美国这边,弗莱彻的眼神比高木的蹩脚观察员也强不了多少。他从一开始就不知道日军MO机动部队就在附近,因此当TF17的侦察机报称在新几内亚岛东端北方发现日军舰队、其中有一艘航母时,少将判断这一定是日军的第五航空战队。91架攻击队(18架F4F、51架SBD、22架TBD)从"列克星敦"号和"约克城"号升空,径直扑向目标。

这个被认为是第五航空战队的"目标",确切地说其实只是日本方面的MO攻略部队和为之护航的唯一一艘轻型航母——"祥凤"号。弱小的"祥凤"号由潜艇母舰改装而来,不能搭载俯冲轰炸机,全舰只有14架零式战机和6架"九七"鱼雷机,无法与第五

■ 1942年,弗莱彻少将(左)与菲奇少将(右)在一起。

■ "列克星敦"号航母。

"再见，帝国"

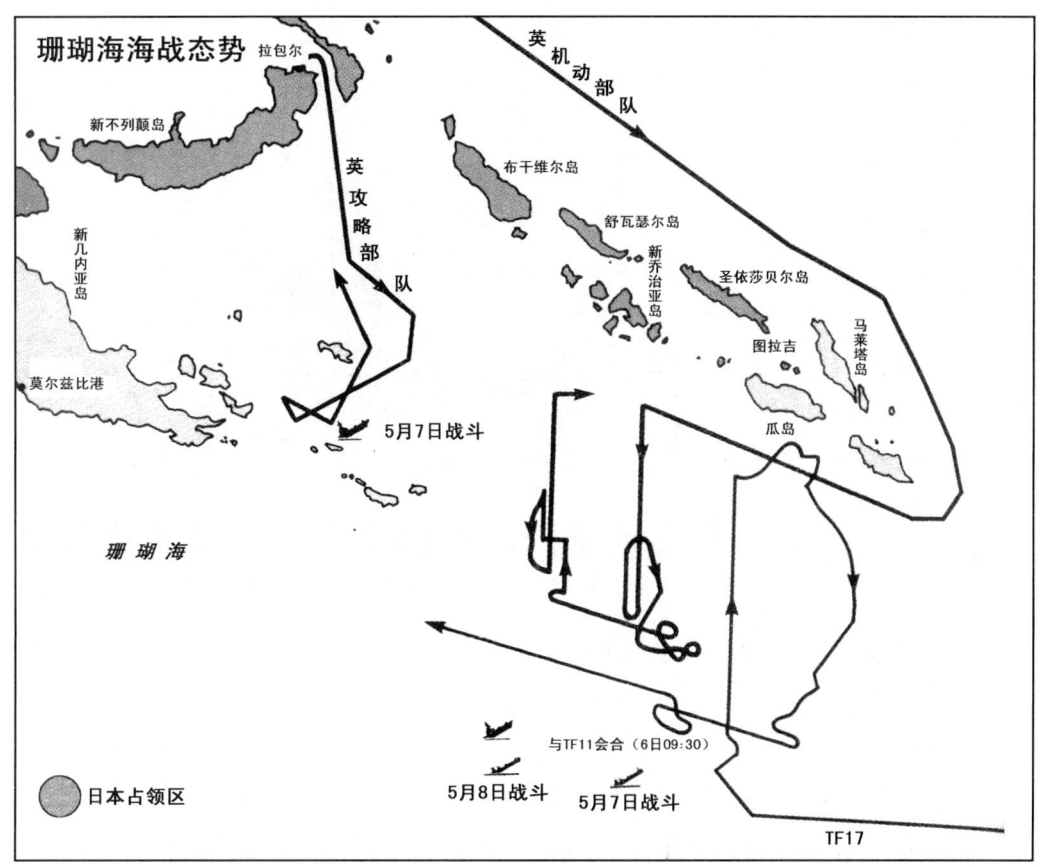

航空战队一同行动，井上成美指令其负责运输船队的空中护卫。从上午9点07分开始，"祥凤"号遭到了美机暴风雨般的恐怖袭击，连中13枚炸弹和7发鱼雷，在9点35分迅速沉入了大海。美机只损失3架，"约克城"号的舰桥一片欢腾。

高木武雄在从航母上派出侦察机的同时，还下令MO主队的第6战队2艘重巡洋舰弹射2架水上侦察机。"尼奥萧"号遭袭之时，其中的"古鹰"机从另一位置发回了"发现敌航母"的报告。机动部队认为，这一定是美国航母的真身所在。根据报告，远在拉包尔的井上成美下令MO机动部队、MO攻略部队（当时还不知道"祥凤"号遭袭）与基地航空部队迅速集结全部可用飞机，准备对美军航母发动总攻击。同时，为避免美机空袭造成损害，自拉包尔出发以来一直在南下的运输船队暂时向西北海面退避。

井上发出攻击令后不久，"祥凤"号被击沉的消息就传到了第五航空战队司令部。第5航空战队司令官原忠一少将的心情是矛盾的：他想再次出动攻击队，但机动部队与敌人的距离远在400海里以上；但假若不主动攻击，一旦自己被敌方发现，战场的主动权将立时易手。

联合舰队

就在原忠一磨磨蹭蹭地酝酿感情时，MO主队"青叶"号弹射的水上侦察机发回战场报告：敌机动部队已反转——攻击完"祥凤"号的弗莱彻准备保存实力了，不过他转向的航路刚好直对着日本舰队。原少将立时就起了鸡鸣狗盗之心：倘若"毅然敢行远距离之策敌攻击"，趁夜偷袭美军航母、将之击沉，就可以避免白昼对攻的风险。为保证攻击的效率，此次夜袭将不设先导机，攻击队在侦察到目标后立即转入攻击。

在缺乏机载雷达引导的时代，航空兵远距离轰炸要冒一去不复返的风险，是以用兵宜精。原忠一从两艘航母上起飞了27架攻击机（"瑞鹤"号"九九"轰炸机6架、"九七"鱼雷机9架，"翔鹤"号"九九"轰炸机6架、"九七"鱼雷机6架），轰炸机挂一枚250公斤炸弹，鱼雷机挂一发800公斤鱼雷，飞行员都是夜战经验丰富的老手（包括"轰炸机豪杰"高桥赫一少佐），指挥官是珍珠港作战第二攻击波的总指挥崎重和少佐。

02：15时，夜袭队朝着TF17的航向发进。由于美国舰队附近已经日落，加上冷锋延长、天气极度恶劣，当27架日机到达"约克城"号上空附近时，居然被云层所遮挡、完全找不到目标。好不容易在高空找到一个

■ 驱逐舰"西姆斯"号，珊瑚海海战首日与油船"尼奥萧"号一起被炸沉。

空当，钻进去想寻找战机，又被美国航母上一种新装备——雷达捕捉到。高空警戒的"野猫"战斗机围堵上来，残酷的空战开始了。挂着笨重的鱼雷、炸弹的日本飞机只有逃跑的分，很快就有8架鱼雷机（"瑞鹤"5架、"翔鹤"3架）被击落，美机仅损失2架。

日机纷纷扔掉鱼雷和炸弹逃跑，其中6架很有想象力地在云层中绕了一大圈，又回到了美国航母上空，打开航行灯准备降落（它们的指挥官是一贯有点神经质的高桥赫一）。"约克城"号的甲板军官惊讶地注视着这些发出奇怪灯光信号的飞机，半晌才明白过来原来是吓昏了头的日本人，连忙以炮火一阵痛打，至少又打下1架轰炸机。剩下的日机终于合计过来"逃命也要找准方向"的硬道理，一溜烟地飞走了。

5月7日18：00时，"瑞鹤"、"翔鹤"

号开始收容攻击队，由于又有一架鱼雷机在归途中因燃料耗尽迫降，最终只有17架飞机成功降落（"瑞鹤"号鱼雷机4架、轰炸机5架、"翔鹤"号鱼雷机2架、轰炸机6架）。投机之举全无功效，一小时后，第五航空战队转向开始北上。06：40时，井上成美来电：终止水面舰艇夜战准备，对莫尔兹比港的登陆延后两日，机动部队应于次日（8日）黎明首先发动攻击，集中歼灭美军航母部队。

雷声大雨点小的"胜利"

5月7日海战中，日本损失了太平洋战争中的第一艘航母。当天夜间，双方航母间的距离已经缩短到了100海里以内，但彼此都没有察觉到。进入8日凌晨，双方各自向南、北两侧转航，并在日出前同时派出了侦察机。

世界海战史上第一次真正意义的航母对决开始了，双方舰队都没有在肉眼视线内看到自己的对手，一切进攻都是在相隔数百海里的远距离上通过舰载机来完成。美方菲奇少将的TG17.5拥有2艘大型航母、舰载机135架，日方原忠一少将的第五航空战队也有2艘大型航母、舰载机114架，双方可以说势均力敌。

06：24时，"翔鹤"队菅野兼藏飞曹长驾驶的侦察机发回报告："发现敌机动部队，方位205度、235海里处。"并报称对方有航母2艘、战列舰1艘。07：10时，高木下令第五航空战队起飞69架攻击机（"九九"轰炸机33架、"九七"鱼雷机18架、零式战

■ 珊瑚海海战第一日（5月7日），在91架美机空袭下拼命规避的"祥凤"号。它仅有的几架零式战机和少量对空炮火根本无力招架，舷侧是鱼雷命中的巨大水柱。本舰中13枚炸弹、7发鱼雷后沉没，成为开战以来日本损失的第一艘航母。

机18架），以前一天参加过夜袭的高桥赫一为总指挥，对TF17发起进攻。此后菅野机一直在美军航母上空为攻击队提供引导，最后被高射炮火击伤、因燃料不足而坠海。

日军侦察机发现TF17的同时，美国航母上起飞的TBD-1"毁灭者"鱼雷机也找到了高木部队。此时日军航母位于暴雨区，TF17上空则一片晴朗，菲奇在07：15下令出动全部76架攻击机：首先是"约克城"号，20分钟后是"列克星敦"号。

08：50时，"约克城"号攻击机首先出现在第五航空战队上空，立即展开了攻击。7分钟后，SBD-3"无畏"俯冲轰炸机从云层中俯冲而下，没有击中"瑞鹤"号，"翔鹤"号却被3枚227公斤炸弹连续炸中，其中一枚穿透飞行甲板、点燃了航空汽油库；另一枚破坏了维修车间。SBD散去后，9架TBD鱼雷机又对该舰进行雷击，不过因为发射距离过远、无一命中。经过一番折腾，"翔鹤"号虽然扑灭了大火，但飞行甲板前部已经严重受损，无法起降飞机了。

机警的"瑞鹤"号一发现敌机就驶进雨区，利用暴雨躲开了SBD的俯冲轰炸，自身毫发无损。迟到近半小时的"列克星敦"号攻击队随后也雷击了该舰，不过同样无一命中。激烈的海空战持续到10：20时，原忠一下令受伤的"翔鹤"号先行撤退，攻击机由"瑞鹤"号负责收容。

09：10时，第五航空战队的攻击波到达TF17上空。"列克星敦"号的雷达早在15分钟前就发现了目标，但是日机距美国航母还有130公里，舰队上空执行护航任务的F4F"野猫"战斗机却大多耗尽了燃油，不得不降落补给，结果当日军攻击队到达时，留在空中的"野猫"只剩下9架。两艘航母只好分别向两个方向规避，"九七"鱼雷机自背阳方向贴地进入攻击，"九九"轰炸机则从高空俯冲下来，突破"野猫"的拦截投放炸弹。11架"九七"鱼雷机冒着猛烈的高射炮火进攻"约克城"号，2架被直接击落，其余9架投下鱼雷但被成功规避。只有1架"九九"轰炸机投下的250公斤炸弹穿透了三层甲板、在舱内爆炸，"约克城"号燃起大火，损管人员连忙组织灭火。

"列克星敦"号就没有这样的幸运了。这艘当时美国海军中资格最老的航母（改装为飞机运输舰的"兰利"号已经在荷印战沉）遭到6架"九七"鱼雷机的围攻，笨拙地规避着落下的"九一"式航空鱼雷。经验老到的日机自三个方向向"列克星敦"号的两舷投雷，拥有巨大烟囱的该舰无处可躲，09：20左舷连中两枚鱼雷。随后登场的是高桥赫一的爆击队，尽管母舰的高射炮猛烈射击，"九九"轰炸机还是成功地两次命中"列克星敦"号。战斗在9分钟之内就结

■ "翔鹤"号飞行队长高桥赫一少佐（1906—1942）。德岛人，海兵第56期出身，珍珠港作战第二波攻击队总指挥崎重和是他的连襟。高桥在开战时任"翔鹤"号飞行队长，战死于1942年珊瑚海海战。

■ （上及下）珊瑚海海战中，正在奋力规避攻击的"翔鹤"号。该舰被命中3弹，丧失战斗力。

束了，第五航空战队攻击队开始调头返航。12架日机损失，包括高桥总指挥的长机，另有4架鱼雷机、7架轰炸机被追击的"野猫"击落；日机报称击落美机23架。

"列克星敦"号舰体横倾7度，数处燃起大火，机库里的浓烟顺着升降机口从甲板不断泄出。经过紧急注水，倾斜已经恢复；由于升降机全部卡在最上位置，连飞机也可以顺利回收。到11:45时，"列克星敦"号早晨派出的攻击队，包括6架F4F、23架SBD和10架TBD，全部降落在飞行甲板上。

很不幸的是，当天上午"九九"轰炸机投下的近失弹震裂了"列克星敦"号的航空汽油供油管道，泄漏的油气在封闭的舰体内四处扩散，整个机库都被它们所充斥。到14:00时，由于下方舱室的大火蔓延到鱼雷舱，整个军舰随时都有爆炸的危险。雪曼（Frederick Carl Sherman）舰长权衡利弊后，果断下令弃舰。驱逐舰"菲尔普斯"（USS Phelps, DD-360）号连发5枚鱼雷击中漂浮着的"列克斯夫人"，它发生了大爆炸，带着216名战死舰员沉入了海底。

旁边的"约克城"号虽然扑灭了火灾，但燃料舱已经受损，重油不断泄漏出来。由于"尼奥萧"号已经在前一天沉没，

联合舰队

■ 5月8日珊瑚海海战中,遭日机重创、燃起大火的"列克星敦"号。

■ 爆炸沉没中的"列克星敦"号。

"约克城"号只好在9日一面寻找油轮补给,一面向珍珠港返航。

日本攻击队的回收也不是一帆风顺。当"翔鹤"、"瑞鹤"号的攻击队返回母舰上空时,发现只有后者的甲板可供降落,一些飞机由于燃料耗尽,不得不迫降在水面上。幸存的飞行员向高木武雄和原忠一报告:他们击沉了"萨拉托加"号(日本方面一直以为当年1月遭到"伊-6"号鱼雷攻击的是"列克星敦"号,并判断该舰已经沉没,而认定在珊瑚海出现的两艘大型航母是"萨拉托加"号和"约克城"号)和"约克城"号,击伤1艘战列舰或重巡洋舰。

兴奋的高木洋洋得意地

■ 珊瑚海海战后带伤回到珍珠港的"约克城"号,1942年5月27日。

认为，他已经取得了一场辉煌的胜利，现在日本人手里还有1艘完好的大型航母，而美国的2艘航母都已被消灭，机动部队应当一鼓作气、彻底歼灭敌人。在此之前，他决定暂时脱离，补给燃料、整修飞机。但就在下午15时，坐镇拉包尔的井上突然下令：第五航空战队停止攻击，立即撤退！晚些时候，中将又下令推迟莫尔兹比港攻略作战，运输船队返回拉包尔。

山本五十六在当天晚上才得知珊瑚海海战的消息，他对老朋友井上过分谨慎的态度极为不满（其实从东乡平八郎之前的时代开始，日本海军就没有扩大战果的习惯，大东沟海战、日本海海战、珍珠港作战莫不如是），立即下令第五航空战队和第5战队调头南返，重新寻找TF17。

9日清晨，第4舰队再度南下，但已不可能有收获。而井上成美坚持认为，在一艘航母严重受损、另一艘航母只剩下半数舰载机的情况下，MO机动部队已不足以承担掩护攻略部队抗击敌岸基航空兵的任务，因此"MO作战"应当停止。高木舰队在珊瑚海上待到5月10日，当天夜晚悄悄撤出了战场。同一天，联合舰队司令部宣布无限期推迟"MO作战"。

人类史上第一次航母大战结束了，海战双方都有理由认为自己是最后的胜利者。日方公布胜绩的战报达5次之多，报纸标题之耸人听闻，实属世之罕见。大本营海军部报导课长平出英夫大佐（大名鼎鼎的"转进"一词就是此公所创）发表了题为《决定兴衰之战》的评论员文章，饱含深情地赞颂了在珊瑚海上大放光芒的"海军魂"。足以与之媲美的只有美国人在《纽约时报》头版刊登的大字标题："在太平洋上的大海战中击退日军，沉伤敌舰17至22艘。"

在珊瑚海海战中，日本方面的损失是轻型航母"祥凤"号沉没，"翔鹤"号重创，77架飞机被击毁，1047人伤亡；美国方面损失大型航母"列克星敦"号、油船"尼奥萧"号和驱逐舰"西姆斯"号，"约克城"号受伤，损失飞机66架，伤亡543人。

单从数字统计上看，美国人是失败者，但直到5月17日第5战队和第5航空战队返回吴港，这次海战的真正意义才显现出来：3枚炸弹造成的损伤使"翔鹤"号成为开战以来受伤最重的日本军舰，它至少需要修理一个半月，显然无法参加即将在6月进行的中途岛作战；"瑞鹤"号虽然没有受损，但全舰只剩下（包括降落在该舰上的"翔鹤"队飞机）"九九"轰炸机9架、"九七"鱼雷机6架、零式战机24架，共计39架（另有损伤机13架），仅相当于战前第5航空战队全部兵力（114架）的1/3，合格的机组只剩下75个。而且，受制于飞行员附属于航母的规定，山本无法迅速地将其他母舰的飞行员集中到"瑞鹤"号上，所以该舰也不能参加"MI作战"。日本人唯一的安慰是：虽然情报证实"约克城"号没有沉没，但该舰因为身受重伤，多半不会出现在中途岛海面。

从更大的战略层面看，"MO作战"的

联合舰队

失利使军令部入侵莫尔兹比港的企图破灭，横跨新几内亚岛的野心没能实现，澳大利亚继续对日本的南方战线发挥着钳制作用。更危险的是，由于第5航空战队的2艘大型航母无法参加随后进行的"MI作战"，南云忠一机动部队一下子减少了1/3的兵力，他被迫面对珊瑚海海战中高木武雄一样的困境：如果集中全部航空机反击出现的美军特混舰队，剩余的力量是否足以掩护登陆部队完成攻占中途岛的任务？

三、"七十年来第一大海战"

解开"AF"之谜

珊瑚海之战前后，日军攻略中途岛的准备工作步调越来越快，无线电通讯大量增加。

在珍珠港的一间地下室里，罗彻福特中校和他的23名技术人员正在紧张地进行着工作。4月中旬的某一天，金上将从华盛顿发来指令，要求中校根据目前侦收到的日本海军通信情况，判断联合舰队的下一步动作。当时南云已经对锡兰岛发起了空袭，华盛顿方面急欲知晓这究竟意味着日本已经开始了全面西进，还是仅是虚晃一着、很快将转回太平洋。

罗彻福特冷静地认为，日本在印度洋方面的作战已近尾声，短期内也没有进攻澳大利亚的意图；有迹象表明，日本即将在太平洋发动新的大规模作战，但时间和地点还不清楚。

到了4月底，由于负责南方作战的日军第4舰队将矛头指向莫尔兹比港，TF17开始向珊瑚海机动截击。就在珊瑚海海战前后几天，"AF"这个代号在日军通信中出现的次数突然逐渐增多，有时是作为目的地，有时是作为需要特定装备的地点。罗彻福特的情报人员们绞尽了脑汁，但仍难以直接推断出"AF"的具体位置，只能判定这是位于中途岛和夏威夷之间的某个地名。罗彻福特决定耍一个花招：5月10日，他找到太平洋舰队司令部的情报参谋莱顿（Edwin T. Layton），询问后者能否指示中途岛基地指挥官西马德（Cyril T. Simard）上尉发出一份明码电报，报告驻地的海水淡化设备发生故障。莱顿和尼米兹表示同意，中途岛照此发了电报。两天后，全神贯注侦听日方通信的罗彻福特小组收到了日本海军人员从威克岛上发出的"AF缺乏淡水"的电报，"AF"之谜终于解开了：它就是中途岛的代号。5月14日，尼米兹下令太平洋舰队进入战备状态，15日开始集结舰队，把3艘航母从遥远的南太平洋召回。

5月25日，新的喜讯使珍珠港沸腾起来：罗彻福特小组成功破译了反映"MI作战"计划全貌的日方通信，从而查明了中途岛作战中日本方面各部队、舰船、指挥官以及航线和攻击时间等一切细节，甚至提前得知攻击时间"X日"是在6月3日到5日之间。

在"MI作战"开始之前，日本方面也需要对中途岛和附近的约翰斯顿岛进行一次

■ 1942年时的中途岛全景,近处为修筑有机场的东岛,远处为沙岛。中途岛1859年被美国人发现,宣布为美国领土。这里长期以来一直归美国海军管辖,是不属于任何州的"无建制领地",并限制平民登岛。1993年,海军关闭了岛上的航空设施,1996年克林顿总统将中途岛移交给美国内政部,成为野生动物繁育地,有限开放科研人员上岛考察。

全面侦察。由于当地距离最近的日军控制区马绍尔群岛也有1000多海里,普通飞机的航程不足以承担如此远距离的飞行,只有体形庞大的四发"川西二式"大艇(H8K1)可以胜任。3月10日夜,横滨航空队的2架"二式"大艇自马绍尔群岛东侧的沃特吉岛(Wotje)基地起飞,执行代号为"K作战"的中途岛侦察任务,其中一架飞往中途岛,一架飞往约翰斯顿岛。

当桥爪寿雄大尉驾驶的1号机在次日清晨抵达中途岛上空时,意外地遭遇岛上起飞的F2A"水牛"(Buffalo)战斗机拦截,飞机随后失踪;2号机顺利完成任务后返回了沃特吉岛。

5月24日,第一批美军潜艇驶离珍珠港,开始对中途岛以西海面进行警戒。5月26日,哈尔西中将的TF16(以2艘完好的航母"企业"号和"大黄蜂"号为基干)从所罗门群岛驶入珍珠港,此时由于哈尔西意外患上皮肤病(神经性皮炎,与其暴躁的脾气和长期紧张作战有关),尼米兹指派冷静审慎的斯普鲁恩斯(Raymond Ames Spruance)少将接替他的指挥任务。两天后,TF16离开珍珠港,驶向位于中途岛东北的待机点。

山本当然也希望知道自己的对手如何出牌。横滨航空队受命进行"第二次K作战",派出"二式"大艇侦察珍珠港的美舰停泊情况,特别是搞清美军航母特混舰队的行踪。不过这次的任务显然更为艰巨:珍珠港距离沃特吉岛长达4000海里,"二式"大艇的最大航程不足以满足往返飞行,必须在途中进行一次加油。联合舰队选择了中途岛东南数百海里处的法国巡洋舰浅滩(French Frigate Shoals)作为燃料补给点,负责燃料运输的潜艇将提前驶往该地潜伏,水上飞机完成侦察任务返航时,在法国巡洋舰浅滩的环礁里降落加油,随后再

联合舰队

■ "第二次K作战"主要实施工具、"川西二式"大艇12型（H8K2）。设计师菊原静男，1942年2月采用。全长37.89公尺，净重24.5吨，安装4台离升出力1850马力的"火星"22型发动机，最大时速545公里，武装为5门20mm机炮加3挺7.7mm机枪，机翼下可挂8枚250公斤或16枚60公斤炸弹。"二式"大艇在执行侦察任务时最大续航力7153公里，连续飞行时间可达24.14小时，是一种用途广泛的优秀机型。

返回沃特吉岛。行动时间预定为5月30日凌晨。

5月29日夜，负责航空燃料补给的伊-121、伊-122、伊-123三艘潜艇提前一天抵达法国巡洋舰浅滩，透过潜望镜镜头，"伊-123"号艇长上野利武少佐惊讶地发现海面上停泊着2艘美国水上飞机供应舰，完全没有离开的意思，伊-123只好向夸贾林（Kwajalein）基地发报，建议侦察行动延后一天进行。30日入夜后，水上飞机供应舰起锚开走，但有2架PBY巡逻机仍留在当地。日军第11航空舰队司令长官原二四三中将在斟酌之后，决定取消行动。

日本人当然不会知道，在破解"AF"之谜后不久，美军就掌握了他们利用法国巡洋舰浅礁进行水上飞机加油、对珍珠港开展远程侦察的活动，并提前将水上飞机供应舰和PBY飞艇部署到当地。由于"第二次K作战"被迫取消，联合舰队对TF16已经离开珍珠港、前往中途岛设伏的情况全然无知，预定前出到中途岛附近部署侦察线的伊-121等3艘潜艇也因为耽搁在法国巡洋舰浅滩，没有按时抵达阵位。日本人信心十足地认为中途岛附近不会有美国特混舰队，为这次命运之战中自己最终的失败埋下了伏笔。

虚应故事的图上演习

在黑岛和宇垣主持之下制定的"MI作战"方案，是一个牵涉到北、中、南三个战场，动用200艘以上大小舰艇的极为精密复杂的计划，也是联合舰队七十年来规模最大的一次作战，其进程大致如下：

1. N-5日（即登陆发起日之前5天）之前，第6舰队司令长官小松辉久中将麾下的先遣部队（11艘潜艇）将在中途岛东方海面构筑三道警戒线，随时捕捉美国舰队的行踪。

2. N-3日，第5舰队司令长官细萱戊子郎中将指挥的北方部队开始攻击阿留申群岛

(AL作战),这是一支佯攻兵力,目的是在"MI作战"发起之前把部分美舰引到错误的方向。北方部队包括重巡洋舰3艘、轻巡洋舰3艘、水机母舰1艘、驱逐舰12艘、扫海艇3艘、布雷舰1艘,以及搭载在3艘运输船上的1250名海军陆战队和1200名陆军士兵。为完成佯攻任务,第6舰队将出动2艘潜艇予以支持,同时加入角田觉治少将的第四航空战队(轻型航母"龙骧"号、商船改造航母"隼鹰"号),舰载机合计为零式战机24架、"九七"鱼雷机20架、"九九"轰炸机19架。

3.中央方向的主战场由南云忠一中将指挥的第1航空舰队为首,有"赤城"、"加贺"、"苍龙"、"飞龙"、"翔鹤"、"瑞鹤"号6艘航母(在珊瑚海海战后,实际只有4艘可以行动)。南云舰队在N-2日应位于中途岛西北250海里处,并自当日起连续发动对岛上的空袭。第1航空舰队的航空兵力以"赤城"、"加贺"、"苍龙"、"飞龙"号4艘计,应为第1航空战队("赤城"、"加贺"号)零式战机42架、"九七"鱼雷机51架、"九九"轰炸机51架;第2航空战队("苍龙"、"飞龙"号)零式战机42

■ 中途岛战役前日方水上侦察机预定的加油地——法国巡洋舰浅滩位于中途岛与夏威夷群岛之间,长32公里的礁盘构成,有12个沙洲,中央是乌湖。1786年法国航海家尚-弗朗索瓦·德·拉·佩罗试图对浅滩进行考察,损失了两艘巡航舰,由此得名。1859年被美国占领,1894年归属"夏威夷共和国",1898年被美国吞并。现属"夏威夷野生动物保护地"。图为60年代一架美国空军C-130飞机在环礁进行空间探测。

架、"九七"鱼雷机42架、"九九"轰炸机42架,大多数飞行员都是久经考验的老将。

4.机动部队开始空袭之后,田中赖三少将指挥的运输部队(运输船12艘、驱逐舰3艘)从塞班岛出航,与从濑户内海出击的近藤信竹第2舰队(中途岛攻略部队主力)会合。N日黎明,田中部队运载的5000名步兵在中途岛登陆,近藤麾下的第7战队司令官栗田健男少将率4艘重巡洋舰"熊野"、"铃谷"、"三隈"、"最上"号和2艘驱逐舰担任直接掩护,近藤部队主力(战列舰"金刚"、"比睿"号,重巡洋舰"爱宕"、"妙高"、"羽黑"号,轻巡洋舰"由良"号,驱逐舰8艘,轻型航母"瑞凤"号)在中途岛以南或西南海面负责登陆作战警戒,

联合舰队

■ 第5舰队司令长官细萱戊子郎中将（1888—1954）。中途岛战役期间，他率领舰队对阿留申群岛进行了劳而无功的佯攻。

"瑞凤"号搭载零式战机12架、"九七"鱼雷机12架。南方部队的主要作用是吸引至关重要的美军航母，使之现身。

5. 山本五十六本人将亲自率领开战以来碌碌无为的战列舰部队——"柱岛舰队"压阵。第1舰队司令长官高须四郎中将率领航速较低的4艘战列舰"日向"、"伊势"、"山城"、"扶桑"号，轻巡洋舰2艘，驱逐舰12艘作为警备部队，游弋在北方海面，随时准备支持"AL作战"。山本大将坐镇联合舰队旗舰"大和"号，率当时日本最大的3艘战列舰"大和"、"长门"、"陆奥"号，轻巡洋舰"川内"号，驱逐舰9艘，轻型航母"凤翔"号，水机母舰"千代田"、"日进"号，跟在第1航空舰队之后，随时待机，准备在南云舰队消灭美军特混舰队主力后扫荡残敌。

6. N-2日时，各部队位置如下：先头的南云部队位于中途岛西北300海里，山本直率的主队在南云以西300海里，高须的警戒部队在南云以北500海里，角田的第四航空战队结束对阿留申的空袭后，移动到高须部队东方300海里待机。

简单地概括这个计划的目标，就是用登陆占领中途岛的机会，吸引并歼灭在珍珠港逃脱的美军航母，彻底消灭太平洋上的美海军进攻力量。

4月22日，南云第1航空舰队结束印度洋作战，顺利凯旋本土。"赤城"号一进港，南云中将和参谋们马上就被召集到"大和"号上，通知他们"MI作战"很快就将开始。南云本人对此不置可否，不过士气高涨的飞行员们反响极为热烈，特别是第2航空战队司令官山口多闻少将，后者被认为是山本五十六未来的继任者之一，他兴奋地表示："欣快之至。"

南云的头号智囊源田实虽然有些不安，但还是表示了赞成。飞行总队长渊田美津雄和参谋长草鹿龙之介则大感不满，渊田认为，无端设置一个北方战场会分散有限的航空兵力，是"小学生式的想法"，山本带着"督战队"跟在第1航空舰队后面300海里，不但对作战起不了作用，还会加重南云的心理负担；草鹿认为，从珍珠港空袭到印度洋作战，第1航空舰队一直没有经过真正

■ 中途岛战役前停泊在广岛湾的机动部队航母"苍龙"号（前）和"加贺"号（后），"苍龙"号甲板后部排列着"九九"轰炸机。

意义上的补充休整，贸然出击胜算难料（为了补充战损的第五航空战队和新建的第四航空战队，南云舰队已经被迫削减母舰搭载机的定数）。不过木已成舟，在山本本人已下决断的情况下，第1航空舰队只有接受的分。

4月28日，在联合舰队旗舰"大和"号上举行了第一阶段作战战训研究会，参加者是军令部作战课课员、联合舰队参谋、第1航空舰队参谋和各部队指挥官的代表。虽云"战训研究"，但因为一直在打胜仗，所以并无"训"可"研"，最后变成了大家的相互吹捧。联合舰队作战参谋三和义勇中佐在日记中写道："成功的作战研究会令人心情舒畅……（不过）并没有太多的实际结果。"山口多闻提出，应当把联合舰队全部舰艇分组为3支机动部队，每队以3艘航母为核心，配以战列舰、巡洋舰和驱逐舰；其中两队用于当前的"MI作战"，另一队在本土休整。渊田美津雄明确表示反对，他担忧于南云舰队实力的衰减，抵制一切企图分割第一航空战队的想法。源田和其他人认为，"MI作战"计划是建立在陈腐的主力军舰决战思想基础上的，出动战列舰毫无必要。不过山本对属下们的争论并不关心。

5月1日，联合舰队开始在旗舰上举行为期四天的"MI作战"图上演习。"大和旅馆"上到处洋溢着和谐的气氛，只有资格最老的第2舰队司令长官近藤信竹中将公开提出了异议。近藤认为，第1航空舰队的航空兵力不足以同时对付美军的3艘航母以及中途岛上的岸基航空兵，出于釜底抽薪的考虑，现阶段应当停止"MI作战"，把注意力集中到发动"FS作战"、封锁澳大利亚上（即军令部的"有限南进"思路）。自信的山本完全听不进老头子的意见，他认为近

联合舰队

藤太胆怯,所以回答得斩钉截铁:"倾尽全力,一击取胜。"随后就离席去部署"第二次K作战"。

图演的真正主角是宇垣缠,他一人身兼统监、裁判长和青军(代表日方)指挥官三职,红军(代表美军)指挥官是"日向"号舰长松田千秋大佐。演习全过程分为四个阶段:首先,联合舰队主力攻占中途岛,"AL作战"部队攻占阿留申群岛西部,如果美国太平洋舰队主力强行进攻,就在决战中一举消灭他们;第二步,中途岛作战结束后,战列舰部队返回日本待命,准备在2个月后进攻斐济和新喀里多尼亚(FS作战);第三步,南云部队南进,攻击雪梨及其他澳大利亚要冲;第四步,南云部队与"FS作战"部队合流,8月初集中全部力量攻占夏威夷。

除了联合舰队司令部的人员外,所有参加图演的人都为如此庞大的计划感到吃惊:显然,它太大了,而且每一步行动都强烈依赖于上一步的成效。如果其中任何一步出了岔子,则全局都将化为泡影。

不过人们的担心好像是多余的,因为演习的整个过程是如此顺利,北、中两支部队没有遇到任何障碍就完成了任务。不过,这并非因为日军英勇善战,而是杰出的"主演"宇垣一再干预裁判过程。当第1航空舰队起飞攻击队轰炸中途岛时,2艘美军航母突然出现,发动反击,裁判之一的第四航空战队参谋奥宫正武少佐判定日军航母中弹9次,"赤城"号和"加贺"号沉没;但宇垣认为"敌军不堪一击",把命中次数修改成了3次,于是"赤城"号变成了"仅受轻伤",只有"加贺"号沉没。结果中途岛登陆虽然推迟了一星期,最终还是完成了任务。更荒诞的是,当图演进行到第三步"FS作战"时,已经"沉没"的"加贺"号居然又活了过来,参加了对岸基目标的轰炸。总之,核心的思想是"美帝闻风丧胆,我军战无不胜"。后世将这次空前绝后的图演称为"宇垣图演"。

一直到5月4日下午,还有人在怀疑美国航母会不会胆小如鼠、不敢出战。过分乐观的情绪让一向自负的黑岛龟人感到有些不对劲,他在笔记本上写下了三个问题:如果敌航母部队在我机动部队空袭中途岛同时出现,应以何者为第一目标?辅助舰艇数量不足,如何应对敌潜艇威胁?"AL作战"部队能否适应恶劣气象条件?不过这些问题也被宇垣草草敷衍过去,最后的补救措施仅仅是增加了几艘先遣队的潜艇而已。

中途岛主岛——东岛的占领任务交给了陆军的一木清直支队——1937年点燃中日战争导火线的步兵第28联队——来完成,"MI作战"结束后一周将防务移交给海军。为方便陆军的行动,登陆开始的"N日"被选定为月光良好的6月7日。在超过1000海里的北太平洋海面上,日本海军三支完全独立的部队将完成一项前无古人的大作战,而这一切在许多人看来简直是理所当然的。"中途岛将是又一场日本海海战。"黑岛龟人说。

"再见，帝国"

毅然出击

5月27日，海军纪念日（1905年日本海海战纪念日）。当天早晨，机动部队4艘航母的舰载机陆续从各基地向母舰集中。渊田美津雄刚着舰不久就感到腹痛难忍，"赤城"号军医长玉井诊断是因饮酒过度诱发了阑尾炎，当晚为他做了切除手术。这意味着在即将开始的大战中，第1航空舰队飞行总队长只能作壁上观了。27日中午，南云部队的21艘军舰通过了丰后水道，傍晚时已深入太平洋，以环形巡航队形向东南挺进。

5月29日清晨5时，近藤信竹中将指挥的中途岛攻略部队主力离开柱岛。轻巡洋舰"由良"号和7艘驱逐舰为前导，其后是4艘重巡洋舰、2艘战列舰，最后是轻型航母"瑞凤"号和1艘驱逐舰，一路向丰后水道前进。

一小时后的06：00，山本大将的主力部队共32艘军舰也自柱岛缓缓起航。队列之先是第3水雷战队司令官桥本信太郎海军少将的旗舰"川内"号，跟随其后的是8艘驱逐舰；然后是岸福治少将的第9战队，包括2艘轻巡洋舰"北上"、"大井"号和12艘驱逐舰，"北上"号和"大井"号两舰一共有80个鱼雷发射管。日本海军的象征——巨型战列舰"大和"、"长门"、"陆奥"号位于队列中段，"大和"号上飘着山本的长官旗。预备队是高须四郎指挥的"伊势"、"日向"、"扶桑"、"山城"号4艘老式战列舰，拥有48门356mm主炮，殿后的是航母"凤翔"号和1艘驱逐舰。

当天下午，大舰队通过丰后水道。在将兵弛缓、意见分裂、情报泄露的背景下，此时的山本犹如"桶狭间之战"前的今川义元，但他满以为自己一定是织田信长。

一切进展得风平浪静。6月1日，南云舰队进行了大战前最后一次燃料补给。同一

■ 中途岛上的VMSB-241中队"沃特"SB2U"拥护者"俯冲轰炸机。在太平洋战场上，只有海军陆战队装备这种飞机，中途岛战役是它们第一次参加战斗。

联合舰队

■ 太平洋战争初期日军重巡洋舰上的战列舰载机——中岛"九五"式双座水上侦察机（E8N2），设计师三竹忍，1935年定型。E8N2安装1台最大出力630马力的"寿"2型改2发动机，最大时速300公里，航程898公里，武装为2挺7.7mm机枪加机身下2枚30公斤炸弹。

天晚上，舰队真正的灵魂人物源田实也因为重感冒倒下了，和渊田躺进了一间病房。珍珠港作战的两位主角都缺席了这出大戏，使南云舰队真正成为了"难运"舰队，对航空作战并无多少心得的中将必须自己面对种种倒霉问题了。在南云后面300海里，"大和"、"陆奥"、"长门"号排着整齐的队列破雾前进，仿佛是赶着去参加庄严的葬礼。

山本大将端坐在舰桥上作战室的沙发上，浏览一下每天的往来电报，看看周围的海景，18点准时吃饭洗澡。有几个晚上，他会回到作战室里，和渡边参谋他们下棋，除此之外好像什么都不干。

这天中午，南云部队被薄雾包围了。从上午10点开始，视野变得越来越糟糕。中将很关心敌人的情报，但是按计划应该在6

■ 驶往中途岛海域的"企业"号编队。情报战上的胜利使美军可以从容设伏，等待南云的到来。

月2日派到夏威夷西北建立"乙警戒线"的第5潜水战队,由于检修的耽误而推迟了从本土启程的日期,没有按时到达指定阵位;派到夏威夷以西建立"甲警戒线"的第3潜水战队则因为"第二次K作战"流产造成的耽搁,也未能如期到达指定地点。

6月2日这天,只有在中途岛地区进行侦察的"伊-168"号发来了一份报告:"除在沙岛以南发现1艘巡哨艇之类的小型军舰外,未发现其他水面舰艇;中途岛西南600海里范围内加强了飞机巡逻,多架敌机昼夜无差别地实行严格巡逻。"整个中途岛作战期间,这是日本方面得到的唯一情报。

由于"赤城"号无线电接收能力有限,加以前进中的部队一直保持无线电静默,山本在"大和"号上收到的情报有许多是南云所不知道的。草鹿龙之介在出发前曾再三请求宇垣缠,让"大和"号把一切重要的无线电侦察情报转发给"赤城"号。东京的军令部专门还致电山本:"美国航母的一部分可能在行动中,也许是在设伏等待我南云舰队。"但是,山本和他的许多幕僚——特别是黑岛——显然还是希望能做到出敌不意,因此认为应当继续保持无线电静默。就这样,南云对即将到来的危险浑然不觉。

对美国人来说,事先了解山本的企图是个重要的有利条件,但从作战前景来看,打赢的希望不大。当时中途岛的防御兵力为一个半海军陆战营(第3营满编,并有一个轻型坦克排);空中力量方面,岛上共有120架飞机,包括海军陆战队VMSB-241中队的27架俯冲轰炸机(11架SB2U、16架SBD),VMF-221中队的28架战斗机(21架F2A"水牛",7架F4F"野猫"),海军的32架PBY巡逻机,以及陆军的19架B-17和4架B-26轰炸机。此外,"大黄蜂"号上的VT-8鱼雷机中队向岛上调去了6架格鲁曼TBD鱼雷机。

日方对美军航母兵力的估计是

■ 正在珍珠港船坞抢修中的"约克城"号。海军船厂工作人员只用了72小时就修复了该舰的损伤,使其能够重新投入战斗,并使参战的美国海军航空力量一下子增加了50%。

联合舰队

■ 1942年6月4日上午，空袭下的中途岛。东岛机场的部分跑道和燃料库在日机的第一波空袭中被击毁。

"大黄蜂"、"企业"、"黄蜂"号3艘，实际为"大黄蜂"、"企业"和"约克城"号3艘——拖着长长"油尾巴"的"约克城"号被认为需要修理3个月，但尼米兹在它驶入珍珠港的当天早晨发布了一道命令："往死里赶！"船厂彻夜不停地赶工，经过3天抢修，"约克城"号奇迹般地恢复了战斗力，美军可用的航母因此一举增加了50%！

现在，尼米兹手里已经有了3艘航母、8艘巡洋舰、14艘驱逐舰和20艘潜艇，相当于日本人的一半。5月28日，斯普鲁恩斯带着TF16（"大黄蜂"号、"企业"号）从珍珠港出发，两天后，弗莱彻的TF17（"约克城"号）也起航了。在日本人那11艘磨蹭的潜艇就位之前，美国航母已经通过它们的预定位置。

东京时间6月3日凌晨2时，日军北方集团的航空兵力起飞攻击阿留申群岛，尼米兹因为早已洞悉山本的企图，所以不为所动。上午5时许，从中途岛起飞的1架PBY巡逻机在中途岛以西700海里处发现了日军南方集团的舰船，飞行员误判这就是日军的主力。尼米兹判断这些舰船依然不是日军主力，因此仍把航母掌握在手中，没有投入战斗。直到6月3日16:30时，已经会合的TF16、TF17三艘航母才在弗莱彻的指挥下，位于中途岛东北300海里处向中途岛前进。

6月3日拂晓，南云部队在前一天下午遇到的薄雾已变成浓厚的大雾，相邻舰只往往看不见600公尺距离外的友舰，改以探照灯联络也没有取得效果。由于天气太坏，各舰的对潜哨戒机都无法起飞，没有雷达的日本军舰一时成了瞎子。但大多数日本人还是盲目乐观，认为拿下中途岛不成问题。

东京时间6月5日清晨1点，中途岛当地时间6月4日04:00时（为方便起见，战役时间以中途岛海域所在的东/西十二区时间，即天文时间表示。要注意的是，中途岛岸上采用的是西十一区时间），卧在病床上的渊田美津雄突然听到了飞机发动机开动的隆隆声,那是"赤城"号的27架飞机("九九"轰炸机18架、零式战机9架)要起飞去空袭中途岛了。他坐起来向窗外看,但病房位于军舰水线以下,什么也看不到。中佐支撑着爬进住舱,换上军装,进入飞行指挥所。"赤城"号飞行队长增田正吾中佐对他表示:"没问题。"第一波攻击队指挥官布留川泉大尉告诉渊田,舰队的7架侦察机将与第一攻击波同时起飞,采用单相搜索;在攻击队空袭中途岛的时候,侦察机可以防范美国舰队。渊田担心在空袭中途岛的时候同时发现美国航母,但第二波攻击队指挥官村田重治安慰他说:第二波飞机可以随时待命。

中途岛时间04:30,伴随着增田"开始起飞!"的命令,第1航空舰队第一攻击波腾空而起。总指挥官是"飞龙"号飞行队长友永丈市大尉,这是友永在太平洋战争中第一次出击,他直接指挥着从"飞龙"号和"苍龙"号起飞的36架"九七"鱼雷机。在友永的左面,是"加贺"号分队长小川正一大尉率领的"赤城"、"加贺"号36架"九九"轰炸机("赤城"18架、"加

■ 中途岛上的海军陆战队VMSB-241中队的道格拉斯SBD-2俯冲轰炸机。这架飞机在当天第一次攻击"赤城"号时中了249颗子弹,其中一颗从驾驶员丹尼尔·伊弗森(图中站在驾驶舱旁者)的喉部麦克风中间穿过。在这次攻击中,VMSB-241中队长亨德森少校阵亡,海军陆战队后来用他的名字命名了瓜达尔卡纳尔岛上的一座重要机场——著名的亨德森机场。

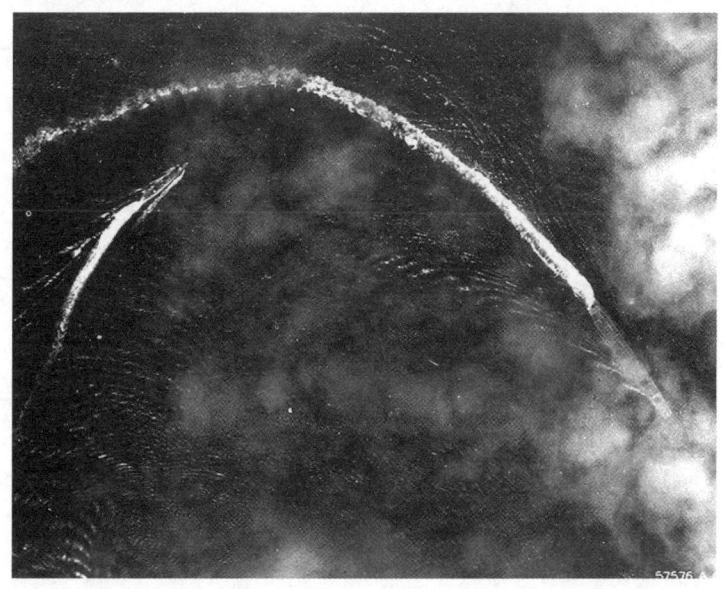

■ 正在规避从中途岛起飞的B-17空袭的"赤城"号。美军岸基轰炸机和鱼雷机的空袭无一命中,自身却损失惨重。

联合舰队

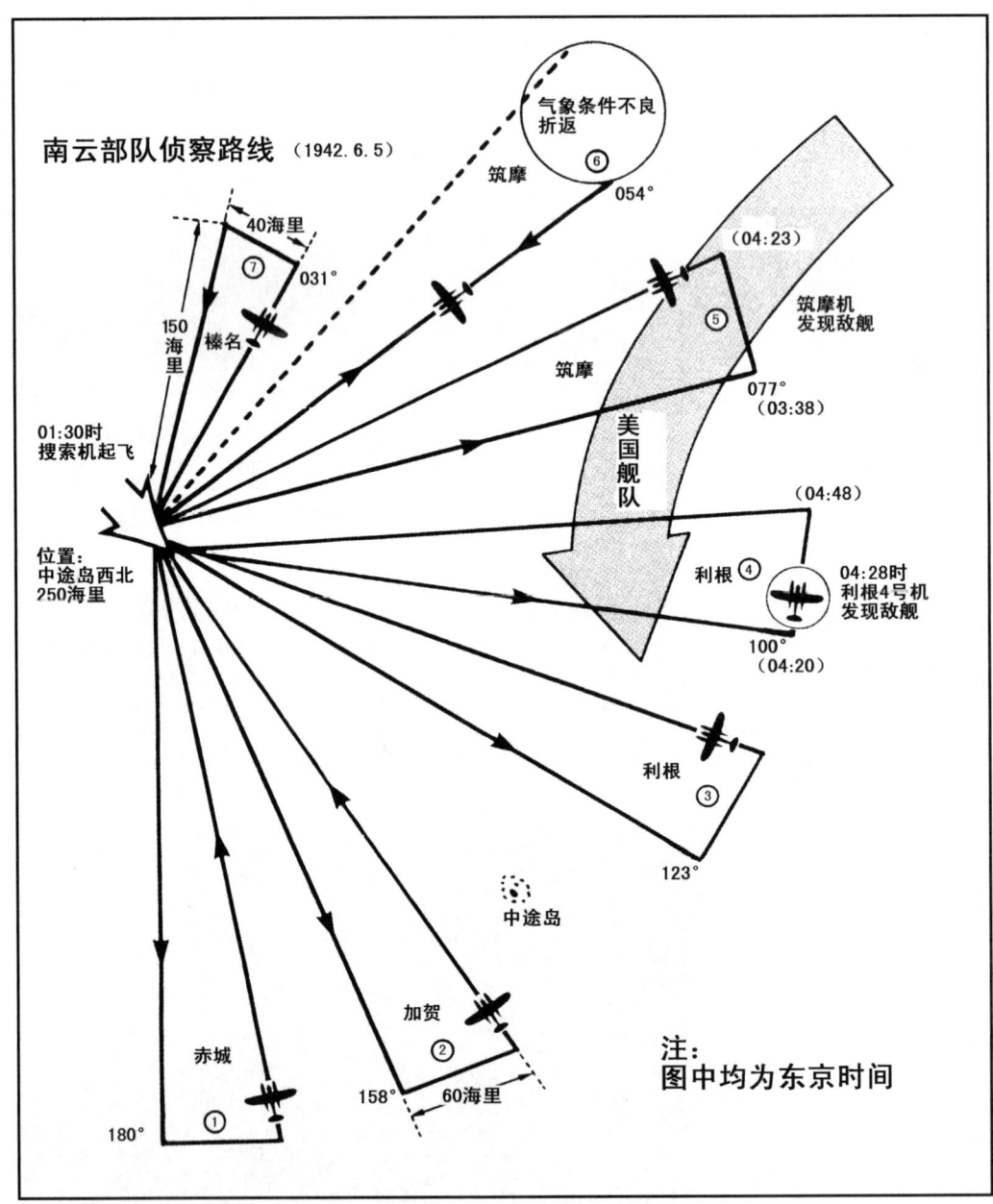

贺"18架);"苍龙"号菅波正治大尉带领36架零式战机护航。由于舰载战斗机数量不足,留在空中担任舰队直卫任务的零式战机总共只有18架。

　　与空袭中途岛的第一攻击波同时,7架侦察机也相继起飞。南云舰队当天的侦察范围从东到南共分成7个扇面,"赤城"号和"加贺"号各派1架"九七"鱼雷机,"利根"号和"筑摩"号各派2架"零式"水上侦察机,"榛名"号派出1架"九五"式水上侦察机。除"榛名"号的"九五"式水上侦察机搜索半径只有150海里外，其余各机的搜索半径都是300海里。

南云忠一这个时候对自己的角色又有点认识不清了。他忘记了"MI作战"的主要任务是消灭美国航母，反而开始集中兵力攻击中途岛，不愿把有限的飞机浪费在"无谓"的侦察行动上——按照他的估计，既然美国舰队到现在还没有出现，则派出7架侦察机实在绰绰有余。

"赤城"、"加贺"、"榛名"号的3机顺利升空，但负责中央搜索扇面的"利根"号和"筑摩"号的4架水上侦察机都没能按时起飞："利根"号的2机由于弹射器发生故障耽误了时间，它的最后一架搜索机（4号机）在日出前的05:10才起飞，比预定时间晚了近半小时；"筑摩"号的1架侦察机（6号机）则发动机发生故障，经修理勉强起飞后不见好转，加之天气恶劣，不得不在06:35中途返航。这个偶然的"差错"并未引起南云的重视——他很快就会后悔的。

南云已经动手，弗莱彻也加快了速度。04:30，"约克城"号出动10架SBD去寻找日本航母，中途岛方面则派出18架PBY和16架B-17加以支持。

05:30，一架PBY首先发现了"赤城"号，并向中途岛通报了日舰的位置。"企业"号和"约克城"号接到报告，立即开始作临战准备；中途岛上每一架可用的飞机都被命令前去攻击日本航母，只有海军陆战队26架过时的"水牛"式战斗机留下来作为预备队。另一架PBY在离中途岛150海里处发现了日军的第一攻击波，便悄悄跟在后面。中途岛的雷达站也发现了日机，监视着它们向中途岛接近。

"敌军似有航母伴随"

06:30前后，日军第一波108架飞机抵达了中途岛上空。由于PBY的告警，26架"水牛"早已升空，但它们的性能和数量都远不及零式战机，旋即就被击落17架，重伤7架，只有2架在战斗后安全返航。日机在几乎没有空中对抗的情况下进行空袭，炸毁了东岛、沙岛的跑道、机库、供油系统和其他地面设施，自己只损失6架；但由于美机提前离开基地，飞机的损失并不严重。沮丧的友永认为，第一波攻击完全没有达到歼灭岛上美军航空兵力的目的，04:00，他以无线电向南云报告："需要进行第二次攻击。"

07:05左右，南云的航母遭到了中途岛派出的第一批6架TBD鱼雷机和4架B-26的轰炸。它们没有战斗机护航，也不打算和日机纠缠，只是不顾日舰发射的猛烈炮火，径直扑向"赤城"号。尽管前面的已中弹起火，但余下的还是英勇地前仆后继投放鱼雷。在零式战机的拦截下，10架美机被击落7架，只有1架TBD和2架B-26返回基地，4艘日本航母却安然无恙。

不过，这些飞机虽然没有完成使命，却起了一个意外的作用：南云忠一开始形成一种错觉，既然美国航母不在这一海域，来自中途岛的岸基飞机就是对舰队的最大威胁。07：15时，中将认可了友永再度空袭中途岛的请求。他原本在第一航空战队的"赤城"、"加贺"号两舰上保留了36架挂鱼雷的"九七"鱼雷机（"赤城"18架、"加贺"18架）作为第二攻击波，准备在美国航母现身后随时出击，并且已经整装待发；现在为了空袭中途岛，他下令将这36架鱼雷机上的鱼雷全部换下，改挂对地攻击用的炸弹。36架飞机被一架一架地送回机库，重新装上炸弹，"赤城"号和"加贺"号上上下下一阵忙碌。

敌人真的没有出现吗？

07：28，当天清晨最后一架发出的"利根"号4号侦察机（机长甘利洋司）因为航向出现偏差，意外地跑到了原本不可能发现的美国舰队上空。甘利洋司被面前的情景吓了一跳，来不及确认就发回了报告："发现10艘军舰，似为敌舰。方位中途岛10度，距离中途岛240海里，航向150度，航速20节以上。"

这份极其重要的电报经由"利根"号转发，在10分钟后传到旗舰"赤城"号上。南云忠一和他的幕僚收到这份电报犹如晴天霹雳：直到这时为止，没有人预料到美国舰队竟然出现得这么快，更没有人预料到它们就在附近准备伏击第1航空舰队。整个形势发生了根本性的变化。从海图上看，美日舰队间的距离只有200海里（实际上因为甘利的航线偏移，应为300海里左右），如果美国舰队中有航空母舰，则南云就处在了极其危险的境地。

战战兢兢的南云在07：47时电令甘利"查明敌舰种并保持接触。"在源田实的紧急建议下，他还在07：45下达著名的"二次换弹"令："赤城"、"加贺"号立即停止挂装炸弹，已经挂上炸弹的鱼雷机重新降回机库、改挂鱼雷和穿甲弹，准备攻击敌舰。

就在这时，四件事同时来临，打乱了

■ 排列在"企业"号甲板上的VT-6中队飞机。

南云的手脚,也影响了他的判断力。

首先,从中途岛起飞的另一些岸基飞机接连飞来,袭击南云的舰队。07:55,15架B-17高空水平投弹未中;08:24,16架SBD俯冲投弹未中,被击落8架,伤2架;08:27,11架SB2U俯冲投弹未中,被击落3架。这表明中途岛仍可组织具有相当规模的攻击行动,威胁舰队的安全。为此必须对中途岛的地面目标发动进一步轰炸。

其次,08:09,在猛烈的高射炮火中,甘利洋司回电:"敌军兵力为5艘巡洋舰,5艘驱逐舰。"南云大感放心。然而,就在半小时之后,4号机再度报告:"敌军似有航母伴随。"随之又报告:"再发现敌巡洋舰2艘,方位中途岛008度,距离中途岛250海里,航向150度,航速20节。"

南云接到甘利洋司的电报后大惊失色。形势已经明朗:从美国舰队的规模上推断,他们至少有1艘航母,因此必须放弃一直到几分钟前还是首要任务的袭击中途岛的原定计划,首先攻击军舰。为防止敌机再来袭扰。南云下令原定用于第二波攻击的36架零式战机升空,加强空中掩护力量。此时,第二航空战队司令官山口多闻提出立即起飞"飞龙"号和"苍龙"号上的36架"九九"轰炸机,对美国特混舰队施以先发制人的攻击。但是南云认为,在缺少战斗机掩护(它们都已起飞,为舰队执行警戒任务)的情况下,这种攻击无异于自寻灭亡。

接着,整个舰队传出警报:"发现潜艇!"——美国潜艇"鹦鹉螺"(USS Nautilus,SS-168)号在中途岛周围执行哨戒任务,当天早些时候它曾经被日军飞机发现,遭到深水炸弹攻击,于是下潜到深水中。攻击停止后,"鹦鹉螺"号上升到潜望镜高度,吃惊地(包括潜艇艇长在内)发现自己正位于日本舰队的中间。它迅速地观察了周围的情况,向"雾岛"号战列舰发射了两枚鱼雷(其中一枚卡在了发射管里),然后迅速下潜。为机动部队护航的"长良"号

■ 打乱南云舰队阵脚的"鹦鹉螺"号潜艇,属"一角鲸"级,1930年竣工。6月4日当天,它在中途岛西北海域执行巡逻警戒任务。当天下午,它曾向已成废舰的"加贺"号发射了3枚鱼雷,但是没有命中。6月25日,它击沉了"山凤"号驱逐舰,此后又击沉5艘货船,击伤4艘货船、1艘油船和1艘驱逐舰,获得总统集体嘉奖和14颗战斗星,最后于1945年7月25日退役。

联合舰队

轻巡洋舰和"岚"号驱逐舰迅速离开编队，寻找这艘潜艇的踪迹。

此时已是当地时间08:30，空袭中途岛的第一波飞机已经返航归来，正在舰队上空等待降落。如果不赶快腾出飞行甲板、迅速收回这些飞机，它们都将因为汽油烧光而掉进大海。究竟是按原定计划完成换弹、然后派出攻击部队，还是先腾空甲板回收飞机，必须在瞬间作出抉择。这是影响南云判断力的第四个因素。

千头万绪之中，南云做出了一个相对稳妥的决定：08:55，他下令把甲板上准备出击的"九七"鱼雷机全部送回机库，拆下炸弹，换上鱼雷；然后收回第一波飞机，以及正在舰队上空执行警戒任务的第二波直掩队战斗机，然后舰队暂时北撤、避敌锋芒。

等所有战斗机和攻击机作好加油、挂弹等一切准备后，再将它们全部派出，以优势空中兵力全力以赴歼灭美国舰队。

飞行甲板上的"九七"鱼雷机又重新被拖回机库，返航的飞机一架接着一架降落，地勤人员像机器人一样不知疲劳地拼命赶着卸炸弹、装鱼雷。在仓促之中，取下的炸弹没有按规定送回弹药库，而是临时堆置在机库的地板上。忙碌到09:18时，第一攻击波已经回收完毕，南云舰队以30度航向开始北撤。

就在这时，瞭望哨发现15架TBD鱼雷机正贴着水面飞来。

现在，让我们暂时退回到当天清晨，看看美国方面的行动。

当天凌晨，美军航母位于中途岛东北200海里处，弗莱彻的TF17和斯普鲁恩斯的TF16正顶着西南风行驶。06:03时，"约克城"号的侦察机报告："发现2艘日军航母。"3艘航母上的扬声器传来命令："飞行员登机！飞行员登机！"06:07，日舰已在美机攻击距离之内，"企业"号与"大黄蜂"号转向迎风疾驰以

■ 中途岛海战胜利后，乔治·盖伊少尉（左）与麦克拉斯基少校（右）在一起。盖伊是VT-8唯一的幸存者，他们的牺牲为麦克拉斯基的SBD创造了机会。

帮助飞机起飞。08:06,起飞程序完成。"企业"号送出10架F4F、33架SBD、14架TBD;"大黄蜂"号送出10架F4F、35架SBD、15架TBD。

当斯普鲁恩斯忙着派出飞机的时候,"约克城"号正在回收04:30时派出的侦察机。此外,根据战前破译的密码,日军应该有4艘航母,但是目前只发现2艘。弗莱彻等到08:30时仍无进一步情报,于是把"约克城"号的半数航空兵力(6架F4F、17架SBD、12架TBD)也派出去攻击已经发现的日军航母。

"大黄蜂"号起飞的鱼雷机和护航战斗机在半路上分散了,战斗机赶到了事先得知的地点,但南云舰队已经北行。不过,第8鱼雷机中队(VT-8)的15架TBD找到了日军航母,他们立即将日军的新位置报告"大黄蜂"号,然后就在无掩护状态下开始了攻击。

这就是09:18时附近日军瞭望哨发现的那15架鱼雷机。在无护航的状况下,行动缓慢的"毁灭者"根本逃不过零式战机的魔爪,15架鱼雷机全部被击落,30名机组成员中只有盖伊少尉(George H. Gay)1人坠海生还。

15分钟之后,"企业"号和"约克城"号的2个中队鱼雷机也到达日本航母上空,并发起攻击。他们也被零式战机打得七零八落,26架TBD只有6架生还。前后总计41架TBD只有6架脱险,连一枚鱼雷也没有命中日本军舰。在舰上观看这场惊心动魄战斗的日本人兴高采烈,为己方战斗机的勇敢善战欢呼喝彩!

此时"大黄蜂"号的SBD和伴随的F4F还在南方海面打转。等他们接到日舰新位置的报告的时候,燃油已经不够,35架SBD中有21架回到"大黄蜂"号,另外14架前往中途岛着陆。10架F4F因为燃料不足,只得迫降在海面。

"企业"号的33架俯冲轰炸机没有接到关于日舰新位置的报告,没有在预定的攻击点找到日本航母。但是,他们的领队、第6大队长麦克拉斯基(Clarence Wade McClusky,Jr)少校判断日舰必定是改变了航向、转往北方,他下令转向北方搜索。

09:55时,麦克拉斯基交了好运。在他们下方有一艘日本驱逐舰在孤零零地向北航行。这是去搜寻"鹦鹉螺"号的"岚"号驱逐舰。麦克拉斯基不知道这艘驱逐舰为什么单独行驶,但正确地判断它一定是去同主力会合。于是他命令机群跟着这艘驱逐舰前进。

变向飞行25分钟之后,SBD们发现日本航母正在海面上闪避鱼雷机,零式战机也在低空拦截TBD,位于高空的俯冲轰炸机队完全不受干扰。此时"约克城"号的SBD也跟了上来。

因为云层遮掩,麦克拉斯基大队只看见第一航空战队的2艘航母,于是他们分成两组,各攻击一艘。其时为东京时间6月5日07:20,中途岛海区时间6月4日10:20,夏威夷时间12:20。天气晴朗,波高。

联合舰队

四、浮动的熔炉

祸从天降

许多年后,已经成为一名传教士的渊田美津雄在其回忆录《中途岛海战》里不无惋惜地提到所谓"命运之五分钟"。按照前海军大佐貌似恭谨的说法,南云在10:20左右已经做好了起飞第二攻击波的准备。仅仅是因为运气太坏的缘故,正当第1航空舰队开始逆风航行、准备于5分钟后起飞攻击队时,"企业"号和"约克城"号的SBD机群突然出现在它们上空,一举决定了战役的胜负。"谁能料到在这短暂的瞬息之间,战局会发生彻底改变呢!"

错了,错得太多了。事实是:不仅甘利洋侦察机在07:28时发现的美舰位置是错误的,南云舰队的换弹速度也远没有快到足以在10:25就发动第二波进攻的程度。

从印度洋海战中南云发现"多塞特郡"号和"康沃尔"号、随后下令第五航空战队更换炸弹为鱼雷的记录看,机动部队将鱼雷更换为800公斤陆用炸弹所需的时间为1小时30分,陆用炸弹换回鱼雷的时间亦同(尚不包括将鱼雷和炸弹自仓库中取出的时间),也就是说,即使南云忠一从08:00起就连续两次换装,他的第二波攻击队也要到11:00时才具备出击的能力,何况他还要抽时间降落第一波飞机!

作为参考,当时机动部队鱼雷和炸弹的换装工作所需时间如下:

鱼雷→250公斤炸弹:2小时30分

鱼雷→800公斤通常炸弹:1小时30分

鱼雷→800公斤陆用炸弹:2小时30分

250公斤炸弹→鱼雷:2小时

800公斤通常炸弹→鱼雷:2小时

800公斤陆用炸弹→鱼雷:1小时30分

不过,所有人都承认,麦克拉斯基的SBD是以一种如同神来之笔的方式出现在第一航空战队上空的。其时云高3000公尺,高空直掩队的零式战机已经降落在甲板上。"赤城"号的瞭望哨以近乎绝望的语气尖声高喊道:"俯冲轰炸机!"少数机炮调转方向朝敌机开火,但为时已晚。6架SBD的黑影朝"赤城"号垂直俯冲下来,越来越大,随后就是两声巨响。夺目的闪光之后,"赤城"号几乎被爆炸的气浪抛离水面,躲在飞行指挥所防弹护板后面的渊田美津雄注意到,中部升降机已经被炸得"像一块烧卷了的玻璃板"。

■ 小克拉伦斯·韦德·麦克拉斯基(1902—1976),纽约州布法罗人,1929年成为海军飞行员,1942年6月成为"企业"号航空指挥官,在中途岛战役中率队击沉"赤城"号与"加贺"号。他为此获得海军十字勋章。战争后期,他成为"科雷吉多尔"(USS Corregidor, CVE-58)号护航航母舰长。战后从事参谋及岸上职务,朝鲜战争期间任第1及第5舰队参谋长,1956年以海军少将军衔退役。美国海军一艘导弹护卫舰(USS McClusky, FFG-41)以其命名,美国海军航空兵每年颁发的最优秀攻击机中队奖状也取名为"韦德·麦克拉斯基奖"。

10:26,麦克拉斯基中队6架SBD投下的6枚227公斤炸弹有两发命中"赤城"号,一发在中部升降机之后,将甲板砸出一个大洞,穿入机库后爆炸;一发在飞行甲板左后方。那些零乱地摆放在机库内的鱼雷和炸弹首先发生爆炸,致命的碎片到处飞舞,随后飞行甲板

■ 中途岛海战中,"约克城"号甲板上的VB-5中队SBD俯冲轰炸机。该中队炸沉了"苍龙"号航母。

上装好了鱼雷、加满油等待起飞的"九七"鱼雷机也开始爆炸,火势越发无法控制。每一次爆炸都震撼着舰桥,浓烟从熊熊燃烧的机库直冲过道,进入舰桥和搭乘员待机室,南云忠一和他的幕僚们不得不四处躲避,"赤城"号失去了指挥能力。

渊田中佐随手抓过一个降落伞绳套当作枕头,绝望地躺倒在防空指挥所的平台上,他就在那里呆呆地注视着天空。在他下面的海水里,盖伊少尉兴奋地望着这一切。30个小时后,少尉被一架PBY救起,据他描述,爆炸时的"赤城"号活像"一条火龙"。

在"赤城"号中弹的同时,麦克拉斯基的另外6架SBD攻击了"加贺"号。该舰被连续命中4弹,分别在飞行甲板的前、中、后段和舰桥附近爆炸。击中舰桥旁边的炸弹引爆了停在那里的一辆小加油车,整个舰桥和四周的甲板区顿时起火,舰长冈田次作大佐和舰桥上的所有人员全部战死,只好由飞行长天谷孝久中佐接管指挥权。

尽管损管人员拼命想控制火势的蔓延,但从爆炸的飞机上流出的汽油已经淌遍了整个甲板和机库,舰上一无照明,二无电力。天谷下令将天皇御容转移到护航的驱逐舰上。在"加贺"号垂死的最后时刻,有人注意到一艘美国潜艇的潜望镜露出水面,向航母发射了3枚鱼雷,但是都没有命中。"加贺"号在16:40时弃舰,人员转移到"荻风"号和"舞风"号驱逐舰上。19:25时,"加贺"号内部传出两次猛烈爆炸,舰身断裂并迅速下沉,三分之一的舰员——约

联合舰队

800人——随舰沉没。

"苍龙"号比"加贺"号少中一颗炸弹——不过这并没有多少区别。攻击该舰的是来自"约克城"号的VB-5,该中队虽然起飞较靠后,但是在半路上刚好收到关于日军航母正确位置的电报。所以他们虽然晚出发近1小时,却能紧跟在麦克拉斯基之后,几乎与其同时抵达战场——即使事先进行排练,也不可能把时间掌握得这么巧。

此时第一航空战队的两艘航母已被炸中,它们集中火力攻击了"苍龙"号。"无畏"顺着阳光,利用间歇云的掩护向日舰俯冲,3枚炸弹均匀地落在"苍龙"号3部升降机之前,整个飞行甲板立刻被烈焰所笼罩,四处堆放的鱼雷和炸弹不断被引爆。中弹后10分钟,"苍龙"的主机停止运转,机库随后也发生剧烈爆炸,很多站在甲板上的人被弹入水中,更多的人跳海以躲避火焰。柳本柳作舰长尽力挽救,无奈大势已去,只得下令弃舰,他本人留在舰桥上与航母共存亡。伴航的驱逐舰上有人唱起了《君之代》。许多年后,最后一个离开"苍龙"号舰桥的阿部兵曹回忆说,他听到柳本舰长也在唱。

6月4日19:13,"苍龙"号的舰尾首先下沉,舰首高高耸立,停留了数秒钟,然后迅速沉没。柳本柳作以下718人随舰沉没。

10:26到10:30,短短4分钟,决定了日本帝国的命运。"企业"号的SBD只损失14架,"约克城"号损失2架,美国人在整个6月4日清晨所遭遇的坏运气,如今以一种恰当的方式全部赢了回来。源田实走到防空指

■ 第2航空战队司令官山口多闻少将（1892-1942）,东京市人,海兵第40期第2名出身。1921年留学于美国普林斯顿大学,历任第1潜水战队参谋、军令部参谋、伦敦海军会议全权委员随员、联合舰队兼第1舰队参谋、海大教官、战列舰"伊势"舰长、第5舰队参谋长。1940年山口转任第1联合航空队司令官,后又任第2航空战队司令官,统帅"飞龙"、"苍龙"号参与了珍珠港至中途岛的历次战役,中途岛海战后半段指挥"飞龙"号重创"约克城"号。如果说南云的性格过于怯懦游移,则山口就是失之莽撞,不过日本海军似乎一贯推崇此种蛮勇之人。山口最后随"飞龙"号沉没,战死前一天刚刚升任海军中将。

挥所上,看了一眼失望的渊田美津雄,只说了一句话："完了。"

所有幕僚再也不发一言。草鹿龙之介参谋长建议立即把司令旗移到轻巡洋舰"长良"号,南云勉强同意。由于舰桥下的过道全部起火,指挥人员不得不通过一条绳子从下部舰桥的前窗滑到舷侧的过道,随后扶绳梯下到"长良"号的汽艇。此时南云再度冲动起来,他表示:自己要恪守日本海军之传统,与旗舰共存亡。草鹿再也按捺不住了,他几乎是贴着中将的耳朵怒吼起来："应当与飞龙一起继续战斗！"

无谓的坚持停止了,11:06,所有人都开始了毫无风度的逃命。参谋们抓住绳子往下滑,矮胖的草鹿差点挤在窗户里出不去,多亏有人推了他几把,不过还是脱手摔到飞行甲板上,扭伤了踝骨。除了青木泰二郎舰长留下来继续组织灭火,渊田美津雄最后一

个离开窗口。此时绳子已经被火烧着了，渊田被爆炸的气浪高高抛到半空，接着又重重地摔在飞行甲板上，踝骨和双腿都摔断了。两名士兵从浓烟中冲上来，把他抱进绳网，荡到救生艇上。第1航空舰队飞行总队长从此告别了自己的空中生涯，再也没有能回到航空母舰上。

孤独的"飞龙"

"赤城"号的指挥和通信中断后，第8战队司令官阿部弘毅少将暂时接过了第1航空舰队的指挥权，第10战队司令官木村进少将率领"长良"号和6艘驱逐舰营救南云的司令部人员和3艘航母上的幸存者。11:30时，南云忠一改以"长良"为旗舰后，下令以第2航空战队司令官山口多闻接替航空作战指挥，残存的航母逐渐北撤，准备继续对美国航母发动反击。此时南云的手中只剩下一艘航母，但仍然不知道敌方母舰的数量。其实，"苍龙"号上起飞的一架新型"二式"舰载侦察机已经确认了美军的航母位置及数量，但该机因为无线电故障，一时无法

■ 6月4日傍晚，美机轰炸下奋力规避的"飞龙"号。

通报情况。

"飞龙"号位于其他3艘航母以北约2海里处，因此没有遭到SBD的痛击。指挥官山口少将是与南云忠一个性截然不同的人。他豪爽健谈，敢于决断，有古侠士之风。虽然指挥官过于好勇斗狠未必是一件好事，但在危急关头，恰恰需要这样的人来安定大局；从山口本身的角度看，他也"十分乐意"看到南云一败涂地，而由他——未来的民族英雄——来承担反击美军特混舰队、转败为胜的重任。

联合舰队

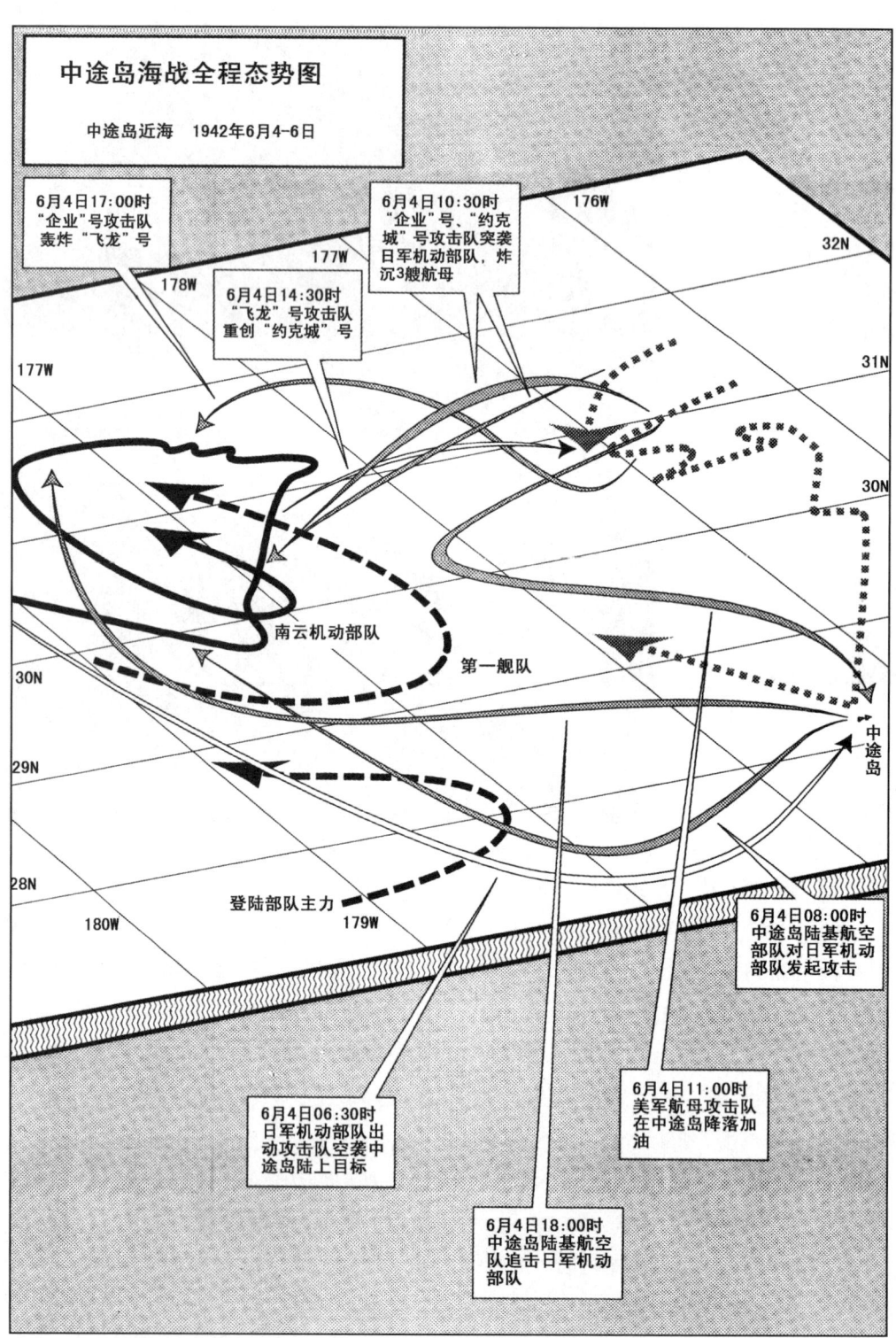

11：40时，还不等南云发出"攻击敌航母"的命令，山口就自"飞龙"号出动了24架的攻击队（"九九"轰炸机18架、零式战机6架）。由于友永丈市的鱼雷机队刚刚降到机库、还要准备再度袭击中途岛，现阶段山口可以使用的只有这24架飞机。它们由"飞龙"号分队长小林道雄大尉带队，从4000公尺高度飞向美舰。小林队隐蔽地跟上麦克拉斯基的SBD，朝着美国航母一路奔去。

"约克城"号当然看得到它们，雷达在80公里外发现了日军攻击队，18架"野猫"立即升空拦截。在"约克城"号以西20海里的空中，日军护航的零式战机被"野猫"截住，后者随后就消灭了"九九"轰炸机中的一半。不过还是有8架轰炸机飞抵目标上空，冒死实施攻击。第一架立即被高射炮击落；第二架投弹命中"约克城"号的1号升降机附近，下方的弹药舱一度起火；第三架未中，第四架炸中飞行甲板右舷中部，穿入机库后引爆了3架战斗机；第五、第六架两弹近失；第七架准确地把炸弹丢进烟囱。所有这些成功投弹的飞机中，只有2号机幸存。

"约克城"号连中3枚250公斤炸弹，特别是最后一弹炸坏了3台锅炉的烟道，锅炉气压下降。20分钟后，"约克城"号失去了航行能力。损管队员立即抽干航空汽油管道中的油料，防止母舰像珊瑚海的"列克星敦"号一样发生爆炸。

"飞龙"队损失了3架零式战机和13架

■ 6月5日清晨"凤翔"号舰载机拍摄到的"飞龙"号，前甲板因为中3颗炸弹严重损坏。此时"飞龙"已由己方驱逐舰追加鱼雷，但舰体仍漂浮在海面上。

联合舰队

"九九"轰炸机,包括长机小林机。返回母舰的轰炸机队员向山口多闻报告:本队击落美机7架,投弹6枚,至少有2枚250公斤炸弹命中1艘航母,使之丧失航行能力。此时,先前侦测到TF17准确位置的"苍龙"号"二式"舰载侦察机已经降落在"飞龙"号上,飞行员向山口少将报告:敌特混舰队包括3艘航母!

消息令人震惊。即使第一攻击波确实重创了其中一艘,对方依旧具有二比一的优势。"飞龙"号必须倾尽全力再度进行攻击。在上午完成了对中途岛轰炸行动的飞行队长友永丈市再度跨进座舱,他的座机左翼油箱已经受损,携带的燃料不足以支持完成攻击后返航,一旦出发,很可能有去无回,但他别无选择。

12:45时,"飞龙"号重新准备好了10架"九七"鱼雷机(各带1枚"九一"式航空鱼雷,其中1架来自"赤城"号)和6架零式战机(其中2架来自"加贺"号),这也是第二航空战队最后的攻击力量。16架飞机在山口的目送下起飞,人们默默地向它们招手告别,泪流满面。

山口少将不知道的是,"约克城"号的损管队员表现出了惊人的战斗力。飞行甲板被炸开的大洞仅用30分钟即修复完毕,轰炸引起的火灾也被迅速扑灭。到13:20,"约克城"号已经恢复到18节的航速。但是由于航空汽油管路清空,该舰的大部分飞机只能降落在"企业"号上补充燃料和弹药。弗莱彻把司令旗移到重巡洋舰"阿斯托里亚"(USS Astoria, CA-34)号上。11:30,当"飞龙"号第二波攻击队接近该舰时,"约克城"号的雷达发现目标,立即起飞14架战斗机截击。

友永大尉的雷击队在1500公尺高空悄悄接近了"约克城"号,截击的"野猫"位于3000公尺高度,意外地错过了目标。日机发现了正在前进的"约克城"号,误以为这是另一艘尚未被攻击过的航母,于是再度发起进攻。16架攻击队冒着前所未有的猛烈高射炮火向母舰逼近,有8架被当场击落,成功突入的8架中的5架"九七"鱼雷机成功发射了鱼雷。

"约克城"号左舷先后被命中两雷,其中一枚击中前部,炸开一个大洞,另一枚命中中部,破坏了燃油舱。"约克城"号3

■ TF17指挥官法兰克·弗莱彻少将(1885-1973)。作为一名舰队指挥官弗莱彻运气不佳,但他在战争初期最困难时期的贡献有目共睹。

■ 日军第一波空袭过后，燃起大火、正在抢救的"约克城"号。

个锅炉舱和前发电机房进水，也出现故障，再度停车。中雷后10分钟，舰体倾斜已达26度，燃油开始向全舰泄漏。14：45，"飞龙"号收到来自友永的告捷电报："两枚鱼雷命中舰艉。"此后大尉就失去了联络，再也没有人见过他。

16：30，第二航空战队第二波残存的5架"九七"鱼雷机和3架零式战机回到了"飞龙"号。由于没有意识到两次攻击的是同一艘航母，山口多闻的自信心几乎到了膨胀的地步：他越来越确信，已经有一艘美国航母被2枚250公斤炸弹重创，另一艘则身中2枚鱼雷，正在下沉。他和美军在航母数量上已经扯平到1艘对1艘的状况，创造历史的时刻即将到来！15：31时，"飞龙"号向"长良"号上的南云忠一报告："计划以现存全部兵力（轰炸机5架、鱼雷机5架、舰载战斗机10架）于黄昏时发起进攻，以歼灭残敌。"

很可惜，留给少将陶醉的时间总共还不到两小时。下午4时前，"约克城"号起飞的1架侦察机发现了"飞龙"号的位置。16：00，斯普鲁恩斯从"企业"号上起飞全部47架可用的SBD前往攻击"飞龙"号。

联合舰队

第一批24架"无畏"在17:00稍后找到"飞龙"号,当时后者的第三波攻击队尚未出发。SBD俯冲之后命中4枚炸弹,全部集中于飞行甲板中部和前部,"飞龙"号立刻成为一片火海。前部升降机被直接炸中,甲板向上翻卷,挡住了指挥区的视线,舰桥之前命中的一弹则震碎了舰桥上所有的玻璃,山口少将和加来止男舰长被浓烟和烈火包围了起来。

随着最后一艘完好的日本航母陷入绝境,6月5日的太阳渐渐滑向了海平线。21:23,"飞龙"号完全失去航速,舰体开始倾斜。又经过好几小时的焚烧,到6月5日02:30时(东京时间6月6日23:30时),山口多闻下令弃舰,幸存者向驱逐舰"风云"号转移。司令官本人以水代酒,与幕僚们黯然话别,加来止男大佐和他一起留在舰桥上与舰共存亡。

6月5日05:10,驱逐舰"卷云"号发射两枚鱼雷命中了"飞龙"号,在震耳欲聋的爆炸声中,第10驱逐队司令阿部俊雄大佐向上峰报告:"'飞龙'号已被击沉。"山口少将以下416人阵亡,舰体残骸一直漂浮到08:20左右才沉没。大部分幸存者已被驱逐舰转移走,34名最后逃出的舰员挤在一条救生艇上(包括"飞龙"号机关长相宗邦造中佐,此公在分配有限的食物和淡水时企图多沾多得,差点被愤怒的水兵丢进海里),随后被美舰救起,在俘房营里待到了战争结束。

中途岛最后的光荣属于"约克城"号。被友永的雷击队命中两枚鱼雷之后,该舰一度无可救药,17:58,舰长下令弃舰。但"约克城"号顽强地浮在水面上,美军于是又派出损管队上舰抢修,并由驱逐舰"哈曼"(USS Hammann,DD-412)号护航,缓慢地撤向珍珠港。6月5日下午

■ 6月4日下午,全舰起火、主机停转的"约克城"号。

16:30时，先前侦察过中途岛的日本潜艇"伊-168"号出现在编队附近，对该舰发射了4枚鱼雷，其中2枚命中"约克城"号，1枚命中"哈曼"号。伤痕累累的航母又在海上坚持了一整夜，最终没能创造奇迹。

6月6日04:58，在绚丽的晨曦中，"约克城"号翻倒入水，各驱逐舰均下半旗，全体人员脱帽肃立。以这种方式向以独立战争爆发地命名的巨舰告别。

弗莱彻失去了自己的旗舰，大西洋舰队司令英格索尔（Royal Eason Ingersoll）上将失去了自己的儿子——小罗亚尔·英格索尔，他是"大黄蜂"号一位前途远大的青年军官，6月4日上午，当一架受伤的"野猫"战斗机降落在母舰甲板上时，没有关上保险的机枪受震开火了，小英格索尔当场殉职——为了这场胜利，高级将领和普通士兵都付出了巨大的代价。所以胜利更加显得弥足珍贵。

最后的撤退

6月4日11:28，即南云忠一转移到"长良"号轻巡洋舰前两分钟，临时旗舰接到了1架水上飞机20分钟前发回的报告："敌离我部队90海里，方位中途岛070度。08:10时（东京时间，当地时间为11:10时）。"主任参谋大石保中佐提出，虽然3艘航母已失去战斗力，但"飞龙"号仍在奋战，南云自己手里也还有2艘高速战列舰、2艘重巡洋舰、1艘轻巡洋舰和12艘驱逐舰，如果在水面决战中遭遇，也许尚有机会。

08:59时，南云下令除第二航空战队（"飞龙"号）北行反击外，其余部队向他集中。11:50时，"长良"号向遥远的"大和"号发出电报："由于07:30时（10:30时）左右遭敌机轰炸攻击，赤城、加贺和苍龙受到相当损坏，发生大火，以致失去战斗力。我已转移到长良，打算在攻击敌人后带领部队北撤……"但在没有空中掩护的情况下，直奔敌人而去不过是自杀。南云本人也很清楚这一点，他的"攻击敌人"更像是对失败的一种掩饰。10:30前后，失去了航母的第1航空舰队开始转向北撤。

太阳西沉，第1航空舰队的最后一艘航母"飞龙"号开始下沉。负伤的草鹿和渊田急急地把源田实找来，询问南云的下一步打算。答案很耸人听闻："夜战。"这又是胡说八道，正确的答案应该是：因为害怕承担全盘战败的责任，所以谁也不敢首先提议撤退。

源田安慰两个伤号说："没什么可担心的。我们还有许多军舰和船只，以及散布在太平洋上的基地，好比不沉的航空母舰。虽说攻敌有困难，自保总是无虞的。"这就胡说得更厉害了，谁都知道防御就意味着消耗，在消耗战中日本必死无疑，而此次决定性的攻击战役——"MI作战"——已经失败了。这时，大石保参谋主动提出承担战败责任，并表示自己将自杀谢罪。草鹿气恼地斥责了大石，他表示：第1航空舰队的每一员都应当努力活下去，争取反败为胜。

第1航空舰队的每一个人都不愿承担责

联合舰队

任。那么，最后的苦果只能等"MI作战"的始作俑者——山本大将来咽下。

山本五十六在东京时间6月5日07：50时接到报告："赤城、加贺、苍龙发生大火。"随后，他一度发出多道命令，要求北方集团和南方集团的3艘航母向中途岛加速前进，同时也企图在夜间趁美机不能升空作战之时，用高速战列舰冲向美军舰队、以大口径舰炮解决。但是他的主力部队离南云太远，一向小心谨慎的斯普鲁恩斯在入夜之后又很慎重地把舰队退回东方，日军战列舰在天明之前无法追上美舰，南、北两集团的兵力也来不及赶到战场。诸多不利因素之下，山本只有在6月6日凌晨下令撤退。在此之前，他下令驱逐舰击沉自己曾经担任舰长的"赤城"号。

在早晨中弹之后，"赤城"号一度努力控制火势，但烈火继续蔓延，机舱人员全部遇难。到18：00时，青木舰长下令弃舰，他本人把自己绑在锚上待毙。6月6日00：50时（中途岛海域时间6月5日03：50时），山本下达了处分该舰的命令，驱逐舰"野分"号等4艘承担这一倒霉的工作，意外地开创了该舰作为日本帝国海军"补枪王"的传奇生涯。

在20分钟内，4艘驱逐舰都射出了鱼雷，7分钟后，巨大的航空母舰被海水淹没，263名舰员阵亡，青木舰长和三浦义四郎航海长在最后时刻转移到驱逐舰上。此时为东京时间6月6日01：55，当地时间6月5日04：55。在中途岛海域，离日出还有几分钟。

灾难并未结束。6月5日10：10，山本一度命令距中途岛最近的近藤部队乘夜炮击并摧毁中途岛的航空基地，该部队先导的栗田健男第7战队一路向目标挺进。到6月6日夜间，却又接到全军撤退令，第7战队连忙回转，匆忙中"最上"号和"三隈"号在浓雾中相撞，"最上"号遭到重创，航速大减，"三隈"号留下来陪伴姊妹舰。6月7日天明之后，美机一波又一波地赶来轰炸，"三隈"号终于葬身海底，原先负伤较重的"最上"号反而挣扎回到特鲁克泊地。

同一天，日军北方部队在阴冷的阿图岛和基思卡岛登陆，顺利完成了"AL作战"。但相对于在中途岛遭受的损失，这种"收获"实在微不足道。

12月10日清晨，疲惫的"长良"号缓缓靠上"大和"号舷侧。早上8点刚过，草鹿、大石、源田实和副官迈着沉重的步子登上了旗舰，山本、宇垣、黑岛、渡边安次、佐佐木彰（联合舰队航空乙参谋）、有马馨（"大和"舰长）列队迎接他们。第1航空舰队的4名代表穿着厚厚的冬服，显得精疲力竭。草鹿作了长篇汇报，报告照例冗长而紊乱，最后以一句真诚直率的恳求结尾："战斗失策，忍辱生还，唯望哀仇一念。南云长官与卑职愿亲手雪恨，但不知何以如愿，愿长官赐教。"

山本似乎被打动了。他热泪盈眶，重重地点了一下头。

草鹿乘机为南云忠一开脱。他描述

说，当第1航空舰队司令部从烈火熊熊的"赤城"号向"长良"号转移时，南云曾执意不走，要留下殉职。这时山本打断了他："不，不能怪南云，我应当负全部责任。如果说要有人为中途岛败北切腹谢罪的话，那也应该是我。"

中途岛之战的帷幕，就这样戛然落下。

没有运气，只有公平。有太多论据被历代研究者用来证明"运气"在此战中的价值，但当我们注意到幸运之神青睐双方的次数大致对等时，自然可以断言：优秀的计划与英明的指挥才是胜利的试金石。

日本人有太多需要总结的地方，他们的全盘规划是如此不可思议——无论登陆中途岛还是攻占阿留申群岛都只是次要的战术任务，真正的目标是诱出美国舰队主力并予以消灭；但在实际作战中，优先考虑的却是战术需要，一切围绕着登陆部队运转：不等第五航空战队（"翔鹤"、"瑞鹤"号）补充完毕就发起作战的一个原因竟然是"6月初的月光可以为登陆提供理想的光照"。整个舰队的行动又必须考虑到缓慢的运输船队。

从集中力量的基本军事原则上说，山本分出2艘航母前往阿留申群岛已是败笔，

■ 6月4日傍晚，在"哈曼"号驱逐舰保护下的"约克城"号，舰体已经严重倾斜。

联合舰队

■ 被美机炸成重伤、舰员已经弃舰的"三隈"号。从中途岛上起飞的海军陆战队VMSB-241中队飞行员理查德·弗莱明(预备役中尉)驾驶着他燃烧的SB2U俯冲轰炸机,撞中了"三隈"号的后炮塔,引发强烈爆炸。弗莱明中尉被追授合众国最高军事荣誉——国会荣誉勋章,这是第二次世界大战期间美国海军陆战队人员获得的82枚勋章中的第一枚。1943年,美国海军用弗莱明的名字命名了一艘新的护航驱逐舰(USS Fleming,DE-32)。

主战场中减少到4艘航母的南云舰队,不足以同时用于空袭中途岛和消灭拥有3艘航母的美军战列舰队。而山本率领的主队除了在后方麻木地听着机动部队被歼灭的消息外,几乎毫无作为。

当破译了日方情报的美国舰队在6月4日突然出现在中途岛海面时,所谓"命运之五分钟"不过是日本人可怜的遮羞布罢了。

1942年6月6日,《檀香山明星报》晚间版发表了尼米兹上将一则精彩至极的评论:"对日本来说,这是自16世纪末期被朝鲜李舜臣的军队击败以来的首次惨败。……我们大体已在达到目标的中途。"

这段话也许不能概括一切,比如弗莱彻少将的海上服役生涯。他在6个月后"萨拉托加"号的一次战损中受了轻伤,从此再也没能担任海上指挥官。但是,在他的履历里有这么一句:"在中途岛海战中,曾任指挥官。"

对一位海军军官来说,没有比这更显赫的荣耀了。

熔炉瓜达尔卡纳尔

——所罗门群岛争夺战(一)

联合舰队

■ 所罗门海战中,遭日机直击弹命中后起火燃烧的"企业"号。空中是高射炮弹爆炸形成的烟雾。

一、聚焦瓜达尔卡纳尔

中途岛战役以日本的惨败告终。现在,争夺的焦点重新回到了西南太平洋。

MI作战失利后,兵力不足的日本联合舰队被迫暂时放弃后续的澳北遮断作战(F.S作战)。但从长远上看,只有加强对美澳之间海上交通线的控制,才能从容应对即将到来的盟国反攻。这一次,日本人决定抢先采取行动,一方面恢复自新几内亚北岸向莫尔兹比港的陆上进攻,另一方面把航空基地推进到所罗门群岛南部和新几内亚东部,夺取该地区的空中控制权。

为实施东南方面作战,参谋本部(大本营陆军部)在1942年5月18日宣布成立第十七军,以百武晴吉中将为司令官,下辖南海支队、一木支队、青叶支队等共13个联队,集结于新几内亚东部。由于珊瑚海之战中日方已经夺取了图拉吉岛,现在他们正从这里伸出毒蛇的信子,向周围一路舔舐过去。

美国人的注意力也在向这个方向转移。中途岛之战胜利后,夏威夷方面的压力已经解除,美国陆海军的矛盾也立刻趋于表面化。作为西南太平洋战区总指挥的麦克阿瑟陆军上将和太平洋舰队司令尼米兹海军上将都希望以自己的军种为主导,恢复对西南太平洋方向,尤其是所罗门群岛和新几内亚的进攻,一方面阻止日军继续前进,另一方面作为反攻的前进基地。

为协调攻击目标和指挥权方面的问题,1942年7月2日,美国参谋长联席会议发布了一项指示:西南太平洋战区的美军应首先向拉包尔推进,再进攻所罗门群岛,最后攻占新几内亚海岸。这次大行动将分为三个阶段：第一步，夺取圣克鲁斯群岛、图拉吉岛及附近岛屿，建立航空基地；第二步，同时从南所罗门和新几内亚两个方向发动进攻，进占所罗门群岛其他岛屿和新几内亚南部，进攻矛头指向拉包尔；最后，彻底占领拉包尔和俾斯麦群岛。为了争夺时间，早在当年3月，美军就着手在新赫布里底群岛（New Hebrides，今瓦努阿图）等地修建机场，并开始将海军陆战队第1师由美国本土运往新西兰。

反攻西南太平洋方面的第一阶段作战代号为"瞭望塔行动"（Operation Watchtower），发起时间为8月1日。从整体上看，"瞭望塔"作战的主攻方向将是新几内亚，目标是以拉包尔为中心的日军核心占领区，所罗门群岛只是辅助进攻方向，作用是掩护新几内亚的侧翼。为方便战场指挥，行动取消了西南太平洋战区司令部与整个太平洋战区司令部之间的界限，规定由尼米兹统一指挥所罗门地区的作战，其余两阶段行动则由麦克阿瑟负责。

5月12日，太平洋战区组建了南太平洋部队，以罗伯特·戈姆利中将（Robert L. Ghormley）为司令，司令部设在新喀里多尼亚首府努美阿（Noumea）。南太平洋部队的基本兵力为第61、62特混编队（以下简称TF61、TF62），其中TF61为航母机动部队，编成内包含"萨拉托加"号、"企业"号两艘太平洋舰队的老舰，以及新从大西洋调来的"黄蜂"号航母（USS Wasp, CV-7），为航母提供护卫的是刚刚服役的"北卡罗来纳"号战列舰（USS North Carolina, BB-55）；TF62为巡洋舰部队，

■ 1942年8月7日，美国海军陆战队在瓜岛"红滩"登陆。

联合舰队

■ 美军飞机对加瓦图岛（Gavutu）的日军水上飞机基地展开猛烈空袭，随后由第一伞兵营在岛上空降，将其夺占。

编成内包含8艘巡洋舰和16艘驱逐舰。已经兼任海军作战部长的欧内斯特·金上将对"瞭望塔行动"表示了支持，希望借此一鼓作气，形成对日战略优势。

"瞭望塔"作战计划发布后第四天，一架侦察机从南所罗门传来了意外的坏消息：日本人从图拉吉岛派出了一支小小的部队到已被英国人放弃的瓜达尔卡纳尔岛，并开始在隆加角（Lunga Point）修筑一个野战机场！

瓜达尔卡纳尔岛位于所罗门群岛东南，长145公里，宽40公里，总面积约6500平方公里，是英属所罗门群岛中最大的一个岛。这里群山陡峭，草地茂密，雨林和沼泽散发着恶臭，显然不是什么有益健康的诱人之地。日本人的第一批工兵包括门前鼎大佐的第11设营队2000人（其中包括不少朝鲜劳工），最近又补充了冈村德长少佐指挥的1个中队海军陆战队和700人的第13设营队，装备2门旧式小口径山炮和3挺机枪。这支部队本身无足轻重，但一旦日本人的机场落成、部署进基地航空队（隆加角机场的规模足以供60架一式鱼雷机和45架零式战机使用），盟军向所罗门群岛和珊瑚海方向推进的所有行动都会受到威胁。尼米兹果断决定：调整之前以新几内亚为中心的战略目标，马上出兵瓜达尔卡纳尔岛，夺取机场。

随后的几个星期里，美国人开始紧张地调兵遣将，即时制订作战计划。尼米兹把瓜岛作战的指挥权交给了戈姆利，而以弗莱彻为重要的TF61总指挥，旗舰设在"萨拉托加"号上。登陆行动由里奇蒙德·特纳少将（Richmond K. Turner）直接负责，皇家澳大利亚海军的维克托·克鲁奇利少将（Victor Crutchley）指挥巡洋舰部队TF44负责掩护。

登陆部队的主力是美国海军陆战队第1师的19000名官兵（含陆战第2师的一个团），指挥官为亚历山大·范德格里夫特少将（Alexander A. Vandegrift），分装在19艘运输船上。部署在斐济、新喀里多尼亚（New Caledonia）和新赫布里底群岛机场的陆军航空兵以及TF61的3艘航母将为他们提供空中支援。登陆运输队分为两个编队，较大的一队负责攻占瓜岛，较小的一队攻占图拉吉岛和附近的佛罗里达岛（Florida）。

从7月26日到8月1日，美军连续召开作战会议，并在斐济岛进行了登陆演习。确认一切就绪后，各登陆部队和支援舰艇开始朝目标海域发进。

8月7日01:00时，美军登陆运输队到达瓜岛西北约10海里处，随后分别开往两个目标岛屿。尽管从图拉吉岛水上飞机基地起飞的一架日军九七式大艇在6日傍晚曾发现美舰，但立即被F4F击落。日军并未作出任何反应。

7日凌晨，猛烈的炮击和舰载机的轰炸打破了所罗门南部的宁静。在一顿狂轰滥炸之后，09:00时，第一批美国海军陆战队开始登陆。行动进展得十分顺利，到8日傍晚，陆战一师已有11000多人上岸，顺利占领了岛上的机场（完工度80%）、仓库、通信和发电所等重要设施。面对晴天霹雳式的奇袭，2940名日本工兵大部分逃入山地和丛林，美国人在机场附近找到了大量食物、啤酒、补给品、工程器械和13具死尸——巧合的是，日本人原计划在8月7日开始启用新机场，部署第6航空队的零式战机，现在却被美国人摘了桃子。

十天后，瓜岛机场正式完工，范德格里夫特将它命名为"亨德森机场"（Henderson Field），以纪念中途岛战役中英勇牺牲的海军陆战队航空兵VMSB-241中队长洛夫顿·亨德森少校（Lofton Henderson）。

图拉吉岛的战斗相对艰难一些。日军在这里驻扎有设营队140人、横滨航空队的航空部队400人和警备部队200人，水上飞机基地部署有横空的15架九七式、二式大艇和二式水上战斗机（装有浮舟的零式战机），守军依托地势，抵抗得很顽强。战斗持续到8日，上岸的6000名美国海军陆战队员终于将日本守军消灭得干干净净，己方只牺牲122人。

二、第一次所罗门海战

第八舰队出击

1942年8月7日晨，瓜岛和图拉吉岛同时遭到了美军登陆部队的猛烈攻击。04:12时，图拉吉岛守军率先发出"敌军猛烈轰炸中"的紧急电报，请求联合舰队增援。此后急电持续了两小时，06:10时，横滨航空队司令官宫崎重敏大佐从岛上拍来最后一封电报："敌军兵力强大，将守至最后一兵。祈祷武运长久。"随后音讯全无。

在放弃东部新几内亚岛和莫尔兹比港攻占作战之后，大本营海军部于1942年7月14日发表新编第八舰队，下辖第6、第18战队，第30驱逐队，第7潜水战队和第7、第8根据地队，主要负责南太平洋方面作战。第八舰队的主力配置在拉包尔，另向莱城、萨拉莫阿及所罗门方向各派出一部分兵力，此外海军还派出第25航空战队（飞机150架，驻拉包尔基地）协同作战。

第八舰队司令长官三川军一中将和第

联合舰队

25航空战队司令官山田定义少将在第一时间接收到了来自图拉吉岛的求援电报，山田随即从拉包尔派出第4航空队的27架一式鱼雷机和台南航空队的18架零式战机，飞往550海里外的瓜岛攻击美军登陆船队。"黄蜂"号、"萨拉托加"号和"企业"号的雷达提前发现目标，派出62架F4F"野猫"战斗机设伏，日军有5架鱼雷机、2架零式战机被击落，"野猫"损失11架。当天08：45，山田还自拉包尔派出第2航空队的9架九九式轰炸机，但这9机只炸伤1艘美国驱逐舰，自己却全部损失。

三川军一认为，要挽救所罗门战局，就必须亲率舰队出击。8月7日05：30时，他不待联合舰队司令部做出指示，早早下令驻泊在拉包尔的第八舰队主力准备起航。按照图拉吉岛守军先前发回的电报，瓜岛水域有美国航母，而第八舰队则整合仓促、没有进行过多少联合训练。不过三川对麾下部队的夜战和水雷战能力充满信心，他决心采用最原始的单纵阵，在8日白天接近战场，首先隐蔽；待夜幕降临、美军航母退去后，出其不意地杀入滩头，对尚未卸载完人员和物资的美军登陆船队施行"迅雷不及掩耳"的袭击。而这个大胆的攻势作战的策划者，就是舰队首席参谋、后来暴得大名的"参谋精英"神重德大佐。

8月7日下午，第八舰队主力缓缓驶出拉包尔泊地，三川以五藤存知少将指挥第6战队（重巡洋舰青叶、加古、古鹰、衣笠），松山光治少将指挥第18战队（轻巡洋舰天龙、夕张，驱逐舰夕止），中将本人坐

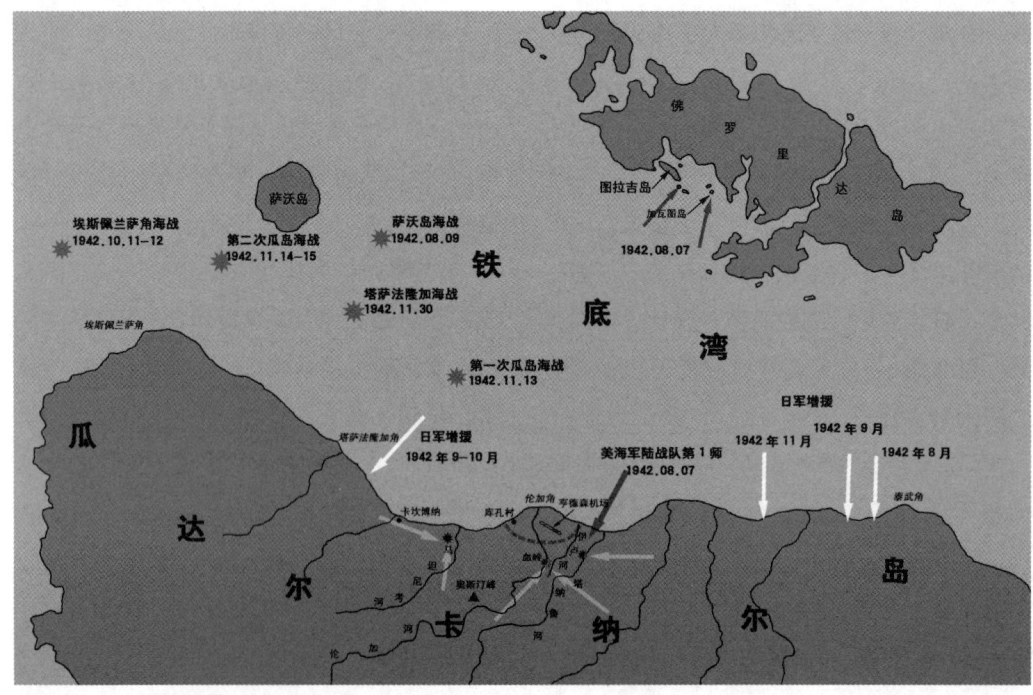

■ 瓜岛之战全程态势。

■ 第八舰队司令长官三川军一中将（1888—1981），广岛人，海兵第38期出身，历任重巡洋舰青叶、鸟海、战列舰雾岛舰长，第二舰队参谋长等职。开战时任第三舰队司令官，瓜岛战役开始后指挥第八舰队取得第一次所罗门海战的胜利。战争末期三川出任第三南遣舰队司令长官，以中将衔退役。

镇旗舰——重巡洋舰鸟海，居中指挥。傍晚的海面风平浪静，三川舰队朝着所罗门海面一路杀去。

三川的旗舰重巡洋舰鸟海一马当先，取预定方向全速前进，7日晚已经抵达布卡岛北方海域。翌日（8日）黎明，三川舰队行至布干维尔岛东北约60海里处时，山田第25航空战队的侦察机向他通报了瓜岛附近敌情。空中侦察显示，美国航空母舰不在霍尼亚拉泊地（Honiara），不过侦察机没有找到三川最关心的美军护航编队。假如美军在霍尼亚拉港附近有巡逻的巡洋舰，第八舰队就必须先经历一场恶战，才能收拾弱小的登陆船队。中将打算边走边看。侦察机还报告说，霍尼亚拉泊地内的运输船大约有30艘，正在卸载人员和物资。

8日04：00，鸟海和天龙、夕张弹射了4架水上侦察机（鸟海2机），它们朝着霍尼亚拉停泊场和瓜岛东方海面飞去。4个小时后，水上侦察机相继发回报告："除运输船以外尚有大量舰艇。"11：00时，4架水上侦察机全部顺利回收。综合之前基地航空队的侦察报告，三川军一判断他正面的美军护航编队至少有战列舰1艘、巡洋舰4艘、驱逐舰9艘，运输船应该在15艘以上。由于所有侦察机都肯定没有发现航母，中将估计至少在8日21：00之前，敌机动部队应该位于瓜岛周边250海里之外，不至于妨碍他的行动。虽然存在着美国航母突然变向返回瓜岛、在日落前发现第八舰队的可能，但概率不算很大，至少在整个8日里，他的巡洋舰是安全的。

那么，三川军一最担心的美军航母究竟跑到哪里去了呢？

8月8日上午，拉包尔的山田少将再度派出23架一式鱼雷机和14架零式战机空袭图拉吉海上的美军运输船队，遭到对方防空炮火一阵痛打，损失了18架鱼雷机和1架零式战机，战果仅仅是撞毁了"乔治·埃利奥特"号运输船（SS George F. Elliot），击伤"贾维斯"号驱逐舰（USS Jarvis, DD-393）。虽然滩头的物资和人员安然无恙，但卸货过程几次被空袭打断，到8日黄昏，只有四分之一的运输船完成了卸载。其余船只不得不留在停泊场里过夜，等待次日天明后继续工作。

从8月7日起到8月8日清晨，弗莱彻的TF61一直在登陆场附近提供空中掩护，现在他也开始担忧了。迄今为止日本人的空袭还没有伤及战列舰，但"野猫"也损失了21架，压力始终很大。中将是个运气很差的指挥官，在珊瑚海丢掉了"列克星敦"号，在中途岛丢掉了"约克城"号，现在他手里的3艘航母是太平洋上美军仅有的机动力量，一旦有所差池，后果不堪设想。弗莱彻担

联合舰队

心日军会利用消耗战"榨干"他，决定主动后撤，将母舰退到日军基地航空队的航程之外以保存实力。他向留在努美阿的戈姆利发电："我舰队正面之日本鱼雷机技术与性能均十分优秀，请求立即撤回航母部队。"随后不等对方回复，就开始南下。到8日16:00时，弗莱彻的航母已经撤至距萨沃岛120海里的圣伊莎贝尔岛（St. Isabel）西北海上。这个决定后来成为他海上生涯最大的污点。

美国航母不在附近，三川立刻松了一口气，马上坚定了突入霍尼亚拉泊地的决心。09:10时，舰队位于布干维尔岛南方海面，鸟海向东南方面部队指挥官、第十一航空舰队司令长官冢原二四三中将、联合舰队司令长官山本大将和军令部总长永野修身大将发报，通报了侦察机的搜索结果，并表示："收容飞机之后，次第沿布干维尔海峡南下，自圣伊莎贝尔岛与科隆班加拉岛间高速突破，20:30左右杀到瓜达尔卡纳尔泊地，施以奇袭后急速避退。"

11:00时，水上侦察机收容结束后，第八舰队开始以20节航速南下，13:30时通过了布干维尔水道，随后加速到26节，进入拉塞尔岛和韦拉拉韦拉岛之间的水域。不久，夕阳西下，黑夜掩盖了第八舰队的航迹。虽然早晨曾有澳大利亚侦察机出现在舰队附近，但由于美国航母已经撤出，所以日舰并未遭到空袭。

东京时间16:42（当地时间17:40），旗舰鸟海的桅杆上挂起了三川的训示信号："发扬帝国海军之夜战传统，期待突入之必胜。各自冷静沉着，恪尽全力。"

"六分钟大捷"

弗莱彻的航母自作主张撤退后，登陆行动总指挥特纳少将与陆上部队指挥官范德格里夫特、警戒舰队指挥官克鲁奇利进行了商议，决定运输船在拂晓后一次性卸载最重要的物资；9日上午，不管全部物资是否卸载完毕，船只都要从停泊场撤出。克鲁奇利已经估计到了日军可能趁夜前来寻战，因此抓紧在泊地周边设置了三群警戒舰：

首先，在萨沃岛（Savo）与瓜达尔卡纳尔岛之间宽约7海里的南方水道，配备了澳大利亚重巡洋舰"澳大利亚"号（HMAS Australia，旗舰）、"堪培拉"号（HMAS Canberra），美国重巡洋舰"芝加哥"号、驱逐舰"帕特森"号（USS Patterson, DD-392）和"巴格利"号（USS Bagley, DD-386）5艘军舰（其中"澳大利亚"号因为特纳的召唤，在18:30离开编队单独行进到隆加角附近，让克鲁奇利上岸参加军事会议）。

其次，在萨沃岛和佛罗里达岛之间宽约3海里的北方水道，配备了美国重巡洋舰"文森斯"号（USS Vincennes, CA-44）、"阿斯托里亚"号和"昆西"号（USS Quincy, CA-39），驱逐舰"赫尔姆"号（USS Helm, DD-388）和"威尔逊"号（USS Wilson, DD-408）。

最后，在图拉吉岛东方的佛罗里达岛和瓜岛之间的东方水道上，配备了美国轻巡洋舰"圣胡安"号（USS San Juan,

■ 第八舰队巡洋舰"鸟海"号，参加了第一次所罗门海战和埃斯佩兰斯角夜战。

■ 重巡洋舰"加古"号，属古鹰级，装203mm主炮6门和8具鱼雷发射管，第一次所罗门海战结束后被美军潜艇击沉，死34人。

CL-54），澳大利亚轻巡洋舰"霍巴特"号（HMAS Hobart）和美国驱逐舰"蒙森"号（USS Monsen, DD-436）、"布坎南"号（USS Buchanan, DD-484）。美国驱逐舰"拉尔夫·塔尔博特"号（USS Ralph Talbot, DD-390）和"布鲁"号（USS Blue, DD-387）则前出至萨沃岛西北海面，作为舰队的前卫哨舰。

克鲁奇利拥有8艘巡洋舰和15艘驱逐舰，大多数军舰装有雷达，实力比日军第八舰队稍微强，但他必须同时兼顾三个方向，雷达在近战中也很难发挥作用。相比之下，日军因为接受过长期的夜战训练，准备反而更充分。

联合舰队

■ 冢原二四三（1887—1966），山梨人。海军兵学校第36期出身，历任伦敦海军会议全权随员、航母"赤城"号舰长，第二航空战队、第2、第1联合航空队司令官，全权负责南方作战的空中支持事宜。1944年后任军事参议官、军令部次长，日本战败时为横须贺镇守府司令长官。冢原在1945年5月15日晋升为海军大将，与井上成美一同成为日本帝国海军"最后的海军大将"。

21:20时，三川的7艘巡洋舰排成单纵阵，悄悄地朝瓜岛摸了过来，从前往后依次是鸟海、青叶、加古、衣笠、古鹰、天龙、夕张。傍晚的海面风平浪静，各舰之间维持着2100米左右的距离。日落后不久，海面上刮起大风，随后雨点也打了下来，不过视线依旧良好。22:00过后，鸟海的瞭望哨观察到了萨沃岛的轮廓，正在图拉吉岛滩头燃烧的"埃利奥特"号运输船也映入了眼帘。第八舰队所有战斗人员各就各位，取航向140度、航速26节，打算从萨沃岛以南水道杀进登陆场。22:43时，"鸟海"号在右舷20度、9000米距离外发现1艘驱逐舰的舰影，于是向左舷转舵20度，同时准备应战。这是美国驱逐舰"布鲁"号，它似乎没有发现什么异样，很快消失在视线里。

7分钟后，右舷144度方向又出现了1艘驱逐舰。日本人紧张地注视着对方，驱逐舰猛一个回转消失了。敌人一定是发射了鱼雷！7艘巡洋舰上的瞭望哨一起往海面上张望。没有雷迹，什么也没有，驱逐舰再度远去了。这是克鲁奇利的另一艘哨舰"拉尔夫·塔尔博特"号，和"布鲁"号一样都装备着对海搜索雷达，但由于位置恰好处在密密麻麻的岛礁之间，雷达回波杂乱，对近在咫尺的对手竟然毫无察觉。

望着远去的两艘驱逐舰，三川军一和他的幕僚们一阵狐疑：到底是运气真的太好了，还是美国人正在诱敌深入、准备一举歼灭他们？三川只迟疑了片刻，就下令各舰主炮准备，编队加速掠过萨沃岛南岸，进入南方水道。23:26时，鉴于编队长达8000余米，水道狭窄，又是暗夜，三川下令各舰自行指挥。23:30时，"鸟海"号下达了"全军突击"令。四周一片漆黑，月亮还要过半小时才会出来。

"全军突击"令刚刚发出，鸟海就在左舷117度方向发现一个舰影，随即判断为敌巡洋舰。三川下令发射鱼雷。23:38，鸟海在4500米距离发射了4枚鱼雷，但无一命中；敌舰似乎毫无反应，也没有开火。随后，日舰的瞭望哨在右舷120度到117度方向接连发现数个舰影——那正是美军的南方部队。第八舰队还没找到运输船队的所在，却直接撞上了敌人的巡洋舰，怎么办？三川没有犹豫，他下令先前弹射的哨备机投放照明弹。一瞬间，耀眼的光芒照亮了整个海面，4艘美舰和整个萨沃岛的轮廓都暴露在日本人面前。攻击开始！

鸟海发现之前没有打中的那艘巡洋舰还在原地（那是澳大利亚海军的"堪培拉"

号),于是在2700米距离上再度发射了4枚鱼雷,2发命中,对方发生了大爆炸,火柱直上云霄。

三川的第一枪把美国人打懵了。克鲁奇利少将还在回旗舰的汽艇上,代理指挥的"芝加哥"号舰长没有准备任何应急预案。南方部队的4艘军舰怎么也想不通:日本人是怎么甩掉西面那两艘哨舰,突然出现在自己正面的?他们迅速关闭灯火,一面发射照明弹,一面在原地徒劳地打着转,试图寻找日军主攻部队的方向。

第6战队旗舰"青叶"号紧跟在鸟海之后。23:40左右,该舰在右舷10度和5度方向远距离上发现了正在转向的"帕特森"号和"芝加哥"号。23:44时,借助照明弹的指示,青叶、加古、衣笠同时向"芝加哥"号开火并发射鱼雷。"芝加哥"号舰首被1枚鱼雷击中,桅杆也中1发203mm炮弹,舰长下令反击。冒着猛烈的炮火,巡洋舰向日军舰列最后的驱逐舰"夕止"号连射25弹,但敌人很快消失在视线中。为防夜长梦多,"芝加哥"号向西撤退。

■ 澳大利亚重巡洋舰"澳大利亚"号,第一次所罗门海战中原定担任旗舰,但因临时运送指挥官上岸开会而未参加战斗。

■ 澳大利亚海军重巡洋舰"堪培拉"号。该舰与印度洋作战中沉没的"康沃尔"号同级,在第一次所罗门海战中战沉。

联合舰队

■ 美国海军"芝加哥"号重巡洋舰。该舰在第一次所罗门海战中幸运生还,但在次年1月30日被日军基地航空队发射的鱼雷击沉于伦内尔岛海面。

■ 美国重巡洋舰"阿斯托里亚"号,1934年竣工,排水量9950吨,装备9门203mm主炮,航速32.7节,在第一次所罗门海战中战沉。1939年"阿斯托里亚"号曾运送病逝于任上的日本驻美大使斋藤博的遗体回国。

第6战队队列中的最后一艘巡洋舰是"古鹰"号,本舰在23:44时发现了左舷方向正在还击的"帕特森"号,于是向该舰发射鱼雷。由于距离太远,"帕特森"号并未中雷,但被古鹰的203mm炮弹打坏了前主炮。古鹰随后跟在衣笠之后前进,却差点和燃着熊熊大火的"堪培拉"号一头撞上。为避让"堪培拉"号,古鹰不得不向左转舵,导致队形发生了小小的混乱。不过该舰倒是很有痛打落水狗的精神,刚刚调了个头,立即向已经起火的"堪培拉"号加放了一通鱼雷和炮火,至少命中24弹。古鹰随后单独北上追随主队。

冈定道少将指挥的第18战队2艘老式轻巡洋舰跟在第6战队之后。旗舰"天龙"号接到"全军突击"号令时,自身并未发现目标,只好跟随前面的古鹰行动。23:42时,"天龙"号在35度方向、3000米距离外发现1艘驱逐舰;5分钟后,在照明弹的指示下,又于右前方6000米外的海面上发现5个舰影。23:47时,"天龙"号在80度方向、3000米外再度发现1艘驱逐舰,那正是勇敢的"帕特森"号。该舰一面发射照明弹,一面冲向"天龙"号。天龙也发射照明弹指示目标,随后以前主炮还击。但战斗开始还没半分钟,天龙的罗经仪就因为剧烈震动而损坏,该舰害怕被大部队丢下,只好拼命向"古鹰"号靠近,指望后者分担压力。结果倒好,古鹰正在避让起火的"堪培拉"号,天龙就跟着该舰在夜海上乱窜。

跟在"古鹰"号后面的是轻巡洋舰"夕张"号,该舰和"鸟海"号同时开始开炮,在1500米距离上发射鱼雷攻击了1艘美国驱逐舰,但没有命中。3分钟后,夕张发现了正在转向的"巴格利"号,于是以前主炮射击后者,但由于前部方位盘发生故障,炮弹没有命中。"巴格利"号舰长下令发射鱼雷,但鱼雷射击诸元还没设定,夕张已经北上了。该舰绕过掉队的天龙,从天龙、古鹰的左侧驶向北方水道。

第18战队的最后一艘军舰是夕止,该舰挨了"芝加哥"号一顿好打,还没缓过神来,全舰的电力突然中断了,罗经仪和探照灯一时都无法使用。此时夕张已经自行北上,天龙和古鹰还在打转,夕止不敢乱放炮,于是转舵规避。这艘幽灵一样的驱逐舰此后一路西行,在9日的00:10时与左舷的1艘美国驱逐舰对射一番,互有损伤。夕止最后在萨沃岛的北侧北上,在海战接近尾声时终于与友舰会合。

■ 美国重巡洋舰"文森斯"号,属"新奥尔良"级,1934年完工,第一次所罗门海战中战沉。

联合舰队

在短短六分钟时间里，南区的4艘美舰有1艘失去战斗力，2艘受创。三川的首演虽然充满了这样那样的小问题，但依然称得上成功。现在，更大的诱惑和更大的风险都在北区等着他。

夜海雷击

解决了南区的4艘敌舰，三川舰队变向绕过萨沃岛，向着东北方的海上疾进。前方正是美军北方部队的3艘重巡洋舰，由于遭袭的南方部队始终没有向北区和东区发出警报，加上海面上电闪雷鸣，"文森斯"号的舰长虽然发现南区有火光，但他认为那是"芝加哥"号正在射击敌人的侦察机，没有提高警惕。同样地，三川军一也没有预料到北方还有一群敌舰。双方从7000米开始接近，距离缩短到了3000米才意识到不对劲。一瞬间，鸟海、青叶、加古、衣笠一起打开探照灯，混战开始了。

探照灯开灯的一瞬间，第6战队前三艘重巡洋舰的主炮、高射炮和25mm机炮一齐向"文森斯"号猛烈开火。与此同时，丢失方位的古鹰和第18战队的天龙、夕张也跟了上来，由于它们适才走错了方向，此时竟意外地与鸟海等三舰形成了夹击敌人之势。两侧的日军一起向美军北方部队的3艘重巡洋舰倾泻炮弹，由于距离极近，203mm主炮的弹道几乎呈水平状态。

倒霉的"文森斯"号在猝不及防的状

■ 日本海军夜战中多用探照灯与鱼雷配合攻击敌舰。图中为第一次所罗门海战中遭到集中攻击的"昆西"号重巡洋舰。

态下陷入了火海。日舰刚刚打开探照灯的时候，该舰还以为对方是南区的友舰，于是以灯光信号要求对方通报身份。直到203mm炮弹已经打上身来，如梦初醒的"文森斯"号才开始还击。这条倒霉的巡洋舰随后就被一发炮弹击中弹射器，舰载水上侦察机开始燃烧。日本巡洋舰悠哉悠哉地关闭了探照灯，朝这个大火炬发射了一通九三式氧气鱼雷。"文森斯"号左舷连中3雷，机舱起火，舰体迅速左倾沉没。

"阿斯托里亚"号的舰长和"文森斯"号一样迟钝。炮战开始后，他始终怀疑自己正在射击友舰，于是坚持要先核实对方的身份再开火。在这段耽搁的时间里，日军毫不客气弹如雨下。"阿斯托里亚"号的上层建筑被203mm炮弹全毁，燃烧着的军舰缓缓驶向萨沃岛东南，次日中午在那里沉没。

唯一有效的还击来自"昆西"号。该舰的主炮做好射击准备时，日舰已经逼近到了2500米距离，不过舰长还是决定冒一把险。"昆西"号以前主炮打向迎面而来的第一艘日舰，那正是三川的旗舰"鸟海"号，第一弹就命中了舰桥中央的作战室，只差一点伤到三川军一本人，第二弹在前甲板爆炸。可惜这位勇敢的舰长随后就犯了和先前两位同僚一样的错误：他下令停止射击，首先确认对方的身份，于是他也只好去和那两位朋友做伴了。7艘日本巡洋舰从两侧同时向"昆西"号集中开火，随后是一阵雷击。"昆西"号的左舷中了一雷，机舱起火，随后倾覆沉没。

二十分钟之内，第一次所罗门海战（美方称萨沃岛海战）结束了。日军旗舰"鸟海"号被命中2弹，"青叶"号的鱼雷发射管被"昆西"号的小口径火炮击中、发生一场小火灾，总计阵亡58人，但都不是什么严重的问题。与之相对的是，第八舰队击沉了4艘盟军重巡洋舰（"堪培拉"号在次日由己方驱逐舰击沉），击伤1艘重巡洋舰和2艘驱逐舰，美军1077人战死。在中途岛的惨败之后，这的确是一次让日本人提气的胜利。

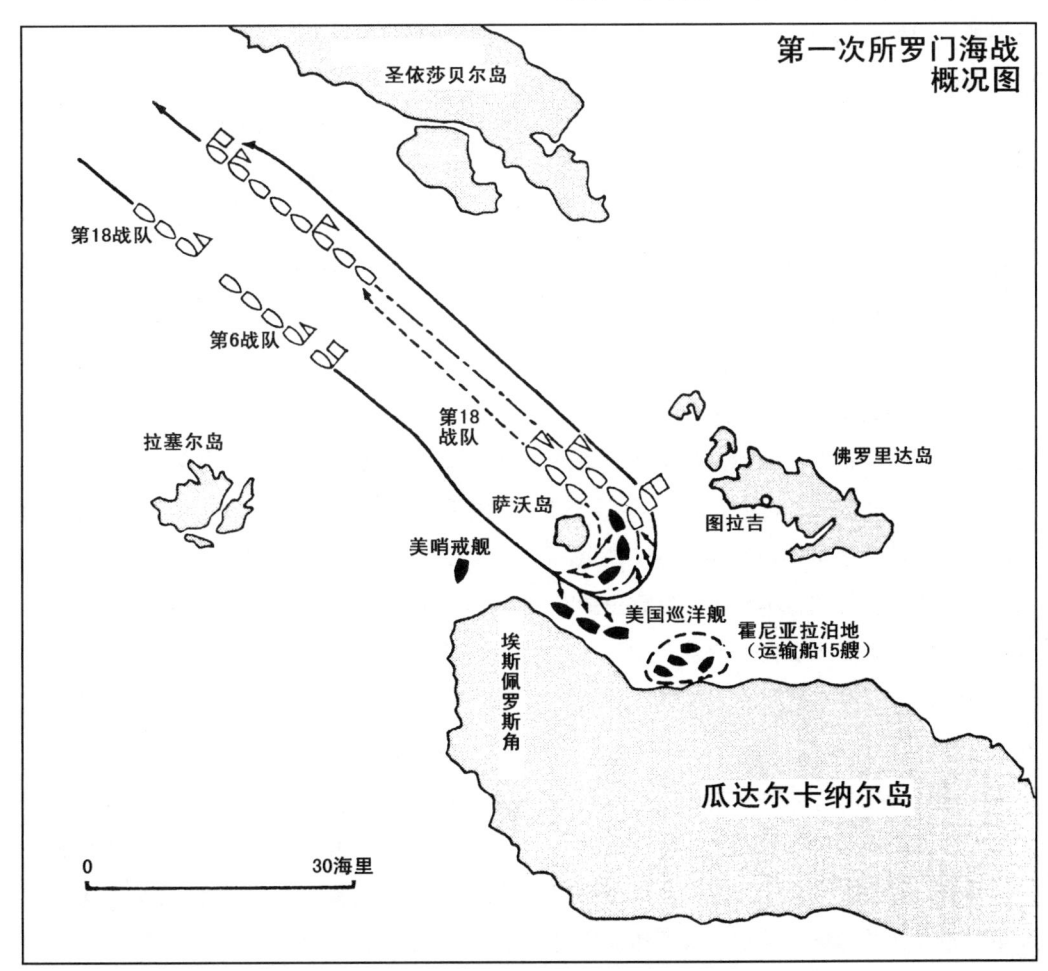

不过，接下来的一切就不那么令人愉快了。9日00:23时，经历了一场恶战的三川在"鸟海"号上发出命令："全军撤退。"同时打开探照灯指示己方位置。01:20时，掉队的古鹰和第18战队与第6战队会合，开始沿着来时路返航。在接近最后的胜利——全歼美军运输船队时，谨慎的三川还是退缩了。他虽然侥幸取得了一场漂亮的胜利，却没有任何空中掩护，因此不敢在瓜岛海面多作逗留，他害怕天亮后遭到岸基美机的轰炸。没有卸完物资的美国运输船就在前方的霍尼亚拉泊地，三川却不敢再行攻击，他飞快地转向撤退了。

8月10日，大本营海军部在《军舰进行曲》的乐声中发表了第一次所罗门海战的战报："击沉敌巡洋舰5艘、驱逐舰10艘、运输船10艘；我方2艘巡洋舰轻伤，损失飞机42架。"

假如不提在新爱尔兰岛进港前被美国潜艇S-44击沉的"加古"号，也不提"击沉运输船10艘"属于夸张，这实在是一次快心之至的胜利。但正是这些不为日本人所重视的运输船，在9日白天成功地卸下了半数剩余物资，让范德格里夫特的部队得以在瓜岛长期坚守下去、挫败日本陆军的反攻企图，也让三川的"大捷"变得毫无意义。

在日本人为消灭了4艘盟军巡洋舰而欢欣若狂的时候，那些不起眼的运输船已经决定了瓜岛消耗战之后的走势——不是一舰一岛的得失，而是持续地开发本国的工业潜力，并将这种潜力最终转化为支持前线长期斗争的战斗力的能量，决定了太平洋战争的胜负。恰恰是物资匮乏、工业能力的不足的日本人，最容易醉心于那种纸面数据上的"胜利"。在这方面，他们需要检讨的地方实在是太多了。

三、第二次所罗门海战

南云重整旗鼓

从日美开战以来的经验看，航空母舰的巨大作用已是显而易见。但在固步自封的日本海军中，战列舰长期作为"横纲"（相扑中的最高级力士）存在，航空舰队不过是"大关"（次级力士）一类。只是在经过中途岛的教训之后，联合舰队才仿佛突然意识到了航母的重要性。

1942年7月14日，以原第4、第5航空战队为基础，日本海军组建了新的第三舰队，下辖重新编组的第1、第2航空战队，前者包括大型航母瑞鹤、翔鹤和轻型航母瑞凤，后者包括邮船改造的大型航母隼鹰、飞鹰和轻型航母龙骧。与之前的老第1航空舰队以两艘同型航母编组为一个航空战队的方式相比，新组合可以搭载更多的舰载战斗机和轰炸机，强化了舰队防空以及对敌方母舰的破坏能力。

第三舰队的另一大特点是增加了高速战列舰部队第11战队（比睿、雾岛）和两个重巡洋舰舰载战斗机队（第7、第8战队），与之前只有少量护航驱逐舰的第1航空舰队相比，现在的第三舰队在编成和指挥上更趋一体化，这对战斗力的提高显然不无裨

步兵第28联队长一木清直大佐（1892—1942），战死于瓜岛。

益。由于中途岛海战后南云忠一曾表示要亲手雪恨，山本仍派他出任第三舰队司令长官，草鹿龙之介依旧任参谋长，只是以长井纯隆中佐代替源田实出任作战参谋。

瓜岛争夺战开始时，南云部队正在广岛湾进行训练，飞机和熟练飞行员的补充尚未完成，因此驻拉包尔的基地航空队承担了所罗门上空的主要战斗任务，山本还下令原驻马里亚纳群岛提尼安岛的第26航空战队也转场到拉包尔。第一次所罗门海战的次日，山田定义再度出动16架一式鱼雷机到瓜岛海面，但是仅仅炸沉了前一天受伤的驱逐舰"贾维斯"号（日方报称击沉战列舰1艘），滩头上的物资和部队丝毫无损，攻击的成效甚微。

归根结底，由于从拉包尔到瓜岛的距离太远，日军只有出动主力航母部队才能夺回所罗门制空权。8月8日，山本五十六下令发动所罗门方面夺回作战。8月10日，在柱岛的联合舰队旗舰"大和"号上召开了第二、第三舰队参谋会议。联合舰队认为，如果敌机动部队和基地航空队一起在所罗门发动反攻，南方战略上的敌我平衡将发生决定性变化，因此决定以第二、第三舰队组成支援部队，一面支援东南方面陆军部队的作战，一面捕捉歼灭敌机动部队。8月11日下午5时，"秀才提督"近藤信竹中将率第二舰队首先离开内地，前往特鲁克。

与联合舰队的忧虑相比，大本营陆军部显得相当乐观。在他们看来，集中力量强攻莫尔兹比港是当务之急，至于美军在瓜岛的登陆，那无非是一次侦察行动，只需出动小股部队就足以解决之。中途岛战役中没有派上用场的一木清直支队（总兵力约2400人）成为执行这项任务的最合适人选。

8月16日，一木支队先遣队（1000人）乘坐6艘驱逐舰、第二梯队（1400人）乘坐3艘运输船，在田中赖三少将第2水雷战队的护卫下离开特鲁克，开始向瓜岛进军。同一天，第三舰队已经完成整备的第一航空战队（翔鹤、瑞鹤）和第二航空战队的"龙骧"号首先离开内地，前往特鲁克。8月17日，山本五十六本人也乘坐"大和"号，在第7驱逐队和特设航母春日丸（后来的"大鹰"号护航航母）护卫下离开内地驶向特鲁克。

8月18日夜，一木支队先遣队1000人顺利地在瓜岛登陆。由于一木清直轻视美军的力量，居然在后续部队尚未到达的情况下，擅自决定发起进攻。20日晚，日军向亨德森机场隐蔽前进，遭到早有准备的范德格里夫特一顿痛打，损失惨重。21日美军发起反击，只携带步枪和手榴弹的日军主力在特纳鲁河（Tenaru River）河口附近被全歼，美军仅死35人，日军战死800余人，一木清直本人在烧毁军旗后切腹。

第八舰队原计划在同一天把一木的第二梯队1400人送上岛，但就在前一天（20

联合舰队

■ 向瓜岛输送登陆部队的日军船队。瓜岛战事前期,日军自恃有拉包尔的岸基航空兵力进行掩护,经常以运输船大批向岛上输送援军;一旦亨德森机场建成,这一任务就只能由"东京快车"在夜间进行。

日),巡逻机在瓜岛东南250海里处发现了美军特混舰队,三川军一被迫下令田中向北避退,把登陆日期延期到24日。同时,联合舰队司令部判断:美军将北上攻击运输船队,于是命令机动部队取消进入特鲁克的计划,直接开到瓜岛以北海面准备迎战。

8月20日,第一批31架美国飞机(海航第212中队的19架F4F和12架SBD)由护航航母"长岛"号(USS Long Island,CVE-1)运至瓜岛,开始进驻亨德森机场,这使山本产生了新的担忧:只要美军使用亨德森机场,日军就不能运送增援部队。所以南下中的第三舰队在迎战美国航母特混舰队外,又被赋予了空袭亨德森机场的任务。

东京时间23日上午04:25时,南云忠一下达了"机动部队训令第3号",将长井纯隆参谋制订的复杂的作战计划部署下去:1.如无特殊情况,全军对东方严加警戒,24日04:00时进入南纬8度30分、东经164度10分附近,捕捉歼灭圣克里斯托瓦尔岛东方的敌舰队;2.在执行空袭任务时,以龙骧、利根、时津风、天津风组成支队,负责攻击瓜岛,其余部队根据第1法作战;3.如敌军力量不大,则支援部队根据第2法作战,其余部队在南纬4度30分、东经161度50分附近伺机行动;4.如敌军不出现,则全军对东方作战。

05:45时,草鹿参谋长决定:"如敌情无大变化,作战预定按第1法行动;如本日基地航空部队对瓜岛的攻击成果不大,则明天应采取第2法。"

长井的这个方案可谓煞费苦心："龙骧"号支队不仅是空袭瓜岛的辅助力量，更重要的是可以作为引诱美军航母的"饵"。一旦美军发现该舰并派出部队实施攻击，拥有2艘大型航母的第三舰队主力就可以轻松地发现对手的位置，并派出攻击队实施打击。

与此同时，近藤信竹中将的第二舰队也已经离开特鲁克，正在赶来与南云会合。在第一航空战队攻击队重创美国航母后，第二舰队和前卫部队的战列舰将给予对手最后的扫荡，随后掩护一木支队第二梯队登陆、收复瓜岛。

根据破译日军密码获得的情报，弗莱彻指挥的TF61（"萨拉托加"、"企业"、"黄蜂"）在瓜岛东方150海里处巡逻，等候日军的袭击。他并不知道长井的阴险方案，也不知道日军发起登陆的确切时间，但已经预感到情况十分危急。

8月23日，TF61的一架SBD侦察机发现了载运日军第二梯队的运输船，田中赖三不得不再次将登陆日期延迟到25日。"萨拉托加"号派出一个小分队前去攻击日军船队，不过敌人已经退走，该分队随后临时降落在瓜岛上。此时弗莱彻感到与敌军交战的可能性较小，因此命令TF18（"黄蜂"号编队）到南方加油。

23日凌晨，南云的机动部队进入南纬8度30分、东经163度50分附近的战术点，开始捕捉美军特混部队。09:00时，前卫部队中的第7、第8战队弹射了5架水上侦察机，一边搜索一边逼近瓜岛，但没有发现TF61。12:05时，"翔鹤"号起飞的8架九七式鱼雷机在100-170度间实施了230-250海里的侦察，也没有发现弗莱彻。16:25时，南云转向北上，决定次日再行作战。

当天20:00时，山本发来命令："如明日（24日）上午内没得到有关敌机动部队的情报，下午应以适当兵力攻击瓜岛。"据此，南云在23:45时发布了作战命令：1. 机动部队明日预定采取第2法作战，如上午发现敌机动部队，则转为第1法；2. 支队于24日02:00时分离，从本队西方海面南下，此后应采取攻击瓜岛；3. 其余部队按先前计划行动，上午5时以后速度为20节。

龙骧的沉没

东京时间8月24日02:00时，第8战队司令官原忠一少将带着由龙骧、利根、天津风、时津风4舰组成的空袭支队离开了本队，南下向瓜岛进发。这个班底其实很可怜："龙骧"号搭载的飞机数量太少，处境有点像珊瑚海海战中的祥凤；如果孤军深入美军岸基轰炸机的活动范围内，必死无

■ 第二次所罗门海战中空袭支队指挥官原忠一少将（1889-1964），岛根县人，海兵第39期出身，长期担任驱逐舰水雷长，开战后历任第五航空战队司令官、第8战队司令官，指挥了珊瑚海海战，战败时为第四舰队中将司令长官，东京审判中被判6年监禁。原忠一以肥胖贪吃著称，人送绰号"金刚"。

联合舰队

疑。为此，原忠一制订了一个保险的计划：上午11:00时进入瓜岛西北200海里的恩德岛（Ndeni）海面，12:00时起飞攻击队，同时支队向北方避退；攻击队完成任务后，自行飞往布卡岛基地着陆。但"龙骧"号舰长加藤唯夫大佐提出了反对意见，他认为应当由母舰收容攻击队。在加藤几次进言之后，软耳根子的原少将同意了他的意见。而正是这个无厘头的建议，给"龙骧"号带来了灭顶之灾。

原支队的航行一路顺利。07:13时，曾有一架PBY出现在舰队附近，但很快被上空警戒的零式战机赶走；10:00时，支队比预定计划早了一小时到达恩德岛海面，原少将下令马上派出攻击队。10:20时，由6架九七式鱼雷机（指挥官村上敏一大尉）和6架直接掩护的零式战机（指挥官纳富健次郎大尉）组成的第一波攻击队升空，在纳富率领下飞往瓜岛。为扩大战果，10:48时又派出了由9架零式战机组成的游击队。此后龙骧暂时向北避退，11:30时，原忠一估计空袭即将开始，下令支队在270度航向重新掉头，开始向回收舰载机的战术点前进。

第一波攻击队在12:30左右到达亨德森机场上空，6架鱼雷机投下36颗60公斤炸弹，没有造成多少损失。游击队的零式战机扫射了部分地面目标，随后和直接队的零式战机一起迎战15架自地面起飞的美军战斗机，自称击落全部15架敌机，损失2架零式战机、3架鱼雷机，中弹的1架鱼雷机、1架零式战机返航途中在恩德岛迫降。12:50时，攻击队开始返航。

另一方面，正在朝收容点进发的原支队却遭到了意料之外的痛击。12:55时，龙骧的瞭望哨在空中发现2架B-17，后者急速逼近，向航母投弹攻击，不过没有命中。龙骧还没来得及回过神，一小时之后（13:57），10架SBD和5架TBD出现在支队上空，对小航母发起了连续攻击——原来，"杳无音信"的美军特混舰队其实就在瓜岛海面，"龙骧"号在东行返回收容点途中，于11:41时被PBY巡逻机发现，弗莱彻于11:45从旗舰"萨拉托加"号起飞了30架SBD和8架TBF前来攻击原支队。

"龙骧"号在此战前刚刚完成飞行甲板延长工事，这时刚好让目标变得更大。该舰左右回避，先后挨4发227公斤炸弹近失损伤，最后左舷中部被1枚鱼雷命中。这枚不识相的鱼雷让龙骧的升降机卡在了半当中，该舰的甲板长度本来就不足，这下彻底失去了收容飞机的能力。"利根"号也遭到了3架SBD和4架TBF的空袭，不过该舰跑得比较快，没有受到损伤。

站在飞行甲板上的原忠一一阵憋屈：他本来是为收容舰载机才掉头东返，现在可好，最关键的功能却丧失了。上空直卫的9架零式战机声称他们击落了1架F4F、3架SBD和5架TBF，不过这对母舰一点帮助也没有。14:00时，少将下令攻击队改在布卡岛降落，但大部分飞机此时已经回到了母舰附近。这些飞机已经没有足够的燃料再飞往布卡岛，因此除极少数掉头朝向陆上基地外,大多在驱逐舰天津风、时津风附近水面迫降,由军舰收容乘员。14:08时,原忠一下令支队向北方避退,受伤的龙骧一面组织排水,一面蹒跚北上。

北行之初的"龙骧"号尚能保持20节航速,但该舰被227公斤炸弹近失的部位开始起火;随着航速的升高,被鱼雷命中的破口附近更是进水汹涌。几分钟后,海水灌进了"龙骧"号的机舱和锅炉室,主机停止,军舰失去了航行能力。虽然损管队员拼命扑灭了大火,但伤处进水太多,舰体已经左倾超过20度,并且逐渐增加。这条小航母在设计时就一直存在重心太高、头重脚轻的弱点,现在更是变得难以挽救。原忠一仍在坚持,但他也不抱多大希望。15:15时,少将下令驱逐舰收容"龙骧"号舰员和迫降的飞行员,留下损管队员继续挽救航母。

这个时候,情况又发生了变化。

就在龙骧的第一波攻击队起飞后不久,南云舰队本队的"筑摩"号弹射的水上侦察机发回报告:"发现敌大部队。"长井的阴谋似乎奏效了。14:55时,南云向原忠一下令:支队在攻击结束后迅速与本队会合,本队的前卫部队(比睿、雾岛、长良、筑摩、熊野、铃谷)也开始南下,准备在日落后进行夜战。在此情况下,继续拖着"龙骧"号这个累赘只会延缓这支舰队的步伐。于是专出馊主意的加藤唯夫又来建言:应立即自沉"龙骧"号,原忠一也再次批准了他的请求。17:30时,母舰全体人员已经转移到驱逐舰上,原忠一本人改以利根为座舰,

同时下令第16驱逐队(天津风、时津风)处分龙骧。完成这一仪式后,原支队继续东进,次日(25日)15:35时与机动部队前卫会合。

原忠一离开龙骧后30分钟,18:00时,这艘中雷的小航母大量进水,沉没在瓜岛以北约200海里的位置。

不完美的复仇

按照戈姆利的部署,弗莱彻的特混舰队在整个23日都应该待在瓜岛东方海面。24日黎明,"企业"号派出侦察机向正面搜索,不过没有发现日舰。07:00时,前一天晚上临时降落在亨德森机场的"萨拉托加"号小分队重新返回了母舰。与此同时,"萨拉托加"号的1架F4F巡逻机在母舰的雷达引导下,击落了1架正在20海里外接近的日军侦察机。

东京时间8月24日07:05时,陆上起飞的PBY巡逻机在美国舰队西北约280海里处发现了1艘日军航母、1艘重巡洋舰和2艘驱逐舰。09:28时,另一架PBY也确认了这一目标。不过弗莱彻在前一天派出"萨拉托加"号小分队时扑了个空,此时十分谨慎。10:29时,他从"企业"号派出数架SBD前去确认目标,每机各带1枚227公斤炸弹。11:45时,又从"萨拉托加"号派出了30架SBD、8架TBF的第一波攻击队。

南云忠一在清晨派出了原忠一的空袭支队后,于24日04:00时率领机动部队主力南下。东京时间04:15时,第一航空战队出

联合舰队

动19架九七式鱼雷机实施侦察；05:00时、09:00时和11:30时，前卫部队也分3回弹射了水上侦察机21架次，但都没有发现敌人。08:37时和11:00时，前卫部队却两次报告被PBY巡逻机发现，警戒机虽然进行了拦截，却没有奏效。中将判断：先发制人已无可能，机动部队主力可能已经被敌人发现。

果然，09:00时前卫部队弹射的6架水上侦察机中，位于搜索扇面最右端的筑摩舰2号机于12:05时发回电报："东南方180海里处发现敌大部队，我遭战斗机追踪。"随后该机就失去了消息。不过第三舰队旗舰"翔鹤"号无线电系统临时故障，没有在第一时间得到消息。直到20分钟后，南云才从"筑摩"号转发的信号中得知了敌舰现身的消息。从侦察机的搜索路线和起飞时刻上判断，美国舰队应位于"翔鹤"号153度、260海里处，南云立即下令起飞第一波攻击队。

12:55时，27架九九式轰炸机（翔鹤18架、瑞鹤9架）和10架零式战机（翔鹤4架、瑞鹤6架）离开了翔鹤、瑞鹤两舰的甲板，编队指挥官是翔鹤号轰炸机飞行队长关卫少佐。为确保攻击质量，前卫部队的比睿和筑摩随后各弹射了1架水上侦察机作为引导机。

14:00时，沿153度航向南下的比睿机报告：敌舰航向变更为160度。20分钟后，攻击队发现了两群美军特混舰队：第一群在斯图亚特群岛141度、16海里处，第二群在斯图亚特群岛167度、27海里处，每支舰队都有1艘航母和若干战列舰、巡洋舰。那正是"企业"号和"萨拉托加"号，前者周围环绕着战列舰"北卡罗来纳"号、2艘巡洋舰和6艘驱逐舰，后者由2艘巡洋舰、5艘驱逐舰护卫。14:38时，关少佐右手一挥，攻击开始了。

超过30架"野猫"前来迎击日机，10多艘美舰上的高射枪炮也猛烈开火，

■ 第二次所罗门海战中沉没的日本轻型航母"龙骧"号。标准排水量10600吨，航速28节，载机30架。

■ 第二次所罗门海战中，"企业"号飞行甲板被关卫队的1枚250公斤炸弹命中瞬间。摄影者为随舰海军记者罗伯特·里德，他本人在拍下照片之后也被炸死。

127mm、28mm、20mm炮弹在空中连连爆炸，特别是"北卡罗来纳"号的火力极为凶猛。关卫指挥翔鹤队以第一群航母为目标，瑞鹤队以第二群航母为目标，疯狂地俯冲投弹。零式战机挡住拦截的"野猫"后，翔鹤队对第一个战斗群中的航母（"企业"号）连投250公斤炸弹6颗以上，航母被命中3弹、2弹近失，全舰燃起大火，飞行甲板严重毁坏，有77人阵亡，91人受伤。

命中"企业"号的第一枚炸弹大概是定时10秒的穿甲弹，它穿过第一、第二层甲板时都没爆炸，直到第三层甲板才爆炸，燃起大火，造成35人死亡。一分钟后落下的第二枚炸弹命中"企业"号舰尾升降机右侧10米处，橙色的火光四溅，紧靠爆炸点的38人当场死于非命。第三枚炸弹将起飞信号台炸掉，引起轻微火灾。但是紧接着一颗近失弹落到舷边，掀起冲天水柱，溅落的海水几乎一下子扑灭了前一颗炸弹引起的烈火。

"企业"号遭到重创的时候，瑞鹤队攻击了美军第二群中的航母（"萨拉托加"号），据称连续两弹命中，使之燃起大火，但美方记录"萨拉托加"号无伤。直掩队的零式战机报称击落12架"野猫"。日机损失也很惨重，17架九九式轰炸机、3架零式战机被击落，另有1架九九式轰炸机和3架零式

联合舰队

战机被击中后迫降于水面，只有13架成功降落到母舰上。

日本人的损失纯属理所应当：早在12:50过后，高空直卫的"野猫"先后击落2架接近的日本侦察机。14:02时，"企业"号的CMAX-1搜索雷达在88海里外发现了关卫机群，并且立即起飞53架F4F在高空待命，大多数日机在TF61的外围就被拦截了，突入内圈投弹的只是轰炸机队中的少数。而他们宝贵的战果，居然在很短的时间内就被"企业"号的损管队员抵消了：身穿石棉服的消防队员和损管员飞快地扑灭大火，同时在中弹破孔的飞行甲板上贴上钢板。所以"企业"号虽然三次发生倾斜，但在中弹受损后的一个小时内，不仅航速恢复到24节，还重新开始了舰载机的收容。

南云的霉运还没有结束。14:00时，为扩大战果，中将又派"瑞鹤"号轰炸机飞行队长高桥定大尉指挥27架轰炸机（翔鹤9架、瑞鹤18架）、9架零式战机（翔鹤3架、瑞鹤6）架组成第二波攻击队，继续攻击敌航母。但高桥队没有收到比睿机在同一时间发出的敌特混舰队位置发生变更的情报，而是一路向着早上筑摩2号机报告的位置飞去。

15:43时，日军第二波攻击队已经到达预定攻击位置，但根本没有敌人的影子。高桥带着机群在海面上兜着圈子，一直到日落为止，始终没有发现敌舰（美军在14:51时通过雷达发现了西方50海里外高桥队的踪迹，于是迅速南撤，躲开了空袭）。南云考虑到这些飞机燃料已经不足，下令他们放弃攻击行动、返回母舰。这个机群返回舰队上空时已是夜晚，飞机在黑暗中苦苦搜索才找到母舰的甲板，结果有4架轰炸机失踪、1架迫降于水上。

南云舰队的上空也不太平。13:10时，翔鹤的瞭望哨突然发现2架SBD，那是"企业"号在10:29时派出的先导机中的两架。美机迅速俯冲投弹，翔鹤紧急规避，炸弹在左舷10米和右舷20米处近失。其实该舰新安装的一三号对空电探（雷达）已经在数十分钟前发现了目标，但由于舰桥上正忙于准备第二波攻击队的起飞，居然没能引起注意，所幸并无损伤。2艘航母和前卫部队的2艘战列舰全都遭到了骚扰，比睿和雾岛在战斗中首次使用了新开发的三式对空弹，数百个燃烧着的小球在空中炸开，一时间天空中到处是白磷燃烧剂的尾痕，银色、白色、黄色、紫色的烟火漫天飞溅，犹如七夕节的花火。不过三式弹的染料效果虽好，精准度却不高，没能击落任何美机——本来也不是很多。15:50时，"雾岛"号遭到4架陆基B-17的轰炸，轻度受损。

弗莱彻的运气还是那么糟。攻击"翔鹤"号的2架SBD在投弹前三次向"企业"号报告了南云舰队的位置，但"企业"号的无线电设备居然也发生故障，导致前两封电报没有被接收到。当弗莱彻从其他军舰的转达中得知此消息后，他迅速自"萨拉托加"号向先前出发去攻击龙骧的SBD发出指令，要求后者转向寻找南云、首先歼灭日军主力。但这封电报也鬼使神差地没有被接收到,结果"萨拉托加"号继续攻击并击沉了"龙骧"号,而TF61也遭到了南云先发制人的打击,"企业"号遭重创。不过在紧急修理完军舰后,弗莱彻认为他还有机会。"企业"号起飞了22架SBD和21架TBF作为第二攻击波,继续寻找南云舰队并加以攻击。

祸不单行。"企业"号的这批飞机因为导航错误,居然完全没能找到南云。16:05时,美机飞到了斯图亚特群岛北方70海里处,误打误撞地碰上了正在朝南云靠拢的近藤信竹第二舰队。一队TBF重创了搭载有大批登陆部队和水上侦察机的水上飞机母舰"千岁"号,另一队则把礁石当成航母发射了鱼雷。17:30到18:00,这些飞机大多返回母舰,另有少数在亨德森机场降落。18:00时,回收完第二波攻击队的美国舰队开始向南方撤退。

南云的前卫部队在入夜后继续前进,在21:45时与近藤的第二舰队会合,企图南下进行夜战。但此时侦察机已经与美国舰队失去接触,南云考虑到夜间指挥联络困难,在22:00时下令中止夜战。嗣后近藤率部向北特鲁克撤退,只留下田中赖三的二水战继续护卫运输船队。长井纯隆绞尽脑汁构思出的复杂计划还没充分展开就夭折了。

日军基地航空队也参加了8月24日的战斗。当时,第25航空战队附属的水上飞机母舰"秋津州"号在布干维尔岛南面的肖特兰岛(Shortland)设置了一个水上飞机基地,部署了横滨航空队的九七式、二式大艇和二式水上战斗机。24日早晨,山田少将从拉包尔和肖特兰岛各派出4架侦察机,搜索所罗门群岛周边海面。其中自肖特兰岛起飞的一架九七式大艇发现了TF61,但被"萨拉托加"的F4F击落。06:30时,山田从拉包尔派出24架一式鱼雷机和13架零式战机向瓜岛海域前进,但由于途中遭遇暴雨,不得不在09:20时返回,没有取得任何战果。

第二次所罗门海战(美方称所罗门以

■ 遭到日军轰炸的亨德森机场。地上的金属板是在雨季铺做临时跑道用的。

联合舰队

■ 美国海军陆战队第3营在亨德森机场外围高地上架设的90mm高炮。

东海战）是一次仓促的遭遇战，双方的表现都不怎么出色。弗莱彻凭借运气干掉了"龙骧"号，但他的运气又不足以好到消灭势均力敌的对手，所以自己也损失了25架飞机，"企业"号遭遇开战以来最重的创伤，需要彻底修理；南云忠一虽然机关算尽，但依然没有实现复仇的夙愿，反而丢掉了作为诱饵的一艘轻型航母和75架飞机（日方资料称损失零式战机30架、九九式轰炸机23架、九七式鱼雷机6架），还差点让对手钻了空子。但这场海战真正的意义，要到第二天才会显现出来。

25日上午06：05时，由于南云的掩护部队已经撤回特鲁克，拉包尔的基地航空队又因为天气太坏不能出动，田中赖三只好硬着头皮率领第2水雷战队和3艘运输船向瓜岛前进。

三川军一曾请求山本五十六再度派出第三舰队的航母掩护田中，但山本正为前一天因空袭瓜岛而损失了"龙骧"号耿耿于怀，此时干脆借口航母要用于与敌战列舰队作战，不予批准。结果驻亨德森机场的美军"仙人掌航空队"（Cactus Air Force，即驻瓜岛的美军航空部队，因机场附近寸草不生、遍布仙人掌而得名）火速出击，18架SBD精确地重创了田中的旗舰轻巡洋舰"神通"号，炸沉运输船金龙丸。正在收容金龙丸落水人员的驱逐舰"睦月"号随后又遭到从圣埃斯皮里图岛（Espiritu Santo）起飞的B-17"空中堡垒"的攻击，中弹沉没。田中赖三只好仓皇地带着残部撤向肖特兰。07：30时，联合舰队司令部决定中止一木支队余部向瓜岛增援的计划。

山本五十六大张旗鼓的出击既没有达到削弱亨德森机场的目的，也没能将增援部队运上瓜岛。等待着日本人的将是更为漫长的煎熬。

四、瓜岛的血肉磨盘

"东京快车"

在8月份美军运输船队撤退之后，范德

格里夫特在瓜岛上还剩下10000人，图拉吉岛6000人。美军缺少重武器和大炮，给养足以维持到9月中旬。这也意味着倘若日军不能在9月初之前夺回瓜岛，战役主动权就有易手的危险。

田中赖三再度披挂上阵。当时美军控制了瓜岛海域白天的制空权，运输船陆陆续续为范德格里夫特送来了一个工程兵营，使他可以及时整修被日机空袭破坏的跑道。"仙人掌航空队"的规模也增加到了64架。不过一到晚上，日本人就准时来"接班"，用驱逐舰分批向瓜岛运送部队，谓之"鼠式运输"。从8月29日到9月4日，日军利用这种小规模偷渡取得了相当显著的成绩，居然把一木支队余部和第十七军新派来的川口清健支队（以步兵第124联队为基干）总计6000余人全部偷运上岛。其效率之高，使美国人给他们起了个绰号："东京快车"（Tokyo Express）。到9月10日前后，川口少将已经在亨德森机场周围集结了5个大队和1个炮兵中队，做好了发动攻击的准备。

9月7日，范德格里夫特发现川口已经把部队集结到了特纳鲁角附近，还修筑了一条通往机场的小路，准备进行偷袭。他一边命令部队构筑掩体，一边从图拉吉岛调来2个营，于8日拂晓在特纳鲁角以东发起反登陆，出其不意地夺取了日军的补给点，将川口积存的武器、弹药、粮食付之一炬，占得先声。

川口清健吸取了一木清直因单刀直入而遭覆灭的教训，决心采用迂回方式发动对机场的攻击。他的部队首先向南穿过茂密的丛林，夺取可以鸟瞰机场的高地，再乘势占领机场。问题是川口大大低估了在热带丛林中行军的难度，日军在移动过程中饱受蚊虫叮咬和传染病的折磨，加上担心暴露目标而不敢生火做饭，经过三天行军，当他们到达特纳鲁河口附近时，已经连前进的力气都没有了。

9月12日深夜，川口支队集中2500人向亨德森机场发起进攻，遭到美军105mm榴弹炮的凶猛阻击，遗尸600具，被迫撤退。次日入夜后，日军的田村大队再度发起集团冲锋，又付出了700余人的伤亡，仍一无所获。从西面进攻机场的日军策应部队（指挥官为第124联队联队长冈明之助大佐）一次进攻就损失了200人，而美军在这一方向居然只有4死3伤。特纳鲁岭在此战后完全被鲜血染红，从此被双方称作"血岭"（Bloody Ridge）。

9月18日，范德格里夫特得到了第一批4157名援兵。运输船还给他送来了137辆汽车、1000吨食品、400桶航空汽油和155mm"长脚汤姆"榴弹炮。现在，瓜岛上的美军已增至15000人，如果加上图拉吉岛的守军则高达21000人，是日本人的4倍以上。而"仙人掌航空队"的实力也已经达到90架飞机，包括8架来自陆军的B-17"飞行堡垒"重型轰炸机和12架TBF鱼雷机，相当于拉包尔日军基地航空兵力的3/4。

坐镇拉包尔的百武晴吉终于坐不住了。第十七军决定调整战略目标，将瓜岛作

联合舰队

战置于新几内亚作战之上(美国人在一个半月前就这么做了),优先在所罗门方面发动反攻——虽然此时日军的先头部队距离他们梦寐以求的莫尔兹比港已经只剩48公里了。9月17日,大本营下令将原驻东印度群岛的第38师团以及从中国战场、南方军和本土抽调出来的部队加强给第十七军。百武将丸山政男中将的精锐第2师团(即仙台师团,下辖第4、第16、第29联队,野炮兵第2联队、工兵第2联队、辎重兵第2联队等)调往肖特兰岛集结,计划动用6艘驱逐舰将该师团和配属的150mm榴弹炮运上瓜岛,然后在10月下旬发动反攻。

为取得海军的支持,大本营陆军部还在9月24日将游说高手政信大佐派到特鲁克。这个被称为"昭和の(的)妖怪"的家伙对山本五十六痛说一通革命家史,居然把大将感动得眼泪汪汪,连声表示一定会全力配合陆军,即使出动"大和"号也在所不辞!

当然,山本也摆了一道。出动"大和"号对改写瓜岛局势毫无帮助,不过是白白浪费燃料;联合舰队依靠的还是"东京快车"。10月3日22:00时,第2师团长丸山中将率领师团司令部、一个中队的速射炮和工兵第2联队(联队长高桥卓三大佐)等先头部队在瓜岛的塔萨法隆加角(Tassafaronga Point)登陆,次日在特纳鲁河上游建立了战斗司令所,并与川口支队残部会合。是时日军在岛上有兵力9000人,其中有战斗力者不超过5000人。

10月11日晨,一支装载着青叶支队(支队长那须弓雄少将)2个大队基干、大批补给品和7门火炮的日军运输船队(水上飞机母舰日进、千岁,驱逐舰6艘)从肖特兰岛起航,准备将物资偷运到瓜岛。第6战队司令官五藤存知少将率所部3艘重巡洋舰古鹰、青叶、衣笠和2艘驱逐舰吹雪、初雪为之护航,完成任务后还要顺便炮击亨德森机场。恰好当天美军也在向岛上增派援兵,并派出3支特混舰队为之护航。五藤编队在11日上午即被美军侦察机发现,戈姆利派出正在瓜岛西南的诺曼·斯科特少将(Norman Scott)所部TF64编队(4艘巡洋舰,5艘驱逐舰)前去拦截。

入夜之后,"东京快车"成功地将728名士兵和火炮、给养运送上岛,五藤于是转向萨沃岛以南水道,准备炮击瓜岛。此时,

■ 亚历山大·范德格里夫特少将(1887-1973),美国海军陆战队第1师师长。

■ 埃斯佩兰斯角夜战中战死的第6战队司令官五藤存知少将（1888-1942）。茨城县人，海兵第38期出身，其父五藤近知曾侍奉水户德川家的德川齐昭，因此在明治初年担任水户东照宫宫司。五藤存知是水雷战专家，但在埃斯佩兰斯角夜战中却误判断美舰为僚舰，被炮火直接命中青叶舰桥，双腿削断而死。据称其死前仍以为本舰是为友舰所误击，因而大呼"混蛋、混蛋"。

斯科特的TF64也到达瓜岛西海岸，向萨沃岛方向航行。

瓜岛当地时间10月11日22时许，双方巡洋舰都已进入埃斯佩兰斯角西北海域。实际上，斯科特编队正在五藤编队的前方，两个编队之间的距离很近，但是都没有发现对方。23:25时，正在转向的美国轻巡洋舰"海伦娜"号（USS Helena，CL-50）以SG雷达首先发现日军，斯科特命令各舰从左向后以230度航向鱼贯转向，正好占领了极为有利的T字横头阵位。

双方接近到5000米距离时，"海伦娜"号首先开火，其他各舰也跟着射击。美军开炮几秒钟后，日军旗舰"青叶"号就中弹数发，2号、3号炮塔均被摧毁，五藤当即丧命，各舰立即向后转向。在"青叶"号之后1500米的古鹰遭到密集炮火的射击，主炮和鱼雷发射管先后被击毁，甲板燃起大火，成为美舰集中射击的明显目标。然而斯科特认为被打的是自己的驱逐舰，下令停止射击，可是所属各舰却停不下来。少将下令一律打开识别灯，见到灯光信号后才下令恢复射击，但就在这几分钟里，主要日舰已经完成了转向。美舰只好以更猛烈的炮火射击"古鹰"号，驱逐舰"邓肯"号（USS Duncan，DD-485）冲上前去连射两条鱼雷，命中一条，"古鹰"号先后被命中90余发炮弹，于12日凌晨沉没。但"邓肯"号冲得太前，夹在敌我之间，遭到双方的射击，锅炉舱被毁，向东北退去，于12日上午沉没。旗舰"旧金山"号（USS San Francisco，CA-38）随后又以主炮轰沉了日军驱逐舰"吹雪"号。

为了占领有利于发扬火力的阵位，斯科特编队转入与五藤编队平行的航向。但转向后，斯科特又令停止射击，他认为继续攻击之前需要整理一下队伍。再次通知打开识别灯、编成单纵队后，美国舰队继续追击。轻巡洋舰"博伊西"号被日舰击中6发203mm炮弹，重巡洋舰"盐湖城"号（USS Salt Lake City，CA-25）则与"衣笠"号进行了激烈的炮战，互有损伤。后来斯科特唯恐旗舰被后续舰只误伤，又下令停止追击，并第3次命令各舰打开识别灯。待他整理好队形并准备再战时，日军编队早已逃遁。

发生在埃斯佩兰斯角（Cape Esperance）外海的这次遭遇战，日方称萨沃岛海战，美方称埃斯佩兰斯角海战。日军损失重巡洋舰和驱逐舰各1艘，伤巡洋舰2艘，"夜战不败"的神话彻底被打破；美军沉、伤驱逐舰各1艘，伤巡洋舰2艘。由于两个多月来双方大批军舰在此沉没，此

联合舰队

役之后,瓜岛、萨沃岛和佛罗里达岛之间的水域被美军冠以"铁底湾"(Ironbottom Sound)的绰号。

炮打"仙人掌"

进入10月,离预定的决战时间越来越近了,双方都在竭力加强力量。10月9日晚,原驻拉包尔的百武晴吉中将亲率第十七军司令部人员乘"东京快车"上岛,同行中也包括那位政信参谋。次日,中将在刚刚建立的战斗司令所得到一个不那么令人愉快的消息:三天前,范德格里夫特在马塔尼科河东岸发起了一次进攻,占领了第2师团计划用于炮击机场的炮兵阵地,日军第4联队第1大队覆没。10月13日,美国陆军第164团3000名士兵、16辆轻型坦克、12门37mm反坦克炮和大批补给也被送上了瓜岛,加强了岛上的防御力量。

在此前的几次战斗中,从亨德森机场起飞的美军攻击机和侦察机给日本海军造成了严重损失,同时也威胁到陆军的作战。为争夺瓜岛制空权,10月11日,山本五十六命令第3战队的高速战列舰"金刚"号和"榛名"号炮轰亨德森机场的跑道,这是史上第一次用战列舰对机场这样的目标进行炮轰。山本还规定,万一两艘战列舰在炮轰过程中被敌军潜艇或驱逐舰的鱼雷击中,则要想法抢滩搁浅,舰员作为海军陆战队上陆作战,为此还向全体舰员配发了三八式步枪。第3战队司令官栗田健男中将认为在敌方优势下进行这样的行动,无疑是"给猫脖子上系铃铛"一样的自杀行动,是"穷途一策",但军令如山,虽不情愿也只好接受。

10月11日,栗田率舰从特鲁克出发,以16节航速南下。13日晚22时许,金刚、榛名在1艘巡洋舰和9艘驱逐舰的护卫下抵达萨沃岛以北,航速提至28节,半小时后看到埃斯佩兰斯角的灯标。田中赖三第2水雷战队的9艘驱逐舰排列在前后方,担任警戒任务。23:37,金刚和榛名航速降为18节,沿瓜岛海岸前进,随后开始炮轰亨德森机场。

亨德森机场位于战列舰右前方25000码处,金刚先派出舰载零式水上侦察机,在机场上方投下照明弹,随后发射曳光弹,经校正弹道后开始对机场狂轰滥炸。在炮击中,金刚的主炮对机场跑道发射了104发三式烧霰弹、331发一式穿甲弹,副炮对探照灯阵地发射了37发通常弹;榛名主炮对机场发射了294发一式穿甲弹和189发零式通常弹,副炮对探照灯阵地发射了21发通常弹。一时间瓜岛岸上一片火海,机场周围的美国海军陆战队成员四处奔逃,寻找隐蔽物,有的人惊吓过度,竟当场跪在轰击区域中央向上帝祈祷。

瓜岛上的日军士兵在确认这是己方炮火后,个个喜笑颜开,击掌庆贺。百武晴吉给海军发去密电,称"两战列舰的炮击,胜过野炮千门"。"榛名"号发射的一枚未爆炸的356mm一式穿甲弹在二战后被凭吊瓜岛战场遗迹的日本人发现,运回国内,至今仍陈列在江田岛海上自卫队干部学校(原江田岛海军兵学校)的校园中。

■ 埃斯佩兰斯角夜战中沉没的日军重巡洋舰"古鹰"号。

10月14日00:13，金刚和榛名暂停炮击，在瓜岛东端向左作U字转弯，随即调过头来再度炮轰机场。布置在隆加角的美国海军陆战队第3防御大队在探照灯的协助下用其手头的6门127mm炮向日舰反击，但对方处于射击死角内，一发也没有命中——值得一提的是，这6门炮都是51倍径的海军炮，原来是"亚利桑那"号和"加利福尼亚"号两艘战列舰的副炮，珍珠港事件后在打捞工作中被拆卸下来，配备给海军陆战队。因此从某种意义上说，这也是美西战争之后美国海军战列舰的舰炮第一次向敌战列舰开火。

对亨德森机场的炮击给美军造成了严重损失。岛上原有90架飞机，在这次炮击中损失了32架SBD、19架F4F和全部8架TBF，以及陆军的4架P-39"飞蛇"和2架B-17，合计65架。机场主跑道被完全摧毁，仅战斗机跑道可勉强使用，库存的航空汽油也在炮轰中全部烧毁。但是，尽管2艘日军战列舰发射了976发大口径炮弹，但美军只有包括第23海军航空队指挥部成员在内的41人被炸死。日方全部战舰都未损失，仅"榛名"号船底弹药库的两名水兵因长时间在温度过高的环境下进行高强度工作而中暑，体温过高，治疗无效而死。

在金刚和榛名忙于用副炮轰击隆加角探照灯阵地的时候，瓜岛北面佛罗里达岛担任货船保卫任务的美国海军PT-38、PT-46、PT-48和P-T60四艘鱼雷艇突然出港，在PT-38的带领下冲向日本舰队。在黑夜中，他们误将金刚右侧驱逐舰激起的长波认作战列舰的舰首波，于是高速向其逼近。神经紧张的栗田健男则将这4艘鱼雷艇当成了美国潜艇，于是在还未判明岸上损害程度的情况下就于00:56命令终止炮击，以29节的航速头也不回地向北高速逃去，撤出了战场。

联合舰队

■ 自8月下旬起,美军飞机逐步进驻亨德森机场,开始争夺所罗门群岛上空的制空权。图为部署于亨德森机场的"仙人掌航空队"战斗机,可见简陋的跑道和地面设施。

战列舰被鱼雷艇追得满世界跑,也可以算做是世界海战史上的珍闻了。爱惜生命的栗田健男从此在日本海军中被冠上了一个"逃げの栗田"(意思大致类似于"栗跑跑"一类)的绰号。但这次栗田因为陆军的强力夸赞而成了"海军英雄人物",山本也就没有追究其丢脸行为。

14日夜,第八舰队在三川军一的亲自指挥下,以鸟海、衣笠2艘重巡洋舰突入铁底湾,再度炮击亨德森机场,共发射约750发203mm炮弹。15日夜间,日军又以"妙高"、"摩耶"号重巡洋舰炮击亨德森机场,共发射1500余发203mm炮弹。炮击给美军造成了严重损失,"仙人掌航空队"只剩下8架B-17、10架SBD和24架F4F可用,跑道被毁,燃料几乎全被焚毁。日军以6艘高速运输船和7艘驱逐舰组成的"东京快车"趁机将第2师团主力5500名士兵和数门150mm榴弹炮运送上岛。

至10月20日,瓜岛上的日军已达23000人,大炮近百门,并拥有强大的海空支援;而美军则因为机场几近瘫痪,制空权、制海权都已易手,岛上部队后援困难,士气低落。为扭转颓势,尼米兹在10月18日委派"蛮牛"哈尔西接替过于谨慎的戈姆利出任南太平洋战区指挥官,海军把新完工的"南达科他"号战列舰、24艘潜艇和80架飞机全部调往前线,决心尽一切努力守住瓜岛。

危机正迫在眉睫。他们能如愿以偿吗?

宿命铁底湾
——所罗门群岛争夺战（二）

联合舰队

■ 南太平洋海战中,遭到日军九九式轰炸机围攻的"企业"号。天空中布满高射炮弹爆炸的烟云,侧面的巨大水柱是一架日机坠毁造成的。

一、"万岁冲锋"

无论是丸山政男还是百武晴吉,对瓜岛上美日双方兵力对比的真实状况都不了解,也没有从一木支队、川口支队的惨败中吸取任何教训。百武因其兄百武三郎担任过裕仁的侍从长而受重用(他的另一个兄弟百武源吾是海军大将),丸山是陆大的优秀毕业生,虽然精于谋划,却缺乏实际指挥能力。

百武晴吉上岛后,对反攻作了全面部署,计划于16日起逐步清除外围的美军据点,10月22日(Y日)分三路发起总攻,其中丸山政男率第2师团主力主攻"血岭"。而反攻的策略,居然和川口支队一个月前失败的那场攻击一模一样——发动迂回合击。

自10月16日起,日军第2师团的工兵就开始在亨德森机场背面的原始森林中开辟一条小道——"丸山道"。丸山政男以那须弓雄少将所部第29联队为先导,师团司令部和川口清健少将指挥的第124联队第3大队、第230联队(欠第2大队)则在翌日(17日)整队出发。丸山的司令部不仅包括大批非战斗人员,还捎带着拉上了观战的政信参谋、第十七军参谋林少佐、师团参谋长玉置温和大佐、平间宽治郎中佐等大员,既负责协调指挥,又可以鼓舞士气。

18日早晨,第16联队和师团直辖部队(师团通信队、卫生队、野战医院、兵站医院、防疫给水部)也从勇川附近的河口出发了。不过丛林中的行军速度显然大大低于中将事先的预计——所谓"丸山道"不过是丛林内一条仓促开辟的土路,部分地区的树木都没有砍干净。

由于日军没有制空权,为了防止暴露目标,"丸山道"绝大多数路面的宽度只有50厘米,高60厘米,不过勉强能容人穿行而已。森林里密布着泥潭沼泽,入夜后即一片漆黑,伸手不见五指。第2师团只好以近乎挪动的速度跟跄前进。

同样是在16日,接到丸山的总攻击准备方案的百武将第十七军司令部前出到原第2师团司令部所在地。百武将指挥海岸方向的残余炮兵和直辖部队同时发起进攻,以牵制美军力量,配合丸山的攻击。但丸山部进展不顺,那须部队已经逼近机场,川口和师团司令部却还远在数公里之后;数名联队长和部队失去联络,无法有效指挥。20日,第2师团下令攻击部队两天后在清水谷集合。但一直到预定的攻击发起日22日,到达集合地点的只有先头的左翼队(第29联队)一个单位,其余的右翼队(第124联队1个大队,第230联队2个大队)、预备队(第16联队)、重火器部队等还在后面磨蹭。丸山不得不请求百武将总攻时间推迟一天,之后又再度推迟到24日。

日军面临的最大问题在于,海岸方面的日军部队完全没有接到推迟总攻的命令。牵制部队在10月22日准点发起了进攻,并以炮火向美军陆战第1团第3营的阵地射击。结果这部分日军遭到优势炮火的覆盖,阵亡达600人以上,不仅有限的炮弹消耗殆尽,仅有的一个战车中队(8辆)也遭全歼。第2师团的第4联队因为与美军多次发生接触,丧失了部分装备和士兵,战斗力大大减弱。百武的反攻从一开始就是一个可悲的错误。

24日凌晨05:00,丸山的第2师团司令部终于到达隆加河上游的渡河点右岸,第一线左翼的那须部队已经在机场南侧配置完毕,预备队第16联队位于4000米之后。正午时分,丸山下达了攻击开始的最后命令:"一、天佑神助,将兵辛苦之所依,师团计划秘密(从敌之侧背)发动进攻;二、予受神明加护,依既定之计划为基础进行攻击,一举击灭飞机场附近一带之敌;三、两翼队于17:00决行突击,杀入敌纵深;四、14:00,余位于现在位置,尔后跟随于左翼队后方向向飞机场前进。"这个神神叨叨的命令通过无线电迅速传达到了两翼的部队。

10月24日下午17:00,左翼队(那须弓雄少将)所部第29联队已经配置完毕。第29联队以第1、第3大队为一线主攻,第2大队为预备队。联队长古宫正次郎大佐位于第一线,第1大队、配属工兵中队、联队本部、第7中队、通讯中队、第3大队、速射炮中队、预备队(第2大队)、联队炮中队顺次展开。不过其时正下着倾盆大雨,日军的两个炮兵中队完全无法使用,总攻时间不得不再度推迟2小时。

1942年10月24日晚20:30,雨过天晴,

■ 第17军司令官百武晴吉中将。

联合舰队

■ 1942年8月9日,美国海军陆战队第1师主要军官在瓜岛合影,前排左4为师长范德格里夫特少将。

仙台师团的总攻正式开始。从两天前就开始严阵以待的美军迅速还击,日本人迎着雨点般的子弹,如同神灵附体一般,高呼"BANZAI"(日语"万岁"的读音)发起冲锋。第29联队的第一波冲锋很快被击退,丸山下令川口的右翼队顶上。日军踏着同伴的尸体,如潮水般涌向美军阵地,在个别地段取得了相当大的突破,甚至挂起太阳旗。范德格里夫特严令陆战队坚守不退,双方展开了惨烈的白刃战。

丸山认为胜利已经在望,于是向百武和海军发电:"右翼部队占领机场,左翼部队正在激战。"但美军的防线并未崩溃,海军陆战队发扬顽强的战斗作风,一寸一寸地把日本人从阵地里"挤"出去。更何况,他们还有似乎永远也用不完的子弹,这是丸山永远也不可能得到的待遇。到10月25日凌晨,第2师团已经阵亡1000余人,右翼队被从突破地点清除出来。丸山见进攻失败,不得不向百武报告:"机场未被占领,敌军继续使用,左翼部队一部正在夺取南面阵地。"

24日的夜袭失败后,第2师团企图稳定战线、以图后着,但范德格里夫特根本不给他们机会。

25日,美军以猛烈的炮火射击日军防线,第29联队除联队长古宫等十多人还留在阵地里以外,其余大部分都遭到毁灭性打击而退出了一线,就连后方的师团战斗司令所和预备队也挨了炮弹。更重要的是,机场仍然在美军手中,"仙人掌航空队"克服重重困难,在此日继续升空作战。从25日早上7点开始,美国飞机就不断地在第2师团隐匿的丛林上空盘旋投弹,扫射日军指挥部。

丸山本来打算休整后在26日恢复进攻，但他担心再过一天已经无法有效指挥部队，于是在25日11时仓促决定当晚继续发动夜袭。由于第29联队在第一天的战斗中已经损失大半，右翼队的进展也不顺利，丸山以预备队第16联队承担25日晚上的攻击任务。

10月25日夜晚，整齐的枪托敲击声响彻了整个"血岭"。第16联队的士兵用有节奏的英语叫着："为天皇讨还血债！美国海军陆战队到明天就死！"美军毫不示弱回骂："为埃莉诺·罗斯福（罗斯福总统的夫人）讨还血债！让天皇见鬼去！"惨烈的"万岁冲锋"再度开始了。在美军阵地前沿的铁丝网前，日本人的尸体越堆越高，后续跟进的部队以手榴弹开道、拼死前进。丸山政男将全部可以战斗的人都压到了前线，连续发动7次进攻，但始终不能突入纵深。到天明时，第2师团遗尸已达2500具，第16联队联队长广安寿郎大佐及两名大队长都已战死。

10月26日晨，丸山中将从后方的师团战斗司令所派出参谋田口和夫大尉到一线观察情况，田口报告称攻击陷入困境。此时第2师团的所有预备队都已用尽，士兵阵亡超过三分之一，军官损失近半，粮草、弹药也出现匮乏，可谓山穷水尽。丸山不得不向百武晴吉报告：进攻必须中止。上午6时，第十七军司令部决定中止反攻，百武向大本营发电：在第38师团到达战场之前，部队已无力继续进攻。

接到命令的第2师团随后开始了撤退。按照日本公刊战史《战史丛书》的说法，撤退是按部队番号成建制进行的，整齐迅速，但这不过是文过饰非而已。伤亡惨重、缺乏给养和医药的部队在丛林中陷入了比战场更险恶的绝境，伤兵和病号必须靠自己的体力跟上部队，否则就只有饿死一途；没有人会去拯救沿途一片片倒下的战友，因为人们已经自顾不暇。痛苦的伤者有些用步枪自杀，丛林里不时响起自爆的手榴弹声，"丸山道"变成了地狱一般的白骨道。在撤退的五天时间里，第2师团死亡率高达50%以上，第29联队的军旗和联队长也在密林中失踪。在精锐的仙台师团历史上，如此惨重的失败还是第一次。

从10月23日到25日，日军基地航空队连续三天出动大量飞机空袭瓜岛，企图支援陆军的反攻。但在地面战事不利的情况下，继续投入航空力量也成为肉包子打狗的悲剧。到10月底，拉包尔海军航空队可用的飞机只剩下30架左右，基本丧失了战斗力。

二、南太平洋海战

九月危机

8月24日第二次所罗门海战以后，日美双方的机动部队再没有新的接触，但这绝不意味着风平浪静。南太平洋战线的日本航母暂时只剩下第一航空战队的两鹤（瑞凤和第二航空战队的两鹰尚在国内），不过对手的状况也不甚理想。

从表面上看，美国人有"企业"号、

联合舰队

"黄蜂"号、"萨拉托加"号三舰可用,但由于华盛顿"先欧后亚"的战略指导,太平洋方面在半年内不可能得到新的航母补充。仅有的三舰中,"企业"号在第二次所罗门海战中遭到重创,之后一个多月都必须回到珍珠港修理,这样就使双方航母的战斗力出现了暂时的对等。

军情紧急,山本五十六当然不能坐视均势延续。8月31日,"萨拉托加"号在半年之内第二次遭到日本潜艇攻击,中雷受损。该舰将大部分舰载机转移到珍珠港的"企业"号之后,不得不载着一同受伤的弗莱彻返回本土大修。由于"萨拉托加"号最早也要到12月才能返回南太平洋,"企业"号的战斗力又未恢复,尼米兹紧急将"大黄蜂"号调回所罗门群岛。这样一来,美国海军可以用于作战的航空母舰依旧是2艘——不过,这种情况并没能维持太久。

9月15日,星期四。"黄蜂"号和"大黄蜂"号在新锐战列舰"北卡罗来纳"号及其他10艘护卫舰艇的伴随下,出现在圣克里斯托瓦尔岛东南150海里处附近,8架F4F-3和3架SBD哨戒机警惕地监视着空中和水下可能出现的敌人。14:20,"黄蜂"号将舰首朝向迎风向,起飞8架F4F和18架SBD-3来替换空中的第一批哨戒机。最后2架"无畏"离舰之后,14:44,舰长弗雷德里克·谢尔曼上校下令军舰转回正西航向。正在此时,瞭望哨绝望地尖叫起来:"三发鱼雷!"顺势望去,几条隐蔽的航迹正在朝"黄蜂"号的左舷附近迫近。

鱼雷来自日本潜艇伊-19。伊-19隶属于第1潜水战队第2潜水队,第1潜水战队司令官山崎重晖将其大部分兵力部署到圣克里斯托瓦尔岛以南海域,伺机狩猎美军支援部队,特别是航母。13:50,伊-19的潜望镜在15000米距离上发现了"黄蜂"号编队,随即开始秘密跟踪,但苦于角度不良,始终无法进行攻击。14:20时"黄蜂"号转向起飞第二批哨戒机,潜艇意外地占领了极好的攻击阵位。14:44时,航母再度转向,距离已经缩短到900米,艇长木梨鹰一中佐抓住机会,以艇首鱼雷发射管向该舰齐射了6枚95式氧气鱼雷。

当"黄蜂"号的瞭望哨发现雷迹时,规避已经太晚了。3枚95式鱼雷直接命中"黄蜂"号的左舷,主机当场停转,水线以下开始大量进水。飞行甲板上和机库内的飞机像玩具一样被抛起,数十名飞行员在睡梦中被淹死,1座双联28mm机炮甚至被甩出炮位、直接砸到了舰桥上,差点把谢尔曼舰长砸死。损管队员一度认为还有可能挽救军舰,但水线下的进水完全无法止住。21:00,这艘刚刚服役两年半的新型航母带

■ 击沉"黄蜂"号的"伊-19"号潜艇艇长木梨鹰一中佐(1902-1944)。大分县人,海兵第51期倒数第一名出身,因击沉"黄蜂"号而受天皇单独接见。后奉命指挥伊-29访问德国、进行秘密联络,1944年7月返回途中被美国潜艇击沉于巴士海峡,特别追晋二级军阶(至海军少将)。

■ 1942年7月，整装待发、准备前往南太平洋前线的"隼鹰"号。南太平洋海战中，它作为山本的保留力量最后才出场，直接决定了整场大战的胜负。"隼鹰"号原为日本邮船公司的大型豪华邮轮，建造中途改为航母，1942年完工。标准排水量24100吨，搭载飞机48架，与外张烟囱一体化的巨大舰桥是该舰外观上最明显的特征。除防护、速度（25.5节）等方面不及正规航母外，综合性能可与飞龙级接近。隼鹰在第二阶段作战中担当机动部队主力，南太平洋海战中最终击毁"大黄蜂"号。

着200名舰员和46架飞机一起沉没了，谢尔曼上校继珊瑚海海战（时任"列克星敦"号舰长）后再一次失去了自己的母舰。只有20架飞机降落到"大黄蜂"号上，这些飞机随后转移到瓜岛的亨德森机场，继续战斗在所罗门上空。

"伊-19"号的好运还不止这些。该艇齐射的6枚鱼雷中，有3枚命中并击沉了"黄蜂"号，其余3枚继续航行到该舰以东10000米外的"大黄蜂"号编队中，除1枚脱靶外，其余有1枚击中"北卡罗来纳"号水下部分，使该舰大修三月之久；另1枚击中"奥布赖恩"号驱逐舰（USS O'Brien, DD-415），该舰当场沉没。6枚鱼雷就取得击沉2舰、击伤1舰的战果，木梨鹰一在战绩寒酸的日本潜艇指挥官中一下成了花魁。

对尼米兹而言，"黄蜂"号的意外损失是一个不小的打击，美国不得不面对航母短缺的危机。上将的对策是加快"企业"号的修理速度。9月16日，该舰终于开出珍珠港，机库里装载着新编成的第10舰载机大队（AG-10）。与之前的AG-6大队相比，AG-10包括詹姆斯·弗拉特利中校（James Flatley）指挥的VF-10中队（36架F4F-4战斗机）、詹姆斯·李中校（James R. Lee）指挥的VS-10中队（18架SBD-3俯冲轰炸机）、托马斯少校（J. A. Thomas）指挥的VB-10中队（18架SBD-3）和约翰·科莱特中校（John A. Collett）的VT-10中队（15架TBF-1鱼雷机），主要飞行员都是历经珊瑚海、中途岛两战的空中老手。

当10月23日"企业"号与"大黄蜂"号会合时，美国海军最好、最有经验的飞行员已经整装待发（"大黄蜂"号有2个参加过中途岛海战的SBD中队）。在兵力不足的情况下，他们是太平洋舰队最后的支柱。

日本人的优势在于航母数量。角田觉治少将的第2航空战队（飞鹰、隼鹰）和轻型航母"瑞凤"号已经在8月底赶到了南太平洋前线，虽然飞鹰在10月22日因为机械故障不得不回国修理，但日本人大小4艘舰队航母上的216架舰载机（72架九九式轰炸机、45架九七式鱼雷机、99架零式战机）相对于美军2艘的169架（72架SBD-3，27架

联合舰队

■ 被击中的"黄蜂"号。

TBF-1×27，70架F4F-4）还是具备5∶4的优势，同时日本尚有2艘护航航母（大鹰、云鹰）。护卫军舰方面，日方有4艘金刚级高速战列舰、10艘轻重巡洋舰和30艘以上的驱逐舰。由于第十七军方面计划在10月下旬发动进攻、夺取亨德森机场，联合舰队也计划全军出动，为瓜岛的反攻提供帮助。

10月10日，由近藤信竹中将统一指挥的日本第二、第三舰队主力开出了特鲁克，前往瓜岛方面协助作战。近藤部队由前进部队和机动部队两部分组成，前者由他本人指挥，包括第二舰队的2艘高速战列舰（金刚、榛名）、4艘重巡洋舰（高雄、爱宕、妙高、摩耶）、1艘轻巡洋舰（五十铃）和12艘驱逐舰，主要任务是对瓜岛机场和地面目标实施舰炮射击；为加强对"仙人掌航空队"的压制，角田觉治的第二航空战队（飞鹰、隼鹰，其中飞鹰在22日回国整修）也暂时配属于前进部队，准备在总攻发起前轰炸亨德森机场。机动部队依旧由南云忠一指挥，主力为第一航空战队的3艘航母翔鹤、瑞鹤、瑞凤，任务为在美军航母出现时将之歼灭；为加强对航母的保护，阿部弘毅少将指挥的第11战队（战列舰比睿、雾岛）将担任南云部队的前卫，负责警戒和护卫。日舰巡弋在所罗门群岛以北海域，其中南云部队位于近藤的东面，一面执行诸如炮击、对地空袭、护航之类的任务，一面等待战机。

10月19日，坐镇特鲁克的山本五十六下达了"联合舰队作战电令第340号"，命令近藤部队准备好支援陆军22日的总攻。但由于第2师团的进度问题，总攻不断推迟，最终到24日才发起进攻，而此时海上舰队的燃料已经不足。24日，南云率机动部队北上加油，同日20:00时再度反转南下，一面搜索对手，一面准备战斗。

另一方面，美军通过日军日趋活跃的动作和对密码的破译，了解到日本人的反攻即将开始。尼米兹也决定出动航母特混舰队，迎击日本舰队。由于弗莱彻中将已经随受伤的"萨拉托加"号回国，托马斯·金凯德少将（Thomas C. Kinkaid）担当起了指挥机动部队的任务。美军的主要兵力为航母编队TF16（航母"企业"，新型战列舰"南达科他"）、TF17（航母"大黄蜂"）和战列舰编队TF64（新型战列舰"华盛顿"），他们在10月20日先后离开基地，在瓜岛东方海域一边巡逻一边等待日本舰队的出现。

10月23日晨，从拉包尔起飞的日军陆基侦察机在伦内尔岛东南发现了TF64的身影，但没有找到美军航母。山本认为，金凯德的舰队应该在东南方面，指令南云向该方向搜索。第三舰队向该方向前进一阵后，在傍晚转而北上加油。

23日中午，美军驻圣埃斯皮里图岛的岸基航空兵也发现了南云的身影，立即起飞数架PBY巡逻机前往650公里外偷袭。但当"卡塔林那"到达战场时间，幸运的南云已经北驶，PBY只好在23:45时发射鱼雷攻击了日军第8战队的航空巡洋舰"筑摩"号，未造成任何损失。

10月24日上午10时许，TF16和TF17在圣埃斯皮里图岛东北270海里处会合。金凯德决定向圣克鲁斯群岛以北行驶，以阻截驶向瓜岛的日军机动部队；TF64则在李少将指挥下前出到瓜岛海域，阻止日军对瓜岛机场的炮击。

与目标明确的金凯德相比，南云忠一的行动略显矛盾。第三舰队参谋长草鹿龙之介少将一直怀疑陆军反攻的效率，由于图拉吉岛和圣克鲁斯群岛都有美军的PBY水上飞机基地，前一天"筑摩"号又遭到了空袭，草鹿认为在尚未发现敌航母前就南下求战是鲁莽之举。受草鹿的影响，从23日到24日南云一直在南南北北地兜圈子，以隐蔽自己、保存实力为第一要务，没有下定一战的信心。对陆军夸下了海口的山本五十六得知此情，不禁大为焦急。

10月25日05:00，新任南太平洋部队指挥官刚一周的哈尔西中将向金凯德发出了著名的命令："进攻！进攻！再进攻！"（Attack, Repeat, Attack.）上午10时许，一架PBY巡逻机在TF16的西南方发现了南云舰队，"大E"（"企业"号的绰号）立即起飞48架飞机，由西向北搜索200海里范围内的目标，但什么也没发现——此时南云仍在北上。在返回母舰时，由于天色已黑，1架F4F在着舰时坠海损失，另有3架SBD和3架TBF因燃料耗尽不得不在海上迫降，乘员被驱逐舰救起。此时TF16和TF17已经出航6天，仍未取得任何战果，无谓损失却在增加，金凯德不禁暗暗担忧。他的境况比中途岛海战时的斯普鲁恩斯更糟：TF61编队（由TF16和TF17合组）一共只有

联合舰队

两艘航母,南云的机动部队则有两大一小三艘,还有一艘"隼鹰"号作为后备,而他甚至不知道日本人的确切位置。少将决定采用和中途岛时相同的战术:在26日日出后提前侦察并发现敌人,一次派出全部攻击队。

18:00,在山本的压力下,南云舰队在瓜岛东北500海里处反转,以20节速度开始南下。19:18,山本从特鲁克来电:"陆军拟于今夜19时攻入瓜岛机场,26日敌舰队在瓜岛东南海面出现的可能性极大,我联合舰队将于26日捕捉并歼灭敌舰队。"21:00,近藤的前进部队也开始南下。南云部队以2艘战列舰和3艘重巡洋舰为前卫,航母在其后60海里处;前进部队位于机动部队西北100海里,其战列舰编队在东,"隼鹰"号在西。两支舰队一起向南搜索前进。

狭路相逢

1942年10月26日,决定性的时刻终于来临。

东京时间02:30时,当地时间04:30时(下文均为东京时间,圣克鲁斯群岛所在的东十一区时间比其晚两小时)太阳缓缓升上海平线,灿烂的霞光映红了半边天空,预示着这将是晴朗的一天。

TF16和TF17此时位于圣克鲁斯群岛北方120海里处,四周视线良好,只在300-450米的低空偶有积云。新型战列舰"南达科他"号在"企业"号右舷后面不远处,看上去就像一条黑色的大梭鱼。天空中吹着速度6-10节的微弱西南风,风向对日本人有利,南云只需一路前进,不用转为迎风向就可以起飞攻击队。黎明到来前(02:15时和02:45时),第三舰队从前卫

■ 1942年10月初,加速完成修复工作的"企业"号与SBD"无畏"在南太平洋上巡航。它的返回使得尼米兹手中可用的航母又增加到2艘。

部队和航母上起飞了7架水上侦察机加13架九七式鱼雷机，由南向东实施二段索敌。

不过，第一个幸运者还是美国人。日出后半小时（03：00时），16架携带227公斤炸弹的SBD从"企业"号的飞行甲板腾空而起，宣告自中途岛以来太平洋上最激烈的航母决战正式开始。

此前，TF16一般采用每架飞机负责一个10度扇面的单向搜索方式，但此次由于任务重大，每架飞机需要负责15度的扇面，并以10架SBD重点侦察北方海域。

"无畏"号以2架为一组，覆盖了从西南到正北200度范围内的整个扇面，其中南方海面由来自VB-10的6架SBD-3负责。VB-10的韦尔奇上尉（V. W. Welch）和马格鲁中尉（B. A. McGraw）驾驶的2架SBD负责整个搜索面中从266度到288度的扇面，飞出母舰刚刚85海里，他们就发现了日军机动部队的前卫。几乎与此同时，一架九七式鱼雷机掠过SBD右方3海里处，朝着相反的方向呼啸而去。韦尔奇和马格鲁明智地判断：前方很可能就是日本舰队主力，但需进一步核实。

两位勇士继续爬升到600米高度，利用雨云的遮蔽一路前行，继续飞进了10海里。其间由于急风骤雨，韦尔奇一度丢失目标，但一俟天空晴朗，他就专注地观察海面：没有航空母舰（南云的3艘航母在前卫之后60海里处）。上尉不再迟疑，04：30时，他向母舰发报："战列舰2艘，巡洋舰1艘，驱逐舰7艘。南纬8度10分，东经163度55分。航向

北，航速20节。"

消息迅速传到"企业"号的通信室。日本舰队包括2艘战列舰、4艘巡洋舰和7艘驱逐舰，从韦尔奇报告的位置看，可能已经航行到了东南方仅有115海里处的位置。但只要航空母舰一分钟不出现，美国舰队的危险就一分钟没有解除。金凯德下令"企业"号派出更多侦察机，就连VS-10中队长詹姆斯·李中校也亲自披挂上阵，负责搜索自298度到314度的扇面区域。

04：50时，李中校真的在下方的海面找到两艘航空母舰！为确认目标，李冷静而大胆地靠近敌人，一直飞到离第一艘航母只剩15海里的位置，随后向"企业"号拍发了如下电报："发现航母2艘及伴随部队，南纬7度05分，东经163度38分。"

为弥补飞机数量的不足，清晨起飞的SBD每机都携带了一枚227公斤炸弹，以便发现目标后立刻进行攻击。拍发完发现航母的电报，李中校和身边的僚机约翰逊中尉（Johnson）准备对敌舰投弹。不过此时日本舰队已经发现了"无畏"的踪迹，他们全速向西行驶，企图躲进雨云之下；高空护航中的9架零式战机（瑞鹤3架、翔鹤3架、瑞凤3架）也赶来拦截。

透过云层，李和约翰逊可以清楚地看到前后成一直线的瑞鹤和翔鹤，随后露出的是飞行甲板较短的瑞凤，角田部队的隼鹰没有现身。05：05，这两架SBD爬升到900米高度，7架零式战机马上从右侧冒了出来，一个回旋拥到"无畏"的正前方，7.7mm机

枪开始喷火。不过这个愚蠢的举动马上遭致了报应，李的12.7mm机枪首先将日方长机打爆，随后约翰逊也消灭了2架零式战机。

04:30时，在接到韦尔奇"发现敌前卫部队"的报告时，"企业"号的第12、13号侦察机正位于南云舰队4艘航母的东北方，两位飞行员伯尼·斯特朗上尉（Bernie Strong）和查尔斯·欧文少尉（Charles Irvin）立即决定转向敌舰方向。此时他们已经行至搜索路线的顶端，距离日本战列舰大约150海里，如果强行飞往该目标，很可能会没有足够的燃料返回母舰，但斯特朗还是立刻向西南方爬升。30分钟后，两机再度接到李少校"发现敌航母"的电报。

比起之前的战列舰，航母无疑是更诱人的目标，更何况斯特朗因为生病错过了第二次所罗门海战，击沉日本航母才是他的夙愿。SBD第二次转向，直追南云部队主力的航向而去。

20分钟后，上尉知道自己的选择真是没错：在低云覆盖的海面上，两艘航空母舰的甲板已经露了出来——那是翔鹤和瑞凤，瑞鹤还隐藏在云层下面。欧文也捕捉到了目标。05:30，斯特朗对少尉摆了摆翼尖，右手拇指一竖——"攻击！"

上尉打开襟翼，SBD缓缓压低机头，朝着下方的翔鹤和瑞凤俯冲过去，旁边的欧文也依样而行。两架"无畏"并排着从4000米高空一路冲下，如同最完美的俯冲轰炸蓝本，稳稳当当地将日本航母锁定在瞄准具的光圈中。白云簇拥，零式战机没有来干扰他们，防空炮火也一样。斯特朗瞄准了一艘翔鹤级航母，机头对准了飞行甲板的中央——积云影响了他的判断，其实那艘航母是南云舰队的2号舰瑞凤，珊瑚海海战中沉没的"祥凤"号的姊妹舰。在450米的高度，SBD从云层中一跃而出，无遮挡的木制飞行甲板整块地闯入视野，越来越大，越来越大……

伯尼·斯特朗最后一次确认了自己的目标，设置好炸弹投下杆。接着他收回襟翼，深吸一口气，满满推了一把节流阀。跟在后面的欧文如法炮制，2枚227公斤炸弹以1/100秒的微差撕裂了瑞凤的飞行甲板后部。

根据日本方面的记载，05:40落在瑞凤号上空的这两发炸弹有一弹命中航母飞行甲板后部，甲板被炸出一个大洞，钢板卷起，飞机无法降落。瑞凤号不得不马上掉头，在舰长大林末雄大佐指挥下返回特鲁克，该舰的攻击队在之后由瑞鹤收容。此外如果记录属实的话，斯特朗和欧文击落的那3架零式战机也全部属于瑞凤队——简直倒霉到家了。

"企业"号的两个幸运儿一边逃跑一边用尾炮朝后方射击，居然又击落了2架零式战机。尚未撤出战场的李和约翰逊也过来帮忙，"无畏"们组成联合阵线轮流接敌。零式战机的追杀持续了整整45海里，最终被一片云彩终结。

07:30，4架载誉而归的SBD精疲力竭地降落在"企业"号的甲板上，其中2架的油箱里已经没有一滴油了。

■ 1942年10月26日当天,从第一航空战队旗舰"翔鹤"号起飞的零式战机32型。图中可见翔鹤舰桥上加装的二一号电探和高射指挥装置。

当天清晨自"企业"号起飞的16架"无畏"最后全部顺利返航,只有5架轻伤(日方报称击落2架)。他们在空战中击落7架零式战机、1架九七式鱼雷机,使1艘轻型航母丧失战斗力,为金凯德赢得了一个漂亮的开端。

然而,从这时候起,血战才正式开始。

英雄虎胆

海战刚开始就损失了一艘航母,南云忠一到底在干什么?

东京时间04:50时,也即詹姆斯·李发现南云舰队的同时,"翔鹤"号清晨起飞的4号鱼雷机在本队125度、东南方210海里处发出了一份报告:"发现敌大部队。航母1艘、其他15艘,航向西北。"那正是"大黄蜂"号编队。但这架侦察机在兴奋中弄错了自己的搜索线路代号,结果"翔鹤"号派去与敌舰保持接触的2架二式舰载侦察机毫不意外地飞到了错误的地点,没有发现任何目标。"翔鹤"号的舰桥上一片混乱,南云不得不要求其他侦察机报告自己的线路和发现,以确认"大黄蜂"号的确切所在。

折腾整整进行了40分钟。05:25时,美舰的准确方位得到确认,南云立即自3艘航母派出九七式鱼雷机20架(翔鹤)、九九式轰炸机21架(翔鹤10架、瑞鹤11架)、零式战机21架(翔鹤4架、瑞鹤8架、瑞凤9架),合计62架的第一波攻击队。该队拥有轰炸专家高桥定大尉(瑞鹤轰炸机飞行队长)、零式战机王牌白根斐夫大尉(瑞鹤舰载战斗机飞行队长,1940年壁山空战的又一主角,原内阁书记官长、贵族院议员白根竹介之子)等优秀飞行员,由翔鹤鱼雷机飞行队长、"雷击王"村田重治少佐统一指挥,向"大黄蜂"号直扑过去。

南云忠一头脑不清楚的毛病看上去没

有任何改善。情报系统的混乱已经让他失掉了先发制人的良机，05:40时那4架捣乱的SBD又解决了瑞凤，现在南云手中的牌一下子少了三分之一。不过他的决断大概比第二次所罗门海战要敏捷一些，在遭遇美机"骚扰"的同时，第二波攻击队继续做起飞准备。

06:10时，翔鹤第二波攻击队24架首先出发，35分钟后瑞鹤的第二波20架也顺利起飞。第二波攻击队合计44架，包括九七式鱼雷机16架（瑞鹤）、九九式轰炸机19架（翔鹤）、零式战机9架（翔鹤5架、瑞鹤4架），拥有"翔鹤"号舰载战斗机飞行队长新乡英城少佐和"瑞鹤"号鱼雷机飞行队长今滋宿一郎大尉，指挥官为第二次所罗门海战中炸伤过"企业"号的"翔鹤"号轰炸机飞行队长关卫少佐，他们以最快的速度杀向美国舰队。

在这之前半个小时，得知美国航母已经出现的山本五十六还从特鲁克发出一份新命令：角田觉治少将的第二航空战队（隼鹰）结束对地支援任务，迅速取东南航向朝第一航空战队靠拢，统归南云忠一指挥。务必全歼美军航母！

金凯德虽然实力不如南云，但同样懂得"狭路相逢勇者胜"的道理。05:30时，15架SBD、6架TBF和8架F4F从"大黄蜂"号上起飞，其中的"无畏"全是参加过中途岛海战的VS-8老兵，带队长机为VS-8中队长威廉·韦海姆少校（William J. Widhelm）。29架的第一波攻击队虽然在规模上远不如敌人，但至少可以尝试一下和南云争夺时间。06:00，"企业"号也起飞了3架SBD、8架TBF和8架F4F，由VT-10中队长约翰·科莱特中校带队，这个19架编队构成当天美军的第二攻击波。06:15时，"大黄蜂"号又派出了当天的第三波攻击队（SBD9架、TBF9架、F4F7架）。三波73架攻击队几乎是整个美国太平洋舰队全部的航空攻击兵力，大半支美国海军的前途命运都仰仗于此。他们能赢得这场赌博吗？

200海里的茫茫大海上，三队美国飞机缓缓上升到1500米高度，朝着西北方向的南云舰队飞去。仅仅飞出60海里之后，06:30，"大黄蜂"号的第一波15架SBD就与南云的第一攻击波62架擦肩而过，但日军直掩队队长白根斐夫没有发现对手，美军的F4F也没有足够的时间和燃料拦截日本人。双方专注地朝各自的目标飞去，彼此没有干扰。

10分钟后，在西南数海里外，"企业"号的第二攻击波也与日机打了个照面。"瑞凤"号舰载战斗机分队长日高盛康大尉见这波美机只有19架、有软柿子可捏，立即率瑞凤队的9架零式战机掉头回去，从后方奇袭了"企业"队。3架TBF和3架"野猫"当场被击落，包括长机科莱特中校，1架TBF和1架"野猫"受伤返航，日机损失4架。一番苦战后，金凯德的这波攻击队实力再度减半，现在只剩下3架SBD、4架TBF和4架F4F了。

由于协调上存在问题，"大黄蜂"号的第一攻击波在出发后自行分裂为俯冲轰炸

■ 南太平洋海战中，正在躲避空袭的日军巡洋舰"筑摩"号。该舰随后被2枚炸弹重创。

机和鱼雷机两个编队，各队自行向日舰方向前进。07:25，在离舰150海里之后，第一攻击波的6架TBF在右侧的海面上捕捉到了日本舰队。那是南云前卫的第8战队，中心是2艘航空巡洋舰利根、筑摩和一群驱逐舰，在其后20海里，还可以看到阿部中将的2艘战列舰比睿、雾岛和7艘驱逐舰。从后方的海面上飞来9架零式战机，和护航这波攻击队的4架F4F缠斗在一起，15架SBD乘机掠过了前卫部队上空，朝第一航空战队直扑过去。

美国人的进程也不是一帆风顺。第一架SBD的侦察员以无线电话向长机韦海姆少校报告："威廉，航母不在此处。返航。"但韦海姆立即想到了中途岛海战中麦克拉斯基的经验，在1500米高度仍有丢失舰艇目标的可能，他决定继续前进搜索。5分钟后，

事实证明少校赌对了——SBD的视野中出现了2艘大型航母和1艘轻型航母，4艘驱逐舰正环绕在周围。小型航母似乎已经受损，甲板上冒着明显的浓烟，正在向后撤退。15架SBD立即俯冲了下去。

仿佛旧景重现，5月8日珊瑚海海战中的一幕又重演了：机警的"瑞鹤"号发现美机正在接近，立即躲进了急风骤雨之中，只有南云的旗舰"翔鹤"号继续暴露在广阔的海面上。在3500米高度，韦海姆选定了"翔鹤"号作为攻击目标，127mm、25mm高炮的火光瞬间将他的机群笼罩起来，越来越多的零式战机也从四周包围上来。长达25分钟的厮杀开始了。

第一个牺牲者是VB-8的格兰特中尉（Grant），其后的费舍尔中尉（Fisher）随即也被零式战机击中，不得不在海上迫降。

联合舰队

怀特中尉的SBD被打成重伤，他自己一侧的肩膀和手臂负了重伤，但还是努力把几乎散架的飞机开回了"大黄蜂"号。

剩余的12架"无畏"在韦海姆指挥下开始俯冲，然而就在此时，少校自己的飞机也开始冒烟：SBD的发动机过热起火了。四周是团团包围上来的零式战机，假如立即在海面迫降，恐怕还有获救的希望。但韦海姆的战斗意志远超乎对手的想象，他梦寐以求的日本航母就在数海里外蠕动着，此时他怎能退缩？不久，发动机彻底停转，SBD的螺旋桨慢慢停了下来。韦海姆在最后一刹那丢掉了炸弹，掉头朝海面滑翔下去。他稳稳地把飞机停在水上，爬出座舱。

接替韦海姆指挥的VB-8中队长詹姆斯·福斯上尉（James W.Vose）继续率队向翔鹤接近，零式战机显得越来越急躁，射击的偏差也越来越大。带着金凯德少将、哈尔西中将和大半支太平洋舰队的期望，11架SBD出现在"翔鹤"号上方高空，他们中的大多数已经遍体鳞伤，但为了复仇的这一天，"企业"号已经等待了两个月之久！

SBD以两机为一个编队，向翔鹤反复俯冲，在轰炸瞄准器的光圈里，日本航母巨大的身躯笨拙地扭动着。上尉满意地看着4颗炸弹直接命中南云旗舰的飞行甲板，腾起冲天浓烟。SBD果然不愧"无畏"之名！

"翔鹤"号陷入了一片混乱。它的飞行甲板被炸出4个大洞，伤口处的钢板恐怖地上翘着，露出下面的机库。仅仅是因为消防设备的高效和损管队员的拼死抢救，"翔鹤"号才避免了中途岛海战中"赤城"号和

■ 南太平洋海战当日，瑞鹤飞行甲板上正在作起飞准备的攻击队。

宿命铁底湾

"加贺"号的命运，但已失去飞机起降能力，无线电通信也几乎瘫痪。失望的南云下令：由第二航空战队司令官角田少将代理指挥机动部队。"翔鹤"号随后掉头返回了特鲁克，这艘运气一贯很差的航母再度离开南太平洋前线，回国修理达9个月之久。

在漂浮在海面上的一只小筏子里，威廉·韦海姆少校为这激动人心的一幕哽咽了。他和他的炮手在两天后被一架PBY救起，日后少校出任美国海军第一个夜间战斗机中队VF（N）-75首任指挥官。

除去俯冲轰炸机以外，"企业"号第一攻击波中的6架TBF也在250米低空盘旋。但他们未能找到日军航母，最后只攻击了前卫部队中的重巡洋舰"铃谷"号，未能命中目标。

与此同时，07：20，"大黄蜂"号的第三攻击波发现了南云的前卫部队，SBD准确地将3枚炸弹投到重巡洋舰"筑摩"号的甲板上。"筑摩"号遭到重创，舰长古村启藏大佐负伤，一个半小时后开始向特鲁克返航。

残缺的胜利

06：55时，日军第一攻击波发现了美国舰队。乔治·默里少将（George D. Murray，开战时任"企业"号舰长）指挥的TF17以"大黄蜂"号为中心组成防空轮形阵，周围环绕着2艘重巡洋舰、2艘轻巡洋舰和6艘驱逐舰，上空有38架"野猫"；TF16在TF17西北10海里处，金凯德在"南达科他"号的保护下，于7时率"企业"号避入雨区，以躲避空袭。07：10时，无线电里传来村田重治的声音："全军突击！"高桥定大尉的21架九九式轰炸机开始俯冲，F4F立即迎击上来，转瞬间空战就开始了。

日本飞行员的斗志丝毫不逊于他们的美国同行。指挥官村田少佐是历经珍珠港空袭以来大小战役的老将，中途岛海战后已经成为南云部队的重要支柱，他对第二次所罗门海战中雷击队出动过晚、未能及时攻击美舰始终怀有遗憾，现在"野猫"忙于拦截轰炸机队，村田本人率领的鱼雷机队趁机从"大黄蜂"号两舷发起夹击，同时发射鱼雷；高桥的轰炸机也不顾F4F和防空火力的拦截，奋力俯冲投弹。"大黄蜂"号在极短的时间内就被5枚250公斤炸弹和2枚鱼雷命中，全舰燃起大火，开始向右倾斜。

由于瑞凤队的9架零式战机在中途飞去拦截"企业"号第二攻击波，日军第一波的护航机只剩下12架，这使他们蒙受了沉重的损失："雷击王"村田重治在发射鱼雷命中后即被"野猫"凌空打爆，高桥定的座机失去控制，最后勉强飞到补给部队附近迫降，乘员被驱逐舰救起。总计日军第一波的损失25架：零式战机3架、轰炸机12架、鱼雷机10架，另有13架飞机（零式战机2架、轰炸机5架、鱼雷机6架）因受伤太重未能返回母舰，在南太平洋上迫降。有一架中弹的轰炸机带着250公斤炸弹撞进了"大黄蜂"号的烟囱，另有一架起火的鱼雷机撞上了航母左舷前部的高射炮平台。日机报称击落F4F

联合舰队

■ 返回特鲁克时的翔鹤，炸弹命中位置以气球加以标识。炸弹穿入机库后爆炸，暴风将上方的飞行甲板掀起破坏。

20架，SBD 2架。

08：00，关卫少佐带着翔鹤第二波攻击队（24架）到达战场上空。他们首先注意到了大火冲天的"大黄蜂"号，但关卫少佐判断现在还不到解决这艘航母的时候，因为美军一定还有另一艘航母。果然，攻击队很快找到了10海里外的"企业"和"南达科他"。

迎接关少佐的是"南达科他"号战列舰127mm高射炮凶猛的射击。他的飞机在俯冲轰炸前的一刹那右翼起火，他背向一艘驱逐舰撞去，当场战死。其余飞机直接命中"企业"号3弹、"大黄蜂"号1弹，炸伤驱逐舰"史密斯"号（USS Smith, DD-378），自身损失10架（包括珍珠港老将山田昌平大尉），另有2架迫降于水上。

08：25，"大E"被两枚炸弹直接命中。一枚炸弹炸中了前部升降机之后的飞行甲板，前部升降机因为电力中断卡在了一半的高度上。几乎与此同时，"企业"号的左舷也中一弹，另有一枚近失弹落在舰尾，炸出了比飞行甲板还高的水柱。舰尾操舵室也被炸弹轰开一个破孔。

08：27，"企业"号被另外3枚炸弹命中。第一枚穿透飞行甲板，正落在一个弹药舱上，舰首冒起了滚滚浓烟。第二枚炸弹命中舰首飞行甲板最前端，穿过飞行甲板和船壳落入水中。第三枚将右舷锚链舱炸开一个破口。此时"企业"号已经倾斜得相当厉害，但仍能灵活地左右机动，避开了其余的炸弹。久经考验的"大E"抓紧维修战损，起降能力并未中断。

稍后的09：00，今宿大尉指挥着第二攻击波中的瑞鹤队到达战场，发射鱼雷命中了重巡洋舰"波特兰"号（中3雷，均未爆炸）和驱逐舰"波特"号（USS Porter, DD-356，中1雷沉没），自身损失鱼雷机9架、零式战机1架，另有鱼雷机1架、零式战机1架迫降于水面，今宿本人战死。

战场上空陷入了短暂的平静。福斯上尉那11架英勇的SBD好不容易飞回到母舰上空，"大黄蜂"号打红了眼的高射炮手以一顿痛打迎接这些凯旋的战友，幸运的是都没有命中，"无畏"一架一架平安地降落下来。"企业"号的SBD也开始降落，但他们随即发现事情并不那么简单：由于"大E"在刚才的空袭中了炸弹，飞行甲板前端正冒着滚滚浓烟，舰尾附近有炸弹轰开的破孔，升降机也卡在了半当中，甲板中央显现出一个明显的长方形大坑。技术高超的老"无畏"们沿着"企业"号的航迹前进，从舰尾后部进入，稳稳当当滑行了90米，惊险地完成了降落。

双方在早晨的两波攻击中都已倾尽了全力，现在必须停下来喘息。美国方面，"大黄蜂"号已经失去战斗力，"企业"号正在修理；日本方面，翔鹤和瑞凤都已重伤返回基地，现在只剩下瑞鹤一艘航母，而且在回收早晨的攻击波之前无力再作突袭。此时谁能拿到这个局点，谁就能决定大战的胜负。

特鲁克的山本五十六在等待角田。

06:00左右，第2航空战队位于TF17西北330海里的海上，唯一的航母"隼鹰"号上搭载有飞机48架（24架零式战机、5架九七式鱼雷机、19架九九式轰炸机）。接到山本要他参战的电报，战队司令官角田觉治少将全队取东南航向，以25.5节（"隼鹰"号的最大航速）全速前进。角田是绰号"见敌必战"的猛将，他没有采用远距离起飞攻击队、抢先攻击对手的策略，而是单刀直入地直插险地，尽可能地向美国舰队接近。

07:14，第二航空战队与TF17的距离已经缩短到280海里，"隼鹰"号起飞了当天第一攻击波29架（轰炸机17架、零式战机12架），以珍珠港老兵志贺淑雄大尉为总指挥，前去攻击金凯德。09:20时，这波攻击队发现了燃烧中的"大黄蜂"号，但因为断云遮挡没有找到"企业"号。经请示母舰后，轰炸机飞行队长山口正夫大尉决定轰炸"南达科他"号。在猛烈的炮火中，1架九九式轰炸机将250公斤炸弹丢到了战列舰的1号炮塔上，猛烈的爆炸差点让舰长加奇上校坐了土飞机；轻巡洋舰"圣胡安"号也中一弹。日军损失了队长山口、分队长三浦尚彦在内的轰炸机9架，另有2架迫降于水上。

09:25时，当"大黄蜂"号的第二波攻击队空袭完南云前卫部队的战列舰和巡洋舰、远航归来时，他们已经认不出那艘曾经勇袭日本本土的英雄航母了："大黄蜂"号身中5枚炸弹、2发鱼雷，像一座死城般瘫痪在海面上。10:30，这批攻击队在严重倾斜的"企业"号上降落。

就在"隼鹰"号第一攻击波空袭TF16的同时，当天早晨起飞的第一航空战队两波攻击队中的9架零式战机、1架九七式鱼雷机因为找不到瑞鹤的位置，误打误撞地降落到了正在向战场接近的"隼鹰"号上，其中还包括白根斐夫。这批飞机的数量相当于隼鹰总载机数的1/4，角田立即决定为这些飞机加油挂弹，与"隼鹰"号原定的第二攻击波一起出发接敌。

11:06，7架九七式鱼雷机、8架零式战

联合舰队

■（左）版本明大尉拍摄下的第一波攻击后的"大黄蜂"号舰桥：尽管遭到重创、被浓烟包围，星条旗依然高高飘扬。
（右）南太平洋海战中，1架受伤的"大黄蜂"号"野猫"战斗机勉强降落在"企业"号上。"企业"号随后就遭到了日军轰炸机队的猛攻。

机腾空而起，总指挥是白根大尉，鱼雷机队指挥官是隼鹰号鱼雷机分队长入来院良秋大尉。13：10时，他们发现美军重巡洋舰"北安普敦"号（USS Northampton，CA-26）正在拖曳"大黄蜂"号，于是再度攻击了重伤的航母，命中一雷。日方损失鱼雷机2架、零式战机5架（其中3架迫降水上）。

日军对付"大黄蜂"号的手段犹如鬣狗撕咬狮子：虽然每一攻击波数量都很有限，但攻击却能持续不断地进行，使对手无力恢复，直至流尽最后一滴血。09：40，第一航空战队残存的"瑞鹤"号收容了早晨起飞的两波残机，也加入了撕咬的行业。11：15，瑞鹤第三波攻击队鱼雷机6架、轰炸机2架、零式战机5架在鱼雷机分队长田中一

郎中尉指挥下出发，每架九七式鱼雷机各挂1枚800公斤炸弹。13：45时，这13架飞机到达"大黄蜂"上空，命中1枚800公斤炸弹。

战斗越是接近尾声，角田少将的斗志越是高涨。他带着"隼鹰"号和2艘驱逐舰一路冲向美国舰队，一路除不断起飞攻击队外就是作起飞准备，誓要将"大黄蜂"号送入海底。

13：33时，"隼鹰"号刚刚完成对第一攻击波的收容，就匆匆派出了当天第三波，也是最后一波攻击队。由于美国舰队近乎亡命的反击，这波寒酸的攻击队总共只有4架九九式轰炸机和6架零式战机，指挥官为志贺淑雄大尉。由于轰炸机飞行队长山田大尉和分队长三浦大尉已经在上一次攻击中战

死,满脸稚气的加藤舜孝中尉担负起了轰炸机队的指挥。15:10,TF17上空再度传来"敌机攻击!"的恐怖喊声,最后的轰炸开始了。"大黄蜂"再次被1颗炸弹命中,但始终坚持不沉。在后来留下的照片中,人们惊讶地发现浓烟和大火包围中的舰桥上高高飘着一面星条旗!

16:20,"隼鹰"号完成了对当天所有攻击队的收容。此时日本方面还剩下2艘航母、舰载机86架(舰载战斗机44架、轰炸机18架、鱼雷机24架),南云也从驱逐舰"岚"号转移到"瑞鹤"号上,但暮色已近,不可能再作航空攻击。归来的飞行员带着惊恐的眼神描绘了美国舰队上空修罗场一般的高射炮火,他们已经没有勇气再作出击了。于是,坐镇特鲁克的山本五十六下令:已经调转航向的近藤舰队迅速向战场前进,以战列舰的主炮向业已惨败的美国舰队发起进攻。

金凯德深知时间紧迫。空袭虽然停止,但他的航母已丧失了全部自卫能力,其他舰艇也不足以对付占据优势的日本舰队,他只有撤退保存实力。但在这之前,必须处理掉"大黄蜂"号。两艘驱逐舰靠近瘫痪的"大黄蜂"号,接连发射了3枚鱼雷和300发127mm炮弹,但该舰就是不沉。面对正在接近的日军前卫部队,美国驱逐舰只能仓皇避退。

傍晚17:20时,近藤信竹向联合舰队司令部报告:美国护航舰船已经撤走。山本委托宇垣缠代为回电:"如情况许可,请拖曳被捕获的敌航母。"大将要将空袭东京的罪魁拖回国展览,好一解心头之恨。两艘战列舰比睿、雾岛奉命上前检视,但"大黄蜂"号火势过大、无法靠近,近藤只好命令驱逐舰将其击沉。22时,两艘驱逐舰卷云和秋云各向"大黄蜂"号发射了2枚鱼雷,只见对

■ 南太平洋海战中,1架受伤的九九式轰炸机企图冲撞"大黄蜂"号。当时该舰已身中5枚250公斤炸弹和2枚鱼雷,舰身向右倾斜。

方猛一个翻覆，终于沉入水中。

在"大黄蜂"号短暂服役生涯的最后一天中，它被敌军和友舰击中鱼雷10枚、800公斤炸弹1颗、250公斤炸弹7颗、127mm炮弹约300发。此时距离它加入美国海军刚好365天。

1942年10月27日晚20：30，日军大本营在《军舰进行曲》声中发表了南太平洋海战战报："帝国海军部队于10月26日黎明至夜间，在圣克鲁斯群岛北方洋上与敌有力舰队交战，击沉敌航母4艘、战列舰1艘、舰型未详舰1艘，中破战列舰1艘、巡洋舰3艘、驱逐舰1艘，敌机200架以上因击坠及其他原因丧失。我方航母2艘、巡洋舰1艘小破，均对战斗航行无妨碍，飞机未归者40多架。"

南太平洋海战（美方称圣克鲁斯海战）是南云舰队最后一次战术胜利，在击沉"大黄蜂"号之后，中将终于可以宣称他已洗雪中途岛的耻辱。美方失去了"大黄蜂"号，"企业"号重伤，损失飞机81架，266人阵亡，美军在南太平洋已无航母可用。但日本的这一胜利却是以损失92架舰载机为代价而取得的（69架被击落、23架迫降水上），特别是翔鹤飞行队长村田重治少佐、关卫少佐，瑞鹤飞行队长今宿滋一郎大尉等优秀飞行员的战死，使第1航空战队的有效战斗力丧失殆尽。

南太平洋海战结束后一星期，11月2日，南云忠一的职务被小泽治三郎中将所取代。第一航空战队奉命返回本土休整，在所罗门只剩下隼鹰一舰。日本航母也无法对瓜达尔卡纳尔的战局产生决定性影响了，交战的主角现在意外地换到了大型战列舰身上。

三、第三次所罗门海战

混乱的开始

11月初，珍珠港的美国海军OP-20-G情报小组破译了日本海军的作战密码，得知日军要在11月11日至12日重演上个月炮轰亨德森机场的把戏，并派出大量增援部队登陆。哈尔西此时已经没有航母可用，他一面集中以"华盛顿"号和"南达科他"号2艘新型战列舰、1艘重巡洋舰、1艘轻巡洋舰和8艘驱逐舰为核心的TF64编队，同时以5艘巡洋舰和8艘驱逐舰编成护航特遣队TF67，准备将6000名增援兵力送到瓜岛上。南太平洋海战中受损的"企业"号也带着修理舰"维斯特"号（USS Vestal，AR-4）赶赴战区，边修边战，以加强美方的空中力量。

瓜岛上的百武晴吉一次次向特鲁克发电，要求海军提供大量船只，将第38（广岛）师团主力运送上岛，以便发动第三次反击。山本五十六对这种危险性极大的护航活动本来并不感兴趣，他的打算是继续派驱逐舰趁夜进行"老鼠运输"，不过上次以战列舰炮击机场获得的战果倒是还历历在目，所以索性卖个面子给陆军，把炮击机场和护送增援部队上岛的工作放到一起进行。

按照计划，由第2水雷战队司令官田中赖三少将指挥的运输船队从肖特兰岛出发，第11战队的战列舰"雾岛"、"榛名"、第10

战队和第4水雷战队的驱逐舰将组成"挺身攻击队"为之护航。田中船队开始登陆之前,"挺身攻击队"炮轰亨德森机场、压制美军空中力量。与此同时,第二舰队司令长官"近藤"信竹中将也再度率领一支前进部队(第3战队的2艘战列舰"金刚"、"榛名",航母"隼鹰",重巡洋舰"高雄"、"爱宕"、"利根",轻巡洋舰"川内"和6艘驱逐舰)从特鲁克出发,任务是伺机发现并消灭美军仅存的"企业"号航母。

"挺身攻击队"这种名字,本来是因为第11战队需要"挺身"接近瓜岛海岸线、冒险进行炮击而起的。不过战争末期,当日军需要以慰安妇来维持低落的士气、振奋斗志之时,居然也生造出了"妇女挺身队"之类词汇,两相比照只能说是相当有才了。

11月5日,作为投石问路的举措,第38师团的第一批部队——第228联队(联队长土井定七大佐)分乘10艘驱逐舰,趁夜在塔萨法隆加角和埃斯佩兰斯角登陆成功。11月10日上午09:00,田中赖三带着由11艘驱逐舰(早潮、亲潮、阳炎、海风、江风、凉风、高波、卷波、长波、天雾、望月)和11艘高速运输船(长良丸、广川丸、佐渡丸、堪培拉丸、那吉丸、山浦丸、山月丸、鬼怒川丸、信浓川丸、布里斯班丸、亚利桑那丸)组成的运输队开出了肖特兰岛泊地,第38师团师团长佐野忠义中将和4名幕僚乘坐田中的旗舰,第229联队、工兵第38联队、辎重兵第38联队、独立工兵第19联队、独立汽车第212中队的1.45万名士兵、重武器、粮草和弹药则分装在11艘高速运输船上。

由于第11战队一直惦记着"金刚"号在上次炮击瓜岛行动中获得的"殊荣",战队司令官阿部弘毅中将特地嘱咐田中把该战队的观测队也装上驱逐舰,随陆军部队登上瓜岛,以便在炮击之时更准确地观测弹着点的位置、提高战列舰主炮的射击精度。至于

■ 南太平洋海战中,一架九七式鱼雷机正冒着猛烈的炮火攻击战列舰"南达科他"号,后者的1号炮塔在此战中被直接炸中。"南达科他"号调至太平洋后就毛病不断,该舰官兵戏称这艘军舰上有"祖传的小霉运"。

联合舰队

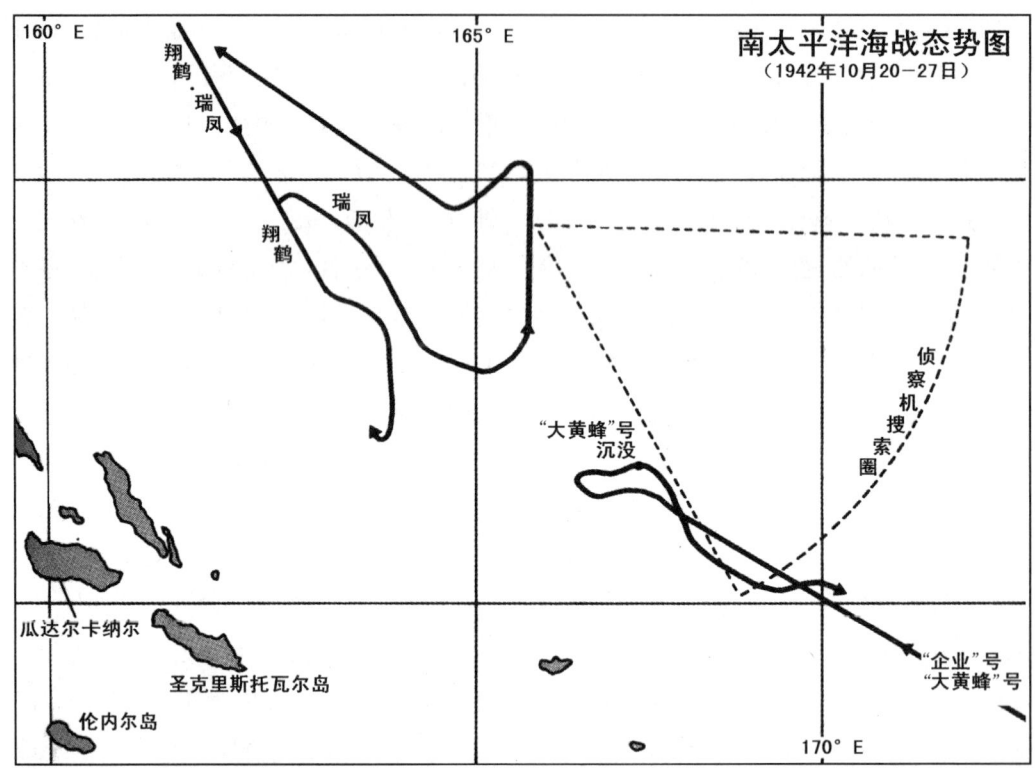

阿部本人,则带着"挺身攻击队"和"近藤"的前进部队一起,于9日16:10开出了特鲁克泊地。

12日03:30,"挺身攻击队"和"近藤"直率的前进部队本队在瓜岛和拉塞尔岛之间的预定地点分离,阿部率领2艘战列舰"比睿"、"雾岛",第10战队司令官木村进少将坐镇的轻巡洋舰"长良",6艘驱逐舰"天津风"、"雪风"、"照月"、"晓"、"雷"、"电",面向瓜岛南下。13:30,从西面又开来了第4水雷战队(司令官高间完少将)的5艘驱逐舰,它们是11月11日从肖特兰岛起航的,现在也与"挺身攻击队"一起东航。

为防止潜艇攻击,阿部下令舰队组成反潜阵形,以第4水雷战队的"朝云"、"村雨"、"五月雨"为左侧前卫,"夕立"、"春雨"为右侧前卫,攻击队本队则在8公里之后以一字纵阵直行。

断云中,美军的B-17巡逻机两次出现,令阿部大感紧张。14:00过后,天气开始变坏,新乔治亚群岛附近的暴雨云团使视线变得忽雨忽晴,但时有间歇的晴朗,使驱逐舰可以辨认出马莱塔岛和圣伊莎贝尔岛的方位。

第11战队炮击亨德森机场的行动和上次的"金刚"、"榛名"一样,也是在夜间进行。当舰队进入预定海面时,岸上的友军会在数个地点点燃灯火指示位置,舰队则按照事先规定的路线发起攻击。黑夜中,没有雷达的日本战列舰将主要依靠射击盘提供数据，以自变距离间接射击法进行炮轰。

17：00，阿部舰队进入了埃斯佩兰斯海峡北口，旗舰向麾下舰艇通报了今夜的预定航行路线和行动时间。此后天气继续恶化，从20：00开始，暴雨伴随着雷鸣扑面而来，位于主队前方的第4水雷战队5艘驱逐舰按照阿部最初的指示变航向为180度。

8公里后的阿部主队速度已经降到了18节，他们胆战心惊地前进，开到了位于萨沃岛西北的预定转向点。但猛烈的暴雨笼罩了整个舰队，瞭望根本无法看清预定作为距离测定目标的萨沃岛。阿部打电报要求在瓜岛机场上空巡弋的日军哨戒机投放照明弹、指示炮击范围，但以圣伊莎贝尔岛西北的莱卡特为基地的日军R方面航空部队回复说："天气何时恢复难以预料，今夜飞行观测至难确认。"这下，胆怯的阿部终于崩溃了。21：50，他下令全队在22：05一起做U字形掉头，试图以天气恶劣为由终止作战、返回肖特兰！

阿部的掉头在战场上引起了一场灾难性的混乱。本来，假如他坚持以低速前进，40分钟后就可以到达瓜岛附近，多少可以开几炮、取得些战果。但就在他下达掉头令当时，先头的第4水雷战队5艘驱逐舰已经把主队甩下了远远一截；而惊慌的阿部在下达"第4水雷战队反转"的命令时，却忘记了告知全队统一掉头的时间是22：05。这样一来，第4水雷战队司令官高间少将就坐蜡了：他到底该在何时进行转向呢？22：00，

高间决心自行掉头，这样一来就出现了极为混乱的情形：已经决定马上返航的主队还在向西南方继续前进，先头的第4水雷战队则已朝着东北方跑过来了。漆黑一片的海面上，日本舰队队形已经完全被打乱，"比睿"号不得不要求第4水雷战队拍发电报报告当前位置。

混乱的态势继续加剧。22：15，就在"挺身攻击队"主队掉头返航后10分钟，笼罩着整个海区的雨云忽然退去，雾气也逐渐稀薄，"比睿"号的瞭望哨立刻在右舷45度方向看到了萨沃岛。莱卡特基地的R方面部队报告称支援炮击的巡哨机将正常起飞，跟随田中驱逐舰队的观测班也发来电报："瓜岛方面天候良好。"尴尬的阿部眼看不可能继续撤退，只得在22：30下令再次做U字形掉头，重新向瓜岛驶去。

"挺身攻击队"开始航向瓜岛的序列是："长良"、"比睿"、"雾岛"三艘大舰排成一字纵队，左右侧各有3艘护卫驱逐舰；第4水雷战队在前方8公里处排成警戒队形。但耗时半小时、经过两次混乱的转向，已经往东北方开出一大截的第4水雷战队"朝云"（旗舰）、村雨、五月雨3艘驱逐舰反而被甩到了整个编队的后面，成了后卫；主队中殿后的"雾岛"号因为动作迟缓，现在也被友舰拉下了一大截。轻巡洋舰"长良"号带着旗舰"比睿"一路突前，几艘小小的驱逐舰茫然地在海面上打着转——更加诡异的是，阿部弘毅好像根本没有意识到这种混乱！在他的臆想中，先头的第4水雷战

联合舰队

队将在美国军舰出现时发出警报,他没有任何担心的必要,只管炮击机场。22:46,阿部从"比睿"号上向"朝云"发出信号:"我现在进入阵地,你舰在前先行。"落在好几海里之后的高间看到这么一份不知所云的电报,实在是哭笑不得。

第4水雷战队的5艘驱逐舰中,只有"夕立"、春雨还在本队右前方10公里处前进,勉强进行着警戒工作。23:15,比预定时间迟了40分钟,日舰终于看到了陆军在埃斯佩兰斯角和塔萨法隆加角两处点起的篝火,阿部在23:25下令:转航向为140度,进入射击阵位。

11月12日当天,美军的运输船队已经平安驶抵瓜岛,并抢在阿部舰队到来之前就卸下了大量物资。傍晚时分,登陆输送队司令特纳少将获悉日军已经来袭,决定在天黑前自率运输船编队驶离瓜岛,以免遭到袭击。为阻止日军夜袭机场,他还责成丹尼尔·卡拉汉少将(Daniel J. Callaghan)指挥5艘巡洋舰(亚特兰大、旧金山、波特兰、海伦娜、朱诺)和8艘驱逐舰组成的第67特混舰队第4大队(以下简称TG67.4),在护送运输船出海后立即返回瓜岛北方海面,阻止日军的行动。

阿部和他的军舰正在海上转来转去的时候,卡拉汉刚好带着巡洋舰返回铁底湾,23:25(瓜岛当地时间13日01:25),装备新型SG对海雷达的轻巡洋舰"海伦娜"号突然报告:"发现目标!"

卡拉汉的TG67.4当时成单列纵队,8艘驱逐舰前后各四,巡洋舰居中,卡拉汉本人坐镇首起第六舰"旧金山"号,副总指挥斯科特少将在第五舰"亚特兰大"号(USS Atlanta, CL-51)上。由于"海伦娜"号处在旗舰之后,卡拉汉对该舰发来的电报不敢轻易相信,他在无线电话里反复要求确认目标。由于无线电话频道单一,各舰争先恐后地向旗舰发信,造成了严重的干扰。15分钟时间里,卡拉汉既没有下令抢先开火,也没有派出驱逐舰实施鱼雷攻击。

23:37,卡拉汉终于做出了第一个清楚的决断:全队右转,准备占领T字阵位。但先头的驱逐舰"库欣"号(USS Cushing, DD-376)突然在黑暗中发现了日本军舰的舰影,为避免相撞,该舰自行左转,引得后面的巡洋舰都跟着左转,竟意外地闯进了阿部编队

■ 在亨德森机场上空飞翔的"仙人掌航空队"。

之中。

阿部弘毅从来没有想过他会在铁底湾里和美国巡洋舰碰上。虽然下午空中出现了几架B-17，不过按照惯例，完成护航任务的美舰是不会留在铁底湾内的；况且他满心以为，有第4水雷战队的5条驱逐舰在前方10公里处警戒，即使在炮击过程中发现敌舰，他也有充足的时间把用于岸轰的三式烧霰弹换成穿甲弹。

■ 位于瓜岛、萨沃岛和佛罗里达岛之间的"铁底湾"，因双方大批军舰（2艘战列舰、7艘巡洋舰、21艘驱逐舰和16艘其他军舰）在此沉没而得名，也是第三次所罗门海战的主要战场。

近身肉搏

23:42，日本驱逐舰"夕立"号的瞭望哨一声大叫："发现敌舰！"1分钟后，"比睿"号的瞭望哨也在右斜前方（东南）9公里的地方发现了4个黑影，判断为敌人的4艘巡洋舰（队尾的"朱诺"号尚未被发现）。

当日本舰队冲入铁底湾的时候，卡拉汉和阿部都大吃一惊。卡拉汉没想到日舰会突然从离他只有几公里的地方冒出来，阿部则是完全没有预料到天黑后还能撞见美军。在黑暗中，双方的阵形全乱了。美方13条军舰的队形由单列纵队变成了松散的三列纵队，间距缩小，队形也紊乱起来。两支舰队以40节的相对航速互相接近，转瞬间即穿插到了一起，卡拉汉编队闯到了两艘日本战列舰的中间，日方的几艘驱逐舰则闯到了美舰队的中间。

虽然是短兵相接，阿部弘毅在兵力上仍然占有绝对优势。他手下有2艘战列舰、1艘轻巡洋舰和11艘驱逐舰，除16门14英寸巨炮外还装备有威力巨大的九三式氧气鱼雷；而美军最大的舰艇仅是2艘重巡洋舰，此外还有3艘轻巡洋舰和8艘驱逐舰。不过，TG67.4当时正排成整齐的一字纵列，指挥上比日本人容易协调，近距离也使日军难以发挥其在鱼雷方面的优势。"比睿"和"雾岛"的舰员手忙脚乱地从弹药库中提取一式穿甲弹，原来堆放在主炮旁边的三式烧霰弹（每门炮旁堆放4枚）被转移到一旁。

阿部舰队在战斗开始时的队形犹如一把打开的大伞，第10水雷战队和第4水雷战队的驱逐舰分别散布在左右两翼，中间的伞柄是一字纵队前进的"比睿"、"雾岛"和"长良"，彼此间没有呼应。由于日舰没有安装雷达，为了搜索目标并整理队形，阿部弘毅在23:51下令"比睿"号打开探照灯，灯光正照在6000米外"亚特兰大"号的舰桥上。"亚特兰大"号上的斯科特见状不妙，

联合舰队

不等卡拉汉的命令就马上下令向对方探照灯射击。"比睿"号随即关闭了探照灯，各舰在不足1800米的距离上展开了激烈的贴身肉搏战，战场上火光冲天，炮弹纷飞，鱼雷横冲直撞，用一位美国军官的话说，犹如"在熄了灯的酒吧里的一场斗殴"。

第一个遭难者是最早被发现的"亚特兰大"号（美军纵列中第5艘）。当"比睿"号的探照灯光打到该舰舰桥上的时候，位于北方1450米外的日本驱逐舰"晓"号马上以5英寸主炮直接齐射过去。结果正在"亚特兰大"号舰桥上的斯科特及其幕僚除1人外，其余全部被弹片打死。几乎与此同时，散布在美军舰列北方的两艘日本驱逐舰"电"号和"雷"号也向"亚特兰大"号发射了九三式鱼雷，其中一枚命中舰尾，另一枚刚好穿入机舱爆炸。倒霉的"亚特兰大"号很快瘫在了水面上，"比睿"号的14英寸炮弹继续在该舰的舰首爆炸。由于惯性作用，"亚特兰大"号径直向排在其后的第6艘军舰、也是编队旗舰"旧金山"号漂去。

日方旗舰"比睿"号的状况并不比"亚特兰大"号更妙。打开探照灯之后，阿部弘毅发现第4水雷战队并未像他预想的那样在战列舰前方警戒。为了拉大距离、方便使用主力舰的重炮，他下令"比睿"号向左转舵，希望把距离拉大到5000米以上。谁知这样一来，军舰刚好横插进美军舰列的1号舰"库欣"号（USS Cushing, DD-376）与2号舰"拉菲"号（USS Laffey, DD-459）这两艘驱逐舰之间。倒霉的"拉菲"号此前一直遭到左右两侧"比睿"和"雾岛"两艘战列舰的火力夹射，此时看到一个庞然大物向自己扑过来，立即集中全部火炮和机枪向"比睿"号的上层建筑扫射过去。

"拉菲"号的舰体从"比睿"前方不到6米处滑过。该舰安装的4门38倍径127mm主炮射速极快，号称"5英寸机关炮"，现在以近乎水平的弹道射向"比睿"的舰桥和最上甲板。这艘战列舰在现代化改装时安装了作为"大和"号技术验证之用的大型桅楼，正是极好的目标。第一通炮火打坏了桅楼最上端的主炮射击指挥所，阿部中将和西田正雄舰长的头部被弹片击伤，副舰长全身重伤，第11战队参谋铃木正金中佐及"比睿"号会计长、副炮长当场战死。正当他们沿着扶梯向带有装甲保护的指挥塔撤退时，第二通炮火将战列舰的射击方位盘和副炮测距仪整个掀进了海里。"拉菲"号还向"比睿"发射了4发鱼雷，不过因为情急之中没有解除保险，鱼雷虽然击中了"比睿"号却没有爆炸。

"比睿"号试图以14英寸主炮发射穿甲弹攻击"拉菲"号。不过该舰在战斗开始时浪费了太多时间讨论要不要换弹，此时还没来得及把弹药库底部的一式穿甲弹搬出来，只能将错就错地用三式弹射击。正当1号炮塔缓缓转向"拉菲"号、准备齐射三式弹的一刹那，一枚127mm炮弹打坏了炮塔电路，该炮塔失去了射击能力。加上舰身前后的两个副炮射击指挥所也被美舰的20mm机炮打坏，"比睿"一时间失去了战斗力。

"拉菲"号也为此付出了代价。长时间的沉默之后，"比睿"的2号主炮塔借着火光的映照打出了一次齐射，三式弹直接掀掉了"拉菲"号的一门主炮。现在该舰陷在两艘日本战列舰和两艘驱逐舰之间，全部鱼雷已经用完，主炮只有3门可发射，依然在无测距状态下努力向敌人开火。

排列在"拉菲"号之后的是另外两艘驱逐舰"斯特雷特"号（USS Sterett, DD-407）和"奥邦农"号（USS O'Bannon, DD-450）。一片混乱中，它们冲到了"比睿"号的右侧，幸运地避过了"雾岛"号的齐射，开始以20mm机炮专心致志地扫荡日军旗舰的上层建筑。"比睿"号舰桥内部的油漆和木制品开始了整齐划一的燃烧，大火一直蔓延到桅楼之后的1号烟囱。这艘军舰看上去犹如一具正在喷火的坩埚。

仿佛是为了活跃气氛，两艘小美舰还发射了鱼雷来"助兴"。由于美军在战争前期使用的鱼雷技术问题颇多，这种攻击完全是在碰运气。事实也的确如此：鱼雷无一中的，不过有一枚歪打正着地戳坏了"比睿"的右舵。另一枚乱窜的鱼雷幸运地打中了结果斯科特少将的日本驱逐舰"晓"号。不过"斯特雷特"号也被日舰的乱射打坏了上层建筑，舰员死伤五分之一，不得不提前撤离战场。

战斗开始时，"旧金山"号（美军编队6号舰）以及其后的"波特兰"号、"海伦娜"号、"朱诺"号这4艘巡洋舰距离日军最大的两艘战列舰有5000米以上的距离，队形未乱，因此可以相对从容地进行反击。在卡辛·杨舰长（Cassin Young）的指挥下，"旧金山"号仔细地以203mm主炮"关照"了倒霉的日舰"夕立"号，将其打伤。正当该舰将炮塔转向第二艘日本驱逐舰时，失去控制的"亚特兰大"号缓缓地漂到了该舰前方，于是该舰的第二次齐射干脆漂亮地命中了"亚特兰大"号的上层建筑。

关键时刻，卡拉汉少将做出了一个致命的决定："停止射击！确认目标！"

跟在旗舰之后的是另一艘重巡洋舰"波特兰"号（USS Portland，CA-33），舰长杜博斯上校（Laurence T. DuBose）是一位杰出的炮术专家。接到卡拉汉的命令

■ 轻巡洋舰"亚特兰大"号，排水量6000吨，装备16门127mm主炮和8具533mm鱼雷发射管，航速33.6节，是斯科特少将的座舰。第三次所罗门海战中被日军驱逐舰雷弹齐射重创，次日被迫自沉。

联合舰队

■ 重巡洋舰"波特兰"号，排水量9950吨，装备9门203mm主炮，第三次所罗门海战中被日军鱼雷命中，但仍多次向比睿开火，并击沉了"川内"号轻巡洋舰。

■ 轻巡洋舰"海伦娜"号，排水量10000吨，装备15门152mm主炮和8门127mm副炮，航速33节。"海伦娜"号装备的SG雷达在第三次所罗门海战中最先发现阿部舰队。

后，上校立即以灯光发来信号："什么蠢命令？停火？"

焦急的卡拉汉回讯很简洁："见鬼！""瞄准大家伙射击！先射击大家伙！"

卡拉汉的决定给了日本人宝贵的喘息时间。"雾岛"号此时已经摆脱了美军驱逐舰的纠缠，在北侧占据了有利的射击位置；而"比睿"号虽然因为前部大火被迫封闭2号炮塔，但后方的3号、4号主炮塔依然具有战斗力，并且开始将三式弹更换成穿甲弹。当"旧金山"号冒着危险停火前进时，该舰距离"比睿"号只剩下了2300米，处在"比睿"、"雾岛"、"雷"、"电"四艘日舰的直射范围内。

正当卡拉汉下令旗舰向左转向，企图以全部9门203mm齐射"比睿"号时，日舰3号炮塔射出的一发三式烧霰弹直接命中了"旧金山"号的舰桥。这种以射击空中目标和地面建筑为主要目标的炮弹像焰火一样炸开，迸射出上百个内装白磷、硫黄和生橡胶的燃烧筒，把"旧金山"号变成了一支漂浮在海上的火炬，左舷甲板上露天无防护的人员死亡殆尽。半分钟后，一枚14英寸一式穿甲弹穿入"旧金山"号的舰桥，巨大的冲击波把航海长雷·埃里森掀出舰桥，落到了一门127mm副炮的炮管上；该舰也遭遇了"比睿"号之前的命运。

在"旧金山"号和"波特兰"号之后的轻巡洋舰"海伦娜"号上，胡佛舰长（Gilbert Hoover）和他的军官们胆战心惊地注视着旗舰上发生的一切："比睿"号的一枚14英寸穿甲弹落入射击指挥所，打死了一直在镇定指挥的杨舰长（他后来被追授海军十字勋章）；另一枚炮弹在主桅钢梁上爆炸，炸死了卡拉汉和他的全部参谋人员。将军为他的犹豫付出了生命的代价。"雾岛"号的炮弹也对该舰的上层建筑造成了相当损害。不断有人被爆炸的气浪从"旧金山"号舰桥中掷出来，手足在空中舞动，犹如风中的破布娃娃。

在全部主炮被打哑之前，"旧金山"号对"比睿"进行了第一次也是唯一一次主炮齐射。203mm炮弹击中了日本战列舰最薄弱的部位——在现代化改装中延长的舰尾连接处，这一段没有防御甲板覆盖。炮弹穿入右舷，在水线附近凿出了一个直径2.5米的大洞。"比睿"号当时正以26节的高速进行机动，遭此一击后，海水立即从破孔处灌入舰体内。电机舱马上被淹没，电路发生短路。西田舰长下令转为人力操舵，但损管队员到达的时间太慢，军舰几乎毫无反应。趁着这个宝贵的时机，"海伦娜"号冲上来掩护"旧金山"号转向后撤。

其余的日美军舰依然在混战。美军舰列的第一艘"库欣"号试图救助失去动力的"亚特兰大"号，结果冒冒失失地闯进了日本轻巡洋舰"长良"号和一群驱逐舰之间，遭到交叉火力的跨射。重伤的"库欣"号艰难地掉转舰首，向另一侧的"比睿"连射6条鱼雷，却无一命中。"比睿"号正在射击的3号炮塔立即转过头来，开始向该舰还击。"库欣"号连中10发356mm穿甲弹，随后又被日本驱逐舰"天津风"号的30多发127mm炮弹命中，舰首弹药舱爆炸，很快沉入海底。

勇敢的"拉菲"号也没能逃过劫难。"比睿"号转向"旧金山"号射击后，该舰企图脱离战场，却意外地陷入了"雾岛"号周围的日本舰群中。"照月"

■ 轻巡洋舰"朱诺"号，排水量6000吨，装备16门127mm主炮，航速32节，第三次所罗门海战中被日军鱼雷重创，次日在撤退时被潜艇击沉。

■ 重巡洋舰"旧金山"号，排水量9950吨，装备9门203mm主炮，第三次所罗门海战中担任旗舰，被比睿直接命中舰桥，指挥官卡拉汉少将以下主要人员全部战死。"旧金山"号最终由"海伦娜"号拖带到圣埃斯皮里图岛抢修，幸免沉没。图为1942年12月在加利福尼亚州母马岛海军船厂大修的"旧金山"号，圆圈处为第三次所罗门海战中中弹的部位。

253

联合舰队

■ 丹尼尔·卡拉汉少将（1890-1942），第三次所罗门海战第一夜美军总指挥，在战斗中殉职。

号向该舰发射了1枚鱼雷，将其舰尾炸掉；"雾岛"号的一发14英寸主炮弹则直接命中了锅炉舱。见军舰已经无法挽救，舰长汉克少校（William Hank）下令弃舰。"拉菲"号的弹药库随后发生爆炸，军舰沉入海底，漂浮在海上的大多数水兵（包括汉克舰长）被一同卷进了漩涡。

美国巡洋舰的奋战也在继续。紧跟在"旧金山"号之后的是第一次参加夜战的"波特兰"号，杜博斯舰长一直严格地遵照卡拉汉"单数舰射击左舷、双数舰射击右舷"的命令射击左舷的敌舰，使日本驱逐舰"晓"号受了致命伤（该舰随后被"斯特雷特"号的鱼雷击沉）。不过就在23:58，日本驱逐舰电号发射的一枚九三式鱼雷命中了该舰的尾部，舵机和右侧推进轴被炸坏，只能向右打转。失控的"波特兰"号坚持向"比睿"号打出了4个齐射，接着就一头扎进美军自己的舰列里，无法有效射击。

在阿部舰队最初的伞状队列中，位于伞尖位置的是两艘驱逐舰"夕立"和"天津风"。战斗进行了20分钟后，这两艘小舰一头扎入了美军纵队的尾部，楔入了轻巡洋舰"海伦娜"号、"朱诺"号（USS Juneau, CL-52）和3艘驱逐舰"艾伦·沃德"号（USS Aaron Ward, DD-483）、"蒙森"号（USS Monssen, DD-436）、"巴顿"号（USS Barton, DD-599）之间。"夕立"号舰长吉川洁中佐是一位冷静大胆的勇将，在他的指挥下，这两艘日舰利用鱼雷方面的优势发起了凶悍的进攻。"巴顿"号被"夕立"发射的两枚鱼雷打中中部，几乎立即沉没。"天津风"号的鱼雷打中了"朱诺"号的左舷，该舰的龙骨变形，一个锅炉舱进水，火控系统全部失灵，只好向东缓缓退出战场。倒霉的"蒙森"号则陷入了跟随在"夕立"号之后的3艘日本驱逐舰的交叉火力中，很快进水沉没。

"天津风"号随后的经历可谓跌宕起伏。原为一舰长在舰桥上发现一艘不断吐出火焰和浓烟、失去控制的军舰向自己冲过来，他以为那是受伤的"晓"号，正纳闷"那小子怎么冲到火力区中央来了"。突然，一发炮弹爆炸的火光照亮了那艘军舰巨大的上层建筑，一刹那，原为一发现那是一

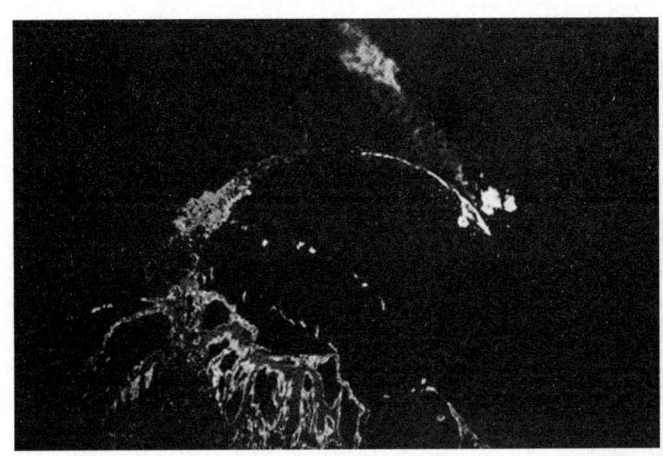 

■（左）美机空袭下的比睿。当时该舰已遭重创，失去操纵能力。（右）诺曼·斯科特少将（1889–1942），埃斯佩兰斯角海战中曾指挥编队击沉"古鹰"号，战死于第三次所罗门海战第一夜。

艘美国巡洋舰。他用尽平生力气吼了起来："开火！"

原为一观察到的正是丧失战斗力的"旧金山"号。该舰跌跌撞撞地冲向"天津风"号，日舰一边规避、一边射出4枚鱼雷。不过因为军情紧急，这4条鱼雷都没有解除保险，致使日军错过了战斗中最后一次击沉美军旗舰的机会。

正当"天津风"号调转127mm炮塔、准备给"旧金山"号以致命一击的时候，另一个鬼魅般的黑影从"旧金山"号之后的空当里闪了出来。那是美国巡洋舰中唯一一艘毫发无损、并且装备了新型SG搜索雷达的"海伦娜"号。原为一后来在回忆录《驱逐舰舰长》中记载，当听到舰桥内某一级准尉"发现敌舰"的怒吼时，自己的"血液都凝固了"。"海伦娜"号立即向"天津风"开火，有两发炮弹直接命中，原为一几乎被抛出舰桥。他下令立即施放烟幕，"天津风"号调头向日军舰列的尾部逃去。随航的"夕

立"号则没有这么好的运气了，这艘一度搅乱美舰阵形的驱逐舰受到了"海伦娜"号的重点关照，火炮全被打哑，进水严重，舰员开始向"五月雨"号上转移。

瓜岛之上的两国士兵像坐在剧场正面看台的观众一样，目睹了美日舰队在海上展开的这场激烈厮杀。美国海军陆战队士兵罗伯特·勒基（Robert Leckie）后来在回忆录《枕盔待发》中写道："火红色的炮弹如点点繁星，自海面上升起。曳光弹犹如彗星，拖着长长的橘黄色尾巴。从岛上望去，海面犹如华美的黑曜石一般光滑平静，军舰仿佛点缀在上面的棋子，周围时时激起片片涟漪，仿佛向水塘中投入了几颗小卵石。"

"比睿"的沉没

东京时间13日00:26（瓜岛当地时间02:26），战场上出现了短暂的寂静。战斗进行到这个时候，双方可以说都处在遍体鳞伤、精疲力竭的状态。美方旗舰"旧金

联合舰队

■ 日本驱逐舰"天津风"号。

山"号的主炮已经全部被打哑,全舰有25处燃起大火,舵机失灵,舰内灌进了500吨海水,全体舰员正在代理舰长麦坎德莱斯少校(Bruce McCandless)的指挥下奋力抢救军舰。日本旗舰"比睿"号的情况更糟:该舰的上层建筑被85发小口径炮弹命中,虽然主装甲带没有被炮弹击穿,但次装甲带和非防护部位却伤痕累累。全部高炮都被炸坏,舰桥、射击指挥所、高射炮台、机枪台、电信电话室等被打得如蜂窝一般,全舰残余的通讯能力只剩下从舰桥通到机器室的1部电话。西田舰长一度希望用人力来操舵,但因为通讯中断,还没能传令兵跑到舰尾,海水已经顺着电机舱、舵机舱一路灌进了舵柄室。损坏的右舵卡在右满舵的位置,左舵也被"旧金山"号的8英寸炮弹打坏。该舰瘫痪在了萨沃岛东南1000米左右的位置。

现在,美国人进入了战场上最难熬的时段。残余舰艇中军衔最高的"海伦娜"号舰长胡佛上校下令:除已经退出战场的"朱诺"号外,所有军舰均不得自行返航。他十分清楚:日本人到现在为止还不知道卡拉汉和斯科特的死讯,只要代理旗舰"海伦娜"号依然留在战场内、其余军舰也保持继续作战的态势,阿部舰队就不能肆无忌惮地通过这一带水域、炮击亨德森机场。与机场的安全和陆上战局的胜利相比,他这支小小的舰队即使全部牺牲也是值得的。

阿部弘毅也在艰难的长考中。单从实力上论,他当时还有1艘完好的战列舰("雾岛")、1艘轻巡洋舰("长良")和4艘毫发无损的驱逐舰可以使用,另有4艘驱逐舰中等程度损伤,但在抢修后再度返回战场。而美军实际上只有1艘轻巡洋舰"海伦娜"号和位于队尾的新型驱逐舰"弗莱彻"号还没有受伤,其余军舰不是已经沉没就是正在下沉。假如阿部一鼓作气,他不仅可以稳稳当当地歼灭所有残余的美舰,还能继续前进、完成炮击机场的任务。

时间一分一秒地过去。在一片令人难堪的寂静中，阿部弘毅的神经终于崩溃了。按照日本愚民宣传机器的说法，"美帝少爷兵"个个贪生怕死，一经交战必然抱头鼠窜。但从目前的形势来看，对方的顽强抗击连绵不断，可以说超乎想象。由于"比睿"号丧失通信能力，他并不清楚美军到底有多少军舰，又害怕天亮后驻图拉吉岛的鱼雷艇部队会赶来追击。东京时间01:00，阿部终于沉不住气了。"比睿"号以灯光向"雾岛"和"长良"发出指令："取消预定任务，立即返航！"

幸运的美国人赢得了这场意志力的较量。"挺身攻击队"残余舰艇中最大的"雾岛"号战列舰和"长良"号轻巡洋舰开始缓缓掉头，离开瓜岛水域北上，放弃了炮击任务。阿部还下令由"雾岛"号与正在从特鲁克南下的第二舰队旗舰"爱宕"号联络，由"近藤"中将命令田中赖三的运输船队取消任务、返回肖特兰。"比睿"号则留在战场上，由驱逐舰实施抢救。

在"雾岛"号调头北返之后，"海伦娜"号上的胡佛上校带着他的军舰和"弗莱彻"号开始搜救幸存的军舰。他们找到了还有一点动力的"旧金山"号和2艘受伤的驱逐舰，随后就拖着这些残舰向圣埃斯皮里图岛撤退了。

天亮后，在萨沃岛东南三海里外一个直径5公里多的圈子里，漂浮着6艘半瘫痪的美日战舰（"比睿"、"夕立"、"天津风"、"波特兰"、"亚特兰大"、"艾伦·沃德"），其中最显眼的就是千疮百孔、只能以龟速缓慢蠕动的"比睿"号。东京时

■ 沙利文五兄弟（从左至右）：老三约瑟夫（24岁）、老二弗朗西斯（26岁）、老五阿尔伯特（20岁）、老四麦迪逊（23岁）和老大乔治（27岁）。五兄弟来自艾奥瓦州滑铁卢市，珍珠港事件后应征入伍（老大和老二刚从海军退役半年），要求将其分配到同一个地方（美国海军当时已避免将兄弟安排在同一舰上，不过并未严格执行）。"朱诺"号沉没时，弗朗西斯、约瑟夫和麦迪逊当场阵亡，阿尔伯特次日淹死，乔治漂流四五天后死亡。这一悲剧发生后，美国陆海军开始执行"One Survivor Policy"，即从战场上撤回兄弟全部阵亡的士兵。1943年，美国海军将一艘弗莱彻级驱逐舰命名为"沙利文兄弟"号（USS The Sullivans, DD-537），五兄弟的母亲亲自为其命名。阿尔伯特的儿子詹姆斯长大后曾在该舰上服役。退役的该舰现在保存于纽约州的布法罗。后来美国海军又用其名字命名了一艘阿利·伯克级导弹驱逐舰（DDG-68），由阿尔伯特的孙女凯莉·安主持命名。两艘"沙利文兄弟"号的舰徽格言都是五兄弟入伍时提出的要求："兄弟同心"（We stick together）。

联合舰队

■ 新型战列舰"南达科他"号,1942年完工,标准排水量38000吨,装备9门406mm主炮,主装甲带厚329mm,航速27.5节。"南达科他"号在南太平洋海战中以127mm高炮击落多波来袭日机,第三次所罗门海战中因电力故障被"雾岛"号重创。

■ 新型战列舰"华盛顿"号,属"北卡罗来纳"级,1941年完工。与1915年完工的"雾岛"号相比,"华盛顿"号在主炮火力(9门406mm对8门356mm)、主装甲带(324mm对203mm)、水平防护(140mm对96.5mm)各方面全面胜出。第三次所罗门海战中,"华盛顿"号依靠雷达照射精确命中"雾岛"号9枚406mm炮弹,最终使后者伤重沉没。

间04:17,舰桥上的瞭望哨大叫起来:"右舷30度可见敌受伤巡洋舰!"尚能开火的4号炮塔立即开始怒吼。

那不是什么美国巡洋舰,而是在夜战中受了重伤、正以6节低速向图拉吉岛驶去的美国驱逐舰"艾伦·沃德"号。该舰根本无力抵挡14英寸主炮的袭击,只得以无线电连续呼救。图拉吉岛基地派出的拖船"食米鸟"号(USS Bobolink,AT-131)冒着危险将该舰脱离了日舰炮火的射程,转移到安全地带。"比睿"号上的水兵却以为"受伤巡洋舰"已被自己轰沉,兴奋地高呼"万岁"!

舵机受损的"波特兰"号此时仍在海上兜圈子。"食米鸟"号想协助拖带该舰,但杜博斯舰长让对方先帮助受创更严重的"亚特兰大"号。在绕圈子的过程当中,"波特兰"号用主炮炸沉了仍漂浮在海面上的"夕立"号驱逐舰的船壳——该舰的残余人员当时已经撤退,日本驱逐舰在离开前发射了一条鱼雷想击沉军舰,不过似乎没有奏效,最后还是由"波特兰"号完成了致命的一击。歪歪斜斜的巡洋舰随后在"食米鸟"号的顶推下,以2节航速蹒跚驶入图拉吉岛泊地。

不幸的"亚特兰大"号还是未能被拯救。该舰失去了动力,漂向日方控制的海岸。虽然不久后在"食米鸟"号的帮助下抛下了锚链、将船固定住,但因为损伤过于严重,军舰还是不断进水。当天傍晚时分,美军将其自行击沉。更不幸的则是早些时候退出战斗、自行朝圣埃斯皮里图岛返航的"朱诺"号,该舰在13日下午被日本潜艇伊-26号击沉,683名水手随舰沉没,包括因此次事件而在美国家喻户晓的沙利文家五兄弟。

日本人也试图抢救已经瘫痪的旗舰。04:20,由于美舰并未进行追击,第16驱逐队的"雪风"号返回了战场,开始协助"比睿"号灭火和排水。不过联想到"雪风"舰一年多以来的妨主恶名,与其说这是福音,还不如说是不幸的先兆。6点过后不久,第27驱逐队(时雨、露、夕暮)和"照月"号也返回了战场。5艘驱逐舰一起围到旗舰周围3公里的位置,向其喷洒大片大片的消防用海水。为恢复战场通讯,06:15,阿部弘毅和第11战队司令部也从"比睿"转移到"雪风"号上。

登上"雪风"号之后,阿部立即与"爱宕"号上的"近藤"信竹进行了联络。就目前的情况来看,战场形势依然柳暗花明:瓜岛附近似乎已无美国军舰,"比睿"号一时也没有沉没的风险。在北方的水面,"近藤"正带着"爱宕"、"高雄"两艘重巡洋舰和大批驱逐舰前来增援,"雾岛"号和"长良"号正在北上与他们会合。由于山本五十六的命令,"隼鹰"号航母也已经离开特鲁克,正在以25.5节的高速南下为"近藤"部队提供空中掩护。"近藤"

■ 威利斯·李中将,第三次所罗门海战中TF64指挥官。

信竹认为,只要"比睿"号在13日白天不致沉没,等到入夜之后,就可以派"雾岛"号将其拖回肖特兰修理。因此,他在黎明时分下达了两道命令:由驱逐舰为"比睿"号提供掩护,该舰应继续抢修舵机,并在必要时由驱逐舰拖曳向北方返航;"雾岛"号立即返回战场,准备曳航"比睿"号。

就在这个时候,美国人的飞机来了。

05:05,从隐蔽在瓜岛南边、且修且战的"企业"号航母起飞的20架TBF攻击机和SBD俯冲轰炸机出现在了"比睿"号上空。该舰当时已经修复了两根推进轴,可以以15节的速度前进,但舵机依然卡在右满舵的位置上,只能原地转圈。由于所有测距仪都被打坏,14英寸主炮无法使用三式弹还击,只能以还能开火的少数机炮和驱逐舰的炮火勉强自卫。2枚113公斤的小型炸弹直接命中右舷小艇甲板,没有造成太大损害。不过这仅仅是开始,一个小时后,正当日本人对水线下弹孔的堵塞接近完成时,第二批来自"企业"号的SBD以及从亨德森机场起飞的海军陆战队TBF(总数约30架)又从两个方向发起了猛攻。"比睿"号连中5枚炸弹,右舷1号炮塔下方又被一枚鱼雷命中,虽然没有引起弹药库爆炸,但汹涌的进水已经使上甲板和舰首沉到了海平面以下。

"雪风"号上的阿部越来越焦虑。根据对空观察,来袭的美机不仅有自亨德森机场起飞的攻击机、航母上的俯冲轰炸机,可能还有从圣埃斯皮里图岛远道赶来的B-17重型轰炸机。不用等"雾岛"号和"近藤"的

联合舰队

部队赶到战场,"比睿"号和周围的驱逐舰恐怕就已经葬身海底了。08:20,"雪风"号向"比睿"号发出信号:立即将军舰冲到瓜岛岸边抢滩搁浅,作为炮台使用,舰员上岸参加陆战。但西田舰长拒绝了这个建议,他声称自己仍有信心挽救"比睿"号。

倒霉的"比睿"号也确实还在自救,不过情况并没有多大改善。西田本来希望可以阻塞舰尾的破孔、排出舵房和电机舱内的积水,随后恢复低速航行,但美机的两次空袭投下的近失弹破坏了损管队员的努力。被鱼雷命中后,舰首也开始下沉。10:35,"雪风"号上的阿部发出了"趁空袭停止的间歇期,迅速收容人员"的命令,但西田以旗语回复"预计舵柄室的进水尚可控制",拒绝弃舰。

正午过后,"比睿"号牢牢地停在了萨沃岛的东北约5海里的位置,军舰右倾10度,舰尾下沉。13:30,阿部弘毅从"雪风"号上用旗语发来了最后的严令:"处分'比睿',全体人员撤退!""各驱逐舰放下小艇,收容'比睿'的乘员。"差不多与此同时,从东方飞来的9架B-17也对"比睿"号进行了第三次空袭。西田正雄原本还打算拖延时间,但阿部再三督促"全体人员尽快撤退",加上损管部门提供了夸大的损害报告,他最终被迫同意弃舰,打开了舰底的金斯顿氏通海阀。全体舰员聚集在舰首三呼万岁,降下舰旗,转移天皇照片,随后以各分队为顺序,沿着绳网爬到停泊在旁边的驱逐舰上放下的汽艇上。

东京时间13日16:00,太阳缓缓落向海

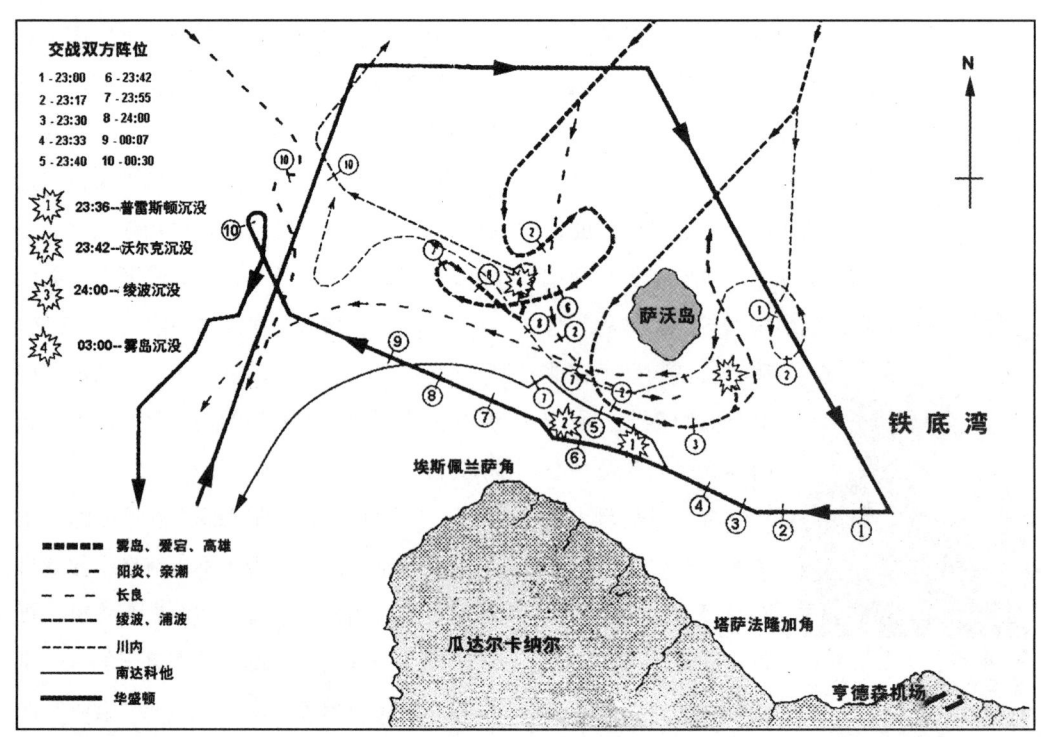

平线，"比睿"号的舰员已经全部撤离。从"企业"号和瓜岛飞来的美国飞机仍在继续空袭该舰。西田正雄在3号炮塔顶上放了把椅子，镇定自若地坐在纷飞弹雨中，决心与军舰共存亡。不过在阿部弘毅的坚持下，他还是被几名士官架下了军舰，转移到"雪风"号上。阿部下令第27驱逐队的"时雨"号向"比睿"发射鱼雷，以加速其沉没，但被山本五十六禁止。山本希望将"比睿"留在海面上吸引美机注意力，以掩护运输船团的行动。不过这条命令显然下晚了：在当天下午的两次空袭中，"比睿"号至少又被3枚鱼雷命中，舰尾整个断裂，倾斜增加到15度，缓慢地、然而是无可挽回地向铁底湾的海底滑去。

17:00（瓜岛当地时间19:00），阿部弘毅率领残余的驱逐舰离开了下沉中的"比睿"号，于深夜23时返回肖特兰。愤怒的山本五十六随即解除了阿部的职务。4个月后，阿部从海军中退伍，转为预备役。西田正雄舰长尽管比阿部有更多的"武士道"精神，但也没能免于海军调查法庭的质询。1943年3月20日，西田以大佐军衔转为预备役，结束了海军生涯。不过他后来又被时任海军大臣岛田繁太郎大将召回现役，先后担任过厦门在勤武官、第256、第951航空队司令之类的闲职，一直活到79岁。

东京时间1942年12月13日晚17时至23时的某个时刻，"比睿"号沉入了铁底湾。这是第二次世界大战中日本联合舰队损失的第一艘战列舰，也是1898年后美国海军在正规海战中击沉的第一艘敌方主力舰。

战端再起

伴随着"比睿"号的沉没，美日双方在瓜岛东北展开的这一场激战的第一夜落下帷幕。日本方面损失了1艘战列舰和2艘驱逐舰，美军损失了2艘轻巡洋舰和4艘驱逐舰。考虑到联合舰队的主力还在特鲁克未见出动，这个损失比可以说大致相当。卡拉汉和斯科特的牺牲最大的意义不在于他们击沉了1艘日本战列舰，而在于阿部弘毅于胜利在望的关头放弃了炮击行动，连带着导致田中赖三的运输船队在13日凌晨没能完成在瓜岛的登陆卸载任务。经历一场血战，损失了开战以来第一艘主力舰，瓜岛方面的战局却没有任何改观，山本五十六当然不能坐视不管。

■ 瓜岛战役结束后，自由地航行在"铁底湾"中的美国驱逐舰。战场背后的国家综合实力最终决定了瓜岛消耗战的结局。

联合舰队

13日中午,按照阿部弘毅的命令撤出瓜岛战场、向特鲁克折返的"雾岛"号和"长良"号奉命驶向东北方海面,准备与"近藤"信竹中将指挥的前进部队主力会合。当天天亮前,山本已经通知"近藤",田中船队登陆瓜岛的时间将从13日凌晨推迟到14日凌晨。09:55,联合舰队司令部又给"近藤"的旗舰"爱宕"号发去电报:"外南洋部队及'雾岛'号应与前进部队的兵力会合,对隆加角附近的残敌进行扫荡,顺便对瓜岛机场实施炮击。"

所谓外南洋部队,实际上就是第一次所罗门海战的胜利者——三川军一中将指挥下的第八舰队主力,拥有4艘重巡洋舰摩耶、铃谷、鸟海、衣笠,2艘轻巡洋舰五十铃、天龙和6艘驱逐舰。田中的运输船队离开肖特兰岛之后,三川也奉命率外南洋部队离开拉包尔基地,跟在田中之后提供近距离支援。13日上午,他们已经到达瓜岛北面约320公里处。鉴于"近藤"的前进部队(第二舰队)距离瓜岛还有一天左右的航程,山本下令三川部队在13日夜间单独执行炮击任务,如果能压制住机场的火力,田中部队就在14日凌晨返回瓜岛、登陆卸货;如果三川的巡洋舰不足以克制岛上美军的火力,那么他们应在炮击结束后北上与"近藤"和"雾岛"号会合,在14日夜间重新返回战场、执行炮击任务,最后由田中的运输船完成登陆。如果一切顺利,"近藤"、三川两支舰队在14日白天可以得到"隼鹰"号航母的空中掩护。

哈尔西也在调兵遣将。由于巡洋舰在13日凌晨的战斗中已经损失殆尽,他现在只剩下了最后一张王牌——位于瓜岛以南480

■ 重巡洋舰"彭萨科拉"号,美国海军第一艘条约型重巡洋舰,排水量9100吨,装备10门203mm主炮,隆加海夜战中被1雷命中。

■ 重巡洋舰"北安普敦"号，排水量9050吨，装备9门203mm主炮，隆加海夜战中被日军鱼雷击沉。

公里处的TF64。指挥"华盛顿"号和"南达科他"号这两艘当时美国最新、最快、火力最强的战列舰的威利斯·李少将（Willis A. Lee）是美国海军最杰出的炮术专家和雷达专家之一，不过他的护航兵力很弱，只有4艘临时拼凑起来的驱逐舰。"企业"号航母只能在白昼天气理想时投入使用，而且因为该舰的战伤未愈，哈尔西不愿冒险将该舰驶入作战区。13日中午，接到命令的TF64开始以26节高速驶往瓜岛海域，不过他们距离战场还很远，至少要到14日早上8点才能就战斗阵位。

东京时间11月13日22:10（瓜岛当地时间14日24:10），三川军一的外南洋部队悄悄摸进了一片寂静的铁底湾。为了防止美军鱼雷艇的夜袭，谨慎的三川自己率领鸟海、衣笠两舰在萨沃岛周边警戒，而命令第7战队司令官西村祥治中将指挥摩耶、铃谷两艘重巡洋舰去对亨德森机场进行炮击。23:30，两舰的20门8英寸主炮在黑暗中开火，进行了长达35分钟的无照射炮击，发射了989发炮弹。整个炮击过程十分顺利，日方事后的战报称摧毁18架美国飞机，击伤32架（美军仅承认3架飞机被毁）。不过，日本方面一直是依据自己的工兵水准来揣测亨德森机场的规模的（日本人最初修建的瓜岛机场的面积和设施完备度只有后来亨德森机场的1/3还不到），炮击的时间不算很长，加上巡洋舰8英寸炮弹对跑道的破坏效果远不如战列舰的14英寸三式弹，因此炮击虽然暂时给跑道

联合舰队

■ 隆加海夜战中被重创的"明尼阿波利斯"号,舰首被2枚93式鱼雷整个炸掉,可见该型鱼雷的威力。

■ 重巡洋舰"新奥尔良"号,与"明尼阿波利斯"号同型,隆加海夜战中被1枚鱼雷引爆前部弹药舱,舰首和1号炮塔全毁。

有序地撤出战场。这一次,他们的运气可不像第一所罗门海战时那么好了。天刚一亮,隐蔽在瓜岛以南370公里处的"企业"号就派出10架SBD俯冲轰炸机去追赶日舰。07:15,吉布森中尉(Robert D. Gibson)在小雨中发现了高速北上中的三川舰队主力,误判其为2艘战列舰和2艘重巡洋舰(实际上是4艘重巡洋舰)。08:30,中尉在300米高度投下了2枚227公斤炸弹,第一枚炸死了"衣笠"号的泽正雄舰长和大部分高级军官,第二枚穿入该舰的机舱爆炸。"衣笠"号随即左倾10度,速度开始变缓。

整个13—14日的战斗中,"'隼鹰'号在哪里?"一直是日方一个难解之谜。按照"近藤"的部署,该舰的48架舰载机应当在13日白天为瘫痪的"比睿"号提供空中掩护,但这

带来了一点损坏,但到13日天亮之前,效率奇高的美国工兵已经将大部分损伤修复,恢复了飞机起降。对这一切,日本人却浑然不觉。

14日00:30,毫发未损的第八舰队开始

些飞机并未如期出现在瓜岛附近;14日白天,这些无所事事的飞机也没有为三川舰队提供一点保护。继"衣笠"号之后,另一艘日本重巡洋舰"摩耶"号也被炸弹命中左舷,有37人阵亡。

08:45，"企业"号的第二波攻击队17架SBD也抵达了战场，炸坏了三川军一的旗舰"鸟海"号的一个锅炉舱，"五十铃"号轻巡洋舰的舵机也被炸坏，只得改用人工操舵。倒霉的"衣笠"号则再度被一枚近失弹击中机舱，终于在09:22带着511名舰员沉没。三川部队的主力只是依靠高速直航和猛烈的对空射击，才遍体鳞伤地跑回了拉包尔基地。

倒霉的还不止三川一个人。由于这位中将对13日夜间炮击的战果过分自信，在14日凌晨离开瓜岛水域时，居然向特鲁克的山本发出了"机场已摧毁"的报告。大喜过望的山本以为美军已无航空掩护，当即下令田中赖三的登陆船队再次朝瓜岛进发。14日一早，这支浩浩荡荡的低速舰队自然地也落入了"企业"号侦察机的视线。

14日中午，由"企业"号的SBD和亨德森机场的海军陆战队TBF攻击机组成的一支混合编队对田中舰队发起了攻击，当即击沉2艘商船，迫使1艘返航。"隼鹰"号的24架零式战机在这个时候姗姗来迟，但他们发现整个下午的来袭美机将近200架次，不仅有"企业"号的舰载机、亨德森机场的海军陆战队飞机，还有从圣埃斯皮里图远道而来的B-17重型轰炸机，日本飞机非但没能保护自己的船队，反而被击落了13架，仅仅击落3架SBD。

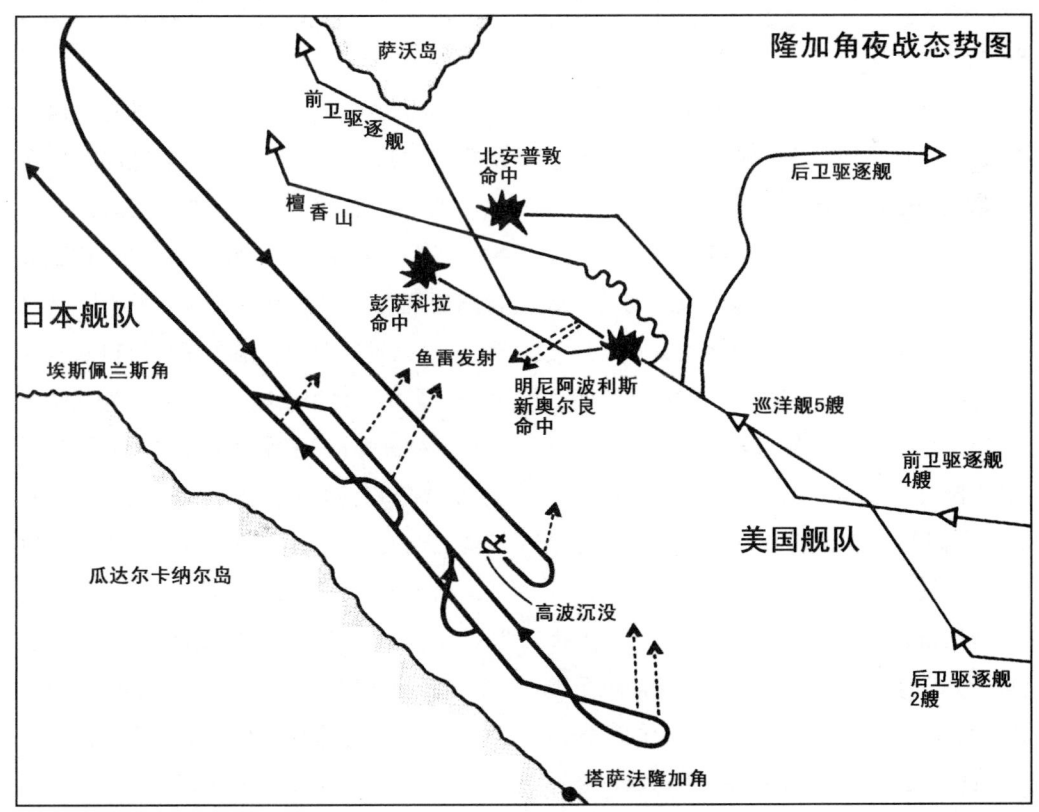

联合舰队

■ 航行中的"东京快车"。日本驱逐舰的初始设计目的是用于舰队决战前端的"渐减作战",因此主炮与鱼雷火力强大,航速快,防护薄弱,并不适用于护航行动。瓜岛战役中水雷战队不得已用作护航、运输和支持,实际效果不佳。

田中舰队的结局是悲惨的:在美军一波又一波的空袭下,到14日黄昏时分,他已经损失了6艘运输船,还有1艘伤重返航(后来在抵港前沉没)。天空布满了高射炮弹造成的烟云,所罗门群岛两串岛链之间的"槽海"内血水滔天,鲨鱼对落水的日军士兵展开了攻击,美机也没有放过扫射漂在海面上的敌人士兵的机会,第38师团还未登陆便已死伤过半。不过绰号为"顽强者"的田中还是继续前进,到14日傍晚,残余的4艘运输船终于在4艘驱逐舰的掩护下抵达瓜岛西部,在海岸上成功冲滩。不过经过一个短暂的夜晚,到15日白天,这些倒霉的运输船还是被美机悉数炸沉,好不容易运到岸上的粮秣弹药等物资也被美国飞机用白磷燃烧弹炸毁。

当田中舰队重新向瓜岛开进时,14日清晨,"近藤"信竹中将的前进部队也在瓜岛以北250海里处做好了战斗准备。老资格的"秀才提督"比起胆小如鼠的阿部弘毅自然要老练一些,他下令以"爱宕"(旗舰)、"高雄"两艘重巡洋舰和第11战队的残部"雾岛"号组成炮击分队,第10战队司令官木村进少将指挥轻巡洋舰"长良"号和6艘驱逐舰担任警戒。虽然航空侦察称铁底湾内已无美国军舰,但为了防止美军调来援兵、出现第一夜战斗中阿部舰队丧失队形那样的乱局,"近藤"还专门抽调轻巡洋舰"川内"号3艘驱逐舰组成"扫讨队",由第3水雷战队司令官桥本信太郎少将指挥,部署于主力部队之前,负责清理航道、扫荡美军鱼雷艇和小型舰只。第二舰队的其他主力舰——高速战列舰"金刚"号、"榛名"号、航母"隼鹰"号以及重巡洋舰"利根"号此时位于东北海面，指挥官是名声不太好的栗田健男少将。它们在必要时也可以为前进部队提供远程支援。这种大面积分散舰队的做法将为美舰寻找目标制造困难，是一种行之有效的夜战战术。

美日双方都在竭力寻找对方舰队的踪迹。05：39，正当"近藤"整理前进部队的阵形、进行战前最后一次燃料补给时，美国潜艇"鲑鱼"号（USS Trout，SS-202）发现了他们的踪迹，立即以明码电报拍出了日舰的位置。"爱宕"号截获了"鲑鱼"号发出的电报，"近藤"判断当天晚上必定会有一场恶战。但是他心存幻想，认为美方最多派出巡洋舰和驱逐舰一类的军舰，在优势日舰跟前不足为虑。08：30，"爱宕"号弹射了一架侦察机前去侦察铁底湾。这架飞机随后在圣伊莎贝尔岛的陆上基地降落，报告称"未发现任何敌舰"。中将放心大胆地下令部队朝南掉头，以20节速度朝瓜岛前进。

TF64此时正在瓜岛南方隐蔽待机。12：55，从圣伊莎贝尔岛的莱卡特基地起飞的一架日军侦察机发现了李少将的舰队，但误判其为大型巡洋舰两艘、驱逐舰4艘。这个消息没有引起"近藤"的注意。直到黄昏之后，两艘美国战列舰才开始向瓜岛航进，进入作战区域。由于铁底湾内过于狭窄，17：20，TF64编队取东北航向，以18节航速缓慢地自瓜岛西端驶过。舰队仍然沿用传统的单列鱼贯纵队，4艘驱逐舰在前，依次为"沃尔克"号（USS Walke，DD-416）、"本汉姆"号（USS Benham，DD-397）、"普雷斯顿"号（USS Preston，DD-379）和"格温"号（USS Gwin，DD-433），驱逐舰后面是"华盛顿"号和"南达科他"号。6艘军舰逆时针围绕萨沃岛周边航行，等待着日舰的到来。

"近藤"的南下之路并不顺利，"鲑鱼"号一直跟在他的炮击部队后面，伺机发起攻击。14：39，该艇抢到了有利的攻击阵位，接连发射了5枚鱼雷，其中一枚擦着"近藤"的旗舰"爱宕"号船底而过，差一点命中目标。15：35，"鲑鱼"号又朝前方的"雾岛"号发射了3枚鱼雷，有一枚击中了"朝云"号驱逐舰的主机室舱壁，不过没有爆炸。第二舰队继续提心吊胆地朝瓜岛前进。

天黑之后，"近藤"舰队从北侧接近了瓜岛海域。当天的月色十分明亮，海面平静。20：10，扫讨队的驱逐舰"敷波"号报告：200度方向发现敌舰。"近藤"随即在20：31下令：按照预定方案重组队形，桥本分队（前路扫讨队）的"川内"号和两艘驱逐舰从萨沃岛东面进入，顺时针绕萨沃岛航行；"绫波"号驱逐舰单独从萨沃岛西面进入，逆时针绕萨沃岛航行，准备夹击敌舰。木村的轻巡洋舰"长良"号和4艘驱逐舰雷、白雪、五月雨、初雪在萨沃岛西面向南航行，掩护本队的侧翼。中将本人带着炮击分队的3艘大舰"雾岛"、"爱宕"、"高

联合舰队

雄"和2艘驱逐舰"朝云"、"照月"往回掉头，自萨沃岛北面向岛的西面航行。这种做法显然比前一天的阿部弘毅高明了不少——美军的截击部队可以交给轻型舰艇去解决，较大的战列舰和重巡洋舰应当避免卷入最初的混战，集中全力准备进行炮击。不过，"近藤"显然不知道美国人有战列舰，而且不止一艘。

21：00，日军扫讨队的旗舰"川内"号已经驶抵距TF64编队仅18000码的位置，不过瞭望还没有发现敌人的确切位置。与此同时，"华盛顿"号的SG搜索雷达却已经在340度方位发现了接触，李少将下令主炮做战斗准备。7分钟后，"川内"号的瞭望哨报告：美舰正在萨沃岛以南向西航行，初步判断为2艘"新型巡洋舰"。此时"华盛顿"舰尾的3号炮塔已经开始装填16英寸穿甲弹，按照操典，这一过程应在30秒之内完成，而"华盛顿"号只花了14秒！

21：17，一发照明弹划破长空，"华盛顿"号的3号炮塔瞄准"川内"号打出了第一个齐射。几秒钟后，5英寸副炮也开始向"敷波"号开火。桥本信太郎被冲天的水柱吓了一跳，"川内"、浦波、"敷波"三舰瞬间被笼罩在了美舰的火力中，"华盛顿"号的主炮还对"川内"号实施了交叉跨射。大感不妙的"扫讨队"立即开始施放烟幕，狼狈地向北逃去，隐藏到萨沃岛的阴影之中。不过大概是因为过度慌乱，桥本并没有发现那两艘"新式巡洋舰"的火力远远超出一般巡洋舰的程度，也没有把这个反常状况报告给"爱宕"号上的"近藤"。

单独行动的"绫波"号正在沿萨沃岛西侧南下。21：20，该舰也发现了那两艘"新型巡洋舰"和4艘美国驱逐舰，随即准备发射鱼雷。10分钟后，美军驱逐舰也发现了"绫波"号的踪迹，开始无照射炮击。这时，木村进少将指挥的"长良"号和雷、白雪、五月雨、初雪4艘驱逐舰已经通过了萨沃岛西侧，南下与美国舰队接近。21：30，这5艘日舰也在右舷25度方向、4000米处发现了TF64的驱逐舰，木村下令打开炮门、准备发射鱼雷，打算和"绫波"号包抄美国舰队。

4艘驱逐舰是整个TF64最薄弱的环节。它们是从不同的单位临时抽调来的，彼此缺乏了解和配合，而且没有安装雷达。当木村分队从烟幕之后冒出来的时候，"普雷斯顿"号首先发现了"长良"号3个烟囱的独特外观，立即集中全部火力对该舰进行射击，其余三舰也跟随该舰开火，无形中忽视了其余几艘日本驱逐舰。利用这个间隙，日舰集中火力轰击"普雷斯顿"号。该舰的2号烟囱被127mm炮弹击塌，倒在了右舷的鱼雷发射管上，引爆了已经装填好的鱼雷。21：47，"普雷斯顿"号带着117名舰员倾覆了。此前的21：32，"格温"号的后机舱也被127mm炮弹击穿，另一发炮弹引爆了舰尾的2枚深水炸弹。

击沉"普雷斯顿"号，木村分队开始沿萨沃岛西北撤退，同时发射了其最具威力的武器——九三式氧气鱼雷。21：38，一枚鱼雷击中了"沃尔克"号的2号弹药舱,舰首被整个炸飞,该舰随后很快沉没。"本汉姆"号的舰首也被鱼雷撕掉一块,航速降至10节。短短半个小时之内,美方4艘驱逐舰非沉即伤,全部失去了战斗力,而日本人还没有受到任何像样的打击。

危急关头,威利斯·李只有亲自出马。21:46,他下令受伤的驱逐舰自行撤退,战列舰进入攻击阵位。"华盛顿"号和"南达科他"号一边以26节的速度驶过燃烧的驱逐舰残骸,一边以主炮向暴露在正面的"绫波"号开火。就在这个时候,一件意外发生了。

"南达科他"号的位置在"华盛顿"号之后,当时,该舰的舰员正忙于修补"绫波"号5英寸炮弹造成的小破洞。突然,轮机长违规拉下了总电闸,"南达科他"号立即失去了全部电力供应。雷达、火控、扬弹机和炮塔旋回装置全部失去了作用,主炮被锁死,对外联络功能也完全丧失。一时间,"南达科他"成了漂浮在水上的一座死城,舰员们感到自己好像成了瞎子。它巨大的舰体没有和"华盛顿"号一齐转向,而是顺着惯性向右驶到了日舰和正在燃烧的己方驱逐舰之间,在火光背景下成为绝好的目标。在它的正面方圆12英里的区域内,有整整14艘日本军舰!

"华盛顿"号上的李并不知晓这一切。他的旗舰灵活地左转,绕过了燃烧中的两艘驱逐舰的残骸,躲到了日本军舰看不到的阴影里。由于没有安装雷达,日舰的瞭望哨很难在一片火光中找到"华盛顿"号的踪影。不过,少将很诧异"南达科他"号的沉默,这艘巨舰正从燃烧的残骸前缓缓驶过,巨大的舰影整个闪现在火光中。

更诧异的则是"爱宕"号上的"近藤"信竹。21:59,瞭望哨报告称右舷10度方向发现一个大目标,"爱宕"、"雾岛"和"绫波"几乎同时打开了探照灯,向这个庞大的黑影照射过去。旗舰的夜战舰桥内,"近藤"和他的幕僚们举起双筒望远镜,仔细地观察着这艘外观奇异的"新式巡洋舰"高大的桅楼和独特的舰桥形状。几十秒后,他们几乎同时放下望远镜,面面相觑:显然,这根本不是什么巡洋舰,而是美国海军最新式的战列舰!

魂归铁底湾

作为联合舰队中资格最老的现役指挥官,"近藤"信竹中将在他一生的大部分时间里都在憧憬一场面对面的主力舰决战。他在海军兵学校第35期以第一名的成绩毕业,在炮术方面颇有心得。还在开战之初的马来海战中,"近藤"就亲自指挥"金刚"号接近战场、企图与英国最新的"威尔士亲王"号战列舰一决高下,只是因为航空兵的高效率才未能如愿。如今,一艘活生生的美国战列舰就在他的跟前。这是开战以来双方主力舰第一次面对面的交手!"近藤"立即放弃了保留大舰用于炮击机场的打算。"爱宕"、"雾岛"、"高雄"三艘大舰几乎同时瞄准了"南达科他"号,一瞬间,各种口径的炮弹向这艘美国战列舰飞去！

"雾岛"号发射的一枚14英寸一式穿甲弹击中了"南达科他"号的舷侧主装甲带，不过没能将其穿透，弹落到了海中；另一枚（第26发穿甲弹）命中了"南达科他"号的3号炮塔座圈下方，在水线附近撕开了一个宽3米、高2.7米的口子，炮塔的旋回装置被卡死，弹片还切断了一条液压管道。

在密集射击的这几分钟里，"雾岛"号一共向"南达科他"号倾泻了68发三式烧霰弹、22发零式通常弹和27发一式穿甲弹，但三式弹无法穿透装甲板，只能造成表面上的破坏；威力较大的一式弹则只命中两发，大多数炮弹（约26发）都打到了上层建筑上。"高雄"号和"爱宕"号发射的203mm炮弹倒是有多发命中，不过由于信管不良，大多数炮弹没有引爆。"长良"号和驱逐舰向该舰发射了34枚九三式鱼雷，居然也无一命中。不过，这些表面上的破坏仍然给"南达科他"号造成了不小的麻烦：SG雷达和通讯系统的线路被毁，雷达和火炮指挥仪都受到了损坏，6台火控雷达中也有4台被打坏。李少将后来在回忆录中称，该舰当时"又聋又哑，又瞎又没力气"。22：15，盖奇（Thomas L. Gatch）上校总算把这艘倒霉的军舰带出了火网，无心恋战的"南达科他"号匆匆向西退去。在这场面对面的遭遇战中，该舰有39人阵亡，59人负伤。

在瓜岛海域，时间已经跨过了11月15日0时（东京时间为14日22：00），天空的弦月逐渐开始消失。在萨沃岛以西11英里处，一个巨大的黑影正用SG雷达照射着右舷8400码外浑然不觉的目标。这个黑影正是隐蔽良好的"华盛顿"号，当"雾岛"号和"爱宕"号打开探照灯射击不幸的"南达科他"号时，"华盛顿"号已经捕捉到了日本战列舰高大的塔式桅楼。几秒钟内，16英寸主炮就从雷达获得了射控数据，悄悄转向对手的方向……

22：00刚过不久，萨沃岛以西海面爆发出一阵滚雷般的炸响，"华盛顿"号的16英寸主炮连续对"雾岛"号射出了一排9发齐射。李少将后来在回忆录中记载："火控和火炮间运转得非常顺畅，就像一场经过充足预演的射击练习。""华盛顿"号装备了Mk-3型火炮指挥雷达和弹道计算机，水兵们只需要将方位诸元输入测距仪，炮弹就会自动向日舰飞去。第二次主炮齐射就击中了"雾岛"号的中部，引起惊天动地的大爆炸；127mm副炮也向正在照射"南达科他"号的"爱宕"号和"绫波"号猛烈开火。

从22：00到22：07这短短的7分钟里，"华盛顿"号向"雾岛"号发射了75发16英寸主炮弹和107发5英寸副炮弹（期间因错误判断对方已沉没，主炮还中断发射1分30秒，发射了两颗照明弹以辨认目标），向日本巡洋舰和驱逐舰发射了120发5英寸副炮弹，从瓜岛上远远望去，仿佛从黑色的洞窟里钻出一条被喧闹声惊醒的火龙，正在愤怒地向四处喷射火焰。

"近藤"信竹被打了个措手不及。他本来以为美国人只有一艘"南达科他"号,并有信心将其击沉,万万没有想到会碰上第二条战列舰。"雾岛"号在7分钟内被9枚406mm炮弹和超过40枚127mm炮弹击中,3座主炮塔被打坏,舵机也被打中,锁死在右舵10度的位置。左舷水线上方的8英寸装甲带被击穿了好几个口子,海水汹涌而入,损管人员连忙向右舷注水。不料因为注水过多,"雾岛"号开始向右倾斜,全舰冒出火柱和浓烟,完全失去了战斗力。

此时此刻,"近藤"只得放弃炮击亨德森机场的计划,下令驱逐舰"朝云"、五月雨和"照月"围到"雾岛"旁边,准备救助舰员。他自己则率领"爱宕"、"高雄"两艘重巡洋舰离开正被围殴的"南达科他"号,转而追逐美军唯一完好的"华盛顿"号。

22:11,"爱宕"号的瞭望哨在4000码距离上发现了"华盛顿"号。两分钟后,两艘日本重巡洋舰向该舰齐射了8枚鱼雷,不过全部失的。22:20,李少将下令"华盛顿"号转向340度航向,迎击日舰的炮击。他现在只剩下了这一艘军舰,日本军舰还有12艘,美国人唯一的优势就是"华盛顿"号本身:高速、强火力、重装甲和训练有素的舰员。

战斗进行到这个时候,"近藤"信竹分散配置兵力的弱点开始暴露了:他想命令驱逐舰向"华盛顿"号发射鱼雷,但扫讨

■ 1942年11月14日深夜,"华盛顿"号战列舰在夜战中向"雾岛"号开火。由于目标很近,主炮仰角近乎平直。

联合舰队

队（桥本分队）远在战场西方，木村分队还在本队的后面，手头的兵力严重不足。"近藤"只能继续带着"爱宕"和"高雄"号以24节速度追赶"华盛顿"号。但过了没多久，他又发现"华盛顿"号正调头驶向田中赖三的运输船队卸货的海滩，不禁更为担忧。"爱宕"号以灯光信号通知田中残存的"亲潮"号和"阳炎"号驱逐舰："停止卸货，马上返航！"同时施放烟幕，以掩护对战列舰毫无反击能力的运输船。

23:06，李少将在"华盛顿"号上看到了日舰放出的烟幕。他猜测对方已经准备退却，而他只有一艘孤单的战列舰，缺少掩护兵力，贸然追击可能被敌人杀个回马枪。到目前为止，少将的运气已经够好了，他不想继续冒险。"华盛顿"号以26节航速向右转向180度，掩护着"南达科他"号离开了战场。在它们身后，日本驱逐舰发射的最后一批鱼雷激起了一个60米高的蘑菇形水柱。

美舰离开战场后，"雾岛"号也放弃了毫无希望的抢救努力。"长良"号企图将其拖回肖特兰，但"雾岛"号继续向右舷倾侧，"近藤"下令凿沉军舰。天皇的"御真影"被小心翼翼地捧到"朝云"号驱逐舰上，这已经是日本海军中越来越经常举行的仪式了。"雾岛"号的舰员攀着绳网，从右舷离舰。当军舰沉没时，还有300多人没来得及转移，只好跳入海中。"雾岛"号末代舰长岩渊三次大佐没有要求与舰共存亡，也没有遭到西田正雄那样的责难。他先是转任舞鹤镇守府的人事部长，随后又晋升为少将军衔，出任第31特别根据地队司令官，作为陆战的门外汉指挥陆战，1945年2月26日战死在马尼拉，死后追封为海军中将。

11月15日01:25，"雾岛"号在萨沃岛西南沉入了铁底湾。舰上有250人在战斗中死亡，比"比睿"号多出62人，其余人员全部获救。这是美西战争后美国海军战列舰击沉的第一艘敌军战列舰，也是对美开战11个月以来运气日渐转衰的日本海军在3天之内连续损失的第二艘战列舰。

历时三天、波澜壮阔的第三次所罗门海战（美方称瓜达尔卡纳尔海战）至此终于落下帷幕。

决胜拉包尔
——所罗门群岛争夺战（三）

联合舰队

■ 1943年,美军一次空袭后正在燃烧的拉包尔。

一、"人间提督"的最后攻势

战略均势与俾斯麦海海战

早在太平洋战争爆发之前,山本五十六曾颇具远见地对他的同僚断言:"如果我们受命与美国作战的话,我们也许能获得大胜,并将胜果保持半年或一年。但从第二年开始,美国就会增强力量,而我们则很难继续战斗下去,最后的胜利不会属于我们。"

1943年初,这种忧虑正在逐渐地变为现实。"开号作战"之后,日本从开战以来第一次转为守势。大本营提出了"确保要域"的战略方针,要求在俾斯麦群岛建立一道防线,全力固守布干维尔、肖特兰、新乔治亚群岛(南太平洋)以及马绍尔、吉尔伯特群岛(中太平洋)等要地,凭借这些前哨据点阻击美军。

单就形势上论,日本的前景虽然不乐观,但还没有到不可收拾的地步。美国的军事和经济潜力占有绝对优势,但绝对优势有效地转化为胜果还需要经过很多环节,而日本虽然在中途岛和瓜岛两战都未尝胜绩,但依旧可以采取1942年6月之前的策略,即"刺猬"式的防御:选定重点岛屿,在其上建筑坚强的工事和机场,有时还有海港。联合舰队的水面舰艇部队可以利用海港作为基地,支援受到威胁的岛屿,海上兵力还可以得到岸基飞机的掩护。

地理条件对日本方面是有利的——由

于他们在第一阶段四面出击,美国人在反过来转守为攻的时候也得面临战略路线上的考量:从阿拉斯加经北太平洋的航线常年气候恶劣,缺少必要的基地,显然不适合作为反攻线路;从中国发动反击的希望更加渺茫,所以只能在广阔的太平洋上一点一点地推进。而在夏威夷和澳大利亚之间的广阔海域上,日本占领的小岛星罗棋布,中间有畅通的航路和强大的舰队,相比于缺乏补给基地、还得分心欧洲战场的美国人要有利得多。欧内斯特·金上将整天抱怨,"盟军只能用15%的力量对付日本人"。

但是,要把这种防御性的固守作战坚持下去,就需要人力和武器。日本有7000万人口,其中至少可以征募一支300万人的军队,必要时还可以继续增加。但由于大本营陆军部的偏执,始终有100万人以上的陆军被牢牢地拴在中国战场这个泥潭里。北面的斯大林正在拼尽全力对付德国人,日本却还在"满洲国"保留一支60万人左右的关东军。在这种情况下,日本的兵员总数虽然充足,却不可能将他们优先用于最关键的西南太平洋,而是依旧如过去一般,零打碎敲、分批增援。

日本在武器生产上的速度也不乐观,1943年春美国飞机月产量为9000架,日本只有1/6,至关重要的零式战机月产量只有200架。在这种情况下,日本无力补充足够的一线飞机和优秀飞行员,也就逐步丧失了南太平洋方面的制空权。至于舰艇部分,美国无论是战列舰还是辅助舰艇的生产速度都相当于日本的几倍。并且日本陆海军之间存在严重的矛盾和对立,使海军很难指望获得陆军的配合。

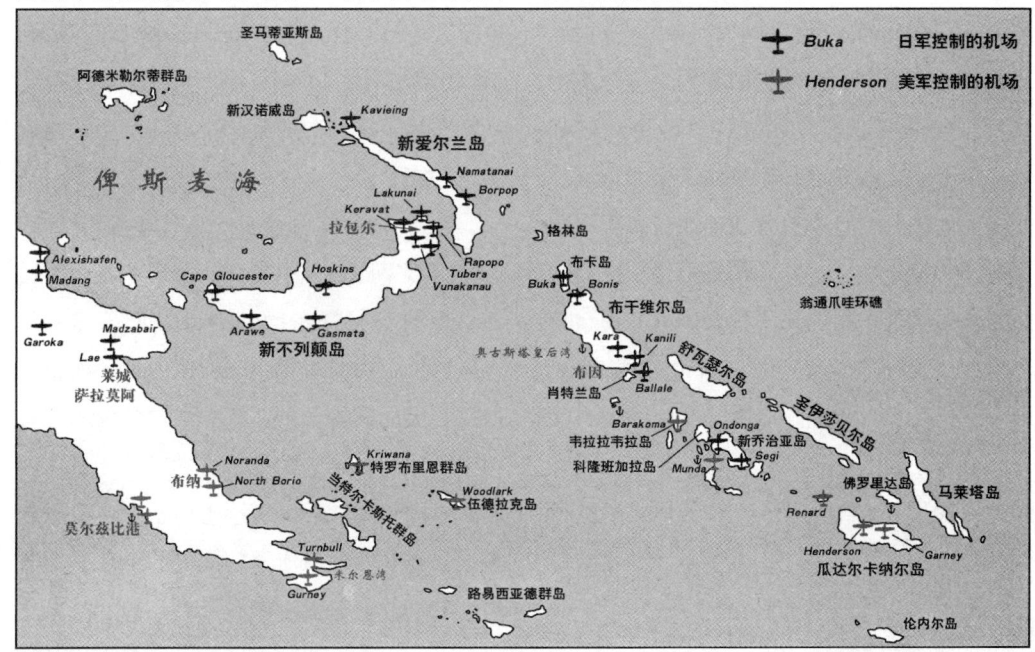

■ 所罗门群岛航空基地分布示意图。

联合舰队

1943年春，日本战舰总吨位为123万吨，而美国是266.7万吨；日本商船总吨位只有76.9万吨，美国是1248.5万吨；日本的坦克总数是800辆，美国是29500辆；日本的飞机总数为16700架，美国则是85900架。即使是在主要兵力集结于欧洲的情况下，美国也能在太平洋地区有效地克制住日本。经济实力方面的差距更大，美国的石油年产量是日本的700倍，而日本尚未完成对荷属东印度地区原皇家壳牌公司油田设施的修理，导致其石油供应量从1941年的4890万桶下降到1943年的253万桶。

在商船吨位已经损失了6/7（开战时日本商船总吨位为529.6万吨），又在没有建立护航体系的情况下，"大东亚共荣圈"内部的经济循环成了一个四面漏风的筛子：因为缺乏铁矿、石油等原料，日本本土无法生产足够多的商船，以将这些物资从南方地区运回来；而原料无法输送回国内，进一步地又使损失的商船吨位无法及时补充。1943年，由于商船短缺已经影响到了整个国家工业体系的运转，日本只好暂停某些大型海军舰艇的建造工作，将17%的钢材用于商船建造，同时增加民用船只工程中木材的用量。

以上这些就是总体战（Der totale Krieg）时代小国在经济和军事上的根本缺陷。倘若假以时日，使日本能对现有的经济和军事系统进行必要的改革、提高效率和资源利用的有效性，战局的发展变数依旧很大。问题在于，他们没有时间。1943年2月9日美军完全占领瓜岛后，麦克阿瑟西南太平洋战区的部队正从新几内亚岛向新不列颠岛方向反攻，哈尔西南太平洋战区的部队则以刚刚攻占的瓜岛为基地，沿所罗门群岛逐步向北推进。东西两路形成一个钳形攻势，直指日军在西南太平洋方面最大的航空基地——拉包尔（Rabaul）。

"火山之城"拉包尔有东西南北4个机场，周边250公里范围内还分布着布卡（Buka）、卡维恩（Kavieng）、韦拉（Vella）、蒙达（Munda）等多个航空基地。部署在这里的日本海军第十一航空舰队由于在"开号作战"中损失不小，现在只剩下150架左右的兵力，不足以覆盖东起蒙达（新乔治亚岛）、西至萨拉莫阿（新几内亚岛）的整个防区。

针对拉包尔的防务，第十一航空舰队司令长官草鹿任一中将和陆军第八方面军司令官今村均中将在1942年11月18日达成了一项协议：由陆军担负北所罗门地区和新几内亚右翼的防御任务；海军负责拉包尔本身和中所罗门地区的防务，并伺机破坏新几内亚沿岸的美军航运。实际上由于战略着重点不同，新几内亚与所罗门成了两个独立的战场。陆军的防御重心转到了新几内亚的大片陆地上，而将所罗门群岛的广大天空和海域

■ 草鹿任一中将（1888－1972），第十一航空舰队司令长官，海兵37期出身，南云舰队参谋长草鹿龙之介是其堂兄。

留给了海军。

还在日军撤离瓜岛之前的1943年1月,美英两国在卡萨布兰卡会议上就一致同意在太平洋方面继续反攻。3月,美国参谋长联席会议确定从三个方向展开攻势:北太平洋方向将日军驱逐出阿留申群岛,中太平洋方向自夏威夷西进;南太平洋方向首先向拉包尔方向进攻,尔后由西南太平洋部队负责沿新几内亚岛北岸向西推进。

1943年1月,美军西南太平洋战区的部队在莫尔兹比港东北160公里的布纳(Buna)发起了攻势,顺利攻占该地。日军大本营判断下一个目标是新几内亚的莱城(Lae),因此制订了"81号作战"计划,自拉包尔向莱城增兵。

按照计划,第18军的第51师团主力(6900人)将装上8艘运输船,在第八舰队所属第3水雷战队的8艘驱逐舰和200架陆海军飞机的掩护下,于3月1日自拉包尔起航。船队航速7节,取道新不列颠岛北方近岸航线,预计于3月3日下午5时驶抵莱城泊地。日军预计其正面的美机超过600架,不过他们抱有侥幸心理,希望隐蔽制胜。但就在船队出航后第二天(3月2日),20多架来自美国陆航第5航空队的B-17就飞来空袭,炸沉了搭载有第51师团师团长和1500名士兵的旭盛丸。

3月3日,日本船队在通过丹皮尔海峡

■ 美军地勤人员正在向海军陆战队的TBF鱼雷机上挂装454公斤炸弹,准备前去空袭拉包尔。

联合舰队

■ 遭美机空袭、爆炸沉没的日军运输船。

(Dampier Strait)时，遭到120架美机的集中攻击，美机采用超低空近距离水平投弹的"跳弹攻击"战术，而护航的26架零式战机根本没有招架之力。此战的结果，日军7艘运输船和4艘驱逐舰荒潮、朝潮、白雪、时津风全部被炸沉，第51师团6900名士兵中3664人葬身鱼腹，40余门火炮、40余辆汽车以及弹药、燃油等在内的2500吨物资也全部丧失，3艘重伤的驱逐舰带着2427名士兵跑回了拉包尔，只有800名徒手士兵在师团长中野中将率领下抵达莱城，此外日军还损失59架陆海军飞机。美军仅损失4架飞机，另有2架负伤迫降，阵亡13人，负伤12人。

单就人员损失而言，俾斯麦海海战的后果超过瓜岛战役中任何一次海战。"81号作战"惨败的消息给了日军大本营极大的冲击，大本营开始把作战的指导重点明确地转向新几内亚方面，使陆海军为在该方面确立作战根据地，真正一致地尽最大努力。同时，它也改变了联合舰队司令长官山本五十六大将对于日美双方力量对比的认识：在中途岛和瓜岛战败后，山本的本意是要保存实力、避免立即决战的；但在美军加紧北进的状况下，深刻了解美国战争潜力的山本不可能放任局面恶化。他必须以全部力量射出最后一箭，改变整个战局。

"伊号作战"开始

鉴于"81号作战"的失败，日军大本营在1943年3月25日重新制定了《东南方面作战陆海军中央协定》，此后日军的主要作战转向确保新几内亚——尤其是确保莱城、萨拉莫阿要冲——和准备下一步攻势方面，而所罗门、俾斯麦群岛方面则成为次要的作战面。同一天，大本营海军部也颁布了《大东亚战争第三阶段作战中帝国海军之作战方针》，提出"今后不进行积极作战，对现有占领地投入力量防卫，进入持久战态势"。

军令部"持久战"构想的出发点是通过战略收缩获得内线优势，只要固守收缩后的防线、使前来进攻的美军付出伤亡，就可以赢得时间，慢慢恢复元气。但联合舰队司令长官山本大将却有不同的看法，在他看来，"现在不预先给予大打击，就没有机会挽回了"。他决心发起一场与空袭珍珠港、进攻中途岛作战匹敌的大战役，用毁灭性的空中攻势拔除盟军在最近夺去的前进基地，挫折美国的春季攻势，并争取时间保卫俾斯麦群岛防线。

对山本而言，要重新夺回东南方面的空中优势，不仅要扫荡新几内亚上空的美国飞机，还必须杀回下所罗门海域，扫荡瓜岛在泊的美军舰船。无论从对菲律宾及南方圈中枢的防御上，还是从作为自新几内亚-新不列颠-中北部所罗门群岛战略线右翼支柱的意义上看，新几内亚岛都应当处于被重视的地位，而且发动新几内亚航空战也符合陆军的利益。但与此同时，为了防守联合舰队主要根据地特鲁克，确保拉包尔要冲的稳固是绝对需要的，联合舰队不能放任美军在距拉包尔仅400海里的中所罗门建立航空基地，所以山本还决心打击中所罗门方面的美国飞机。

驻扎在东南战线的日军基地航空队——第十一航空舰队主要分布在三个基地：拉包尔基地驻扎有第21航空战队的253航空队、751航空队，布干维尔岛的布因基地（Buin）有第26航空战队的204航空队、582航空队，布卡基地有第26航空战队的701航空队、705航空队，应有飞机定数348架，但由于瓜岛以来历次基地航空战的损失，实际只剩下160架而已（美方记载为零式战机86架，九九式轰炸机27架，一式鱼雷机72架）。其对手美军在所罗门方面有飞机200架，新几内亚方面300架，而且每月还在以50－100架的速度递增。为此，山本决定除投入基地航空部队外，还要将联合舰队决战核心兵力——第三舰队第1、第2航空战队（航母瑞鹤、瑞凤、隼鹰、飞鹰计4艘，翔鹤当时尚在修理）的航母飞行队部署到陆上基地，以增加拉包尔前线的飞机数量，第三舰队新任司令长官小泽中将和第二航空战队司令官角田中将也亲赴拉包尔前线。本次航空歼灭战被命名为"伊号作战"。

为表示对"伊号作战"的重视，山本决定打破开战以来主帅身居后方指挥的惯例，亲临一线指挥。4月3日上午8时，他带着参谋长宇垣缠等幕僚，从特鲁克分乘2架二式大艇抵达拉包尔，在草鹿任一中将的东南方面舰队办公大楼楼顶升起了将旗。此前一天下午，母舰航空队的184架飞机（零式战机108架、九九式轰炸机54架、九七式鱼雷机27架）已经提前从特鲁克飞抵这里，舰

联合舰队

■ "伊号作战"中，正在起飞的零式战机。

载战斗机队在拉包尔、布因基地，轰炸机队在拉包尔、布因、巴拉尔基地（Ballale），鱼雷机队在卡维恩基地各自展开。当晚，山本即召集飞行员训话慰勉："眼下我军陷入苦战，但在这困苦的时候，敌人也处在同样的状况。诸位是长期在舰队受训的我海军精英，转用陆上本属情势所需。诸位来到拉包尔，在目前展开的航空歼灭战中，希望诸位取得大成果。"

为同时兼顾所罗门和新几内亚两个战略方向，山本将整个"伊号作战"的进程分为两个阶段：首先集中兵力攻击下所罗门，消灭停泊在瓜岛海域的美军舰艇和美军所罗门航空队，以促进目前急迫的补给运输，这一阶段称为X攻击；随后移师新几内亚方面，痛击东部新几内亚的美军航空力量，这一阶段称为Y攻击。从4月5日到10日，将主要实施X攻击（后因天气原因，X攻击延迟到7日开始），4月11日到20日为Y攻击。参战兵力包括基地航空队第21、第26航空战队的221架飞机，以及母舰航空队第1、第2航空战队的195架飞机，合计419架（实际可用机基地航空队196架，母舰航空队184架，合计380架）。这也是当时日本海军全部的一线航空兵力。

对山本五十六的如意算盘，美国人绝非一无所知。4月1日，美军所罗门航空队的侦察机发现日军在上所罗门附近的飞机数量大批增加，遂判断对手正在酝酿一次大规模行动。但南太平洋战区司令官哈尔西中将决心以不变应万变，继续把注意力放在企图向韦拉方面增兵的日本运输船队上。

1943年4月7日的上午，东南风低吹，浓密的雨云覆盖着佛罗里达岛，正是适合航空兵偷袭的好天气。美国海军南太平洋部队的3艘巡洋舰"檀香山"号（USS Honolulu, CL-48）、"海伦娜"号和"圣路易斯"号（USS St.Louis, CL-49）以及6艘驱逐舰（指挥官安斯沃思少将）正停泊在图拉吉港外。中午11:00，一架二式大艇隐蔽地掠过高空，向拉包尔发出无线电报："4艘巡洋舰、8艘驱逐舰、14艘运输船停泊于瓜岛海区……"

中午12点，伴随着活塞式发动机"嗡嗡"的轰鸣声，由253飞行分队长斋藤三郎中尉率领的第一制空队21架零式战机首先飞出了拉包尔基地，随后是来自204空飞行队长宫野善治郎大尉的27架零式战机（第二制空队）。除去这48架制空队飞机外，还有4个庞大的攻击队：第一攻击队由"瑞鹤"号新任轰炸机飞行队长、南太平洋海战中死里逃生的高桥定大尉指挥，包括瑞鹤队的17架九九式轰炸机和30架零式战机（其中3架来自瑞凤队）；第二攻击队由582飞行队长高烟辰雄大尉指挥，包括582飞行队的17架九九式轰炸机和26架零式战机（其中4架来自瑞凤队）；第三攻击队由"飞鹰"号新任轰炸机飞行队长冈鸣清熊大尉指挥，包括飞鹰队的17架九九式轰炸机和30架零式战机（其中6架来自瑞凤队）；第四攻击队由"隼鹰"号轰炸机飞行队长津田俊夫大尉指挥，包括隼鹰队的16架九九式轰炸机和24架零式战机（其中3架来自瑞凤队）。总计158架零式战机、67架九九式轰炸机，共225架的大编队，这是自珍珠港作战以来最大规模的日军飞行队！

设在布干维尔岛上的美军海岸哨一直在紧张地关注着敌人的动向。12:26，即第一制空队起飞后约半小时，他们向瓜岛报告：布卡基地有飞机起飞。不久，其他地区也陆续报告有日机飞出卡维恩和巴拉尔，总数为四波。哈尔西下令停泊在图拉吉岛海面的"檀香山"号等9艘军舰迅速向开阔地带转移，并组成防空阵形，以避开沿新乔治亚海峡汹汹而来的日本飞机。同时，驻亨德森机场的"仙人掌航空队"紧急起飞76架飞机，准备拦截。

为了迎接山本的大部队，美军竭力拼凑出了36架F4F、9架F4U、6架P-40、12架P-38和13架P-39，这些飞机穿过薄云，升到高空的积云中。14:00时，拉塞尔群岛的雷达首先发现日机；一小时后，第一制空队的零式战机出现在视线中，径直扑向了萨沃岛上空的美国战斗机。由于两个制空队的零式战机只有48架，数量占优的美国战斗机从一开始就占据了上风。但就在战斗机进行空战的时候，跟在后面的4群九九式轰炸机却悄无声息地摸进了海峡。

停泊在图拉吉港外的美军舰艇包括：14艘鱼雷快艇及其供应舰"尼亚加拉"号（USS Niagara, APG-1），1艘油轮"卡纳华"号（USS Kanawha），3艘拖船、1艘3600吨运输舰、6艘APC型近海运输船和8艘坦克登陆艇（LCT）。新西兰扫雷舰"莫阿"号（HMNZS Moa, T-233）正在另一艘油轮附近补给燃料，此外还可以看见1艘扫雷舰、2艘布网舰、若干小型辅助船和1艘老式商船，大多只装备20mm机炮，图拉吉岛上有2门四联40mm高炮。

15:02时，正当"卡纳华"号在驱逐舰"泰勒"号（USS Taylor, DD-468）的伴随下准备出港时，48架九九式轰炸机从萨沃岛上空飞了过来，其中18架攻击图拉吉岛，15架则冲向油轮。14500吨的老油轮航速只有13节，周围又没有足够的机动余地，自然成为轰炸的最好目标。5架日机击中了舰桥下的1号油柜，轮机舱也开始漏水。油轮燃起了大火，附近的其他舰艇纷纷撤退。最后该船倾覆沉没，19人战死。1架从瓜岛飞来的F4F击落了4架九九式轰炸机，不过自己也被零式战机击中迫降于图拉吉港水面。

相对于编队整齐、干劲高昂的日军攻击队，停泊在图拉吉岛附近的美国舰船实在少得可怜，根本不够日本人打的。"莫阿"号还没有完成加油，两枚炸弹直接命中舰身，5名水兵被炸死，军舰在4分钟后沉没。LCT（坦克登陆艇）也遭到攻击，它们分散躲避。日军攻击队见捞不到多少油水，便转向内港的河谷地带，却被停泊在这里，有树叶掩护的"尼亚加拉"号一连击落3架。7架轰炸另1艘油轮的九九式轰炸机遭到1艘护航的驱逐舰阻击，攻击未奏效。

在隆加角泊地停泊着2艘运输舰、2艘驱逐舰和3艘商船，7架九九式轰炸机投下的炸弹仅有1发近失。当时1艘测量船正派出5艘小艇测量该泊地的水深，附近还有2艘拖船、1艘猎潜艇在泊，1艘驱逐舰、1艘坦克登陆舰（LST）正在起航。当驱逐舰向北方的日机开火时，3架九九式轰炸机正好穿过云层、背着阳光俯冲下来。驱逐舰躲闪不及，1枚炸弹将其后轮机舱炸裂，近失弹又将两个锅炉舱炸得进水，终于在距图拉吉港不到3海里处沉没。测量船和LST则因为抵抗英勇，未有损伤。

当天中午火速撤离危险地带的"檀香山"号、"海伦娜"号和"圣路易斯"号3艘巡洋舰也做好了反空袭准备，但他们白着急了一场，安斯沃思最后只看见几架九九式轰炸机掠过佛罗里达岛以北的高空返航。在隆加角水道以北15海里处另有3艘驱逐舰和4艘辅助船，但日本人没有注意到它们，双方也没有交火。

空袭珍珠港以来日本海军航空队最大规模的行动就这样草草落下了帷幕。在这次被称为佛罗里达海战的进攻作战中，日本飞机炸沉了1艘美国驱逐舰、1艘油轮和1艘新西兰扫雷舰，击落7架F4F（其中1名飞行员失踪），自己损失零式战机12架、九九式轰炸机9架，另有数架在蒙达迫降后报废，占到出击机数的10%以上，相比微不足道的战果实在是得不偿失。日方自己估计击沉美军巡洋舰1艘、驱逐舰1艘、各种运输船10艘，击伤运输船3艘，击落美机41架（其中不确定13架），即使按这个数字算，也很难说满载而归。

虽然事前的保密工作做得足够充分，但由于基地航空战某些先天的劣势，X攻击不可能做到如珍珠港攻击一般突然，自然也

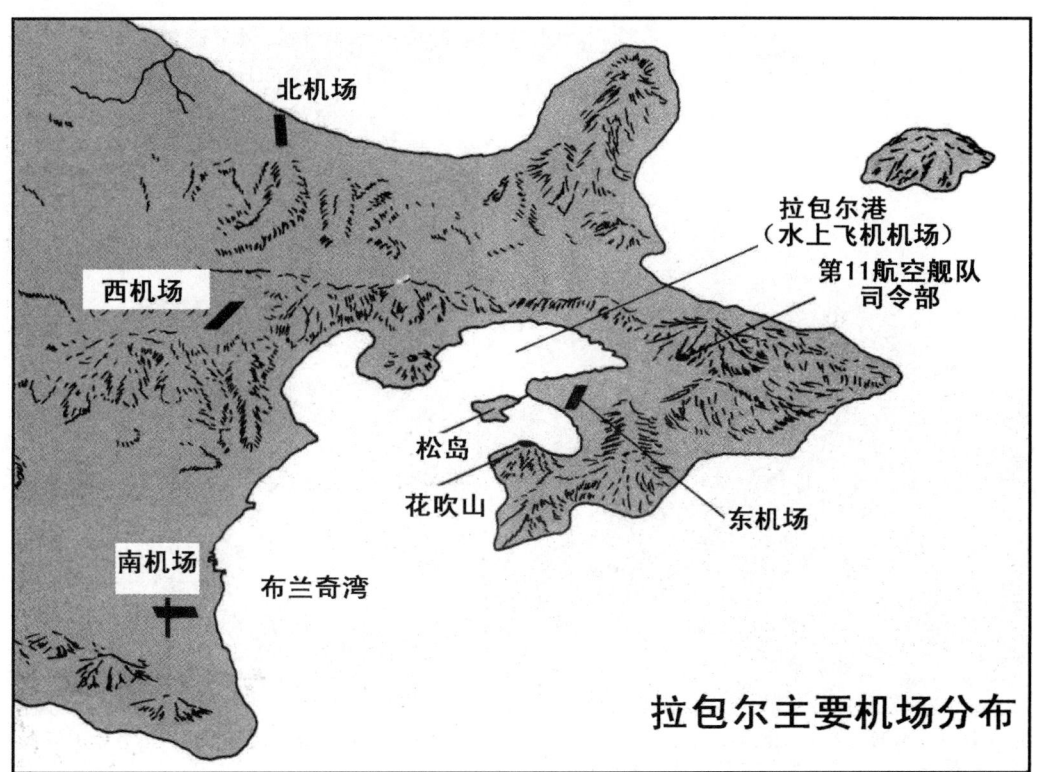

拉包尔主要机场分布

就很难谈得上什么战果。美国人的行动被X攻击耽搁了一星期,但令人扼腕的是,山本却判断X攻击基本达到效果,随后就将注意力转移到西南方面的Y攻击上去了。

鸡肋"Y攻击"

"X攻击"草草结束之后,山本的注意力转向了新几内亚方面的米尔恩湾(Milne Bay)和莫尔兹比港。归根结底,扫荡中所罗门方面的美军舰艇还是为了新几内亚作战的便利,而且与以反舰作战为主的X攻击不同,Y攻击将以对地面目标的轰炸为主。所以,参加X攻击行动的九九式轰炸机将退出"伊号作战",改以第十一航空舰队的一式鱼雷机接替。

4月8日,参加Y攻击的飞行队陆续从布因、巴拉尔等地向拉包尔基地移动,做好了攻击准备。但因为所罗门群岛上空的低气压西移,飞机无法飞越密云覆盖的欧文·斯坦利山脉(Owen Stanley Range),所以对莫尔兹比港的Y1攻击无法在预定的10日进行。在此情况下,山本决定首先发动对新几内亚东部北岸奥洛湾(Oro)的Y2攻击。4月11日,71架零式战机掩护21架九九式轰炸机从拉包尔出发,轰炸了奥洛湾的港口设施和在泊舰船。日方判定击沉美国运输船3艘、驱逐舰1艘(美方资料称巡洋舰、运输船、小型舟艇各1艘损伤),击落敌机22架,己方损失零式战机2架、九九式轰炸机4架。

11日傍晚,莫尔兹比港方向天气开始

联合舰队

■ 飞越拉包尔的九九式轰炸机,左侧为花吹山,正面为拉包尔港。日本著名战争歌曲《拉包尔海军航空队》第一句言:"银翼连成的南方前线……"大致是此景。

■ 飞越花吹山的一式鱼雷机,主要部署于西机场。

好转，山本下令次日发动Y1攻击。4月12日清晨，由"瑞鹤"号舰载战斗机分队长纳富健次郎大尉指挥的制空队55架零式战机（来自瑞鹤、飞鹰、隼鹰队）率先升空，随后是两波攻击队：第一攻击队由751飞行队司令铃木正一中佐指挥，包括17架一式鱼雷机和32架零式战机；第二攻击队由705飞行队司令中村友男少佐指挥，包括27架一式鱼雷机和44架零式战机。

08：45，175架的攻击队在拉包尔上空完成编队，以高度6800米、前后相隔1000米的距离飞往预定目标莫尔兹比港，制空队在攻击队上方500米掩护。

与X攻击如出一辙，美军在日机到达前40分钟即发出警报，并起飞44架战斗机拦截，双方发生激战。日军有6架一式鱼雷机和2架零式战机被击落，美机仅损失2架。后续的攻击队突破美方拦截，冒着猛烈的高射炮火轰炸了莫尔兹比港机场，第4、5、6号跑道被日机投下的炸弹炸毁，港口的一处油库起火，19架战斗机在地面被炸伤炸毁，另有部分营房设施受损。不过一式鱼雷机携带的炸弹对船只的攻击力有限，加上停泊在港内的舰船反复规避，并未受到损失（日军报称击沉运输船1艘）。

4月14日，基地航空队的二式大艇发现米尔恩湾内停泊着10艘大型运输船和7艘中型运输船（美方记载为4艘运输船和5艘护卫舰），正在卸载物资，立即向拉包尔方面报告。原来，美军利用日机空袭的间隙期，大胆地从莫尔兹比港派出护航运输队，向米尔恩湾方向补充人员和物资。

山本下令出动部队，对米尔恩湾方面实行第二次Y2攻击。75架零式战机掩护23架九九式轰炸机飞向米尔恩湾方向，但起飞后不久就被盟军海岸监视哨发现，瓜岛指挥部立即命令在米尔恩湾卸载物资的运输船停止作业、迅速出港规避。

12时过后，98架日机飞抵目标上空，向已经分散开的美军运输船俯冲投弹，却被美军高炮当场击落零式战机2架、九九式轰炸机3架。美军损失飞机3架，被炸沉、炸伤运输船各1艘，但日军飞行员却报告称击沉运输船3艘，击伤6艘，击落敌机17架。另一批飞向拉比机场、进行第二次Y1攻击的52架零式战机和37架一式鱼雷机行动相对顺利，拉比东机场被严重损毁，美军运输船2艘被炸沉，小艇2—3艘受伤，日方一式鱼雷机3架未返回。

从4月7日到14日，拉包尔日军在一星期内5次出动攻击队进行了"伊号作战"，累计损失零式战机25架、九九式轰炸机21架、一式鱼雷机15架，总计61架（另有资料称43架），损耗率高达16.5%，实际战果却未尽如人意。盟军方面仅沉驱逐舰、扫雷舰和油船各1艘，2艘运输船被炸毁，美机损失31架（一说25架）。日军参战部队中，作为空袭主力的第三舰队母舰飞行队损失尤为惨重，总计损失16架九九式轰炸机和14架零式战机，另有17架九九式轰炸机和6架零式战机被击伤，其中俯冲轰炸机的损失率超过30%，如果加上受伤的，则几乎接近60%！

联合舰队

山本立即意识到，他完全无法承受如此迅速的损耗，在大规模航空战看不到显著效果的情况下，没有理由继续冒险。4月16日，他宣布取消原定的空袭布纳的计划，"伊号作战"就此中止。第一航空战队和第二航空战队的残存飞行队全部撤回特鲁克。

5月3日，在"伊号作战"中损失最为严重的第一航空战队被迫将部分飞机和空勤人员移交给第二航空战队，自己返回本土进行整补。南太平洋前线的日军航母数量一举减少了一半，东南方面日军航空力量进一步空洞化，这恐怕是联合舰队司令部在制定"伊号作战"当初没有考虑到的。实际上，他们现在也顾不上考虑了，因为就在半个月之前，1943年4月18日，在布干维尔岛上空发生了一件具有摧毁性作用的事件——联合舰队在任时间最长的一位司令长官、"人间提督"山本五十六大将，在自己的座机上战死了！

在"伊号作战"接近尾声时，山本决定到布干维尔岛前线的布因基地视察，鼓舞当地士气。报告大将出行日程的电报被美军截获，尼米兹立即部署了截击方案。4月18日上午9时35分，当山本和幕僚乘坐的2架一式鱼雷机在6架零式战机护航下达到布因上空时，早已埋伏在此的16架P-38"闪电"如鬼魅般出现。几分钟后，策划珍珠港空袭的灵魂人物永远消失在了丛林之中。侥幸捡回一

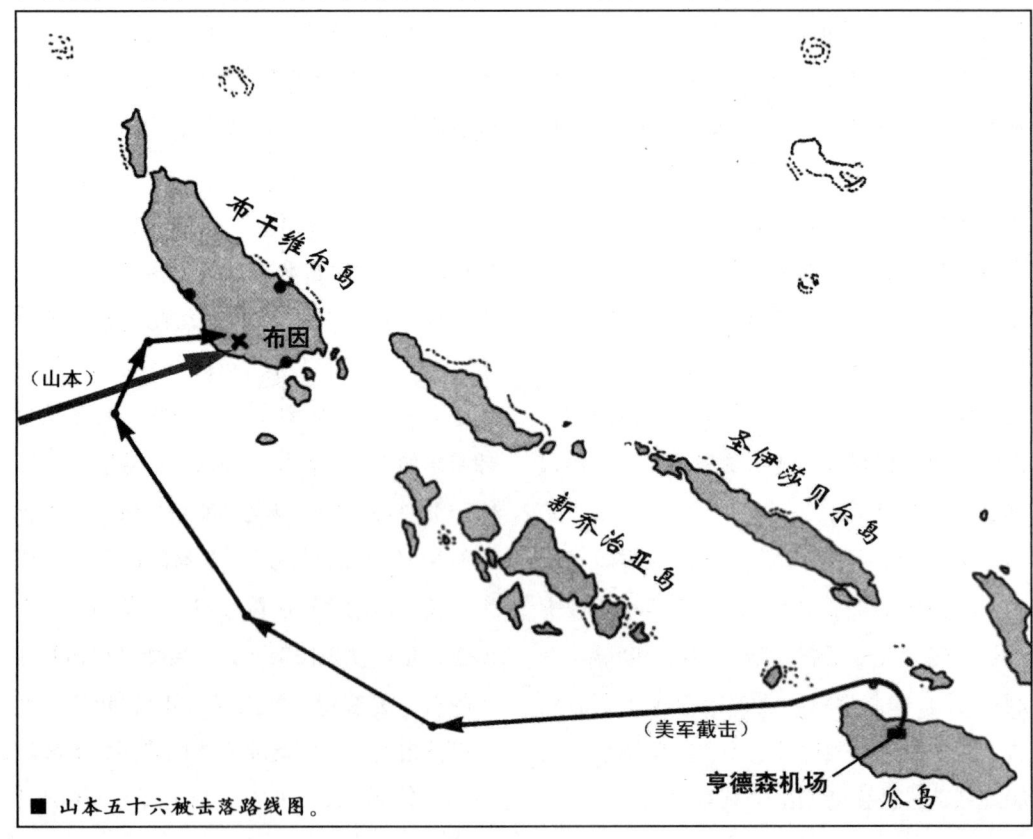

■ 山本五十六被击落路线图。

条命的宇垣参谋长不禁悲鸣道:"万事休矣!"

东京沉浸在一片悲伤的气氛中,华盛顿则是一阵欢腾。只有一贯刻薄的哈尔西还有些闷闷不乐:

"那有什么好的!我认为,把那个家伙套上锁链,牵着他在华盛顿的宾夕法尼亚大街游街,由你们在后面踢着他走,那才最好不过呢!"

二、"吕号作战":飞行员的坟墓

第一航空战队再度上陆

1943年4月21日,横须贺镇守府司令长官古贺峰一大将被宣布为山本五十六的继任者,停泊在特鲁克的联合舰队旗舰"武藏"号上升起了一面新的将旗。

"阿号作战"远未达到山本预期的效果,却显示了母舰航空队转用于陆上的脆弱性,此后再也没有人敢提这个馊主意了。第十一航空舰队继续枯燥的基地航空战,飞机越打越少;伤痕累累的母舰航空队则在本土整补训练。

7月15日,由于南太平洋海战中受伤的"翔鹤"号修理已经结束,第一航空战队从本土前进到了特鲁克,一面训练一面待命。

美军方面,1943年5月11日北太平洋部队反攻阿图岛,守岛日军2500人坚持到月

■ 山本五十六的国葬仪式,1943年6月5日。送葬人群正从东京水交社走向日比谷葬场。

联合舰队

底，全部战死。联合舰队紧急出动木村昌福少将的第1水雷战队，将基斯卡岛守军6000人悉数撤走，彻底放弃了阿留申群岛这个战略鸡肋。

在阿留申群岛作战中，美军第一次采用了"跳岛作战"的方式，借助优势的海空兵力越过日军防御的纵深，直击敌方的薄弱侧翼。战后东条英机承认，"跳岛作战"、快速航空母舰编队和潜艇封锁作战是美国战胜日本的三个最关键要素。

至于南太平洋，哈尔西在占领瓜岛之后进攻目标逐步北移，瞄准了新乔治亚岛的蒙达角。这里本身只有一个小机场，但却是进攻瓜岛的日机必不可少的中转站——日本海航的主力机型自开战以来并未有显著改进，不带副油箱时的航程不能满足从拉包尔或布干维尔起飞全面轰炸瓜岛的需要，带副油箱则会影响战斗效能。所以他们往往先自拉包尔起飞，在中途的蒙达加油一次，再前往瓜岛和图拉吉岛上空，完成轰炸任务后，也在蒙达加一次油再返回拉包尔。为了摧毁这个中转站，6月30日，美军在蒙达附近的伦多瓦岛登陆，8月5日在炮火支援下攻入蒙达机场，10天后又在韦拉拉韦拉岛登陆。古贺峰一见势不妙，临时出动正在马绍尔群岛训练的第二航空战队（隼鹰、飞鹰、龙凤飞行队，共有舰载战斗机48架、轰炸机36架、鱼雷机18架）到拉包尔，协助第十一航空舰队夺回所罗门方面制空权。

即使是到1943年初，日本海军在与美国方面的单次海战交锋中依然有不少胜利记录。但一连串的战术胜利往往会掩盖战略问题上的根本错误——受陆军"不失寸土"僵化战略的影响，日军往往在美军的直接进攻点上浪费大量时间和兵力，企图造成固守态势；而在败局已定后，又不愿意下放弃局面的决心，一定要想方设法撤退被包围的部队。为了挽救蒙达和韦拉，日军在海上和空中采取了大量行动，丧失了大量飞机、舰艇和人员；后来为了从蒙达和韦拉撤退，又损失了更多飞机、舰艇和人员。日本人在增援和撤退中取得了不少战术胜利，但这一系列胜利的总和却是不折不扣的失败。

航空队的状况就是这样。第二航空战队在拉包尔连续奋战了两个月，飞机和飞行员都损失了近一半，成果却少得可怜，整个部队陷入了半身不遂的状态。机动部队总指挥、第三舰队司令长官小泽治三郎越发打定主意：除非美军航母前来挑战，否则决不能将部队浪费在这种无底洞般的消耗战中。

根据莫非定律，一件事如果可能被弄糟，那就一定会弄糟；坏事如果可能发生，它就一定会发生，并造成最大可能性的破坏。小泽的担忧很快就成为了现实：占领中所罗门群岛的美军逐步拓展其航空基地群，一面继续与拉包尔日军第十一航空舰队的消耗战，一面在新几内亚发动进攻，力图切断拉包尔的补给线，使该基地失去作用。到10月初，美军陆基航空兵力已经可以控制布干维尔岛上空了。有人提出放弃拉包尔，直接向马里亚纳-加罗林-新几内亚西部撤退，但这一带的防线尚未构筑完毕，一旦后撤，

■ 在M3轻型坦克（来自美国海军陆战队第10和第11防卫营）的协同进攻下，美国陆军在8月5日攻占新乔治亚岛上的重要航空基地蒙达（Munda）。

很可能造成多米诺骨牌效应。

10月14日和16日，大本营海军部根据截获的电报判断：美军已经在珍珠港集结大量舰艇，即将在中太平洋方向发动大规模进攻，地点可能是埃尼威托克环礁。盼望决战的古贺峰一立即率领第1航空战队出航，但根本没有找到敌人——其实珍珠港的美舰只是在准备演习而已。到这时为止，联合舰队储备在特鲁克基地的燃料已经告罄了，古贺向东京告急，但国内的储备重油也只剩下30吨。联合舰队常年在特鲁克驻泊第二、第三舰队的战列舰艇，总计第三舰队有航母2－3艘，战列舰2艘，重巡洋舰2艘，轻巡洋舰3艘，驱逐舰4艘；第二舰队有重巡洋舰6艘，轻巡洋舰1艘，驱逐舰4艘，第2水雷战队有轻巡洋舰1艘，驱逐舰4艘。军令部第一部长中泽佑估计，如果继续出动大型舰艇，燃料就只够用到11月中旬。惯于做出错误决定的新任联合舰队参谋长福留繁乘机建议古贺：如果美军主力出现，就把第一航空战队的飞行队从特鲁克调到拉包尔基地，这样即使不出动航母，也可以与敌军主力交战。

哈尔西也在步步紧逼。10月27日，美军在肖特兰岛附近的莫诺岛登陆，有孤立布干维尔岛航空基地的危险，但拉包尔的第十一航空舰队已经没有足够的兵力进行反击了。古贺认为事态重大，他不顾小泽的反对，决心将第一航空战队飞行队主力调到拉包尔，用于布干维尔方面的航空战。28日，古贺以联合舰队司令长官名义发布了"吕号

联合舰队

作战"令,下令第1航空战队主力于11月1日转场到拉包尔,准备投入布干维尔方向的反击!

11月1日,就在古贺乘一式鱼雷机到达拉包尔、准备开始"吕号作战"的当天,美军在布干维尔岛防御最薄弱的奥古斯塔皇后湾(Empress Augusta Bay)登陆了。当天晚上,大森仙太郎少将指挥日军巡洋舰3艘、驱逐舰6艘冲进奥古斯塔皇后湾,企图袭击美军的运输船队。美军巡洋舰编队TF39指挥官阿隆·梅里尔少将(Aaron S.Merrill)沉着迎战,击沉日军轻巡洋舰川内和驱逐舰初风,自己只伤驱逐舰1艘。这下古贺峰一更是非打不可了。他在拉包尔集结了零式战机82架、九九式轰炸机45架、九七式鱼雷机40架、二式舰载侦察机6架,总计173架,也就是第一航空战队的全部可用兵力,准备在11月2日给予布干维尔岛的美国舰队和运输船队毁灭性打击!

当地时间11月2日清晨,小泽治三郎中将一声令下,89架零式战机和18架九九式轰炸机飞出了拉包尔基地,他们的目标是滩头的运输船只。07:35,日机出现在战场上空,事先得到预警的美国运输舰立即开始规避。从蒙达和韦拉拉韦拉飞来的16架美军战斗机打乱了日机的队形,最终只有12架九九式轰炸机成功投下炸弹,1艘运输船被250公斤炸弹近失,2死5伤。

这些日机和运输船打了半小时,见占不到什么便宜,便在8时扑向梅里尔的TF39。前一天夜战中受伤的驱逐舰"福特"号(USS Foote)向日机猛烈射击,但日机不予理睬,直朝更大的巡洋舰扑去。当九九式轰炸机距TF39只剩10海里时,已摆好轮形防

■ 1943年2月,所罗门前线开始装备最新式的沃特F4U"海盗"攻击机。图为海军陆战队第14航空大队VMF-124中队的一架"海盗",1943年8月14日降落在刚刚占领的蒙达机场上。

空阵的巡洋舰急转90度,08:05,127mm炮在14000码距离上开火。不久,40mm炮和20mm炮也接踵响起。天空充满了破片,1架九九式轰炸机被轻巡洋舰"蒙彼利埃"号(USS Montpelier, CL-57)的152mm主炮直接打爆。短短2分钟内,有6架轰炸机被美舰击落。

08:07,梅里尔下令舰队再度旋转360度,日机乘机以3架一组的队形发起了进攻,但由于猛烈的炮火和剧烈的回旋,大多数炸弹丢到了海里。只有2颗炸弹丢到了"蒙彼利埃"号的右舷飞机弹射器上,重伤1人。到08:12时,日机见占不到便宜,干脆掉头返航了。美军在一个半小时后恢复卸货,到当天晚上已经有14000人和6000吨补给品上岸。

布干维尔无底洞

11月4日,古贺从拉包尔派出了第二舰队司令长官栗田健男中将所率的第4、第7、第8战队和第2水雷战队主力,共计6艘重巡洋舰、2艘轻巡洋舰和11艘驱逐舰,去继续大森在3天前没有完成的任务——摧毁布干维尔岛登陆场。当这支部队悄悄接近圣乔治海峡西口时,被美军的一架B-24侦察机发现。

此时哈尔西手中只有一支航母部队、谢尔曼少将的TF38(大型航母"萨拉托

■ 1943年后,由于美军在太平洋上采用"跳岛战术",越过日军防守严密的据点而不攻,因此拉包尔日军一直盘踞到日本投降为止。图为1945年8月8日美国海军陆战队的B-25轰炸机对拉包尔进行最后一次空袭,空中可见高射炮弹的烟雾。

联合舰队

加"号和轻型航母"普雷斯顿"号）可用，他决定冒险把这支舰队派到拉包尔日军基地航空兵的攻击范围内，摧毁栗田的巡洋舰。

11月5日09:00时，TF38在拉包尔东南230海里处放飞了52架F6F"地狱猫"战斗机、23架TBF鱼雷机和22架SBD俯冲轰炸机，总计97架的攻击队去空袭栗田舰队。猝不及防的日军有重巡洋舰高雄、摩耶、筑摩、最上，轻巡洋舰阿贺野、能代和驱逐舰藤波、若月遭到数颗直接命中弹和至近弹打击，不得不退回港内，暂时无法再出动，美机仅损失10架。

9个月没有露面的美国航空母舰突然现身，小泽中将立即兴奋起来。下午14:45，从拉包尔出发的二式舰载侦察机发现了TF38的身影，小泽决定派出雷击队夜袭敌舰。19:15时，14架九七式鱼雷机在4架零式战机的掩护下到达战场上空，完全找不到TF38的踪影，恰好发现步兵登陆艇LCI-70和鱼雷快艇PT-167正护航坦克登陆艇LCT-68从布干维尔岛登陆场返航，于是攻击了这支小分队，仅仅重创了LCI-70。但返航的飞行员却报称炸沉大型航母1艘，中型航母1艘起火翻沉，另有重巡洋舰2艘、轻巡洋舰1艘与驱逐舰1艘被击沉。当天晚上，大本营发表"第一次布干维尔岛航空战大捷"，宣布第一航空战队取得了一次辉煌的胜利！

11月8日上午8时，登陆布干维尔岛的美军第二梯队进入奥古斯塔皇后湾。中午时分，正当运输船开始卸载之时，从拉包尔飞来的26架九九式轰炸机和71架零式战机冲

■ 1943年《时代周刊》封面人物：古贺峰一大将，下方小字为："他的舰队在哪里？"受燃料危机影响，联合舰队无法大规模投入战斗，只能将飞行队转移到陆上基地使用。

破"仙人掌航空队"28架战斗机的阻挠，对快速运输舰（APA）"富勒"号投下了炸弹，美舰死5人，伤20人，日机损失轰炸机10架、零式战机5架。

黄昏时分，1架二式舰载侦察机发现了另一方向杜博斯少将的3艘巡洋舰和4艘驱逐舰，误判为战列舰3艘。从19:11到19日01:00，从拉包尔起飞的九七式鱼雷机16架、一式鱼雷机16架分三批对该部队发起了攻击，轻巡洋舰"伯明翰"号左舷中一枚鱼雷，4号炮塔中1枚250公斤炸弹，但不影响航行。日机报称击沉战列舰3艘、巡洋舰2艘、驱逐舰3艘、运输船4艘，大本营再度高潮，宣布"第二次布干维尔岛航空战"又是

■ 英国皇家海军的"胜利"号航母。由于美国海军在1942年中损失了其大部分舰队航母,最新的"埃塞克斯"级又来不及马上投入现役,1942年底"胜利"号被短暂租借给美国,更名为"罗宾"号(USS Robin)。"罗宾"号和"萨拉托加"号一起参与了新几内亚作战,直至次年9月归还英国。

一场伟大的胜利!

有了第一次、第二次,那么第三次"大捷"也要接踵而来了。11月11日,哈尔西给TF38加派来TG50.3特混大队(新型航母"埃塞克斯"号、"邦克山"号,轻型航母"独立"号),总共5艘航母的飞机上门去空袭拉包尔,此时拉包尔的日军航空兵力已下降到270架左右。11日上午,超过130架美机(包括23架新型SB2C俯冲轰炸机)从5艘航母上腾空而起,日军起飞零式战机107架迎击,同时出动71架攻击队去袭击美国航母。

空袭拉包尔的美机顺利地炸沉了驱逐舰凉波,炸伤轻巡洋舰阿贺野、夕张,驱逐舰长波、浦风和海风,日本人的攻击队却被击落了14架九七式鱼雷机、20架九九式轰炸机、4架零式战机和4架二式舰载侦察机。日本飞行员报告:美军航母1艘中度损伤,1艘大火,实际依旧是谎报。此所谓"第三次布干维尔岛航空战"也。

第二天一早,古贺大将因为损失日益增加,加上对取得的战果感到"满意",宣布"吕号作战"胜利结束。

"吕号作战"是1943年中所罗门基地航空战一个最残酷的缩影。从11月2日到11日,投入作战的日军第1航空战队损失了其舰载战斗机的52%(飞行员损失30%)、轰炸机的84%(飞行员损失74%)、鱼雷机的85%(飞行员损失46%)和舰载侦察机的100%(飞行员损失50%)。参加作战的173架飞机损失了70%(121架),363名飞行人员损失50%(181名),没有给对手带来任何值得称道的损失。特别是第一航空战队熟练

联合舰队

的飞行队长和分队长战死近半，完全无法得到补充。日本帝国海军的中坚力量——机动部队再度丧失了战斗力。

在整个所罗门航空消耗战中，日本合计损失飞机7096架，相当于开战初期所拥有的2172架飞机的3倍以上，7186名飞行员的鲜血白白洒在了所罗门的热带丛林里。帝国的血管已经枯竭。

马里亚纳猎火鸡
——1944年马里亚纳海空战

联合舰队

一、固守"绝对国防圈"

愤怒的"剃刀"

瓜达尔卡纳尔的血肉磨盘一点一点揉碎了日本帝国赖以维系战争的骨血,更摧毁了日军前线指挥官与政府、陆军与海军之间刚刚建立起来的一点信任。

从1942年12月底开始,陆海两军作战课的幕僚们就投入了夜以继日的争吵中,主要目标是把瓜岛战败的责任推给对方。陆军指责海军长期将舰队龟缩于特鲁克、不能有效支持前方作战;海军则揭露陆军为了继续进攻中国大陆上的重庆政权,迟迟不把精兵派到瓜岛战场。大本营对陆海军矛盾虽然进行了一些协调,但到吵得不可开交的时候,也只能恭请天皇"圣断"。偏偏昭和天皇师从西园寺公望公爵,在过去十来年里已经把装聋作哑的功夫修炼得很到家了,每每顾左右而言他,于是陆海军在作战上的配合以及开展统一作战就变得极为困难了。

根据明治宪法,负责作战、用兵的军令系统是与政府体制内的军政系统(陆、海军两大臣)独立的。作为统帅机关的陆军参谋本部和海军军令部将军队视为私产,甚至对首相和政府也多有隐瞒。在担任军令部第一部(作战)部长的福留繁主使下,海军对东条首相隐瞒了中途岛战败的情况,直到一个多月后,东条才从其他途径得到了4艘航母沉没、损失惨重的消息。不过,参谋部这班人虽然打不赢仗,脾气倒是越来越大。1942年12月6日深夜,参谋本部第一部(作战)部长田中新一在首相官邸直接向首相兼陆相东条要求加征夺回瓜岛所需的船舶,当东条表示不同意时,田中竟指着后者的光头大骂"八嘎"!

随着战局日趋恶化,东条英机个人的政治危机也在加剧。1943年9月意大利投降后,以前首相、退役海军大将冈田启介及其女婿、内阁参事官迫水久常为中心,形成了一个"诛宵小、清君侧"的反东条运动,重臣们希望通过暗箱操作搞掉那位好发大言又一事无成的光头大将,换上他们支持的政治家,如近卫文之类来领导国家——当然,近卫公爵本人是个更不中用的窝囊废。因为有人指责他企图借"大政翼赞会"搞纳粹式宣传、自己当"领袖",这个时候他已经不敢发表政治观点了。观点更激进的海军少将高木吉则和密友神重德大佐、三上卓退役中尉("五一五"事件的主谋之一)策划在警视厅前暗杀东条,制造新的"五一五"事件。声势之大,甚至连在海军中服役的皇弟高松宫宣仁亲王也开始向天皇进言:撤换东条,或者调他去参谋本部指挥作战。

光头、小眼、自命不凡的"剃刀将军"自认为是以挽狂澜于即倒的悲情就任"开战首相"的,面对不利局面,他当然要反击。由于对统帅机关战而无胜又不传达情报的举动极为不满,1944年2月21日,东条撤销了杉山元参谋总长的职务,由他自己兼任参谋总长。自明治二年(1878年)参谋本部独立以来,陆军军令、军政系统首脑由一身兼任的情况还是第一次发生。大感委屈的

■ 1944年，在东京出席"大东亚会议"的亚洲"精英"们。自左至右依次为：缅甸总理乌·巴莫、"满洲国"总理张景惠、"中华民国国民政府"行政院院长汪精卫、泰国代总理旺·外塔亚孔亲王、菲律宾总统何塞·劳雷尔、"自由印度临时政府"首脑钱德拉·鲍斯。

杉山元指责东条企图归并军令权与军政权、要当"日本的希特勒"，"剃刀"厉声反驳道："希特勒何许人也？区区一下士耳。我乃是陆军大将，岂能与下士相提并论。"他还指使亲信的海军大臣岛田繁太郎兼任军令部总长，把企图参与"废立之事"的前总长伏见宫亲王软禁在热海。干完这些勾当之后，东条就"每天早上仅用一个小时左右作为参谋总长处理工作，其余时间处理陆军大臣的事务，好像首相只是个兼差似的"（东条的推荐人、内大臣木户幸一语），造成的不满、嫉妒和无序状态却更严重了。

暂时压制住了内部的不满后，东条又开始通过两件"面子工程"树立威信：召开大东亚会议；部署海陆决战。

远古之时，中土大国喜爱万邦来朝、四夷臣服的气派，以此烘托自己正处在世间少有的盛世，固属无可厚非。不过像日本这样，屁股已经被人打开花了，还要在脸上涂脂抹粉、吹嘘什么"亲善协和"，就实在是死要面子活受罪了。由新任外相重光葵指导，东京出台了一个《大东亚政略指导大纲》，在"民族自决"、"非殖民地化"的基础上承认了缅甸和菲律宾的"独立"，宣布以钱德拉·鲍斯（Subhash Chandra Bose）为首的"自由印度临时政府"（PGFI）是印度人民的唯一合法代表，与南京的汪精卫伪政权缔结了所谓的《日华同盟条约》。

1943年11月5日，盛况空前的"大东亚

联合舰队

会议"终于在东京召开了,"中华民国国民政府"行政院院长汪精卫、泰国代总理旺·外塔亚孔亲王、"满洲国"总理张景惠、菲律宾总统何塞·劳雷尔、缅甸总理乌·巴莫以及"自由印度临时政府"首脑钱德拉·鲍斯出席了会议,东条首相亲切会见了这些识时务的亚洲"精英"。会议通过了《大东亚共同宣言》,指出"美、英对大东亚进行了贪婪的侵略和剥削,最终企图从根本上颠覆大东亚的稳定","大东亚各国应相互合作,完成大东亚战争",并提出了所谓的"基于道义的共存共荣"、"尊重自主独立"等五项共处原则。

就在两个月前,东条内阁就已决定:征发此前可以延期入伍的年满20周岁的大学文科、高中和专科学校学生从军,"学生出阵"。

10月21日,在明治神宫外苑的体育场上举行了东京帝国大学法科学生从军壮行会,在凄厉的《拔刀队》乐曲中,挥舞着白手套的东条英机声嘶力竭地朗诵了由他本人起草的《战阵训》,瓢泼般的大雨让首相的声音听上去好像一只被捏住脖子的公鸡。在这种日薄西山的悲惨景象下召开的大东亚会议,哪里还谈得上什么和谐之气?1942年4月翼赞选举中以非推荐当选众议院议员的斋藤隆夫不客气地批评道:"宣传什么本国的战争目的是正义的,他国的战争目的是非正义的,所以最后的胜利必定属于自己,没有任何人会真的相信……"

政治动员伴随着的是军事进攻。拿东

■ 惨淡的战局中,首相兼陆相东条英机参拜靖国神社。为加强战时统制,东条于1944年2月自兼参谋总长,实现了国务、统帅权的一体化。左侧为海军大臣兼军令部总长岛田繁太郎大将。

条的爱将、陆军第十五军司令官牟田口廉也的话来说,"打响战争第一枪的人是我,所以我必须把这场战争进行到底"。大陆上,沉寂许久的日本陆军开始进攻英属印度东北部的英帕尔;海上,联合舰队也积极积蓄力量,准备一击制胜。

崩坏的"国防圈"

在1943年夏季到来之前,日军大本营和政府一直是依据"长期不败"的构想来指导战争的。不过自1942年6月以来，日军企图扩大初期战果的三次尝试——中途岛、瓜达尔卡纳尔和东南太平洋方面岛屿作战均归于失败，并且严重消耗了战略储备力量，美军反攻的速度和规模都远远超出了日本人的预料；在国际上，由于英美盟军先后登陆北非和西西里，意大利新政府于9月8日宣布投降，三国轴心协同作战的构想也化为了泡影。

1943年3月俾斯麦海之战后，新几内亚东部的制空权已经落入美军之手。对捉襟见肘的日本人而言，要维持一条从新几内亚东部一直延伸到所罗门群岛的漫长南太平洋战线已经不现实了。不过海陆军间的争执依旧没有中断，陆军建议放弃新几内亚、撤退到西太平洋后方构筑防线；海军则一定要保全特鲁克基地，强调以特鲁克为中心，连接新几内亚、所罗门、吉尔伯特和马绍尔的环形根据地才是阻止美军进攻的锁钥。简单地说，就是"持久战"和"大决战"思维的不同。陆军的着眼点在战略收缩后获得的内线优势，认为这样便于集中力量、构筑工事，使太平洋美日战局长期化，同时趁机在中国大陆和印度发动攻势；海军则一直没有放弃决战主义，希望在尚具一定实力时与美国舰队进行决战，以一战定乾坤。

由于陆军官僚对政治的影响力和海军萎靡不振的状况，"持久战"派很快占据

■ 太平洋战场美军反攻态势图。
(1) 1942年8月7日，美军登陆瓜达尔卡纳尔岛。
 1943年2月7日，日军自该岛撤退。
(2) 1943年5月29日，阿图岛日军守备队"玉碎"。
(3) 1943年9月4日，美军登陆莱城。
(4) 1943年11月1日，美军登陆布干维尔岛。
(5) 1943年11月25日，马金岛、塔拉瓦岛日军守备队"玉碎"。
(6) 1944年2月2日，美军登陆夸贾林岛。
(7) 1944年2月29日，美军登陆阿德勒默尔蒂群岛。
(8) 1944年4月22日，美军同时在艾塔佩和霍兰迪亚登陆。
(9) 1944年5月27日，美军登陆比亚克岛。
(10) 1944年6月15日，美军登陆塞班岛。
(11) 1944年6月19—20日，马里亚纳大战。
(12) 1944年7月21日，美军登陆关岛。
(13) 1944年7月31日，美军登陆桑萨波角。

联合舰队

了上风。在此背景下，1943年9月30日，御前会议通过了大本营制定的《今后应采用之战争指导大纲》。

新《大纲》的核心在于，中止自瓜岛撤退以来在东南太平洋方面持续进行的日美消耗战，抓紧时间建立"绝对国防圈"，以求得战略缓冲；在此期间，力求迅速充实以航空兵力为中心的陆海军战力，以主动地对付美军反攻高潮。换句话说，大本营已经决定放弃自开战以来一直采用的"速战速决"战略指导，确立持久战方针。为满足持久战需要，政治、产业、经济和国民生活体制都要进行全面改革，政府中设置了内阁顾问、战时经济协议会、行政监察规程三项新机构，新增军需、农商、运输通讯三省，同时鼓励全民投入粮食增产，衣食生活简朴化，动员学生参军等。国会议事堂前的广场种上了白薯和蔬菜，诸如如何用一份面蒸出四份馒之类的新奇发明，在这一时期更是层出不穷。

"绝对国防圈"的范围包括千岛群岛、小笠原群岛、内南洋中、西部以及新几内亚西部、巽他、缅甸等地区，最前沿由目前的班达海（位于南摩鹿加）方面后撤至东西加罗林诸岛－马里亚纳群岛一线。为照顾海军的情绪，保留了以特鲁克为尖端的突出部。在"绝对国防圈"范围内，日军既要保持内线打击敌人的自由，又要阻止敌军空袭防卫圈内重要的资源产地和交通线，至少维持一到两年时间。在两年后，当日军力量已经足以恢复到发动大规模攻击时，再相机选取地点，进行战略决战。当时，日本估计包围"绝对国防圈"的英美军队拥有飞机6000架，且数量还在急剧增长中；为与之对抗，至少需要55000架飞机的航空力量。而日本的飞机年产量只有18000架不到，即使开足马力也达不到年产40000架的新指标。为此，决定采用更多的"机动化"（即航空队在国防圈内各要地频繁调动、拆东墙补西墙）办法来弥补，此外还打算征用更多的民船。

问题在于，日本政府采纳"绝对国防圈"建议之时，美军的反攻已经开始了一年多，并且势头越来越猛。而"绝对国防圈"的建成和巩固至少还需要一年半的时间，以日本捉襟见肘的国力，要在如此之长的时间内维持这样一条防线并拒绝与美军进行消耗性交战，无异于痴人说梦。美国人很快打上门来，逼迫着飞机增产和船舶征用都来不及完成的日本人提前进行决战。

9月22日，即御前会议通过新《战争指导大纲》前8天，道格拉斯·麦克阿瑟上将指挥的美澳联军已经在新几内亚东部的芬什哈芬登陆，直接威胁国防圈前卫线的最右翼。

"绝对国防圈"的另一个尴尬之处就在于，它的两条前卫线刚好对着美国陆、海军的两个进攻箭头：东南防线长达1000公里，西起新几内亚东部的马当，经丹皮尔海峡和拉包尔连接布干维尔岛，拱卫着联合舰队在内南洋最大的基地特鲁克，刚好与麦克阿瑟陆军上将在新几内亚东北沿岸的进攻矛

■ "电击"战役中,美国海军陆战队在塔拉瓦环礁的贝提奥岛上与日军激战。

头相对;中太平洋前卫线由吉尔伯特和马绍尔群岛组成,保卫着加罗林方向,抵御着切斯特·尼米兹海军上将的太平洋舰队。至于新几内亚东部战事的激化,这只是之后一整年内东南和中部太平洋激烈搏斗的序曲。10月12日白昼,美机大胆空袭拉包尔,联合舰队投入刚刚重建完成的第1航空战队全部飞机迎敌,东南太平洋岛屿争夺战随即开场。

在1943年11月前后,美国新建的"埃塞克斯"级大型舰队航母已有7艘服役,加上身经百战的"企业"号、"萨拉托加"号和临时改装的9艘"独立"级轻型航母,太平洋舰队创造性地编成了一种由4－5个大队组成、每队4艘航母(2大2小),全部载机数量超过900架的快速航母特混舰队(FCTF)。FCTF拥有数量极大的舰载机,并由战列舰提供防空掩护,可以对日本"绝对国防圈"前沿的任一航空基地施以摧毁性打击;同时又有后勤和补给、维修舰艇伴随,无须返回基地就能在海上作战数月之久。这一新编制与美军同时自新几内亚和中太平洋发动反攻的"双叉战略"相结合,很快表现出惊人的威力。

11月19日,中太平洋地区的美军第五舰队发兵吉尔伯特群岛(Gilbert Is.),开始了代号"电击"(Galvanic)的登陆作战行动。此前日军在吉尔伯特的一些环礁上修建了机场,除派出辅助舰艇和航空兵部队防守外,还部署了大量地面部队,仅塔拉瓦岛上就有守军1600人,马金岛上有700人。

11月20日晨,"电击"行动开始,美军动用200余艘舰艇,护送登陆部队3.5万

联合舰队

■ "燧发枪"战役中,陆战队士兵在夸贾林环礁那慕尔岛上抓获的日军俘虏。

人,在马金岛和塔拉瓦岛同时登陆,至23日和29日先后占领两岛,全歼日军守备队,控制了吉尔伯特群岛。5319名日本守军除251人被俘(其中包括236名朝鲜劳工)外,其余全部战死,包括守将柴崎惠次海军少将;美军由于先期的火力准备不足,也牺牲了1076人,伤2319人。

1944年1月2日,东南方麦克阿瑟的美军第32师在新几内亚东部的赛多尔登陆,防守日军向马当、博吉亚、韦瓦克等地节节退却。2月下旬,西南太平洋部队又在阿德勒默尔蒂群岛登陆;3月下旬,南太平洋部队占领了埃米劳岛。此后南太平洋成为战线后方,美军逐渐转入防守。所罗门群岛和新几内亚方面的胜利不仅突破了日军在俾斯麦群岛布设的防线,也削弱了联合舰队的力量;不仅为西南太平洋部队进兵菲律宾扫除了障碍,也为中太平洋舰队大举反攻创造了条件。

1月30日,尼米兹亲率中太平洋舰队进攻"绝对国防圈"东翼的马绍尔群岛(Marshall Is.),即"燧发枪行动"(Operation Flintlock)。

日军在马绍尔群岛的守备部队共约2.4万人,另有150架飞机分别配置在各环礁机场。美军派出登陆兵力约5.4万人,在297艘舰船的运载和护送下驶向夸贾林岛这个"太平洋上的防波堤"。

这一次，他们吸取了吉尔伯特登陆作战的教训，加强了航空和舰炮火力准备（仅发射的舰炮炮弹就达4000吨），使日机遭到全歼。1月31日，大部队开始登陆，至2月4日全歼日军夸贾林守备队、完全占领夸贾林岛。接着肃清了附近31个大小岛屿上的日军，控制了整个马绍尔群岛。此役日本守军6000人几乎被全歼，美军仅伤亡1960人，没有一艘舰艇损失。

美军在新几内亚和中太平洋地区的一系列岛屿争夺战，是在1943年5月华盛顿英美参谋长联席会议上就决定下来的。为提高效率，麦克阿瑟麾下的部队还采用了崭新的"跳岛战术"（Island hopping），即以某个岛屿为基地，在战斗机活动半径内再占领下一个岛，以确保制空空域；同时沿着前进路线的中轴，首先向重要目标的外围做跳跃式进攻，力图绕过日军重兵把守的中央据点。当然，日本在中太平洋大大小小的25个岛屿上设置了守备队，其中美军真正登陆占领的仅有8个，对剩下的17个则置之不理。16万日本兵被遗弃在这17个孤岛上，其中近4万人因饥饿和营养失调、热带疾病而丧命。

下一个被铁拳砸中的正是"绝对国防圈"的最前端、"太平洋上的直布罗陀"——特鲁克（Truk）。

即使是在持久战方针确定后，联合舰队也拒绝放弃这一"永不沉没的航母"。因为特鲁克东可以出击吉尔伯特、马绍尔群岛，南可威胁新几内亚、所罗门，西可拱卫帛琉群岛至菲律宾一线，北可屏障小笠原、马里亚纳群岛至日本本土，它对于日本的意义不亚于美军方面的珍珠港。在整个所罗门海空战期间，日军舰艇和航空队频频自这里出动、发起进攻，以至于美军情报人员一直习惯把Truk念成Trook，使尾音-ook与Spook（邪灵）一词相同。尼米兹清楚地意识到，盘踞在特鲁克的日本舰队对未来的反攻将是一个重大威胁。2月10日，他派PB4Y水上飞艇"光临"特鲁克上空侦察，准备对当地发动大规模空袭。

继山本五十六之后担任联合舰队司令长官的古贺峰一大将也在紧张地关注着战局。南方的所罗门战线已经崩溃，麦克阿瑟的陆军正沿着新几内亚东岸长驱直入；东南的吉尔伯特群岛已经陷落，占据了25年的马绍尔群岛也是朝不保夕。要打的话，尼米兹手中至少有11艘航母和相等数量的战列舰，而他的舰队只有2艘翔鹤级航母和2艘大和级战列舰可堪一战，其余战列舰不是正在修理就是战斗力不足，绝无战胜希望。在此情况下，古贺果断地：决定走为上计，在10日当天就把联合舰队主力及司令部全部转移到帛琉群岛（Belau，今帕劳共和国）。

2月17日凌晨，从5艘航母上起飞的200余架美军舰载机果然光临了特鲁克，漂漂亮亮地把留守在这里的第四舰队、西南方面舰队的135架飞机和陆军第52师团炸成了一堆筛子。日军被击沉舰艇9艘（总吨位24000吨，包括轻巡洋舰那珂、香取和4艘驱逐舰），伤9艘（26000吨），另外还被击沉特设

联合舰队

■ "太平洋上的直布罗陀"——特鲁克环礁。

■ 1943年，停泊在特鲁克泊地的联合舰队主力。画面正中为旗舰"武藏"号，上方为九七式鱼雷机编队。将近一年时间里，日美双方没有发生大规模海战，双方都在积蓄力量。

舰船3艘（22000吨）、运输船31艘（191000吨），损失飞机270架（包括不属于飞行队的135架补充机），死伤人员600余名。美机仅损失25架，航母"勇猛"号被日机鱼雷命中重创。正在装运陆军官兵的2艘日军运输船也被炸中，1100人溺毙。堆积如山的航空燃料、炸弹和许多军用物资遭到破坏，"日本的珍珠港"瘫痪了。

作为这次空袭的一个直接后果，2月20日古贺下令将驻拉包尔的航空兵力（城岛高次少将的第2航空战队，原为母舰航空队，当时有各种飞机48架）调往内南洋，以尽快恢复特鲁克基地的战斗力。这样一来，在经历了长达一年半的所罗门基地航空战、损失了7096架飞机和7186名飞行员之后，拉包尔这一东南方面日军最大的航空基地也宣告破产了。外南洋从此再无一架日本飞机。

与"绝对国防圈"前沿噩耗频传相伴随的是，日美在综合国力上的差距也暴露得越来越充分。号称"海鹫"的日本海军精英——航空兵部队，经历了所罗门上空的梦魇后已经损失殆尽。最初，联合舰队只是投入陆基航空队争夺制空权，基地航空队越打越少，不得不抽调精锐的航母飞行队来救急；但敌机来得又多又猛，有限的航母飞行队成批损失，只能抓紧重建；刚刚重建完成的部队因为军情紧急，又得立即投入消耗战的无底洞中。这样一来二去，重建了三四次的飞行队到底还有多少战斗力，只有天知道。到1944年初，绝大多数日本海军飞行员只能接受不到300小时的飞行训练，而他们的对手美国人是500小时以上——多么悬殊的差异！

虽然已经一年多没有发生大规模海战，联合舰队在空袭、运输和海上护卫战中却损失了4艘轻巡洋舰、28艘驱逐舰和21艘潜艇。作为舰队基干的航母机动部队只增加了由水机母舰改装的小型航母"千岁"号和"千代田"号，新型舰队航母"大凤"号还在紧张的舾装中。而美国人仅在1942年12月到1944年1月就新建了8艘"埃塞克斯"级大型航母（排水量27000吨、航速32节），又用"克利夫兰"级轻巡洋舰的舰体改造了9艘"独立"级轻型航母。到1944年春天，美军在太平洋上已经有大型航母18艘、轻型航母9艘、护航航母70余艘，舰载机超过2000架。

当时美国的飞机月产量为9000架，相当于日本的6倍，特别是新型舰载战斗机F6F"地狱猫"（Hellcat）的服役，已经彻底终结了"零式战机不败"的神话。从1943年秋天起，日军机动部队在飞机的数量和质量上都沦为了劣势。

"绝对国防圈"还未建立，前哨基地就相继被攻破，胎死腹中的威胁正在逼近。面对四面楚歌的战局，日本人该怎么办？

二、"阿号作战"的波折

决战方案出笼

与美国人步步为营、稳扎稳打的方略相比，一直处于沉默中的日本海军却从来没有放弃过"决战"的想法。这一基于战前"渐减邀击作战"方案的思维最好地体现了博弈中弱小者常有的赌徒心理：既然长耗下去耗不起，不如拼死一搏；赢了就是全胜，输了一了百了。这倒也符合日本岛民一根筋的线性思维。从1943年初开始，海军内部就充斥着"早期决战"的声音。

与个性鲜明的前任山本相比，"仁将"古贺一直是个萧规曹随、无甚新意的平庸之辈。山本提出将母舰航空队转用于陆上，古贺也把母舰航空队转用于陆上；山本提出"早期决战"论，古贺也主张尽快决战。偏偏他的参谋长正是那位胆敢对"剃刀"首相隐瞒战况的福留繁，此公自就任联合舰队参谋长以来，依旧独断专行，以至于对战略和前线状况一无所知的古贺不得不经常向年轻军官询问："最近战局怎么样了？"

虽然马绍尔和吉尔伯特群岛已经失守，但日本海军依旧据有连接南方诸岛、马里亚纳群岛和加罗林群岛的列岛线。在这些彼此相连的珊瑚岛上，密密麻麻分布有12个机场。古贺峰一的算盘，就在利用这些岛屿机场，与完成重建的机动部队协同，合围前来进攻的美国舰队。

1943年8月，联合舰队制订了进行早期决战的"Z号作战"计划，准备在美军进攻马绍尔群岛时，投入航母机动部队（第三舰队）和基地航空队的全部力量，与对手一决雌雄。但就在美军发动进攻前夕，鉴于所罗门方面战局吃紧，古贺不得不将主力航母飞行队第一航空战队（173架）调到布干维尔岛用于"吕号作战"，其中121架损失。"Z号作战"被迫取消。

1944年3月初，制定过空袭珍珠港计划的军令部第一部作战课课员源田实中佐提出了一个更为大胆的"雄作战"方案——主动

联合舰队

出击,悉数动用3个航空战队9艘航母(530架)和主要基地航空队(282架)的总计812架飞机,突袭位于加罗林群岛马朱罗环礁(Majuro)的美军航母基地,以一战定乾坤。为加强袭击的突然性,决战当天黎明,还将出动由6艘潜艇携带的12辆特四型内火艇(即水陆坦克,每辆可携带2枚93式氧气鱼雷),隐蔽地越过港外的暗礁,向停泊中的美军航母发射鱼雷("龙卷作战")。"雄作战"基本上是奇袭珍珠港的翻版,但所需飞机数量更多、行动范围更大。问题在于,以当时日军的恢复程度,连两三个精良航空队都抽调不出,更不要说812架的大编队了。

以古贺司令长官为代表的联合舰队还是倾向于跨度更大、更为稳妥的用兵思路。3月8日,古贺下达了新"Z号作战"计划,准备在美军从马绍尔群岛出发、发起下一次进攻之时,出动集结于马里亚纳、西加罗林诸岛和新几内亚西部的航空部队,歼灭美军航母。至于决战的地点,古贺判断可能是在以塞班岛为中心的马里亚纳群岛,因此决定在塞班岛设置一个备用司令部。

就在这个节骨眼上,3月28日,日军侦察机在新几内亚岛韦瓦克以北250海里的洋面上发现了正在西进中的美军航母编队。3月30日,美军舰载机果然对雅浦群岛和沃累艾岛发动了猛烈空袭,击沉驱逐舰14艘、船舶15艘。

古贺当时正带着"武藏"号旗舰停泊在帛琉,他认为,美军即将侵入西加罗林诸岛,再留此地已不安全,遂于31日晚偕幕僚14人分乘2架二式大艇前往棉兰老岛的达沃(Davao)指挥。但由于当夜海上有低气压、天况恶劣,飞机在距棉兰老100海里的东部海面失踪,古贺一机自司令长官以下全部人员殉职。这一事件被称为"海军乙事件",以与山本五十六战死的"甲事件"相对。

由于古贺峰一在联合舰队司令长官任内表现平庸,无甚作为,有人形容为:"这位长官就像一缕轻烟一样无声无息地飘入'武藏'号上的长官住舱,又无声无息地飘走了。"联合舰队参谋长福留繁中将、作战参谋山本佑二中佐等人乘坐的另一架飞机迫降于宿务岛中部近海,福留一行被当地抗日游击队俘虏,随身携带的新"Z号作战"命令和通信密码本也被游击队获得,辗转送达美军手中

■ 美军空袭特鲁克,1944年2月17日。由于多艘日本舰船被炸沉在环礁内,这里现在已经成为著名的潜水旅游胜地。

■ "独立"级航母,由"克里夫兰"级轻巡洋舰舰体改造而来,载机44架。

(不过相关资料均未提及美军对新"Z号作战"计划有任何研究)。

两任联合舰队司令长官相继罹难,使本来就已陷入悲惨境地的战局更加暗淡。深信天神福佑的日本海军官兵为此不能不感到一种难以名状的不安。

古贺虽然身死,对新"Z号作战"方案的修订还在继续进行。4月24日,前期讨论工作结束;5月2日,军令部第一部在新"Z号作战"计划基础上制定的决战方案终于出笼,并正式命名为"阿号作战"。5月3日,军令部总长岛田大将正式向联合舰队司令部下达了大海指373号——《联合舰队当前应遵循之作战方针》。

"阿号作战"的基本方针是"集中我大部分决战兵力,准备在敌军反攻的正面,一举歼灭敌舰队,以挫败敌军的反攻企图",主要目标是美军航母。动员的力量则是两支新近重建的海军航空部队——小泽治三郎中将指挥的第一机动舰队(航母部队)和角田觉治中将指挥的第一航空舰队(基地航空部队),预计到1944年5月下旬它们都将整备完成。随后,第一机动舰队在菲律宾中南方向待命,第一航空舰队则在太平洋中部、菲律宾以及澳大利亚以北的各大岛屿展开,坚守由南方诸岛、马里亚纳群岛和西加罗林诸岛连成的南北岛线(即古贺生前命名的"古贺死守决战线"),保持随时应战的态势,捕捉并歼灭敌军主力。当部署于警戒在线的潜艇发现美军主力后,立即开始决战,首先出动基地航空部队,不断攻击和削弱美军舰载机;随后机动部队出击,给予敌航母以最后痛击。

虽然科技的发展已经使飞机取代战列舰成为了海战主力,日本海军的决战计划依然没有脱离"渐减作战"的窠臼:从岛屿机

联合舰队

场起飞的侦察机和部署于前沿要地的潜艇将担当"九段作战"中的侦察任务,分布甚广,攻击范围涵盖三个岛群的基地航空部队将逐级"渐减"对手,最后由航母机动部队对残余的美舰进行致命打击。

不过在决战地点的选择上,"阿号作战"方案一反古贺生前的判断,认定盟军的主要企图是攻占菲律宾,沿新几内亚北岸以及马里亚纳方向的作战都是次要性的,所以决战将在以帕琉群岛和西加罗林为中心的"决定性战斗地域"进行。只有军令部第五课课员实松让和联合舰队通信参谋中岛亲孝等少数人认为,马里亚纳群岛才是盟军未来的进攻方向。

编组机动舰队

在开战初期的联合舰队中,战列舰部队被视为"决战横纲",一贯享有至高无上的地位。虽然早在1941年底的珍珠港空袭中,航空母舰的关键作用就以凸现,但日本海军的指导层(尤其是军令部内的"战舰派")始终割舍不下对大舰巨炮的眷恋,顽固坚持战列舰决战的主张。自印度洋作战以来历次大小海战中,机动部队(第一航空舰队)的指挥官南云忠一只能调遣麾下的航母和护卫舰艇,而以战列舰为基干的第一舰队却直属联合舰队司令长官。指挥权的分裂造成舰队行动和协调上的诸多不便,也对中途岛、瓜岛两次海战的最终失利起了消极作用。

有感于此,1944年3月1日,联合舰队最终决定:为更有效地发挥部队战斗力,将编成统一的第一机动舰队,以航空母舰为核心,悉归原机动部队指挥官小泽治三郎中将指挥。

新编第一机动舰队包含了原航母机动部队——第三舰队的全部母舰和护卫舰艇,只是将由两艘金刚级战列舰组成的第3战队和由重巡洋舰组成的第7、第8战队移出,换成第四航空战队(航空战列舰"伊势"、"日向"号)。另一个重大的改变是将改组后的第二舰

■ 正在横须贺海军工厂进行石碱液泡沫消防灭火试验的"飞鹰"号航母,1943年10月7日。

■ "阿"号作战前夕,在吴军港进行燃料移动倾斜试验的"隼鹰"号航母。

■ 继山本后出任联合舰队司令长官的古贺峰一大将，"阿号作战"计划的主要制定者。

队也纳入了第一机动舰队麾下。

第二舰队原来是"九段作战"下应用于决战前夜的重巡洋舰部队，主要武器是氧气鱼雷，现在将包括2艘大和级在内的巨型战列舰悉数编入该舰队，作为航母的护卫队，司令官为栗田健男中将。这一调整最大的意义在于，机动部队指挥官可以统一调遣整个舰队的兵力（包括战列舰），战列舰降格为次要地位，航空母舰真正成为了海上作战的中心。小泽中将也一跃而成为联合舰队一人（丰田司令长官）之下、万人之上的最高指挥官，统率着日本海军80%的残余兵力。不过这个时候，距离美国海军首次编成以航母为核心的特混舰队已经过去一年半了。

随着舰队编制的改革，海军航空队制度也进行了改编。之前日本海军的航母飞行队是完全从属于母舰的，如珊瑚海海战后翔鹤负伤、瑞鹤舰载机损失严重，但由于体制问题，无法将两舰残余的46架飞机全部集中到"瑞鹤"号上，直接削弱了用于中途岛作战的南云舰队兵力。拉包尔航空战中，转用于陆上基地的母舰飞行队损失惨重，也使联合舰队开始考虑航空兵力的补充问题。

1944年2月15日，日本海军开始实行新政策，将母舰飞行队独立于航母之外，自成一独立单位。一旦该航空队消耗完毕，就调来别的航空队上舰继续服役；如果航母受损，也可以把航空队调到其他紧缺地方去。第一个成立的是海军第601航空队（大凤、翔鹤、瑞鹤飞行队）与653航空队，3月10日成立652航空队（隼鹰、飞鹰、龙凤飞行队），5月1日成立634航空队（伊势、日向飞行队）。601航空队满员编制为舰载战斗机81架，轰炸机81架，鱼雷机54架，舰载侦察机9架；652航空队为舰载战斗机81架，轰炸机18架，鱼雷机36架；653航空队为舰载战斗机60架，鱼雷机27架；634航空队为轰炸机24架，水上侦察机24架。

此时，南太平洋海战中受损的两艘航母翔鹤和瑞凤已经修理完毕，加上原有的瑞鹤、隼鹰、飞鹰3艘大型航母以及潜艇母舰改装而来的轻型航母"龙凤"号，日本海军机动部队的实力基本恢复到了袭击珍珠港前的水平。更何况，联合舰队还在想尽一切办法增加母舰的数量。1944年初，水上飞机母舰"千岁"号和"千代田"号被改造为轻型航母；对战列舰伊势、日向的航空化改装也在进行中。特别是1944年3月新型装甲航母"大凤"号的竣工，大大振奋了处于萧条期的日本海军的人心。

与之前的日本航母相比，"大凤"号具有四大特征：1.飞行甲板中段铺着有由20mmDS钢板和75mmCNC装甲板叠加而成的厚重装甲层（尺寸为150×20米），可以抵御500公斤炸弹的俯冲轰炸。同时为加强飞行甲板的强度，取消了中部的一台升降机。

联合舰队

■ 1944年5月，停泊在塔威塔威泊地的"大凤"号，封闭首、直立式烟囱和舰桥上的二一号电探（雷达）一目了然。"大凤"号右侧可见一艘翔鹤级航母。

2.由于"大凤"号装有沉重的装甲甲板、重心上升，干舷比飞龙级和翔鹤级都低。为此，"大凤"号在日本海军中率先采用了与英国光辉级航母类似的能抗风暴的全封闭式舰首，从而提高了适航性和耐波性，增加了飞行甲板长度和最前部飞行甲板的强度。

■ 角田觉治中将（1890－1944）。新泻县人，海兵第39期出身，日本海军中少有的斗将，也是顽固的大舰巨炮主义者，被源田实讥讽为"石头"。角田从阿留申作战起负责指挥机动部队，但他完全无视航空机的优势在于攻击范围长远，而是沿用炮战时代的传统，推行一种罕人听闻的用航空母舰不断接近敌舰、在最后关头放飞舰载机，并以舰炮扫荡残敌的苯撞战法，即所谓"定石战法"。角田有"见敌必战"之称，以蛮力取得南太平洋海战的胜利，之后转任基地航空部队——第一航空舰队司令长官，在航空消耗战中无从发挥其特点，1944年战死于塞班岛。

3.过去的日本航母一般采用安装在舷侧、向下方弯曲的烟囱，但"大凤"号飞行甲板位置较低，安装横斜弯曲状烟囱对舰体稳定性不利。因此决定采用与舰桥一体化的直立式烟囱。为避免影响后部飞行甲板作业，烟囱从其垂直面向外倾斜26°，高出飞行甲板17米。4."大凤"号完工时的舰载机数量仅为52架（"烈凤"舰载战斗机24架、"流星"鱼雷机24架、"彩云"舰载侦察机4架），比吨位相仿的"翔鹤"级少了1/3，这主要是由于飞行甲板装甲化导致重心上升、机库容量相应减少所致。

随着太平洋上的海空大战逐渐进入后期，日本海军计划将"大凤"号放在机动舰队前方，担当己方鱼雷机群的"中继基地"使用，鱼雷机从自身作战半径外起飞后，可以经由"大凤"号补充油料和弹药后再度起飞攻击美军舰队，从而完成超远距离的"先发制人"打击。为此"大凤"号的航空燃料携带量达到了空前的1000吨。

"大凤"号标准排水量29300吨,全长260.6米,飞行甲板长257.5米,水线宽27.7米,吃水9.7米,4座舰本式蒸汽涡轮机总功率16万马力,4轴推进航速33.3节,续航力10000海里/18节,编制2038人。自卫火力为6座九八式双联100mm高炮和63门25mm高射机炮,飞行甲板中段铺着厚重装甲封闭式机库和舰首无论耐波性还是防护性都堪称一流,不愧为开战以来日本海军最现代化的航母。4月15日,"大凤"号驶入位于新加坡的林加泊地,升起了小泽中将的司令旗。

以9艘大小航母为基础,第一机动舰队编成了第一、第二、第三三个航空战队,分别搭载601、652、653航空队的450架飞机("伊势"号与"日向"号改造完成后,将编成第四航空战队,搭载634航空队。不过两舰由于舰载机生产进度太慢并未参加"阿号作战")。虽然与对手尼米兹的18艘大型航母、9艘轻型航母不可同日而语,但这已经是开战以来日本海军机动部队最堂皇的阵容了。

舰载机的更新也提高了日本人进行决

■ 1943年8月31日,完成航母改造工事的"千岁"号正在佐世保军港进行公试。

■ 1943年12月1日,完成航母改造的"千代田"号在东京湾内公试。

战的信心。虽然零式战机21型的性能已经远远落后于美国方面的F6F"地狱猫",17试舰载战斗机"烈风"(A7M)的研制进度又太慢,不过换装大功率"荣"21发动机的零式战机52型(A6M5)拥有防弹装甲和自封油箱,速度、火力、防护都有所提升,尚可一战。

用于取代97式的新型鱼雷机"天山"(B6N)采用标称功率1680马力的"火星"25发动机,最大时速481公里,航程1743－3042公里,机身下可挂1条重800公斤的91式航空鱼雷。而新型轰炸机"彗星"(D4Y)安装仿制德国戴姆勒DB601A的"热田"32型液冷发动机(标称功率1340马力),采用内置弹舱,时速可达580公里,几乎具备战斗机的飞行性能,虽然有操纵性差、发动机故障频发的毛病,但还是让日本人信心满满。

值得一提的是,三菱公司还在过时的零式战机21型基础上开发出"战斗轰炸机"(零式战机62型),即在战斗机机身下挂带一枚250公斤炸弹,投弹结束后还可用于格斗战。由于战斗轰炸机重量较轻,飞行甲板长度不够的4艘轻型航母也具有了俯冲轰炸能力。

问题在于,日本却没有足够多的优秀飞行员来使用这些新装备。

对人力寡少、资源匮乏的国家来说,出其不意、一击制胜乃是仅存的生存之道。但现代战争考虑的是综合国力和系统整合的优劣,常胜之师不尚奇谋,蕞尔之邦则常感疲弊。开战前,日本海军用5年以上时间才培养出了足够装备399架舰载机(舰载战斗机120架、轰炸机135架、鱼雷机144架,搭载在第一航空舰队6艘大小航母上)的822名优秀航母飞行员,并依靠这些熟练机组取得了珍珠港、印度洋和珊瑚海上的胜绩。不过从中途岛海战开始,特别是经历了恐怖的所罗门航空消耗战之后,海军航空兵丧失了8000个以上机组,开战时的精兵已经损失殆尽。

由于战情紧迫,为满足前线需要,日方从1943年以后不得不减少飞行员的训练时

■ 正在训练中的第653航空队"彗星"轰炸机。安装1400马力"热田"32型液冷发动机的"彗星"12型(D4Y2)时速可达580公里,续航力1463－3604公里,采用内置弹舱,几乎具备战斗机的飞行性能。

■ 出击的新型鱼雷机中岛"天山"12型（B6N2），安装1台功率1850马力的"火星"25型发动机，最大时速481公里，航程1743—3042公里，机身下可挂1条重800公斤的91式航空鱼雷。马里亚纳海战中"天山"为日军机动部队主要鱼雷机，但由于飞行员技术不佳，并未取得多少战果。

间，仅完成起降、编队、投弹等基本科目的操演，就匆匆地将航空队派上前线。为弥补飞行员经验不足的弊病，居然想出了让新手集体观看空战纪录片这样的"高招"！

到"阿号作战"前夕，第一航空战队（大凤、翔鹤、瑞鹤）搭载的601航空队一半以上飞行员只有9个月空中经验（自飞行学校毕业起），第三航空战队（千岁、千代田、瑞凤）搭载的653航空队绝大多数飞行员甚至只有5个月经验。与开战前航母飞行队14%的新手率相比，现在的第一机动舰队有51%的飞行员是刚刚结束训练课程不久，从未参加过实战的"菜鸟"！"那些在战前甚至连做梦都没有想过能接近战斗机的人，现在都被派出去打仗了。"就连"阿号作战"方案的制定者之一、军令部作战课课员源田实在战后接受美军讯问时，也不住地抱怨第一航空战队"训练不足，缺乏经验，和以前的第一航空战队不可同日而语。整体素质基本与海军陆基基地的航空队持平"。

除去青黄不接的飞行员外，表面上威风凛凛的日本舰队还有另一大苦衷：燃料。

日本"南进"发动太平洋战争的最主要目标是石油。开战初期，随着荷属东印度地区的原油陆续得到开采，海军的用油需求得到了全面满足。但好景不长，进入1943年秋，随着美军的节节推进，特别是日本控制区的交通运输线遭到美国潜艇的全面威胁后，自南洋地区向本土输送石油已经成为一项极其危险的工作。第一机动舰队不得不离开条件最适于训练和维修的内地，来到新加坡以南80海里的林加泊地。而呆在本土进行训练的航母飞行队，本来就得为有限的机场而发愁，现在燃料供应也日趋紧张。要想在这种条件下完成重建工作，实在是异想天开。一筹莫展之下，联合舰队司令部只好下令将舰载机和飞行员分批装船运到新加坡，在靠近婆罗洲原油产地的南洋进行训练。不过这里的3个陆军机场面积太小、设施简陋，又缺乏后勤保障，实际训练水平着实不

联合舰队

■ 马里亚纳海战中首次登场的战斗轰炸机（零式战机62型），即在零式战机21型身下挂带一枚250公斤炸弹，投弹结束后还可用于格斗战。但实战效果一般。敢恭维。

塔威塔威（Tawitawi）是菲律宾南部苏禄海西端的一个小岛，位于吕宋岛与帛琉群岛之间。此地处于群礁环绕之中，有良好的地形便于舰艇隐蔽。更重要的是，塔威塔威距盛产石油的婆罗洲打拉根仅170海里，当时日本海军由于燃油供应枯竭，已经允许舰队直接使用未经精炼的打拉根原油。而这种原油除了挥发性强、燃烧值稍低外，可与正规的舰用重油媲美。燃料问题既能得到解决，塔威塔威无疑就成为第一机动舰队最理想的训练场所了。

5月12日，第一航空战队3艘大型航母在2艘重巡洋舰和多艘轻巡洋舰、驱逐舰护航下开出林加泊地，一路向东挺进，于15日抵达塔威塔威。5月16日，城岛高次少将率领的第二、三航空战队6艘航母也自内地抵达此地。一时间，小小的塔威塔威集结了包括9艘航母、6艘战列舰、11艘重巡洋舰、2艘轻巡洋舰、33艘驱逐舰和12艘辅助舰艇在内，总计73艘的庞大舰队。这是继中途岛海战前的柱岛集结和瓜岛激战中的特鲁克集结（1942年10月）以来，联合舰队历史上第三次大规模集中决战部队于一地。

问题就在于，塔威塔威虽然靠近原油产地，但水域面积不够开阔，航母难以在泊地内进行高速行驶中的舰载机起降训练。而适合作为舰载机训练基地的几个岛屿，最近的也在90海里开外。在召开完作战会议后，小泽中将决定：将舰队开出泊地，就近在苏禄海上进行训练。5月18日一早，第一、三航空战队的6艘航母即驶赴外海，进行舰载机的海上起降和投弹训练。

更糟糕的是，自1944年起，苏禄海已经成为了美国潜艇的乐园。第一机动舰队第

■ 日军占领下的婆罗洲油田。高挥发性的原油为小泽舰队提供了前往战场的保障，但也埋下了两艘航母因油气爆燃沉没的隐患。

一天结束训练时即被潜艇发现，透过低洼的岛礁，泊地内战列舰高大的桅楼清晰可见。从19日起，美国潜艇成群地来到附近巡弋游猎，伺机进行攻击。5月22日，第3航空战队在湾外进行飞机起降训练时，旗舰"千岁"号遭到潜艇攻击，一枚鱼雷被避开，另一枚在进行警戒的驱逐舰旁爆炸。5月24日，小泽舰队最大的一艘油轮建川丸在自达沃返回途中也遭遇潜艇阻击，身中3条鱼雷沉没。来自水下的威胁使得整个舰队人心惶惶，为避免无谓的损失，小泽中将不得不下令航母停止出海训练，后来连舰炮射击训练也停了下来。

塔威塔威岛上没有机场，出海训练停止后，连让飞行员进行陆上训练也不可能。小泽舰队进入塔威塔威泊地27天，9艘航母仅出海训练两次。大多数飞行员本还需要经过至少3个月训练才能投入实战，现在呆在甲板上晒太阳，战斗机急剧下降。特别是过去被视作精锐之师、威武之师的轰炸机队（俯冲轰炸机），由于海面无风竟然没有进行过一次训练。

尽管如此，损失却不见少。由于大多数飞行员自飞行学校毕业才半年多，又操之过急，训练中事故不断。截至6月13日，第一机动舰队在训练中已经损失飞机56架，死亡飞行员66人，而编有3艘大型航母的第一航空战队损失飞机竟达33架、死亡飞行员51人，几乎相当于2艘千岁级轻型航母舰载机之和。言语刻薄的战列舰军官们讥讽道："这大概是最新的自消自灭战法吧！"

除了小泽中将的第一机动舰队外，参加"阿号作战"的还有南太平洋海战的胜利者——角田觉治中将指挥的基地航空部队第一航空舰队（以提尼安岛为根据地）。它的前身是中途岛海战后重建的第1航空战队（翔鹤、瑞鹤飞行队），在瓜岛海战和所罗门航空战初期曾经东征西讨、屡立战功。

自1943年7月起，第1航空舰队就作为决战力量进行整备，属下第61、62两个航空战队（20个航空队），共计1340架飞机，司令和飞行队长都选用一流专家。直接负责整训工作的是大名鼎鼎的渊田美津雄中佐，他计划让角田部队训练一年时间以达到精良水平。但由于战局恶化，自1944年2月10日起，完成战备的第61航空战队提前部署到马里亚纳方面。

2月23日美舰载机空袭马里亚纳群岛，"见敌必战"的角田中将下令刚刚进入阵地的部队投入实战，起飞83架战机没有取得任何战果，反而在空中和地面损失了94架。整备中的第1航空舰队刚开始作战就遭受了相当损失，似乎预示着它不幸的前途。

与小泽舰队相比，角田部队由于训练时间较长、实战经验也较丰富，战斗力比前者胜出一筹。不过这支部队需要负担整个"绝对国防圈"前沿的防空任务，分布正面过宽，用于每个单独战场的实力仍显不足。

由于第62航空战队的训练尚未完成，大本营在5月5日将第13、14航空舰队所属的第22、26航空战队编入角田部队，这样一来，第一航空舰队就有了3个航空战队，齐装满员时的飞机总计1464架,分布于内南洋方面的12个基地上。

角田将他的部队平均部署于马里亚纳和西加罗林两个正面:第61航空战队配备在马里亚纳群岛的塞班、提尼安岛和帛琉群岛的贝里琉岛;实力最强的第22航空战队配备在中太平洋的关岛、特鲁克和西加罗林群岛的雅浦群岛;第26航空战队则位于棉兰老岛上的宿务和达沃,作为西加罗林、菲律宾方向上的后备。

不过,第1航空舰队自2月起已经与美机进行了3个月的消耗战,实际可用的飞机不过637架而已:第61航空战队(9个航空队、339架飞机),拥有零式战机154架、丙式夜间战斗机"月光"31架、陆基重型轰炸机"银河"67架、一式鱼雷机22架、"彗星"14架、"彩云"舰载侦察机5架和零式运输机46架;第22航空战队(11个航空队、255架飞机),拥有零式战机111架、局式截击机"雷电"49架、"月光"7架、"天山"鱼雷机11架、97鱼雷机1架、一式鱼雷机50架、"彗星"24架和百式司侦察机2架;第26航空战队(3个航空队、43架飞机),拥有零式战机22架、一式鱼雷机17架、"彗星"3架和九九轰炸机1架。

三、"阿号作战"

突如其来的敌人

4月30日,横须贺镇守府司令长官丰田副武大将被任命为联合舰队司令长官。丰田在1930年代海军内部的倾轧中属于"舰队派",山本五十六生前极为讨厌此人,认为"两丰田(另一人为丰田贞次郎,曾任海军次官)之流绝不可用"。

5月4日,丰田副武对麾下各级指挥官发布了"阿号作战"命令——《机密联合舰队作战命令第76号》,具体地提出了作战方针和要领。此前两天,停泊在东京湾的新建轻巡洋舰"大淀"号上飘起了将旗。

丰田副武一反之前两任司令长官的传统,既不乘坐最强大的大和、武藏等战列舰,也不亲临前线指挥作战。虽说随着长程通信技术的进步,指挥官远在千里之外也可调度指挥,但在凡事强调"态度决定一切"和上下尊卑关系的日本海军中,长官的这一行为对士气无疑有着重大影响。

机动部队的训练还在继续进行中,麦克阿瑟和尼米兹的攻势却没有中断过一天。从5月5日起,日军通信队发现马绍尔群岛方面美军通讯频繁,夏威夷和中途岛方向的空中警戒也日渐活跃,遂判断美军主力已经自珍珠港出航。5月20日零时,丰田副武认为美军的进攻即将到来,于是向第一机动舰队发布了"阿号作战开始"令。

太平洋如此宽广,到现在为止,美国人到底是从新几内亚岛西北、帛琉群岛还是马里亚纳方向来,无论联合舰队还是大本营海军部仍然没有概念。军令部作战课的几位智囊们固执地断定:帛琉方面有50%的可能性,新几内亚40%,马里亚纳方面的可能性最小,只有10%;因此决战将在帛琉群岛

1944年5月初日军第一航空舰队兵力与分布

第61航空战队	兵力	基地
第121航空队	彗星×14、彩云×5	塞班岛、贝里琉岛
第261航空队	零式战机×42	塞班岛
第263航空队	零式战机×32	关岛、贝里琉岛
第265航空队	零式战机×29	塞班岛
第343航空队	零式战机×51	提尼安岛、贝里琉岛
第321航空队	月光×31	贝里琉岛、提尼安岛、香取
第521航空队	银河×67	关岛、木更津
第761航空队	一式鱼雷机×22	提尼安岛、贝里琉岛
第1021航空队	零式运输机 等×46	提尼安岛、贝里琉岛、香取
第22航空战队	力	基地
第151航空队	彗星×2	特鲁克
第202航空队	零式战机×39	雅浦群岛、关岛
第503航空队	彗星×约20	雅浦群岛
第253航空队	零式战机×30	特鲁克
第301航空队	零式战机×20、雷电×49	馆山
第251航空队	月光×7	特鲁克
第551航空队	天山×11、九七鱼雷机×1	特鲁克、关岛
第755航空队	一式鱼雷机×23	特鲁克、关岛
第732航空队	一式鱼雷机×15	德高斯
第753航空队	一式鱼雷机×12	德高斯、索伦
第153航空队	零式战机×22、彗星×2、100式司侦×2	巴博、肯达里
第26航空战队	兵力	基地
第201航空队	零式战机×20	宿务
第501航空队	零式战机×2、彗星×3、九九轰炸机×1	宿务、达沃
第751航空队	一式鱼雷机×17	达沃

以南海面进行。至于理由，说来也颇为可笑——从1944年1月到3月，联合舰队已经损失了11艘油轮（102477吨），这导致小泽部队配备的油轮数量严重不足，要保持航母充足的机动能力，就必须限制决战战场与塔威塔威之间的距离。

站在日本人的角度，如果能把美军诱入沃累艾（Woleai）-雅浦-帛琉一线以南的水域，就可以同时出动位于西、南两方向上的基地航空队和正在塔威塔威待命的小泽舰队，来一招"关门打狗"，这无疑是最有利的决战态势。以联合舰队航空参谋渊田美津雄为首的一批航空专家则认为，马里亚纳群岛拥有修筑大型机场的得天独厚的条件，美军已经开发出B-29远程轰炸机，为进一步攻略起见，一定会首先进攻马里亚纳。不过丰田又乐观地认为，部署在中太平洋岛屿上的角田部队实力不俗，如果美军首先进攻马里亚纳，仅凭基地航空队也足以单独抗衡尼米兹的航空母舰。

接到战令的小泽中将当天就把所部各级指挥官和幕僚召集到了"大凤"号的飞

联合舰队

行甲板上，训示他们"不惜牺牲、连续作战"，"为满足大局之需要，宁可牺牲部分部队、将其置于死地"。自瓜岛之战以来屡战屡败的日军官兵顿时感到一阵前所未有的紧张。

5月28日，第一机动舰队在"大凤"号上进行"阿号作战"第一次图上演习，决战位置的问题又一次被提了出来。小泽的参谋们和他们的上司一样缺乏信心，在燃料不足的情况下，他们只能努力尝试"将牵制部队推进到乌利西或帛琉方面，努力把敌人引诱到决战海面"，寄希望于美军的"配合"。虽然一些青年军官杀气腾腾、自以为可以给予敌人以重击，小泽本人还是相对谨慎地表示"在敌我机动部队决战前，要以基地航空部队至少击溃敌机动部队航空母舰兵力的三分之一"，把首先攻击敌军航母的重任交给了角田。

5月27日，美军突然强攻新几内亚西北岸的比亚克岛（Biak），第一天即有一个师上陆。

比亚克岛是新几内亚西北端最主要的据点，也是自马里亚纳延伸到西加罗林群岛的日军"决战防线"的终点，最适于建筑机场。一旦该岛失陷，整个菲律宾、婆罗洲油田和第一机动舰队停泊的塔威塔威都将处于美军陆基轰炸机的覆盖之下，日本的南方动脉将被完全切断。更糟糕的是，小泽的航母飞行队还在加紧训练、战斗力堪忧，未来的海上决战必须主要依靠角田的基地航空兵，比亚克一旦陷落，美军轰炸机将提前消灭掉这些航空队，"阿号作战"将永无胜利之期。在一片惊慌中，丰田仓促决定推迟以消灭美军航母为目标的"阿号作战"，调动一切力量优先救援比亚克岛。

角田中将奉命将其部署于马里亚纳和西加罗林方向的部队调往新几内亚西部，第22、26两个航空战队的480架飞机接受了转场到比亚克方向的任务。不过当地的基地设施不佳，加之在新几内亚转战期间不少飞行员患上登革热、无法起飞作战，结果，参加调动的480架飞机竟有一半损坏，收获却无从谈起。

水面舰艇的增援也在进行。6月2日，载着增援比亚克的陆军海上机动第2旅团的"浑部队"（以海军第16战队为主体）在摩罗泰岛以东被美军巡逻机发现，被迫折返。8日，6艘日军驱逐舰成功地冲入比亚克岛附近，却被美军1艘战列舰、4艘巡洋舰和8艘驱逐舰所拦截，"春雨"号沉没、3舰被击伤，救援行动以失败告终。

一系列挫败激起了新任第1战队司令官宇垣缠中将的怒气。高傲的"黄金假面"素来看不起丰田副武，对其种种部署也是语多讥讽。危机关头，宇垣主动向小泽长官请战，要求以第1战队刚刚完成整修的大和、武藏两艘超级战列舰掩护增援部队突入比亚克海面，一面歼灭比亚克岛附近的美军舰队，一面炮击岛上登陆的敌军。即使联合舰队发布"阿号作战"准备令，对比亚克的增援也应优先进行。

6月10日下午4时，大和、武藏两舰在

小泽部队的欢呼声中开出塔威塔威,12日上午8时平安到达前进基地——哈马黑拉岛的巴占泊地。不久,从达沃返航的第5战队也加入了宇垣部队。现在这支部队拥有战列舰2艘、巡洋舰5艘、驱逐舰8艘和其他舰只11艘,摩拳擦掌地准备在第二次"浑号作战"中大显身手了。小泽甚至希望比亚克岛战事能引来美军主力,这样他就可以在帕琉近海和对手决战了。因此,他在6月13日把9艘航母全部带到菲律宾中部的吉马拉斯(Guimaras),借助当地的航空基地进行最后的训练。

问题在于,比亚克岛登陆显然属于麦克阿瑟陆军进攻线的一部分,支持部队是金凯德中将的第七舰队;而尼米兹的航母其实还没有露面。日军筹划"阿号作战"的本来的目的是消灭中太平洋地区的美国航母、夺回制空权和制海权,其次才是遏制美国陆军的进攻矛头。但在战局吃紧、可用之兵数量又不足的情况下,联合舰队仓促地将大和、武藏投入"浑号作战",特别是提前动用了决战主力角田部队,刚好将防守薄弱的马里亚纳群岛暴露在尼米兹面前——而这里才是美国海军真正的进攻目标!

6月11日,"失踪"多日的美军机动部队突然出现在了关岛以东海面,关岛、罗塔(Rota)岛机场都遭到了舰载机的猛烈轰炸和舰炮射击。据不完全统计,日本损失飞机不下500架。从12日起,美军航母又航行到塞班岛和提尼安岛之间,对两岛地面设施进行连续不断的空袭、炮击。恐怖的钢铁飓风过后,扫雷艇开始清理航道,小型舰艇也频频靠岸,显然是准备在塞班岛登陆了。一时间,前线部队同东京大本营海军部以及转移到东京湾木更津海面的"大淀"号联合舰队司令部之间的直通电话铃声不断。

真正的敌人——美军航母出

■ 1944年6月,"大淀"号巡洋舰上的联合舰队司令长官丰田副武大将。此公在判断美军进攻方向上出现重大失误,又首开司令长官不亲临前线而藏匿于后方之先河。

联合舰队

现了,决战部队却七零八落地分布在比亚克和马里亚纳群岛之间,远没有做好接敌准备。此时是否应立即发动决战?

当断不断,反受其乱。"阿号作战"成功的要诀在于机动部队和基地航空队配合得当、夹击敌方,但由于丰田副武分心比亚克战事,现在角田部队已经有三分之一的飞机转场到了新几内亚,小泽部队的战列舰也调向该方向,航母则待机于吉马拉斯。留在马里亚纳方向的角田部队虽然尚具实力,但完全不足以实现预定的"歼灭敌军部队三分之一"的目标。要想抓住战机取胜,只有迅速将小泽舰队调往马里亚纳方向,与角田部队合击美舰。

偏偏联合舰队的参谋们对小泽那支训练不足的舰队期望还很高(实际上,甚至在从塔威塔威开往吉马拉斯途中,小泽舰队还因为飞行员着舰动作失误损失了好几架飞机),认定不到万不得已不可轻于一掷。加上陆军在塞班防御问题上吹下了牛皮("倘若敌人进攻塞班岛,定叫他有来无回"),联合舰队决定:出动机动部队进行决战,不过目前由角田部队单独投入反击。这样一来,日军用于决战的两大主力实际上是一前一后投入了战场,"阿号作战"在开始之初就丧失了50%的胜机。

"帛琉决战"的规划是希望将美军诱入事先选定的战场。不过目前敌人的进攻方向已经明确,第一机动舰队在直接使用婆罗洲原油后也有足够的燃料可供出动,那么也就没有再浪费时间的必要了。

6月13日黄昏,丰田副武向已经到达吉马拉斯的小泽下令:"阿号作战决战准备。"同时暂停"第二次浑号作战","浑部队"中的第1战队、第5战队各部返回原编制。壮志难酬的宇垣中将也只好憋着一肚子火,掉头向马里亚纳海面的决战地驶去。

Z旗再起

作为"阿号作战"的序幕,从6月12日起,部署于关岛、罗塔岛等地的角田基地航空部队向美国舰队主力发起了提前攻击。由于另一支决战主力小泽舰队尚未到达战场,角田实际上是孤军作战。战前,按照"帛琉决战"的打算,角田于5月23日将大部分飞机调往南方,分散到中太平洋的众多岛群中。当美机向马里亚纳发起空袭时,角田部队的驻防情况大致为(自北而南):父岛4架,塞班岛35架,提尼安67架,关岛70架,特鲁克67架,雅浦群岛40架,帛琉134架,达沃25架,宿务岛40架,哈马黑拉岛42架,浮格科普半岛16架。日机仅有170架左右留在马里亚纳群岛上,还不到美军航母舰载机

■ 第一机动舰队指挥官小泽治三郎中将(1886-1966)。宫崎人,海兵第37期出身。小泽和南云忠一一样也是水雷战专家,但他在海军大学担任教官期间受到"航空第一"主义影响,较早提出以航母为核心组织机动舰队的想法。南太平洋海战后小泽接掌第三舰队,"阿号作战"前夕又成为舰队核心的第一机动舰队司令长官。作为一位优秀的战术家,小泽在6月19日战斗中始终把握着战场主动权,但运气和飞行员技术却不在他这一边。

■ 从"约克城"号航母（CV-10）上起飞的F6F"地狱猫"战斗机。这种新型舰载战斗机的性能已经远远将零式战机甩在后头。

的五分之一。

角田觉治既得"见敌必战"之名，自然是明知实力不足，也要以卵击石。不过在美机的持续空袭下，分散在各个机场的基地航空队无法集中，只好各自为战。6月15日，驻特鲁克的第22航空战队出动11架"天山"鱼雷机，以鱼雷击伤了1艘美军巡洋舰和4艘运输船，16日，又出动5架"天山"进行雷击，报告命中3艘巡洋舰。但取得这些微薄战果的同时，该战队自己也损失惨重。驻塞班岛的第61航空战队主力更是在空袭中悉数被炸毁在地面。

在3天内损失了超过200架飞机后，角田中将只好寄希望于转场到比亚克岛方向、现在正在兼程赶回的480架飞机。不过这批飞机已经有一半因为技术故障和人员损失丢在了新几内亚，少数归来者也因为技术水准太低白白损失在了空战中。

现在，只有驻特鲁克的第22航空战队

残部尚存一定战斗力了。为保住最后的种子，角田命令该部切勿贸然出击，等待小泽发起进攻。这样，在机动部队进入攻击阵位前，基地航空队已经丧失了绝大部分战斗力，没有多少兵力可以与之协同作战了。而他们预定的摧毁美军1/3航母的目标却根本没有完成。

大本营为进一步加强"阿号作战"，还在6月15日发布命令：将横须贺海军航空队主力（约120架）拨给联合舰队司令长官指挥。丰田副武将该部编为八幡部队，连夜派往硫黄岛，归第一航空舰队指挥。不料八幡部队却因为大意在硫黄岛发生了事故，地勤偶然掉落的一只雷管引爆了该部所有的鱼雷和航空炸弹，还烧毁鱼雷机40余架。这样一来，日本海军基地航空部队的最后一支有生力量也白白损毁，赶不上即将到来的决战了。

6月15日上午7时，小泽舰队开出吉马拉斯泊地，驶向决战海面。一马当先的是栗田健男中将指挥的前卫部队（第3、第4、第7战队、第2水雷战队），随后依次是第3、第1、第2航空战队的9艘航母。来自塞班岛的情报显示，从当天清晨起，美军已经发起了登陆行动，斋藤义次中将的陆军第43师团和南云忠一中将中太平洋舰队的陆上部队正在与之激烈交火。远在柱岛泊地"大淀"号上的丰田大将于07：17下达了"阿号作战决战发动"令。

联合舰队

08:00，正当编队最后的第二航空战队3艘航母缓缓出港时，"大凤"号上的小泽收到了丰田长官发来的著名激励电："皇国兴废，在此一战。各员一层，奋励努力。"

"皇国兴废"四句典出1905年日本海海战。东乡平八郎以此令勉励全军、完成敌前大转向，最终全歼沙俄第二太平洋舰队，奠定了日本海军此后二十年里称雄太平洋的根基。此后随着对马一役和东乡本人被不断神化，"皇国兴废"之章也成了联合舰队顶礼膜拜的神器之一。即使是在揭开日美战争序幕的珍珠港作战前夜，对东乡这个糟老头子一向嗤之以鼻的山本五十六也只敢发出化用过的"皇国兴废，系此征战，望各员不惜粉身碎骨、以告大成"训令，惟恐亵渎了神明。如今丰田敢于向部队发出此训令，足见其厚望所寄，也象征了马里亚纳决战对日本海军和帝国国运的意义——战胜国存，战败国亡。

接到激励电后不久，小泽旗舰、装甲航母"大凤"号的桅杆上猎猎地飘起了Z字战旗。Z字旗一样出自日本海海战中的东乡大将，与"皇国兴废"同属联合舰队的精神象征。这是日本海军历史上第三次飘起Z字旗，也是自空袭珍珠港以来第二次使用该旗语。

这么多泛着霉味的老古董都从故纸堆里被挖了出来，可见联合舰队实在太想复制一次对马大捷了。不过，只要是思维正常的人，大概都不会把眼前阵容齐整的美军航母和罗哲斯特文斯基中将那支行动迟缓、喷着煤烟的古老舰队等量齐观吧？

15日下午，小泽舰队通过了菲律宾中部的圣贝纳迪诺海峡，向着东方海面而去。次日下午3:30，宇垣中将的"浑部队"也出现在了视线中。第1战队与前卫会合，一下子拥有了4艘战列舰，声势更为可观。当天晚上，油轮彻夜对全队进行海上补给。

"阿号作战"日军第一机动舰队编制

第一机动舰队（指挥官：小泽治三郎中将）	第二舰队（长官：栗田健男中将）
第三舰队（长官：小泽中将）	**第4战队（栗田中将直率）**
重巡洋舰最上（附属）	重巡洋舰爱宕、高雄、摩耶、鸟海
第1航空战队（小泽中将直率）	第1战队（司令官：宇垣缠中将）
航母大凤、瑞鹤、翔鹤	战列舰大和、武藏、长门
第2航空战队（司令官：城岛高次少将）	第3战队（司令官：铃木义尾少将）
航母隼鹰、飞鹰、龙凤	战列舰金刚、榛名
第3航空战队（司令官：大林末雄少将）	第5战队（司令官：桥本信太郎少将）
航母千岁、千代田、瑞凤	重巡洋舰妙高、羽黑
第10战队（司令官：木村进少将）	第7战队（司令官：白石万隆少将）
轻巡洋舰矢矧	重巡洋舰熊野、铃谷、利根、筑摩
驱逐舰朝云、凤云、矶风、浦风、雪风、谷风、初月、若月、秋月、凉月、霜月、野分、满潮、山云	第2水雷战队（司令官：早川干夫少将）
	轻巡洋舰能代
	驱逐舰长波、朝霜、岸波、冲波、藤波、秋霜、早霜、滨风、玉波、滨波、早波、岛风、白露、时雨、五月雨

综合各方面情报,小泽中将估计美军拥有5个航母战斗群,大型航母7艘、小型航母8艘,实力在自己之上。为加强对机动部队本队的保护,他下令大林末雄少将第3航空战队的3艘轻型航母与栗田健男中将的前卫部队(以战列舰为主)合并,编为"丙部队",放在主力前方约100海里处;紧随其后的是城岛高次少将指挥的第二航空战队3艘航母("乙部队")和他本人亲率的第1航空战队3艘航母("甲部队")。这样一来,如果美机首先进攻先头部队,战列舰上的防空炮火将给予其沉重打击;如果美机越过先头部队攻击其后的主力,3艘轻型航母上的战斗机也可以在美机回航时进行拦截。

小泽中将的谨慎并非杞人忧天。实际上,美国舰队不仅如他所料地拥有7艘大型航母和8艘小型航母,还有7艘战列舰、3艘重巡洋舰,4艘轻巡洋舰和58艘驱逐舰,舰载机多达891架,恰好是小泽舰队(439架)的两倍。不单如此,早在15日傍晚18:35时,美军潜艇"飞鱼"号(USS Flying Fish, SS-229)就已经发现了驶出圣贝纳迪诺海峡的小泽舰队。同日19:45,另一艘潜艇"海马"号(USS Seahorse, SS-304)也在苏里高海峡北部的民都洛岛附近发现了宇垣的"浑部队"。第一机动舰队的大致行踪一直在美方指挥官的关注中。

要与数量众多的美军航母相抗衡,仅靠439架舰载机当然远远不够,不过小泽放心地认为,角田的基地航空部队建制完整、又有遍布附近的岛屿机场作为依靠,只要海陆配合得当,一定能给敌军以沉重打击。对角田部队已经在前几天的激战中损失过半、现在只剩下100多架飞机的情况,他一无所知。不过作为一位优秀的战术大师,小泽还是考虑到了自己孤军奋战的可能性,并制定出了一种相当有针对性的战术——"超航程战法"。

所谓超航程战法,立足点是日军舰载机的航程较美机要远。实际上,由于设计思路的差异,美军飞机更注重对飞行员生命的保护,驾驶座、油箱等关键部位均有坚固的防护,造成其整机重量较大、航程相对偏低。而日军飞机由于发动机性能不良,为追求高速度和续航力,一贯忽视机身结构强度和防护,使其在生存力低下的同时意外地拥有了较大航程。如零式战机52型的搜索距离即长达560海里,"彗星"和"天山"都具备攻击300海里外敌舰的能力。与之相比,美军航母战斗群的侦察半径只有350海里,有效攻击半径约200海里,均在日机之下。

小泽认为,这样一来,自己就可以利用航程上的优势,首先在远距离(400海里左右)上发现美军航母,起飞攻击队进行攻击,瘫痪敌舰的飞机起降能力;随后大部队逼近敌舰,用战列舰的舰炮对其进行最后的打击。不仅如此,由于日军还占有地理上的优势,完成打击任务的攻击队如果燃料不足以返回母舰,可以在附近的关岛、罗塔岛等机场降落,补充燃料、弹药后再度进行攻击,最后返回母舰。一旦战局不利,日军航母还可以在被对手发现之前就发出攻击队,

联合舰队

然后退避到安全地带，躲过敌人随后的空袭。在飞机数量严重不足的情况下，这种进可攻、退可守的"奇技"好像已经是日本舰队唯一的可行之道了。

不过，理想主义的"超航程战法"不仅取决于拥有较大作战半径的舰载机，对飞行员的素质也提出了严峻的考验。珍珠港和中途岛作战时，日本海军航空兵正处于其人力和技术的巅峰期，一般也只执行距离200海里的攻击任务（奇袭珍珠港和中途岛海战时，日机出击距离均为230海里）。而超航程战法中，攻击目标远在350海里之外，只有训练充分、具备了高超飞行技术和顽强意志力的飞行员才能完成。但就是这三项关键能力，现在小泽部队95%的飞行员都不具备。

■ SB2C"地狱俯冲者"，美军战列舰载俯冲轰炸机。

■ 飞行中的SBD-5俯冲轰炸机，属于"列克星敦"号的第16中队。由于SB2C已经全面投入使用，相对落后的SBD也是最后一次参加大规模海战。

以1944年中日本海航飞行员的技术，顺利起飞、完成编队、找到目标都是大问题，更遑论命中率。为提高攻击有效性，小泽不得不增加导引机的数量，即抽调最有经验的飞行员驾驶前路侦察机，找到敌人后再引导本军经验不足的大攻击队前来空袭。至于这种权宜之计究竟有多大效果，中将自己也不知道。

与小泽大胆的战术相比，他的对手、美国第五舰队司令官斯普鲁恩斯中将则是一位稳重冷静的战术家。马里亚纳之战前夕，中太平洋地区美国舰队的组织结构进行了调整，海军部队开始由哈尔西和斯普鲁恩斯两位上将轮流指挥。当其中一人在前线负责作战时，另一人则留在珍珠港，与参谋军官一道筹划下一次行动。为扰乱日军的情报判断，同一支舰队在哈尔西指挥时称第三舰队，在斯普鲁恩斯麾下则称第五舰队。而这次针对"太平洋防波堤"马里亚纳群岛的"征粮者行动"（Operation Forager），就由在中途岛时表现优异的斯普鲁恩斯来指挥。

斯普鲁恩斯的手下除分编成5个大队的航母部队——第58特混舰队（以下简称TF58）外，还有3个登陆舰队：TF51、TF52和TF53。登陆部队总指挥为第51特混舰队司令里奇蒙德·特纳中将。

5月15日顺利登陆塞班岛后，斯普鲁恩斯已经决定在18日登陆关岛。但就在15日晚上，潜艇发回了发现日本舰队主力的报告。TF58指挥官马克·米切尔中将（空袭东京时的"大黄蜂"号舰长）已经考虑到了日本飞机航程较远的优势，他向斯普鲁恩斯建议：攻击是最好的防御，应主动寻找对手，并向之接近、发起攻击。不过斯普鲁恩斯认为，TF58最重要的任务还是支持塞班、提尼安和关岛登陆作战，诱出日军航母并进行打击只是次要方面。

从中途岛海战的教训上看，当时的南云舰队就是因为同时应付攻敌、对地支持两大任务，最后被钻了空子。为完成最重要的登陆支持任务，TF58不应远离塞班战场。因此，他虽然同意TF58在马里亚纳西方采取攻势，但航母和战列舰不得远离战场，以免被日本人钻空子。

为摒除基地航空部队的骚扰，6月15、16两日，第58特混舰队第1大队（以下简称TG58.1）和第4大队（以下简称TG58.4）的7艘航母前去扫荡位于硫黄岛和父岛的日军基地，顺便将角田部队盘踞的10多个主要机场"清扫"一遍，摧毁了地面的飞机、弹药和燃料库；战列舰大队TG58.7则去执行炮击支持任务。不安的米切尔中将带着TG58.3巡弋于塞班岛西面海上，一边执行对地支持任务，一边惴惴不安地等待着日军

■ 6月15日美军登陆塞班岛后，军令部第一部部长中泽佑匆匆地在记录军令的草稿纸上写下的"皇国兴废"激励文。回想日本海海战之"神威"，如今居然潦草地涂写在这样一张破纸上，实在是有辱斯文。

■ 1944年5月13日，"阿号作战"发动前夕，从林加锚地转移到塔威塔威的第2航空战队，前方是飞鹰，后方是隼鹰。拍摄于"摩耶"号重巡洋舰上。

联合舰队

■ 1944年5月20日"阿号作战"令发布后,机动部队主力开始向中太平洋方向出击。6月15日,第一机动舰队大部通过圣贝纳迪诺海峡时,正在萨马岛北端做大迂回。照片从重巡洋舰"摩耶"号上拍摄,画面正中为航空巡洋舰"最上"号,"最上"号背后为尚未转向的第一航空战队主力,右侧两艘为翔鹤、瑞鹤,中间模糊者为大凤,左侧舰影为第二航空战队的"隼鹰"号。

攻击的到来。

17日,TG58.1和TG58.4完成对菲律宾海北面的扫荡,返回了马里亚纳以西海面;留守后方的TG58.2和TG58.3也将对地支持任务转交给登陆舰队中的护航航母,前来与友舰会合。加上兼程返回的TG58.7,到这天傍晚6时,早先四分五裂的TF58再度集结起来,在塞班岛以西摆开了阵势。

斯普鲁恩斯还从特纳的TF51抽出8艘巡洋舰、21艘驱逐舰来强化TF58的战斗力。为躲避日机的直接打击,TF51奉命驶往东方海域;TF58则取270度航向,准备与日本舰队接战。但到18日日落,还是不见日机的身影。刚刚从斯普鲁恩斯手中得到海战指挥权的米切尔估计最多一天后激战就将开始,于是再度调整队形:

TG58.3为全队核心;TG58.7的7艘战列舰、4艘重巡洋舰和14艘驱逐舰前出到TG58.3以西24公里处,以"印第安纳"号为中心排成防空轮形阵;TG58.1和TG58.2分别在TG58.3北面和南面20公里处占据阵位;TG58.4则前往北面的TG58.1以西20公里的海域。这样一来,拥有7艘战列舰的TG58.7可以直接保护其后的4个航母特混大队。一个巨大的倒"F"形阵在塞班岛以西海面上形成了。

斯普鲁恩斯的自信源于美军在技术上的优势。由于航母上SK雷达的搜索距离已经达到了150海里,任何试图发起奇袭的日本飞机都将被提前发现并予以消灭。另一种具有革命意义的武器是装备VT(无线电近炸)信管的高射炮弹,这种炮弹可以侦测飞机是否进入爆炸杀伤范围,随即自行引爆,它们的出现使舰队防空火力的命中率以几何级速率提升。不独如此,美军的护卫舰艇和大型水上飞机也都装备了雷达,变得"耳聪目明"。而对以上这一切,无论是日本方面优秀的战术家小泽中将,还是丰田司令长官,抑或大本营海军部里的幕僚,都一无所知。

四、"马里亚纳猎火鸡"

先发制敌

6月17日下午15:30时,小泽部队所有军舰进行了战前最后一次海上加油。10800吨原油注入军舰后,第一机动舰队做好了全

马里亚纳猎火鸡

■ 1944年6月17日，正在中太平洋上进行战前最后补给的小泽舰队。照片从重巡洋舰"利根"号上拍摄，右侧为特设给油舰国洋丸，左侧为重巡洋舰"铃谷"号。

部战斗准备。傍晚时分，9艘航母（舰载机439架）、5艘战列舰、14艘巡洋舰和31艘驱逐舰一齐向东前行。

19日，"阿号决战"第一天。这天黎明时分，小泽舰队悄悄前进到了马里亚纳列岛线以西300海里处；TF58此时距离他大约500海里，还在一片平静中。

自18日拂晓起，日军的9艘航母就起飞多批飞机寻找美舰。当天下午，侦察机在"甲部队"东北方380海里处发现了美国航母的身影，确认目标为3个战斗群、正规航母6艘。不过小泽中将认为此时距离尚远，而且天色渐晚，坚持一定要等19日白天距离缩短到300海里时再出动攻击队。

6月19日清晨5∶22，太阳缓缓升出海平线，也驱走了一夜的寒气。根据战斗命令，在日出前一小时，第一航空战队3艘航母就在关岛以西500海里处进入了攻击阵位，第二航空战队在第一航空战队以北15公里，第三航空战队在第一航空战队前方100海里；各队航向50度，航速20节。

03∶45，"丙部队"起飞第一批16架水上侦察机；04∶15，再次出动1架水上侦察机和13架九七式鱼雷机，"甲部队"也派出11架二式舰载侦察机、"乙部队"派出2架零式水上侦察机，总共43架侦察机，刚好形成三个相互交错、大小不同的扇面，紧张地寻找着对手的所在。由于大家对中途岛之战中因侦察失利造成的惨败还心有余悸，搜索进行得极为细致，半径达到了560海里。

联合舰队

马里亚纳海战美军第58特混舰队作战编制

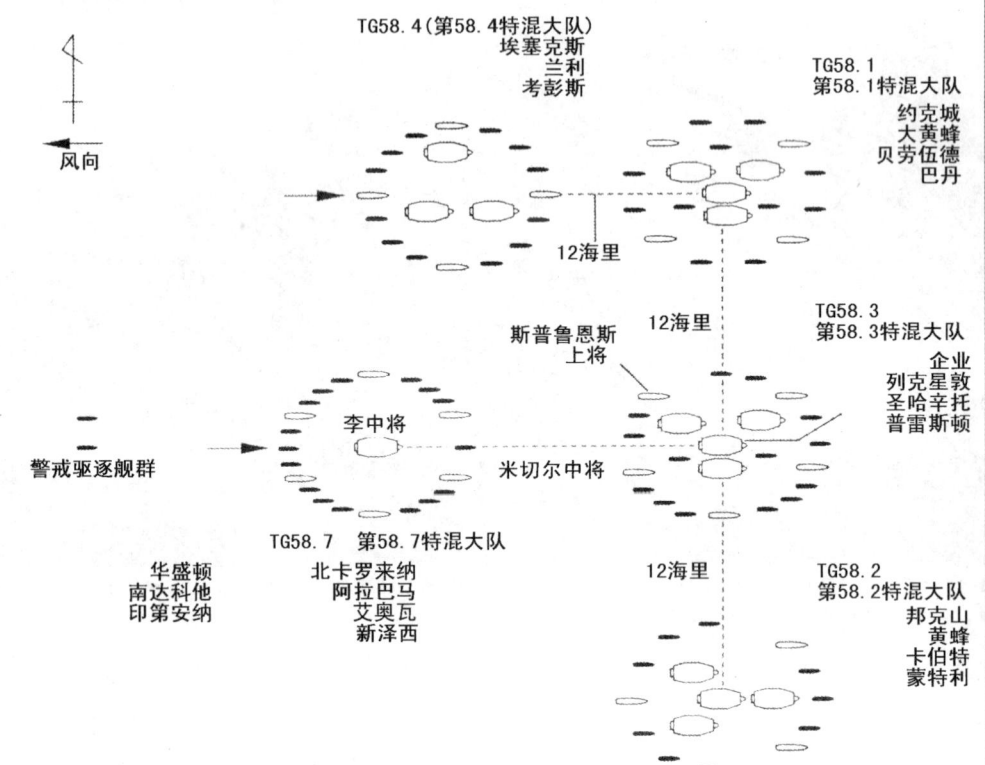

马里亚纳海战美军第58特混舰队作战序列

第58特混舰队（指挥官：马克·米切尔中将）

第58.1特混大队（指挥官：约瑟夫·克拉克少将）
航母约克城、大黄蜂、贝劳伍德、巴丹
重巡洋舰巴的摩、波士顿、堪培拉
轻巡洋舰奥克兰
驱逐舰14艘

第58.2特混大队
（指挥官：阿尔弗雷德·蒙哥马利少将）
航母邦克山、黄蜂、卡伯特、蒙特利
轻巡洋舰维洛克斯、莫比尔、圣菲、圣胡安
驱逐舰12艘

第58.3特混大队（指挥官：约翰·里维斯少将）
航母企业、列克星敦、圣哈辛托、普雷斯顿
重巡洋舰印第安纳波里斯

轻巡洋舰克里夫兰、蒙彼利埃、伯明翰、里诺
驱逐舰13艘

第58.4特混大队（指挥官：威廉·哈里尔少将）
航母埃塞克斯、兰利、考彭斯
轻巡洋舰圣迭戈、文森斯、休斯敦、迈阿密
驱逐舰14艘

第58.7特混大队（指挥官：威利斯·李中将）
战列舰华盛顿、北卡罗来纳、南达科他、
阿拉巴马、印第安纳、艾奥瓦、新泽西
重巡洋舰威奇塔、明尼阿波利斯、新奥尔良、
旧金山
驱逐舰14艘

日出之后，一个小时的紧张过去了。06:30刚过，栗田部队第一批出动的第7号侦察机在塞班岛以西海面发现了美军机动部队，报告有正规航母1艘以上；此后9号机也发回了报告，不仅证实了美舰的位置，还确认敌军有4艘航母。

敌航空母舰与"丙部队"的距离为300海里，与"甲部队"和"乙部队"的距离均为380海里。时不我待！从07:25到09:05，小泽舰队3个航空战队的第一攻击波246架飞机先后起飞。

07:25，位于最前方的大林少将第三航空战队3艘轻型航母千岁、千代田、瑞凤首先起飞零式战机14架、战斗轰炸机43架和"天山"7架。天空刮着强劲的东南风，风速在10米以上。合计64架的第三航空战队第一攻击波由中本道次郎大尉指挥，朝着300海里外的敌人而去。

07:45，小泽中将第1航空战队的3艘大型航母大凤、翔鹤、瑞鹤起飞零式战机48架、"彗星"53架、"天山"27架，总计128架的第一攻击波，由垂井明少佐指挥，也朝着东方而去。为保持与对手间400海里的距离，第一攻击波出发以后，上午8时第一航空战队将航向改为120度。

整整两年来，日本海军机动部队第一次出动如此大规模的攻击队。先发制人的打击已经开始，而美国人还没有发现自己——又一个日本海海战的大捷似乎真的要重演了。旗舰上的小泽司令官、古村启藏参谋长、大前敏一先任参谋个个面带喜色，确信好久没有进行的"举杯祝贺"机会终于来到了。不过自信的中将此时还不知道，未知的厄运正在身下的水面中悄悄袭来……

被狙杀的"凤凰"

6月19日08:10，第一航空战队第一攻击波最后一架飞机已经发出，全队正在"大凤"号上空集合。突然，一架"彗星"（驾驶员小松关雄飞曹长）莫名其妙地转了个弯，朝着旗舰右舷附近的水面直扑过去。"啊！"甲板上的士兵们异口同声地惊叫起来。只见"彗星"瞬间腾起一片水烟，消失在了深蓝色的海中。与此同时，观察哨大吼一声："鱼雷！"

从"彗星"坠海的地方现出了鱼雷的航迹，它们箭也似地向"大凤"号扑来，引得舰上一片骚乱。转舵闪避已经来不及了，一阵可怕的沉默后，舰桥右舷一侧"咚"地响起一声沉闷的碰撞，巨大的舰体微微颤抖了一下。

突如其来的攻击来自水下的美国潜艇"大青花鱼"号（USS Albacore, SS-218）。布兰查德少校的潜艇已经在马里亚纳以西巡弋了近三个星期之久，最好的机会也不过是靠近过一队日本商船。不过当6月19日早上8点潜望镜升出水面时，少校惊讶地发现：一支前所未见的庞大舰队正在视野中自顾自地前进。机不可失！10分钟后，他下令向右前方5300米外正在通过的一艘航母齐射艇首全部6枚鱼雷。

"大青花鱼"号攻击的正是飘着Z字战

联合舰队

■ 二战后期一直担任FCTF直接指挥官,在马里亚纳、莱特湾、冲绳诸战役中均有优异表现的马克·米切尔上将(1887—1947)。

击目标时并未取准),但第6枚也是最后一枚却径直扑向舰首,命中了右舷前部的电机舱。爆炸瞬间,有人重重撞上舱壁,有人从扶梯上滚落下来。盐山策一技术大佐匆匆跑进防御指挥所,听到从底舱跑上来的水兵报告"升降机室被打坏",其余并无大碍。松了一口气的菊池舰长在舰桥发出信号:"本舰战斗航海无碍,大家安心!"

"大青花鱼"号立即被一旁赶来的"初月"号等驱逐舰赶跑,有重甲庇护的"大凤"号看上去也没受多大影响,仍能以24节航速继续前进。只是前部升降机因为离鱼雷命中点太近,受到剧烈震动、电力中断,一下子停在了半途中。

当时"大凤"号的第一波攻击队已经全部起飞,第二波攻击队正在从机库提升到甲板上,受此故障影响,工作被迫中断。焦急的小泽中将催促工作长抓紧抢修升降机、

旗的"大凤"号。该舰当时正以27节航速迎风疾驰,有5枚鱼雷从舰尾后方滑过(事实上,"大青花鱼"号的瞄准镜存在故障,射

■ 6月13日,行驶在马里亚纳海面的TG58.3。近处为航母"圣哈辛托"号,远处为"列克星敦"号。

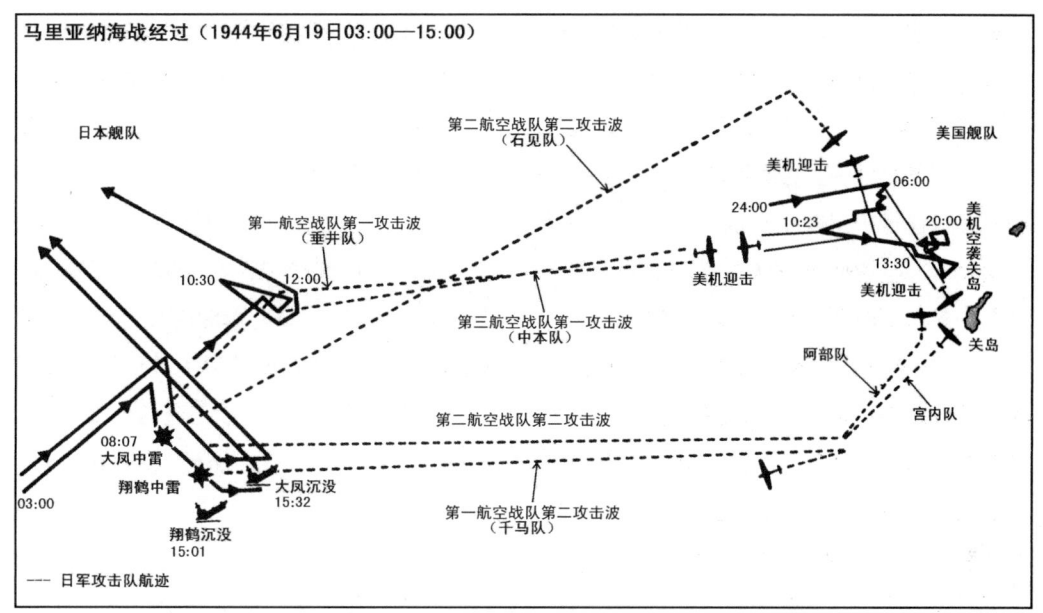

恢复母舰战斗力。手忙脚乱的损管队员们从士兵舱找来木架、桌子之类的材料,七手八脚地把窟窿堵上。为了不耽误飞机起降,在抢修的同时,小泽中将以旗语命令"大凤"号上的部分飞机向瑞鹤转移,并由瑞鹤帮助回收"大凤"号起飞的第一波攻击队。

就在旗舰手忙脚乱处理故障的当口,最早出发的第三航空战队第一攻击波已经从西侧接近了美国舰队。片刻后,"千岁"号上的大林少将接到了"确认命中航母1艘、巡洋舰1艘直击弹各一发,另观察到航母2艘中弹"的报告。

不过,根据美国方面的战报,这批攻击队在距TF58还有280公里时就被"列克星敦"号派出的巡逻机发现,美舰立即转为迎风方向,起飞450架F6F前去拦截。由于日本飞行员技术太差,指挥官中本大尉不得不在距目标还有100公里时重新集队。就在这时,恐怖的"地狱猫"群迎面扑了上来。包括中本大尉座机在内的8架零式战机、31架战斗轰炸机、2架"天山"被击落,冲入美舰上空的少数战斗轰炸机队则见识到了VT信管高射炮弹弹幕射击的高效率。只有1架"天山"发射了鱼雷,并且显而易见地没有命中;1架战斗轰炸机投下的250公斤炸弹将"南达科他"号战列舰主甲板炸出一个大洞,27人被炸死、23人受伤;另有重巡洋舰"明尼阿波利斯"号中至近弹一发。

小泽本来是指望这批飞机瘫痪美国航母的起降能力的,结果倒霉的中本队损失了41架飞机,甚至连航母的影子都没有看到。

美国舰队的防空体系,在此时已经有了革命性的变化。由于新型SK对空搜索雷达和SM测高雷达的出现,美军航母可以在200公里外侦测到日机大编队,并从容起飞舰载机,在80到100公里处进行反击。由于

联合舰队

飞机性能和技术水准的差异,绝大多数日机在这一外层就被消灭了。突入内层的日机接下来将遭遇装备VT信管的127mm高射炮弹洗礼;而侥幸活下来的最后几个"幸运儿",他们还得躲过护卫舰艇和航母自身的小口径机炮射击。在如此的立体防空阵面前,日机的生存都成了问题,还何谈攻击呢?

下一个倒霉蛋是来自"大凤"号的垂井明少佐。他统率着第一航空战队第一波的127架飞机,紧随第三航空战队第一波攻击队而去。不过因为精神高度紧张,半小时后,经验不足的少佐居然把攻击队带到了栗田部队上空。前卫部队的高射炮不分青红皂白开始射击,当场射下了2架自己的飞机。等到攻击队重新整理好队形、恢复前进时,距离美军只有40海里了。10:45,垂井发回"全军突入"电报,随后就失去了联系。

原来,垂井率领这班初学乍练的菜鸟,试图突击位于美军编队中央的TG58.3,却被外围严阵以待已久的160架F6F截住,陷入浓密的火网中。23架零式战机、41架"彗星"和23架"天山"当场被击落,损失率近70%,垂井本人也在混战中毙命。

不过,在混战中,仍有30架左右的日机拼死突入美舰对空防御圈内层,对美舰投下了炸弹。正午时分,2架"彗星"炸中了TG58.2的"邦克山"号航母(USS Bunker Hill,CV-17),不过威力不足的250公斤炸弹只引起机库内一场小小的火灾(美方记载为2发至近弹),死3人,伤73人,升降机被炸穿;"黄蜂"号(USS Wasp,CV-18)遭一发至近弹杀伤,死1人,伤12人。另有1架受伤的"彗星"企图冲撞TG58.7的战列舰"印第安纳"号(USS Indiana,BB-58),却被40mm高炮打爆在舷侧水线附近。12架"地狱猫"在缠斗中被较有经验的

■ 美军潜艇"大青花鱼"号。早上08:10前后,该艇的一枚鱼雷不但瘫痪了"大凤"号的战斗力,而且成为小泽旗舰最终爆炸沉没的根本原因。

■ 马里亚纳海战的一张最著名的照片：一架试图攻击护航航母"基特昆湾"号的日军一式鱼雷机被击中坠落。四周天际弥漫着硝烟和高射炮弹爆炸形成的白云朵，显示了当天空战的激烈程度。日机击落。

一个多小时内，太平洋上最华丽的舞台剧就已落幕。面对舰队上空长达50公里因日机爆炸而形成的斑驳烟火，"列克星敦"号第16中队的一名飞行员不由得惊呼："真他妈的像过去的火鸡打靶比赛啊！"（Hell this is like an old time turkey shoot!）

所谓"turkey shoot"，是美国的俚语，最初是指一种打靶娱乐比赛，打靶者站在离纸靶子二三十米远的地方，奖品是冻火鸡。因为赢得奖品十分容易，所以后来把敌人像泥靶子一样呆头呆脑、只会挨打的一边倒式胜利也称为"turkey shoot"。这场既惨烈（对日本人来说）又轻松（美国人方面）的海空大战，自此就被冠以马里亚纳猎火鸡（Great Marianas Turkey Shoot）的诨名。

第一航空战队第一波中两架重伤的"彗星"勉强飞向栗田部队方向，在第二舰队的战列舰附近迫降，救起的飞行员报告：美军正规航母1艘起火，其余战果不明。

几乎与第一航空战队第一波出击同时，城岛少将的第二航空战队3艘航母也开始放飞第一波49架攻击队（零式战机17架、战斗轰炸机25架、"天山"7架）。由于训练不足和天气不良，这批飞机延迟到09：00才离开母舰上空。当时，小泽部队的第三批侦察机向"大凤"号报告：在清晨发现的敌机动部队以北又出现另一群美军航母（其实是登陆舰队TF51），中将于是传令给第二航空战队第一波，令其不必攻击TF58，而是转攻更北面的TF51。

第二航空战队第一波指挥官石见丈三少佐在收到转攻北方敌舰的电文后，试图联系先前"隼鹰"号放飞的两架"天山"，不过一无所获。由于通信不良，石见队随后分裂为两个独立的机群。少佐本人带着29架飞机向北飞去，但在预定的位置根本没有任何敌舰，只好懵懵懂懂地向南搜索。

13：00时，石见机群在TG58.4以北80公里处被40架F6F发现，当场损失零式战机1架、战斗轰炸机5架、"天山"1架，他惟恐燃料不足影响返航，当即向母舰逃跑。至于另一个机群20架，它们在缺乏指引的情况下试图自行寻找美军中央部队（TF58），但一无所获。像无头苍蝇一样白白飞行了350

联合舰队

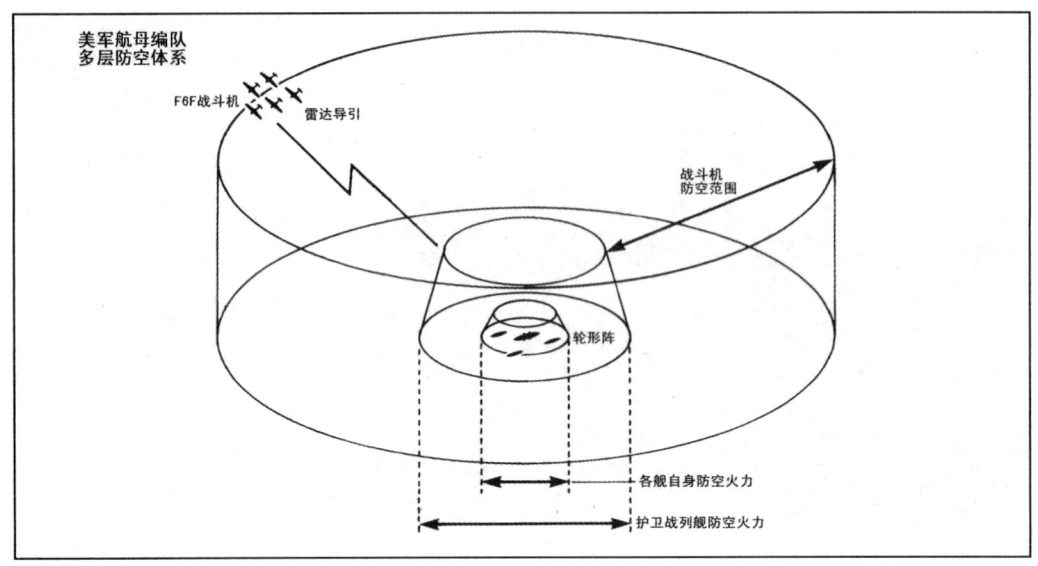

海里后,干脆也掉头返航了。

08:45时,第一航空战队第三批侦察机又发回报告:在关岛西南70海里处出现了第3支美军航母编队(其实仍是TF58,其报告位置有误)。小泽断定美军机动部队主力此时已全部暴露,为求除恶务尽,有必要出动第二波攻击队空袭这支新出现的舰队。上午10点刚过,他传令第一航空战队、第二航空战队:出动第二波飞机!

10:20时,第一航空战队第二攻击波18机在千马良人大尉指挥下从母舰上起飞了,这波攻击队包括零式战机4架、战斗轰炸机10架、"天山"4架。由于"大凤"号的升降机仍在修理、需要将部分攻击队转移到"瑞鹤"号,千马队反而比晚起飞的第二航空战队第二波集队还慢些。这支部队和之前的石见队一样很快变得支离破碎,又找不到前路引导机。到12:30时,千马队已经飞过了TF58以南180公里,仍旧没有找到目标,只好草草返航。途中遭遇巡逻美机的拦截,还损失战斗轰炸机8架、"天山"1架。

10:15前后,第二航空战队也开始出动第二波攻击队。首先是宫

■ "火鸡大猎杀"——6月19日白画,正在甲板上观看空战情形的TF58官兵。照片从轻巡洋舰"伯明翰"号上拍摄的,日机爆炸引起的烟火在舰队的上空延达50公里之长。

内安则大尉指挥的零式战机20架、九九式轰炸机29架和"天山"3架；10：30时又发出零式战机6架、"彗星"9架。第二个机群的指挥官是参加过空袭珍珠港的阿部善次大尉，他手下的9架"彗星"是第二航空战队最精锐的俯冲轰炸队，一向被寄予厚望。不过在情报错误又缺乏导引的情况下，第二航空战队的第二波攻击队也和千马队一样找不到目标。

13：15左右，宫内大尉手下那些老旧的九九式轰炸机燃料已经不多，他决定就近前往关岛降落。15：00时，正当宫内队丢弃所携的炸弹、飞向近在咫尺的机场时，来自TG58.1、TG58.3和TG58.4的30架"地狱猫"从高空冒了出来——依靠雷达引导的它们早在此地恭候多时了！为掩护正在着陆的轰炸机，疲惫的日军战斗机勉强还击，结果被一举击落零式战机14架、轰炸机29架和"天山"3架，着陆飞机也无不被伤。

"彗星"队队长阿部在搜索目标的途中就丢掉了1架零式战机和2架"彗星"（这3机自行返回了母舰），不过他没有飞往关岛，而是带着剩下的12架飞机前往罗塔岛降落。鬼使神差地，它们绕过了外围的"地狱猫"，出现在了岛西面的TG58.2上空！

7架"彗星"立即俯冲投弹，"黄蜂"号和"邦克山"号先后被至近弹造成轻微损伤。阿部本人不待确认战果就迅速脱离战场，成功降落在罗塔岛，不过身后竟然没有一架僚机——除1架受伤的"彗星"改在关岛迫降外，其余10架日机全部"失踪"！毫无

■ 6月19日，正准备从"列克星敦"号上起飞的F6F战斗机。视线内可见一艘重巡洋舰。

联合舰队

疑问，他们是为美国佬晋升王牌做贡献了。要知道仅19日一天，就有7名"地狱猫"飞行员升格为王牌，速度真赶得上坐火箭。

大林少将的第三航空战队由于母舰太小，只有在回收第一波攻击队后才有能力继续出击。在收罗败归的少数残部后，第三航空战队的3艘轻型航母又拼凑出5架零式战机、9架战斗轰炸机和5架"天山"，由中川健三大尉指挥准备进行第二波攻击。不过小泽认为第三航空战队需要负责前卫的防空任务，中止了该部的出击企图。

在接到小泽长官"19日与美军航母进行决战"的电报后，基地航空部队总指挥角田中将认为：最后的攻击时刻即将到来。他拼凑了特鲁克岛上最后一批可用飞机，于当天清晨开始向关岛集结，准备参加决战。但由于机群途中遭到美机拦截，最后只有包括15架零式战机、2架丙战"月光"和2架"天山"在内的50架飞机到达战场。在小泽舰队出动第二攻击波之时，这些飞机也在关岛上空与美机进行了激烈空战，损失30余架，终致全军覆没。

综计6月19日当天，小泽的第一机动舰队共出动两个攻击波326架飞机对TF58进行空袭，在空战中损失即达201架。有22架飞机随大凤、翔鹤一起沉没，降落在岛屿机场上的近10架完全报废，清晨发出的43架侦察机中又有21架未返回，损失已经超过250架。更何况，攻击后返回的近100架飞机还有一半以上因为降落事故和受损过重丧失战斗力，加上故障机，实际损失在310架以上。角田

的第22航空战队残部损失约50架，日机的总损失竟超过350架。而美机只有23架被击落，6架失踪，20名飞行员和7名空乘人员死亡，另有3艘遭空袭的军舰阵亡4名军官、27名水兵。双方飞机损失率之比超过10∶1！

"如富士山鲜花般绽开"

自清晨第一批侦察机出发，到中午第一航空战队、第二航空战队第二攻击波悉数出动，小泽舰队上空始终没有出现任何美机。"大凤"号舰桥上的军官们焦急地看着手表：10点……10点半……11点……还是没有接到攻击队发回的"我炸弹命中敌舰"、"我鱼雷命中敌舰"捷报。11点过去了，仍旧音讯皆无。尽管如此，小泽中将还是乐观地估计：超航程战法取得了大捷。整个舰队的士气极为高昂，只有参谋们如同热锅上的蚂蚁，坐立不安。

14:00过去了，依旧是一片平静。突然，舰队中央传出了一连串惊天动地的爆炸声。

遭到攻击的是参加过空袭珍珠港、自所罗门海战以来一直担当机动部队主力的"翔鹤"号。美军潜艇"棘鳍"号（USS Cavalla，SS-244）在11:20悄悄地接近该舰，连续射出6发鱼雷，其中4发直接命中右舷。"翔鹤"号当时正在回收飞机，航空燃料库和前部弹药舱先后被引爆，当即向右舷倾斜。尽管依靠向左舷注水勉强恢复了平衡，但大火点燃了弥漫到全舰的油气混合物，"翔鹤"号变成了一座喷发的火山，02:01时，带着1263名乘员倾覆了。

14:32时，更大的灾难降临到舰队旗舰、新锐装甲航母"大凤"号身上。几乎是一瞬间，巨大的爆炸波自该舰中部升腾而起，冲破了坚固的装甲甲板——"防潜！防潜！"甲板上的人员拼命高叫道。

没有新的潜艇攻击，一切都缘自早晨击中右舷的那枚鱼雷。被鱼雷直接命中的电机舱剧烈晃动，震裂了位于其上的前部轻质油库和防护甲板的连接部。高挥发性的婆罗洲原油迅速气化，并从这条小小的裂缝不断向全舰扩散。"大凤"号引以为骄傲的装甲飞行甲板和封闭式机库在这时就成为了巨大的累赘：封闭式机库无法开启通风，大量油气沉积在机库内；紧接着，为放飞第二攻击波，又堵住了前升降机这个舰体前部唯一的出气口。等到14:00前后所有人都能闻见刺鼻的汽油味的时候，一切都已经太迟了。14:32，即中雷后6小时又22分，电机启动时的一个小火星引燃了弥漫全舰的油气，"大凤"号猛地战栗了。

在爆炸中，"大凤"号舷侧的隔壁全部被爆炸震落，火柱自军舰的两舷喷涌而出，冲向海面。当时"大凤"号上还载有第二波未及起飞的十余架飞机，机库内的鱼雷和航空炸弹也不断被诱爆。福田幸弘所著的《联合舰队塞班、莱特海战记》夸张地描述道："厚重的甲板如富士山上鲜花一般自中间轰然绽开。"

从"瑞鹤"号起飞查看情况的零式战机飞行员形容，战机碎片和人体残肢"如喷

■ 马里亚纳海战期间，"黄蜂"号航母上正在移动位置、准备起飞的TBM-1鱼雷机。图中可见该机左右翼下各有4枚3.5英寸火箭弹，主要用于压制暴露的水面舰艇防空炮位。

联合舰队

■ 美军潜艇"棘鳍"号。6月17日,该艇提前发现正在赶往马里亚纳战场的日军舰队并发出警报,又于19日中午击沉了第1航空舰队的航母"翔鹤"号。

泉般"不断自爆炸的"大凤"号飞出,烧得漆黑的死人一拨拨被抛进海里,动静之大连远处的"隼鹰"号也感觉到了。16:00过后,舰长菊池朝三大佐下令"全员退舰",大凤自舰尾开始沉入水中。16:28,最终消失在塞班岛西南500海里,北纬21度5分、东经138度12分的位置。第601航空队司令兼"大凤"号飞行长入佐俊家中佐以下660人随舰阵亡,菊池舰长投海获救。

"大凤"号沉没前不久,捧着"御真影"的小泽仓促地将司令部转移到驱逐舰"若月"号,不久又改乘重巡洋舰羽黑。"羽黑"号的通信能力不足、不能全面掌握战场形势,令中将大感焦虑。尽管攻击队迄今没有发回战报,飞来的横祸又一下子葬送了两艘大型航母,小泽的心情仍然大感乐观:第一波返回机已经证实敌航母被命中起火,可见美军也不是全无损失;至于为什么大多数飞机都没有返回,大概是因为燃料不足,没有返回母舰,而是就近在关岛、帛琉等陆基机场降落了。一旦次日补充了燃料、弹药,它们还是可以继续对美舰进行攻击的。这样一来,到19日日落时分,小泽长官并没有失去继续作战的斗志。

从中午开始,陆陆续续有上午攻击波的生还机返回母舰。日军残存的7艘航母纷纷向北风方向转向,以便收容飞机。第一航空战队的"瑞鹤"号收容了零式战机15架、战斗轰炸机2架、"彗星"6架、九九式轰炸机2架和"天山"7架,总计32架;第二航空战队的3艘航母收容零式战机19架、战斗轰炸机19架和"天山"8架,总计46架;第三航空战队的3艘轻型航母收容零式战机6架、战斗轰炸机7架、九七式鱼雷机6架和"天山"3架,总计22架。加上栗田的第二舰队也有27架零式水上侦察机和零式水上观测机,整个小泽机动部队总共还剩下127架飞机(其中舰载机100架),仍堪一战。

17:20,夕阳西下,长夜即将来临。日本飞机没有装备用于夜间战斗的雷达,飞行员的技术也不值得信赖,小泽决定脱离战场进行修整,明日再战。他在"羽黑"号上下达了"全军北上"的命令,伤痕累累的第一航空战队缓缓驶进了黑暗中。

雷霆万钧

到6月19日傍晚,"阿号作战"的胜负其实已经不辩自明。小泽在第一天的战斗中就丢掉了80%的舰载机,还有2艘大型航母被击沉,而他的那些菜鸟飞行员却没有给TF58带来任何值得一提的损伤。不过双方的指挥官显然都不这样看:小泽本人认为,他依然有强大的基地航空部队作为后盾,加上残余的飞机和强大的战列舰队,即使无力消灭美军也足以对其造成严重伤害。

美国方面,审慎的斯普鲁恩斯也不敢轻言大捷。虽然"火鸡狩猎"战果累累,但他到入夜为止都没有找到日本舰队的准确方位。一日不发现敌军航母并予以消灭,决战就一日不能彻底胜出。

19日入夜后,小泽舰队暂时向西退避,补充燃料和物资,以备再战。当天晚上,丰田大将以草鹿参谋长的名义发来电报,要求机动部队与陆续赶到的基地航空部队继续协作,向敌机动部队发起反击;随后将母舰飞行队派往陆上基地,军舰向林加泊地转移。在昏暝的夜色和闪烁的群星下,各队的舰艇悄无声息地向着次日7时的会合点驶去。日军官兵们诅咒着多灾多难的6月19日,祈祷着"武运"还能继续长久。

6月20日的黎明降临了,主动出击的依旧是复仇心切的日本人。自清晨起,小泽舰队连续放飞几批侦察机,寻找TF58的去向。04:30时,栗田部队派出4架零式水上侦察机飞向东方;05:45时,第三航空战队也派出了6架九七式鱼雷机。

接近中午时,一架从帛琉起飞的水上飞机报告"发现美军航母",但通信随即中断,第一航空战队遂又派出3架飞机前往这架失踪机的搜索方向探视。与此同时,舰队继续补充燃料、准备迎敌。

为更好地指挥作战,正午时分,小泽中将将旗舰由"羽黑"号转移到通讯设备较为完善的航母"瑞鹤"号。在那里,他也第一次清楚地了解到了19日的战况:原本以为"未返回"的飞机可能降落到关岛和罗塔岛机场,现在证实已经大部损失。他手中仅剩下100架飞机的残余兵力。是战是退?

16:00,第三航空战队在中午派出的侦察机发回报告:"发现敌航母部队。"15分钟后又报告称:该部队有2艘航母和2艘战列舰,正在第一航空战队以东200海里向西航行。几乎与此同时,美军第10中队的一架TBM也在己方舰队

■ 一架SB2C正准备在"大黄蜂"号(CV-12)上降落。

联合舰队

西北220海里处发现了那个已经困扰他们两天之久的"幽灵"——前进中的"瑞鹤"号。

天机。又是一个天机。美日两军同时发现了对方,退避已不可能,现在就看谁的动作快了。但是,双方的指挥官也都面临一个严峻的考验:太阳已开始西沉,攻击队如果执意出发,完成任务后将是黑夜,起降是个大问题。是冒牺牲飞行员的危险立即起飞攻击波,还是等待明天天亮后再行索敌?

■ 1944年7月,占领塞班岛后不久,美国海军作战部长欧内斯特·金上将(中)与太平洋战区司令尼米兹上将(左)和第五舰队司令斯普鲁恩斯上将(右)在一起。这三人分别是美国海军的头脑、心脏与拳头。

小泽中将抱定扭转乾坤的痴心,斟酌片刻,派出了小野贤次大尉指挥的"瑞鹤"号雷击队——7架携带鱼雷的"天山"鱼雷机(另有3架"天山"作为前导)。他的残余兵力也只够完成这么一次反击了。现在,为避免不必要的损失,中将下令舰队停止补给,按320度航向(最容易远离敌军的航向)避退;残存的飞机全部集中到瑞鹤、飞鹰两艘航母上,其余航母撤向吉马拉斯。

■ 从轻型航母"蒙特雷"号甲板上起飞、准备轰炸提尼安岛的TBM攻击机。

可惜大希望会带来大失望,尤其是在不顾一切时。17:20起飞的小野队在东面搜索再三,并没有发现敌人。由于导航不良,21:00前后3架"天山"在黑暗中失踪,其余4架返回母舰上空时已是黑暗、无法降落,只好迫降在附近的驱逐舰舷侧,飞行员被营救上来。小泽中将最后的希望、也是日本舰队最后一次胜机就这样白白损失了。

美国方面同样有果敢坚决的勇者。TF58指挥官米切尔中将不顾夜间返回时可能遇到的困难,决定起飞机群追击日舰。他从6艘航空母舰上派出了一个攻击波216架飞机,包括85架"地狱猫"、77架SBD俯冲轰炸机和54架TBM鱼雷机,朝着侦察机指示的西面方位飞去。不过,中将并不知道,侦察机发回的报告有误。他的攻击队离敌人不是220海里,而是300海里!

经过将近两个小时的飞行,美军攻击队在18:00左右到达了小泽舰队上空。当时,第二航空战队的3艘航母位于塞班岛以西约700海里,"瑞鹤"号位于东北,栗田部队和第三航空战队位于东南。栗田当时正在向东回转,大批美机忽然自视野中出现,空袭开始!位于编队中央的巨舰"大和"号立即换装三式对空弹,460mm主炮连续怒吼出27发炮弹,人类历史上最大口径舰炮首次在实战中开火!天空留下团团烟雾,美机并无损伤。他们也不与转向中的栗田舰队纠缠,而是直冲退避中的主要目标——航母而去。

最后的一小时战斗没有任何混乱与悲惨,相反还透露出几分美感:半个太阳已经沉入西方的海平面之下,残留在天际的光亮映照着"地狱猫"恐怖的身影;一弯浅浅的新月高挂在东方的天空。被晚霞映成紫红色的云彩沉积在天空中央,仿佛是为这出大戏提供一个壮丽的舞台。

美军轰炸机与战斗机混合编队,一波波连续突入日军舰队低空进行攻击。50架飞机攻击第一航空战队,40架攻击第二航空战队,20架攻击前卫部队,35架攻击补给部队。不过暮色显然干扰了他们的判断,攻击进行的很潦草,美机编队也被冲得七零八落。排成轮形阵的日本军舰拼命射出弹幕,不过这些缺少VT信管的延时引信高射炮弹只是四散爆炸在天空中,留下一个个淡黑色云朵,很少有命中目标的。

小泽中将起飞了航母上残存的34架零式战机(601空福井少尉率领的8架零式战机,652空中岛大尉率领的19架零式战机和7架战斗轰炸机),企图截击美军轰炸机。为弥补飞机的不足,他还令各舰队群缩小间隔距离,意欲集中防空火力。前卫部队的战列舰纷纷以大口径主炮指向海面,当TBM水平飞来准备发射鱼雷时,356mm、410mm的巨炮直接对海射击,企图以激起的水幕

■ 6月19日战斗中,一架F6F-3正在"列克星敦"号航母上降落。

联合舰队

冲击美机。日舰的顽强抵抗取得了一定成果，不时有美机坠落（20日傍晚对日本舰队的攻击中，美机损失20架），不过剩下的依旧斗志昂扬，毫无畏惧地连连俯冲投弹、扫射，把弹幕洒向正在做着S形机动的日本军舰。

一小时的空袭后，第二航空战队的航母"飞鹰"号被一枚Mk-13航空鱼雷命中，失去了航行能力。不久，该舰又被美军潜艇发射的鱼雷命中，于19:20沉没在塞班岛以西约730海里处。不过美机更迷信俯冲轰炸的威力，没有携带更多的鱼雷，这使绝大多数日舰逃过了一劫。

航行于舰队末尾的两艘油轮玄洋丸和清洋丸因为航速低下，遭到俯冲轰炸机攻击起火，当夜先后由驱逐舰自沉。其余的瑞鹤、隼鹰、龙凤、千代田等几艘航母也都被直击弹命中，不过损伤不重、不影响航行。战列舰"榛名"号后甲板中炸弹1颗，弹药库进水；高速油轮"速吸"号中炸弹1颗、至近弹2颗，经抢修后也得以继续向西北退避。

当美机呼啸着离开日舰上空时，出击时拥有439架舰载机、威风凛凛的小泽舰队只剩下了17架零式战机、8架战斗轰炸机、1架九九式轰炸机、1架"彗星"、4架九七式鱼雷机和4架"天山"，区区35架而已（栗田部队另有12架水上飞机）。

这个结果对于日本海军来说，是何等的凄惨！忍受着极其恶劣的条件，经过一年多时间的苦心经营，好不容易苦苦培育成的机动部队主力，竟然在短短两天时间内就消耗殆尽，彻底摧毁了日本帝国扭转乾坤的希望。不过小泽心存侥幸地认为，还有通过夜战翻盘的可能，因此在17:00时还下达了夜战命令：除航母外的大部分水面舰艇编为游击部队，由第二舰队司令栗田中将指挥，在日落后寻找机会攻击敌机动部队。栗田部队接到夜战命令后，全体转向东方，朝着美舰来袭方向驶去。

在广岛湾内，坐镇"大淀"号的丰田副武一直注视着当天的战斗情况。鉴于小泽部队业已丧失决战能力，丰田在晚上7点45下令："机动部队应根据当前情况伺机与敌军脱离接触，并按指挥官命令行动。"小泽也认定续战已无意义，于是中止"阿号作战"撤退了。晚上9时，小泽给栗田部队下令："如夜战无望，可速向西北退避。"栗田也改变航向，尾随小泽部队向西北航行了。

发生在菲律宾洋面上的这次航母决

■ 6月20日，正在飞往日本舰队上空的TBM鱼雷机群。

■ 6月20日空袭中，正在做大转弯规避轰炸的航母"瑞鹤"号及两艘驱逐舰。中央舰影为"瑞鹤"号，周围是因至近弹造成的大片水柱。

战，日方称"马里亚纳海战"，美方称"菲律宾海海战"。象征着日本海海战荣光和东乡元帅亡灵的Z字旗，在联合舰队的历史上还是第三次升起。不仅如此，"阿号作战"还被视为日本海军30年来精练的对美渐减战略的集大成者，具有总决战的意义。经此一役，日本海军丧失3艘大型航母、舰载机600余架，两年来惨淡经营所积聚的反攻力量完全被摧毁。更具历史意义的是，"阿号作战"的惨败雄辩地证明：即使是在作战计划完备、战术设计高超、握有天时地利和先发制人的情况下，联合舰队也已经没有能力取得一场大规模决战的胜利了。正如"东京玫瑰"战前在广播中叫嚣的那样——"丧钟敲响了！"可惜对象刚好掉了个儿。

马里亚纳大海战最后的高潮发生在6月20日晚上。攻击队返回母舰时已是深夜，在晚上9点漆黑的夜色中，即使最老练的飞行员也难以找到航母的飞行甲板。为了接回这些勇士，经过短暂考虑，冒着被日本潜艇发现的危险，米切尔果断下令舰队开灯。一瞬间，菲律宾海的海面被各舰通明的探照灯光照成白昼。所有的航空母舰都打开了红色桅杆灯，甚至连航行灯、锚灯都打开了。为了更清楚地显示航母的位置，还用大功率的探照灯垂直向上照射，有些军舰还发射了信号弹。飞行甲板上灯火通明，探照灯光柱刺破了夜空，天空中挂满了五颜六色的信号弹，

联合舰队

马里亚纳海战美军TF58航空兵力一览

	TG58.1	TG58.2	TG58.3	TG58.4	合计
F6F-3	127	116	116	84	443
F6F-3N	8	8	4	4	24
F4U-2	0	0	3	0	3
SBD-5	4	0	55	0	59
SBD-1C	73	65	0	36	174
TBF/TBM-1C，-1D	53	53	49	38	193
合计	265	242	227	162	896

马里亚纳海战时日军第一机动舰队兵力编成（满编450架）

	第1航空战队	第2航空战队	第3航空战队	合计
零式战机62型（战斗轰炸机）	11	27	45	83
零式战机52型	80	53	18	151
"彗星"轰炸机	70	11	0	81
九九轰炸机	9	29	0	38
"天山"鱼雷机	44	15	9	68
九七鱼雷机	0	0	18	18
合计	214	135	90	439

将这片海域装点得犹如美国的狂欢节，又像神话中的世界。一位飞行员说，这种场面犹如"好莱坞的彩排、中国的春节和美国独立纪念日赶到一起了"。

飞行员们纷纷朝着最近的灯光飞去，也有80架飞机因为燃料不足不得不在水上着陆或坠毁……三十年后，他们中间依然有人这样意犹未尽地回忆道：

"哦，光荣的十九日，一次多么完美的狩猎旅行！"

■ 马里亚纳海战结束后，自由游弋于中太平洋的TF58航母及舰载机。

"盖世无双的海战"
——1944年,莱特湾

联合舰队

■ 1944年12月12日,结束对菲律宾的航空压制任务的TG38.3大队驶入位于乌利西环礁的快速航母部队前进基地。从前往后依次为:航母"兰利"号(CVL-27)、"提康德罗加"号(CV-14),战列舰"华盛顿"号(BB-56)、"北卡罗来纳"号(BB-55)、"南达科他"号(BB-57),轻巡洋舰"圣菲"号(CL-60)、"比洛克西"号(CL-80)、"莫比尔"号(CL-63)和"奥克兰"号(CL-95)。

一、"捷号作战"出笼

新首相的"和平"幻梦

"阿号决战"失利后,自开战以来一直主导着政坛话语权的东条英机首相终于撑不下去了。1944年7月18日,东条内阁以"战局日非"为由提出总辞呈,惨淡倒台,继任组阁者是前朝鲜总督、陆军大将小矶国昭。

当时拟定的首相候选人有两个,陆军看好的寺内寿一大将在战事日益吃紧的南方战线,脱不开身,于是只好将大命授予秃头、斜眼、喜好美酒的"朝鲜之虎"小矶国昭。小矶比"剃刀东条"要头脑清醒一些。他已经意识到日本面对严峻的考验。但是他乐观地相信,只要有效整合手中的兵力、打几个胜仗,就可以迫使美国人坐下来谈条件。

7月22日,日本新内阁甫一成立,小矶首相就表示要"不遗余力地实行完成战争所需要的措施",设法先给美军一个沉重打击,以此要挟美军媾和。这就是所谓"一击媾和论"。

为了加强首相在战争指导上的发言权,8月5日,小矶决定新设一个由首相、外相、陆相、海相、参谋总长和军令部总长组成的"最高战争指导会议"。虽然这个机构其实只是原来的大本营——政府联席会议改头换面的产物,但一贯善于把死马当活马医的日本人好像又被打进了一针新的兴奋剂。

"盖世无双的海战"

8月19日,小矶国昭在最高战争指导会议上表示:"要倾注决战的努力,改变战局。"新任参谋总长梅津美治郎陆军大将也表示"要在敌人主反攻的正面展开陆海军兵力的主力,争取扭转战局"。

反攻不是请客吃饭,而是要以现实的国力为基础的。马来亚纳海战后,日本海军的总兵力已经缩减为大小航空母舰7艘、战列舰和巡洋舰15艘,而对手美英用于对日战争的水上兵力为舰队航母17艘、轻型航母46艘、战列舰和巡洋舰63艘;日本陆海军现有的飞机总数大约3000架,而美国一个月就能制造10000架飞机。在这种背景下,负责拟订战争指导大纲草案的陆军参谋本部第20班(战争指导班)班长中村佐孝大佐严肃地提出:完成战争所需要的充实国力没有任何前景,已经没有能力对美国反复发起攻势;即便指导决战,也没有粉碎敌人进攻的把握。"今后帝国在作战方面将无法挽回大势,逐步陷入日益困穷状态。因此,应尽快设法结束战争。"

那么,小矶首相"一击媾和"的底气又是从何而来的呢?

原来,就在全力以赴准备在菲律宾的"天王山之战"(决战)的同时,他还在中国找到了一位"神人"。

缪斌,原黄埔军校教官,北伐时任国民革命第一军副党代表,曾被提拔为国民党中央执行委员,26岁出任江苏省政府委员兼民政厅长。但此人无行已甚,很快就因贪污

■ 1944年9月12日,在国会议事堂前合影的小矶内阁全体成员。前排起依次为:陆相杉山元、町田议长、首相小矶国昭、海相米内光政;第二排为:农商大臣岛田俊雄、司法大臣松阪广正、文部大臣儿玉秀雄、军需大臣藤元银次郎、厚生大臣广濑久忠、运输通信大臣前田米藏等;第三排为:外相兼大东亚大臣重光葵、内务相大达茂雄、国务大臣绪方竹虎、藏相石渡庄太郎。

联合舰队

渎职被革职,沦为国民党中的政治失意者。

抗战爆发后,缪斌先投靠汉奸王克敏的伪"华北临时政府",任华北"新民会"副会长;旋又转投南京的汪精卫伪"国民政府",出任"立法院副院长"。其人气节之下劣,连他的汉奸同僚也瞧不起。但就是这么一个三姓家奴、贩卖野人头的骗子,却在1944年秋天开始向中国派遣军副参谋长今井武夫少将建言:"我受重庆政府的委托,想努力于日华和平谈判。"

由于汪记伪"国民政府"根基的薄弱和日本在太平洋上的失败,加上汪精卫客死名古屋,进入1944年秋,南京城里已是一片哀歌。缪斌正是利用这个机会,夸大他和重庆方面何应钦等人的一些老关系,自卖自夸地扮演起了中日之间"和平使者"的角色,企图为自己积累政治资本。而小矶国昭不辨菽麦,居然打起了借力打力的如意算盘:一旦中日达成和平,中美英同盟就会解体,对日本的外交和国际形势是一大胜利;退一步说,即使只把陷在中国泥潭的部队拉出来,也足以在未来的"本土决战"中积蓄更多力量。尽管今井等人质疑缪斌的人品,电波监测的结果也发现缪斌并未对重庆方面发出任何重要的电讯,但满怀希望的小矶还是亲自开始主持"缪斌工作"。

在小矶密友、内阁情报局总裁绪方竹虎的主持下,缪斌开始与日本方面在上海商谈实现日华和平的条件。根据最高战争指导会议在1944年9月5日通过的《对重庆工作的和平条件草案》,日方表示愿意与中国实现

■ 小矶国昭(1880—1950),日本陆军大将,从二位,勋一等,功二级。历任陆军省军务局长、陆军次官、第5师团师团长、关东军参谋长等职。1942年出任朝鲜总督,在朝鲜推行奴化教育,宣传朝鲜人与日本人"同根同族"。1944年7月,在内外交困中,小矶继东条英机之后出任日本第41届内阁总理大臣,1945年辞职。战后他被远东国际军事法庭判为甲级战犯,判处无期徒刑,1950年在狱中病死。1978年10月被靖国神社合祀。

"全面和平":除"满洲国"现状不得改变外,一旦美英在华军队全部撤退,则日本也将从中国全部撤军,蒋中正返回南京建立统一政府,具体事宜由重庆政府与南京汪"政府"谈判;废除日本与南京汪"政府"签署的所谓《日华同盟条约》,另行缔结《日华永久和平友好条约》;日本对中国内政问题(包括对延安政权及共产党军队的处理)不加干涉;蒙古作为中国内政问题处理,香港交还中国。缪斌则表示,重庆政府愿意以取消南京汪伪政府和伪满洲国为条件,与日本方面探讨和平条件(该条件得到了重庆方面某些人士的示意,但并不能代表中国政府的官方态度)。

1945年3月16日,缪斌化名佐藤,从上海飞往东京兜售其"日华全面和平实施方案"。

缪斌抵达东京的当晚,就向绪方竹虎出示了一份据称是得到蒋中正同意的《中日全面和平实行案》,其核心内容包括:满洲问题单独协商;日本完全从中国撤军;取消

"盖世无双的海战"

■ 马里亚纳海战当日（1944年6月15日），美海军陆战队在塞班岛登陆，经一个月苦战，在7月19日完全消灭岛上日军。

■ 马里亚纳海战的胜利打破了"绝对国防圈"的幻梦，日本在中太平洋开始面临无立锥之地的困境。图为占领塞班岛后的美军官兵，中央建筑为塞班岛第二町"南洋神社"的鸟居，其后可见著名的旅游胜地——踏破潮山（Mount Tapochau）。

南京汪伪政府，设置留守政府，重庆政府3个月内还都南京；留守政府由重庆方面重要人物组织；南京汪伪政府要人在东京由日本政府收容；日本与英美媾和。次日，缪斌又拜访了有影响力的皇族东久迩宫稔彦王（香淳皇后久迩宫良子的叔叔），托后者转告天皇，"重庆方面愿意日本保留天皇制"。

在1945年3月21日的最高战争指导会议上，小矶首相拿出了缪斌带来的和平方案，但是他企图通过这么一个"怪人"来实现中日和平、进而与英美媾和的企图遭到了朝野的一致反对。陆相、海相、外相和统帅部都质疑缪斌是否真与重庆方面有联系，他们提出，既是商讨如此重要的问题，重庆方面为何不给缪斌以委任状？盟国正在节节胜利，蒋中正在此时与日本和谈是何居心？重光葵外相公开声称，首相撇开外相、直接从事外交活动是侵犯外相的职权，倘若小矶继续一意孤行，他宁可冒倒阁的风险。会议开了40分钟就散会了，无奈的小矶只好向天皇单独上奏，但天皇也表示反对。第二天，天皇下令：尽早将缪斌遣返回中国。

仅仅听凭缪斌这样一个人物的蛊惑，以及他所声称的"与重庆政府的关系"，就轻率地与之接触、准其赴日，并任其暗中活动，小矶国昭以日本国运为赌注来博"和平"，其"精明"可见一斑。

缪斌事件草草收场后不久，小矶内阁就狼狈倒台。至于那位被隆重款待于迎宾馆

联合舰队

中的缪斌,则在赏看完樱花之后被赶回了上海。此人回到上海后,到处吹嘘自己受到了日本政府的殷勤招待,还不忘手持他和东久迩宫及其他日本政府高级官员合影的照片奔走,作为自我宣传的工具,招致了有心人的笑声。日本投降后,缪斌作为汉奸被捕,1946年5月21日成为了抗战胜利后第一个以汉奸罪名被处决的中国人。

九死一生"捷号作战"

1944年7月9日,位于"绝对国防圈"中心的塞班岛失守,8月10日,关岛也遭攻克。在马里亚纳前线指挥作战的日本陆海军5位中将——小畑英良(第31军司令官)、高品彪(第29师团长)、南云忠一(中太平洋方面舰队司令长官)、角田觉治(第一航空舰队司令长官)、高木武雄(第六舰队司令长官)全部"玉碎"。7月17日,尼米兹、金等美国海军高级将领前往塞班岛,在岛北端马皮角的山岭上,他们默默地观看了空袭珍珠港的老对头南云的尸体。由于美军工兵要优先掩埋己方阵亡人员的遗体,死去的日本佬只好先堆在一边等一等。天气炎热,大头苍蝇落在这位前机动部队指挥官的尸体上面,吃得饱饱的、肥肥的。

"阿号作战"失利造成的结果是毁灭性的:"绝对国防圈"从一角上遭到突破,美军的B-29可以轻松地从塞班岛起飞对日本本土进行空袭,加上国防要线内的各个海域受到美国潜艇的敌军肆意蹂躏,日本本土同南方各地之间的联系势将断绝。

日本的战争经济,这个时候也已经到了崩溃的边缘。进入1944年,美国海军已经解决了开战之初鱼雷技术上存在的缺陷,开始全面展开针对日本海上运输线的破交作战,其中首要目标是日本的油轮。到1944年初,日本商船队能够成功完成的货物运输量已经由半年前的每月300万吨下滑到每月210万吨。可用的商船吨位也是越来越少:仅仅在1944年2月这一个月,日本就损失了超过1/10的船舶总吨位,船舶总吨位下降到206万吨,比开战时减少了1/3。军需省就国民经济问题出具的秘密报告坦率地表示,"已经难以维持最低水准的国民生活"。与此同时,海军倡导建立的"海上护卫总队"却因为没有足够护航舰艇可用,一直处在运转不良的状态。没有足够的护航舰,运输原料和石油的商船就无法返回本土,工厂的机器就要停转,正常的国民生活和对战损商船、舰艇的补充也要停止。这个恶性循环一旦建立,经济的崩溃就在所难免。

以时局而言,从九州岛南下、经台湾至南海以达南洋地区的航线是"大东亚共荣圈"的生命线,供应着日本帝国维持战争所必须的石油、锡、铝土等矿产。马里亚纳群岛失陷后,日本就要在连接本土与南方资源区这最后一线通路的台湾、菲律宾等岛屿上迎接美军的进攻了。

1944年7月21日,大本营海军部对联合舰队司令长官下达了《联合舰队应遵循的当前作战力方针》,5天后依据上述方针开始规划作战。

"盖世无双的海战"

■ 美海军舰载机猛烈空袭下的提尼安岛日军机场。

保卫日本帝国的生命线之战代号为"捷号作战",取的是"一击制胜、万里传捷"之意,不过在这个凄惨的时候用上如此堂皇的字句,总显得有点讽刺。

依照可能受到攻击的地区不同,"捷号作战"分为4个子计划:捷一号系于菲律宾,捷二号系于台湾、琉球与九州南部,捷三号为四国、本州、九州与小笠原群岛,捷四号则为北海道和千岛群岛。对上述地区以东的据点,令部队就地固守,不再增援;而一旦美军开始进攻这条最后的防线时,应将其诱入岸基航空兵航程范围内,予以毁灭性打击。

在1943年春至1944年夏的中太平洋登陆作战中,美军往往出动强大的航母特混舰队,特别是伴有后期和补给舰艇、可以长期在海上活动的快速航母舰队,首先消灭日军基地航空队、夺取制空权,随后再以舰载机和舰炮进行火力准备、摧毁日方阵地,最后才投入登陆部队进行登陆。由于日军最有威胁力的航空部队往往在第一阶段战斗中就被歼灭、无余力对登陆部队进行有效攻击,所以美军登陆兵力常常未遭任何损失就顺利上岸。

针对此情况,日军大本营改变了"捷号作战"中指导航空作战的方针,决定当美军进行第一阶段进攻时,避免决战、保存兵力;当美军主力上岸后,再出动陆海军全部

联合舰队

■ 内地训练中的日军航母飞行队。由于燃料不足,随后被迫转移到新加坡继续重建工作。

航空兵力、一举消灭敌航空母舰和登陆船队;最后,埋伏于纵深横宽据点的守军一拥而出,把已经失去后盾的美军赶下海。

为实现此战役目标,日本人开始在本土、西南诸岛、台湾和菲律宾方面纵深地配备大量要塞化航空基地,加强防御、隐匿位置,务必使之能抵御航母飞机的袭击。出于加强奇袭效果的考虑,新近出任军令部第二部(军械部)部长的"怪参谋"黑岛龟人少将提出,应该研制包括特殊潜艇、飞机在内的"特攻武器",以牺牲士兵生命为目标,实现歼灭敌航空母舰和运输船舰的目标;侍从武官城英一郎也向担任海军航空本部总务部长的大西泷治郎中将建议实施航空"特攻"。此后,以黑岛和军令部第一部部长中泽佑等人为中心,海军不断研制出载人炸弹

"樱花"、载人鱼雷"回天"等特攻武器。1944年9月,日本海军设立了"特攻部",将特攻作战加以系统化。

8月4日,根据大本营《联合舰队应遵循的当前作战方针》和《关于捷号作战准备的指示》,联合舰队司令长官丰田副武大将制定了《联合舰队在捷号作战中的作战要领》,对所属部队表示了消灭敌人在此一战的决心。丰田和新任军令部总长及川古志郎大将(1940年第二届近卫内阁时的海相)都是力主坚决出动舰队、毕其功于一役的"决战派",这种不惜代价的态度也反映到了海军关于"捷号作战"的计划中。

根据《作战要领》,未来的"捷号作战"主要依靠的力量是基地航空部队第一、二航空舰队,他们将提前离开位于本土西部

的后方基地，经一到两次转场后进入菲律宾的主要航空基地（前进基地）。而残存的水面舰艇中，航母机动部队（第三舰队）已经丧失九成实力，不堪再战，此时将与志摩清英中将的第二游击部队（以第五舰队为主力编成，包括重巡洋舰那智、足柄，轻巡洋舰阿武隈和7艘驱逐舰）一起待命于内海西部；力量最完整的栗田健男中将统率第一游击部队（以第二舰队为主力编成，包括5艘战列舰和11艘重巡洋舰），在新加坡以南的林加延泊地（Lingayen）待命，一旦敌军即将来袭，第一游击部队将开到文莱或哥伦、吉马拉斯的前进基地。

作战开始之后，若美军仅出动航母进行制空权争夺，则基地航空部队应保存实力、按兵不动；待敌军开始登陆后，迅速自前进基地起飞，瞄准敌运输船队和航母发动攻击。与此同时，海上的第二游击部队和机动部队负责将美军航母特混舰队牵制到北方，掩护第一游击部队冲入登陆场，以战列舰炮火摧毁敌运输船队和登陆滩头。

第一航空舰队即是"阿号作战"中出师未捷的角田部队，马来亚纳海战后，该部虽然名义上仍有9支航空队，但大多只是空架子，可用飞机不过257架。8月7日，曾任南京汪伪政府海军顾问的寺冈谨平中将出任第1航空舰队司令长官，希望尽快将部队战斗力恢复到400架。

第二航空舰队是日本海军新编成的基地航空部队，下辖8支航空队，总兵力超过

■ 1944年7月24日，美海军陆战队在提尼安岛登陆，8月1日宣布岛上战斗结束，但日军零星抵抗一直持续到9月。图中的美军士兵正用75mm榴弹炮轰击一处日军洞穴，日期是8月5日。

联合舰队

600架。虽然第二航空舰队司令长官福留繁以顽固和运气不佳著称,不过手下还是有一些良才的。这些飞行员组成了精锐的T攻击部队(含第708飞行队等,代号"辉部队"),装备一式鱼雷机和新型陆基重型轰炸机"银河",反复操练在夜间和台风不良条件下进行奇袭的能力,希望早日与美军航母交手。陆军也把装备四式重型轰炸机"吞龙"的第7、第98飞行队调给第2航空舰队。

与日本人在兵力上的捉襟见肘相反,兵力过剩的美国人面临的苦恼则是"先打哪里"。马里亚纳海战获胜、攻克塞班岛之后,美国陆海军开始讨论下一步作战行动。

当时,美国海军的战线主要集中在由吉尔伯特环礁经马绍尔群岛延伸到加罗林群岛的中太平洋地区,尼米兹和海军作战部长金上将主张绕过菲律宾、进攻台湾和中国福建沿岸,一方面输送物资援助中国军队,一方面在大陆上建立对日本进行战略轰炸的基地;而美国陆军的战线从所罗门开始、沿新几内亚直指菲律宾,立誓"我必将归来"的西南太平洋战区总指挥麦克阿瑟则力主舍台湾而攻取菲律宾。

1942年,麦克阿瑟在巴丹陷落前不光彩地自重围中乘鱼雷快艇走脱。虽然撤退命令直接来自罗斯福总统本人,但自大到极点的麦克阿瑟将军(他对自己也从来不称"我",而是模仿专制时代君主发表的文书,动辄"麦克阿瑟将军"如何如何)对个人军旅生涯中这个最大的污点始终耿耿于怀——这位将军还野心勃勃地在国内活动,试图成为1944年大选的共和党总统候选人之一。为了赢得政治资本,兼职菲律宾共和国陆军元帅的麦克阿瑟向华盛顿方面陈言:台湾处于日本陆基航空兵的攻击范围之内,地形险峻、易守难攻,在欧洲战事尚未完全结束、日本困兽犹斗的情况下,美国海军未必有足够的兵力投入台湾作战。而重返菲律宾不仅是他个人的意愿,更是向菲律宾人民乃至整个亚洲展示美国"拯救者"形象的最佳时机。

1944年7月26日,罗斯福总统乘坐"巴尔的摩"号重巡洋舰抵达夏威夷视察。在珍珠港,尼米兹恭谦地前往码头迎接总统,麦克阿瑟则在摩托车、警车、汽笛和警报器的开道下姗姗来迟。他头戴菲律宾元帅军帽,身穿一件夸张的棕色飞行员皮夹克——当时是夏威夷的七月!

■ 美军在提尼安岛登陆后,发现的一架被遗弃的"天山"。该机属于角田觉治的第1航空舰队第22航空战队,在马里亚纳海空战中被重创后报废。

■ "宾夕法尼亚"号战列舰正在炮轰关岛，1944年7月。

当天晚上，罗斯福、尼米兹和麦克阿瑟三人在陆军沙夫特堡军营里就太平洋反攻路线进行了心平气和的讨论。尼米兹认为，占领台湾可以截断日本从南洋运回大米、橡胶、石油和锡的运输路线，并且可以建立一个与中国大陆呼应的航空基地，轰炸日本本土；麦克阿瑟则说"你不能把一千七百万虔诚的菲律宾基督教徒留给日本人"，还说日本人将把菲律宾人民和当地的美国战俘饿死。他声称，台湾人已经在日本的统治下与其"合作"了五十年，菲律宾人则仇恨日本占领军，美军可以从当地人那里获得支持。讨论一直持续到午夜，并且在第二天早晨继续进行。麦克阿瑟的意见最终占了上风，他不但说服了总统，而且也说服了尼米兹。最后海陆军达成共识：在1944年10到12月间集中力量解放菲律宾大部，随后在1945年2月克复整个吕宋岛，3月发起台湾攻势，4月进军小笠原群岛，5月最终进抵琉球群岛。

麦克阿瑟麾下拥有金凯德的第七舰队，编成TF77（火力支援）、TF78（登陆）、TF79（登陆）三个特混舰队，辖有护航航母18艘、旧战列舰6艘、重巡洋舰5艘、轻巡洋舰6艘、驱逐舰86艘和护航驱逐舰25艘。至于尼米兹麾下更为强大的第五舰队，在马里亚纳海战后照例改称第三舰队，同时迎来了他们的"蛮牛"指挥官哈尔西。

位于加罗林群岛的最西端的帕琉群岛是菲律宾群岛的门户，对保护美军通往菲律宾的海上交通线和掩护侧翼安全至关重要。因此，TF38（即马里亚纳海战时的TF58）在9月6日至8日出动400架舰载机，空袭了帕琉群岛的贝里琉（Peleliu）、安戈尔、雅浦等几个主要岛屿，11日又对贝里琉和安戈尔岛进行了猛烈炮击。8月31日至9月14日，美军还出动岸基轰炸机和舰载机约1500架次，袭击了硫黄岛、父岛、母岛、达沃和塔威塔威等地，正在重建的日军第一航空舰队损失飞机80架以上，再度丧失战斗力。

9月15日，美国海军陆战队第1师在贝里琉岛登陆，同日，西南太平洋战区的兵力也登陆摩罗泰岛（Morotai）；17日，美军第81步兵师在安戈尔岛登陆。9月23日，美军还占领了乌利西环礁（Ulithi Atoll），彻底完成了登陆菲律宾前的战略准备。

至此，日军大本营判断：在先前准备的"捷号作战"计划中，以菲律宾正面发生决战的可能性最大，且时间正在迫近。9月22日，大本营下令：南方军总司令官、中国

联合舰队

■ 1944年7月21日，美军在关岛登陆，8月11日宣布战斗结束。图中这两辆日军轻型坦克是7月24日被海军陆战队临编第1旅的M4"谢尔曼"干掉的。

■ 1944年8月1日，在关岛合影的美国海陆军将领。从左至右依次为：海军上将雷蒙德·斯普鲁恩斯，陆军中将霍兰·史密斯，陆军少将亨利·拉尔森，陆军少将罗伊·盖格尔。

派遣军总司令官、台湾军司令官应以10月下旬为目标，做好作战准备。10月5日，又任命在满洲担任第一方面军司令官的"马来之虎"山下奉文大将为主持"捷一号"地面作战的第十四方面军司令官。

台湾冲航空战

为进一步孤立菲律宾群岛的日军，美军西南太平洋战区指挥部认为：必须进一步扫荡日军位于"生命线"上的各航空基地，特别是菲律宾群岛南部各岛、马尼拉和台湾地区的日军基地。9月21－22日，TF38出动舰载机400架次袭击了马尼拉及附近机场，击毁地面日机20余架，击沉舰艇16艘（约10万吨）。10月6日，哈尔西再度率领TF38驶出乌利西，由北向南地对日军航空基地进行攻击。14日午前6：40到午后4时，TF38舰载机400架次空袭了冲绳、奄美大岛、南大东岛和宫古岛，日军损失飞机30架、小型舰艇21艘（11000吨）。

联合司令长官丰田副武在10月7日飞往马尼拉，视察西南方面舰队、第一航空舰队等部的作战准备工作。回航途中，丰田在台湾接到了美军航母出现的报告，立即对基地航空部队下达"捷一号及捷二号作战警戒"令。

哈尔西的舰队在南方的菲律宾海面绕了一圈后，于12日再度出现在台湾海面，并出动600架次舰载机袭击了台湾南部和马公，部分兵力袭击台湾北部，驻高雄和马公的日军舰船和港湾设备遭到严重损失。

联合舰队司令部在此前已经由东京湾

"盖世无双的海战"

■ 贝里琉战役从1944年9月15日持续到10月15日，图中这辆美军LVT喷火战车正在向日军混凝土工事喷射凝固汽油火焰。

上的大淀号迁到了神奈川县日吉台庆应义塾大学的地下室里。由于情况危急，草鹿龙之介参谋长从地下室打电话向丰田请示："是否单独以航空兵力发动捷号作战？"本来，何时实行"捷号作战"应由大本营决定，但丰田满心以为战机难得，此时正是集中基地航空兵消灭哈尔西舰队的好时机，于是私自下达了"基地航空部队发动捷一号、捷二号作战"的命令。

12日，台湾东方海面正值台风来袭、天况不良。傍晚时分，第二航空舰队从九州南部的宫崎基地派出了T攻击部队的40架飞机（一式鱼雷机18架、"银河"22架），从鹿屋基地派出了44架飞机（一式鱼雷机19架、四式重型轰炸机25架）。T部队报称击沉类似航母的舰艇4艘，己方损失69架。当晚，受到鼓舞的丰田副武下令将正在濑户内海重建的母舰航空队也调到九州南部和台湾方面，希望获得"大捷"。

13日，美军继续出动飞机600架次攻击台湾，T部队所属飞机30余架于傍晚在石垣岛西南海面冒雨进攻了美军航母群，据飞行员报击，"击沉航母2艘、烧毁1艘"。14日，日军陆基侦察机发现TF38向东南方转进，遂判断敌机动部队一翼已被"击溃"。当天白天到傍晚，第二航空舰队出动全部兵力450架对TF38发起总攻，又报告"击沉航母2艘、烧毁2艘"。15日之后，美机转攻马尼拉，日军第一航空舰队与陆军第4航空军出动逾200架飞机连续攻击，上报"击沉航母1艘、2艘起火"——马里亚纳海战中，日军最后一批精英飞行员丧失殆尽，也没能击

联合舰队

■ 尼米兹和麦克阿瑟在"巴尔的摩"号巡洋舰上会见罗斯福总统（1944年7月26日）。

■ 台湾冲航空战中，正在集队准备出发的日军飞行员。背景为已经落后的九六式鱼雷机。

沉一艘美军航母。如今仅仅三天之中，那些菜鸟飞行员竟然"击沉"了6艘航母，烧毁5艘。大本营真的相信这个战果吗？

10月19日18:00时，大本营海军部在《军舰进行曲》的雄壮旋律中发表了"台湾冲航空战"胜利的捷报："我部队自10月12日以后，连夜猛攻台湾及吕宋东方海面的敌机动部队，击溃其过半兵力，迫使其溃退。我方所得战果综合如下：击沉航空母舰11艘、战列舰2艘、巡洋舰或驱逐舰1艘；击伤航空母舰8艘、战列舰2艘、巡洋舰或驱逐舰1艘、舰种不详13艘；其他看到击中起火的不下12艘。我方飞机未返航者312架。"政府和国民都沉浸在胜利的兴奋之中。在东京，天皇颁发敕语嘉奖了联合舰队；在大阪召开了国民大会，小矶首相在会上高呼"胜利就在眼前！"——看来大本营真的相信了菜鸟们的吹嘘。为什么会这样？只有天晓得。

15日，丰田副武得意洋洋地派出正在内海整训的志摩第二游击部队，准备"扫荡剩余美舰"。但就在一天之后（10月16日），一架日军侦察机却在菲律宾东方海面发现了13艘美军航母。显然，哈尔西部队根本就没有被消灭！

这时轮到盲目乐观的丰田坐蜡了：第二游击部队已经开往台湾东方海面，如继续前进，必然被美国人一口吃掉；若要继续作战，就只有紧急出动林加延泊地的第一游击部队，在美军发起进一步行动前就提前攻击其机动部队。但从台湾和菲律宾起飞的日军陆基航空兵找了一天也没有发现哈尔西舰队，栗田则报告说一游至少要一周才能赶到作战地点。在这种情况下，草鹿参谋长只有于16日傍晚给志摩发电

■ 1944年10月12日，空袭台湾归来的F6F正在航母上降落。

报，令其中止行动、改往奄美大岛。

"台湾冲航空战"的真相只有一个：日本人根本没有从马里亚纳海战中角田部队覆灭的失败中吸取任何教训。第二航空舰队的飞行员大多是初出茅庐的菜鸟，技术比马里亚纳海战前的第一航空战队更差，根本不足以驾驭手里的作战飞机；这样一支部队草草投入作战，结局当然也就像"朝着墙上扔去的鸡蛋"（福留繁战后语）一样——本来，一卵击石与百卵击石的效果不会有任何不同。实际接近TF38的日机通常只有出击兵力的一半，而且很快被击落，取得不了任何战果。至于"击沉航母"的捷报，不过是吹牛的飞行员把友机爆炸的火光当成了军舰起火、把友机坠海的浪花当成了沉没中的敌舰而已。

对"赫赫战果"十分怀疑的联合舰队航空参谋渊田美津雄中佐和大本营海军部参谋铃木大佐将T部队参谋田中少佐召到日吉台，经过一番仔细地检查，断定最多击伤航母4艘而已，根本不可能击沉任何舰艇（实际美方仅轻巡洋舰"休斯敦"号和重巡洋舰"堪培拉"号重创），而第二航空舰队却损失了一半以上兵力，可谓得不偿失。

当海军把修正后的战果电报发给大本

■ 日本陆军四式重型轰炸机"飞龙"（Ki-67），机身下带有一条鱼雷。台湾冲航空战中，属于陆航的"飞龙"因作战需要编入海军的T攻击部队，号称取得"大捷"，实际战果寥寥无几。

营时，负责情报的大本营陆军部作战课参谋濑岛龙三中佐居然认为收回不实的捷报、尤其是对天皇吹过牛皮的捷报有失"面子"，私自销毁了这份电报，对陆军此后的作战产生了极大影响——濑岛的岳父是前首相冈田启介的妹夫，"二二六"事件中死难的松尾传藏大佐，他本人战后在苏联西伯利亚被扣留过11年，回国后出任伊藤忠商事会社的社长，成为一名成功的企业家。2007年9月濑岛以95岁高龄病逝，成为最后一名去世的"昭和参谋"。

坏消息一个接一个。席卷整个菲律宾群岛的猛烈台风刚刚平息，10月17日晨，莱特湾口苏禄安岛（Suluan）上的日本海军瞭望所又在雨中发现了美舰的身影，立即以明码发出警报："午前8时，一部敌军开始在该岛登陆。"

莱特岛（Leyte）位于菲律宾群岛中部偏南，与吕宋岛相比目标过小，本不是美军发动登陆作战的第一选择地。但负责舰队指挥的第三舰队司令哈尔西提出，在莱特岛建立航空和后勤基地有利于随后进攻吕宋岛；占领莱特岛可以拦腰斩断菲律宾群岛，分割日本守军以便逐个歼灭，还可以破坏日本本土与荷属东印度群岛的海上交通线，阻止日军将战略物资运往本土。因此，太平洋司令部果断决定：跳过帛琉和棉兰老岛，直接进军莱特岛。

■ "麦克阿瑟王"在莱特湾涉水登陆，踏上菲律宾的土地。

果然，日本第十四方面军也以为决战地点应在吕宋岛，美军在莱特岛登陆后，他们立即陷入一片惊慌。联合舰队司令部于17日上午8:09下达"捷一号作战警戒"令，命令第一游击部队"迅速出击，开到文莱湾"。

10月18日午后5:32，大本营海军部指示联合舰队司令部："实行'捷号作战'的方向为菲律宾方面。"史无前例的"捷一号作战"正式开始了。

按照计划，日军海上各部队的任务为：第一游击部队（栗田舰队）自圣贝纳迪诺海峡挺进，突入登陆点歼灭美军进攻部队；第二游击部队（志摩舰队）作为反击作战的骨干，对美军登陆点进行反登陆；机动部队本队（小泽舰队）进到吕宋东方海面，策应第一游击部队的突入，把美军特混舰队牵制在北方，伺机歼灭残敌。同一天，裕仁天皇对大本营陆海军部两总长谕示："因系决定皇国兴废的重大战争，望陆海军真正形

莱特岛滩头，正在卸下人员与物资的美军坦克登陆舰（LST）。

成一体，向歼灭敌军的目标迈进！"

二、火与血的海洋

"捷一号作战发动"

1944年7月12日，结束马里亚纳战后国内休整的栗田舰队全体南下，回到了苏门答腊东南岸的林加延泊地，开始致力于刚刚投入实用的电测射击（依靠雷达瞄准射击）训练和加强对空武装。林加延这里燃料充足，即使是两艘大和级战列舰这样的吞油巨兽也可以充分伸展，大不同于1943年因无油而枯坐特鲁克泊地的窘况。

8月1日，第二舰队正式改称第一游击部队，除超级战列舰大和、武藏外，其编制内还有战列舰3艘、重巡洋舰10艘、轻巡洋舰2艘和驱逐舰15艘，仍是一支具备相当实力的作战部队。

9月下旬，"资深提督"西村祥治中将指挥的第2战队也到达了新加坡。7月21日，栗田中将在旗舰爱宕号上接到了大本营发来的"捷号作战"指示，不过由于具体作战计划还未下达，他也只能大致推测：出动水面舰艇部队进行决战的时机到来了。

为提高战斗力，两个星期之内，第一游击部队各舰上可燃的装饰、日用品均被除去，刮去多余的油漆涂层，连甲板上覆盖的亚麻布油毡也没有幸免。为保持枕戈待发的姿态，许多人和衣露宿在甲板上。高耸的一三号对空电探天线竖立在了大和级战列舰的樯楼上，不过性能并不佳，好事者讽刺说："简直跟妓女高耸的发髻一个样。"

8月1日，联合舰队先任参谋神重德大佐带着大本营海军部作战参谋榎尾义男中佐飞到了马尼拉，向专程赶来的第二舰队参谋长小柳富次少将和作战参谋大谷藤之助中佐说明"捷号作战"要领，负责作战配合的西南方面舰队司令长官三川军一中将也列席了会议。在会上，小柳惊讶地得知了司令部在地下室里制定出的"九死一生"战术：神参谋表示，美军下一步必然进攻菲律宾，登陆地点将在北部的雷蒙湾、中部的莱特湾、南部的达沃岛中三者择其一。一旦敌军出现，基地航空部队将首先炸沉其航母，随后水面舰艇出动歼灭敌运输船队。为此，作战开始后，栗田舰队应首先进入文莱泊地待命，接到命令后随即出动、在海上消灭敌运输船

361

联合舰队

队;如果敌军登陆行动已经开始,就以战列舰强行突入登陆滩头,开炮消灭对手。

听罢此言,小柳毫不客气地质问道:"此一作战计划放弃对敌军主力的迎击,却以敌运输船队作为主要攻击目标。不论作战总目的究竟为何,我第二舰队毕竟应以与敌主力决战为第一要义。联合舰队司令部是否考虑过,本次作战可能使水上部队暴露在敌航空兵力打击下、白白损失,却未歼灭任何有价值的目标?"

神重德回答:"一旦菲律宾丧失,南北之间的海道将被切断。假若舰队驻在本土亦无油料,就算留驻南洋亦无弹药。因此一旦失去菲律宾,舰队即使存在亦属枉然。"

小柳表示理解丰田长官的苦心,但又询问:"如果在途中遇到了美国舰队主力怎么办?在运输船团和美国舰队主力中应选择哪个作为对手?"神重德含混地表示"需要问一下(丰田)长官"。

就这样,"捷号作战"尚未开始就埋下了作战目标不明的隐患,也成为栗田舰队后来一系列离奇情节产生的渊薮。

8月11日,小柳将军令带回林加延泊地,沉默寡言的栗田中将一言不发,不过失望的气息旋即笼罩了整个舰队:过去两年半的经验已经证明,美军航母乃是战列舰的第一大敌,第一游击部队上下都希望通过一场"堂堂正正"的舰队决战与美国机动部队一决雌雄。但现在,大本营却让他们突入登陆场、去攻击毫无抵抗之力的运输船,简直是对大日本帝国军人"军威"的侮辱(当然,在屠杀手无寸铁的中国平民和英美战俘时,他们的"军威"还是很盛的)。更糟糕的是,第二舰队向来是执行战列舰水面决战任务的,从来没有过袭击登陆场、炮轰运输船队的经验,如何安排作战也成了一个大问题。

接到"捷一号作战警戒"令后,10月18日凌晨1时,栗田带着第一游击部队秘密驶出了林加延泊地。第1、第3战队的5艘战列舰成一列纵队出港,一座座巨塔般的桅楼在黑暗中闪着诡异的光芒。天明之后,全队以18节航速前进,一面对潜警戒,一面驶向目的地——婆罗洲东北岸的文莱泊地。18日黄昏,栗田在航行途中接到了及川总长发给丰田长官的"捷一号作战发动"令。

20日正午时分,栗田舰队主力39艘舰艇悉数进入文莱港。同一天白天,小泽机动部队的4艘航母、2艘航空战列舰、3艘轻巡洋舰和8艘驱逐舰也带着116架舰载机开出了内海。而到这天傍晚18

■ "捷一号作战"发动前,停泊在文莱的"武藏"号(前)和"大和"号(后)战列舰,1944年10月21日。

■ 离开文莱泊地、向莱特湾进发的"武藏"号。

点,麦克阿瑟的美军主力部队16.5万人已经有6万人登上了莱特岛,滩头卸载的车辆、弹药和军需品等物资多达10.7万吨。

战情紧急,到达文莱的栗田立即开始补给燃料、做临战准备。由于给战列舰运载燃料的两艘大型油轮掉队,20日只完成了巡洋舰和驱逐舰的补给,战列舰到21日才开始加油。在此期间,丰田又两次发来电报:20日,下令第一游击部队脱离机动部队序列,改为联合舰队直辖,实际上是给予了栗田相当大的自主权——自1944年3月新建统一的第一机动舰队起,栗田部队一直处在小泽的统辖下。但在"捷一号作战"中,机动部队只是作为诱饵、栗田部队才是主力,故有此编制上的更改。

同一天,丰田又把突入莱特湾塔克洛班(Tacloban)登陆场的日期定为25日黎明。

21日傍晚17时,第一游击部队各部司令官、各舰舰长一齐集合在第二舰队旗舰"爱宕"号上,由栗田健男亲自主持作战会议。他在会上宣布,舰队将以突入莱特湾的塔克洛班登陆场、消灭美登陆部队为目标,并由作战参谋大谷中佐宣布作战计划。

由于草鹿联合舰队参谋长在战前就发下指示,舰队突入莱特湾行动时应兵分南北两路,避免独路挺进时一着不慎、满盘皆输;再加上刚刚到达新加坡一个月的第2战队(西村部队)只有2艘老式战列舰,航速低、续航力小、火力弱,只能单独行动以免延误主力部队进军,为此,大谷制定了如下的作战计划:

一、栗田本人亲自率领第一游击队的第一、第二部队,包括战列舰5艘、重巡洋舰10艘、轻巡洋舰2艘和驱逐舰15艘,于10月22日上午8时自文莱出击,沿巴拉望岛(Palawan)西岸北上。经锡布延海后,于10月24日落时分突入圣贝纳迪诺海峡

363

（San Bernardino Strait），在夜战中捕捉消灭萨马岛（Samar）以东海面的敌军水面部队。10月25日黎明后，突入塔克洛班登陆场，全歼敌运兵船队及登陆敌军。这一航线长达1200海里，遭到敌潜艇伏击的危险最大。但由于航线位于摩罗泰岛美军基地航空部队航程之外，可以推迟被美军航母载机发现的时间，因此最终被确定为主队航行路线。

二、第2战队司令西村祥治中将指挥一游第三部队（山城、扶桑2艘老式战列舰，航空巡洋舰最上、4艘驱逐舰），离开文莱后即与主力分离行动。先往东穿越苏禄海，于10月25日黎明时分北上突入苏里高海峡（Surigao Strait），策应主力击灭敌船队及登陆部队于塔克洛班。这条路线容易被摩罗泰岛起飞的美军水上飞机发现，但因为具有距离较短（只有815海里）的优点，所以也被采用。至于承担任务的差异，栗田主队将力争歼灭美军水面舰队，西村支队则着眼于消灭敌运兵船及登陆部队。

两路进击、南北合力，再加上小泽机动部队对哈尔西的牵制，的确是一个设计精妙的方案。但按照整个作战规划，栗田舰队必须在10月25日凌晨赶到莱特湾，而西村也要分毫不差地赶到。在此之前，小泽还必须成功地将哈尔西引诱到遥远的北方。如此宏大的一出剧目，舞台宽达数千海里，在瞬息万变的战场形势下，恐怕只有天照大神下凡才能保证一切分毫无差。然而，栗田健男是创造奇迹的合适人选吗？

不言而喻，陈旧、低速的西村支队所走的南线被美军发现攻击的可能性最大，何况随行的还有臭名昭著的祥瑞舰"时雨"号（所谓"吴之雪风，佐世保之时雨"，乃是日本海军中著名的妨主之物）。西村部队的悲惨命运在爱宕的将官室即已确定。

据当事人回忆，头发斑白的西村祥治高举盛满冷酒的玻璃杯，与列席的司令们一一干杯道别，神情坚毅而平静，令人动容。山穷水尽的日本帝国，如今也只能靠几艘步入暮年的旧式战舰和一班鳏寡孤独的死士（西村的独子祯治大尉11天前已经在菲律宾阵亡）来支撑最后一点颜面了。栗田取出第一南遣舰队司令长官田结穰中将在新加坡送给他的香槟酒，一一倒进7个战队司令官的酒杯，祈祷作战成功。不过每个人的表情都是僵硬生涩的，仿佛在掩饰内心的不安。

邪魔巴拉望水道

22日清晨5时，栗田舰队完成了15800吨燃料的补给工作。8时整，"爱宕"号一马当先，随后是高雄、鸟海、长门，全队按照第一、第二部队的顺序缓缓驶出文莱港，经巴拉望岛西方海面北上。7个半小时后才踏上征程的西村中将命令第三部队全体舰员站坡，以挥舞战斗帽的礼节欢送主队。栗田舰队的官兵们远远望着扶桑、山城两艘老舰别具一格的古塔式舰桥消失在视野中，慢慢地与远处的群山融为一体。这也是日本最早的超弩级战列舰留给海军官兵的最后印象。

离开文莱后，栗田舰队分成第一、第

■ 老式战列舰"扶桑"号,日本自行设计建造的第一艘超弩级战列舰。"扶桑"号安装6座双联356mm主炮塔,由于设计存在缺陷,防护、航速均落后于新式战列舰,二战前期一直用于训练。莱特湾海战中,该舰由于速度太慢只能编入第一游击部队第三部队。

二部队两个舰群,前后相距6000米。第一部队以大和为中心,第二部队以金刚为中心,各队以18节航速沿"之"字形路线前行,以规避可能的水下威胁。整整30万吨舰艇,18门460mm、8门410mm、16门356mm、94门203mm和24门155mm重炮闪着寒光,这的确是人类历史上最强大的大舰巨炮力量。15000吨的"爱宕"号重巡洋舰主桅上升起了中将旗。

为什么栗田不选择吨位更大、旗舰设备更为完善的"大和"号或"武藏"号作为旗舰,却蜗居在一艘小小的巡洋舰上呢?实际上,舰队还在林加延时,第1战队司令官宇垣缠中将就建议栗田以武藏为旗舰(大和是第1战队旗舰),但栗田的申请交到联合舰队司令部时却遭到了冷遇。按照领导们冠冕堂皇的说法,第一游击部队需要准备夜战,而航速快、舰体较灵活的"爱宕"号更适合指挥夜战。不过,大和级的航速也达到27节,完全可以用于高速夜战。唯一可信的解释是:舰队旗舰的更换涉及大量文件和手续的交接,而联合舰队的幕僚们嫌麻烦。无奈的栗田最后也只好自我解嘲地辩称,"'爱宕'号就是更适合夜战。"

航行途中,各舰搭载的零式水上侦察机频频起飞,在舰队附近低空飞行,搜索异常情况。有好几次传来"发现敌潜望镜"的警报,不过事后证明只是漂浮在水上的木头而已。美军潜艇迟迟没有出现,惹得日军官兵精神高度紧张。栗田舰队惴惴不安地通过了危机四伏的文莱湾入口,23日零时,到达了第二道难关——巴拉望水道南口。

南北向的巴拉望岛细长狭窄,西面朝向日军占领下的南沙群岛(日本称新南群岛)。在巴拉望岛与南沙群岛之间,有一条300海里长的狭长水路,称为巴拉望水道。此地暗礁密布、航路狭窄,可供大舰通行的航道宽度只有25海里,最适合潜艇伏击。

23日凌晨3时左右,"爱宕"号的通信班截获美军潜艇发出的电报,小柳参谋长立即通知全队严格对潜警戒。不过栗田认为,自己的舰队已经采取了灯火管制措施,潜艇在黑暗中进行攻击胜算不大。为节省燃料,他下令全队减速到16节,沿着距巴拉望岛海岸线约10海里的航路隐蔽前进。

黑夜遮蔽了日本人的黑眼睛,却挡不住美国人的"电眼"。10月23日凌晨1:16,正在巴拉望水道南口巡逻的美军潜艇"海鲫"号(USS Dace,SS-247)和"鲦鱼"号(USS Darter,SS-227)发现岛西面有雷达信号,随即判断为日本舰队。两舰向哈尔西发出报告后,开始以全速追赶。06:09时,它们跑到了仅有16节航速的栗田舰队前方,一起调头寻找攻击位置。

06:30时,日本舰队已经航行到了两艘潜艇的正前方,并开始做"之"字形运动。在"海鲫"号的潜望镜中,大卫·麦克林托克艇长(David H. McClintock)发现4000米外有4艘重巡洋舰一起向右转向,狭长的舰腹刚好暴露在视线中。机不可失,06:33,"海鲫"号以舰首发射管对领头的那艘巡洋舰发射了6枚鱼雷,随后一个急转弯,又以舰尾发射管对2号舰射出了4枚鱼雷。

遭到攻击的是栗田健男亲自指挥的第二舰队第4战队。3点过后,"爱宕"号再也没有得到来自水下的任何信号,电探也始终保持沉默。清晨日出后,包括栗田中将在内的司令部人员纷纷站到了舰桥上。06:30时,栗田下达训练命令,各舰开始加速到18节并做"之"字形运动。正当"爱宕"号带头完成转向时,舰首右舷突然剧烈震荡起来。鱼雷命中!

"海鲫"号的前6枚鱼雷攻击的正是队列最前的"爱宕"号。正当旗舰急速转舵企图规避时,第2、第3枚鱼雷又连续命中右舷中央部分,片刻后第4枚鱼雷也在舰尾爆炸。连中4发鱼雷的爱宕迅速向右倾斜,主机停转。右侧的驱逐舰岸波和后方的朝霜赶来营救,企图实施拖带,不过巡洋舰的倾斜实在太严重,只好在驱逐舰左舷200米距离外关闭主机漂浮着。

在爱宕之后8000米航行的是2号舰高雄,舰长小野田舍次郎大佐发现爱宕中雷,立即下令"左转舵"。但就在缓缓变向之时,右舷舰桥下的位置传来了沉闷的撞击声——一枚鱼雷在这里爆炸了。随后高雄右舷后部再中一雷,船体大量进水,部分动力丧失,航速下降。2名军官和31名士兵阵亡,1名军官和30名士兵受伤。

"爱宕"号的倾斜达到了30度。"长官,转乘小艇困难,请游泳离开!"小柳参谋长喊道。沮丧的栗田挥了挥手,带着幕僚们从左舷跳下了水,30多位中将、少将、大佐和中佐们奋不顾身地游向驱逐舰"岸波"号。小柳在跳进水中时被舰底的金属件撞伤了大腿,落在其他人后边。当他一瘸一拐地登上驱逐舰时，爱宕的身影已经从海面上消失了，总计机关长以下19名军官、341名士兵阵亡，剩余的44名军官、669名士兵由驱逐舰收容。

连中两雷的高雄好不容易止住了进水，由2艘驱逐舰护送着返回了文莱。趁着日舰一片混乱，06:56，一直保持沉默的"鲦鱼"号又以4枚鱼雷把第4战队另一艘重巡洋舰"摩耶"号炸得粉碎，大江舰长以下16名军官、320名士兵战死。

在巴拉望水道上，出师不利的栗田一下子丧失了3艘重巡洋舰。16:30，他把旗舰更换到"大和"号，与第1战队司令官宇垣一左一右地坐进了舰桥。不过此时一游司令部通信人员已经少了一半：在"爱宕"号沉没时，包括通信长在内的人员都被"高雄"号救起，随后被受伤的巡洋舰拉回了文莱。现在，"大和"号不得不抽出一半通信人员给栗田，承担司令部的通信传达任务。通信人员工作负担加重，为后来一系列电信延误、出错事件埋下了伏笔。

锡布延海上的天火

正当第二舰队司令部全体人员在中将司令带领下，于灿烂的晨光中浩浩荡荡游向"岸波"号时，已经接到潜艇报告的哈尔西开始在沿着菲律宾海岸展开他的舰队。由于TG38.1（含"大黄蜂"号、"黄蜂"号、"汉科克"号、"考彭斯"号、"蒙特雷"号5艘航母）已经返回乌利西整补，现在他还有3个大队可用：

◎北路是谢尔曼少将（前"黄蜂"号舰长）的TG38.3，包含舰队航母"埃塞克斯"号、"列克星敦"号和轻型航母"普雷斯顿"号、"兰

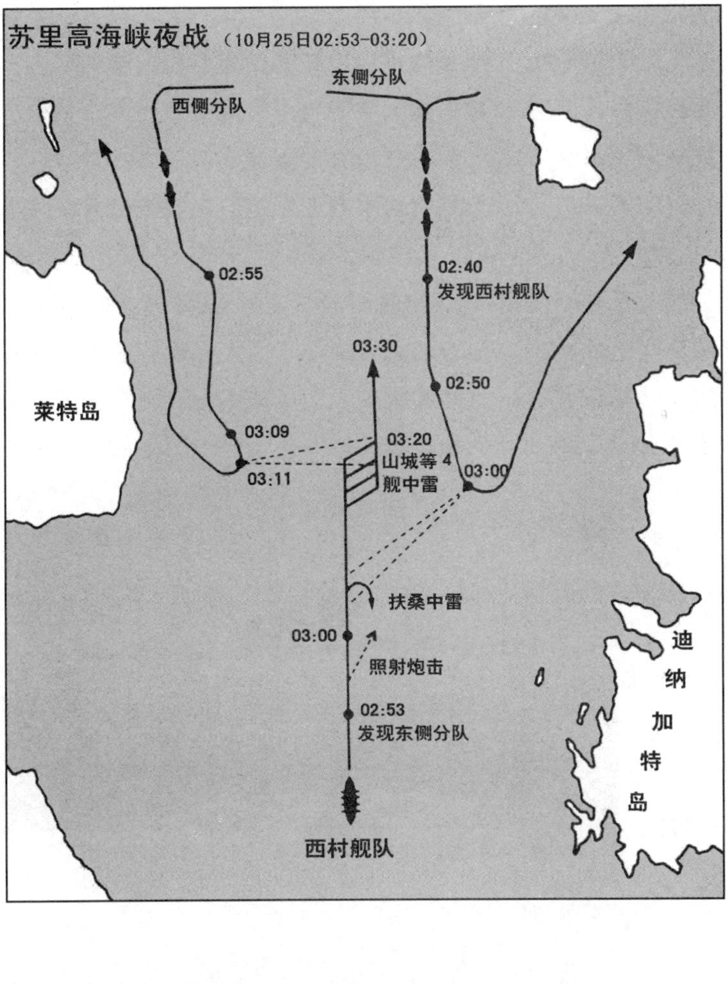

苏里高海峡夜战（10月25日02:53—03:20）

利"号,部署在吕宋岛东方;

◎中路是博根少将(Gerald F. Bogan)的TG38.2,包括舰队航母"无畏"号,轻型航母"卡博特"号、"独立"号,部署在圣贝纳迪诺海峡口外;

◎南路是戴维森少将(Ralph E. Davison)的TG38.4,包括舰队航母"企业"号、"富兰克林"号,轻型航母"贝劳伍德"号、"圣哈辛托"号,部署在萨马岛东面外海。

以上三支舰队均于24日08:00就位完毕,并派出机群向西搜索。

23日夜半时分,栗田舰队在民都洛岛以西变航向为东南,全队沿"之"字形航路前进,紧张地注视着水下和空中。到达民都洛岛南方后,再度变更航向为东北,24日凌晨,进入了前往莱特湾的第三道关口——锡布延海。

从黎明开始,"大和"号一三号电探的示波器屏幕上就闪现着发现空中目标的信号。尽管此地距离莱特湾尚远,心事重重的栗田还是下令排成轮形防空阵:第一部队以大和为中心,第二部队以金刚为中心,组成两个双层轮形阵。内圈由战列舰和巡洋舰围成,半径2000米,1500米外的外圈则游弋着驱逐舰;两队之间距离12000米。15分钟内,复杂的变阵完成。几乎与此同时,小泽治三郎中将的诱饵舰队已经在遥远的恩加诺角摆开了阵形。

08:10,对空观察哨在北方较远距离上发现了3架敌机,这正是从TG38.2旗舰"勇猛"号上起飞的侦察机。栗田判断空袭必将来临,下令舰队提速至24节,准备对空战斗。随着时间流逝,舰队上空的美机数量不断增加。10时正,一三号电探探知方位110度、115公里处40架以上的大编队。10:25,旗舰"大和"号率先打破沉默,随后武藏、长门的主炮也开始咆哮,三式烧霰弹在空中喷出浓烟和火光,军舰剧烈地抖动了起来。

第一波飞临舰队上空的是自"勇猛"号和"卡博特"号上起飞的12架SB2C俯冲轰炸机和12架TBF鱼雷机,他们冒着密集的炮火展开攻击。第一个受害者是位于大和右舷前方的重巡洋舰"妙高"号,一枚鱼雷击中右舷舰尾,该舰被迫向文莱返航。

与此同时,更多的美机扑向两个更显眼的大目标——巨大无比的超级战列舰大和和武藏。美机先集中火力突击了位于大和右翼、第一轮形阵内圈上的"武藏"

■ 第二舰队旗舰"爱宕"号,在巴拉望水道被"海鲫"号发射的鱼雷击沉。

■ 在巴拉望水道死里逃生的"高雄"号，该舰之后在新加坡一直搁置到战争结束，1946年由英军凿沉在马六甲海峡。

号。随着猪口敏平舰长的号令，武藏匆匆地转舵规避，但难逃炸弹的罗网。10：25时，两队美军轰炸机自舰首和舰尾方向同时切入，2枚至近弹造成武藏舰首水线下漏水。1枚60公斤炸弹直接命中1号主炮炮塔顶盖，不过由于此处装甲极厚，炸弹发出一声碰撞的钝响后，在舷外空中爆炸了。

"武藏"号厚重的装甲足以抵御自1000米高度投下的250公斤炸弹，不过脆弱的水下防御系统就不然了。10：27，3架鱼雷机扑上来夹击，武藏在回避了2枚鱼雷后，被最后一发命中右舷后部130号肋骨处。中雷瞬间，军舰右倾5.5度、防御隔壁变形，第7、11号锅炉室右侧隔壁铆钉松动脱落，室内轻微漏水。在娴熟的注排水操作后，倾斜复原到1度，速度有所下降，对航行影响不大。但这枚鱼雷造成了一个意外的战果：因为爆炸引起的震动，"武藏"号主炮前部方位盘完全卡死，无法进行弹道观瞄和计算，主炮一时丧失了齐射

能力。炮术长下令切换为后部方位盘瞄准。

将近正午时，TG38.2派出的第二波21架战斗机、12架俯冲轰炸机、12架鱼雷机来袭。31架飞机在距栗田舰队约15000米处分成两批，分别攻击"大和"号和"武藏"号。17架鱼雷机围攻大和，后者使出浑身解数规避了全部鱼雷，不过付出了相当可观的死伤代价。武藏就不然了——炮术长请求舰长下令发射三式对空弹，但绰号"炮术之神"的猪口认为三式弹对炮膛磨损极大，一旦使用将影响突入莱特湾后的射击精度，因此予以断然拒绝。

很快，8架SB2C俯冲轰炸机和6架TBF鱼雷机扑向了武藏。SB2C利用卷云的掩护向舰首及舰尾俯冲轰炸投弹，1枚250公斤炸弹命中左舷第15号肋骨和前部兵员厕所，造成左舰首甲板破损卷曲；第二枚炸弹炸中左舷第138号肋骨、4号高射炮左前方，贯通最上层甲板和上甲板，在中层甲板的第11兵员室炸裂。

大火蔓延到武藏的第2机械室后，上方的通风管和主蒸汽管部分烧坏，高温蒸汽充满了整个房间，官兵们不得不关闭左侧内轴诱转口、转移到第1机械室，这导致"武藏"号只剩三轴推进。第10、12号锅炉室也被火焰侵入，无法继续工作。随后，TBF射出的3枚鱼雷相继命中左舷第80号、110号、145号肋骨，造成极大损害。

联合舰队

特别是一枚鱼雷击中1号炮塔左舷,其爆炸居然引起了炮塔内三式对空弹的内爆,造成左舷大量进水、倾斜5度。

经过注水复原,武藏的倾斜回到左1度,但由于进水过多,舰首吃水变深了2米。"武藏"号一点点从行列中落后下来。13:00时,坐镇"大和"号的栗田接到了"武藏"号的报告:"可达到的最高航速为22节。"在一片肃穆的空气中,他下令全队减速到22节,等待武藏一起前进。虽说降低速度更容易遭到敌机攻击,但出于责任感,栗田不愿把武藏丢下。

此时日方舰队单从损失上看还不算严重,不过中将深知更大规模的空袭还将接踵而至,而此时距离日落尚早,遂向菲律宾的航空部队要求派战斗机到锡布延海执行空战巡逻任务。但负责指挥整个"捷一号作战"空中行动的第二航空舰队司令长官福留繁中将却错误地认为,此时最该做的就是倾全力攻击美国军舰(他已经不是第一次下这种自以为是的论断了。犯错误不难,难的是三年来持之以恒地犯错误)。尤其是当天早上他派出飞机袭击了吕宋岛东方的TG38.3之后,不但推迟了后者对栗田舰队的攻击,还炸沉了"普雷斯顿"号轻型航母。不过,福留并没有多余的飞机可支援栗田,而且他手下的菜鸟飞行员和过时的零式战机根本就不是F6F"地狱猫"的对手。郁闷的栗田只能继续前进。

13:17,第三波美机开始逼近,这是来自TG38.3的部队。由于忙着反击日军基地航空队的进攻,还得腾出手来救援"普雷斯顿"号,这波进攻力量一共只有31架,不过杀伤力却丝毫不小。10分钟内,第一轮形阵中的大和再遭重击,一颗炸弹命中右舷前部燃起小火灾,10分钟后被扑灭。

已经速度低下的武藏则惨得多:13架SB2C和TBF来袭该舰,SB2C利用卷云向舰

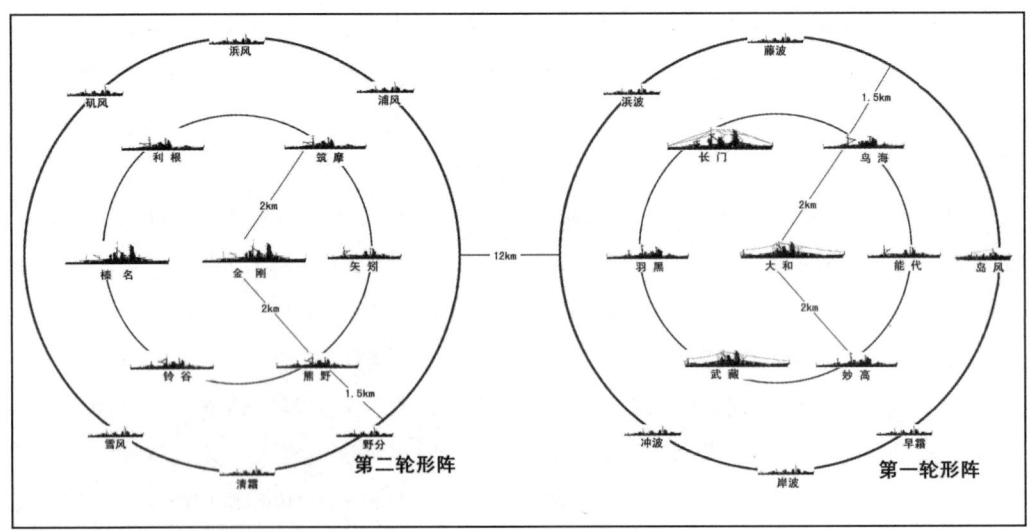

■ 栗田舰队进入锡布延海后排出的轮形阵。

"盖世无双的海战"

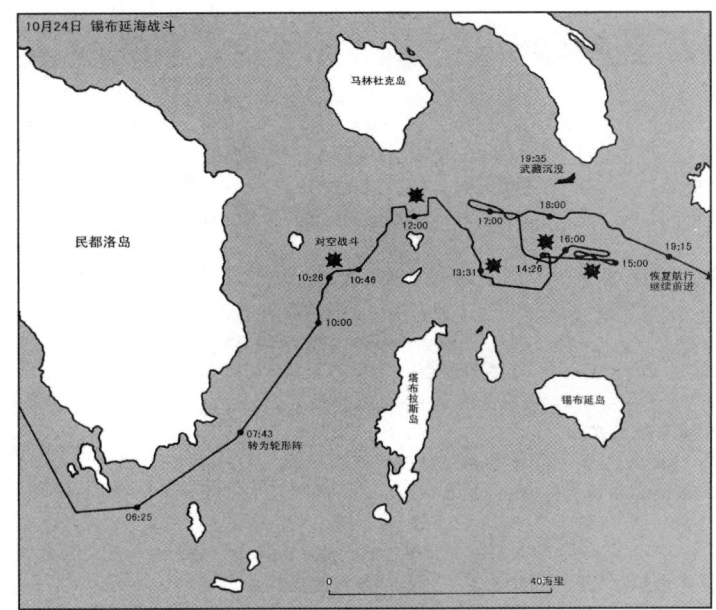

首、舰尾方向俯冲投炸，TBF自右舷附近缓降用鱼雷攻击。右舷第180号肋骨附近遭近失弹2颗，舰尾也遭至近弹1颗，破片在用于吊放水上飞机的起重机支柱上造成直径15厘米的缺口，损坏了起重钢索。随后又是1枚鱼雷命中右舷第60号肋骨，测定仪室和测程仪室均遭破坏。爆炸还使舰内一氧化碳气体泄漏，充斥了前部战时治疗室，致使多名患者中毒。

一片混乱中，20架美机再度集结成一个编队，分三组冲向"武藏"号。由于舰上人员损失过多，25mm机炮的火力已经丧失了一半以上，根本不足以荫蔽巨舰庞大的身躯。4架SB2C借助背光的阵位，从右舰首方向转入俯冲，有4枚炸弹命中目标：左舷45

号（1号升降口附近）、65号、左舷70号肋骨附近各中一弹，前部应急员几乎全部被炸死；另有一弹在右舷135号肋骨的厨房内爆炸，造成破坏。

此时，8架TBF鱼雷机缓缓下降到攻击高度，分别从右舷和左舷发起了攻击。庞大而笨拙的"武藏"号几乎无路可逃——8条鱼雷中有4条命中，左右舷各2条，大批乘员被爆炸气浪抛起。在鱼雷从右舷穿入的一刹那，伴随着轰隆的音响，武藏巨大的身躯居然哆哆嗦嗦地震动了。

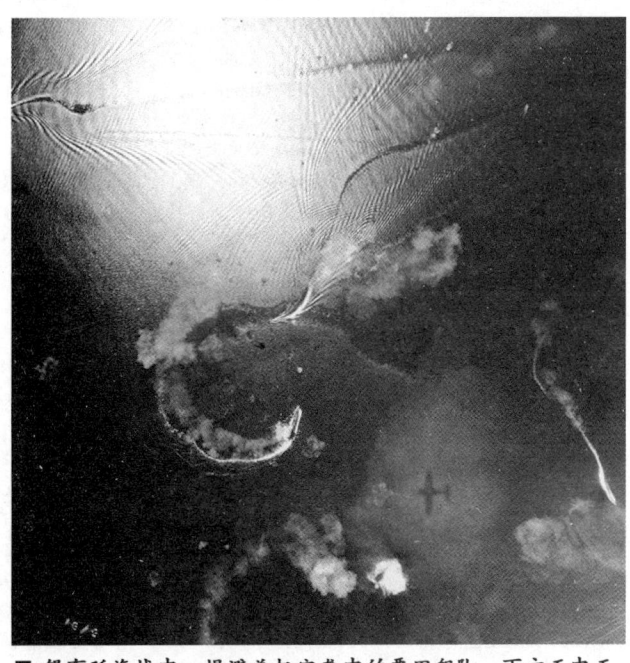

■ 锡布延海战中，规避美机空袭中的栗田舰队，下方正中正在转向者为"大和"号。

联合舰队

莱特湾海战美军战斗序列（一）

第三舰队司令官：威廉·哈尔西上将
总旗舰：战列舰"新泽西"号（BB-62）

第38特混舰队 （马克·米切尔中将）
旗舰：航母"列克星敦"号（CV-16）

★第38.1特混大队 （约翰·麦凯恩中将）：
舰队航母×3：
黄蜂（CV-18），载CVG-14大队，含VF-14（53架F6F）、VB-14（25架SB2C）和VT-14（6架TBF-1、12架TBM-1），共96架舰载机
"大黄蜂"（CV-12），载CVG-11大队，含VF-11（40架F6F）、VB-11（25架SB2C）和VT-11（1架TBF-1、17架TBM-1），共83架舰载机
汉考克（CV-19），10月22—26日由TG38.2调来，载CVG-7大队，含VF-11（41架F6F）、VB-7（42架SB2C）和VT-7（18架TBM-1），共101架舰载机
轻型航母×2：
考本斯（CVL-25），载CVG-22大队，含VF-22（26架F6F）和VT-22（9架TBF-1），共35架舰载机
蒙特雷（CVL-26），载CVG-28大队，含VF-28（23架F6F）和VT-28（9架TBM-1），共32架舰载机
重巡洋舰×3（后增至5艘）：
威奇塔（CA-45），第6巡洋舰大队
波士顿（CA-69），第10巡洋舰大队
堪培拉（CA-70），第10巡洋舰大队，受伤，10月15日调离
彭萨科拉（CA-24）
盐湖城（CA-25）
切斯特（CA-27）
（以上三舰原属第5巡洋舰大队，10月16日由TG30.2调来）
轻巡洋舰×3（后减至2艘）：
休斯敦（CL-81），第10巡洋舰大队，受伤，10月15日调离
圣迭戈（CL-53），第10巡洋舰大队
"奥克兰"（CL-95），第10巡洋舰大队
驱逐舰×21：
DD-589 Izard, DD-581 Charrette, DD-582 Conner, DD-587 Bell, DD-588 Burns, DD-651 Cogswell, DD-650 Caperton, DD-652 Ingersoll, DD-653 Knapp, DD-544 Boyd, DD-547 Cowell, DD-546 Brown
（以上属第46驱逐舰中队）
DD-488 McCalla, DD-435 Grayson, DD-460 Woodworth
（以上属第12驱逐舰中队）
DD-384 Dunlap, DD-385 Fanning, DD-370 Case, DD-365 Cummings, DD-372 Cassin(珍珠港事件被炸坏的老舰), DD-375 Downes
（以上属第4驱逐舰中队）

★第38.2特混大队 （杰拉德·博根少将）：
舰队航母×2：
勇猛（CV-11），载CVG-18大队，含VF-18（42架F6F）、VB-18（28架SB2C）和VT-18（18架TBM-1），共88架舰载机
邦克山（CV-17），载CVG-8大队，含VF-8（49架F6F）、VB-8（17架SB2C、3架SBF）和VT-8（19架TBM-1），共88架舰载机
轻型航母×2：
卡博特（CVL-28），载CVG-29大队，含VF-29（21架F6F）、VT-29（1架TBF、8架TBM-1），共30架舰载机
独立（CVL-22），载CVG(N)-41大队，含VF-41（19架F6F）、VT-41（8架TBM-1），共27架舰载机
战列舰×2：
艾奥瓦（BB-61），第7战列舰大队
新泽西（BB-62），第7战列舰大队
轻巡洋舰×2：
文森斯（CL-64），第14巡洋舰大队
迈阿密（CL-89），第14巡洋舰大队
驱逐舰×17：
DD-535 Miller, DD-537 The Sullivans(以沙利文五兄弟命名), DD-538 Stephen Potter, DD-539 Tingey
（以上属第52驱逐舰中队）
DD-673 Hickox, DD-674 Hunt, DD-675 Lewis Hancock, DD-676 Marshall
（以上属第104驱逐舰大队）
DD-686 Halsey Powell, DD-797 Cushing, DD-658 Colahan, DD-687 Uhlmann, DD-796 Benham
（以上属第50驱逐舰中队）
DD-683 Stockham, DD-684 Wedderburn, DD-540

Twining，DD-541 Yarnall
（以上属第106驱逐舰大队）

★第38.3特混大队 （弗雷德里克·谢尔曼少将）：
舰队航母×2：
列克星敦（CV-16），载CVG-19大队，含VF-19（42架F6F）、VB-19（30架SB2C）和VT-19（18架TBM-1），共90架舰载机
埃塞克斯（CV-9），载CVG-15大队，含VF-15（53架F6F）、VB-15（25架SB2C）和VT-15（15架TBF-1、5架TBM-1），共98架舰载机
轻型航母×2：
普雷斯顿（CVL-23），载CVG-27大队，含VF-27（25架F6F）、VT-27（9架TBM-1），共34架
"兰利"（CVL-27），载CVG-44大队，含VF-44（25架F6F）、VT-44（9架TBM-1），共34架
战列舰×4 （10月23日后减为1艘）：
"华盛顿"（BB-56），太平洋舰队直属舰，10月23日归TG38.4
马萨诸塞（BB-59），第8战列舰大队
"南达科他"（BB-57），第9战列舰大队，10月23日归TG38.4
阿拉巴马（BB-60），第9战列舰大队，10月23日归TG38.4
轻巡洋舰×4：
"圣菲"（CL-60）、"莫比尔"（CL-63）、伯明翰（CL-62）、雷诺（CL-96），均属第13巡洋舰大队
驱逐舰×14：
DD-668 Clarence K. Bronson, DD-669 Cotton, DD-670 Dortch, DD-671 Gatling（10月23日调离），DD-672 Healy
（以上属第50驱逐舰中队）
DD-682 Porterfield, DD-792 Callaghan, DD-793 Cassin Young, DD-794 Irwin（10月23日归TG38.4），DD-795 Preston
（以上属第55驱逐舰中队）
DD-558 Laws, DD-559 Longshaw, DD-560 Morrison（此三舰10月23日归TG38.4），DD-561 Prichett
（以上属第110驱逐舰大队）

★第38.4特混大队 （拉尔夫·戴维森少将）：
舰队航母×2：
富兰克林（CV-13），载CVG-13大队，含VF-13（37架F6F）、VB-13（31架SB2C）和VT-13（18架TBM-1），共86架舰载机
企业（CV-6），载CVG-20大队，含VF-20（39架F6F）、VB-20（34架SB2C）和VT-20（19架TBM-1），共92架舰载机
轻型航母×2：
贝劳伍德（CVL-24），载CVG-21大队，含VF-21（25架F6F）、VT-21（9架TBM-1），共34架
圣哈辛托（CVL-30），载CVG-51大队，含VF-51（19架F6F）、VT-51（7架TBM-1），共26架
战列舰×3（10月23日自TG38.3调来）
重巡洋舰×1：
新奥尔良（CA-45）
轻巡洋舰×1：
"比洛克西"（CL-80），10月22日归TG38.2
驱逐舰×11(10月23日后增至14艘)：
DD-401 Maury, DD-380 Gridley, DD-388 Helm, DD-400 McCall
（以上属第6驱逐舰中队）
DD-389 Mugford, DD-386 Bagley, DD-392 Patterson,
DD-390 Ralph
（以上属第12驱逐舰大队）
DD-441 Wilkes, DD-442 Nicholson, DD-443 Swanson
（以上属第24驱逐舰大队）

第34特混舰队 （威利斯·李中将）
10月24日下午由原TF38各大队的战列舰编成：
战列舰×6：
艾奥瓦、新泽西、"华盛顿"、马萨诸塞、"南达科他"、阿拉巴马
重巡洋舰×2：
威奇塔、新奥尔良
轻巡洋舰×5：
文森斯、迈阿密、"比洛克西"、"圣菲"、"莫比尔"
驱逐舰×18：
Owen, Miller, The Sullivans, Tingey, Hickox, Hunt, Marshall, Lewis Hancock, Cotton, Patterson, Bagley, Dortch, Healy, Cogswell, Caperton, Ingersoll, Knapp, Clarence K. Bronson

联合舰队

第三波空袭过后,武藏转为右倾。尽管依靠排水使倾斜复原至1度,但由于此前已经被创,舰体前部中甲板浸水,舰首更加下沉至水面附近。巨舰的速度更加低下,从舰列中急剧滞后。

第四波空袭兵力于14:20左右到达锡布延海上空,它们是来自美军最后一个特混大队——TG38.4的26架战斗机、21架俯冲轰炸机和18架鱼雷机。当天上午,他们曾在苏禄海上攻击了西村舰队,不过哈尔西审时度势,果断地判断锡布延海上的栗田才是日本舰队主力,因此严令戴维森集中力量攻击中央部队。

TG38.4的飞机并没有攻击已经开始掉队的武藏,而是集中轰炸了第一轮形阵内的大和和长门两舰。俯冲轰炸机从长门的左舷突入,其舰首挨了3枚近失弹。攻击"大和"号的SB2C机队则从右舷舰首方向切入,1枚炸弹命中前甲板左锚链库,贯穿全部甲板,在最上层甲板、上层甲板和中层甲板分别留下了直径40cm、50cm和100cm的三个破口,最后在左舷吃水线以下舷侧造成了1×2m和2×4m的两个破口。这两个破口造成前部进水3000吨、左倾5.3度,舰首距水面仅3米多。经注排水之后,大和的左倾减小到1.3度。

15时前后,第四波美机已经飞离日舰上空,栗田开始重整编队,保持22节航速继续东进。此时的武藏已经落后主力很远,猪口舰长向"大和"号上的第一战队司令部发报:"两舷防水区域大部分进水,加之平衡注水,可达到最大航速20节。"宇垣立即把武藏的情况报告了栗田长官。栗田认为,此时再强行与"武藏"号保持速度一致已不现实,他下令"清霜"号驱逐舰前去掩护武藏,两舰一起向外海退避。但就在这时(15:21时),第五波美机出现在了战场上空——武藏的索命终结者降临了!

来自TG38.2的16架战斗机、12架俯冲轰炸机和3架鱼雷机从日本舰队右后方逼近,栗田下令全队180度转向,以第二轮形阵打头迎战。"榛名"号率先开火,同

■ 正在对空射击的长门。在莱特湾海战中,"长门"号主炮发射了一式穿甲弹45发、零式通常弹52发、三式对空弹84发,140mm炮发射2式通常弹133发、零式通常弹520发、照明弹15发。127mm高炮发射三式对空弹38发、通常弹1502发。25mm机炮发射42847发。

时全队加速到24节。在激烈的射击中，大量如烟花一般凌空爆炸的三式弹形成了巨大的防空屏障，给美军飞行员留下了深刻的印象，不过由于距离太远、取准也很困难，很少有飞机被三式弹的碎片击中。

与刺猬一样警惕戒备的栗田本队相比，形单影只又火力稀薄的武藏成为更好的目标，美机立即对该舰全周包围袭击。15：21，第一枚炸弹命中右舷防空指挥所，整个房间都被掀飞，第一舰桥炸裂并发生火灾，作战室也损坏，在防空指挥所内指挥作战的猪口舰长右肩重伤。

由于防空指挥所、第一舰桥和作战室甲板上的人员大量死亡，"武藏"号丧失了对空作战指挥和操舰能力。接下来，左舷105号、115号、120号肋骨附近几乎同时命中炸弹，将上甲板炸裂，2、4号单装机枪、特设2号连装机枪、通信指挥室、第一收报室、电话室均被摧毁，第4、第8锅炉室起火。

第5、第6枚炸弹落在右舷第115号肋骨附近的舰长升降口，炸坏了3座机炮。第7弹命中中央高射员待机所，第8弹命中左舷第62号肋骨，将上甲板第5兵员室、中甲板病室及附近舱室炸坏。第9弹直接命中1号主炮塔顶盖，生生削去一块直径100mm、深20mm的钢板，炮室内电灯全部脱落。第10弹落在右舷第75号肋骨附近，炸裂了士官室，在最上甲板舷侧内约2米处产生了一条宽大的纵裂缝，裂缝最大处甚至可容一人进出，如同垂死时突然睁开的鱼眼，情状极其恐怖。

与大量杀伤人员和上层建筑的炸弹相比，摧毁舰体结构的鱼雷更令人恐怖。在最后一波攻击中，武藏身中11枚鱼雷——左舷第40号、60号、75号肋骨各中一雷，舰首明显下沉，4号底舱水泵室瞬时灌满海水。右舷第80号、105号肋骨各中一雷，右舷外板损害扩大。左舷第125号肋骨中一雷，第8锅炉室侧壁铆钉松动漏水，同时由于附近落下的炸弹，火焰热气侵入第8锅炉室。左舷140号肋骨附近同时命中3枚鱼雷，第一雷将装甲板压凹、破坏，后二雷没有爆炸，而是贯穿进25mm机炮的弹药库里，造成进水扩大，弹药库人员机智地从机炮扬弹筒中逃出。

命中武藏左舷第145号肋骨处的鱼雷将第二次空袭时损伤突出的第4机械室侧壁炸去约10米长的一段，第4机械室被水淹没。同时，爆炸还使得第2机械室因进水过多而停止运转，现在"武藏"号只剩2轴推进。第十一雷在左舷165号肋骨命中，造成3号主炮塔弹库左舷壁贯通、通风管破损，该室立即进水至齐膝深。6号高射炮弹药库左舷中部侧壁破损，该室及后部转轮罗针室进水。

第五波空袭结束了。海面上是左倾10度、舰首吃水增大到8米以上的"武藏"号，1号炮塔前的左舷最上层甲板已经大部浸没水下。第一游击部队的其他舰只也是伤痕累累：大和、长门速度减至24节，金刚、榛名轻伤，轻巡洋舰矢矧中弹，驱逐

联合舰队

舰滨风和清霜负伤,被遣回基地。

孤军奋战了5个小时之后,栗田再也按捺不住了。15:30,他下令全队180度转向撤退,等待友军消息。同时在16:00时给联合舰队和其他各部发电:"……自08:30时至15:30时,敌舰载机250架先后来袭,频率及机数不断增加。迄今航空索敌攻击之成功难期,而我逐次被害累增。此时突入莱特湾,徒为敌增一好饵,而成算难期。故暂时向敌空袭圈外退避,以待友队之成果确认后再行策应进击。当否?"

栗田当然不会知道,北方恩加诺角海面上的小泽在12:41和14:39曾两度向第一游击部队发出电报,告知自己已经出动飞机攻击哈尔西舰队。次日11:00时,当小泽离开沉没的瑞鹤、改以大淀为旗舰时,电报甚至已经发到了"大和"号的电信室,只是因为译电员忙于处理有优先权的大和本舰电报,无暇顾及司令部的这些密电,结果这封重要的电报居然被搁置到了第二天中午,严重地影响了栗田对战局的把握(大多数战史均称"瑞鹤"号远程发报机故障,栗田本人也持此种意见,但"大和"号返回日本后,即将航海日志和电信接收记录等一些相关文件运送上岸存放,经海军史研究人员检索,电信接收记录中确实有该电报的收信记录存在)。

栗田不知道的是,哈尔西已

经在15:30决定,如果栗田舰队不惜代价前进,便从现有的战舰中抽出4艘战列舰、5艘巡洋舰和19艘驱逐舰,组成TF34,由"雾岛"号的终结者——威利斯·李中将率领,在圣贝纳迪诺海峡拦截日舰。

不过,栗田在此时做出的反转后退命令仍堪称明智——越来越多的美机显示,牵制部队肯定没有完成任务,在缺乏航空掩护的情况下,贸然与美军主力接触是危险的。现在他需要的是时机,一个足以改变历史和栗田舰队整个命运的时机。

16:35,美军一架俯冲轰炸机在北方海面发现了小泽舰队。时机到来了。

在得知北方发现日军机动部队的同时,哈尔西还得到报告:日本中央舰队已经后撤。加上早上发现的西村舰队,上将判断日军三支部队的目标是25日在萨马岛

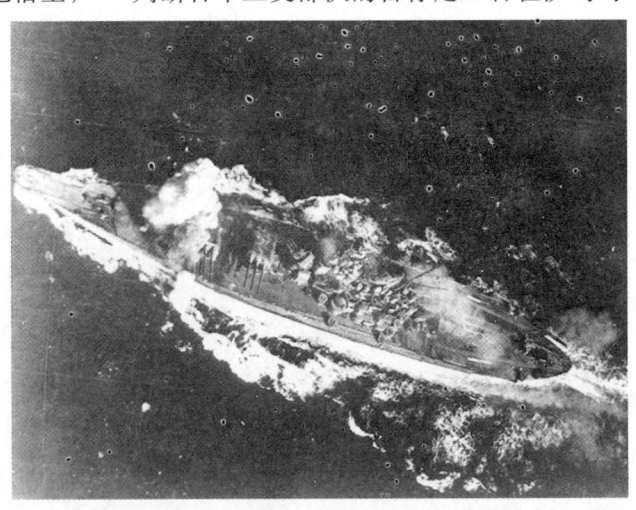

■ 在苏禄海上迎战美舰载机的"大和"号,1944年10月26日,"黄蜂"号一架SB2C的后座发报员拍摄。其时该机正从3400米高度急速俯冲投弹,在450米高度投下900公斤半穿甲炸弹(击中大和一号主炮塔前方)和225公斤炸弹(命中72号肋骨处中央线偏右5米)各一枚,随后奇迹般地逃脱了浓密的防空火力网,平安返回。

■ "武藏"号最后的遗影,北纬13度7分、东经122度32分。在身中20枚鱼雷与17颗炸弹之后,巨舰的舰首已经没入水中,由于舰员较高的素质,首尾几乎成一线。

外海会合,合力打击莱特湾内的美军运输船。由于他相信栗田舰队的炮塔和火控系统在空袭中受伤严重、不可能进行决定性打击,所以"慷慨"地决定把他们留给金凯德;而对这位因病错过了中途岛航母歼灭战的上将来说,小泽的机动部队才是最大的对手(哈尔西不知道日本航母上已没有飞机),于是他在24日24:00前集合了全部3个大队,在25日凌晨全速北上迎战。

在TF38全军北上之时,哈尔西本可以留下李中将TF34的战列舰守护圣贝纳迪诺海峡。但由于手中掌握的信息不足,他始终认为北方的日军航母"不仅毫发无伤,而且打击半径比水面舰艇要多出数百海里","如果敌陆基航空兵和舰基航空兵配合起来的话,我的两个半支舰队所可能遭受的损失,远比集中全舰队所可能遭受的损失为大"。而如果带TF34北上,那么即使日军中央部队突破了圣贝纳迪诺海峡进入莱特湾,它也只能给登陆场造成"一点麻烦"而已。多年后,他在回忆录中写道:"如果我再处于同样的处境,只能拥有当时同样的情报的话,我还是会作出同样的决定。"

17:14,由于美军飞机已经消失,栗田在没有接到进一步指示时果断下令:向圣贝纳迪诺海峡回头!经历了一场炼狱般洗礼的舰队现在还剩下4艘战列舰、6艘重巡洋舰、2艘轻巡洋舰和11艘驱逐舰。它们排成第24号航行序列,在夕阳的映照下全速调头前进。

此时海面只有一个孤单的舰影还在漂浮着,那是垂死的"武藏"号。在栗田转向撤退后,该舰已经丧失了动力。16:21,面目全非的巨舰勉强修复了舵机,开始以23节速度北上。3分钟后,旗舰大和经过临终的姊妹舰，看到它左舷舰首没入水中、菊纹章勉强露出水面，上层建筑破烂不堪的样子，不仅涌起一阵悲伤。宇垣中将发出信号："请全力保全战舰。"16:45，又发出一次"保全战舰"的信号。20分钟后，大和向武藏发报："如果航行或曳航无法远行的话，可在附近岛屿选择适当深度的水域，采用曳航方式使舰首搁浅的应急办法处置。"

"武藏"号继续设法自救。为了纠正倾斜，甲板上的重物全部转移到右舷，左主锚也被抛弃。18时，大和再度发报询问："自航可能吗？"15分钟后得到的回答是："右舷内侧推进轴运转可能，操舵没问题。"这也是两艘巨舰之间最后的联络。

回光返照似的一阵平静后，"武藏"号的情况又开始恶化，左倾恢复到10度。猪口下令对右舷第3、第7、第11号锅炉室和唯一可以使用的3号轮机舱注水，但没有任何效果。19:15，倾斜增大到12度，猪口判断军舰必然沉没，下令弃舰。他用铅笔匆匆写下一封遗书，交给副长加藤宪吉大佐，让加藤去后甲板组织降旗、撤退，自己则留在舰桥上与武藏共命运。

19:30，在晴朗的夜空和闪烁的星光下，"清霜"号突然看见武藏左倾增大到30度，随后猛地滑入水中，倾覆了。舰体倾覆时，内部传出两声爆炸，估计是弹药殉爆了。呼唤声、怒吼声，惊叫声交相混杂，目睹逃生前的纷乱情景，犹如置身地狱，令人恐怖万分。凡是能够移动的东西都滚光了，巨舰倾斜达到了四五十度，密集的人群爬上浮出水面的右舷舰腹，巨大鲜红的舰腹呈现在眼前。19:35，"武藏"号沉没在北纬13度7分、东经122度32分的锡布延海水域，2287名官兵中有1021人丧生。由于事发仓促，正在转移中的天皇"御容"也随舰沉没。

锡布延海上的决斗是一场终极审判。在大舰巨炮与航母舰队第一次势均力敌、堂堂正正的对决中，大舰巨炮最后也是最杰出的代表——武藏，被小小飞机丢下的20枚鱼雷、17颗炸弹和18颗至近弹凄惨地虐杀，毁灭于自天而降的火焰中。

如水的下弦月映照着海面，夜色中栗田部队正在疾速东行。在长久的沉默和通

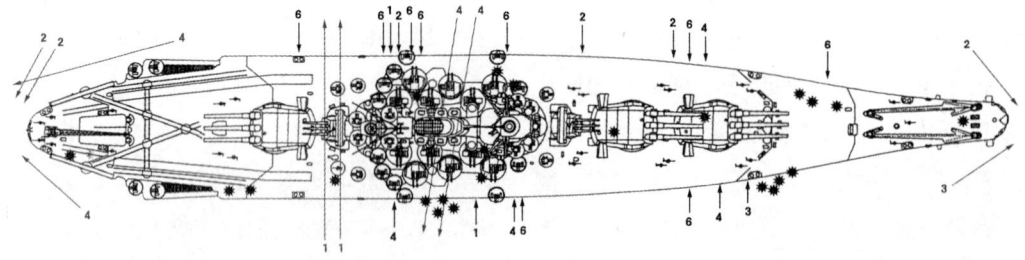

■ "武藏"号受损状况示意。实箭头为鱼雷（数字为空袭波数），星号为炸弹和近失弹。虚箭头为被规避掉的鱼雷。

讯紊乱中，没有人知道这支舰队又偷偷杀向了圣贝纳迪诺海峡；也没有人知道，平时关闭的圣贝纳迪诺海峡航道灯，这天晚上为什么竟然开着……

三、配角们的奋战

"囮舰队"

机动部队指挥官小泽治三郎中将在"阿号作战"失败后痛苦万分，曾多次要求辞去职务。经丰田屡次挽留，他才勉强答应回到内地重建部队。不过，他在马里亚纳损失了大凤、翔鹤、飞鹰3艘航母，龙凤和隼鹰又受伤，需要修理，小泽手中只剩下瑞鹤1艘大型航母，以及瑞凤、千岁、千代田3艘轻型航母。幸好战列舰伊势和日向的改造工作已经结束，成为了既拥有重炮又可以弹射水上飞机的"航空战列舰"。由这两艘军舰组成第4航空战队，搭载"瑞云"水上轰炸机。当时新型航母云龙级的前两舰——云龙、天城也接近完工，它们在竣工之后将编成新的第一航空战队。如果一切顺利，到1944年底，小泽舰队将恢复为拥有8艘大小航母和2艘航空战舰、舰载机450余架的有生力量。

1944年8月10日，联合舰队司令部发布"捷号作战"机动部队作战要领，小泽被告知他要"呼应第一游击部队之出击，在东北方牵制敌机动部队、并攻击其一部，以方便一游完成突入作战"。

从当时的兵力看，三航战搭载的653航空队已经粗具规模，第四航空战队搭载的634航空队也有35架飞机，只有依托第一航空战队的601航空队尚未建成。只要燃料足够、训练充分，小泽依然有信心将哈尔西引诱到东北战场，并出动全部飞机与之进

■ 1944年10月24日，在日机空袭中中弹爆炸的"普雷斯顿"号航母，整个舰尾被一扫而光，飞行甲板被冲击波击穿。

■ 燃烧中的"普雷斯顿"号，甲板上停满飞机，右侧的"伯明翰"号轻巡洋舰正在向飞行甲板喷水以降低舰体温度、防止爆炸。

联合舰队

行决战。

不过，困扰他的还是那两个老问题：天时、地利。

"阿号作战"中被潜艇吃掉两艘航母后，联合舰队司令部再也不敢把机动部队派到南洋去训练了。小泽舰队在本土的濑户内海停泊了3个多月，飞行队分散到陆上的岩国、鹿屋、馆山和硫黄岛、父岛的几个航空基地进行重建，由于燃料缺乏、士气低落，训练进行得很不顺利。特别是那两艘别出心裁的"航空战列舰"，它们的飞行甲板太短、无法完成降落，只能做单程弹射的"死亡攻击"。到10月初为止，第四航空战队一共只进行了一次满载起飞训练。

更愚蠢的是，"阿号作战"造成的损失还远未恢复，联合舰队却又要将刚刚重建的飞行队投入到毫无希望的台湾冲航空战中去。10月7日"捷一号作战警戒"发布，丰田副武下令紧急抽调653、634航空队的熟练飞行员，组成总数154架的联合攻击队前往台湾参战。经此一役，机动部队包括第634航空队飞行长江村日雄少佐在内的精锐飞行员全部战死，参战飞机损失95%以上，634航空队司令中谷孝久中佐（中途岛海战幸存的"加贺"号飞行部门长）又成了光杆司令。这样一来，小泽舰队只剩下刚刚完成训练的601航空队100名不到的飞行员，再无任何战斗力，彻底沦为任人宰割的鱼肉。在这样的情况下，"与敌进行决战"当然无从谈起，机动部队只能安心担当起诱饵的角色。

1944年10月19日黄昏，按照预定计划，小泽指挥的"囮舰队"（据《说文》载："率鸟者，系生鸟以来之，名曰囮。"联合舰队司令部以"囮"指代机动部队，明显是在突出其诱饵功能）集结了伊予滩的八岛锚地。

马里亚纳海战前机动部队9艘航母的堂皇阵容，如今只剩下了第三航空战队瑞鹤、瑞凤、千岁、千代田4艘航母，第四航空战队的伊势、日向2艘航空战列舰（隼鹰、龙凤两艘航母受伤尚未修复），轻巡洋舰大淀、多摩、五十铃和8艘驱逐舰。尽管小泽本人反对这种自杀性出击，但在接到命令后还是竭尽所能加强自己的实力。

现在的这支机动部队聚集了日本海军舰载航空兵的最后一点骨血：零式战机52架、战斗轰炸机28架、"彗星"轰炸机7架、"天山"鱼雷机29架，合计只有116架而已（主要来自601航空队，具体数目为瑞鹤69架，瑞凤17架，千岁16架，千代田14架）。由于舰队防空能力几乎为零，不得不编入4艘秋月级防空舰（乙型驱逐舰）来保护大型舰艇的安全。至于花大力气改装的两艘"航空战列舰"，飞行甲板上完全空无一物，只是见缝插针地加装了6座12公分28联装喷进炮（防空火箭炮），以至于后世的日本战史家羞答答地形容它们是"裸体航母"。

10月20日下午1:30，机动部队驶出丰后水道；22日凌晨，在足摺岬南方约540海里的海上转为西南偏西航向。

海上调兵遣将之时，陆上的日军基地航空兵也频频出动，全力攻击美军登陆输送船队。10月19日，军令部总长及川古志郎、次长伊藤整一、第一部部长中泽佑齐聚一堂，欢送"傲骨武人"大西泷治郎中将前往马尼拉担任第一航空舰队司令。席间，大西发言道："除了诉求于前线官兵殉国、牺牲的至诚，鼓励他们冲撞、攻击敌人之外，别无良策。"负有统帅职责的及川表示认可。

大西在给米内光政海相留下"实施特攻、把菲律宾当做最后的战役"一句话后，就前往马尼拉赴任。到达菲律宾之后，他招募23名飞行员组建了第一特别攻击队，以13世纪驱走元寇的"神风"（Kamikaze）为之命名，号称"以一人、一机、一弹换一舰"。

10月20日、21日和22日，日本海军第一航空舰队和陆军第4航空军的飞机持续攻击了莱特岛滩头的美军舰船。10月24日，第一、第二航空舰队和第4航空军对莱特岛周边发动航空总攻击，其中陆军飞机主要攻击运输船队，海军飞机目标为美军航母。

24日上午06：30，第二航空舰队从菲律宾克拉克基地出动战斗机126架、攻击机63架和"彗星"轰炸机10架，在马尼拉80度方向、160海里处攻击了TG38.3。

谢尔曼少将的4艘航母出动了100架以

■ "伯明翰"号巡洋舰接舷靠上"普雷斯顿"号，转移伤员。该舰不久被"普雷斯顿"号的大爆炸扫中，舰上人员死伤惨重。

上"地狱猫"迎战，356门高射枪炮也不断倾泻着火力，199架日机中有超过60架被击落。但09：38时，仍有1架"彗星"借助云层的掩护命中了轻型航母"普雷斯顿"号（USS Princeton，CVL-23）。该舰系"克利夫兰"级轻巡洋舰改装而来，飞行甲板无防护，日机投下的250公斤半穿甲弹穿透了飞行甲板、机库和强力甲板，最后在主甲板下方爆炸。

由于"普雷斯顿"号正在进行舰载机回收作业，当场燃起大火，机库里的6架TBM鱼雷机相继被点燃，消防系统也没有水压。40分钟后，舰长下令弃舰，但消防人员和友舰仍然奋勇灌救，经过两个小时的努力，火势渐渐得到控制。但在15：23，后部弹药库中的鱼雷发生了大爆炸，"普雷斯顿"号的整个舰尾被一扫而光，正在舷侧喷水施救的"伯明翰"号轻巡洋舰（USS Birmingham，CL-62）也伤亡惨重，229人被当场炸死，400多人负伤（该舰甲板上挤满了从"普雷斯顿"号撤出的官兵和消防队员）。

此时的"普雷斯顿"号已经无可挽救，只得由轻巡洋舰"里诺"号用鱼雷击沉。"普雷斯顿"号沉没的日子距离美军上一艘沉没的舰队航母"大黄蜂"号战殁日差两天刚好两周年，它是美国在二战中损失的最后一艘正规航母，也是唯一一艘只挨了一颗炸弹就沉没的美国航母。

单独突入的西村

22日下午15:30，西村支队的7艘军舰开出了文莱湾。23日上午10:20，顺利通过婆罗洲以北的巴拉巴克海峡，进入了苏禄海。不久，舰队向东北方改变航向，朝24日06:30预定到达的地点航行。最危险的南方航线不但没有遇到潜艇，就连美军巡逻机也没有出现，西村舰队得以平静地航行。

24日零时，为防止被陆上巡哨机发现，谨慎的西村忽然下令改变航向，转向东南方，取苏禄海中部以民都洛海西口为目标的航线前进。

凌晨2时，"最上"号起飞1架零式水上侦察机前往莱特湾内实施侦察。06:50，水上侦察机到达莱特湾高空，观察员发现湾内停泊着4艘战列舰、2艘巡洋舰、2艘驱逐舰和80艘运输船，塔克洛班南面的杜拉格以南20海里有15架大型水上飞机和1艘水上飞机供应舰，再往南20海里还有10多

艘鱼雷艇和4艘驱逐舰。他迅速以无线电向"山城"号上的西村中将报告，并转电菲律宾岛南部各相关航空基地。12时，该机结束任务返回西村舰队上空，向母舰"最上"号和旗舰"山城"号空投了密封有敌舰分布示意图的报告球，随后飞往民都洛岛的圣何塞基地着陆。14时，锡布延海上的栗田也得到了西村转发的报告。

忙中出错的是，即使这架立下大功的飞机也未能正确判明美军的实力，莱特湾内当时实有美军第七舰队的战列舰6艘（密西西比、马里兰、西弗吉尼亚、田纳西、加利福尼亚、宾夕法尼亚）、巡洋舰6艘和驱逐舰30艘以上。不过这份不准确的情报已经是日军可以获得的关于湾内美军的唯一信息了。

08:55，远处天际出现了一架侦察机的身影。半小时后，西村支队遭遇了5分钟的轻度空袭。来袭的是TG38.4的27架飞机，"扶桑"号舰艉被1枚炸弹命中，两架零式水上观测机被烧毁，"最上"号遭到机枪扫射，时雨被击中一弹，总计死伤19人。不过美机只对西村支队进行了一下象征性光顾，随后就奔向了北方锡布延海上更大的目标。

空袭并未再来，西村部队继续航行。24日14时，达到苏禄海以东的尼格罗斯岛南端附近。西村在此向栗田通报："第三部队将按照预定方案突入苏里高海峡，航向140度，航速18节。"电报的接收方还有另一支特殊的部队——台湾航空战中受命"扫

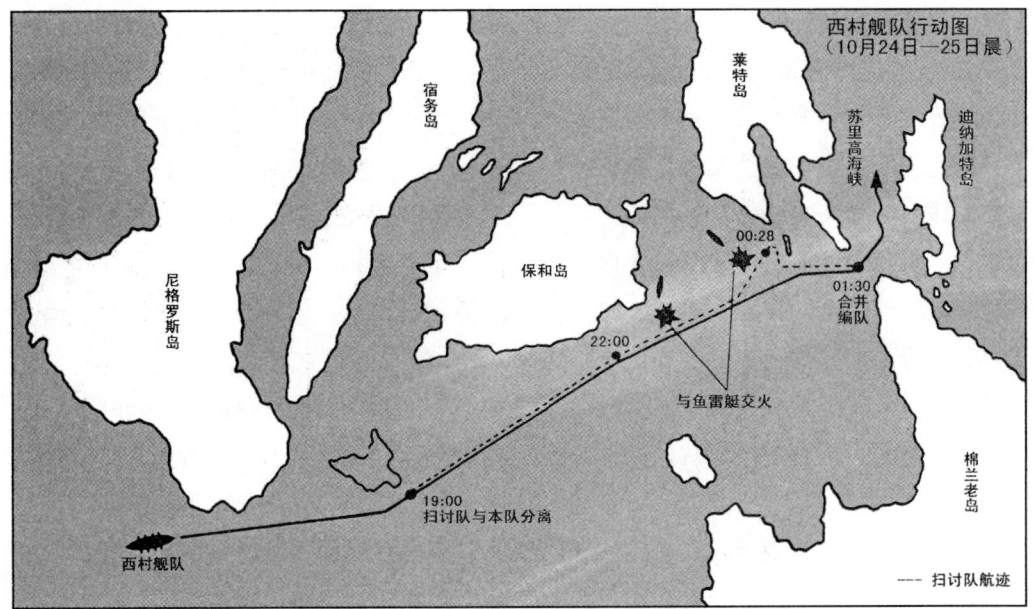

荡剩余美舰"的第二游击部队。

"捷一号作战"前，第二游击部队一直与小泽舰队一起在本土训练；小泽从内海出航后，第二游击部队的7艘军舰（那智、足柄、阿武隈和4艘驱逐舰）转隶三川军一中将西南方面舰队。但部队指挥官志摩清英中将随后就得知了第一游击部队突入莱特湾和西村支队进军苏里高海峡的行动，立即希望加入，而三川直到23日才批准该部队于次日自行出发、经苏里高海峡突入莱特湾。

第二游击部队与第一游击部队在指挥系统上没有任何关联，与西村支队也无作战协定，加派这样一支部队加入作战，不过是联合舰队司令部病急乱投医的表现之一。偏偏心急的志摩在没有获得正式命令之前，就于22日夜半给西村发电，称其位于第三部队后方约40海里，正加速赶来协同作战。

西村对这支"幽灵"援军的态度是不予理睬。支队肃静地行进着，进入了民都洛海，离预想的战场越来越近了。18：30，根据先前水上侦察机提供的情报，西村派"最上"号率领第4驱逐队的满潮、山云、朝云3艘驱逐舰前去扫荡保和岛附近的美军鱼雷艇。19时左右，四舰离开编队先行。

20：13时，西村再次向中路的栗田发报："预定于25日04：00时突入塔克洛班海面。"7分钟后，栗田收到了电文。他认为，中央部队在下午的撤退－反转中浪费了大量时间，难以在预定时间突入莱特湾；而西村的实力太弱，独自面对港内庞大的美国舰队存在风险。因此，他在21：45时给西村发报，称自己将于25日上午突入莱特湾泊地，要求第三部队于09：00时在苏禄安岛东北10海里附近与主力会合。

联合舰队

怪事就在此时出现了。

整个莱特湾海战中,"大和"号电信室里发生的那些扑朔迷离的情节,简直可以写成一部悬疑小说。按照电报记录,栗田要求西村等待自己一同突入的"第一游击部队机密第242145号电"发出时间为22:42,与理论上的发报时间21:45相差了整整一个小时;而西村到底有没有收到这份电报,到今天都无人知晓。从行动上看,他决意不再等待中央部队,而是一路向前、单独突入。

按照西村祥治自我感觉良好的估计,两艘旧式战列舰的24门356mm主炮,加上驱逐舰携带的大量鱼雷,面对拥有4艘战列舰(实际为6艘)的美军固然不占优势,却可大量消耗对手的弹药。如此一来,即使本队被全歼,也能给对手带来相当损失,后续突入的栗田受到的打击就会变少。

另一方面,西村的屁股后面还跟着志摩的第二游击部队。他和志摩同为海军兵学校第39期的毕业生,毕业成绩也更优秀,但西村早年仕途不顺,到莱特湾海战时只是战队司令官,志摩却是舰队司令官,在指挥序列未定的情况下,志摩理当拥有优先指挥权。但以果敢勇猛著称的西村却不乐意受他节制,这位一意孤行的老将带着小小的支队一路北上,很快消失在了苏里高海峡的暗夜里……

苏里高花火之夜

24日23时,"最上"号率领的"扫讨队"在利马萨瓦岛西南遭到3艘美国鱼雷艇PT-146、151、190的攻击。当时天降大雨、视线不良,最上以机关炮进行无照射炮射,对手发射的鱼雷无一命中,不过日舰也被搅得草木皆兵。

25日凌晨1:25,西村支队终于到达苏里高海峡南口。整个舰队排成一字纵队:满潮、朝云在主力之前作为先导;在它们后4000米,山城、扶桑、最上以1000米的间隔相继跟进;山城左、右侧1500米外分别由时雨、山云提供掩护,小心翼翼地前进。

黑暗中闪出了萤火虫般的夜光,那是第二批美军鱼雷艇出现了。西村舰队一起右转规避,同时以猛烈的炮火加以反击。战斗在5分钟内顺利结束,鱼雷无一命中,美军鱼雷艇PT-493触礁损失。由于前方航道已经畅通,西村下令"扫讨队"回归主队。不过由于精神高度紧张,"山城"号第一次开火就命中了归队的"最上"号的病室,造成3人死亡。2:20,西村向栗田发报:"通过苏里高海峡,突入莱特湾。"全队舰首向北,加速到20节。

2:53,警戒舰"时雨"号忽然报告:"迪纳加特岛附近发现敌驱逐舰三艘以上!"那是美军设置的一条驱逐舰阻击线,分为东西两队,"时雨"号发现的是位于东侧的第54驱逐舰分队。3点钟过后,日舰探照灯集中向先头驱逐舰照射,随即开火射击。美舰一边施放烟幕一边转舵撤退,但在此之前,它们在7000-8000米距离上向日本舰队发射了27枚鱼雷。

"最上"号发现右舷疾驶而来的雷迹后紧急转舵，鱼雷在舰艏前5-6米划过。但前方1000米处的扶桑因为行动迟缓，在3点30左右被"梅尔文"号（USS Melvin, DD-680）发射的一枚鱼雷拦腰击中右舷，立即倾斜落伍。4万吨的巨舰开始向右回旋后撤，8分钟后即丧失了全部动力，瘫痪在海面上。加速超越该舰的"最上"号只看见海面上仿佛多了一支熊熊燃烧的火炬。

东侧的驱逐舰消失了。西村没有察觉"扶桑"号落伍，他看到1000米后加速追赶的"最上"号，以为那是扶桑，于是率队继续前进射击。西侧的美军第56驱逐舰分队也在火光中出现了，他们同样不予缠斗，而是发射完鱼雷立即转向北上。由于烟幕和视线的关系，没有一弹命中这些小舰。

03：20，为规避鱼雷，西村命令各舰紧急向左转舵45度，但已经太晚了。前卫的满潮和山云几乎同时被鱼雷命中，满潮瞬间失去动力，"山云"号发生大爆炸后沉没。紧接着，"朝云"号前主炮正下方被鱼雷命中，舰艏顿时折断，只能以12节低速航行。此后，旗舰"山城"号左舷后部也被鱼雷击中，为防止发生爆炸不得不向弹药库注水，这样一来，只剩下舰艏的1、2号主炮塔可以继续使用。西村舰队的队形已经彻底混乱。

到03：30，西村舰队还能继续前进的只剩下受伤的山城和没有中雷的最上、时雨三艘了，不过中将的意志依旧顽强。他亲率山城一马当先，最上紧随其后，时雨在最后掩护。这时，第三批5艘美国驱逐舰又从莱特岛南下，发起新一轮雷击。"山城"号左舷中部再中一枚鱼雷，航速一度降为5节。

03：50起，人类大海战历史上最后的史诗剧华丽上演！北方14000米距离上的8艘美军巡洋舰，以及20000米距离上的6艘美军战列舰，一齐向西村舰队残部发起了最后的炮击！这是美将杰西·奥登多夫少将（Jesse B. Oldendolf）所率TG77.2的主力：6艘经过现代化改造的战列舰排成经典的T字战列，"西弗吉尼亚"号、"田纳西"号和"加利福尼亚"号在Mk-8型火控雷达导引下连续对日舰倾斜了225发大口径主炮弹！装备Mk-3型火控雷达的"密西西比"号和"马里兰"号发射了20发主炮弹，巡洋舰也发射了4000余发炮弹。

此时的西村已经没有任何还手之力，他在发出"本舰中雷，各舰继续前进攻击敌舰队"的指令后就陷入了排山倒海的火焰中。

从珍珠港淤泥里打捞起来的老战列舰"西弗吉尼亚"号射出的406mm炮弹直接命中"山城"号。山城的舰桥下发生了火灾，性能低下的二二号电探显示屏幕上依旧一片茫然。虽然山城也以4门356mm前主炮做出了力所能及的回击，但在美舰的炮火面前犹如放炮仗一般，只听见响声，却不见什么战果。

此时，美军第56驱逐舰分队不顾日舰反击的炮火，抵近向"山城"号发射

联合舰队

了鱼雷。04:11,"纽康布"号(USS Newcomb, DD-586)发射的两枚鱼雷分别击中右舷机舱及1号主炮塔下,猛烈燃烧的军舰开始倾斜。

"山城"号起火后,"最上"号开始掉头撤退,追之不及的炮弹接连命中该舰后桅。无数水柱在军舰左右溅起,右舷的1、3号高射炮之间先中一弹,随之舰桥前部的3号主炮塔右侧也中一弹,整个炮塔飞上了天。最后,左舷机舱被一弹命中,"最上"号停住了。

就在最上失去动力的一刹那,3000米后的海面上突然喷发出了壮丽的花火:那是"山城"号的弹药库爆炸了。全轰炸机发出火山般的烈焰,倾斜达到45度后,古塔般的主桅也崩塌下来,整个海面都可以看到它燃烧发出的火光和扭曲的丑陋身躯。仅仅两分钟后,"山城"号倾覆,自舰艉开始沉入海中。此时为1944年10月25日晨04:19,西村司令官、筱田胜清舰长和绝大多数舰员随战舰沉没,只有10名幸存者被美舰救起。

在"山城"号爆炸火光的照耀下,"最上"号的右侧主机恢复了动力,开始以10节低速撤退。一发臭弹砸坏了舰桥顶部的防空指挥所,数发直接弹命中飞行甲板,"最上"号全舰都燃起了大火。随后,连续两发203mm炮弹直接打中舰桥,包括藤间良舰长、桥本副长、中野航海长、山本水雷长在内的高级军官全部被炸死,暂时由炮术长荒井义一郎大尉代理指挥。荒井带着另一艘驱逐舰时雨拼命南下,终于逃出了美舰的主炮射程。

在恐怖的苏里高之夜里,唯一一艘没有遭到重击的军舰是著名"祥瑞"时雨。该舰右舷重油舱被近失和命中弹造成5处创伤,不过都不影响前进。转舵南下时,一发炮弹刚好命中该舰的舵机,不过居然没有爆炸!于是"时雨"号居然在火光冲天的海面上慢慢修理起了舵机,很快排除了故障,尾随"最上"号撤退。

至于远远落后的"扶桑"号,03:45该舰中部燃料舱和3、4号主炮塔弹药库位置发生了大爆炸,脆弱的舰体断成两截漂浮在海面上。根据美国方面的报告,该舰的舰艏部分在04:20左右被击沉,而熊熊燃烧着的舰艉还在海面上苟延残喘了一个小时。此

■ 苏里高海峡夜战中,轻巡洋舰"博伊西"号正在以探照灯照射射击。

"盖世无双的海战"

■ 苏里高夜战的胜利者、TG77.2指挥官杰西·奥登多夫少将（1887－1974）。历任"德卡托"号驱逐舰和"休斯敦"号巡洋舰舰长，1941－1943年在加勒比海和纽芬兰指挥反潜作战。1944年1月调往太平洋，指挥第4巡洋舰大队，莱特湾大海战期间指挥TG77.2，在苏里高海峡夜战中歼灭西村舰队。当年12月提升为中将，1948年退役。

晚两小时驶进苏里高海峡。03:00左右，第二游击部队驶进海峡南口，最先为驱逐舰"曙"号，"潮"号在其左警戒鱼雷艇攻击，之后是那智、足柄、阿武隈、不知火、霞排成的单纵阵。当时，西村舰队正遭到美军东侧驱逐舰队的鱼雷攻击，最上以机关炮射击，山城、扶桑两舰的探照灯则以探照灯四处照射。正是借着这灯光，处在急风骤雨包围下、视线极差的志摩舰队才辨认出了西村的所在。但就在此时，美军鱼雷艇从隐藏的断崖后现身，对志摩舰队进攻了攻击。轻巡洋舰"阿武隈"号被PT-137号发射的鱼雷命中舰桥下方，舰后没有人知道"扶桑"号上发生了什么，全舰没有一个人生还，战死人数在1400－1600之间。

志摩中将的撤退

在暴风雨后短暂的沉默中，"时雨"号战战兢兢地向苏里高海峡南口退去。仅仅几分钟后，瞭望哨在黑暗中发现了一艘重巡洋舰的侧影。美军的生力军出现了！绝望的时雨开始准备前主炮，打定主意要在一场惨烈的炮战后沉入海底。但就在此时，对方的探照灯发出了一闪一明的信号：友舰！那是第二游击部队的旗舰"那智"号。

志摩舰队自起航以来，一直在西村之后60海里追赶，约比西村队

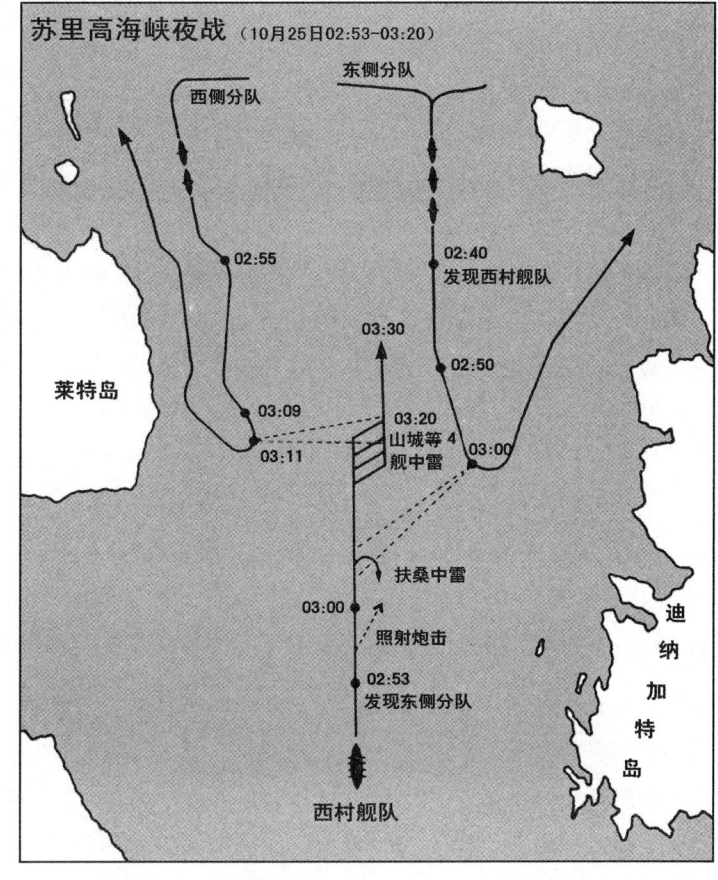

苏里高海峡夜战 (10月25日02:53－03:20)

联合舰队

■ 大战前夕的"PT-194"号鱼雷快艇,属第70特混舰队。鱼雷快艇在苏里高海峡夜战发挥了决定性作用,不仅打乱了西村的队形,还击沉了"扶桑"号。

首进水掉队。志摩下令撤下受伤的"阿武隈"号,以旗舰"那智"号当先排成单纵阵,加速到26节继续前进。

不久之后,北上的志摩舰队驶出了雨区,但视线依旧不良。前方的西村舰队显然已经开始了混战,散落的照明弹如同盂兰节的花火般扶摇直上,眼看其中一艘军舰燃起了小火焰,随后膨胀、上升,终于引发了大爆炸。整个苏里高海峡的夜空都被这爆炸的火光映亮了——那正是寿终正寝的"扶桑"号。

04:00左右,小心前行的第二游击部队进入了海峡中央附近。在"那智"号的舰桥上,志摩中将毛骨悚然地发现东面1000米外出现了两截正在燃烧的残骸,相隔数百米,犹如两堆即将熄灭的篝火。那是"扶桑"号断成两截的舰体,不过不明就里的志摩以为是战损的山城、扶桑两舰,不由得涌起一阵悲凉之情。舰队小心翼翼地绕过那两截残骸,继续北上。恰在

此时,瞭望哨辨认出前方有一艘停止的驱逐舰,旗舰那智发出信号,对方回答:"本舰时雨,舵机故障,修理中。"

与时雨交换过信号后,"那智"号并不停顿,而是继续前进。黑暗中视界依旧很坏,加上美军驱逐舰施放了烟幕,前方完全被烟幕所遮蔽,无法辨认敌情。志摩决定首先以旗舰的二二号电探捕捉目标,随后驱逐舰跟进、施放鱼雷攻击。但在此时,瞭望哨却在右前方烟幕的断开处发现了一艘着火的军舰。那是近乎停止的"最上"号。

混乱就在这时发生了。"那智"号的二二号电探突然发现了一个酷似美国军舰的目标,志摩中将下令旗舰向右转舵,让后续的驱逐舰对目标发射16枚鱼雷。不过日本雷达的性能实在不敢恭维,所谓"美国军舰"其实只是一个小岛。为避开鱼雷,已经掉转舰首的那智开始向南航行,漂浮着的"最上"号随即出现在该舰前方,两舰急速接近。由于"那智"号认定最上已经失去动力,因此大胆地尝试横穿该舰前方。

倒霉的志摩!"最上"号虽然已经遭到重创,但其实还有8节的速度,正在蠕动着向南撤退。从后方赶上来的"那智"号急速靠近,一头撞向了"最上"号的右舷。尽管"那智"号舰长鹿冈大佐大呼"右舵",但实在是太晚了:旗舰以28节航

速撞进了"最上"号右舷前部,舰首严重损坏,起锚室里灌满了海水。

跟在"那智"号后面的"足柄"号很快接过了领头位置、再度带领舰队北上,不过"那智"号的舰首已经沉到水下,最大航速连20节也达不到了。

在"那智"号舰桥上的司令部里,"仁厚斗将"志摩清英的怒火一下子涌了上来:出师未捷、两舰重伤,简直是耻辱!他抱定必死的决心,准备下令全军突入。不过在几位幕僚相继进言后,中将意识到美军实力强大、鲁莽前行必然重蹈西村的覆辙。于是他向栗田发报:"当队一应脱离战场,以图后策。"随后就带着第二游击部队和时雨南下撤退了。

残留在战场上的只剩下了熊熊燃烧着的"最上"号。自中途岛以来,这是该舰第二次在战场上发生碰撞事件,也是最后一次。

奥登多夫的巡洋舰很快发起了追击,击沉了重伤的朝云,并再度命中最上。天亮后,TG77.4护航航母上的飞机和陆基的B-24轰炸机赶来助战,先后击沉了被遗弃的最上、阿武隈和驱逐舰"不知火"号。

1944年10月24日深夜,在苏里高海峡那场世界上最后的战列舰炮战盛会中,日军总共损失了2艘战列舰、2艘巡洋舰和4艘驱逐舰,战死官兵超过4000人,却没有取得哪怕一个像样的战果。

四、"宿命之回转"

萨马岛功败垂成

对栗田舰队在反转后一个多小时又重

■ 志摩舰队旗舰、重巡洋舰"那智"号,苏里高海峡之战中与"最上"号相撞。

联合舰队

莱特湾海战美军战斗序列(二)

第七舰队 (司令:托马斯·金凯德中将)

一、第70特混舰队:
★**第70.1特混大队** (指挥官:R.A.利森少校)
鱼雷快艇×39:
PT-127, 128, 129, 130, 131, 132, 134, 137, 146, 150, 151, 152, 190, 191, 192, 194, 195, 196, 320, 321, 323, 324, 326, 327, 328, 329, 330, 331, 489, 490, 491, 492, 493, 494, 495, 497, 523, 524, 526

二、第77特混舰队
★**第77.2特混大队** (指挥官:杰西·奥登多夫少将)
战列舰×6:
密西西比(BB-41)、马里兰(BB-46)、西弗吉尼亚(BB-48)
(以上3艘属第4战列舰大队)
田纳西(BB-43)、加利福尼亚(BB-44)、宾夕法尼亚(BB-38)
(以上3艘属第2战列舰大队)
重巡洋舰×4:
刘易斯维尔、波特兰、明尼阿波利斯、澳大利亚(澳大利亚海军)
轻巡洋舰×4:
丹佛、哥伦比亚、菲尼克斯、博伊西
驱逐舰×28:
Newcomb, Richard P. Leary, Albert W. Grant, Robinson, Halford, Bryant, Heywood L. Edwards, Bennion, Leutze, Claxton, Cony, Thorn, Aulick, Sigourney, Welles, Hutchins, Daly, Bache, Arunta (澳大利亚海军), Killen, Beale, Remey, McGowen, Melvin, Mertz, McDermut, Monssen, McNair

★**第77.4特混大队** (指挥官:托马斯·斯普拉格少将):

☆**第1小队/塔菲一** (指挥官:托马斯·斯普拉格少将):
护航航母×6:
桑加蒙(CVE-26),载CVEG-37,含17架F6F、9架TBM-1C,共26架
苏旺尼(CVE-27),载CVEG-60,含22架F6F、9架TBM-1,共31架
切南戈(CVE-28),载CVEG-35,含22架F6F、9架TBM-1,共31架
桑提(CVE-29),载CVEG-26,含24架F6F、6架TBF-1,3架TBM-1,共33架
(以上4艘属第22航母大队)
佩特罗夫湾(CVE-80),载VC-76,含16架FM-2、10架TBM-1,共26架
萨吉瑙湾(CVE-82),载VC-78,含15架FM-2、12架TBM-1,共27架
(以上2艘属第25航母大队)
驱逐舰×3:
McCord (DD-534), Trathen (DD-530), Hazelwood (DD-531)
护航驱逐舰×5:
Edmonds (DE-406), Richard S. Bull(DE-402), Eversole (DE-404), Coolbaugh (DE-217), Rlichard M. Rowell (DE-403)
※切南戈和萨吉瑙湾两艘护航航母于10月24日下午离开摩罗泰湾,向岸上运送飞机,两舰在萨马海战结束后才返回舰队

☆**第2小队/塔菲二** (指挥官:菲利克斯·斯顿普少将):
护航航母×6:
纳托马湾(CVE-62),载VC-81,含16架FM-2、12架TBM-1,共28架
马尼拉湾(CVE-61),载VC-80,含16架FM-2、12架TBM-1,共28架
(以上2艘属第24航母大队)
马尔库斯岛(CVE-77),载VC-11,含12架FM-2、11架TBM-1,共23架
加达山湾(CVE-76),载VC-20,含15架FM-2、11架TBM-1,共26架
萨沃岛(CVE-78),载VC-27,含16架FM-2、12架TBM-1,共28架
奥曼尼湾(CVE-79),载VC-75,含16架FM-2、11架TBM-1,共27架
(以上4艘属第27航母大队)
驱逐舰×3:
Haggard (DD-555), Franks (DD-554), Hailey (DD-556)
护航驱逐舰×5:
Richard W. Suesens (DE-342), Abercrombie (DE-343), Oberrender (DE-344), Leray Wilson

(DE-414), Walter C. Wann (DE-412)
※Oberrender于10月24日下午护送两艘护航航母离开摩罗泰湾

☆第3小队/塔菲三 （克利夫顿·斯普拉格少将）：
护航航母×6：
圣洛（CVE-63），载VC-65，含17架FM-2、12架TBM-1，共27架
白平原（CVE-66），载VC-4，含16架FM-2、12架TBM-1，共28架
加里宁湾（CVE-68），载VC-3，含16架FM-2、1架TBF-1、11架TBM-1，共28架
方肖湾（CVE-70），载VC-68，含16架FM-2、12架TBM-1，共28架
（以上4艘属第25航母大队）
基特昆湾（CVE-71），载VC-5，含14架FM-2、12架TBM-1，共26架
甘比尔湾（CVE-73），载VC-10，含18架FM-2、12架TBM-1，共30架
（以上2艘属第26航母大队）
驱逐舰×3：
Hoel (DD-533), Heermann (DD-532), Johnston (DD-557)
护航驱逐舰×4：
Dennis (DE-405), John C. Butler (DE-339), Raymond (DE-341), Samuel B. Roberts (DE-413)

三、第78特混舰队/北方登陆部队 （司令：丹尼尔·巴比少将）
战列舰×3 （TF77提供的掩护力量）：
密西西比、马里兰、西弗吉尼亚
★第78.1特混大队（指挥官：阿瑟·斯特鲁贝尔少将）：
驱逐舰×8：
John Rodgers, Harrison, McKee, Murray
（以上4艘属第49驱逐舰大队）
Ringgold, Schroeder, Sigsbee, Dashiell
（以上4艘属第50驱逐舰大队）
LSI×3：
Kanimbla, Manoora, Westralia （均属澳大利亚海军）
★第78.2特混大队 （指挥官：威廉·费希特勒少将）：
驱逐舰×2：Anderson, Bush
LSD×2：Lindenwald, White Marsh
APA×4：Fremont, Pierce, James O'Hara, Harris
ATO×1：Sonoma
★第78.3特混大队：
登陆部队（LCI，LCT）
★第78.4特混大队
驱逐舰×1：Stuck
LSD×1：Carter Hall
★第78.6特混大队
驱逐舰×1：Stevens
★第78.7特混大队
驱逐舰×4：Nicholas, O'Bannon, Taylor, Hopewell

四、第79特混舰队/南方登陆部队 （司令：丹尼尔·巴比中将）
战列舰×3 （TF77提供的掩护力量）：
田纳西、加利福尼亚、宾夕法尼亚
驱逐舰×6：Halford, Luce, Hale, Picking, Gansevoort, Chauncey
AKA×1：Capricornus
APA×1：Cavalier
LSD×2：Ashland, Casa Grande
★第79.1特混大队：
LSD×1：White Marsh
★第79.2特混大队：
AGC×1：Rocky Mount
★第79.3特混大队：
驱逐舰×1：McDermut
AGC×1：Appalachian
APA×1：Sarasota
★第79.4特混大队：
驱逐舰×2：Wickes, Twiggs
★第79.11特混大队：
驱逐舰×3：Melvin, Monssen, Sproston
★第79.14特混大队：
LST×12

LSI＝步兵登陆舰
LST＝坦克登陆舰
LSD＝船坞登陆舰
LCI＝坦克登陆舰
LCT＝坦克登陆艇
AKA＝攻击运输舰
APA＝攻击人员运输舰
AGC＝两栖指挥舰
ATO＝舰队攻击油船

联合舰队

回航路的行动,大本营海军部和联合舰队司令部并不知情。当丰田副武接到栗田在16时发出的退避电报时,心情既失望又焦急。他认为,此时后撤已无助减少损失,而战机紧迫、不容错过,因此在18:13向所有参战单位发报:"确信天佑,全军突入。"

18:55,重回东进航线一个多小时后的栗田在"大和"号上接到了已无多大意义的"全军突入"电。由于"武藏"号的损失,全队都笼罩在一片悲壮和恐惧的气氛中。人们估计,圣贝纳迪诺海峡口可能有严阵以待的美军舰队,不过他们除了机械地前进、尽量去完成那不可能的任务外,什么也干不了。

19:59,不知出于何种目的,联合舰队司令部又向栗田发出了一份言辞古怪的电报:"一、第一游击部队如就此引返,将颠覆本次捷号作战之基础,今后水面部队恐怕再无突入之机。二、我基地航空部队及机动部队本队定于今夜及明日黎明对敌机动部队决行攻击,期待可达相当成果;三、第一游击部队进行突击,有助第2战队及第二游击部队捕捉突入之机。倘若第一游击部队有机会突破圣贝纳迪诺海峡,即令推迟到明天白昼投入战斗,也要寻找与阻击我方行动之敌水面舰队主力决战。"又不着边际地提出了"与敌水面舰队决战"的说法,似乎与一开始设定的攻击运输船队相矛盾。这显然对栗田有所触动。

22时左右,栗田舰队航行到了圣贝纳迪诺海峡入口。与预料中的情形相反,此地既无美军主力,也无骚扰的潜艇。23艘日舰排成单纵队,提心吊胆地前进,终于在10月25日0:30平安通过了海峡。不过栗田并不敢掉以轻心。1:55,他下令全队以第12号搜索航行序列前进,同时对潜对空警戒。

02:20,西村突然来电:"01:30开始通过苏里高海峡,按预定突入莱特湾,发现数艘鱼雷艇,敌情不明。"03:35栗田又接到电报"发现敌方舰影",之后就永远失去了西村的消息,这让栗田大为担忧。4时许,志摩第二游击部队来电:"到达战场。"

何谓"战场"?是莱特湾还是苏里高海峡?栗田一阵紧张。05:10时,又传来"第2战队全歼、最上重创起火"的报告。由于信息混乱,栗田认为西村部队可能遭到伏击,不过应该还有幸存舰只,于是继续前进。

25日清晨6时,萨马岛海面雾气弥漫,视界模糊。栗田舰队沿着萨马岛东岸急速南下,再有3个多小时,它们就将在南方"与西村舰队会合"了。06:23,"大和"号的一三号电探发现目标,栗田认定空袭即将到来。

1944年10月25日清晨6:27,太阳缓缓升起,栗田中将下令准备变换为防空轮形阵。之后20分钟里,多艘巡洋舰均报告发现空中目标,"熊野"号的观察员还在天空中发现了两架侦察机。06:45,大和前樯最后部防空指挥所上的观察员尖叫起来:

■ "塔菲三号"的"白平原"号护航航母。

"方向115度、距离35000米,发现4根桅杆!"

预料中的美方拦截果然来了!因为疲劳和紧张整整两天没有合眼的栗田在一瞬间坐直了。晨曦下,目标的轮廓越来越清晰:1艘、2艘、3艘……整整6艘!

"前方敌大型空母发现!……敌战列舰发现!巡洋舰发现!轻型航母发现!驱逐舰发现!油船发现!……"在"大和"号舰桥里,激动的呼声喊成了一片。"那一定是哈尔西!"在锡布延海上被折磨了整整一天的栗田,现在把握到了复仇良机。虽然丰田在计划中强调以登陆船队为目标,但负责说明作战意图的神重德并未能回答小柳参谋长"如果途中遭遇敌舰队、究竟以何者为优先目标"的问题。在栗田、宇垣等几位指挥官心目中,与美国舰队堂堂正正对决,而不是攻击毫无抵抗力的运输船,才是战列舰应有的"气度"。现在,面前毫无戒备的美国舰队不就是他们梦寐以求的TF38吗?

一想到哈尔西的航母近在眼前,小柳参谋长居然激动地流下了眼泪。栗田立即传令:"捕捉天佑战机,以现阵形全速迫近敌方。先封杀敌航母之飞机发着舰能力,随之灭敌机动部队!"

机动部队?天大的误会!

实际上,"大和"号发现的那些"平顶船"并不属于哈尔西的第三舰队,而是负责莱特湾登陆支援的金凯德第七舰队第77特混舰队第4大队(TG77.4),包括18艘护航航母。它们速度缓慢、飞机搭载量少,平时只担任运输飞机、护卫运输船及为登陆部队提供支援等次级任务。由于承担的是低危险任务,因此防护薄弱,各舰的火力只有1门127mm炮——仅此一门,不

联合舰队

多不少。

TG77.4又分为三组，其中最北方的一组系克利夫顿·斯普拉格少将（Clifton Sprague）的TG77.4.3（无线电呼号"塔菲三号"），位置在萨马岛中部外海50海里处，共有护航航母6艘："圣洛"、"白平原"、"加里宁湾"、"方肖湾"、"基特昆湾"、"甘比尔湾"，以及3艘驱逐舰和4艘护航驱逐舰。向南依次还有菲利克斯·斯顿普少将（Felix B. Stump）指挥的"塔菲二号"和托马斯·斯普拉格少将（Thomas L. Sprague）指挥的"塔菲一号"。栗田在望远镜中发现的"大型空母"，就是由6艘"卡萨布兰卡"级护航航母组成的"塔菲三号"。

06:45时，正在最北方执行警戒的TG77.4.3瞭望哨发现西北方有高射炮火，同时巡逻机和雷达也报告有敌舰接近。3分钟后，日本战列舰特有的塔型舰桥出现在斯普拉格的望远镜中。

对倒霉的斯普拉格少将而言，这真是难以置信的灾难：日本人是怎么穿过理应由TF34把守的圣贝纳迪诺海峡的？他的舰队不但跑不快，而且火力薄弱得可怜：整个TG77.4共有378架飞机，但绝大多数不是在巡逻就是在南方追击志摩舰队，而他的6艘"卡萨布兰卡"级只有120架左右的飞

■ 美国驱逐舰"约翰斯顿"号，重创了第7战队旗舰"熊野"号，最后英勇战沉。

■ 萨马岛海战中正在施放烟幕的"赫尔曼"号驱逐舰，该舰发射的鱼雷迫使"大和"号离开战场近20分钟之久。

机可用；"塔菲三号"的13艘军舰一共只有29门127mm炮和38枚鱼雷，而日军光是203mm以上的火炮就有89门之多。他的那些护航航母都是用商船船体设计出来、只用于巡逻反潜和保护商船的；3艘驱逐舰和4艘更小的护航驱逐舰也是反潜用的，并没想到会去参加舰队炮战——何况是同战列舰交战！

千头万绪之下，斯普拉格决定先采取最稳妥的措施。他下令舰队一边施放烟

幕、一边加速至16节（他麾下的那些"吉普航母"采用老式的单流往复式蒸汽机作为主机，在完工试车时速度也不过19节），向正东方的暴雨带逃逸，同时下令舰上所有能飞的飞机起飞攻击敌舰。十五分钟内，他已经成功地躲到了雨幕中。不过为时已晚，对方已经完成了观瞄，开始开火了。

06:59，大和的460mm主炮在32000米外首先开始射击，首轮射击即对护航航母"白平原"号（USS White Plains, CVE-66）实现了交叉跨射，不过没有直接命中，只是近失弹的弹片破坏了该舰的一台主机。7时正，"金刚"号开火；07:01，"长门"号开火；07:02，"榛名"号开火。当时日舰为战场上命中识别的需要，不同战列舰的炮弹内装有不同的染色剂。一时间，海面上升腾起红色、黄色、紫色、绿色的大小水柱，煞是好看。

由于栗田在激动和紧张中误判了对手的实力，他断定航速只有22节的日本战列舰（长门在24日的空袭中一根推进轴受损）追不上30节的"哈尔西舰队"，所以没有浪费时间调整队形，而是全军突入各自攻击：战列舰以炮火压制美军航母甲板，使其无法起降飞机；重巡洋舰高速逼近，迫使对方减速；燃料已经不足的驱逐舰则跟随在战列舰之后。这一决定的后果是灾难性的：分散了的舰队不但指挥困难，而且更容易被美机空袭。

"塔菲三号"的飞行员和护航航母在此时表现出了惊人的英勇：飞机使用炸弹、鱼雷、火箭、机枪攻击敌人，没有武器时就以空机对日舰的舰桥俯冲；驱逐舰则立即施放烟幕，并尝试发射鱼雷。队形混乱的日本人既要兼顾防空、又要开炮射击，当然招架不住。07:09时，美国护航航母逃进了雷雨区，"大和"号的主炮也在5次齐射后停止了轰鸣。

10月25日上午，整个萨马岛海面阴云低沉、气象条件不良，加上美舰撤退时施放了烟幕，习惯以肉眼观察弹着点、随后修正弹道的日本战列舰顿时没有了用武之地。尽管4艘战列舰上都安装了电探，但性能不佳、无法直接引导主炮射击；"大和"号上装备着世界上基线最长的舰载光学测距仪（15.5米），但对24公里外的目标也毫无办法。

第7战队的4艘高速重巡洋舰熊野、铃谷、利根、筑摩奉命抵近攻击目标。它们射出大量穿甲弹，但美国人的航母仿佛刀枪不入，不仅没有起火，速度也丝毫不减——日本人当然不知道，那些护航航母根本就没有装甲，穿甲弹在贯穿薄弱的舰体后直接掉进了海里。

正当战队司令白石少将与幕僚们面面相觑的时候，斯普拉格狠下心来，派出3艘驱逐舰——"约翰斯顿"号（USS Johnston, DD-557）、"霍尔"号（USS Hoel, DD-533）和"赫尔曼"号（USS Heermann, DD-532）向强大的敌人发射鱼雷。为了拖延时间等待援兵，他已经不顾

联合舰队

■ "霍尔"号驱逐舰。

驱逐舰的死活了。三艘小小的美国驱逐舰一路放着烟幕,向4艘日本重巡洋舰冲了上去。

07:16,"约翰斯顿"号射出的第一枚鱼雷炸掉了第7战队旗舰"熊野"号的舰首,该舰航速下降到14节,迅速掉队。8分钟后,"铃谷"号也遭到10架美机围攻,左舷内侧推进轴被近失弹破坏,无法继续战斗。日舰为了闪避鱼雷,必须转向回避,这为护航航母争取了更多时间。

不过,阻挡行为的代价也很大,07:30时,"约翰斯顿"号被"金刚"号的一次齐射——356mm和152mm炮弹各3枚——命中,上层结构顿时面目全非(有记录认为这次炮击是由大和的主、副炮进行的,因为当时金刚正面视野不良,不过由于日本巡洋舰的203mm主炮也在射击,因此无法

确证)。"简直就像是小狗被大卡车一下子压扁了",一位生还的军官如是说。难以置信的是,"约翰斯顿"号仍以17节速度继续作战,直到10:10才沉没,全舰329名官兵中,包括舰长欧内斯特·伊文斯在内,有186人战死。伊文斯后来被追授美国最高军事荣誉——国会荣誉勋章。

在激战中,"霍尔"号驱逐舰向筑摩和羽黑发射了鱼雷,并用127mm炮轰击对方的上层建筑。它被一枚射偏的战列舰主炮弹打坏了舰桥上的Mk-37射击指挥装置,随后被日军重巡洋舰连发20余弹轰沉。

"赫尔曼"号在用主炮射击"筑摩"号的同时,向"羽黑"号发射了两条鱼雷。忽然间,它发现自己闯入了日本的战列舰群中,四艘巨大的战列舰正排成一字纵队缓缓前进。"赫尔曼"号向领头的

"金刚"号发射了3枚鱼雷,又向其后面的"榛名"号发射了最后的3枚,随后施放烟幕撤退了。由于距离太近,日本战列舰的主炮和副炮都无法降低炮口对"赫尔曼"号开火。这艘勇敢的驱逐舰迅速转身,回到日本舰队与己方航母之间施放烟雾。这时它又闯进了日本的巡洋舰群,与"筑摩"号展开了单枪匹马的决斗。"赫尔曼"号前部被命中好几颗8英寸炮弹,一门主炮被打哑,舰首沉入海面以下。筑摩号也伤痕累累。

日军旗舰"大和"号也遇到了令人郁闷的事件——07∶54时,瞭望哨在右舷6000米距离上发现了"赫尔曼"号,立即呼叫副炮射击。正当此时,右舷100度方向却发现了6枚鱼雷的航迹——那正是"赫尔曼"号向金刚和榛名发射的鱼雷。在战队司令官宇垣还没有发话的情况下,栗田莫名其妙地传令"左转舵"。这样,"大和"号航向由东转北。大家目睹着鱼雷缓缓靠近、把军舰夹在当中,4枚在右,2枚在左。由于低速的美国鱼雷比26节的大和快不了多少,所以其实伤不到巨舰,但也意味着大和在整整10分钟内无法掉头。

庞大的"大和"号被夹在左右共6枚鱼雷的"护航"下,无所事事地朝着与战场相反的北方疾驰,这个场面想来相当滑稽。不明就里的长门因为战队隶属关系,也只好跟在后面乱跑。等到20分钟后"大和"号掉过头来的时候,他们已经向北白白跑了整整5海里,美国舰队已经朝南逃得无影无踪,正在追击的己方巡洋舰也消失在了海平线上。这下,栗田更不清楚战场形势了。8时整,他从大和上再度发电:"全军突入。"

就在"塔菲三号"与日本战列舰、巡洋舰交战的当口,斯普拉格正在拼命地向金凯德发求救电,后者下令"塔菲二号"与

■ "塞缪尔·罗伯茨"号护航驱逐舰,以1942年牺牲在瓜岛的水兵塞缪尔·罗伯茨(1921—1942)命名。罗伯茨在"贝拉特利克斯"号攻击运兵船(AKA-20)上服役,9月27日,他自愿报名参加一次营救行动,在撤出一个陷入日军包围的海军陆战连。在战斗中,他驾驶一艘小艇驶过日军海岸炮兵阵地,将猛烈的日军炮火引开,本人壮烈牺牲,被追授海军十字勋章。

联合舰队

■ 萨马海战中美方参战兵力都是防护能力薄弱的护航航母,比如"桑加蒙"号就是由"埃索·特伦顿"号油船直接改装而来。图中的"圣洛"号船身结构也是基于T-2型油船的设计图纸。它的舰名原为"中途岛"号,1944年诺曼底登陆后更名,原名用来命名二战中美国海军最大的一级舰队航母——"中途岛"号(CV-41)。

"塔菲一号"火速支援"塔菲三号"。奥登多夫的旧战列舰在苏里高夜战中几乎已经耗尽了弹药,这时也急忙补充炮弹、向北迎击。07:37,金凯德还急电哈尔西求救。到这时候,两位司令才晓得他们之间发生了天大的误会:哈尔西并未把守圣贝纳迪诺海峡。

然而,正在追击小泽的哈尔西不愿就此放弃眼前那一大片诱人的目标。08:40时,他命令正在返回乌利西途中的约翰·麦凯恩中将(John McCann I,2008年美国大选共和党总统候选人、亚利桑那州参议员约翰·麦凯恩三世之祖父)率领TG38.1改向西南方支援金凯德,但TG38.1的飞机要到午后才能赶到,远水救不了近火。

"大和"号短暂"消失"后,金刚、榛名带着第5、第7战队的重巡洋舰再度追上了美军航母,并展开猛烈攻击。斯普拉格没有别的办法,只好命令他仅剩的三艘护航驱逐舰向敌人施行旨在拖延时间的攻击。

在烟幕的掩护下,护航驱逐舰"罗伯茨"号(USS Samuel Roberts,DE-413)用仅有的两门127mm炮和三条鱼雷对"鸟海"号重巡洋舰发动了攻击。把鱼雷全部发射出去后,它英勇地贴近到"鸟海"号旁边,用40mm博福斯机炮和20mm"厄利孔"对空机炮扫射"鸟海"号的主炮塔和上层建筑,打坏了它的一座后部炮塔。"罗伯茨"号接下来又用127mm炮向"筑摩"号重巡洋舰开火,摧毁了它的三号主炮塔。

但就在这时（09:35），"罗伯茨"号被"金刚"号发射的3发356mm主炮弹击中，船舷炸开一个10多米的破口，火焰和蒸气从破口中喷涌而出，于10:05倾覆沉没。

尽管有飞行员和护航驱逐舰的奋战，炮弹还是不断落在护航航母的环形编队中。"圣洛"、"加里宁湾"、"方肖湾"号和"甘比尔湾"号都中弹累累。其中，"加里宁湾"号命中一颗14或16英寸炮弹，这枚炮弹贯穿舰体，打坏了升降机。"甘比尔湾"号则被日本重巡洋舰的203mm主炮命中，迅速起火倾斜。

不过，日本人的损失也不小。"鸟海"号先是被"甘比尔湾"号上那唯一一门127mm炮发射的高爆炮弹接连击中舰身中部。炮弹本身的威力对于鸟海这样的重巡洋舰来说并不是很大，但凑巧的是它偏偏打中了一枚93式氧气鱼雷——后者装有490公斤高爆炸药。这枚鱼雷一下子把"鸟海"号炸瘫，接着，在08:51时，它又被赶来增援的

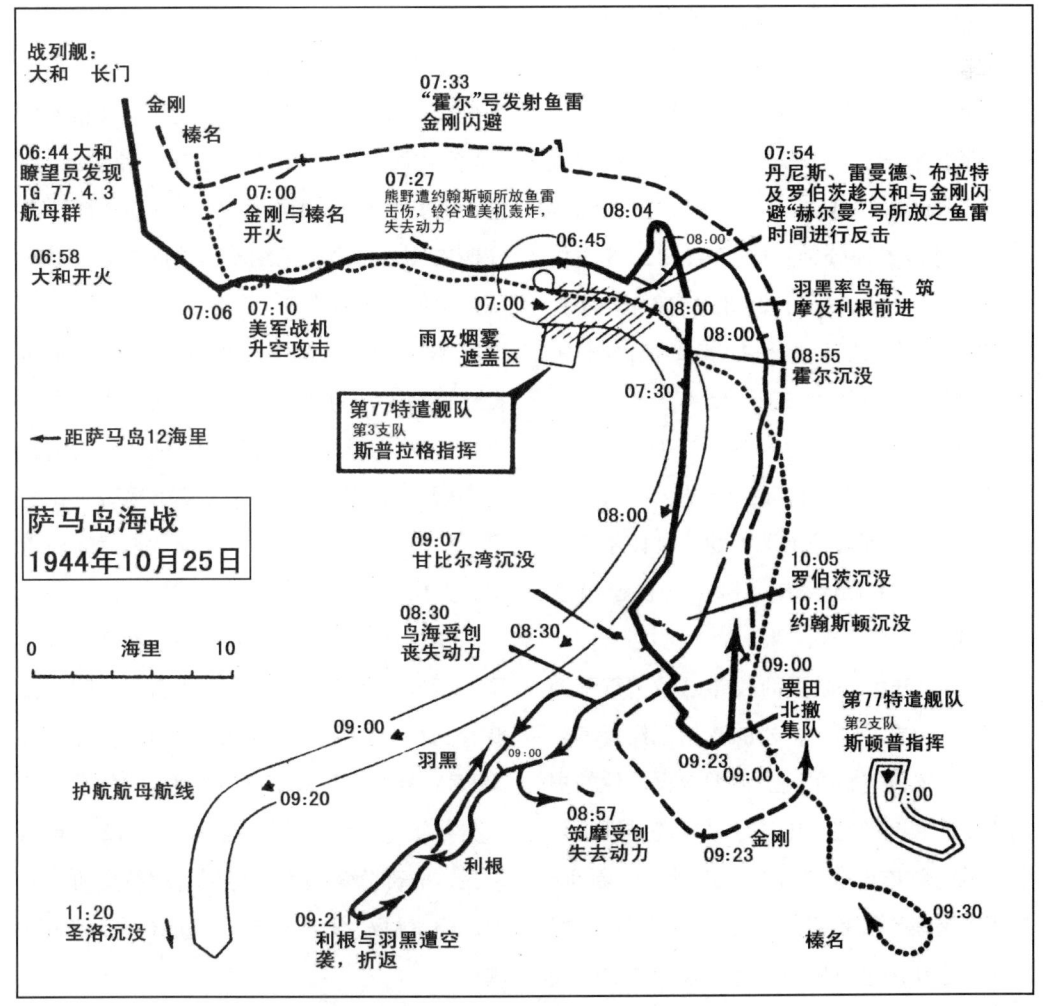

联合舰队

TG77.4.2飞机炸中,丧失动力,随后遭美机围攻沉没。不久,"筑摩"号也被1发鱼雷命中舰尾,因舵机故障而掉队(后由驱逐舰"野分"号予以处分)。现在,栗田带到萨马岛的6艘重巡洋舰只有2艘还能用了。

在战场北面,因为形势不明,"大和"号在08:14时派出了1架零式水上观测机。08:20,该机在浓雾中发现了起火的美军护航航母,并报告说对方正在向东南方向撤退,但随后就被拦截的美军战斗机击落。

08:51,第1战队司令宇垣中将又派出1架水上观测机前去查看,该机在4分钟后报告"150度方位发现敌主力"。08:18,二二号电探也报告称200度方位、20000米距离上有敌"战列舰"(这当然是误报),大和遂用主炮射击了14分钟;08:34,220度方位又发现了一个目标,于是用副炮射击了6分钟,均无战果。相反,却在08:29被1架美机投下的近失弹炸伤了右舷小艇库。

08:52,"大和"号终于在160度方位发现1艘起火倾斜的航母,于是"英勇"地赶过去炮击。那正是下沉中的"甘比尔湾"号。不劳460mm巨炮大驾,它自己就在09:07沉没了。

从7点开始,激烈的战斗已经进行了两个小时。现在,斯普拉格的花招已经差不多使完了。他的飞机在天上冒烟着火,他的护航驱逐舰非沉即伤。几艘日军重巡洋舰正分别向他的航母编队左右两侧接近,不断将8英寸高爆炮弹射在那些铁皮航母上面;两艘战列舰也在快速地从后方赶上来。他的几艘护航航空母舰都受了伤,徒劳无功地在五颜六色的美丽海面上左右闪避。一艘航母正在下沉,同时还在微弱无力地用它唯一的5英寸炮向敌人射击……哈尔西远在天边,赶到这里需要10个小时;奥登多夫的战列舰迟迟不露面;从莱特岛起飞的陆军航空队和其他的塔菲已经派来了援救兵力,但都被日舰打散……现在能挽救塔菲三号的,只有仁慈的上帝了。

就在此时,栗田的舰队突然停止了炮击。

原来,栗田舰队此时也被打乱,正凌乱地分布在萨马岛外海:"大和"号带着第1战队在西北;"金刚"号在大和东南7海里,3海里外是"榛名"号;重巡洋舰群则在西南10余海里,已经赶到美舰左方9000米内,迫使其更身右转。

敌人到底还有多少?航空母舰是不是已经逃跑了?为了辨清局势,栗田下令中止追击、立刻集队,不过第10战队(旗舰为轻巡洋舰"矢矧"号,下辖6艘驱逐舰)司令官木村进少将却报告,他要向敌航母齐射鱼雷,栗田只好接着等。

其实木村的鱼雷从08:50起就开始准备了,不过其间被"霍尔"号拦截了一阵,日舰直到15分钟后才在14公里外射出鱼雷。1架TBM俯冲而下,用机枪击毁1枚鱼雷;其余少数被"圣洛"号以唯一的1门127mm炮击毁,大部分鱼雷都因已到射程终点而未命中。但木村却报告:击沉2艘航空母舰和3艘驱逐舰!

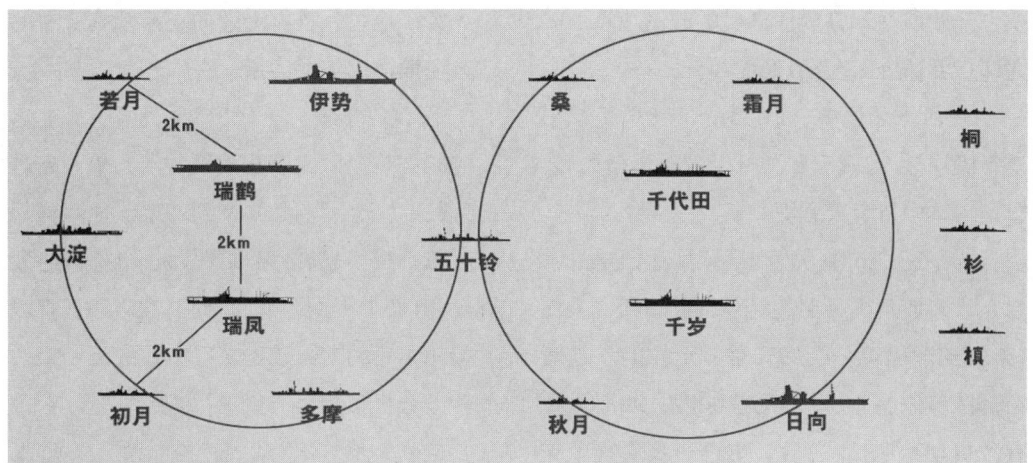

■ 小泽舰队的防空环形阵。

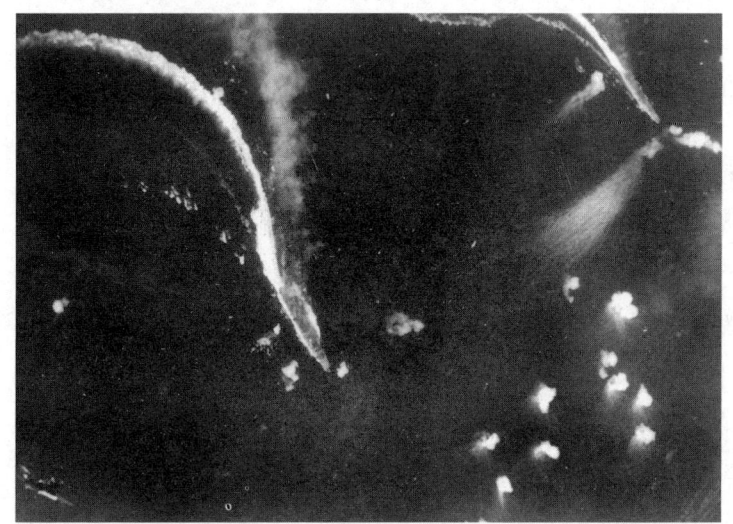

■ 恩加诺角海战中的伊势,1944年10月25日。全舰被防空武器的硝烟笼罩,3、4号主炮塔正在向右舷射击,飞行甲板下可见之前增设的12公分28联装喷进炮,弹射器向外张开至最大角。

假如不提实际上只击沉"甘比尔湾"号和2艘驱逐舰、1艘护航驱逐舰,也不提己方已有4艘重巡洋舰丧失战斗力的话,这个"战果"还是很丰硕的。为此,中午12:51丰田特地通电全军嘉奖,天皇也在傍晚时分对"捷报"表示了赞许。

"诱饵角"余生

小泽舰队驶出丰后水道后不久,就被美军潜艇的雷达探测到。为回避潜艇起见,舰队不得不经常变换航向。由于平时训练不熟,对警戒部队的燃料补给也只完成了预定量的1/3。10月23日清晨5:20,全队变更为防空轮形阵,继续南下。下午6时,达到菲律宾恩加诺角(Cape Engano)东北约420海里处,航向变为220

09:12,栗田终于发出了整队令,命各舰向大和所在的西北方集中。10:00,第一游击部队重新组成轮形阵。现在,中将需要时间统计已经取得的战果。根据他向丰田副武发出的战斗速报:"确认击沉航母2艘(其中大型航母1艘)、重巡洋舰2艘、驱逐舰1艘,确认命中航母1-2艘。"

度，开始前往24日晨侦察机的起飞地点——北纬19度10分、东经126度40分。

在西班牙语中，Engano的意思是"引诱、骗局"。"囮舰队"行至"诱饵角"，大概是冥冥中自有天意吧。

24日上午6时，机动部队到达预定战术点，11架侦察机（瑞鹤8架、瑞凤2架、大淀1架）随即起飞。8:20，驻马尼拉的基地航空部队传来情报："马尼拉60度、90海里处有敌机动部队。"之后，更进一步通报了美军特混舰队的位置。

小泽虽然迟迟得不到侦察机的确认信号，但他担心遭到美军先发制人的攻击，决心进行总攻击。恰在此时，侦察机也发回了"发现敌人"的报告。根据报告，美军特混舰队在小泽舰队西南约180海里处，正是绝好的攻击距离。小泽立即向丰田长官及所有相关部队报告："开始航空攻击！"

11:45，旗舰"瑞鹤"号又一次挂起了Z字战旗——自马里亚纳海战失败以来，这面旗帜已经不是胜利的象征，而成了催命的灵符。以"确信天佑，全军突入"的赌徒精神为意志，机动部队取70度航向，攻击队开始出发。

这次攻击队总兵力计划为舰载战斗机40架、战斗轰炸机28架、鱼雷机6架、舰载侦察机2架，合计76架，但实际出发的只有58架，这中间还有8架由于故障起飞后返回母舰。不过弄巧成拙的是，攻击队与驻菲律宾的第二航空战队鱼雷机机群几乎同时到达哈尔西舰队中最北的TG38.3上空，结果美国人穷于应付，根本无暇向小泽舰队所在的北方海面派出侦察力量。

瑞凤、千岁、千代田3艘轻型航母上起飞的32架攻击队（零式战机19架、战斗轰炸机9架、"天山"4架）遭到20架"地狱猫"的拦截，最终只有1架零式战机、1架战斗轰炸机和1架"天山"返回母舰。13:50，旗舰"瑞鹤"号的24架攻击队（零式战机10架、战斗轰炸机11架、"彗星"2架、"天山"1架）成功地突入TG38.3上空投弹，不过由于技术实在太差，无一命中。除1架返回母舰外，这个攻击队大多在菲律宾的陆上基地着陆。

下午2时过后，小泽突然接到栗田的电报："我舰队在锡布延海遭敌机动部队集中攻击，损失甚大！"很明显，机动部队牵制美军主力的行动没有成功。他在15:20又派出2架侦察机，不过随后就失去了联络。为了把哈尔西的眼球吸引过来，中将开始一遍又一遍地拍发暴露自己位置的电报，但美国人还是不见踪影。

归根结底，要在北方"招徕"到哈尔西，就需要采取不计损失的行动。下午3:40，第四航空战队司令官松田千秋少将奉命带领日向、伊势、初月、若月、秋月、霜月6舰从主队分离，取航向240度，以22节全速南下。小泽给予这支前卫部队的任务是："在夜战中歼灭吕宋岛南方海上之残敌。24日下午7时，抵达恩加诺角东南190海里，以后依照敌情伺机行动。"实际上就是让松田自行搜索美国航母、趁夜进行攻击，使美军意识到机动部队的存在,然后转进北方。由于松田分队没有任何航空掩护,这次主动出击无异于自杀。

前卫分队南下后仅一个半小时,下午4:35,TG38.3的1架SB2C发现了小泽舰队。兴高采烈的小泽立即向栗田发报:"我舰队在北纬17度10分、东经124度50分与敌舰载机遭遇。"不过由于"大和"号电信室的耽搁,栗田要到整整三天后才会看到这份电报。

小泽下令编队向东航行,准备迎接美军舰载机的大规模打击。不料就在20时,瑞鹤号收到了4小时前栗田在锡布延海上发出的"舰队遭猛烈攻击,被迫西撤"的电报。到21:10,丰田副武也从日吉地下室里发来电报,敦促他"不惜牺牲策应栗田舰队"。

忐忑的小泽考虑到栗田重回战场还需相当时间,在此之前必须尽量拖住哈尔西,而丧失了2艘航空战列舰和4艘防空舰对空火力的本队过于单薄,于是在21:27命令"前卫速向北方脱离",让松田中止索敌攻击、与主队会合,同时自己带领主队开始北上。此时,远方的哈尔西正在调整自己的部署,准备等天亮后再发起攻击。

10月25日清晨6时,松田分队与主队在北纬18度39分、东经126度18分的战术点会合。舰队随后分成前后两队:小泽本队包括航母瑞鹤、瑞凤,航空战列舰伊势,轻巡洋舰大淀,驱逐舰秋月、初月、若月和桑;松田分队包括航母千岁、千代田,航空战列舰日向,轻巡洋舰多摩、五十铃,驱逐舰霜月等,编队加速到22节,以对空警戒队形前进。为避免不必要的损失,4艘航母上除零式战机外仅存的5架战斗轰炸机、3架鱼雷机、1架轰炸机奉命飞往陆上基地。不久,侦察机报告:"敌机朝向我机动部队飞来!"对空警戒越发严格。

小泽部队已经准备空袭之时,栗田舰

■ 1944年10月25日恩加诺角海战中,"大淀"号正靠近受重创的航母瑞鹤,准备营救小泽,并接替瑞鹤担任旗舰。

队已经在萨马岛海面与"塔菲三号"开始了混战。不过小泽对此并不知情,他对中央部队的印象还停留在栗田第一次反转的时候。如果栗田在18:00时接到联合舰队司令部"全军突击"的命令后再行折回,则他必须东行重新穿过锡布延海,然后再突入圣贝纳迪诺海峡。小泽估计栗田将在当天中午左右通过圣贝纳迪诺海峡,所以他必须至少拖住哈尔西半天。

7:29,"瑞鹤"号的一三号电探在方向230度、距离200公里处探知了美机大编队。

"敌飞机大编队来袭!"

"敌机现在正集中攻击我方航空母舰机中!"

喊声在舰桥上此起彼伏,小泽部队的使命已经达成。小泽中将下令:"对空战斗!"

8时,机动部队出动最后的18架零式战机进行防空作战,随后以24节加速北进。8:15,零式战机扑向了蜂拥而至的美机。小泽随即致电全部友军:"敌舰上机约80架来袭,我正与之交战中。"这封至关重要的电报同样也被遗忘在了"大和"号的电信室里。

8:30,第一波180架美机(60架F6F、65架SB2C、55架TBM/TBF)以日军航母为第一攻击目标,从右前方开始了攻击。美机首先以SB2C俯冲轰炸机投下炸弹,接着F6F战斗机用机炮扫射压制,TBF鱼雷机乘机展开队形实施雷击。"瑞凤"号首先被2颗250公斤炸弹命中,其中1颗炸弹穿透了后部升降机,将中下层甲板炸裂,导致轮机舱进水;此外众多的近失弹使前部重油舱进水,"瑞凤"号左倾3度,舵机也发生了故障。2分钟后,"瑞鹤"号被1枚鱼雷命中左舷后部,第4发电机室、左舷后部轮机室、左舷推进轴室进水,舰体瞬间急剧左倾9.5度,速度开始下降。"伊势"号遭到近失弹2发,没有损伤;"大淀"号遭到直击弹1发、近失弹2发,损伤轻微。只有防空驱逐舰"秋月"号于8:56被1颗炸弹命中沉没。松田分队的航母"千岁"号先后遭直击弹7发命中,于9:37沉没,舰长岸良幸大佐以下468人战死。

一小时的空袭结束后,战场上出现了短暂的平静。小泽重整队形,以航向325度、速度20节继续北上。

10时左右,第二波空袭开始。36架美机(14架F6F、6架SB2C和16架TBM/TBF)绕道从东方背光进入,重点攻击松田分队的"千代田"号。两艘航空战列舰在这时挺身而出,演练起了对空射击战术:356mm主炮首先以最大仰角向美机编队中央发射三式弹,使其发生混乱,随后全舰高射炮火各自以一定仰角持续扫射,形成漏斗状弹幕。这种"弹幕防空法"在实战中效果明显,"伊势"号于10:05击落了来袭10架美机中的5架,自身仅2号炮塔中60公斤炸弹1颗。但两艘战列舰的火力不足以覆盖整个舰队上空,10时正,1颗炸弹命中"千代田"号左舷后部,舰体燃起大火,右倾13

■ 瑞鹤的最后时刻：10月25日13:27，舰体向左倾斜达到23度，舰员集中到甲板右侧，开始降下军旗、准备撤离。

度，于10:16停车。松田企图让"日向"号靠近拖曳该舰，但由于空袭紧迫，只得留下轻巡洋舰"五十铃"号及2艘驱逐舰相机处分。10:26，小泽将旗舰由重创的瑞鹤转移到"大淀"号，并下令继续北上。

两个半小时过去了。12:28，"伊势"号的二一号电探在方向左150度、距离150公里处探知大编队，第三波空袭即将到来！此时的机动部队已是一片惨象："瑞鹤"和"瑞凤"号在4艘驱逐舰环卫下正以22—25节速度逃窜，"伊势"号负责断后；在它们南方5—6英里是另一艘战列舰"日向"号，1艘受了重创的驱逐舰正保护着失去动力的"千代田"号……

多达220架美机集中进攻小泽本队，"瑞鹤"号相继被7条鱼雷和4颗炸弹命中，舰体严重进水，后部燃起大火。13:58，倾斜增大到23度，贝塚武男舰长下令弃舰。14:14，最后一艘参加过偷袭珍珠港的航母在北纬19度57分、东经126度34分沉没，初月、若月救起了866名水兵，贝塚以下843人溺水身亡。

瑞鹤沉没时，"瑞凤"号也因为右舷连中两雷，倾斜达到16度，航速降低到6节。日本人选择向左锅炉室注水来纠正倾斜，但操作失败，到15时倾斜已增至23度。10分钟后，杉浦矩郎舰长下令弃舰，15:26"瑞凤"号沉没。小泽让"桑"号去救助瑞凤，在舰桥观察状况的"伊势"号中濑舰长也下令救助瑞凤的幸存者。伊势冒着遭受潜艇攻击的危险救起了98人，此间用时约1小时。

联合舰队

16:30,坐镇大淀的小泽带领"伊势"号,在北纬20度08分、东经126度28分附近取航向10度、速度22节北上。16:55,松田指挥的"日向"、"霜月"和"多摩"号也取西北方向,以20节航速努力跟上主队。

16:35,位于本队南面的"日向"号率先发现了正在高速接近中的美机编队。17:05,"伊势"号也在舰尾方向发现了大队敌机。在第三次空袭后约两小时,美机的第四波攻击开始了,这次的主要目标是2艘航空战列舰。"伊势"号从17:26起约3分钟内,接连遭到右舷方向35架、左舷方向约50架美机俯冲轰炸,同时还遭到右舷舰首方向7条、左舷舰首方向4条鱼雷攻击,所幸鱼雷全部被回避,也没有炸弹直接命中。不过34发近失弹使水线附近产生许多大小破孔及裂缝,一个燃料舱的重油95吨不能使用,左舷锅炉室也受到若干损害,但对全力运转没有影响。同样是

■ 恩加诺角海战过程示意图。

由于遭到至近弹,有5名舰员战死,轻重伤71名。

几乎在同一时间,正打算与主队联合的松田分队日向、霜月两舰也遭到了攻击。17:18,约20架美机向"日向"号舰尾方向

飞来。"日向"号灵活地转舵规避,在来袭敌机投弹瞬间急速转舵,而当弹着水面时则立即回舵,仍取原航路,这样就使来袭美机在进入轰炸航路后来不及修正航向,致使瞄准错误。最终无一弹直接命中,只遭到了7发至近弹,对航行没有障碍。此外"大淀"号也有4发近失弹,"霜月"号左倾5度,航速减至31节。

17:10,36架美机出现在地平线上,那是TG38.4派出的最后一个攻击波。由于飞行员已经处于高度疲劳状态,日舰中仅"伊势"号遭到命中弹1发,死伤50人。这次空袭后,美军的航空攻击停止了。全天总计来袭飞机527架次,其中201架次是战斗机。

18:44,小泽主队与日向、霜月在苍茫的夜色中会合了,小泽中将带着大淀、伊势、日向、霜月4舰以20节速度北上。19:25,留在南方救助失去动力的"千代田"号的驱逐舰初月忽然发来电报:"遭遇敌水上部队!"5分钟后,来自另一艘轻巡洋舰"五十铃"号的报告也电传到了大淀:"与敌水上部队交战中!"

小泽企图立即完成夜战准备,随后"反转向敌,歼灭之"。此时的"伊势"和"日向"号虽然在白天防空战斗中遭到不少近失弹,周身密布着大大小小的破口、弯曲和裂缝,但威力巨大的16门356mm主炮却没有任何损伤,依然具有不小的战斗力。

20:05,小泽舰队上空保持接触的美军侦察机一消失,小泽立即致电"五十铃"号:"报告敌情。"但没有回电。20分钟后,"大淀"号又对"初月"号发电:"现在向

■ 恩加诺角海战中的伊势,1944年10月25日。全舰被防空武器的硝烟笼罩,3、4号主炮塔正在向右舷射击,飞行甲板下可见之前增设的12公分28联装喷进炮,弹射器向外张开至最大角。

联合舰队

■ 1944年10月25日,恩加诺角海战中的瑞凤。烟囱附近的飞行甲板上有炸弹洞穿的痕迹,后部飞行甲板已经隆起变形,大量黑烟正自机库中冒出。

以相反方向航行的舰影,那正是北上中的"五十铃"号。从该舰的报告中,小泽才第一次得知,美军第三波空袭将"千代田"号重创后,又引导一支由14艘舰艇组成的巡洋舰编队(TG30.3,包括2艘重巡洋舰、2艘轻巡洋舰和10艘驱逐舰)前来实施打击。该编队以火炮将"千代田"号击沉后,转而开始攻击

敌反转,方向185度,报告敌位置。"也没有应答。

20:35,小泽用灯光信号向麾下各舰传达决心:"反转歼灭敌人!"同时指示编队以"日向"号居中,大淀居左2公里,霜月居右10公里,"伊势"号负责殿后,航向185度,速度16节。20:41,他又用无线电告知联合舰队司令长官:"接初月交战中之报告,率大淀、日向、伊势、霜月,立即反转敌人。"

21:53,即小泽本队正式反转后20分钟,舰队左舷正侧方20公里处出现了一艘

正在附近准备救助的"五十铃"号及驱逐舰若月、初月。初月独自冲向美军编队,其余两舰乘机逃跑。

22:35,小泽命令燃料将尽的"五十铃"号独自驶向冲绳中城湾,本队与若月会合,5舰全速南下支援孤军奋战的"初月"号。

南下已近一小时,二二号电探中仍未出现敌舰的踪影,焦急的日舰开始采取方形搜索:22:55,航向变为215度,向西南方向进攻;23:19,改航向150度;23:25,取航向70度,但始终没有获得敌情。

实际上,美军巡洋舰编队此时已经用

密集的火力歼灭了殊死奋战的"初月"号。小小的初月与14艘美舰周旋达2小时之久,最后终于战沉,第61驱逐队司令天野重隆大佐、舰长桥本金松中佐以下大部分乘员战死。该舰上还搭载着"瑞鹤"号部分落水舰员,最终的幸存者总共只有16人。由于担心日军残部前来报复,因而美军巡洋舰早在21:30就果断返航了。失望的伊势、日向被按住狠揍了一天,既没有机会进行一番痛快的宣泄,又担心天亮后再遭空袭,只好在23:45重新转向北上。

小泽舰队残部在宫古岛南方海面迎来了26日的拂晓。但拂晓的寂静被潜艇的出现打破——美军特混舰队在撤退之时,已经呼叫正在附近活动的两个艇群前来围猎!5:10,"日向"号在左舷110度发现雷迹,立即发布对潜战斗信号,雷迹在舰首前方50米掠过。5:30,舰队在宫古岛东南90海里附近转为西北航向,持续北上。

下午5:34,"日向"号在左舷135度方向发现有2条雷迹迫近,那是来自31000码外美国潜艇"大比目鱼"号的攻击,但雷迹在日向后方通过。紧接着,"伊势"号也报告在160度方向发现敌潜艇。8:32,"伊势"号遭到雷击,不过3条雷迹全部在"日向"和"伊势"号之间通过。美军潜艇在以3条鱼雷击沉了已经受创的轻巡洋舰"多摩"号后撤退,跟跟跄跄的小泽舰队也终于在27日上午0时到达了奄美大岛西方180海里,12时入泊萨川湾。在进行了一整天的补给和整备后,最终于10月29日傍晚以灯火管制的惨相回到了吴军港。22:30,"日向"号系留上吴港的码头浮标,结束了悲惨的诱饵之旅。

"逃跑之栗田"

按照传统战史的说法,1944年10月25

■ 阳炎级驱逐舰"野分"号,日本海军中著名的"补枪王"。野分可能是世界海军中击沉舰艇吨位最多的驱逐舰,不过大多数是自己人的,比如中途岛海战中处分赤城,莱特湾海战处分筑摩。

联合舰队

日上午09:24,在萨马岛海域,当美军护航航母观察到日本舰队转舵停止追击、开始后撤时,"响起了一片欢呼声"。此后胆怯的栗田即在惶恐中转舵北逃,终于导致整个作战失败。但这种说法却无从解释,自09:24时日军重巡洋舰北移集队、到12:45时栗田最终决定撤退,这3个小时之间"大和"号上究竟发生了什么?也无从解释为什么在24日傍晚遭遇严重损失后还能果断反转、镇定自若的栗田健男,时隔半日就发生了如此反常的变化?

其实答案只有一个:集队完成的栗田当时选择的并不是立即退却,而是继续前进。

和"赫赫战果"一样,栗田接收到的关于美国舰队的情报也是极其混乱的。由于"榛名"号和几艘巡洋舰都声称它们观察到了新航母,战场上空也不断出现来自其他舰队的飞机(实际上只是"塔菲二号"和"塔菲一号"的护航航母派来的援兵),栗田断定美军一定还有别的航母编队,并且正在赶来增援,他下令组成防空轮形阵。之后,果然有两三波鱼雷机前来攻击,并炸沉了受伤的"铃谷"号(由己方驱逐舰发射鱼雷击沉)。

现在,栗田手头只剩下4艘战列舰、2艘重巡洋舰、2艘轻巡洋舰和9艘驱逐舰了,不过他已决心向最初的目标——塔克洛班登陆场进发。当时他位于萨马岛以北90海里,按照22节的最高航速,有望在4个半小时后到达同样位于90海里之外的目标。一个半小时的整队后,11:00时,大和传令:舰队取225度航向直扑莱特湾。

这个时候,事情又起了波折。

11:20时,"大和"号接到了来自三川军一西南方面舰队的1架侦察机发来的神秘

■ 一架日军"神风"特攻飞机即将撞上"圣洛"号航母的瞬间。

电报:"09:45时,发现敌正规航母舰队,位置ヤキ1カ。"这个"ヤキ1カ"是航空图上重要位置的代号,大约在栗田舰队所处位置以北80海里附近。但根据战后防卫厅战史研究室的查证,报告原文是"ウキ5ソ",与"ヤキ1カ"相差达40海里之多,因此极有可能是因为"大和"号上电信人员不足、超负荷工作造成的失误(也有说法是栗田为掩盖失误而伪造的假电报)。这个误报摧毁了栗田及其参谋人员南下突入登陆场的信心。

对于莱特湾里究竟有多少美舰,第一游击部队并不清楚,而且路上还要花去4个小时,变数极大。况且在本质上,栗田和宇垣一样,也是渴望与美舰正面交战的大舰巨炮主义者。12:26时,在小柳参谋长和大谷参谋先后进言后,栗田健男终于做出了改写历史的决定:他下令全队向北进发,与"ヤキ1カ"位置上并不存在的"美军机动部队"交战。10分钟后,栗田又致电联合舰队司令部:"第一游击部队终止莱特湾泊地突入作战,改沿萨马岛东岸北上,以求与敌航母机动部队决战,尔后经圣贝纳迪诺海峡撤退。"至于已经失去航行能力的筑摩、鸟海2艘重巡洋舰,栗田留下驱逐舰"藤波"号以及著名的"补枪王""野分"号予以击沉。

北上的栗田舰队,现在还剩下战列舰大和、长门、金刚、榛名,重巡洋舰羽黑、利根,轻巡洋舰矢矧,驱逐舰秋霜、岸波、冲波、岛风、浜波、浦风、矶风、雪风,一共15艘,比出航时少了将近一半兵力。

13:11时,"大和"号在60度方位发现

■ 第三舰队司令"蛮牛"小威廉·哈尔西上将(1882-1959),"如果我再处于同样的处境,只能拥有当时同样的情报的话,我还是会作出同样的决定。"

■ 第一游击部队指挥官栗田健男,他在海战中的指挥历来存在争议。但莱特湾日军失利的最大问题还是在计划制订和情报上。

飞机。当然,那并非来自子虚乌有的"ヤキ1カ"机动部队,而是返航途中被哈尔西召回的麦凯恩TG38.1。在随后的空袭中,大和右舷中2枚近失弹,前甲板被洞穿,长门舰首附近2枚近失弹,榛名、金刚也各中数枚近失弹,重巡洋舰"利根"号被1枚250公斤炸弹命中右舷后部,舵机故障、只能人力操舵。

15:15,TG38.1和TG77.4.2的近100架飞机再度来袭,"金刚"号被多枚近失弹炸伤,右舷出现一条长15米、宽3厘米的裂缝,舷侧15个重油舱进水、307吨燃料外泄,右推进轴变形;"大和"号左舷中部2枚近失弹,"长门"号2枚近失弹,"榛名"号左右舷各3、2枚近失弹,5号锅炉房停工,"矢矧"号右舷中部2枚近失弹、舰体多处破口,"早霜"号驱逐舰沉没。

实际的损失虽然轻微,却加速了栗田

联合舰队

的悲观——他对北方小泽舰队的行动几乎是一无所知，而从美机来袭的方向判断，似乎是来自两个不同的方向。这就证明，即使栗田舰队能找到位于北方的那些美国航母，很可能还会继续遭到来自东面未知方向其他航母的攻击。

栗田健男从来不是一位以意志坚定而著称的军人。他出身名门，祖父栗田宽是东京帝国大学教授，父亲栗田勤是著名汉学家，参与过国史编纂，这使他性格中的审慎和仁厚远多于孤注一掷。将近三天的不眠不休、登革热的折磨、"武藏"号的厄运、萨马岛海面美军的顽强、未知方向的神秘航母舰队……这些因素使他越来越狂躁和疑惧。终于，栗田在16：12时做出了最后的决断——终止寻找美军航母决战，全队沿萨马岛北上，经圣贝纳迪诺海峡撤退！

每一段传奇故事里总会有那么一个时运不济的倒霉蛋。25日上午06：48时，哈尔西在北方海域接到了金凯德的电报："我正在苏里高海峡与敌交战。问题是TF34是否在守卫圣贝纳迪诺？"不明就里的哈尔西回复："没有。它正和我航母一起与敌航母交战。"

08：22时，第七舰队再度告警："据报，敌战列舰和巡洋舰正从背后袭击TG77.4.3。"8分钟之后则是"莱特湾急需快速战列舰"。生气的哈尔西认为，TF34的顶头上司是他这个第三舰队司令，李中将麾下的战列舰本没有为金凯德保驾护航的义务，何况他已经派去了麦凯恩的TG38.1，

现在只管继续等待就是了。

接下来又是三份语气绝望的电报："我护航航空母舰现遭敌4艘战列舰、8艘巡洋舰及其他舰艇攻击。请速令李以全速驶往莱特湾保护。并请派快速航母立即进行反击"；"急需重型战列舰救援"；"情况危急，急需战列舰、快速航空母舰，防止敌突入莱特湾"。

没有反应。哈尔西那支强大的舰队仍在向北高速行驶。

之后的两份电报在将近10点时几乎同时到达。

第一份还是来自金凯德："李在哪儿？速派李来！！！"电报的语气令人绝望，而且是以明码发出的，也就是说一定会被日本人截获。

第二封来电更令人目瞪口呆：

"发自：太平洋总部

收报人：第三舰队司令

向水边跳火鸡舞。GG第34特混舰队现在何处？现在何处？RR全世界都为之惊诧。"

按照美国海军的惯例，为了增加敌方破译密电的难度，大多数电报都在正文前后夹杂一些无意义的话，这些话与正文之间以两个重复字母、比如GG或RR相隔，译电员一般都能辨认出这些话并删去，比如本电开头的"向水边跳火鸡舞"。可是太平洋舰队总部的加密员大概是聪明得过了头。

原来，10月25日不仅仅是萨马海战发生的那一天。那天在世界战争史上是个有名

"盖世无双的海战"

■ 尼米兹（左）与哈尔西（右）两位海军上将在一起。尼米兹的指挥原则是不干涉战场上将领的行动，但萨马岛海战中哈尔西的表现实在离谱，以至一向沉稳的尼米兹也发出了那封著名的"在何处"电报。

的日子。1415年，英王亨利五世指挥英格兰弓箭手，在阿冉库尔击败了法国贵族的军队，法兰西骑士之花几乎全在是役中凋零。1854年的同一天，英军轻骑兵旅在克里米亚的巴拉克拉瓦向缅希科夫亲王的野战炮兵阵地发起了著名的"轻骑兵冲锋"，他们在俄军的炮火下死伤惨重，以至目睹了整个过程的法国将军博斯凯评价说"这是壮观的，但不是战争"。

英国著名的桂冠诗人丁尼生曾经写诗歌颂"轻骑兵冲锋"："他们的荣誉怎能消失？啊！他们的冲杀多么猛烈！全世界都为之惊诧。光荣属于英勇的战斗，光荣属于轻骑兵杰出的六百勇士。"

在珍珠港的太平洋舰队司令部，尼米兹曾经整整一天都不知道哈尔西舰队的下落。接到金凯德的求救电报后，他把助理参谋长伯纳德·奥斯汀上校叫来。此时尼米兹知道了TF38的位置，但是发现它离金凯德太远，为此苦恼。不过奥斯汀并不知道上司的想法，还以为尼米兹仍然不知道TF38的下落。于是他提议"将军，你是否可以就问哈尔西一个简单的问题，第34特混舰队现在何处"。奥斯汀认为这是简单的询问电报，尼米兹则认为这个电报可以暗示哈尔西南下驰援金凯德，于是批准了这个请求。

奥斯汀上校回到办公室，把电报内容口授给了他的文书，文书写好电文，交给报务部门值班少尉。这位不知名的值班少尉大概深爱英国文学。当天他已经收到了几封电报，得知"塔菲三号"的"吉普航母"和护航驱逐舰正面临着压倒性的敌人，进行毫无希望的抵抗。他一定是把这个场面同当年的"轻骑兵冲锋"联系到一起了，于是加进的后半句乱语是"全世界都为之惊诧"。

不过，这句话读来太像正文了，以至于哈尔西的译电员不敢删掉，而是将其作为电报的一部分原样译出。哈尔西当时顿觉目瞪口呆，感觉"就像脸上挨了一巴掌"。他涨红了脸，一把揪下帽子狠狠摔在甲板上，冲口骂出一些不入耳的脏话来。不过，时隔多年之后，这位莽撞的"蛮牛"也不得不承认，"如果菲律宾海海战（马里亚纳海战）

联合舰队

是我指挥,莱特湾海战是斯普鲁恩斯指挥,那可能会好些。"

在压力下,哈尔西于11:15下令抽出一部分兵力(包括TF34的新型战列舰艾奥瓦、新泽西,以及TG38.2的3艘航母、6艘战列舰、5艘巡洋舰和28艘驱逐舰)掉头南下圣贝纳迪诺海峡。不过当这些部队在深夜驶近圣贝纳迪诺海峡时,栗田已经逃离了两个小时。美国人只来得及结果了殿后的"野分"号——后者的服役生涯中曾以鱼雷自沉过"赤城"号航母、"筑摩"号重巡洋舰和不少自家人,比日本舰队在整个莱特湾海战中击沉的总吨位还要多。

10月25日是第一游击部队预定突入莱特湾的日子,这一天,日军基地航空队的航空总攻击仍在激烈地进行着。上午10:50时,上任刚8天的大西中将发动了太平洋战争中第一次"神风"特攻。由第201航空队分队长关行男大尉率领的"敷岛队"9架战斗轰炸机径直扑向刚刚逃出虎口的"塔菲三号",第1架朝"基特昆湾"号俯冲过来,擦着左舷翻滚入海;第2、3架对准"方肖湾"号俯冲,直到快撞上航母时才被击落。第4架日机已被击中,却一头撞在"圣洛"号(USS St. Lo, CVE-63)的飞行甲板上。猛烈的爆炸引燃了护航航母的燃料舱,终于导致"圣洛"号在11:30沉没。其余5架特攻机都在撞击前被击落。

11:15,第二批特攻队"山樱队"和"大和队"又撞伤了"加里宁湾"号,第三批"若樱队"、"菊水队"和"朝日队"则攻击了"塔菲一号",撞伤了护航航母"苏旺尼"号和"桑提"号。

对于美国海军来说,这些冒出滚滚浓烟的护航航母,预示着一种可怕而野蛮的新战术,从此将降临到太平洋战场上空。

逃出圣贝纳迪诺海峡的栗田也须继续忍受劫难。之后两天的时间里,TG38.1和

■ 美军第54驱逐舰分队所属驱逐舰"梅尔文"号,苏里高夜战中率先发射鱼雷命中"扶桑"号。

"盖世无双的海战"

■ 发生剧烈爆炸、即将沉没的护航航母"圣洛"号。它是萨马岛海战的幸存者,却丧身于日军第一次"神风"特攻。

TG38.2的飞机不断追击,先后击沉了轻巡洋舰"能代"号和2艘驱逐舰(早霜、藤波),"大和"号1号炮塔的炮盾肩部也被炸裂。10月29日,历尽波折的第一游击部队终于返回了文莱,与一周前出发时7艘战列舰、11艘重巡洋舰、2艘轻巡洋舰、19艘驱逐舰的堂皇之阵相比,如今的栗田舰队只剩下4艘战列舰、3艘重巡洋舰、1艘轻巡洋舰和9艘驱逐舰,而且无不带伤。

疑窦重重的莱特湾之战是人类历史上最大的一次海上交锋:

从作战地域上看,南北长1000海里,东西宽600海里。

从作战时间上讲,持续了3天4夜。

从作战方式上说,海战、空战、潜艇战无所不及。

从投入兵力上看,美军为航空母舰16艘,护航航母18艘,战列舰12艘,重巡洋舰11艘,轻巡洋舰15艘,驱逐舰144艘,护卫舰25艘,运输舰后勤辅助舰592艘,飞机近2000架;日本联合舰队出动航空母舰4艘,航空战列舰2艘,重巡洋舰14艘,轻巡洋舰7艘,驱逐舰32艘,飞机约600架。

从双方损失上看,美方在战斗中被击沉航母1艘,护航航母2艘,驱逐舰2艘,护卫舰1艘,被击伤护航航母4艘,驱逐舰2艘,护卫舰3艘,潜艇1艘;损失飞机162架,人员伤亡不足3000人。日方在战斗中被击沉航母4艘,战列舰2艘,重巡洋舰6艘,轻巡洋舰4艘,驱逐舰10艘,伤航空战列舰1

联合舰队

■ 莱特湾大海战后,停泊在乌利西环礁的TF38航母群,由近至远依次为:"黄蜂"号(CV-16)、"约克城"号(CV-10)、"大黄蜂"号(CV-12)、"提康德罗加"号(CV-19)、"列克星敦"号(CV-14)。"黄蜂"号、"约克城"号、"提康德罗加"号涂有M33-10a型迷彩。摄于1944年12月8日。

艘,战列舰4艘,重巡洋舰3艘,轻巡洋舰2艘,驱逐舰3艘,损失飞机288架,人员伤亡超过10000人……

无论从哪方面看,莱特湾大海战都堪称世界海战之最。

对日本联合舰队来说,莱特湾之战是一次命运的终审。我们无法以"常理"揣度其中任何一个细节,只能将其一概归为宿命:倘若小泽舰队在24日一早就被TG38.3发现,哈尔西就可能同时发现日军北、中两部队的行动,也就未必会被轻易引诱北上,那么等待栗田的将是更为惨烈的厮杀;倘若25日中午栗田毅然南下,那么必然被回航的哈尔西堵在塔克洛班登陆场内;倘若下午他继续寻找子虚乌有的"美军机动部队",

几个小时后就必须在圣贝纳迪诺海峡口和TF34展开一场血战。而这一切之所以没有发生,却要归结到"大和"号译电员的几次"偶然"的失误、"爱宕"号沉没后与司令部分离的电信人员、最初制订作战计划时的模糊不明……

哈尔西将军对这场戏剧性的海战评价很简洁:"直到今天,我一闭上眼睛还能看见它在眼前晃。"

神风落日
——日本帝国海军的末日

联合舰队

■ 1945年秋，停泊在东京湾的美国战列舰"新墨西哥"号，背景为富士山。

一、最后的胜利："礼号"与"北号"

"胡子少将"的突袭

莱特湾海战失利之后，日军大本营寄予厚望的"捷一号作战"实际上就处在了一个相当尴尬的境地：如果投入重兵反扑，登陆的美军步兵和海上强大的特混舰队将继续削弱日军渐趋枯竭的航空力量；如果就此放弃，则本土与南方资源地区的海上运输将彻底中断，使日本失去进行战争的物质基础。据此，大本营在1944年11月底做出判断：坚持莱特岛决战已无意义，现在应当立足吕宋岛要地，固守抵抗，在给美军造成损失的同时，等待战事发生转机。日军第十四方面军司令官山下奉文中将将所部整编为"尚武"、"振武"、"建武"三个集团，分别在吕宋岛北部、中南部、西部各自的防区里坚持持久战，以"保存自己，各自为战，长期抗战"的方针牵制美军。

民都洛岛（Mindoro）面积22544平方公里，毗邻吕宋岛西南，全岛多山，是菲律宾群岛中除吕宋岛以外一个重要的岛屿。麦克阿瑟上将认为，民都洛岛是进攻吕宋岛所必需的航空兵前进基地，因此在克复莱特岛后应立即发兵民都洛岛；出于尽快结束菲律宾战事的考虑，尼米兹海军上将也表示了支持。12月13日，由80多艘船只（包括6艘护航航母、3艘战列舰和6艘巡洋舰）组成的美军登陆运输船队穿过苏里高海峡，由棉兰老海西进。14日近中午时，船队沿帕奈岛西侧海面北上；15日，美军第24步兵师开始在民都洛岛南端的圣何塞（San Jose）海岸登陆。守卫民都洛岛的日本陆军仅有1000人，且分布在广阔地带,几乎毫未抵抗就退入了山地。

日本南方军总司令官寺内寿一大将认为,来袭敌军势大,为确保民都洛岛、为保卫吕宋岛赢得时间,应迅速派遣部队反击。从14日凌晨起,日本陆军第4航空军连续以50架以上的飞机攻击美军船队。从"捷一号作战"幸存的第5飞行集团(装备重型轰炸机,集团长小川小二郎大佐)组成"菊水队",在15日冲向登陆场实施了特攻。由于实力不足,这些陆军飞机并不轰炸美国航母和战列舰,只是拼死攻击运输船队。第30战斗飞行集团集结了40架以上的兵力进攻民都洛岛上空,由于干练的飞行员已经在"捷一号作战"中损失殆尽,新补充的菜鸟只能以"精神炸弹"弥补技术的不足。到12月22日,日军航空部队损失已经过半。

在航空兵发起密集攻击的同时,寺内还要求在吕宋岛的山下第十四方面军派出部队,在民都洛岛东面发起反登陆。但"马来之虎"认为:莱特岛一战日军损失惨重,现在迅速加强吕宋岛防务才是当务之急,将大量兵力派赴民都洛岛并非上策。为敷衍寺内,山下在12月下旬派出了100人的"挺身队",企图潜入圣何塞地区,破坏美军修建的2个临时航空基地。但这些敢死队力量太小,大多在到达机场前就遭遇阻击,没能完成任务。

机场未能摧毁,对滩头的轰炸又无法奏效,一筹莫展的日本陆军不得不向一贯不对路的冤家联合舰队求助。此时大本营深感民都洛岛落入美军之手是一个严重威胁,所以也力主海军采取措施。

莱特湾之战失利后,军令部一直在筹划动用刚刚完工的22400吨级新型航母"云龙"号和"天城"号,这两舰在1944年完工后编成了新的第1航空战队,每艘可载飞机65架。军令部打算以驱逐舰掩护新的第1航空战队再度突入莱特湾,实施所谓"神武作战"。但"捷一号作战"后第1航空战队始终缺乏足够的舰载机和飞行员,加上美军在莱特岛的推进速度太快,"神武作战"计划一改再改,

■ PB4Y-2"私掠船"巡逻机,即海军型B-24"解放者"重轰炸机,"礼号作战"中率先发现木村舰队,并在反舰作战中有不俗的表现。

联合舰队

最后成为一个完全的自杀计划——"云龙"号和"天城"号的舰载机将携带新开发的火箭动力特攻兵器"樱花",突入莱特湾上空后发射"樱花"撞击美舰;母舰和护航舰艇也不考虑生还的可能。

12月18日,作为"神武作战"的先期准备,"云龙"号奉命装载第一批"樱花"和陆军部队前往菲律宾,19日下午16:35,在东海宫古岛西北230海里处遭到美国潜艇"红鱼"号(USS Redfish,SS-395)的雷击。第一枚鱼雷造成航母的主机机械故障,10分钟后第二枚鱼雷命中右舷前部,引爆了机库内的"樱花","云龙"号迅速进水倾覆,舰上官兵1240人(包括舰长小西大佐在内)全部阵亡,疯狂的"神武作战"也就此胎死腹中。

接到陆军方面"火速增援民都洛岛前线"的请求时,联合舰队手中可用的飞机和军舰都不多。司令长官丰田大将决定:出动在莱特湾海战中损失不大的志摩清英中将第二游击部队,对民都洛岛的美军滩头阵地和圣何塞机场进行炮击,这一作战被命名为"礼号作战"。12月24日,第二游击部队主力驶出了越南的金兰湾泊地。

志摩中将本人并未亲自率领这支突击兵力,西南方面舰队司令长官三川军一中将指派阿留申撤退作战的"英雄"、第2水雷战队司令官木村昌福少将为临时总指挥。木村以"霞"号驱逐舰为旗舰,重巡洋舰"足柄"号、轻巡洋舰"大淀"号以及其他5艘驱逐舰清霜、朝霜、榧、杉、坚在其后跟随,火力虽然不强,但已经是日本海军在莱特湾海战后所能集结的最大兵力了。它们的任务是:击沉在民都洛岛登陆场附近遭遇的任何美军运输船,并炮击圣何塞机场及周围的军事设施。木村少将很清楚,凭这样一支小小的舰队根本不可能完成如此庞大的任务,不过既然受命在先,他也只能寄希望于天神保佑。

■ "礼号作战"中英勇抵抗的美军鱼雷快艇,它们不仅缩短了木村舰队实施炮击的时间,还击沉了掉队的驱逐舰"清霜"号。

事实上，留着一脸大胡子、绰号"胡子昌福"的木村的运气确实不坏——在穿越南海的整整两天航程中，暴雨一直笼罩在第二游击部队上空，活动频繁的美国潜艇也没有声息。在恶劣的天气掩护下，日舰离开民都洛岛越来越近……

运气不会永远眷顾一方。12月26日16:00，一架以莱特岛为基地的美国海军PB4Y"私掠船"巡逻机在距圣何塞登陆场以西偏北290公里处发现了木村舰队。飞行员史蒂文斯上尉把"足柄"号看成了"大和"号战列舰，他迅速向民都洛岛上全无防御的美军和在莱特湾的第7舰队司令部发报："大和"号及巡洋舰1艘、驱逐舰5艘，圣何塞以西180英里。

PB4Y随后降落在圣何塞机场上，史蒂文斯在确认守军已经收到警报后，立即给飞机加油，并挂上了4枚227公斤炸弹，重新飞回去监视向民都洛岛接近的木村舰队，一直跟踪到27日上午04:00。

美国陆军在民都洛岛的第5航空队可用的全部兵力只有13架B-25"米切尔"中型轰炸机，另外还有92架不能带炸弹的战斗机和少量P-61"黑寡妇"夜间战斗机。在登陆部队总指挥、陆军准将威廉·邓克尔（William C. Dunkel）的命令下，这些飞机迅速起飞，准备迎击敌人。在莱特湾的第7舰队司令金凯德中将也派出3架PB4Y巡逻机和5架PBM"水手"式水上飞机，挂着炸弹去寻找日舰。重巡洋舰"刘易斯维尔"号、"明尼阿波利斯"号，轻巡洋舰"菲尼克斯"

■ "礼号作战"总指挥木村昌福少将（1891—1960），静冈人，海军兵学校第41期出身。本姓近藤，过继给木村家作为养子。木村是水雷战队指挥官出身，服役期间以充任救火队员著称，先后指挥过阿留申群岛撤退作战、"多号作战"和"礼号作战"，战败时为海军中将。他的另一著名特征是欧洲式的大胡子，因而又有绰号"胡子昌福"。

号、"博伊西"号和8艘驱逐舰组成一个特混大队，在西奥多·钱德勒（Theodore E. Chandler）少将指挥下赶往民都洛岛——但他们远在数百海里之外，没有大半天时间的话，根本到不了战场。

圣何塞登陆场此时的情况异常危急，美国海军近在咫尺的支持力量仅有20艘鱼雷快艇。邓克尔准将判断：日本舰队将首先轰击登陆场，随后在夜间放出登陆部队、在海滩试图登陆；离岸约8公里的圣何塞有2个简易机场，日军可能会在此进行伞降以为配合。根据邓克尔和金凯德的双重命令，负责指挥这20艘快艇的戴维斯少校把舰况不良的11艘艇撤到了伊林海峡和曼加林湾（Mangarin Bay）内，其余9艘中，法戈少校指挥的4艘位于当冈角10海里处，负责报知日舰的位置；斯蒂尔曼上尉指挥的3艘位于伊林岛以北1海里处；斯瓦特上尉指挥的2艘则正在从民都洛岛北部返回。9艘快艇组成了一条长约3海里的松散巡逻线，艰难地保护着脆弱的登陆场。

12月26日20:30，美国陆军的B-25在圣何塞机场西北约50海里处重新发现了木村舰队，随即对它们展开了猛烈的空袭。20:45，朝霜在200米外遭到近失弹一枚。21:01，"大淀"号被2枚227公斤炸弹命中，其中一枚未爆，舰体受轻伤。21:15，清霜中直击弹2枚，航行发生困难。21:24，最大的"足柄"号中部左舷甲板也被命中227公斤炸弹1枚，炸死41人，鱼雷发射管室下方发生大火，不得不将已经完成装填的鱼雷丢进海里。

20:48，法戈的4艘PT艇艇群也以雷达捕捉到了日舰。他迅速将木村的方位报告给正在接近的斯瓦特，命令后者设法接近对手的航线，自己则迎面冲向了日本巡洋舰。21:55，法戈在离岸约6海里的卡拉维特角海面（位于民都洛岛西北角）遭到了木村的炮击，他将航速增至30节，采取曲折航向并投掷烟幕弹，很快躲开了日舰的全部炮弹。不过明枪易躲，暗箭难防，比日本人更危险的是那些过于"热心"的陆军飞机——他们不断地向自己人投下炸弹，快艇遭到了扫射，艇员被近失弹震倒。22:05，一发近失弹把PT-77炸成了重伤，法戈只好派PT-84护送它返回曼加林湾，其余两艇则继续留在战场上施放烟幕。

和萨马岛海战时的进退失机不同，木村十分清楚自己的目的。他不怎么理会快艇的骚扰，径直沿着海岸向南航行。22:15，斯蒂尔曼上尉的艇群在伊林岛附近5海里发现了"大淀"号的舰桥，但狡猾的木村昌福始终保持在鱼雷艇警戒线之外。他不顾美军战斗机的骚扰，下令舰队开炮。"足柄"号的10门203mm主炮和"大淀"号的6门155mm主炮对圣何塞市区、机场以及"红滩"轰击了40多分钟，大部分弹着点都离目标很远，仅机场受到表面微伤，而美军人员则连一个受伤的都没有（日军自己报称炮击持续了3小时之久，显系夸张）。混乱中，日军巡洋舰和驱逐舰还向附近的美军运输船发射了8枚鱼雷，但只有1枚命中目标，击伤1艘运输船，另外还有2艘运输船被炮火击伤。斯蒂尔曼上尉报告说，频繁的空袭损坏了日舰的射击指挥所，也打坏了一些炮。22:40，木村舰队转向曼加林湾方向，对斯蒂尔曼的3艘快艇进行了3次齐射，但均打成远弹。只有一艘开往伊林海峡的自由轮遭到了日舰的炮击，左舷中弹起火，被迫弃船。

27日00:10，午夜刚过，"见好就收"的木村开始调头，企图退出岸基飞机的航程之外。斯蒂尔曼向戴维斯少校报告："日舰因受盟军不断空袭，看来业已被迫撤退；它们现正顺着海滩向北疾驶，并一路开炮。"法戈的2艘快艇企图开出海峡截击，不过中途却搁浅珊瑚礁。

40分钟后，当木村溜到当冈角以北8海里处时，斯瓦特上尉指挥的PT-221和PT-223终于达到了战场，并且刚好位于日舰正横方向2海里处。PT-221发现4艘敌舰，随即遭到日舰探照灯的照射和射击，遂以25节航速向岸边撤退，同时PT-223迫近攻击。01:05，PT-223在4000码距离上发射了右舷的2枚鱼雷，其中一枚直接命中2077吨的日本驱逐舰"清霜"号。该舰原本已在空袭中受损，现在又被鱼雷击中中部，几乎立即沉没。

木村昌福命令其他舰艇先行撤退，自己亲率旗舰"霞"号前去搭救"清霜"号的落水人员。02：00，落在最后的"霞"号也开出了B-25轰炸机的航程，美军派去寻找夜战落海人员和"日本登陆兵"的快艇只在曼加林湾内岸的海滩上发现了3枚未爆的九三式鱼雷。12月29日，木村舰队顺利退入金兰湾。

"礼号作战"就这样静悄悄地结束了。排除掉损失1艘驱逐舰、其他所有军舰都被伤的代价不论，此役或可称为太平洋战争中联合舰队最后一次战术上的胜利。主动出击的木村舰队成功地对登陆场实施了炮击，美机损失26架（主要是降落时失事的），关于日军业已登陆的谣言在民都洛岛上的美军之间流传了很久。不过相比于两年前对瓜岛机场的夜间炮击，这次由中小舰艇执行的岸轰任务并未实现破坏机场及周边设施的企图，"礼号作战"的成绩更主要是心理上而非实际上的。

27日下午14：00，从莱特湾出发的钱德勒少将的巡洋舰和驱逐舰终于到达了民都洛。他们开出了25节的最高航速，不过还是迟到了12个小时。少将带着舰队在岛西岸巡逻了一昼夜，随后调头返回了莱特湾——显然，日本人已经不打算回来，也没有力量再回来了。

"北号"输送作战

在民都洛岛站稳脚跟之后，美军岸基航空兵自1944年12月下旬起陆续空袭吕宋岛各地，重点袭击马尼拉地区和克拉克机场。TF38的舰载机自1945年1月3日起也对台湾进行空袭，目的是削弱和切断日军抗登陆和支援吕宋岛的能力。1945年1月9日上午，美军第6集团军第一梯队的4个步兵师在林加延湾登陆，揭开了解放菲律宾的序幕。山下大将把部队退守到吕宋岛北部，开始了持久抵抗。

第4航空战队的2艘战列舰"伊势"号和"日向"号由于航速过低，并没有参与"礼号作战"。结束"捷一号作战"后的休整，两舰开始用于向菲律宾前线运送陆军设营队人员和器材，任务完成后进入新加坡的实里达港（Seletar）停泊。两艘4万吨巨舰高大的舰影缓缓驶入小港，依稀还有一点联合舰队全盛时期的"荣光"。不过战局的发展显然不是这种廉价的安全感所能左右的，美军进兵吕宋岛之后，联合舰队下令以第四航空战队和

■ 驱逐舰清霜，属夕云级，"礼号作战"中被美军鱼雷艇击沉。

联合舰队

结束"礼号作战"的第二游击部队残舰组成运输部队,在日本对菲律宾的统治土崩瓦解之前将南洋的重要战略物资运送回内地,用于"本土决战"的准备。

"伊势"号、"日向"号巨大而闲置的水上轰炸机机库、"大淀"号自舰体中央延伸到后部、可以容纳6架水上侦察机的超大型机库,以及第2水雷战队的3艘驱逐舰朝霜、霞、初霜的底舱,满满地装上了5500名舰员、5200桶航空汽油、330桶普通汽油、850吨生橡胶、900吨锡,和水银、锌、钨、砂糖等物资,这些物资将缓解已经在"饥饿战略"下奄奄一息的日本本土的窘境。由于军令部已经制定了用运输船搭载物资回国的"南号作战"(因为护航兵力不足,"南号"运输行动在美国潜艇的攻击下彻底失败),这个以主力战舰运送战略物资回国的作战就得到了"北号作战"的代号。负责执行任务的运输部队代号"完部队",依旧以第四航空战队司令官松田千秋少将为总指挥。

1945年2月10日17时,因为满载物资而显得臃肿不堪的"完部队"驶离新加坡。忧虑重重的松田担心白天会遭到B-29的攻击,因此选择傍晚起航。11日是日本传统的纪元节(《古事纪》中记载的日本第一代天皇——神武天皇的即位日,二战后改名为"建国纪念日"),各舰一早均在舰首设台置酒,遥望本土方向三拜,祈祷神明保佑。14:42,舰队正自菲律宾群岛西方北上,突然遭遇一艘正在上浮的英国潜艇。至此,"完部队"的行踪已经暴露,盟军的大规模截击即将到来。

12日,海面刮起强劲的季风。"日向"号为避免发生危险,将上层舱室装载的物资向下方转移,这使军舰重心降低,航速更加缓慢。两艘伊势级此时由于搭载了大量油罐,连主炮的回转都显得困难。没有装甲防护的机库一旦被命中,将立即起火爆炸,陷于万劫不复之地。11:35,"朝霜"号发现一艘美国潜艇并进行了攻击,临近午后4时,东方水平线上又出现一艘正在上浮的美国潜艇。约50分钟后,"伊势"号也发现了升出

■ 重巡洋舰"足柄"号,属妙高级,"礼号作战"中木村舰队最大的战列舰。

水面的潜望镜,"大淀"号立即起飞1架零式水上侦察机进行压制。由于空中警戒的威胁,集结在附近的美国潜艇虽然已经发现目标,却无法进入合适的攻击阵位。谨慎的松田下令舰队对潜警戒,密切观察海面。13日凌晨00:18,"日向"号的电探在左前方捕捉到水上目标,全队立即一齐向右转舵规避。2小时后,"霞"号也探知水上目标,全队再度急速回避。由于待机的美国潜艇航程和燃料已经不足,经过一夜跟踪始终无法进行攻击,只得放弃。"完部队"有惊无险地通过了潜艇阻击线。

07:17,天空刚变得晴朗,"日向"号的电探就在右侧100公里处探知了空中目标。08:30,瞭望哨确认目标是1架B-24。显然,这只是一架侦察机,很快就将招来大批空袭波。此时天已变阴,空中布满积雨云。10:30,在东南偏东方向探知美机大编队,"完部队"开始提高航速,两艘伊势级的356mm主炮换装三式烧霰弹,准备对空战斗。不过日本人这次又交了好运——来袭的美机是以小编队组合出现,正当他们要发起进攻时,日舰却隐入了浓密的积雨云下。整整30分钟里,"完部队"在云层遮盖下战战兢兢地进行着蛇形机动,云层上方的40架B-24、B-25和48架P-51则在努力寻找攻击良机。终于,失去耐心的美机开始向东折返,大喜过望的松田下令停止蛇形机动,以20节航速恢复北上。午后,电探再度发现敌机编队,不过后来证明只是一场虚惊。

13:30,"伊势"号右舷中部甲板忽然响起了怒吼声:"雷迹!右后方!"正在舰桥的椅子上昏昏欲睡的中濑舰长一跃而起。顺着舷侧望去,右舷130度方向、约2500码外有几道明显的白色雷迹,显然是潜艇来袭。他立即发布命令:"左满舵!全速前进!"鱼雷航迹正在接近中,一旦爆炸开来,"伊势"号尾部的推进器和舵叶都将被彻底摧毁。"伊势"号迅速转舵规避,海面激起醒目的浪花,6枚来袭鱼雷中有3枚因为这一紧急机动而丢失目标没有命中,自舰首前方通过,2枚擦右舷而过,最后一枚以水面状态掠过舰尾,被高射炮的连续射击击毁,爆炸的响声久久回荡。

2月14日,"大淀"号再度发现雷迹,全队紧急回避。将近12时,又发现来袭的敌机大编队,不过因为天气不良,美机再度折返。15日,"完部队"通过香港海面,随后贴近海岸隐蔽航行。是日舰队两次发现大队舰艇,"伊势"号上一片骚动,不过后来证实只是帆船队而已。19时,"完部队"进入

■ 四航舰司令长官松田千秋中将(1896—1995)。熊本人,海兵第44期出身,海军大学第26期毕业。历任驻美大使馆海军武官,中国派遣舰队参谋,军令部第五课课长,"摄津"号、"日向"号、"大和"号舰长,大本营海军部参谋,是日本海军中一名具有战略头脑的实干家。恩加诺角海战中松田指挥两艘航空战列舰全身而退,日后又成功执行了运输战略物资回国的"北号作战"。他也是江田岛毕业生中最后一位去世的海军将领。

马祖岛泊地，进行食品和日用补给。16日零时，在暗夜中再度起航。12时，瞭望哨在空中发现1架巡逻的B-24，不过并无后续空袭。21时，"完部队"在舟山岛泊地北方下锚休整。

17日07:00，"完部队"经济州岛西面北上，一路平安无事。18日，"完部队"以20节全速通过长竹水道，入夜后，在朝鲜半岛南方的昌善岛东面近海停泊。2月19日晨7时，再度起锚进发，以18节航速经对马海峡以北返回本土。17:30，舰队达到六连岛下锚，22时再度出发完成最后的航行。

通过关门海峡后，20日10:30，"完部队"终于回到了吴港，历时11天、总航程3350海里的"北号作战"取得了完全成功。伊势和"日向"号上的官兵一路死里逃生，不禁大呼"万岁"！不知山本五十六的在天之灵，倘若见到这些仅仅因为逃跑归来就欢呼雀跃的部属，又会做何感想？

二、"菊水特攻"："大和"号的末日航程

神大佐的狂想

马里亚纳和莱特湾海战之后，日本帝国海军遍体鳞伤，特别是作为联合舰队主体的航母机动部队已经全部覆灭。由于燃料不足，硕果仅存的几艘大型战舰也从海面上消失了。1944年11月15日，军令部决定解散在恩加诺角之战中损失殆尽的第一机动舰队（小泽舰队）。12月5日，军令部总长及川古

志郎大将发布《水上兵力使用相关方针》，决定将有限的人力和燃料集中于航空战、运输、护航以及反潜行动，战列舰、巡洋舰等大型水面舰艇不再出动，航母则用作运输舰。受损巡洋舰、驱逐舰的修理在第一游击部队（栗田舰队）返回本土后立即进行，在1945年之前完成；战列舰和航母则在1945年3月后"有余力"时才进行检修。1945年元旦，军令部又发布《大海令第36号》："由联合舰队司令长官指挥中国方面舰队、海上护卫总司令部部队、各镇守府、各警备府部队的有关作战。"

由于"金刚"号战列舰在返回本土途中于台湾海峡被美军潜艇击沉（1944年11月21日午夜），第3战队奉令解编，长门、榛名两舰与完成修理的"大和"号重新合编为第1战队，由第二舰队司令长官直接指挥；加上由新完工的航母天城、葛城和伤残舰隼鹰、龙凤编成的第1航空战队也转归第二舰队管辖，联合舰队总算是保住了第二舰队这支相对完整的基干，不过它们再也没有扬威海上的机会了。因为大部分舰艇被转用于西南方面，原本用于北方防御的第五舰队（志摩舰队）也宣告解体。1945年2月5日，大概是觉得这样的编组太过奢侈，第1战队也奉令解散，长门和榛名分别疏散到横须贺和吴镇守府作为直属舰；孤单的"大和"号则编入第1航空战队，继续归在第二舰队名下。原军令部次长伊藤整一中将接替了屡战屡败的栗田健男，出任这支哀兵的指挥官。

在日本海军传统的"渐减邀击"作战

的构想中,当美军主力舰队向日本本土进军时,海军可以采取节节抵抗、"渐减"削弱对手的战法,争取时间,使形势向着有利于己方的方向发展。但由于美军在战略上采用了双向进军和"跳岛作战"的全新思维,战术上曾加大了快速航母特混舰队的应用范围,日本人在太平洋岛屿上的负隅顽抗根本起不到任何作用,只能无谓地浪费有限的资源。1945年初,日军大本营实际上已经明白:战争是不可能打赢了。但由于从天皇到政府都没有投降的打算,仗还是要打下去,并且要努力延长可以抵抗的时间。这样一来,大本营自然就把注意力放到了击败美军航母特混舰队、保证本土以及周边海域的制空权这一关键点上。

1945年初,日本已经停止了大多数主力舰艇的建造工作,集中全部工业资源生产简单廉价的"特攻"飞机,准备以这种易耗品来迎接美军的进攻。3月20日,大本营海军部正式下达了大海指第513号《帝国海军当前作战计划纲要》,决心"以决号(本土)作战为从、天号作战为主","以冲绳航空作战为当前作战的重点","彻底地集中航空兵力,消灭前来进攻之美军主力"。具体的部署为:第一航空舰队("航空舰队"均系驻扎于陆上基地、包含多种机型的大规模海军

■ 1945年2月19日,海军陆战第5师的官兵正在折钵山山腰奋力攀爬。硫黄岛战役历程之艰难,使星条旗插上折钵山之巅的那一幕成为了美国海军陆战队历史上最荣耀的时刻。

联合舰队

■ 硫黄岛战役中,美军登陆前正在轰击岸上日军阵地的"纽约"号战列舰。

航空队)展开于九州,目标为美军航母特混舰队;第五航空战队展开于台湾,目标为美军护航航母编队;配备给海军指挥的陆军第六航空军展开于冲绳主岛以北的西南群岛及九州,目标为美军运输船队;第七、第八航空舰队展开于本土西部,准备随时支援第一航空舰队。3月25日晚8时,由于美军对冲绳的进攻已经迫在眉睫,联合舰队司令长官丰田副武大将向所属各单位下达了"天一号作战"准备令,下令自26日正式发动"天一号作战"。

以"航空决战"为主要手段的"天一号作战",本来和海军的水面舰艇部队是没有什么关联的。机动部队已经没有一架可用的舰载机,仅有的几艘战列舰和巡洋舰因为缺乏燃料也很少出动;除了极少数携带"回天"人操鱼雷的潜艇和执行短途扫雷、运输和护航任务的小型舰艇,偌大的太平洋上已经看不到几艘日本军舰了。但丰田副武却一本正经地认为,"大和"号——世界上最大的战列舰——没有理由无所事事地待在内海,它也应当积极出动,起一点精神上的"振奋"作用。所以在3月24日,他下令"大和"号和第2、第31水雷战队、第11战队的全部舰艇编成第一游击部队,任命第二舰队司令长官伊藤整一中将为指挥官,"在内海西部方面待机,另依命令完成出击准备"。3月28日,第一游击部队就要从吴港出发,穿丰后水道前往佐世保,"歼灭美军攻略部队"。

所谓"歼灭美军攻略部队",自然只是一种说辞。丰田的如意算盘是,一旦"大和"号这个巨大的诱饵向佐世保移动,美军的航母特混舰队一定会出动飞机前来空袭。一等美国航母露面,他就集中第一、第七、第八航空舰队的飞机将其彻底摧毁。最后再由陆军航空队加以配合,炸沉跟随的运输船队,"决战"就可以告大成了。当然,清醒的人还是有的,联合舰队负责水上作战规划的参谋三上作夫中佐就表示了异议。他提出三个问题:第一,如果美军航母发现日机来袭、提前规避怎么办?第二,"大和"号如何应对前往佐世保途中出现的美军潜艇?第三,佐世保的防空环境是否比濑户内海更有利?丰田表示"无从应答",其实就是压根没想过。

更直接的阻力来自"天号作战"主要负责人、第五航空战队司令长官宇垣中将。自第二次"浑号作战"和莱特湾以来,宇垣一直对丰田憋着一口气,此时乘机大泼冷水。他指出,美军特混舰队在侦察、机动方面占有绝对优势,即使被引诱出来也难以一举歼灭,"大和"号这个诱饵反而有被吃掉的危险。"如果联合舰队的主张就是这种雕虫小技的话,那也太贻笑大方了。"宇垣甚至表示,不希望因为要和水面舰艇配合,耽误了航空兵的决战大计。这样一来,丰田习惯性地动摇了。3月28日傍晚,他下令第一游击部队暂停向佐世保出击,次日全体移动到内海西部的三田尻冲,休整待机。

3月27日,第一航空舰队和第五航空战队的108架飞机(其中特攻机19架)投入了对冲绳周边美军舰艇的空袭作战,25架未返回(其中特攻机14架),取得了击伤美国战列舰"内华达"号、"田纳西"号、轻巡洋舰1艘,驱逐舰9艘和运输舰数艘的战果。受到鼓舞的日军在3月28日继续实施攻击,投入刚刚到达德之岛的陆军第6航空军的重型轰炸机10架、攻击机15架发动进攻;驻台湾的陆军第8飞行集团从3月26日起也对庆良间周围的美军舰船发动进攻,到31日为止,共使用了特攻机45架、轰炸机17架,报告击沉击伤各型舰船31艘。

4月1日,经过充足的准备,美军主力开始在冲绳本岛登陆。日本海军第一航空舰队和第五航空战队出动94架飞机(含特攻机35架)实施攻击,有16架(含特攻机10架)未返回,美国战列舰"西弗吉尼亚"号、英国战列舰"英王乔治五世"号(HMS King George V)和航母"不倦"号(HMS Indefatigable)各被1架特攻机撞中,其余还有人员运输舰、登陆舰、护卫舰艇等多艘受损。4月2日,第一航空舰队(含增援的第七航空舰队)和第五航空战队再度出动159架飞机,撞沉美军高速驱逐舰1艘,另有多艘登陆舰艇受损,人员损伤严重。

4月3日,驻九州的日本海军航空队继续出动41架飞机(含特攻机12架)突入冲绳海面,美军1艘高速驱逐舰被特攻机撞中,

■ "爱达荷"号战列舰正在对硫黄岛进行炮火轰炸。

联合舰队

随后由友军击沉。4月4日,日军出动61架飞机(含特攻机7架)进击,有2架特攻机未返回。至此,为时约半个月的"天一号作战"告一段落。由于日军事先作战准备不足、航空部队未及充分展开,远未取得预想的大捷。但日本海军非但没有中止无意义的牺牲,反而荒唐地认为必须以更大规模、更加集中的空中特攻来挽回战局。丰田副武利用"大和"号编队参与作战行动的计划也再度复活,企图海空合力,在冲绳岛实现之前"捷号作战"没有达到的目标——把冲绳变成"美国的瓜达尔卡纳尔",迫使美军因为资源消耗过大而停战媾和。

第一游击部队的指挥官——尤其是驱逐舰舰长们也没有坐以待毙。第2水雷战队司令官古村启藏少将和"矢矧"号轻巡洋舰(第2水雷战队旗舰)舰长原为一大佐都是驱逐舰指挥官出身,4月2日,他俩把第一游击部队绝大部分中高级军官们召集到"矢矧"号上,讨论舰队的出路问题。古村本人提议由"大和"号率领整支舰队突入冲绳海面、进行决战,但巨舰在到达战场前可能已经被美军的优势航空兵力消灭了。第二舰队先任(首席)参谋山本祐二大佐提议寻找机会穿越日本海、向朝鲜南部退避,但这个方案需要大量燃料,并且可行性比古村的建议还要低。第一游击部队司令长官伊藤整一中将本人提出了一个异想天开的主张:所有军舰满载武器、弹药和人员向冲绳岛前进,到达冲绳本岛附近后,军舰冲上浅滩搁浅,作为浮炮台使用,水兵则上岸参加陆战。在伊藤

■ "参谋精英"神重德大佐(1900—1945),导致"大和"号覆灭的"菊水作战"直接策划人。海兵第48期出身,海大甲种科第31期第一名毕业。神重德与陆军的政信号称昭和参谋中的"双璧",实则更像做事不计后果的精神病人。

日本战败后的1945年9月15日,神重德作为日苏协调北方战事的使团成员自北海道返回,所乘的飞机在津轻坠海,同机5人全部获救,只有神重德本人神秘失踪,自此音信杳然。

看来,这是军舰发挥实际作用的唯一可行之道。他同时还强调,如果没有足够的空中掩护,主动出航就是自取灭亡。

伊藤的疑虑是正确的。美国人为了冲绳一战可谓不惜血本。太平洋战区内美国海军和陆军的大部分主力都参与了冲绳之战,英国海军远东舰队也从澳大利亚赶来支援。美军第51特混舰队(TF51)按照作战任务的不同编成7个小型特混舰队:第58(航母)、第57(英军航母)、第52(登陆支援)、第53(北部登陆突击)、第54(火力掩护)和第55(南部登陆突击)特混编队,整个舰队共有正规航母和护航航母34艘(舰载机2108架),战列舰22艘,其他作战舰艇320艘,登陆运输舰船500艘,加上后勤舰船和辅助船只共1000余艘,由斯普鲁恩斯上将亲自担任指挥官。即使把日本现有的所有海军舰艇和航空飞机加起来,大概还不及TF51的1/5,顽抗意味着死路一条。只不过,大本营海军部和

联合舰队司令部早已不根据实际情况进行决策了，他们把海军舰艇出动看成一种政治表态。陆军第十方面军承诺，冲绳守军将在4月8日对读谷和嘉手纳机场发动反击；为了与陆上进攻相配合，海军马上宣布在4月6—7日发起航空总攻击"菊水作战"——水上的菊花是南北朝著名武士楠木正成的纹章，此人在有名的凑川之战中败给意图推翻后醍醐天皇政权的足利尊氏后，立誓"七生报国"后自尽。这显然是一个毫无理智的点子，无非是为了体现海军与陆军"同心同德"、为冲绳之战贡献了"绵薄之力"而已。

另一方面，冲绳岛上的日本陆军其实并不稀罕海军这点勉为其难的支援。冲绳岛上的第三十二军司令官牛岛满中将听取了高级参谋八原博通大佐的建议：他们并不相信"航空决战"足以摧毁美军主力，而第三十二军现存的两个半师团根本不足以执行保卫机场、在滩头阻击美军的任务。在这种状况下，必须充分利用岛上有限的纵深，尽可能将敌军拖入代价巨大的持久战。他们放弃了大本营最提倡的"寸土必争"和一击制胜"决战"策略，主要通过构筑完整的坑道和洞穴来进行战斗。至于4月8日为应付上级而进行的所谓"反击"，只会调用一些辅助部队来执行。显然，由于人员训练不足，海军的"菊水作战"既不可能摧毁美国舰队，也不会对陆军的作战

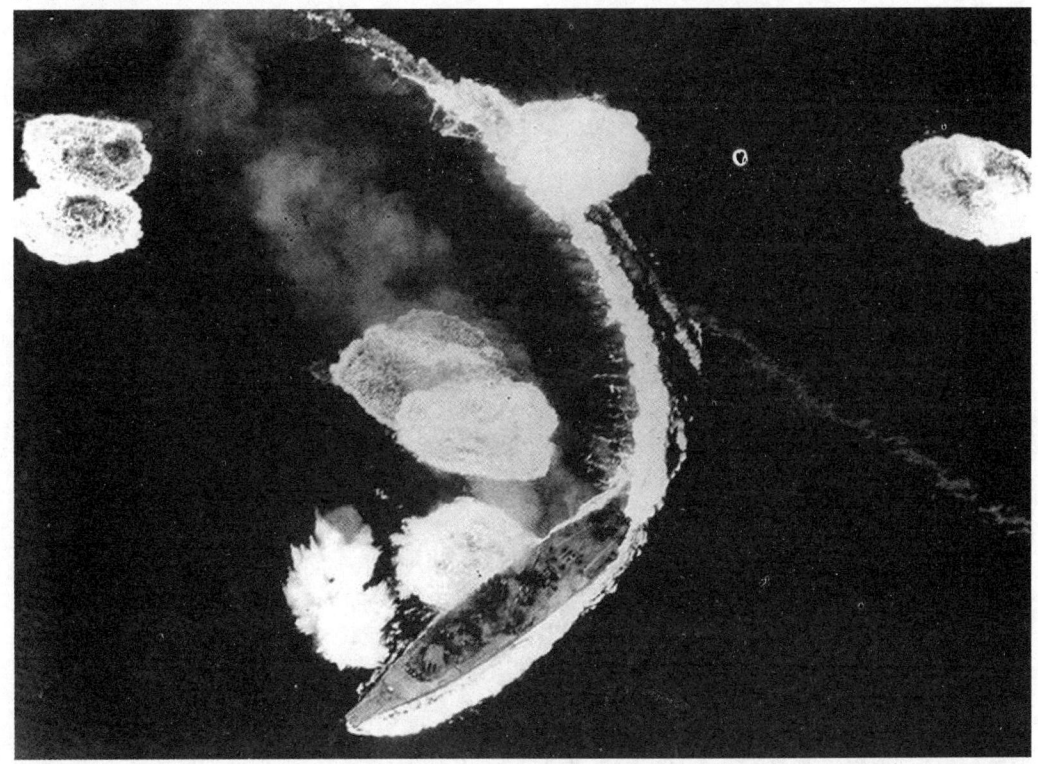

■ 1945年3月19日，美机对吴港海军泊地进行空袭，图为正在港内机动规避的"大和"号，一枚鱼雷从其左后方擦过。

联合舰队

起任何积极效果。

不过,联合舰队司令部里的大小"精英"们可不管这些。不但如此,他们还要把头脑清醒的人排除在外,依靠阴谋诡计来通过作战计划。4月5日,恰逢反对出动"大和"号执行自杀任务的草鹿龙之介参谋长和三上作夫作战参谋前往九州的鹿屋基地进行指导,绰号"参谋精英"的首席参谋神重德大佐乘机在日吉台地下室召开作战会议,讨论"菊水作战"主要方略。

神重德在第一次所罗门海战时担任三川军一中将的首席参谋,此战取得大捷后,他也迅速走红。不过,这家伙是个不计后果、言行出位的麻烦人物,过去的海军首脑可不敢让他来决策大事。神重德的主张也确实疯疯癫癫的:早在1944年"阿号作战"计划制订之初,时任海军省教育局第一课长的神重德就突发奇想,要亲任"大和"号舰长、将巨舰航行到塞班岛附近搁浅,作为固定炮台支援陆上作战。这个计划当然被否决了。不过到了1945年,联合舰队司令长官丰田大将自觉局势难以挽回,干脆起用这么个蒙古大夫来把脉了。神重德也真的下了一剂猛药。4月5日的会议上,他提出了三天前伊藤整一已经提过的那个主张:在发动"天号"航空特攻的同时,派"大和"号、"长门"号等战列舰突入冲绳海面,对美军登陆船队进行直接打击;在炮弹耗尽后,军舰冲上滩头搁浅,乘员作为陆战队员上岸参加陆战。为抱定必死决心,所有军舰将只携带单程燃料。随后,由于情报查明"长门"号当时还在横须贺、燃料供应和航速不足,参加突入行动兵力也就减少为"大和"号所率的第一游击部队。

战后的1950年4月30日,丰田副武通过世界日报社发表了其回忆录《最后之日本海军》,为自己的决定辩白:"如冲绳失陷,即等于点燃本土决战门前之火。基于海军必须尽一切手段挽救时局的考虑,余认为应有效使用当时尚完好的"大和"号战列舰……余判断(作战)成功率将不到50%,如能顺利进行则为奇迹。但在当时紧迫的情势下,留下尚能效力之战舰不用,而目睹现地官兵被虐杀,实有所不忍。话虽如此,对这般毫无胜算的作战,仍将继续付出重大牺牲,实乃一大痛苦。但成功之算虽微乎其微,主动出击也可算聊胜于无。此乃当时之心情。"由此可见,他早知作战必然失败;所谓"死中求活"、"绝境逢生",不过是愚弄国民和自欺欺人的把戏。

■ 正在炮轰冲绳的"爱达荷"号战列舰,4月1日。

在丰田的授意下，神重德参谋带着特攻计划前往军令部，首先要求第一部部长富冈定俊少将予以谅解。出人意料的是，向来是大舰巨炮主义者的富冈部长却提出了异议。他指出，海军目前并没有足够的燃料可用于这次行动。即使燃料问题可以勉强解决，鉴于本土与南方资源地带间的交通线已经中断，有限的油料也应该节省下来用于"本土决战"，而不是浪费在有去无回的自杀行动中。狂热的神重德并不死心，又找到军令部次长小泽治三郎中将进行申诉。小泽听到他讲"只需单程燃料，以必死斗志强行突入"，便知道行动没有任何成功的可能，但他圆滑地表示"联合舰队长官既有如此决心，亦无不可"。军令部总长及川古志郎大将默默听完了整个汇报，但他"静坐未发言"——这是为尊者讳的说法。实际上，装聋作哑是及川面临重大问题时的一贯办法——1940年日美矛盾激化时他正担任海相，山本五十六偷袭珍珠港计划的草案就是在他手里悄无声息地通过的。现在，这位才具平平的二流大将又眼睁睁地看着这份荒唐透顶的计划在不置可否中被通过了。

4月5日午后，丰田副武发布了"GF电令作第603号"，命令第一游击部队迅速完成出击准备，在8日黎明突入冲绳海面进行特攻作战。为鼓舞士气，丰田还向全军发布训令："皇国兴废，正此一举。兹命令编成海上特攻队，进行壮烈无比之突入作战。帝国海军此战集结之光辉，不仅足以与帝国海军海上部队之传统共聚，还将令荣光流传后世、声达外邦。各部队无论是否编为特攻队，均需更加殊死奋战、随处歼灭敌舰队，以成皇国无穷基础之确立。"

还在鹿屋基地的草鹿参谋长最后一个得知这个晴天霹雳般的消息。不仅如此，丰田还要他前往前进基地德山港（第一游击部队主力预定于次日清晨自锚泊地三田尻冲转移到德山），去劝说同样反对冒险突入的伊藤整一接受将令。6日下午02:30，草鹿乘坐的零式水上侦察机降落在"大和"号船舷附近。面对伊藤"这种出击计划纯属无谋暴举"的质问，草鹿坦陈他无言以对。随行的三上参谋只好开口道："总之，寄希望于你能成为'一亿总特攻'的先驱，亦是本作战的最大目的。"伊藤明白事情已不可挽回，他干脆地表示：将毅然服从命令。

■ 正在炮轰冲绳的"爱达荷"号战列舰，4月1日。

联合舰队

■ 1945年4月1日,正在冲绳岛登陆中的美国海军陆战队员。

最后的武士

1945年4月6日下午4:05,一面"各队按预定顺序出港"的信号旗缓缓升上"大和"号的前桅。以轻巡洋舰"矢矧"号为先导,8艘驱逐舰冬月、凉月、雪风、矶风、滨风、朝霜、初霜、霞排成一列纵队相继跟进,排在队列最后的是"大和"号本舰。由于联合舰队机关参谋小林仪作大佐和吴镇守府军需部长岛田藤治郎少将的争取,海军德山燃料厂将各重油储存罐底的残余部分(这部分油料因无法准确计量,平时并不列入统计数字)也拨给了第一游击部队,尽量增加燃料搭载量,使之足以攻往返航程之需。这也算是燃料部门给伊藤中将的最后一个人情。所以,出航时各舰保有的燃料重量,"大和"号为4000吨(满载6300吨),"矢矧"号1250吨,冬月、凉月各900吨,矶风、滨风、朝霜各599吨,雪风588吨,霞540吨,初霜500吨(各驱逐舰均为满载),合计10475吨。仅"大和"号上搭载的燃料就足够该舰在冲绳和吴港之间全速往返3次(直线航行)。

第一游击部队保持无线电静默,以12节的航速小心地进入了内海西部狭窄的丰后水道。伊藤中将向各舰发出训示信号:"我等相此神机而动,皇国隆替盖凭于此一举。各员务必奋战敢斗、击灭全敌,以成其海上特攻队本领之发挥。"为保持夜间对空警戒,全队采用轮形阵。各舰采取灯火管制,仅凭航路标识前进,于20时左右顺利通过丰后水道。全队在深岛南端140度、2.5海里处改航向为140度,取第一警戒航行序列沿Z字航路迂回前进,航速22节。

"大和"号的出航没有能瞒过美国人的眼睛。17:10,佐伯航空队的一架零式水上侦察机在细岛附近方位115度、距离10海里处发现了一艘美军潜艇,并进行了攻击,潜艇迅速潜遁。这是负责监视日本舰队动向的美国潜艇"线鳍鱼"号,遵照太平洋地区潜艇部队司令洛克伍德中将的指示,"线鳍鱼"号没有贸然发起进攻,而是立即向第58特混舰队发出警报:"2艘大舰和大约6艘小舰,以25节速度向西南航行。"当晚21:30,日本海军大和田通信队又截获了另一个讯号:在都井岬以东30海里处,又有一艘美军潜艇正在向关岛基地发出紧急电报。这是SS-191"红头鱼"号(USS Sculpin),它在联络时连密码也不用,用明语直呼"Yamato"舰名数次。据此,他们判断第一游击部队可能已被敌人发现,随即将这一消息通报给"大和"号上的伊藤(日方战报中称随后击退了"红头鱼"号的鱼雷袭击,美方战报中则指称只有一艘驱逐舰三次离开大队进行反潜搜索,双方并未直接遭遇)。

4月7日凌晨3时,沿九州东海岸南下的第一游击部队顺利通过了大隅海峡。为迷惑对手、使之分不清巨舰真正的攻击目标,03:45,"大和"号在佐多岬(九州最南边的海岬)方位193度、距离8海里处改航向为280度,一路西进。此时,有人在左舷正横方向看到了草垣岛的灯塔。黎明时分,军舰排着紧凑的队形进入了九州西南海域。转眼已是4月7日清晨。06:30,伊藤整一命令"大和"号出航时搭载的唯一一架零式水上侦察机返航本土。

06:57,第一个麻烦上门了——位于轮形阵右侧一号位的驱逐舰"朝霜"号(第21驱逐队司令座舰)突然向"大和"号报告:"主机发生故障。"由于战情紧急,伊藤命令其自行抢修。右侧第二副位上的"霞"号跟上占据了先发位,远远地看着停滞的朝霜在视线中越变越小。此后再也没有人见过"朝霜"号的身影。它在5个多小时后被飞临战场上空的美机炸沉,仅有1名生还者。

与马里亚纳海战一样,做好事前准备的日本人率先发起了进攻,但美国人绝不是傻瓜。4月6日晚上,一接到潜艇发回的"发现敌舰队"的报告,第58特混舰队指挥官米切尔中将就开始不紧不慢地调动自己的部队。他的4个特混大队拥有15艘大小航母、919架舰载机,现在,其中的两个大队(第58特混舰队第1大队和第58特混舰队第3大队)转向冲绳东北方的奄美诸岛近海,寻找合适的飞机放飞阵位。正在庆良间列岛附近加油的第58特混舰队第4大队也于当天深夜重新和大队

■ "诚实提督"伊藤整一(1890—1945),福冈人,海军兵学校第39期出身。伊藤在开战时任军令部次长,反对仓促对美开战;战败前又竭力阻止"大和"号作毫无希望的自杀出击,但是别无他法。伊藤本人随大和舰沉没,如草鹿所言成为了"一亿特攻的先驱"。

联合舰队

会合，只有刚刚开始加油的第58特混舰队第2大队无法赶过来参战。4月7日拂晓，第58特混舰队第1大队和第58特混舰队第3大队派出了第一批侦察机。三个大队的全部11艘航母（大黄蜂、本宁顿、贝劳伍德、圣哈辛托、埃塞克斯、邦克山、汉考克、巴丹、勇猛、约克城、兰利）都做好了出击准备，装满油料和弹药的飞机整齐地排列在飞行甲板上，只等米切尔一声令下。

4月7日上午08：23，"埃塞克斯"号航母的一架侦察机在甑列岛西南方发现了伊藤舰队。9分钟后，飞行员发回了详细报告："日舰航向300度，速度12节。"这个数字不尽准确，实际上，"大和"号编队正以22节速度快速前进，"大和"号位于轮形阵的中心，周围是警戒的驱逐舰，古村少将指挥着"矢矧"号慢吞吞地跟在后面。

第五舰队司令斯普鲁恩斯上将并没有出现在他的旗舰"印第安纳波利斯"号上。"埃塞克斯"号舰载机发现伊藤舰队的时候，他正在第54特混舰队（火力掩护编队）的老式战列舰"新墨西哥"号上，亲自指挥军舰炮轰冲绳岛的地面目标。斯普鲁恩斯本人就是一名出色的特混舰队指挥官，赢得过中途岛和马里亚纳海战，但他同时又是个极其小心谨慎的人。在他看来，航空母舰目前最重要的人物是抵御每天成群来袭的日本神风机，保护滩头安全。至于"大和"号，最好还是交给自己的战列舰去处理。他马上下令给第54特混舰队的指挥官德约少将，要他准备与"大和"号遭遇。

上午10：30，德约少将在TF51指挥官特纳中将的旗舰上召开了紧急会议。他的第54特混舰队拥有7艘老式战列舰"田纳西"号、"得克萨斯"号、"马里兰"号、"爱达荷"号、"西弗吉尼亚"号、"新墨西哥"号与"纽约"号，德约打算把这些军舰和7艘巡洋舰、21艘驱逐舰编成一个特混舰队，部署在日本舰队和冲绳岛之间，以防"大和"号轰击特纳的运输舰。正当此时，传来了一个不幸的消息："马里兰"号的3号炮塔被一架日本飞机的炸弹命中，失去射击能力，被迫驶往庆良间列岛修理。现在，德约只有6艘战列舰可用了。根据"大和"号的速度和航向，他下令各舰立即开始做战斗准备，当天下午15：30离开泊地，编成战斗队形。

从技术上说，"大和"号的18英寸主炮射程可达45000码（41148米），德约最好的战列舰"西弗吉尼亚"号的16英寸主炮射程只有42000码（38404米），"田纳西"级的14英寸主炮射程更是只有37000码（33832米），正面对决几乎没有胜算。更何况，第54特混舰队的这些战列舰全都是华盛顿条约签署之前建造的重甲低速舰，最高航速也只有21节，比"大和"号慢了整整6节。第一游击部队如果不想与它们正面交锋，完全可以迂回绕过拦截线，利用主炮射程上的优势自远端炮轰特纳的运输舰。如有什么闪失，不但保护不了运输舰，自己的安全也可能受影响。

信心满满的米切尔就在此时开始请战了。他给"新墨西哥"号上的斯普鲁恩斯发去电报："你攻还是我攻？"

■ 因规避美机空袭而被打乱的轮形阵，中央为大和，左侧远方为规避运动中的矢矧，右侧前方为滨风。

"你攻。"

日本人也不是高枕无忧。4月7日早晨8时，天空乌云压顶，大雨向第一游击部队袭来。08：40，第一游击部队向海军部发电："发现F6F！7架。我队位置在坊之岬260度、60海里处，航向200度、航速18节。"那正是"埃塞克斯"号派出的侦察机。此时，保护着日本舰队的只有第五航空战队从鹿屋基地派来的20架零式战斗机，由于燃料有限，一个半小时后它们就必须离开战场。

米切尔的进攻开始了。09：15，他派出了由16架F6F战斗机组成的跟踪和监视机群。10时整，第58特混舰队第1大队和第58特混舰队第3大队几乎同时放飞了280架飞机的大攻击群（其中有98架鱼雷机）。15分钟后，"汉考克"号也派出了另一群53架飞机，不过它们因为天气恶劣没能找到目标。第58特混舰队第4大队本来也打算派出104架飞机参与攻击，不过这个大队还要负责冲绳岛上空的战斗巡逻，所以直到09：45也没能到达指定的起飞阵位，遗憾地错过了上午的行动。不过第58特混舰队第4大队参加了当天下午最后一次袭击，总算没有空手而归。

塞缪尔·莫里森博士在《第二次世界大战美国海军战史》中统计称，当天参战的美国飞机共有386架，其中第58特混舰队第1大队出动113架，第58特混舰队第3大队出动167架，第58特混舰队第4大队出动106架，第58特混舰队第4大队出动106架；机种方面包含180架F6F/F4U战斗机，75架SB2C俯冲轰炸机，131架TBF/TBM鱼雷机。每架战斗机携带有3枚227公斤炸弹，每架俯冲轰炸机带1枚454公斤半穿甲弹和2枚227公斤炸弹，每架鱼雷机带1枚Mk-13航空鱼雷。

在坊之岬海上空，时间又过去了两小时。上午10点过后，第五航空战队派出掩护大和的最后两架零式战斗机因为燃料不足开始返航，第一游击部队上空已经全无屏障。仅仅14分钟后，"大和"号在方向230度、45公里距离上发现两架美军大型水上飞机。那是从庆良间列岛飞来的第21巡逻轰炸机中队的PBM"水手"，它们不紧不慢地在舰队上空

联合舰队

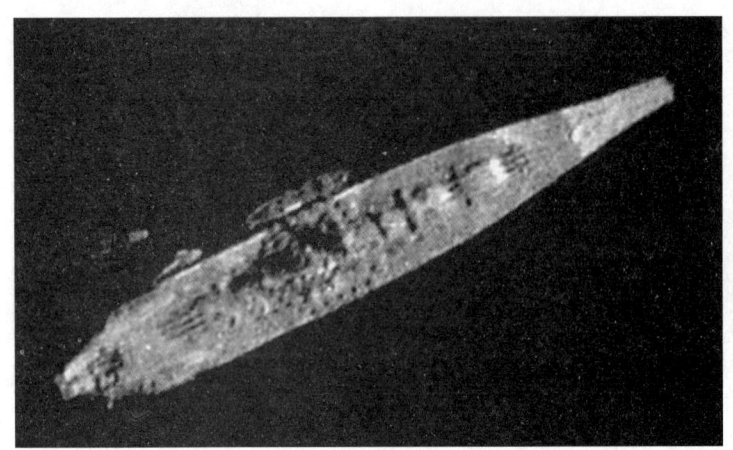

■ 大和出击前5小时（1945年4月6日10：00），飞临德山上空的RB-29在9300米高空拍下的照片，这也是该舰一生中最后一张清晰完整的照片。该照片在2006年3月才由德山高专教授工藤洋三在美方资料中发现，是对"大和"号最后状态判读的重要证据。

盘旋，保持着接触，显然是想引导舰载机前来攻击。10：16，伊藤下令整个舰队向右180度转向，并以"大和"号舰首460mm主炮装填三式烧霰弹射击敌机。美国舰队躲开了炮弹，依然不紧不慢地尾随着舰队。

为了摆脱监视，大和在短短半小时内三次变向，以20节航速前进。不过到了11：10时，刚刚变向不到一刻钟的大和在方向180度、50公里距离上再度发现美军侦察机，伊藤认定美机已经锁定"大和"号，再采取欺敌的西行路线也就失去了意义。11：29，他命令全队取205度左转，取最短的直线航线向作战目标冲绳前进，航速22节。

10：50，喜界岛基地观测到飞行中的美军舰载机150架；11：30左右，又发现有更大规模的舰载机编队正在向西北高空进发，于是立即报告海军部和第一游击部队。特攻舰队立即发出战斗警报，并关闭所有水密门。

11：45，第一游击部队改以Z字航线航行，各舰自卫机炮开始做发射准备。

中午11：52，日吉台的地下室接到了第一游击部队在7分钟前发回的报告："F4U 8架、F6F 10架在附近旋回，尚未来袭。我队位置在坊之岬灯塔250度、105海里处，航向205度、航速18节。"12：35，"大和"号最后一次发回电报："我队与舰载机100架以上交战中。"随后就永远地失去了联系。

倾倒的神庙

一场苦战已不可避免。中午12：15，警戒警报响起，"大和"号的大部分官兵已经吃完午饭，做好了对空战斗准备。一组信号旗缓缓升上大和的主桅："各舰间距离拉开至3000米。""保持第五战斗速度前进。"

12：32，"大和"号的一三号电探在方向130度、50公里位置上发现美军舰载机150架，但由于上空云层太厚，观察哨始终无法以肉眼发现敌机踪影。12：32，两架SB2C从大和左前方的云中突然跃出，随即一个俯冲直下该舰的中甲板；接着又是两架、三架，翻滚着突入"大和"号上空。"左转舵！"有贺舰长发出一声怒吼，大和开始了拼命的回避运动。"提前开始对空射击！"一瞬间，巨舰的12座九八式127mm双联高炮、52座九六式25mm三联机炮、6座九六式25mm单装机炮、2挺HO式13毫双联机枪一齐发出轰鸣。

为方便指挥调度,有贺舰长让伊藤留在装甲最厚的司令塔内,自己带着能村次郎副长登上了舰桥第八层的防空指挥所,黑田吉郎炮术长则在第六层,各单位间以电话和传声筒保持即时联络。

美机第一攻击波拥有260多架F6F、F4U战斗机,SB2C俯冲轰炸机和TBF/TBM攻击机,它们分为两个编队进击:左翼机群(80架左右)以编队方式横切突击轮形阵中央的大和和矢矧,右翼机群(80架)则反复攻击编队中的驱逐舰,压制防空火力;100余架战斗机则停留在舰队上方,不时以机炮扫射日舰人员和上层建筑。"大和"号的正面防空火力虽猛,却缺乏变换和层次,在此种攻势下只能靠不断变舵勉强规避。12:40,伊藤下令全队一齐左转100度,以规避迎面而来的轰炸机,矢矧和驱逐舰也开始对空射击。

12:41,正当"大和"号采取右满舵回避、试图以最大战斗速度摆脱从90度方向进入攻击的SB2C机群时,2枚227公斤炸弹在3号炮塔底部的后部电探室附近爆炸了。这两枚炸弹来自"本宁顿"号的机群。电探室坚硬的装甲被炸成两半,上半部连影子都不见了;后部射击指挥所、2号副炮、一三号电探全部遭到破坏,飞行甲板也起火了。奉命前往查看的副电测士吉田满预备役少尉("学徒出阵"后临时征召入伍的东京大学学生,战后著有《战舰大和之临终》一书)只看到电探室中血肉模糊的8具尸体,有的流出肠子,有的断臂缺腿,其状惨不忍睹。副炮炮塔中更是只有一人幸存。

"大和"号舰员未及喘息,两分钟后,观察哨又在左舷70度方向发现TBM鱼雷机5架。这又是"本宁顿"号的成员。茂木航海长亲自指挥操舵向右规避,但左90度方向上射来的3条鱼雷距船舷已经只有1000米了。"大和"号笨拙地划出一道弧线,避过了其中两条,但仍被一枚鱼雷击中左舷后部。所

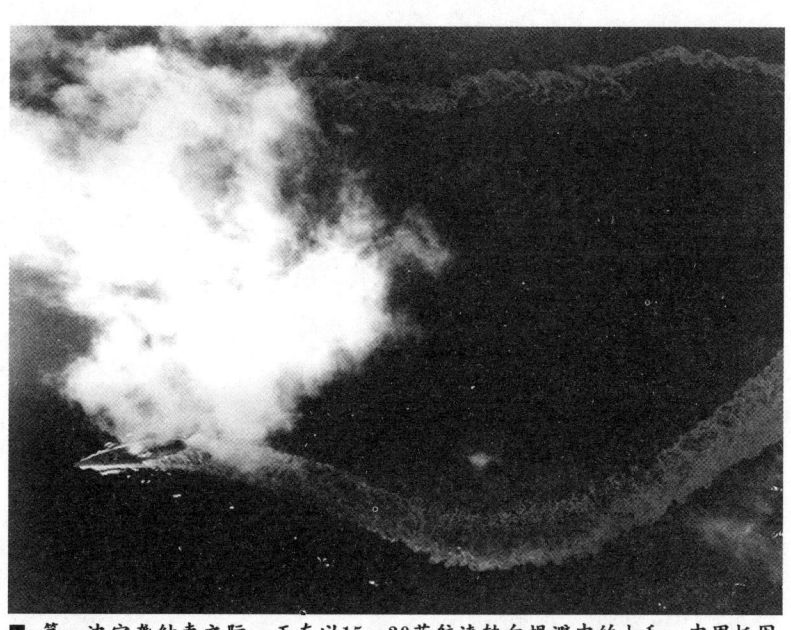

■ 第一波空袭结束之际,正在以15－20节航速转向规避中的大和,中甲板因炸弹命中已经起火。本照片由"约克城"号(CV-10)舰载机拍摄。

联合舰队

■ 被1000公斤炸弹击中的"大和"号,烟囱后部冒起冲天的火柱。前方是防空驱逐舰冬月。

幸这条鱼雷刚好打在机舱末端的防雷部上,没有造成多少进水。

正当"大和"号努力地与鱼雷周旋之时,厄运首先降临到第2水雷战队旗舰"矢矧"号身上。这艘外观简洁漂亮的小军舰设计于二战之前,仍然是以传统的氧气鱼雷和火炮为作战手段的。它的6门50倍径6英寸主炮最大仰角可达55度,理论上可以对空射击,但这种火炮是以"金刚"级战列舰上1911年技术水平的6英寸副炮为基础开发的,炮塔内的空间太小,只能依靠人工装弹,根本不足以对抗高速来袭的空中目标。专用的防空武器只有2座双联76mm高炮和17座三联装25mm机炮,威力和射速都值得怀疑。为了逃避猛攻,原为一舰长指挥着"矢矧"号一马当先,以35节的高速冲进雨区。但当天的阵雨不够大,在青白色的云层下面,"矢矧"号的深灰色舰体清晰可见。

美国飞机以三架组成一个编队,从左右两侧同时夹击"矢矧"号。12∶46,3架从右舷后方进入的TBM攻击机同时发射了Mk-8型航空鱼雷,一枚定深不足的鱼雷刚好打中"矢矧"号右舷中部水线以下的无防护部位。巨大的爆炸过后,该舰的主机立即停转,全舰电力中断,燃料舱中的油料开始向海面泄漏。紧接着,一架落单的海军陆战队F4U战斗机从舰首方向进入军舰上空,用一枚545公斤炸弹摧毁了"矢矧"号的1号炮塔,这名飞行员后来因此获得了十字勋章。"矢矧"号随后成为一个可悲的死靶,连续被3枚炸弹命中中部。为了防止前部弹药库爆炸,原为一不得不下令向舰首舱室注水。一番折腾后,"矢矧"号失去了航行能力和一大半火力,瘫痪在海面上。

位于轮形阵左侧最前方的"滨风"号正对着美机进入的方向,舰长前川万卫中佐指挥该舰全力反击。但是,"圣哈辛托"号的SB2C利用气象条件从低云中急剧攻击,滨风右舷舰尾附近被命中一弹，舵机故障失去航行能力。周围的SB2C和TBM一拥而上，对这艘弱小的驱逐舰进行了无情的痛击。滨风后部第二休息室再吃一枚炸弹，同时右舷中央被一枚鱼雷命中，当场断成两截。12:48，"滨风"号率先沉入海底，全舰战死100人，256人获救。

位于轮形阵左后方的是由平山敏夫中佐指挥的防空驱逐舰"凉月"号。由于装备有4座双联九八式100mm高炮，凉月以凶猛的火力对美机来回射击。SB2C"地狱俯冲者"借助低云的掩护，冒着小雨压制该舰的火力。13:08，美机终于在"凉月"号右舷前部投中了一枚227公斤炸弹，这颗炸弹引发了悲剧性的后果：凉月右舷外侧的钢板全被炸飞，露出一个长8米、宽4米的破口；1、2号主炮塔全部破损并引发大火，失去射击能力，1、2号锅炉室也因为进水不能使用。"凉月"号的速度慢了下来。不久，该舰右舷后部也连续中弹两发，舵和电力设备全部瘫痪。而结构不良的舰首因为不堪重负，此时也终于整个地断裂下来。"凉月"号被这三枚炸弹炸死57人、伤34人，自此开始进入紧张的抢修，再也无力对空射击。整个第一游击部队的防空火力一下损失了近半。

13:00左右，由于气候不佳，美军第一攻击波完成任务返航。坊之岬海上已是一片凄惨的景象："滨风"号完全沉没，水面上漂浮着黑压压一片人头；动力全无的矢矧向右倾斜，燃油正从鱼雷造成的破口中不断漏出；失去了舰首的凉月仍在抢修。"大和"号受伤不重，只舰尾局部发生火灾、第8锅炉室失灵，在冬月、雪风和初霜护卫下仍得以22节速度航行。伊藤下令全队取180度航向，继续向冲绳前进。

13:20刚过，第二波130架美机再度来袭。由于凉月已经失去战斗力、日舰火力大减。美机采用双向攻击法：鱼雷机飞向大和右舷后方，重点攻击巨舰尾部的弹药舱；轰炸机迎着太阳南飞，然后利用阳光的折射自左侧扑向日舰，俯冲投弹。13:33，"大和"号在右舷后方60度、4000米距离上发现TBM鱼雷机20架，急忙向左回避。但美机以10机为一个编队开始实施雷击，扇形的鱼雷航迹使"大和"号无论左转还是右转都逃脱不了被鱼雷击中的命运，防空指挥所上的有贺舰长只能眼睁睁地看着6条Mk-13鱼雷自左舷50度、2000米的位置不断逼近。

侧翼的冬月冲上来试图掩护大和。第一波空袭中，该舰也被两枚227公斤炸弹直接命中，其中一枚击中罗经舰桥，另一枚穿入1号锅炉室，但居然都没有爆炸！只要其中任意一枚起爆，这艘没有装甲的小军舰都会失去战斗力。这回，冬月的运气依然不错：一枚鱼雷从该舰的船底悄然溜过，也没有爆炸（出于攻击"大和"号的需要，美军Mk-13航空鱼雷统一定深为6米，超过了冬月的吃水）。

13:37，"大和"号左舷中、后部接连被3条鱼雷命中，第7、8、12锅炉室迅速进水，左舷外侧推进器失灵，舰体左倾达7–8度。为恢复舰体平衡，有贺舰长下令向右舷注水。注排水区灌进3000吨海水后，"大和"号恢复了平衡，但由于吃水变深，航速已经大减。

13：30，"矢矧"号上的古村少将以旗语召唤一旁的"矶风"号，准备换乘到该舰继续作战。但就在矶风靠上矢矧准备实施救助时，第二波美机恰好驾到，劈头而下的炸弹破坏了矶风的操作室。该舰主机停转，燃起熊熊大火。美机随后继续攻击矢矧，漂浮在水面上的舰体在13：40再度被鱼雷命中右舷，甲板和上层建筑燃起大火，倾斜达到了30度。但76mm高炮仍在严重倾斜的情况下不间断对空射击，这遭致了更大的报复——小小的矢矧前后被命中炸弹12枚、鱼雷7发，446人战死，终于发生了大爆炸，随即倾覆沉没于北纬30度47分、东经128度8分处。古村少将、原为一大佐和另外503名官兵幸运生还。

除了独木难支的"冬月"号仍在拼命对空射击，看起来，再也没有谁能保护孤独的"大和"号了。13：44，巨舰左舷中部再度被2枚Mk-13鱼雷命中，此时，总计该舰左舷已中6发鱼雷（美方资料记载为5枚），倾斜增加到15度，航速下降到18节。由于副舵左转舵发生故障、右舷又已注水，大和只能迟缓地

■ 第一波空袭结束之际，正在以15－20节航速转向规避中的大和，中甲板因炸弹命中已经起火。本照片由"约克城"号（CV-10）舰载机拍摄。

向左规避，勉强甩脱自舰首右侧进入俯冲的SB2C。该舰的中部甲板先后被3-4颗炸弹命中或近失，甲板上的人群被炸弹爆炸造成的气浪冲得东倒西歪。就连水密的无线电报房也完全被淹没了，有贺舰长只能下令改用信号旗和灯光信号进行联络。

从13:45到14:00，"大和"号有15分钟的时间没有遭受任何攻击，但一切已经无济于事。吉田满后来回忆，"大和"号当时已经"完全陷入混乱状态"。"甲板上只剩下破裂而扭曲的钢板，大炮由于横倾增加而无法修理，只有几门机关炮尚算完整。""急救室因为被炸弹直接命中而燃起大火，军医和卫生人员大部分被炸死"。

14:00前后，第三波也是最后一波105架美机出现在战场上空，对"大和"号进行最后的攻击。数架SB2C自舰首右侧进入俯冲，"大和"号挣扎着试图向右规避。劈头落下的250公斤炸弹有3颗直接命中左舷中部，该侧高射炮和机炮的射击顿时一齐停止，左倾更趋加剧。有贺舰长再度高呼："注水！"但此时右舷注排水区已经注满了海水。不得已，只有向右舷轮机舱和锅炉室（也是该舰最大和最底层的舱室）紧急注水了。

随着能村次郎副长一声令下，汹涌的海水从右舷咆哮而入，将隔舱内数十名（亦有资料称达100人以上）不知情的损管队员溺毙。但平衡恢复了还不到3分钟，瞭望哨在军舰的右舷60度方位、800米距离处又发现一条雷迹。"大和"号取右舵回避，但仍在14:07被该雷命中左舷中部，再度发生左倾。此时该舰的右舷已经灌满了海水、只能以单车航行，左舷的大部分炮火已经丧失了射击能力。损管队员在倾斜的后甲板上跑来跑去，努力扑灭上层建筑的大火。鲜血顺着甲板排水口往外直流，其惨烈犹如阿修罗场。

■ 严重右倾、即将倾覆的"矢矧"号。该舰先后被命中炸弹12枚、鱼雷7发，于14:05爆炸沉没。

联合舰队

缓缓移动中的"大和"号此时显得异常无助。TBM争先恐后而上，攻击它的舵和舰尾。14：12，"大和"号左舷中部及后部又中鱼雷2发，航速下降到12节、左倾6度。由于鱼雷爆炸的剧烈震动，所有通讯设备都已经失灵。不久，应急操舵室也开始进水，航向已经无法控制。操舵室以紧急电话向有贺报告："进水太多，无法继续操舵……"这时，话音永远地中断了。

"大和"号的航行轨迹就停留在它最后的动作上——左转，左转，不停在海面左转。3分钟后，当左舷90度方向、1000米距离上又出现一枚鱼雷的航迹时，"大和"号已经连规避的能力也没有了。这枚鱼雷再次命中左舷中部，舰体倾斜急剧增加到20度，航速仅存7节。"大和"号向冬月打出旗语："我方向舵故障。"

冬月和雪风的状况稍好一些。由于"冬月"号比一般驱逐舰更大的体形，美机将其误认为阿贺野级轻巡洋舰，至少有5条定深过大的鱼雷从该舰的舰底穿过。特大"祥瑞"、"雪风"号受美机机炮扫射，死3人，1挺机枪和方向舵损坏，但仍能继续航行。这次倒霉的是位于轮型阵右侧最前端的"霞"号，由于受到美机连续攻击，该舰右舷中部中弹一发，第1、2锅炉室进水不能使用，舵机也发生了故障。松本舰长下令转舵规避。此时该舰右舷又中弹两发，第3锅炉室也进了水。"霞"号停止了前进。

14：20，仍在缓慢打转的"大和"号左倾达到了35度，甲板已经渐渐呈垂直状态，

战旗就要触及波涛汹涌的海面了。能村副长注意到警报板上的红灯在闪，跑过去一看，六个灯同时亮了：那是1号炮塔和5个弹药库，它们因为温度过高正在报警。引以为豪的1170发三式烧霰弹只打出了三发，如果剩下的炮弹爆炸，"永不沉没"的大和将陷于万劫不复之地。

站在舰桥最上层的防空指挥所、一直以嘶哑的嗓音大声吼出操舰令的有贺舰长通知伊藤中将：再也没有希望纠正倾斜度了。随后，他对着传声筒高声喊道："全体人员上最上甲板！"

有贺给仍在第二舰桥上的能村打了个电话，要求他迅速离舰，返回日吉台向丰田副武报告战斗经过。能村恳请留下与战舰共存亡，但有贺坚持认为这是他一人的职责。据说，他随后就让水兵把自己绑在罗经仪上。第九分队长服部信六郎大尉捧起由他保管的天皇"御真影"走进了自己的房间，一把将门关上，以免军舰沉没时照片漂走。

指挥塔内的舰队司令长官伊藤整一中将也从他的椅子上站了起来。犹豫片刻后，伊藤直截了当地下令："作战中止。"他转过身，看到以左臂撑着罗经仪的森下参谋长，默默地举起手敬了一个军礼。森下也站了起来，立正回礼。伊藤看了看左右残存的参谋和士兵，说道："我留下。不过你们马上转移到驱逐舰上，整理舰队。"大家说"长官也走吧！"中将怒吼起来："我留下，你们撤退！这是命令！"

离别之际，中将举起右手，向左右一一

答礼,随后又与专程向他道别的山本先任参谋、末次信义水雷参谋、小泽信彦通信参谋、寺门正文舰队军医长4人殷勤握手。他随后就转过身去,迈着大步走下舰桥,回到了自己的住舱中。几分钟后,有人听到长官住舱内传出一下响亮的金属碰撞声。第二舰队司令长官伊藤整一中将,在舰沉之际以手枪自尽了。

年轻的副官石田恒夫(后来的"战舰大和会"会长)也欲步伊藤的后尘,但在莱特湾海战中担任过"大和"号舰长、绰号"操舰能手"的森下参谋长喊道:"八嘎!年轻人要活下去继续效忠天皇!"于是,石田和舰桥上剩下的森下、宫本炮术参谋、茂木航海长、花田航海长五人一起摘掉望远镜、脱下靴子,走下前甲板跳海逃生。

14:23,"大和"号动力全失,左倾达到30度。波涛漫过了舰桥,涌入的海水淹没了零星的"万岁"喊声,大炮残骸、弹药、尸体无情地滑入海中,灯光也随之熄灭。少数听到退舰令的水兵挣扎着爬上几乎垂直的最上层甲板,不时被战友的鲜血滑倒。到达顶端后,他们翻过右舷栏杆,挤在军舰的侧壁上,随后就被卷进一个深达50米的大漩涡里。在海水的压力下,前后主炮塔下的弹药库相继被引爆。

没有全员敬礼的仪式,没有军歌,没有仪仗队,只有弹药和轮机舱水蒸气爆炸产生的巨大蘑菇云——它们升上600米的高空,闪光在200公里外的鹿儿岛都可以目击到。超级战列舰"大和"号四分五裂地从海面上消失了,沉没地点在北纬30度22分、东经128度04分,德之岛西北200海里处。

17:01,米切尔中将从旗舰"邦克山"

■ "大和"号遗影,此时主炮和副炮已经全部停止射击,只剩机炮仍在开火。

联合舰队

号上向斯普鲁恩斯乘坐的"新墨西哥"号发出了捷报："我们攻击了'大和'号、'阿贺野'号（系'矢矧'号的误认）、1艘巡洋舰（系'凉月'号的误认）和7—8艘驱逐舰，击沉了头三艘，另有2艘烧毁，3艘逃走……我方损失约7架飞机。"

对大多数美国飞行员来说，击沉"大和"号的战斗实在不算什么美好回忆。由于气象条件不佳，攻击队形几次被分散打乱，花了比预计长出许多的时间才彻底摧毁了这艘超级战列舰。不过，不少战斗亲历者都以参与击沉了史上最大的战列舰而骄傲，"大和"号沉没的传说也衍生出许多个不同版本。不过，有一点是可以肯定的：在这场波澜壮阔的对决中，只有10架美国飞机被日舰的炮火击落，战死者合计12人，其中"大和"号的防空炮火没有打下一架（注：日方战报自称大和击落美机3架、击伤20架）。

在特攻舰队音讯全无的两个小时里，海军部和联合舰队司令部里的官僚们如热锅上的蚂蚁，紧张地关注着事态的发展动向。13:55，驱逐舰"初霜"号终于发回了"一YB（第一游击部队的缩写）战斗速报第一号"："4月7日，与敌（鱼雷机、轰炸机200架以上）交战。矢矧被两枚鱼雷命中无法航行，大和被鱼雷、炸弹命中，驱逐舰除冬月、雪风外全部沉没或重创。"但15:00刚过，却又传来了"大和"号在12:51发出的"我队受连续空袭"电报，混乱的发报时间使日吉台的智囊们不明所以，极尽混乱。十多分钟后，传来的是"初霜"号在14:17发回的电报："大和又遭鱼雷命中，军舰被诱爆、瞬时沉没！"

片刻的寂静后，传来了第41驱逐队司令吉田正义大佐发给海军大臣和军令部总长的报告："自11:41起，数次遭敌舰载机大编队攻击。大和、矢矧、矶风沉没，滨风、凉月、霞无法航行，其余各舰均有轻重不等的损伤。冬月、初霜、雪风在进行完救助工作后继续前进。"由于"大和"号已经沉没，继续突入也失去了意义，丰田副武在16:39下令：第一游击部队中止突入作战，在救助沉没各舰落水人员后驶向最近的佐世保港。为掩饰特攻完全失败、巨舰白白损失的可悲下场，他在17:07又发出"天一号作战部队通报"，称："继本日航空特攻队之后，第一游击部队奋勇强韧之突入作战又给予敌残存机动舰队以重击。因战果充足，本次作战之目的已经达到。"

当长官们已经开始殚精竭虑地研究挽回颜面的措辞时，倒霉的吉田大佐还在海上继续收拾残局。16:57，冬月向丰田报告说滨风已经沉没、霞无法航行（不久即因伤势过重自沉，幸存者322人转移至"冬月"号），矶风在当晚22:40因伤重自沉，幸存人员326名转移至雪风。将近黄昏时，在水里泡了两个多小时的古村少将和原为一大佐也被"初霜"号捞起。古村借来一套制服穿上，接过了全队指挥权，带着遍体鳞伤的初霜、雪风、冬月缓缓驶向佐世保。

在日本，有句传统的谚语："如果一件事发生过两次，那么一定会有第三次。"在

■ "大和"号的最后时刻：4月7日14:23，倾覆沉没于北纬30度22分、东经128度04分的东海之上，上方是一架正在盘旋拍照的SB2C俯冲轰炸机。

缓缓撤出战场的"冬月"号上，吉田大佐一直觉得"凉月"号肯定还没有沉没。这艘新型防空驱逐舰曾经在1944年两度遭遇鱼雷攻击，舰首被炸断，但依然顽强地返回基地、重新修复。现在，"冬月"号的瞭望哨紧张地在海面上寻找着凉月的身影。天色太暗了，打开探照灯又可能招来美国潜艇，"冬月"号在进行了一番徒劳的搜索后，以20节航速向东北方退去。

吉田的预感是正确的。"凉月"号此时正瘫痪在遭遇美机第一波空袭时的海面上，它被一枚454公斤炸弹直接命中、失去了1号炮塔之前的整个舰首，所有主炮都无法射击，上甲板燃起大火。有57名舰员在战斗中毙命，34人受伤。不过，锅炉室前最后一个舱段里的3名水兵在大水涌入之际果断对隔壁进行加强，保住了至关重要的锅炉室，军舰依然漂浮在水面上。经过紧张的损管作业和抢修，"凉月"号恢复了动力。为了防止脆弱的前部结构在高速航行中解体，平山舰长机警地控制着"凉月"号以倒车前进，依靠两个螺旋桨的转速差异来调整航向。4月8日凌晨，这艘没有舰首、倒着行驶的军舰以近乎爬行的微速驶入佐世保军港，也为日本帝国海军的最后一次出击画上了一个句号。

"大和"号总计3016名乘员（包括第二舰队司令部人员），获救的仅有司令部人员7名、副长以下军官23名、下士官和水兵246

联合舰队

■ "大和"号主弹药库诱爆后,升起高高的蘑菇云。附近海面上分布着驱逐舰冬月、凉月和雪风。

名,真正做到了"九死一生"。整整2740名官兵永远躺在了坊之岬冲冰冷的海底,加上第二水雷战队和各驱逐队的981人,"一亿玉碎"最后的哀歌耗尽了3721人的生命。没有一个胜利者。

1952年8月,前帝国海军预备役少尉吉田满的回忆录《战舰大和之临终》由创元社出版(具有讽刺意味的是,这部带有浓厚反战意味的作品在美军占领时期被列入"禁书"之列,最后倒是由右翼文人三岛由纪夫等人资助出版的),经一位亲历者之手完成了这艘超级战列舰的战斗报告、讣告及悼文。吉田用这样的言辞为"大和"号的末日做结:"乘员数三千余名,生还者仅二百数十名。至烈之斗魄、至高之炼度,其死也天下愧之。"

三、联合舰队的覆灭

老将临危受命

1945年4月3日,由于美军在冲绳登陆和通过缪斌与中国媾和的工作全无成效,小矶国昭首相被迫辞职。两天后,重臣会议推举退役海军大将、77岁的枢密院议长铃木贯太郎组阁。这位"二二六"事变中死里逃生的前侍从长,海军中德高望重的战略家在得知消息后吃惊不已:他的年纪已经很大了,也没有担当大任的野心。最后,天皇本人不得不亲自出面,说服老提督为皇国收拾最后的烂摊子。4月7日,就在帝国海军的象征"大和"号沉没于九州岛西南海域的同一天,《朝日新闻》发表了铃木内阁成立的消息。

新首相面临的第一个也是唯一一个问题是议和。4月30日,希特勒在柏林自杀;5月2日,苏军攻克柏林。8日,德国新元首邓尼茨海军元帅向盟军无条件投降。以内阁书记官长迫水久常为首的一个特别委员会提出了一份报告,称日本的钢铁月产量已不足10万吨,不到预计指标的1/3;飞机产量下降了2/3,其他军火1/2。在燃料极度匮乏的情况下,甚至已经开始用松树根提炼所谓的"松根油",到战争结束时一共生产了3000万桶,完全无法使用。过不了几个星期，各城市间就不会再有铁路交通，船舶的建造将完全停止，化学工业也会崩溃。新任外相东乡茂德意识到：战败不可避免，必须立即向美英政府和重庆方面直接提出和平请求。

5月初，在密谋般的气氛中，最高战争指导会议（出席人为首相、外相、陆相、海相和陆海军两统帅部长）讨论了吁请瑞士、瑞典、中国政府或者梵蒂冈教廷出面调停的可能，结论是通过这些渠道必然导致盟国要求日本无条件投降。由于日本在东南亚占领区迫害西方平民（包括在菲律宾屠杀西班牙侨民）的行为，教皇庇护十二世公开表示不愿为东京充当传话媒介。日本驻伯恩海军武官藤村义郎中佐与美国战略情报局驻瑞士情报站负责人进行了秘密会晤，并将情报传给了倾向和平的海军大臣米内光政，却被死硬的战争分子、军令部总长丰田副武退了回去。显然，由于军部的压力和日本人死要面子的性格，无条件投降是不可能的，只有试试"名誉讲和"。

参谋总长梅津美治郎大将认为，苏联的力量和威望使它可以成为日本最好的中间人，东乡表示怀疑："从俄国过去的作为来看，要使它不参战恐怕都难。最好还是与美国直接进行停火谈判。"铃木贯太郎本人由于"二二六"事变的教训，此时虽然很想要和平，却不敢表露自己的真实想法。他在这时突然发言，提出了一个令人惊掉下巴的滑稽建议："斯大林先生长得很像西乡南洲（即西乡隆盛），做事也很果断，一定能理解我们。请通过斯大林先生，向盟国斡旋。"他责成东乡立即拟定一个备忘录，以放弃旅顺、大连、南满铁路和千岛群岛北部为条件，吁请苏联政府出面调停，与盟国签订停战协议。

1945年4月5日，莫斯科照会日本政府：《日苏中立条约》到期后不再续约。但当时苏联还处在对日"善意中立"的状态，日本人还对自己手里握有的底牌充满信心："俄国是靠了日本才战胜德国的"，因为日本保持了中立；帮助日本体面地停战对苏联有利，因为美国在将来可能变成苏联的敌人。东京希望首先稳住斯大林，至少延长《日苏中立条约》，防止他对日宣战；随后再借助苏联的关系，与英美实施谈判停战。

作为对苏交涉的第一步，东乡外相计划先与苏联驻日大使马立克（Yakov Malik）举行非正式预备会谈，并委派前首相、曾任驻苏大使的广田弘毅为代表去与马立克接触。6月3日，广田在神奈川县箱根的度假地强罗见到了马立克，开门见山地提出"日本政府十分愿意强化日苏两国的友好关系，希望中立条约可以延长"，马立克只是含糊地表示他会考虑。事实上，苏联对日参战的决定在1943年德黑兰会议上即已做出，日本政府病急乱投医的做法不过是在浪费时间而已。

另一方面，在5月份，海军没有同任何人商量和联系，突然以米内海相私人代表的名义，派海军省军务局第二课长到苏联驻日大使馆面见马立克，提出以残存的旧式航母"凤翔"号换取数十架苏联战斗机，最好能换回40架，不行的话20架也可以，但苏

联合舰队

联方面表示对此提议不感兴趣。于是日本又探询用"长门"号战列舰、"利根"号重巡洋舰、"凤翔"号加上5艘驱逐舰换取若干架带燃油和弹药的苏联战斗机的可行性,也被苏联回绝。一般认为,这个主意是米内海相和亲近的海军兵学校校长井上成美大将一同策划出来的,目的是以海军中倾向和平的力量单独结束战争。但他们没有意识到的是,当时苏联政府已经开始筹备对日宣战,日本战败后自然可以接收其军舰为战利品。米内的代表多次上门拜访,除了次次受到伏特加的款待外,一无所获。

6月6日,鉴于日苏接触缺乏实质性结果,最高战争指导会议开始讨论《今后应当采用战争指导之基本大纲》,决心"为发扬我国体、保护皇土、实现征服之目标而殊死战斗到底"。大纲判断,美国将寻找有利时机,对日本本土实施更大规模的轰炸和海上封锁,瘫痪日本

■ 1945年3月19日,在九州岛海面空战中被日军特攻机撞中、正在猛烈燃烧的美军航母"富兰克林"号(CV-13)。全体水兵正集中于左舷以图纠正右舷的倾斜。

■ 1945年4月16日,在"菊水三号作战"中被特攻机撞中、冒着滚滚浓烟的航母"勇猛"号(CV-11),前方为一艘驱逐舰。

■ 5月3日,在"菊水五号作战"中被特攻机撞中的美军布雷舰"沃德"号(USS Aaron Ward,DM-34)。

的作战能力，便于日后在日本本土发起登陆作战；苏联也可能利用日本的困境，用牺牲较小的代价参加对日的作战。但是"美军依靠漫长的海上补给线，而以重兵进攻日本本土的金城汤池，这就存在着本质的弱点"；日本"有一亿国民支持军队、和军队共同作战，以及绝对肯定的地利"，因此在本土迎击美军对日本有利。日本开始准备代号"决号作战"的本土决战筹备，计划动用250万兵力、7000架飞机（绝大部分为特攻机）和残余的舰艇迎击美军。作战方针为：首先以残存的全部舰艇和航空兵担任特攻击，力争在海上歼灭美军的登陆兵力；其次把本土的全部地面兵力集中于决战地区，与登陆兵力进行岸上决战。

吴港大空袭

由于美军逼近本土，1945年4月25日，大本营海军部宣布成立"海军总队司令部"，由联合舰队司令长官兼任海军总司令长官。5月29日，自上任以来屡战屡败的丰田副武大将转任军令部总长，原机动部队指挥官、优秀的战术家小泽治三郎中将出任最后一任联合舰队司令长官，同时兼任海军总司令长官和海上护卫司令长官。

米内海相和天皇都对小泽抱有极大的期待，但后者手中可用的资源却没有多少了。由于舰艇损失惨重和缺乏燃料，日本海军自知没有实力与美军做正面交锋，便开足马力生产诸如"樱花"特攻机、"回天"人操鱼雷，以及袖珍潜艇"蛟龙"、"海龙"之类的自杀兵器。这些东西像尸体一样收藏在地洞里，准备在美军进攻本土时拿出来做决死攻击。在汽艇前部装上炸药，谓之"震洋"；蛙人携带水雷，名唤"伏龙"。甚至还有专门为攻击B-29重型轰炸机而设计的一次性喷气式战斗机"秋水"（仿制德国Me-163）和"火龙"（陆军型称"橘花"，仿制德国Me-262），可谓世界上最早的"发射后不管"武器。

7月29日午夜，桥本以行少佐指挥的"伊-58"号潜艇在莱特岛－关岛航线上发射6枚鱼雷击沉了美国"印第安纳波利斯"号重巡洋舰，取得了日本海军在二战中最后一个象样的战果。

日本是一个工业较为发达但资源贫乏的岛国。占领冲绳之后，美军开始研究如

■ 在冲绳海域被特攻机撞中的英国航母"胜利"号。

联合舰队

■ 冲绳战役期间,一架"神风"自杀飞机撞向"密苏里"号战列舰,1945年4月11日。

何迅速结束战争。陆航第20航空队司令柯蒂斯·李梅(Curtis E. LeMay)少将提出:应使用陆海军航空兵对日本本土实施大规模的、系统的战略轰炸,以瘫痪日本继续战争的工业能力。

1945年3月9日深夜,324架B-29"超级空中堡垒"满载着2000吨燃烧弹光临东京上空,准确地将全部弹药投掷在市中心16.8平方英里内的区域。成千上万的火苗形成了恐怖的风暴,金属和玻璃熔化了,河水被煮得沸腾,位于数千英尺高空的庞大B-29居然被气浪拍得上下翻腾。这一天晚上,四分之一个东京化为灰烬,日本平民83793人丧生,而美机只有14架被击落。

3月11日,B-29再度出击名古屋,13日夷平大阪,16日火攻神户。4月13日夜间,第二批327架B-29再度光临东京,又摧毁了皇宫以北11.4平方英里的区域,15日又烧掉6平方英里。5月14日,名古屋被472架B-29携带的2525吨燃烧弹彻底摧毁。到6月中旬对日本主要城市的火攻结束时,李梅的"超级空中堡垒"已经累计烧毁日本超过100平方英里的城市区域,摧毁建筑物200万处,造成1300万人无家可归。

在以战略轰炸摧毁日本城市的同时,美军还开始在日本沿海布雷,以"饥饿战略"破坏这个岛国的海上交通线。从1945年3月27日到8月15日,B-29出动1258架次,累计在下关海峡、濑户内海和本州岛沿海各港口(包括朝鲜的釜山)布设水雷12053枚,基本达到了从海上封锁日本本土的目的。日本舰船沉伤达670艘,总吨位接近140万吨,主要港口成为废港。日本本土与西南诸岛、中国大陆和朝鲜的海上交通线基本上被切断,全国开始陷入饥饿,严重地削弱了日军的战斗意志和战斗力。

由于燃料运输线被美军彻底切断,日本国内已没有重油,从1944年底起,联合舰队残存的"大和"、"长门"、"榛名"、"伊势"、"日向"号5艘战列舰和少数航母、重巡洋舰被迫长期在柱岛系泊,打发无聊时光。

1945年3月19日凌晨,作为对冲绳发动进攻的航空准备,美机1100架大举空袭中国地方,其中第58特混舰队起飞240架攻击队扫荡了停泊在吴港的日军残舰。当时港内停泊着4艘战列舰伊势、日向、大和、榛名，3艘航母天城、海鹰、龙凤，2艘巡洋舰利根、大淀，以及一些潜艇和驱逐舰，大多数舰艇由于燃料不足无法出航。

3月19日日出之后，早就处于"对空第一警戒配备"状态的两艘伊势级在第一时间以电探发现了美机大编队，全部高射炮火就位。6架战斗机首先自吴市上空出现，盘旋于江田岛上空吸引高射火力；大编队随即自山影后出现，径直扑向舰群，第一批以3艘航母为目标，第二批重点攻击战列舰。陆上炮台的80门高射炮和100挺高射机枪配合军舰上的对空火力，令整个吴港上空笼罩着一层此起彼伏的烟雾。

因为潮汐推动的关系，锚泊中的"日向"号舰尾正对着美机来袭方向，因而第一个遭到打击。高耸的后桅妨碍了3、4号炮塔发射三式弹，水兵们只好努力忍受住舰体的晃动，以三联25mm机关炮拼命扫射，并击落1架美机。不过随后的空袭还是造成3发直接命中弹，其中一发自2号炮塔左后方贯入辅机室，一发命中左侧锅炉室，最后一发在后甲板爆炸，引起大量人员死伤。幸运的"伊势"号没有被直接命中，只是因为机枪扫射有人员伤亡。其余大淀命中5弹、舰体中等程度受损，榛名中1弹、天城中1弹、

龙凤中3弹、海鹰中1弹、利根中1弹。只有停泊在外港、拼命规避的"大和"号躲避了全部炸弹，没有受到什么损害。

11:20，空袭警报解除。除舰艇的损失外，第11航空厂、广兵工厂、吴兵工厂也遭到空袭，吴地区的火药库被炸毁。以四国松山为基地的日本海军精锐第343航空队（指挥官源田实大佐）出动全部可飞行的51架局战"紫电"和"紫电改"前往吴港截击，双方激战6小时，日方号称击落F4U和F6F共52架（美方记录损失F6F 8架，F4U 6架），自己损失16架。但此类战术胜利完全不足以改写全局，经此一役，日本海军残存的战列舰艇完全丧失了利用价值，昔日世界上第三大海军如今只剩下了残汤剩水。

随着战争尾声的临近，3月16日和4月1日，日本海军下令终止"伊吹"号及"笠置"号未成航母的建造。接着，在4月20日，又宣布将海鹰号护航航母改为练习舰，其余4艘幸存航母（不包括老旧的"凤翔"号）隼

■ "邦克山"号航母被日军神风自杀飞机撞中，冒起冲天浓烟。1945年5月11日。

联合舰队

鹰、天城、葛城、龙凤全部改为保存等级最低的"第四预备舰";长门、榛名、伊势、日向这4艘仅存的战列舰在同一天也降格为"第四预备舰"。"榛名"、"伊势"和"日向"号系泊在此时已只生产特攻兵器的吴海军工厂码头旁,主炮塔刷上了浓绿、灰与浅灰相间的迷彩条纹。"榛名"号上的152mm副炮和127mm高炮全部拆除,运到岸上炮台,发电机也被移置于吴工厂内,舰内必需的照明用电依赖电线自岸上引来。舰员大多被派往别处,舰上只留下少数基干人员。

在横须贺港,前联合舰队旗舰"长门"号成为了保卫横须贺港的"防卫预备舰"(即浮炮台),烟囱和后桅上部被拆除,在烟囱根部和后桅原副炮指挥所的位置增设三联装九六式25mm机炮平台,露天甲板用种着松树、杉树的木箱伪装,舰员也由1400人减为400多人。至于联合舰队最后的旗舰、轻巡洋舰"大淀"号,也在3月1日重新定义为训练兼警备舰,搁置在江田岛湾内作为防空炮台使用。

大部分水面舰艇成为防空炮台后,小泽海军总司令长官抽出1艘轻巡洋舰(北上),4艘防空驱逐舰(冬月、夏月、花月、宵月)和13艘驱逐舰,编成了所谓"海上挺进部队"。"海上挺进部队"以濑户内海西部的祝岛为基地,各驱逐舰搭载"回天"1-2枚(花月8枚),准备在美军发起登陆后,趁夜以"回天"攻击敌运输船队。但即使是这么几艘小舰,也因为燃料不足而无法正常训练,只好暂时系泊在吴港附近,让水兵进行模拟操作练习。

进入1945年7月以后,美军对日本本土的空袭更加激烈。特别是攻克冲绳之后,以冲绳为基地的B-29和以硫黄岛为基地的P-51联合编队对关东、东海、近畿方面的空袭极为频繁,重点进攻中小城市、海军基地和港口。7月1至2日,美机对吴市市区进行了无差别轰炸,投下16万枚燃烧弹,摧毁了吴市三分之二以上的市街。半个世纪以来一直勤奋地在吴海军兵工厂工作、为帝国海军制造战舰、巨炮、炮弹和自杀鱼雷的"广大日本人民"们,终于尝到了受害者的滋味,被炸得狼奔豕突,2000多人被烈焰吞没。

7月18日,第58特混舰队进攻关东南方海域,出动1200架次舰载机猛烈轰炸关东和东北地区,其中250架来袭横须贺军港。停靠在小海岸壁的"长门"号遭到300多架美机轰炸,3号炮塔和舰桥各中1枚250公斤炸弹,

■ 损管人员在"邦克山"号飞行甲板上奔跑灭火。

舰体中等程度损坏，舰桥内的大冢干舰长和渡边副舰长当场被炸死。

7月24日，1450架美机奉命空袭中国地区的日军目标，其中670架舰载机重点攻击了吴军港。06:10，第一批30架已抵达目标上空，紧接着在8时又是第二波100架。正午时分，又有第三波30架来袭。由于时间控制得恰到好处，港内被炸得一片狼藉。"日向"号遭受了集中空袭，先后中了10发命中弹，还有20多颗炸弹在舰舷附近爆炸，4万多吨的舰体在爆炸的气浪中居然被抛离水面。在轰炸机俯冲投弹的同时，美军战斗机也以机枪对甲板和舰桥进行了扫射。"日向"号的战斗舰桥被爆炸完全掀开，死者的鲜血甚至顺着缝隙流到了下层舱室。在当天的第五波空袭中，正在舰桥上指挥防空战斗的"日向"号舰长草川淳被当场打死。第六波攻击甚至将罗经仪炸得完全翻倒。到下午4时空袭完全结束时，日向的舰艏已经被完全炸断，飞行甲板和舰身受到严重损害，熊熊燃烧着的军舰开始自舰艉方向下沉。由于泊地水浅，"日向"号于26日早晨以水平状态搁坐到了海底，只剩上层建筑和部分甲板露出水面。1100名舰员中战死者超过200人，伤者600余人，被迫弃舰。

"伊势"号是吴港内另一个绝好的攻击目标。从06:30开始，整整一天里，七波来袭飞机分别自舰首西南、舰尾东北和北方进入攻击，造成4发直接命中弹。其中一发直击弹命中3号炮塔，使之无法使用；另一发大型对舰穿甲弹落于4号炮塔右侧，穿透甲板后落入下层舱室发生大爆炸，造成了严重的人员伤亡；一弹落在中央部的军官舱，但未爆炸。午后2时刚过，一发直击弹命中防空指挥所，贯穿到舰桥右侧发生爆炸，因为温厚端正而得到"老爹"绰号的牟田口格郎舰长、负责信号操作的航海科员以及正在做战斗记录的主计长等20人当场死亡。到当天傍晚，全舰又被多发近失弹造成破坏，弹药库和机舱进水约5000吨，船艏沉底。全舰有50人战死，100人负伤。

"榛名"号虽然在舰桥挂上了伪装网，甲板上摆放了松树的枝条，但舰桥之后仍被

■ 5月27日，从鹿儿岛万世基地出发、准备参与"菊水八号作战"的陆军航空兵第72振武队队员合影，中间抱小狗的是19岁的少年兵荒木幸雄。第72振武队当天向冲绳上空出动9架固定起落架的老式九七式单战，无一生还。这张对比意味强烈的照片也成为有关神风特攻队照片中最有名者，2007年日本反映"特攻"历史的电影《吾为君亡》的海报创意也来自本图。

联合舰队

命中一弹。系留在三子岛、用树枝和木板伪装成防波堤的两艘"云龙"级航母,天城被直接命中3弹、左舷大量进水而倾覆,葛城中1弹。两艘重巡洋舰利根和青叶各中1弹,轻巡洋舰大淀也有损伤。

"伊势"号受损后,舰内大量进水,船艏沉底。经过拆卸127mm高炮以及连续三天排水减重,到7月28日,军舰终于重新浮出了水面,吴工厂计划将该舰拖曳到第四船渠进行修理。但就在当天,吴市和吴军港又一次遭到大规模空袭。

7月28日清晨4时半,950架美机(其中包含110架B-29和B-24,舰载机约650架)出现在港区上空。各舰用主炮、高炮和机枪慌乱应战,损失越来越大。特别是锚泊的几艘大舰,在24日的空袭中大多已被炸得半身不遂,此时顿时遭遇了灭顶之灾。从上午8时到下午5时,"黄蜂"、"大黄蜂"号和TF38其他航母上起飞的英美飞机对榛名、伊势等舰发动了集中攻击,"榛名"号击落8架飞机,身中13弹,当天下午坐沉于小用港11米深的海水中。"大淀"号被直接命中不少近失弹,舰体一侧破损而翻沉;业已被弃舰的"日向"号也终于搁坐在海底。

在这次空袭中,航母"葛城"

■ 5月12日,在"菊水六号作战"中被日军特攻机撞中的美军"新墨西哥"号战列舰。

■ 6月10日,在"菊水九号作战"中被日军特攻机撞中、正在下沉的美军驱逐舰"波特"号(USS William D. Porter, DD-579)。

号前部连中两发900公斤炸弹，一弹贯穿飞行甲板前部、炸坏了机库，另一弹使后方飞行甲板隆起，该舰彻底丧失了恢复战斗力的可能。重巡洋舰利根中6弹、青叶中4弹，轻巡洋舰大淀左舷大量进水，三舰分别以不同的姿态坐沉或倾覆于港内。

7月28日日出后不久，"伊势"号就陷入了惨烈的火网之中。由于在24日的对空战斗中，主炮三式弹已经消耗400多发，在暂代舰长职务的高射炮长师冈勇少佐指挥下，356mm主炮只能偶尔发出几声轰鸣。4天前的攻击已经使美机洞悉了吴港内各舰的防空火器配备位置，这次袭击伊势的飞机大多自火力薄弱的舰尾进入。是日"伊势"号共被11发直击弹命中，另有多处近失弹，舰体再度遭到严重破坏，死伤达573人。流出的重油在附近水面燃起了熊熊火焰，军舰大量进水，向右横倾15度坐沉于仓桥岛北部音户町西岸海面。2号炮塔的右侧炮管以43度最大仰角昂首向天，里面残留着一发三式弹。这发因电气故障而不能射出的主炮弹，也就成为了日本帝国"十二战舰"在太平洋战争中的绝响。

1945年7-8月，美机轰炸日本城市约98个，B-29累计出动33041架次，日方伤亡约69万人，损失飞机1600架，沉没舰艇48艘、伤100艘以上，沉、伤运输船约1500艘。

"日本历史上最长的一天"

日本帝国的最后时刻到来了。

6月22日，在东京宫内省的第二办公大

■ "终战宰相"铃木贯太郎（1868–1948）。男爵，大阪人，海军兵学校第14期出身，海大甲种科第3期毕业。历任海军次官、海军兵学校校长、吴镇守府司令长官、联合舰队司令长官、海军军令部长、侍从长兼枢密顾问官，"二二六"事件中幸免于难，得到"不死身之鬼贯"的绰号。1944年以76岁高龄就任枢密院议长，次年又任第42代首相，主持争取和平的工作。虽然因为"默杀"事件颇受争议，但最终还是为实现和平做出了贡献。铃木在天皇宣布接受《波茨坦宣言》后辞职。

楼御座所中，最高战争指导会议的六名大员开始讨论由木户幸一内大臣提出的时局收拾方案。这个方案据说得到了天皇本人的过问，不过并没有任何新东西，无非就是要帕特使去苏联，铺平结束战争的道路。铃木首相在和东乡外长商量之后，决定选择前首相近卫文麿公爵为特使，并得到天皇的首肯。东乡训令驻苏大使佐藤尚武，要他迅速面见莫洛托夫，告知后者日本政府将派近卫作为使节前往莫斯科，希望苏方予以接洽。出人意料的是，莫洛托夫以"工作繁忙"为由对佐藤避而不见，佐藤只好向外交第一副人民委员维辛斯基传达了日本政府的求和意图。

斯大林有他自己的考虑。7月17日，他和杜鲁门、丘吉尔在柏林郊外的波茨坦举行会谈，讨论欧洲战后的处理问题。对俄国人而言，确保在战后欧洲政治地图中的地位乃是至关重要的问题，至于亚洲如何处理则属

联合舰队

于次要问题。半年前的雅尔塔会议在保障苏联在外蒙古、满洲、库页岛南部和千岛群岛的利益之前提下,换取了苏联同意在对德战争结束后3个月对日宣战,莫斯科大可以等到8月底再研究这个问题。

但就在波茨坦会谈开始的第二天,美国成功试爆了世界上第一颗原子弹,杜鲁门一下子成了整个会议的中心。敏感的斯大林意识到,如果苏联不能立即在对日参战问题上做出决断,一旦美国依靠自己的力量迅速打垮日本、单独结束太平洋战事,苏联在战后的亚洲-太平洋战略格局中将处于极为不利的地位。对一个志在和美国争夺战后世界领导权的超级大国来说,这可不是什么好事。他必须相机而动,把主动权重新抓到手里。

柏林当地时间1945年7月26日21:30,在杜鲁门的主导和斯大林的认可下,波茨坦会议发表了中、美、英三国联合对日最后通告,即著名的《波茨坦宣言》(注:只有杜鲁门一人在宣言上签字。中国领导人蒋介石未到会,以电报方式确认;丘吉尔已回国参加大选,杜鲁门在未经授权的情况下代其签字,继任英国首相的艾德礼并未追认此签字的有效性)。宣言主要内容为:声明三国在战胜德国后一起致力于战胜日本,以及履行《开罗宣言》等战后对日处理方式的决定,具体内容则包含十三条:日本当权政府必须被消灭;日本的主权被限制在本州岛、北海道、九州岛、四国以及其他由战胜国决定的小岛;日本军队必须完全解除武装;战犯必须严惩,新的日本政府必须是民主的;日本建立侵略力量的工业必须被消灭,等等。公告最后呼吁日本政府命令其军队无条件投降。杜鲁门随后命令战略情报局:通过一切手段,尽快使日本国民周知《波茨坦宣言》的全部内容。

第一个对宣言做出回应的是日本外务省。虽然东乡外相认定"(宣言)绝非有任何实质性的东西",但他注意到十三条内文中并未提及要废除天皇制,于是大感振奋。放弃台湾、朝鲜等殖民地,惩办战争责任人等条款,本来就在日方的心理预期之内,自然也没有反对的必要。不过政府和军部里的"有关人士"可不这样想,他们中的相当一部分人正是宣言中要求严惩的战犯,担心天皇和外相为保全皇国政体而抛弃自己,此时便开始鼓噪。在政府和军队的压力下,东乡茂德只好继续与苏联人做毫无希望的交涉。

7月27日,最高战争指导会议开会讨论对《波茨坦宣言》的响应。铃木贯太郎企图继续装聋作哑,但丰田军令部总长警告他说:宣言的内容早晚将被全体国民所明知,政府此时必须做出响应。在东乡的支持下,铃木决定用不痛不痒的"Mokusatsu"(默杀,表不予关注、不做评论)来响应。在当天的例行记者招待会上,老首相慢慢吞吞地表示,"考虑到共同宣言只是《开罗宣言》的翻版,作为政府,不认为其具有所谓重大的价值,唯有默杀。"这个含糊不清的表态在经同盟社对全世界广播时,因为译员找不到与"默杀"相对应的英文词汇,只好代之以"Ignore"(无视)。而美国方面的合众社在接收抄录时，又误记作"Reject"（拒绝）。

不过，华盛顿可不像日本人一样善于玩弄词汇，他们的响应是直截了当而又血淋淋的：8月6日，陆军战略航空兵的B-29轰炸机在广岛上空投下了一枚原子弹，广岛市区毁坏达12平方公里，建筑破坏率超过80%，人员死71379人，伤68023人。铃木首相一面为这种新型超级炸弹的威力而惊愕，一面为美国人的"残暴行径"感到愤怒，浑身发抖。东乡外相则像抓住救命稻草一样把希望寄托在日苏谈判上，不断地给佐藤尚武大使打电报催促。

到这个节骨眼上，也就只有佐藤大使还保持着一点清醒的头脑。7月30日，他给东乡回电："事到如今，苏联有何必要再袒护日本？据观察，实际情况与我方的判断不甚一致。"8月5日，他又向东京发出电报："如果日本在接获通知的早些时候就决心接受和平倡议（响应宣言），取得缓和条件的可能性还比较大。但无论怎么缓和，从德国的例子上看，对战争负责者的处罚显然不可避免。真正责任者们倘若是真正的忧国之士，就应当从容牺牲以换取停战。"一天之后，原子弹落在了广岛上空。

莫斯科时间8月8日晚上6点（东京时间8月9日0点），佐藤尚武突然被一个电话召到克里姆林宫。莫洛托夫冷淡地向他表示："苏联政府将于8月9日起，与日本处于战争状态。"此时，远东的苏军已经涌入满洲，对日本关东军发起了全面进攻。同一天（8月9日）上午11:02，第二枚原子弹落到了长崎上空，哈

■ 苏联驻日大使雅可夫·马立克（1906—1980）。

尔西的舰队则对本州岛和北海道的沿海城市展开了猛烈的空袭和舰炮轰炸。

1945年8月9日，后世的日本历史学家称之为"日本历史上最长的一天"。当天上午，最高战争指导会议在皇宫召开，讨论有关接受《波茨坦宣言》的事宜。会议一开始，首相就公开声明政府不得不接受宣言，要求众人公开表明意见。阿南陆军大臣、梅津参谋总长、丰田军令部总长三名主战派表示，盟国必须明确国体护持（即保留天皇制）一事，惩处战犯、解除军队武装、占领军进驻等四项要求则须商议具体条件。东乡外相表示除国体护持外，其他可暂且不论，以防交涉决裂，造成更大的牺牲。最后全体人员一致赞成接受《波茨坦宣言》，同时要求保留天皇制。

当天下午，继续召开内阁会议，此前一

联合舰队

■ 1945年2月，东京市民正在国会议事堂前的广场种植白薯和蔬菜。

直没有明确表示过意见的米内海相公开提出"本土决战"无益说，强烈主张立即结束战争，与依然坚持"一胜讲和"的阿南陆相产生了激烈冲突。争吵持续了7个小时，依旧没有结论，最后铃木公开表示支持东乡外相的意见，并要求内阁各部大臣投票表决。阿南陆相、松阪司法相、安井国务相表示反对，米内海相、石黑农相、丰田（贞次郎）军需相、小日出运输相、太田文相、左近司国务省长官投了赞成票。到22点，阁议依旧没有得出一致结论。

铃木打定主意不愿再拖，决心立即进宫上奏，听候天皇圣断。23点内阁会议暂时休会后，首相和东乡私下进行了一次简短的会晤，向后者告知自己的意图。依据传统，日本的政府只有就某一问题首先达成一致的解

■ 日本投降后，名古屋三菱第五工厂内已经组装完成的自杀飞机"樱花"22型。

■ 飞行中的海军航空队一式鱼雷机（G4M），左翼下已经挂载了一枚"樱花"。由于母机过于笨重，"樱花"在整个战争期间只取得一个击沉舰艇战果。

■ 陈列于靖国神社"游就馆"武器馆内的人操鱼雷"回天"。这种全重8吨、长14.8米的特攻兵器实质是在九三式氧气鱼雷上安装一套操控装置，主机功率550马力，最大航速30节，鱼雷头部装有1.55吨炸药。"回天"乘员视界极其恶劣，加上操纵系统往往存在故障，实际战果微乎其微。到战败为止，可确信的战果不过是油轮1艘而已。

决办法，然后才把它提交给天皇；天皇不发表自己的意见，只是"恩准"政府已经作出的决定。但如今事态紧迫，铃木决定打破惯例。他首先提议立即召开一次御前最高战争指导会议（最高战争指导会议按例应在次日上午召开，但如果改为有天皇出席的御前会议，就可以立即举行），以节省决策时间，并获得与会众人的首肯，随后请内阁书记官长迫水久常去恭迎天皇大驾。

8月9日深夜11:50，宫中防空壕的一个小间被打开了，六名最高战争指导会议成员、平沼骐一郎枢密院议长、迫水书记官长、吉积正雄陆军省军务局长、保科善四郎海军省军务局长、内阁综合计划局长官池田纯久陆军中将鱼贯而入。最后落座的是身着大元帅礼服、腰挂佩刀的裕仁天皇。

会议一开始，东乡外相就提出：在原子弹投下、苏联已经参战的今天，奢言谈判已经不现实，如今应当在皇室护持安泰的前提下，尽快结束战争。随后，受铃木首相指名发言的米内海相表示完全赞同东乡的意见。但阿南陆相、梅津参谋总长和丰田军令部总

联合舰队

■ 柯蒂斯·李梅少将（1906–1990），第20航空队司令，对日战略轰炸的主要倡导者。李梅曾有言："杀日本人并没有使我感到不安，使我感到不安的是战争的结束。"极具黑色幽默的是，战后日美关系亲密，他居然在1964年得到一枚日本政府颁发的勋一等旭日大绶章。

■ 日本战败后，吴海军工厂的船坞内堆积如山的袖珍潜艇"蛟龙"，即"甲标的"丁型。1945年3月开始批量生产，乘员可达5人，至战败前完成约100艘，未完成残存的约500艘以上。

长坚持称，即使要谈和平，也应首先在战场上给予英美最后一击，然后争取更加有利的条件，"本土决战仍有一定程度的胜算"。在铃木的授意下，平沼提出了"恭请圣断"的建议。

此时已是8月10日凌晨两点，会议依旧议而不决。铃木首相忽然站起来表示："事已至此，虽属诚惶诚恐之至，吾仍将恭请圣断作为本会议之决定。"小房间里顿时鸦雀无声，不知内情的大臣们被铃木的这一反常举动惊得目瞪口呆。

在一片肃穆的气氛中，天皇缓缓地开口了。裕仁首先令铃木就座，然后谕示同意采纳东乡的见解，接受《波茨坦宣言》。关于此问题的外交途径将由外务省负责处理，自10日清晨06:45起，外务省开始将接受《波茨坦宣言》的电报发往瑞士和瑞典，从那里再转送同盟国。

在发出正式外交照会的同时，松元俊一外务次官认为还有必要将日本接受公告的意图迅速通知国外，特别是通知盟军官兵。在征得同盟社及日本放送协会领导人的同意后，10日晚，东京对外广播了日本宣布投降的消息。两小时后，美国首先对这一讯息做出反应，随之全世界都得到了这个好消息。

8月12日上午00:45，外务省、同盟社及陆海军海外广播接收所同时收听了美方的回答："从投降时刻起，天皇及日本政府统治国家的权力将隶属于盟军最高司令，该司令将采用他认为贯彻投降应有的步骤。天皇必须授权并保证日本政府和日本帝国大本营签署实现《波茨坦公告》的规定所必需的投降条款。"

答复大大出乎日本方面的意料：美国人提出了一系列要求，却没有对日本方面的请求做出任何承诺。外务省认为，最好的办法是将这份答复"囫囵吞下去"，以免军部里的强硬分子断章取义，引起没完没了的争议。陆海军两统帅部的反应自然是无法接受，他们姿态强硬地要求反对停战。12日上午，梅津参谋总长和丰田军令部总长排着队到宫中上奏，要求确保国体护持。同日上午，阿南陆相对铃木首相的妥协表示了反对，平沼枢相在拜访铃木时也表达了同样的主张。

8月13日上午9时，最高战争指导会议在首相官邸的地下壕中继续展开，内容为审议盟军的答复。阿南、梅津、丰田三人继续对国体护持和处理战犯、解除武装等问题保留意见，遭到东乡的反对，下午的会议也没有决议。当时，陆海军统帅内部已经传出不稳的声音，有迹象表明军队可能采取"非常举动"，单方面拒绝接受《波茨坦宣言》。铃木贯太郎无计可施，只有寄希望于天皇再次"圣断"。但梅津和丰田两统帅部长拒绝在奏请天皇临席的文件上签字（按照惯例，召开御前会议须由首相写成奏请天皇临席的文件，交全体与会人员签名后再呈送天皇），企图拖延时间，铃木只好再度请天皇降旨召开御前会议。木户内大臣对此表示赞同，两人认为：只有采取类似1941年12月1日决定开战事宜的御前会议的方式，才能一举解决问题。

上午08:40，铃木和木户两人一起奏请裕仁，请求召集最高战争指导会议成员及内阁成员会同举行御前会议，天皇立即表示同意。铃木随即返回官邸，将消息告知聚集在那里的全体阁僚，其余陆海军两统帅部部长及陆海两军军务局长、平沼枢相、池田总计划局局长、迫水内阁书记官长等人也慌慌张张地赶来，穿着晨礼服、军服、国民服、西服等各色服装就进宫了。

10:50，昭和时代的最后一次御前会议在皇宫点的防空壕中开始。铃木首相在致最敬礼后开始发言，他解释说，"在内阁会议上，约八成的人赞同接受宣言的建议，但未

■ 1945年5月26日，B-29"火烧东京"后，正在燃烧的东京市区。成千上万的火苗形成了恐怖的风暴，整个城市的建筑群都在燃烧。

联合舰队

能达成全员一致,以至延宕至今。某考虑再三,认为奉呈上议、为难主上罪固不轻,然事情紧急,望席上诸位中持反对意见者速速诉诸天听,仰候圣断何分。"

阿南、梅津和丰田三人随即发言,他们都主张再发照会落实国体护持问题,如得不到盟军方面的满意答复,就只有继续作战、死中求活。三人说完之后,天皇开始发言。他表示,"朕充分研究了世界的现状和国内的局势以后,认为再继续战争下去不妥当。关于国体问题……朕认为主要问题在于我国全体国民的信念和觉悟","如果再继续战争下去,最后将使我国完全变成一片焦土,使万民遭受更大的苦难,朕实在于心不忍,无以对祖宗在天之灵","所以,朕认为此时可以接受对方的要求,希望大家也这样考虑"。天皇的发言结束之后,铃木贯太郎因再度劳烦"圣断"而表示了谢罪。自明治维新以来,日本帝国第一次承认输掉了一场战争。

当天的最后一项重要工作是起草投降诏书。当天下午1点,内阁会议开始讨论诏书起草方案,绝望的阿南惟几陆相一处一处地强调了重要字句的运用,内心里期望盟国方面拒绝日本提出的附加条件,从而解除御前会议决定的束缚,继续把战争进行下去。不过当竹下正彦中佐(阿南的妹夫)、中健二少佐等青年军官提出发动政变"清君侧"、继续战争的建议时,阿南表示他不会公开支持,使这场最后的阴谋以流产告终。

投降诏书的草稿是迫水书记官长根据天皇10日凌晨的讲话整理出来的,16时左右,初稿被分发给内阁会议全体成员,阿南又字斟句酌地做了修订,把"战势日颓"改成了更直白的"战局并未好转"。入夜之后,讨论继续进行,到21点过后终于做出了决定。

■ 1945年3月19日的吴港,照片所拍摄到的是当天09:30的第三次空袭,正右方的半岛是江田岛,左下角是吴港市区。

■ 1945年7月28日吴港大空袭中，停泊于江田岛小用港的榛名遭到美机集中攻击，前后有炸弹爆炸引起的巨大水柱。榛名本日身中11弹，坐沉于港内。

铃木首相立刻进宫，请天皇在诏书上签上御名、盖上御玺，随后由全体阁僚副署。22时，终战诏书正式发布。

8月14日黄昏，东京中央放送局（NHK的前身）开始向全国播报通知：明日正午将有重要广播，全体国民务必准时收听。当时，大多数日本国民并没有意识到这个"重要广播"的含义，一些聪明人猜测大概是苏联参战了，"本土决战"就要开始了。所有人都沉浸在一片惶惶不安的气氛中。

1945年8月15日正午，宣读终战诏书的昭和天皇的"玉音"伴随着电波响彻全国。这一天，日本列岛天气炎热，知了在枯燥地鸣叫，夏日的骄阳高高挂在空中。

伴随着天皇的"玉音放送"，太平洋战争结束了。这一天，依旧在大洋上疾驰的日本军舰只剩下由3艘潜艇组成的"神龙部队"。潜水航母伊-400、伊-401和伴航潜艇伊-14是在7月24日离开大凑基地的，预备在8月17日上午到达美军航母基地乌利西环礁南方海面，出动2艘潜水航母搭载的6架"晴岚"水上轰炸机进行奇袭（这种飞机最初是为炸毁巴拿马运河船闸而设计的），做延缓战败的最后尝试。

8月15日上午，"神龙部队"接到内地发出的战败电报，司令官有泉龙之介少将下

联合舰队

令向内地返航，将"晴岚"、鱼雷、所有机密文件和密码本全部投入海中销毁。8月31日晨，伊-401在美军潜艇押送下接近伊豆大岛，有泉在舱内开枪自杀，遗体由美国水兵用军旗包裹海葬。

同样没有看到战败后祖国的还有两位"特攻"健将。在九州岛的大分基地，宇垣缠中将带着山本五十六生前赠送的"短刀"，挤进一架"彗星"轰炸机的后座。11架特攻机在傍晚时分突入冲绳海面，再也没有回来。第二天，有人在伊平屋岛附近的海滩找到了宇垣的尸体。此前几个小时，他在海军兵学校的同期学友、"神风"特攻队创始人大西泷治郎中将在家中切腹，留下一首俳句："也罢！也罢！暴风过后月清澈。"

1945年8月27日夜间，一名日本海军大尉引水员在相模滩附近海面登上一艘美国扫雷舰。他谦恭地向舰上的美国军官低头鞠躬。这个姓伊藤的大尉将把胜利了的敌人引入布设了大量水雷的东京湾。这些水雷是战争末期由美日双方布设的。伊藤登舰的地点，离九十二年前佩里海军上将率领"黑船"打开日本国门的相州浦贺湾只有十海里远。

时值深夜。伊藤一边小心翼翼地指挥着扫雷舰沿着安全航道航行，一边注意到周围的海面全是别的舰船。成行成列的舰船，在夜间只能看到它们阴森森的舰影，到破晓时则可以辨认出密密麻麻的舰炮。

当8月28日的太阳出来时，伊藤困惑地发现，他周围的蓝色日本海面被美国舰队"搞灰了"。胜利的美国第3舰队涌进了东京湾：23艘航空母舰，12艘战列舰，20艘巡洋舰，116艘驱逐舰和护卫舰，12艘潜艇，157

■ 7月24日，美机空袭中猛烈还击的航空战列舰"伊势"号。

■ 舰体后部切断、坐沉于吴港的航空巡洋舰"利根"号。

■ 战败时坐沉于广岛湾内的榛名，在盟总命令下于1946年至1948年解体。

■ "伊势"号最终遗影。烟囱左侧有一个小烟囱，下连一台圆形锅炉，从其形状推测为燃煤锅炉，似为1945年系泊于内海时供舰上人员取暖和烹饪用的临时设施。

五艘小小的扫雷舰，一字排开，引导着第三舰队去接受日本帝国的投降。伊藤登上的那一艘扫雷舰冲在所有美国军舰的最前面。它的甲板在冲绳被自杀飞机和弹片炸得高低不平，舰体到处裂口生锈，这艘首先驶入东京湾的扫雷舰，名字是"复仇"号（USS Revenge, AM-110）。

1945年9月2日清晨，"密苏里"号的船钟敲了三下。初升的太阳照亮了房总半岛的群山，金色的阳光洒在神奈川的葱绿山丘和东京湾的蓝色海面上，洒在神情慈悲安详的镰仓大佛脸上，也洒在已经被烧为白地的江户城堡废墟上——三百年里，幕府将军就是在这里发号施令，统治日本帝国的。

艘其他船只，以及28艘水雷舰艇。在这些水雷舰艇中，"霍普金斯"号是三年前在瓜达尔卡纳尔岛开始这个长途征战的。在瓜达尔卡纳尔战斗过的全部扫雷舰中，只有"霍普金斯"号坚持到了东京湾。

哈尔西满意地站在旗舰"密苏里"号的舰桥上。他看到的场面与伊藤大尉相同。在这支东京湾从未见过的庞大舰队最前方，是

在东京湾海面上，庞大的灰色舰队安详地停泊在日出之国的黎明中。在几百艘军舰上，后甲板的值更人员开始准备星期天的活动。在夏威夷一个平静星期天早上开始的残酷战争，将在东京湾的一个平静星期天里结束。早餐的香味从几百艘军舰的厨房里飘

联合舰队

■ 沉没在吴港的重巡洋舰青叶,1945年10月9日。青叶在1948年底作为旧日本海军最后一艘大型战舰被拆毁,标志着一个时代的结束。

出来,随着东北风飘散开来。"密苏里"号当天供应的早餐包括咖啡、火腿蛋、苹果馅饼、玉米片、罐头桃子和枫糖汁浇松饼。

07:30,很多人吃完了早饭,他们中的一些人找了个安静的角落坐了下来,设想着这个早上如果是在家里度过的话,将会是个什么样子。

到早上08:00,最后一班战时晨更将结束,交班给第一班和平时期的午前更。在"密苏里"号舰长威廉·卡拉汉的命令下,士兵们从舰上餐厅里搬出了一张餐桌。日本帝国将在这张桌子上签字投降。为了派上这个用场,"英王乔治五世"号战列舰曾经向美国海军赠送了一张质朴的桃花心木桌子,那是英国皇室捐赠的,但是在头一天的预演中发现那张桌子尺寸太小,放不下所有的文件。有人从军官餐厅里拿来一块台布,铺在这张餐桌上,桌布上面还有咖啡留下来的污渍。

到上午9时,"密苏里"号上已经挤满了海陆军将领、摄影记者、新闻记者和广播公司的播音员。水兵们像猴子一样攀爬到上层建筑和炮塔顶上。他们都已经见过了日本

■ 波茨坦会议上的新"三巨头",由左至右为艾德礼、杜鲁门、斯大林。

人怎样战斗,现在他们要看看日本人怎样投降。签字桌设在二号主炮塔的右侧,指挥塔的下方。在这张桌子上面,挂着一面玻璃大镜框,里面陈列着一面特殊的美国国旗,只有31颗星:那是哈尔西下令从安纳波利斯海军学校博物馆取来的,92年前佩里舰队抵达日本时,曾经飘扬在江户湾的上空。

"密苏里"号主桅上挂着尼米兹和麦克阿瑟的两面将旗,旗杆上则飘扬着另一面星条旗。有人说这是1941年12月7日飘扬在白宫的那面国旗,也有人说这是当时国会大厦的国旗,不过后来担任"密苏里"号舰长的斯图尔特·默里则声称这不过是一面作为海军物资配发的普通美国国旗,是当年五月在关岛领取的。

上午09:02,日本无条件投降仪式在"密苏里"号右舷2号主炮塔下面的露天甲板上举行。军令部第一部部长富冈定俊少将——开战时的作战课课长——代表日本海军出席了仪式。桌子上摆了一张12乘以18英寸的纸,上面有简洁的八段文字,正文的最后一个单词为"投降"。

09:08,两个神经紧张的日本人走到签字桌前。外相重光葵代表日本天皇和政府,参谋总长梅津美治郎陆军大将代表大本营,在投降书上潦草地签了他们的名字。接着,麦克阿瑟代表四个盟国以及所有同日本作战的国家,在文件上签了字,随后其他九个同盟国的代表也在日本投降书上签了字。

09:30,日本投降书墨迹已干,第二次世界大战结束了。日本代表表情阴郁地离开"密苏里"号,登上送他们前来的"兰斯多恩"号驱逐舰。当日本人离开时,阴沉的天气再度逼近灰色的战舰群,远处飘来一团黑色的烟雾,还发出嗡嗡声。渐渐地,这嗡嗡声变成了震耳欲聋的轰鸣,烟雾变成了一大群美国飞机——400架B-29轰炸机和1500架从美国航母上起飞的飞机——从"密苏里"号上空飞过,阵势威武雄壮。

机群飞过之后,东京湾再次平静下来。这个仪式——和这场战争——到此全部结束了。麦克阿瑟上将发表了简短的演说:"一个新的时代已经降临。""密苏里"号的厨师长则迫不及待地把那张桌子要了回去,摆回到

■ 1945年7月,美英战列舰队对日本的釜石、室兰等沿海工业城市进行炮击,图为正在炮轰釜石的"印第安纳"号战列舰,远处为"南达科他"号。

联合舰队

■ 炮轰釜石的"马萨诸塞"号战列舰，后方为"英王乔治五世"号。

餐厅里，然后准备开午饭，对于他来说，这才是当天最重要的事。

1945年10月4日，日本投降后一个月，美国海军气象观测人员发现在太平洋中部逐渐形成了一股台风。这场风暴发源于卡罗林群岛，号称"日本的珍珠港"、"太平洋上的直布罗陀"的特鲁克就在那里。关岛的美国海军气象中心给这个台风起名为"露易丝"。仿佛是报复，它凝聚了强力，向北移动。

从马里亚纳群岛开始，这股台风逐渐变得强大起来，蹂躏了提尼安岛——柯蒂斯·李梅将军的B-29就是从这里起飞，满载燃烧弹和原子弹去轰炸"神州"的。10月9日，美国海军气象人员预测"露易丝"将掠过台湾，在中国大陆东南沿海登陆。但是它却在次日调转方向，以排山倒海之势向北袭去，直扑美军在西太平洋最大的集结地——冲绳。

10月9日上午10点，冲绳的气压降到了989毫巴，能见度只有800米。到下午两点，台风在冲绳岛登陆，此时它的风速已经达到了每小时150公里（81节），能见度下降到零。观测人员发现大风"把雨水吹成了水平线"，雨中充满了咸味。在冲绳岛东岸的巴克纳湾（以冲绳战役旗舰在那里阵亡的陆军少将巴克纳命名），来不及躲避的自由轮和登陆舰被吹得东倒西歪。高达10至12米的巨浪把庞大的军舰托起来，它们开足了全部引擎，有的军舰两侧还拖着沉重的锚链，但都无济于事。水墙呼啸而来，好像前进的火车头。黑暗在白天降临，"一切都混乱得不可分辨。战舰拖着重重的锚，互相碰撞，或是……消失在黑暗中"。

下午4点，风速达到了100节，有时达120节。狂风和巨浪把搁浅在礁盘上的军舰掠走，接着又把它们丢到礁石上。岸上更是一片悲惨的景象。20个小时的倾盆大雨把冲绳岛变成了平地汪洋，把道路变成了沼泽，并且淹没了所有的仓库，吹毁了50%到90%的军用帐篷，淹没了其余的。从房屋和帐篷中逃出来的军人四处寻找避风的地方，挤满了坟墓、战壕和路旁的暗沟，有的人甚至躲藏到压路机和推土机下面。海军航空基地的60架飞机遭到了台风和洪水毁灭性的侵害，有些飞机干脆被吹得无影无踪。

踩躏了冲绳岛后，"露易丝"又荼毒了北边的奄美大岛，然后向日本本土移去。从长崎到东京都发布了台风警报，但是由于碰上了从日本南下的冷空气团，这股空前猛烈的台风却突然在10月11日和12日之间平息下来、最后消失了。

台风过后，美国海军检点损失，发现有12艘船沉入海底，222艘搁浅，133艘损坏到无法修复的程度。著名的美国海军历史学家塞缪尔·莫里森上校得出结论，"这是美国海军历史上遭遇到的最凶猛最致命的风暴。"

1945年11月30日，根据第680号敕令，海军省编制被废止。第二天清早，在东京千代田区的霞关，海军省"赤炼瓦"大楼的门前，"海军省"的牌子被摘下，挂上了"第二复原省"的木牌。曾经代表日本在《华盛顿条约》上签字的币原喜重郎男爵成首任第二复原大臣。日本海军在他的手下被埋葬，这已经是第二次了。不同的是，这一次不再会有高叫"天诛"、手举武士刀的"爱国者"来刺杀他了。

此时此刻，是否会有人想起联合舰队的最后遗影？在诞生了世界最大战列舰的吴海军船厂，以及附近的"海军摇篮"——坐落在海军兵学校的江田岛周围，散乱地分布着

■ "复仇"号扫雷舰（AM-110），珍珠港事件后第一艘进入东京湾的美国军舰。

联合舰队

右倾12度的战列舰日向、伊势,左倾12度的战列舰榛名,横倒的航母天城,搁浅坐底的重巡洋舰青叶,严重破坏、翻覆沉没的轻巡洋舰大淀;在横须贺湾,系泊着已经接近废舰状态的昔日帝国海军象征——战列舰长门;在新加坡,被炸断舰尾、只剩半截的重巡洋舰高雄被荒凉地遗弃在港内……

■ 第509混合大队轰炸机"恩诺拉·盖伊"号正在提尼安岛机场吊装原子弹,1945年8月5日下午3时。

这是一本何等凄惨的军舰登记簿!1941年日美开战时威风凛凛出击的254艘舰只、总吨位106.8万吨的庞大兵力,加上开战后新建的383艘军舰、吨位达85.8万吨,合计为战舰637艘、193万吨的日本帝国海军,到战争结束时剩下的只有168艘、约32万吨。基地航空部队的1469架飞机、机动部队的730架舰载机(合计2199架),加上战时生产的超过30000架飞机,累计损失了26285架。海军元帅2人、大将5人、中将56人、少将252人,合计315名将官葬身于波涛汹涌的

■ 长崎上空的蘑菇云,1945年8月9日。

神风落日

■ 向美军投降后的伊-400型潜水航母,地点为横须贺港,由近至远依次为伊-400、伊-401和伊-14。图中可见该级巨大的机库,足够同时容纳3架"晴岚"水上轰炸机。由于伊-400型数量不足,原属甲型潜艇的伊-14也奉命搭载上2架"晴岚"。

■ 1945年8月20日,并排航行于东京湾上的美国战列舰"艾奥瓦"号和"密苏里"号。两舰在冲绳战役中未能与"大和"号交手,人类历史上最大战列舰间的对决最终没有上演。

联合舰队

■ 麦克阿瑟宣读日本投降书条文，后方舰桥上可见佩里舰队悬挂过的美国国旗。麦克阿瑟身后为盟国代表，左起依次为英国的弗雷泽海军上将（穿白色海军短裤者）、苏联的德雷维扬科中将、澳大利亚的布拉梅上将、加拿大的科斯格拉夫上校、法国临时政府的勒克莱尔上将、荷兰的赫尔弗里奇海军上将、新西兰的伊西特空军少将。中国代表徐永昌和美国代表尼米兹站在弗雷泽的右边，没有出现在镜头中。

太平洋。整个日本帝国海军在二战中战死者合计达409146人，这40万人是为谁抛弃了生命呢？

按照盟国占领当局规定，海军的房舍、学校、资金、粮食、被服、燃料、交通工具等所有财产都由大藏省接收。昔日的"堂堂联合舰队"，此时只有少数残破舰艇仍然漂浮在海面上。在这里简短回顾一下其中主要军舰的结局，作为旧日本帝国海军七十余年历史的总结：

舰况最好的两艘大型军舰——战列舰长门和轻巡洋舰酒匂，在1946年7月除籍，作为战利品被美国海军接收，拖到比基尼环礁，用于原子弹试验。

在吴港等地搁浅沉没于浅海中的战列舰榛名、伊势、日向，航母天城、海鹰，重巡洋舰青叶和利根，轻巡洋舰北上、大淀，以及常、出云、盘手等老式装甲巡洋舰，就地解体，舰身材料送去回炉（这些废舰已经被转交给大藏省），用于战后重建。

仍有航行能力的航母凤翔、葛城，以及练习巡洋舰鹿岛、老式装甲巡洋舰八云被改为复员船，将散布在东亚各地的日军和日侨接送回国。

受伤航母隼鹰、龙凤，未成航母笠置、

■ 日本海军变更为第二复原省，1946年12月1日。一般认为这标志着旧日本海军的终结。

阿苏、生驹、伊吹，就地解体。

搁置在新加坡的残损重巡洋舰妙高、高雄被英军接收，凿沉于马六甲海峡。

在中国的军舰和内河炮舰由国民政府海军接收。

在结束必要的遣俘、扫雷任务后，421艘剩余军舰，包括旧日本海军所有残余的航母和巡洋舰，以及所有潜艇（特攻袖珍潜艇），全都被拆毁。盟国留下了舰龄较短的135艘中小型舰艇及辅助船只，由美、英、苏、中四国作为战利品分配。留给日本安全厅的，仅有5艘海防舰改装而来的巡逻艇（生名、竹生、鹈来、新南、志贺），1艘运输舰（宗谷），以及35艘协助盟军扫雷用的小型舰艇。医院船冰川丸、特设商船航母千种丸等大型商船改回民用用途，7艘"哨戒特务艇"改成渔船。在日本四岛沿岸堆积如山的"大发"、"中发"（舰载运输艇）、"震洋"（自杀快艇）、"回天"（人操自杀鱼雷）也都被拆毁。

到1947年1月1日，当和平的新年曙光时隔十五年后再度降临日本列岛上空时，在辽阔的太平洋上，已经没有一艘日本军舰了。

自明治二年（1869）为征讨"虾夷共和国"而成立，至昭和二十一年（1946）以海军省和军令部的废除为止，旧日本帝国海军动荡变幻七十七年的这段历史，至此结束了。